ACCESO GRATIS *a la Lectura en la Nube*

Para visualizar el libro electrónico en la nube de lectura envíe junto a su nombre y apellidos una fotografía del código de barras situado en la contraportada del libro y otra del ticket de compra a la dirección:

ebooktirant@tirant.com

En un máximo de 72 horas laborales le enviaremos el código de acceso con sus instrucciones.

ORGANIZACIÓN Y REGULACIÓN DE LA SUPRAMUNICIPALIDAD

Análisis de soluciones comparadas y buenas prácticas

ORGANIZACIÓN Y REGULACIÓN DE LA SUPRAMUNICIPALIDAD

Análisis de soluciones comparadas y buenas prácticas

Directores:
ANTONIO DESCALZO GONZÁLEZ
MARTA LORA-TAMAYO VALLVÉ
ESTHER RANDO BURGOS

tirant lo blanch
Valencia, 2024

En caso de erratas y actualizaciones, la Editorial Tirant lo Blanch publicará la pertinente corrección en la página web www.tirant.com.

© TIRANT LO BLANCH
EDITA: TIRANT LO BLANCH
C/ Artes Gráficas, 14 - 46010 - Valencia
TELFS.: 96/361 00 48 - 50
FAX: 96/369 41 51
Email: tlb@tirant.com
www.tirant.com
Librería virtual: www.tirant.es
DEPÓSITO LEGAL: V-699-2024
ISBN: 978-84-1197-200-0

Si tiene alguna queja o sugerencia, envíenos un mail a: *atencioncliente@tirant.com*. En caso de no ser atendida su sugerencia, por favor, lea en *www.tirant.net/index.php/empresa/politicas-de-empresa* nuestro procedimiento de quejas.

Responsabilidad Social Corporativa: *http://www.tirant.net/Docs/RSCTirant.pdf*

Índice

Abreviaturas *19*

PARTE I

ORGANIZACIÓN Y REGULACIÓN DE LA SUPRAMUNICIPALIDAD EN ESPAÑA Y EN CLAVE COMPARADA

Capítulo 1

La supramunicipalidad y su vertebración territorial, jurídica y social... 37

Capítulo 2

La organización supramunicipal en España: contexto, vicisitudes y retos en clave jurídica ***43***

1. Introducción 43
2. Los entes locales en la organización administrativa española ... 46
   2.1. Algunas cuestiones previas 46
   2.2. La autonomía local 49
   2.3. Breves referencias al marco normativo en régimen local 56
3. Las entidades supramunicipales 61
   3.1. La problemática de la planta local en España y posibles alternativas.. 61
   3.2. Algunos apuntes sobre las entidades locales 66
   3.3. Las fórmulas organizativas de carácter supramunicipal 68
4. Conclusiones 135
5. Bibliografía 136

Capítulo 3

Las actuaciones de interés autonómico ***139***

1. Aspectos conceptuales y competenciales 139
2. ¿Iniciativa pública o iniciativa privada? 146
3. Las actuaciones de interés autonómico y la autonomía local.. 149

4. Las actuaciones de interés autonómico y las leyes singulares.. 158
5. Bibliografía básica ... 161

Capítulo 4

La articulación de la supramunicipalidad en el urbanismo ... 163

1. Cuestiones de partida ... 163
2. El urbanismo en clave supramunicipal. Principales controversias y algunas propuestas ... 165
3. El planeamiento urbanístico supramunicipal y su tratamiento en perspectiva autonómica ... 176
4. Algunos modelos de planes urbanísticos supramunicipales previstos por las Comunidades Autónomas ... 180
   4.1. Andalucía: Planes de Ordenación Intermunicipal ... 180
   4.2. Cataluña: la figura de los Planes Directores Urbanísticos en Cataluña ... 198
   4.3. Aragón: la coordinación del planeamiento urbanístico a través de los Programas de Coordinación del Planeamiento Urbanístico de Aragón ... 211
5. Conclusiones ... 214
6. Bibliografía ... 216

Capítulo 5

Las directrices de ordenación del territorio del País Vasco, determinaciones supramunicipales para un desarrollo urbano sostenible e integrado ... 219

1. Introducción ... 219
2. Antecedentes ... 223
3. Las DOT del año 2019 ... 226
4. Modelo de ocupación y el sistema polinuclear de capitales 229
5. Directrices urbanísticas de las DOT ... 231
   5.1. Directrices sobre regeneración urbana ... 231
   5.2. Directrices sobre los suelos de actividades económicas y equipamientos comerciales ... 233
   5.3. Directrices sobre los perímetros de crecimiento urbano ... 235
   5.4. Directrices sobre cuantificación residencial ... 236
6. Conclusiones ... 240
7. Bibliografía ... 241

Capítulo 6

El planeamiento supramunicipal en la Comunidad Valenciana*........... *243

1. El plan de ordenación ubana de Valencia y su cintura............243
2. Las normas de coordinación metropolitana 245
3. La ordenación territorial en el Texto Refundido de la Ley de Ordenación del Territorio, Urbanismo y Paisaje de la Comunidad Valenciana..246
4. La estrategia territorial de la comunidad valenciana 247
5. Los planes de acción territorial 251
   - **5.1. Plan de Acción Territorial sobre Prevención del Riesgo de Inundación de la Comunidad Valenciana (PATRICOVA) 254**
   - **5.2. El Plan de Acción Territorial de la Infraestructura Verde del Litoral de la Comunidad Valenciana (PATIVEL) 256**
   - **5.3. El plan eólico supramunicipal de la Comunidad Valenciana.............261**
   - **5.4. El Plan de Acción Territorial de Ordenación y Dinamización de la Huerta de Valencia 265**
   - **5.5. Plan de Acción Territorial Forestal de la Comunidad Valenciana......270**
6. Conclusiones...273
7. Bibliografía 275

Capítulo 7

El Plan director urbanístico de la actividad económica de la Cuenca de Ódena: una infraestructura verde de escala supramunicipal*..... *277

1. La estrategia territorial para la localización de nuevos sectores de actividad económica en Cataluña 278
2. La Cuenca de Ódena: un territorio industrial.........................281
3. El Plan director urbanístico de la actividad económica de la Cuenca de Ódena 284
4. Conclusiones..293
5. Bibliografía 296

Capítulo 8

La ordenación urbana y territorial en las grandes capitales europeas: retos del planeamiento supramunicipal y metropolitano ante la nueva agenda urbana*.. *297

1. Introducción 298

2. Retos supramunicipales en el planeamiento urbano y territorial de escala metropolitana 302
3. La agenda metropolitana del Gran París 309
4. La autoridad del Gran Londres y el London Plan 2021 315
5. De la agenda metropolitana supramunicipal a la suprarregional en Berlín-Brandeburgo 318
6. De la Provincia de Roma a la ciudad metropolitana de Roma capital 322
7. La ordenación supramunicipal de Barcelona: un nuevo plan director urbanístico metropolitano, medio siglo después 326
8. Conclusiones 330
9. Bibliografía 333
Anexo I. Regiones metropolitanas europeas 335

Capítulo 9

Planeamiento participativo a escala supramunicipal: el caso del Neighbourhood Planning en UK* *339

1. Introducción: la tradición participativa en el sistema de planeamiento británico 339
2. El modelo de Neighbourhood Planning y la reconfiguración del planeamiento local en Londres 341
3. Cross-boundary Neighbourhood Plans: barreras y oportunidades para la superación de las fronteras locales 344
4. El caso del Highgate Neighbourhood Plan 348
5. Lecciones y retos del Neighbourhood Planning 350
6. Bibliografía 352

Capítulo 10

La planificación y la ordenación territorial a nivel supramunicipal: el caso portugués* *355

1. Introducción 355
2. El nivel supramunicipal en la estructura administrativa portuguesa 356
   2.1. Consideraciones generales 356
   2.2. La inexistencia de regiones administrativas 359
   2.3. Los servicios desconcentrados de la Administración central 363

2.4. Las entidades intermunicipales 367

3. El nivel supramunicipal en las leyes de ordenación del territorio 371
   3.1. El sistema de gestión territorial en Portugal 371
   3.2. Los programas regionales de ordenación del territorio 377
   3.3. Los programas y planes intermunicipales de ordenación del territorio 380
   3.4. La inconsistencia del ámbito intermunicipal entre los ámbitos regional y municipal 383

4. Los ejemplos de planificación de cooperación municipal: ¿planes supramunicipales o intermunicipales? 388
   4.1. Plan de Ordenación Pormenorizada del Parque de las Ciudades (Parque das Cidades) 388
   4.2. Plan de Ordenación Intermunicipal del territorio del Alto Duero Vinatero (Alto Douro Vinhateiro) 389
   4.3. Plan de Ordenación Intermunicipal de la Ría de Aveiro 391
   4.4. Programa intermunicipal de los Sacromontes 393

5. Conclusiones 394

6. Bibliografía 395

Capítulo 11

La supramunicipalidad en Italia: el papel de la Ciudad Metropolitana en la organización administrativa local 397

1. Introducción 397

2. La organización administrativa en Italia: antecedentes y evolución 400

3. La reforma local en Italia 405
   3.1. Contexto general 405
   3.2. Las Regiones 407
   3.3. Las Provincias 414

4. Las Ciudades Metropolitanas como eje de racionalización en el modelo organizativo italiano 420
   4.1. Antecedentes: el periplo jurídico de las Ciudades Metropolitanas hasta su efectiva conformación en el ordenamiento jurídico 420
   4.2. Principales caracteres de las Ciudades Metropolitanas 426
   4.3. Funciones fundamentales atribuidas a las Ciudades Metropolitanas ... 428
   4.4. La organización institucional de las Ciudades Metropolitanas 431
   4.5. La evolución y estado actual de las Ciudades Metropolitanas 433

5. Reflexiones finales 435

6. Bibliografía 437

PARTE II

REDES Y MODELOS DE SERVICIOS PÚBLICOS A NIVEL SUPRAMUNICIPAL

Capítulo 12

Las fórmulas organizativas supramunicipales y su demostrada ineficacia para luchar contra la despoblación ***443***

1. Introducción 443
2. Proceso comarcalizador. Modelo aragonés, catalán y gallego ... 446
3. Proceso intermunicipalizador: las mancomunidades. Modelo andaluz y extremeño 461
4. Modelo Valenciano 473
5. Bibliografía 478

Capítulo 13

Los informes de naturaleza económica financiera en la planificación territorial y urbanística ***479***

1. Planteamiento 480
2. Las memorias o informes de naturaleza económica financiera en la planificación territorial y en la urbanística: a propósito de las sentencias del Tribunal Supremo de 27 de abril 2022, recursos de casación 4034/2021 y 4049/2021, sobre el Plan de Acción Territorial de la Infraestructura Verde del Litoral de la Comunidad Valenciana 487
   - 2.1. El marco normativo de los Planes de Acción Territorial en el Decreto Legislativo de la Comunidad Valenciana 1/2021, de 18 de junio, por el que se aprueba el Texto Refundido de la Ley de ordenación del territorio, urbanismo y paisaje 488
   - 2.2. Las sentencias del Tribunal Supremo de 27 de abril 2022, recursos de casación 4034/2021 y 4049/2021, sobre el Plan de Acción Territorial de la Infraestructura Verde del Litoral de la Comunidad Valenciana 496

Capítulo 14

Supramunicipalidad energética ***503***

1. Introducción 503

2. Referentes normativos en materia de energía: de las iniciativas comunitarias a las propuestas estatales 505
2.1. Marco normativo de la Unión Europea 505
2.2. Marco normativo estatal: propuestas de futuro 508
3. Superando las fronteras municipales en la gestión de la energía 515
3.1. Proyectos supramunicipales para el desarrollo de comunidades energéticas 519
4. Comunidades rurales energéticas 523
5. Supramunicipalidad energética desde las Cámaras de Comercio 529
5.1. Las Cámaras de Comercio, Industria, Servicios y Navegación como actores de la transformación energética 529
5.2. El marco normativo y planificador de Navarra 532
5.3. Los ejes de un proyecto exitoso 536
6. Conclusiones 540
7. Bibliografía 543

Capítulo 15

Protección civil en el ámbito supramunicipal* *545
1. Introducción 545
2. Contexto jurídico en materia de protección civil 547
3. Competencia supramunicipal en protección civil. Regulación general autonómica 553
3.1. Estatutos de Autonomía. Particular referencia al ámbito supramunicipal en protección civil 553
3.2. Normativa autonómica en materia de régimen local. Particular referencia al ámbito supramunicipal en protección civil 556
4. Tratamiento normativo de la protección civil supramunicipal en clave estatal 559
4.1. Ley del Sistema Nacional de Protección Civil 559
4.2. Norma Básica de Protección Civil 560
4.3. Norma Básica de Autoprotección 561
4.4. Estrategia Nacional de Protección Civil 562
4.5. Plan Estatal General de Emergencias de Protección Civil 562
4.6. Directrices Básicas de Planificación 563
5. Marco normativo autonómico en materia de protección civil y la atribución conferida a las entidades locales: análisis de conjunto 564
5.1. Introducción 564

5.2. Competencias de las entidades locales supramunicipales en materia de protección civil 567
5.3. Obligatoriedad de prestar el Servicio de Protección Civil por entidades locales de población superior a 20.000 habitantes y otras variables más restrictivas 571

6. Planes de emergencia supramunicipales 577
6.1. Planes territoriales de emergencia supramunicipales 577
6.2. Planes especiales de emergencia supramunicipales 583
6.3. Planes de emergencia supramunicipales. Aprobación 584
6.4. Planes de emergencia supramunicipales. Homologación 587
6.5. Planes de emergencia supramunicipales. Publicación 589

7. Conclusiones 592

8. Bibliografía 597

Capítulo 16

La adaptación ambiental del planeamiento municipal a través del planeamiento supramunicipal: el ejemplo catalán de los planes directores de suelos no sostenibles 599

1. Introducción: la necesidad de centrarnos en la adaptación ambiental del planeamiento urbanístico 600

2. La experiencia previa del planeamiento supramunicipal de ordenación del litoral: los ejemplos catalán, valenciano y andaluz 603

3. La necesidad de revisar el planeamiento obsoleto en Cataluña para adaptarlo ambientalmente 607

4. Los planes directores urbanísticos de revisión de los suelos no sostenibles de la costa brava y el pirineo como mecanismo de adaptación ambiental 609
4.1. Ámbito de aplicación 612
4.2. La definición del principio de desarrollo sostenible a partir de criterios de la legislación territorial, urbanística y sectorial 613
4.3. Las estrategias de actuación en los suelos de crecimiento urbanizables o urbanos no desarrollados 614

5. El riesgo indemnizatorio de los planes directores de revisión de suelos no sostenibles 616
5.1. El riesgo indemnizatorio por extinción de sectores y ámbitos de suelo urbanizable o urbano 617
5.2. El riesgo indemnizatorio por extinción de los “falsos urbanos” 619

6. Conclusiones 623

7. Bibliografía 625

Capítulo 17

La organización autonómica y supramunicipal en perspectiva comparada del sistema público de servicios sociales *627*

1. Introducción 628
2. Objetivos y metodología empleada 629
3. Caracterización y contexto autonómico de los servicios sociales 631
   3.1. Principales tendencias de población 631
   3.2. Tendencias en los patrones de pobreza y de exclusión social 633
   3.3. Tendencias en la protección social en servicios sociales y en el gasto social 634
4. Las leyes de segunda generación y la organización de los servicios sociales 636
5. El análisis comparado en los servicios sociales supramunicipales a través de las carteras autonómicas de servicios sociales 640
   5.1. Convivencia familiar, relacional y comunitaria 641
   5.2. Envejecimiento, dependencia, discapacidad y cuidados 644
   5.3. Inclusión social 647
   5.4. Garantía de Rentas 649
6. Tendencias de futuro 652
   6.1. Crecimiento de las necesidades y evolución en la estructura de los servicios sociales autonómicos 652
   6.2. Comparación y propuestas en los Servicios Sociales para el caso de La Rioja 653
7. Bibliografía 654

Abreviaturas

aDOT	Actuación de Dotación.
aEdif	Actuación Edificatoria.
AEDyGSS	Asociación Estatal de Directoras y Gerentes en Servicios Sociales.
aes	Ayudas de Emergencia Social.
aMU	Actuación sobre el Medio Urbano.
aMU-R	Actuación sobre el Medio Urbano de Rehabilitación.
aMU-RR	Actuación sobre el Medio Urbano de Regeneración y Renovación.
aMU-RRi	Actuación sobre el Medio Urbano de Regeneración y Renovación integrada.
ap./aps.	Apartado/s.
aRRU	Actuación de Reforma o Renovación de la Urbanización.
AROPE	At Risk of poverty and/or Social Exclusion.
art./arts.	Artículo/s.
AS	Asistencia Social.
BOE	Boletín Oficial del Estado.
CAPV	Comunidad Autónoma del País Vasco.
CAR	Comunidad Autónoma de La Rioja.
Cc	Código Civil.
CCAA	Comunidades Autónomas.

CCDR	Comisiones de Coordinación y Desarrollo Regional.
CE	Constitución Española.
CEAU	Carta Europea de Autonomía Local.
CENDOJ	Centro de Documentación Judicial.
CFN	Comunidad Foral de Navarra.
CIM	Comunidades Intermunicipales.
CPTU	Comisión de Política Territorial y de Urbanismo.
CTE	Código Técnico de la Edificación.
CyT	Comunidad de Castilla y León.
DA	Disposición Adicional.
DEC	Índice de Derechos/Economía/Cobertura.
Decreto-Ley 228/2012	Decreto-Ley 228/2012, de 25 de octubre, de 2012.
DF	Disposición Final.
DFERII	Directiva 2018/2001 relativa al fomento de las energías renovables.
DMIE	Directiva 2019/944 sobre normas comunes para el mercado interior de la electricidad.
DOT	Directrices de Ordenación del Territorio.
DOT97	Decreto 28/1997, de 11 de febrero, por el que se aprueban definitivamente las Directrices de Ordenación Territorial de la Comunidad Autónoma del País Vasco.
DOT19	Decreto 128/2019, de 30 de julio, por el que se aprueban definitivamente las Directrices de Ordenación Territorial de la Comunidad Autónoma del País Vasco.

DPC_CM	Decreto 36/2013 de 4 de julio de 2013, por el que se regula la planificación de emergencias en Castilla-La Mancha.
DPC_Ex	Decreto 32/2023, de 5 de abril, por el que se regula el registro de los Planes de Protección Civil de la Comunidad Autónoma de Extremadura y la estructura, contenido mínimo, régimen de aprobación, mantenimiento e implantación de dichos instrumentos de planificación.
DRAE	Diccionario de la Real Academia Española.
DT	Disposición Transitoria.
DUSI	Desarrollo Urbano Sostenible e Integrado.
EAA	Ley Orgánica 2/2007, de 19 de marzo, de reforma del Estatuto de Autonomía de Andalucía.
EAE	Estudio Ambiental Estratégico.
EATIM	Entidad ámbito territorial inferior al municipio.
ECO 805	Orden ECO/805/2003, de 27 de marzo, sobre normas de valoración de bienes inmuebles y de determinados derechos para ciertas finalidades financieras.
ECV	Encuesta de Condiciones de Vida.
EEF	Estudio Económico-Financiero (EVEF, Estudio de Viabilidad Económico Financiero en la LvSU).
EIA	Evaluación de Impacto Ambiental.
ELA	Entidad local autónoma.
EM	Exposición de motivos.

ETCV	Estrategia Territorial de la Comunidad Valenciana.
EVEF	Estudio Económico Financiero (TRLS76 y RPU) o Estudio de Viabilidad Económica-Financiera.
FJ	Fundamento Jurídico.
IMV	Ingreso Mínimo Vital.
INE	Instituto Nacional de Estadística.
ISE	Informe de Sostenibilidad Económica.
L3R	Ley 8/2013, de 26 de junio, de Rehabilitación, Regeneración y Renovación Urbana.
LANDIBE	Servicio Vasco de Empleo.
LAPAD	Ley 39/2006, de 14 de diciembre, de Promoción de la Autonomía Personal y Atención a las personas en situación de dependencia.
LAULA	Ley 5/2010, de 11 de junio, de Autonomía Local de Andalucía.
LB	Ley de Bases Generales de la Política Pública de Suelo, Ordenación del Territorio y Urbanismo (Ley nº 31/2014, de 30 de mayo).
LBRL	Ley 7/1985, de 2 de abril, Reguladora de las Bases de Régimen Local.
LES	Ley 2/2011, de 4 de marzo, de Economía Sostenible.
Ley 75/2013	Ley nº 75/2013, de 12 de septiembre.

Ley núm. 56 de 2014	Ley núm. 56, de 7 de abril de 2014, de Disposiciones sobre las ciudades metropolitanas, sobre las Provincias, sobre las uniones y fusiones de Municipios (Italia).
LISTA	Ley 7/2021, de 1 de diciembre, de Impulso para la Sostenibilidad del Territorio de Andalucía.
LOAL	Ley núm. 142, de 8 de junio de 1990, de Ordenamiento de las Autonomías Locales (Italia).
LOE	Ley 38/1999, de 5 de noviembre, de Ordenación de la Edificación.
LOUA	Ley 7/2002, de 17 de diciembre, de Ordenación Urbanística de Andalucía (derogada).
LOT	Ley 4/1990, de 31 de mayo, de Ordenación del Territorio del País Vasco (CAPV).
LOTA	Ley 1/1994, de 11 de enero, de Ordenación del Territorio de Andalucía (derogada).
LPAC	Ley 39/2015, de 1 de octubre, de Procedimiento Administrativo Común de las Administraciones Públicas.
LPC	Ley 2/1985, de 21 de enero, sobre Protección Civil.
LPC_And	Ley 2/2002, de 11 de noviembre, de Gestión de Emergencias en Andalucía.
LPC_Ar	Ley 30/2002, de 17 de diciembre, de Protección Civil y Atención de Emergencias de Aragón.
LPC_IB	Ley 3/2006, de 30 de marzo, de Gestión de Emergencias de las Illes Balears.

LPC_IC	Ley 9/2007, de 13 de abril, del Sistema Canario de Seguridad y Emergencias.
LPC_Can	Ley 3/2019, de 8 de abril, del Sistema de Protección Civil y Gestión de Emergencias de Cantabria.
LPC_CL	Ley 4/2007, de 28 de marzo, de Protección Ciudadana de Castilla y León.
LPC_Cat	Ley 4/1997, de 20 de mayo, de Protección Civil de Cataluña.
LPC_CV	Ley 13/2010, de 23 de noviembre, de Protección Civil y Gestión de Emergencias de la Comunitat Valenciana.
LPC_Ex	Ley 10/2019, de 11 de abril, de Protección Civil y de Gestión de Emergencias de la Comunidad Autónoma de Extremadura.
LPC_G	Ley 5/2007, de 7 de mayo, de Emergencias de Galicia.
LPC_R	Ley 1/2011, de 7 de febrero, de Protección Civil y Atención de Emergencias de La Rioja.
LPC_Ma	Ley 5/2023, de 22 de marzo, de creación del Sistema Integrado de Protección Civil y Emergencias de la Comunidad de Madrid.
LPC_Mur	Ley 3/2023, de 5 de abril, de Emergencias y Protección Civil de la Región de Murcia.
LPC_N	Ley Foral 8/2005, de 1 de julio, de Protección Civil y Atención de Emergencias de Navarra.
LPC_PV	Decreto Legislativo 1/2017, de 27 de abril, por el que se aprueba el texto refundido de la Ley de Gestión de Emergencias (País Vasco).

LPH	Ley 49/1960, de 21 de julio, sobre propiedad horizontal.
LQRA	Ley Marco de las Regiones Administrativas (Ley nº 56/91, de 13 de agosto).
LRHL	Real Decreto Legislativo 2/2004, de 5 de marzo, por el que se aprueba el texto refundido de la Ley Reguladora de las Haciendas Locales.
LRJSP	Ley 40/2015, de 1 de octubre, de Régimen Jurídico del Sector Público.
LRSAL	Ley 27/2013, de 27 de diciembre, de Racionalización y Sostenibilidad de la Administración Local.
LRSV98	Ley 6/1998, de 13 de abril, sobre régimen del suelo y valoraciones.
LS07	Ley 8/2007, de 28 de mayo, de Suelo.
LS56	Ley de 12 de mayo de 1956 de Suelo.
LS75	Ley 19/1975, de 2 de mayo, de reforma de la Ley sobre Régimen del Suelo y Ordenación Urbana.
LS90	Ley 8/1990, de 25 de julio, sobre Reforma del Régimen Urbanístico y Valoraciones del Suelo.
LSNPC	Ley 17/2015, de 9 de julio, del Sistema Nacional de Protección.
LUC	Ley 2/2002, de 14 de marzo, de Urbanismo (Cataluña).
LvSU	Ley 2/2006, de 30 de junio, de Suelo y Urbanismo (CAPV).

LVIV	Ley 3/2015, de 18 de junio, de Vivienda (CAPV).
MEaMU	Memoria Económica de las actuaciones sobre el Medio Urbano.
MICOD	Mancomunidad Intermunicipal de la Cuenca de Ódena.
MUC	Mapa Urbanístico de Cataluña.
PAT	Planes de Acción Territorial.
PATFOR	Plan de Acción Territorial de la Comunidad Valenciana.
PATIVEL	Plan de Acción Territorial de la Infraestructura Verde del Litoral de la Comunidad Valenciana.
PATRICOVA	Plan de Acción Territorial de Riesgo de Inundación de la Comunidad Valenciana.
PCPB	Plan Concertado de Prestaciones Básicas.
PDU	Plan Director Urbanístico.
PDUAECO	Plan Director Urbanístico de la Actividad Económica de la Cuenca de Ódena y Modificación puntual del Plan Director Urbanístico de la Cuenca de Ódena.
PDUCO	Plan Director Urbanístico de la Cuenca de Ódena.
PDURSNS	Planes directores urbanísticos de revisión de los suelos no sostenibles.
PDUSC	Plan Director Urbanístico del Sistema Costero.
PGOU	Plan General de Ordenación Urbana.

PNIEC	Plan Nacional Integrado de Energía y Clima 2021-2030.
POI	Planes de Ordenación Intermunicipal.
POUM	Plan de Ordenación Urbanística Municipal.
PPCLA	Protección del Corredor del Litoral de Andalucía.
PROT	Programas Regionales de Ordenación del Territorio.
PTP	Plan Territorial Parcial.
PTE_And	Plan Territorial de Emergencias de Andalucía, aprobado mediante Acuerdo de 22 de noviembre de 2011 del Consejo de Gobierno de la Junta de Andalucía.
PTE_Ast	Decreto 69/2014, de 16 de julio, por el que se aprueba el Plan Territorial de Protección Civil del Principado de Asturias.
PTE_Ar	Decreto 220/2014, de 16 de diciembre, del Gobierno de Aragón, por el que se aprueba el Plan Territorial de Protección Civil de Aragón.
PTE_IB	Decreto 40/2014, de 29 de agosto, por el que se aprueba el Plan Territorial de Protección Civil de la Comunidad Autónoma de las Illes Balears.
PTE_IC	Decreto 98/2015, de 22 de mayo, por el que se aprueba el Plan Territorial de Emergencias de Protección Civil de la Comunidad Autónoma de Canarias.
PTE_Can	Decreto 80/2018, de 4 de octubre, por el que se aprueba el Plan Territorial de Emergencias de Cantabria.

PTE_CM	Orden 130/2017, de 14 de julio, de la Consejería de Hacienda y Administraciones Públicas, por la que se revisa el Plan Territorial de Emergencias de Castilla-La Mancha.
PTE_CL	Decreto 4/2019, de 28 de febrero, por el que se aprueba el Plan Territorial de Protección Civil de Castilla y León.
PTE_Cat	Decreto 161/1995, de 16 de mayo, por el que se aprueba el Plan de Protección Civil de Cataluña, revisado el 10 de marzo de 2022.
PTE_CV	Decreto 243/1993, de 7 de diciembre, del Consell de aprobación del Plan Territorial de Emergencia de la Comunitat Valenciana. Revisado el 24 de marzo de 2020.
PTE_Ex	Decreto 187/2019, de 15 de octubre, por el que se actualiza el Plan Territorial de Protección Civil de la Comunidad Autónoma de Extremadura.
PTE_G	Decreto 56/2000, de 3 de marzo, por el que se regula la planificación, las medidas de coordinación y actuación de voluntarios, agrupaciones de voluntarios y entidades colaboradoras en materia de protección civil de Galicia. Anexo I Revisado en 2009.
PTE_R	Decreto 137/2011, de 30 de septiembre, por el que se aprueba el Plan Territorial de Protección Civil de la Comunidad Autónoma de La Rioja.

PTE_Ma	Acuerdo de 30 de abril de 2019, del Consejo de Gobierno, por el que se aprueba el Plan Territorial de Protección Civil de la Comunidad de Madrid.
PTE_Mur	Acuerdo de 4 de agosto de 2002, del Consejo de Gobierno, por el que se aprueba el Plan Territorial de Protección Civil de la Comunidad de Murcia.
PTE_N	Decreto Foral 230/1996, de 3 de junio, por el que se aprueba el Plan Territorial de Protección Civil de Navarra. Revisado en diciembre de 2020.
PTE_PV	Decreto 153/1997, de 24 de junio, por el que se aprueba el Plan de Protección Civil de Euskadi. Revisado mediante Decreto 1/2015 de 13 de enero.
PTS	Plan Territorial Sectorial.
PV	País Vasco.
RC	Renta de Ciudadanía.
RDL8/2011	Real Decreto-ley 8/2011, de 1 de julio, de medidas de apoyo a los deudores hipotecarios, de control del gasto público y cancelación de deudas con empresas y autónomos contraídas por las entidades locales, de fomento de la actividad empresarial e impulso de la rehabilitación y de simplificación administrativa.
RDU	Reglamento de Disciplina Urbanística para el desarrollo y aplicación de la Ley sobre Régimen del Suelo y Ordenación Urbana (aprobado por Real Decreto 2187/1978, de 23 de junio).

RG	Renta Garantizada.
RGI	Renta Garantizada de Inclusión Social.
RGU	Reglamento de Gestión Urbanística para el desarrollo y aplicación de la Ley sobre Régimen del Suelo y Ordenación Urbana (aprobado por Real Decreto 3288/1978, de 25 de agosto).
RJIGT	Régimen jurídico de los instrumentos de gestión territorial (Decreto-Ley nº 80/2015, de 14 de mayo).
RLISTA	Decreto 550/2022, de 29 de noviembre, por el que se aprueba el Reglamento General de la Ley 7/2021.
ROFEL	Real Decreto 2586/1986, de 28 de noviembre, por el que se aprueba el Reglamento de Organización, Funcionamiento y Régimen Jurídico de las Entidades Locales.
RPU	Reglamento del Planeamiento Urbanístico para el desarrollo y aplicación de la Ley sobre Régimen del Suelo y Ordenación Urbana (aprobado por Real Decreto 2159/1978, de 23 de junio).
RVal	Reglamento de valoraciones de la Ley de Suelo (aprobado por Real Decreto 1492/2011, de 24 de octubre).
SAD	Servicio de Ayuda a Domicilio.
SPSS	Sistema Público de Servicios Sociales.
SPRSS	Sistema Público Riojano de Servicios Sociales.
SRAPD	Sistema Rioja de Atención a Personas Dependientes.

SS.SS.	Sistema Público de Servicios Sociales.
SUC	Suelo Urbano Consolidado.
SUNC	Suelo Urbano No Consolidado.
SURBLE	Suelo Urbanizable.
STC	Sentencia del Tribunal Constitucional.
STS	Sentencia del Tribunal Supremo.
STSJ	Sentencia del Tribunal Superior de Justicia.
TRLOTUP	Texto Refundido de la Ley de Ordenación del Territorio, Urbanismo y Paisaje de la Comunidad Valenciana aprobado por el Decreto Legislativo 1/2021, de 18 de junio.
TRLS08	Texto Refundido de la Ley de Suelo del año 2008 (aprobado por Real Decreto Legislativo 2/2008, de 20 de junio).
TRLS13	Texto Refundido de la Ley de Suelo (versión resultante de las modificaciones introducidas por la DF12 L3R en el Texto Refundido de la Ley de Suelo aprobado por Real Decreto Legislativo 2/2008 de 20 de junio).
TRLS76	Texto Refundido de la Ley sobre Régimen del Suelo y Ordenación Urbana (aprobado por Real Decreto 1346/1976, de 9 de abril).
TRLS92	Texto Refundido de la Ley sobre Régimen del Suelo y Ordenación Urbana (aprobado por Real Decreto 1/1992, de 26 de junio).
TRLSRU	Texto Refundido de la Ley de Suelo y Rehabilitación Urbana (aprobado por Real Decreto Legislativo 7/2015, de 30 de octubre).

TRLUC	Texto Refundido de la Ley de urbanismo (aprobado por el Decreto Legislativo 1/2010, de 3 de agosto). Cataluña.
UTS	Unidades de Trabajo Social.
ZBSS	Zonas Básicas de Servicios Sociales.

PARTE I
ORGANIZACIÓN Y REGULACIÓN DE LA SUPRAMUNICIPALIDAD EN ESPAÑA Y EN CLAVE COMPARADA

Capítulo 1

La supramunicipalidad y su vertebración territorial, jurídica y social

MARTA LORA-TAMAYO VALLVÉ
Catedrática de Derecho Administrativo
Universidad Nacional de Educación a Distancia

La obra que se presenta es una completa investigación de la organización supramunicipal desde las diferentes vertientes que confluyen en la misma.

La obra es el resultado del proyecto de investigación ***"Organización y regulación de redes, servicios y planes supramunicipales para hace frente a la pandemia. Análisis de soluciones comparados y buenas prácticas"*** **financiado por la UNED-Banco de *Santander*** se encuentra alineado principalmente con el **ODS 3** "Garantizar una vida sana y promover el bienestar para todos en todas las edades".

Este objetivo es la base de todos los demás porque para alcanzar el resto de ODS es necesario que se garantice y promueva la salud y el bienestar en la medida en que el análisis y el estudio de las redes de organización de servicios públicos y el diseño de planes supramunicipales que **articulen auténticos servicios en red basados en las necesidades de los ciudadanos,** en su proximidad física, en su accesibilidad profesional, incrementarán el bienestar de los ciudadanos y la eficacia de los servicios.

Tal y como indica Naciones Unidas ***"La pandemia constituye un punto de inflexión en lo referente a la preparación para las emergencias sanitarias y la inversión en servicios públicos vitales del siglo XXI"*** **por esta razón el avance científico-técnico y experiencial y el análisis comparativo de los modos de organizar los servicios públicos sin aferrarse a límites territoriales formales sino adecuándolos a auténticos criterios de sostenibilidad territorial y necesidad ciudadana se hace imprescindible.**

Garantizar una vida sana y promover el bienestar en todas las edades es esencial para el desarrollo sostenible. Actualmente, el mundo se enfrenta a una crisis sanitaria mundial sin precedentes; la COVID-19 está propagando el sufrimiento humano, desestabilizando la economía mundial y cambiando drásticamente las vidas de miles de millones de personas en todo el mundo.

Antes de la pandemia, se consiguieron grandes avances en la mejora de la salud de millones de personas. En concreto, estos grandes avances se alcanzaron al aumentar la esperanza de vida y reducir algunas de las causas de muerte comunes asociadas con la mortalidad infantil y materna. **Sin embargo, se necesitan más esfuerzos** para erradicar por completo una gran variedad de enfermedades y abordar un gran número de problemas de salud, tanto constantes como emergentes. **A través de una financiación y organización y planificación más eficiente de los sistemas de servicios públicos**, un mayor saneamiento e higiene, y un mayor acceso al personal médico, se podrán conseguir avances significativos a la hora de ayudar a salvar las vidas de millones de personas.

Las emergencias sanitarias, como la derivada de la COVID-19, suponen un riesgo mundial y han demostrado que la preparación es vital. El Programa de las Naciones Unidas para el Desarrollo señaló **las grandes diferencias** relativas a las capacidades de los países para lidiar con la crisis de la COVID-19 y recuperarse de ella.

El **ODS 17.1** aboga por *"Fortalecer la Alianza Mundial para el Desarrollo Sostenible, complementada por alianzas entre múltiples interesados que movilicen y promuevan el intercambio de conocimientos, capacidad técnica, tecnología y recursos financieros, a fin de apoyar el logro de los Objetivos de Desarrollo Sostenible en todos los países, en particular los países en desarrollo."*

Asimismo Naciones Unidas destaca la necesidad de *"Alentar y promover la constitución de alianzas eficaces en las esferas pública, público-privada y de la sociedad civil, aprovechando la experiencia y las estrategias de obtención de recursos de las asociaciones"* en este sentido desde **el estudio y el análisis de la supramunicipalidad** pretendemos que mostrar la necesidad de **superar límites territoriales y competenciales articulando mecanismos de participación, gestión y planificación que atiendan de forma integral e interdisciplinar las necesidades de los ciudadanos.**

Por otra parte y en el ámbito concreto de las políticas públicas y sociales en el ámbito urbano el **ODS 11** supone una llamada a *"aumentar la urbanización inclusiva y sostenible y la capacidad para una planificación y gestión participativas, integradas y sostenibles de los asentamientos humanos en todos los países"* Y en este sentido realiza un llamamiento (11.b) para **aumentar sustancialmente el número de ciudades y asentamientos humanos que adoptan y ponen en marcha políticas y planes integrados para promover la inclusión social, el uso eficiente de los recursos, la mitigación del cambio climático y la adaptación a él y la resiliencia ante los desastres**, y desarrollar y poner en práctica, en consonancia con el Marco de Sendai para la Reducción del Riesgo de Desastres 2015-2030, la gestión integral de los riesgos de desastre a todos los niveles.

Más recientemente y en el ámbito doméstico la Agenda Urbana Española ha destacado la necesidad de (3.4.) *"Fomentar la transparencia de las administraciones y la participación ciudadana basada en el conocimiento previo, la educación y la información."* De hecho el III Plan de Gobierno Abierto ya abre mecanismos de participación y diálogo con la sociedad civil e incorpora fórmulas de transparencia y comunicación directa con el ciudadano. No obstante, -se insiste en la AUE- la participación ciudadana no será real ni efectiva mientras que no exista una verdadera conciencia que genere compromisos en relación con los intereses generales que conforman y confluyen en las ciudades y en los entornos urbanos. Y para ello la formación y la difusión de los objetivos de la Agenda Urbana son claves. Para ello serán fundamentales, como bien especifica la Agenda Urbana Española las actuaciones en materia de intercambio y difusión del conocimiento en el que la Universidad y las Administraciones locales juegan un papel fundamental.

Es pues en este marco en el que se presenta este proyecto interdisciplinar e internacional **para impulsar, promover y difundir redes y modelos de organización y regulación supramunicipales en aras a la mejora del planeamiento urbano y los servicios públicos.**

Asimismo, parte de la situación que presenta en España y la evolución que ha tenido, su escasa implementación, lo que parece contrario a la necesidad de respuestas jurídicas –o lo que es lo mismo– "dar la espalda" desde nuestro ordenamiento jurídico a lo que es una realidad presente pero, además, creciente y dinámica, en nuestros territorios, una realidad que, a su vez, carece de las respuestas que viene precisando desde hace años. Lo anterior constituye uno de los principales acicates de la obra, analizar, conocer y valorar el estado que desde el Derecho Administrativo presenta la organización supramunicipal en España para ofrecer las adecuadas respuestas jurídicas capaces de plantear propuestas de mejora en el ámbito normativo de la legislación local.

Se hace muy necesario conocer la situación que esta forma organizativa presenta, cómo y a través de qué herramientas, mecanismos e instrumentos se articula, tomando para ello algunos referentes concretos, autonómicos pero principalmente abordando modelos del ámbito comparado en los que ya cuenta con un bagaje y cuya utilización viene dando respuesta a buena parte de las problemáticas que aún en España persisten. Ello constituye otro de los elementos que dan particular y singular valor a este trabajo pues, conscientes de la problemática y de la necesidad de respuestas, se afronta cómo atajar los grandes retos que la supramunicipalidad presenta. Todo ello desde una perspectiva innovadora y acorde a las necesidades que se demandan, no se trata de "copiar" o "trasladar" ejemplos que han funcionado en otros países, incluso en algunas Comunidades Autónomas, el propósito es contar con un completo escenario de partida que sirva para abrir las miras y poder rearticular las cuestiones aún sin resolver o que no han funcionado cómo hubiese sido deseable en nuestro ordenamiento jurídico. De ahí que la obra, dedique una parte importante a modelos y ejemplos llevados a cabo en algunas Comunidades Autónomas pero principalmente en otros países.

Conocer y analizar la supramunicipalidad de manera completa y en todas sus vertientes es, como se decía, el propósito de esta obra, llamada a ser un referente en la materia. Por ello, la última parte del trabajo está dedicada a uno de los principales ámbitos en los que la misma tiene lugar, la prestación de servicios municipales empleando fórmulas supramunicipales, lo que se hace vital para muchos municipios que de otra forma sería no ya difícil, sino imposible, que prestasen aquellos servicios a los que nuestro ordenamiento jurídico les obliga. De dicha obligación hace que los municipios hayan reinventado diferentes formas con las que dar cumplimiento, ahora bien, nuevamente es preciso afrontar los retos que ello implica y, tomando referentes en algunos de los principales ámbitos sectoriales en los que tiene lugar, plantear y fomentar el desarrollo y aplicación de sistemas y redes supramunicipales que mejoren los servicios públicos y el funcionamiento de las ciudades en estrecha relación con sus entornos rurales.

Se está, como se indicaba, ante una obra única que aborda por primera vez el fenómeno de la supramunicipalidad de manera completa pero, además, aportando propuestas de mejora y ofreciendo novedosas fórmulas, en coherencia con lo que las propias dinámicas urbanas y territoriales demandan.

Capítulo 2

La organización supramunicipal en España: contexto, vicisitudes y retos en clave jurídica

ESTHER RANDO BURGOS
Profesora Ayudante Doctora (acred. PCD)
Universidad de Málaga

SUMARIO: 1. INTRODUCCIÓN. 2. LOS ENTES LOCALES EN LA ORGANIZACIÓN ADMINISTRATIVA ESPAÑOLA. 2.1. Algunas cuestiones previas. 2.2. La autonomía local. 2.3. Breves referencias al marco normativo estatal en régimen local. 3. LAS ENTIDADES SUPRAMUNICIPALES. 3.1. La problemática de la planta local en España y posibles alternativas. 3.2. Algunos apuntes sobre las entidades locales. 3.3. Las fórmulas organizativas de carácter supramunicipal. 4. CONCLUSIONES. 5. BIBLIOGRAFÍA.

1. INTRODUCCIÓN

España se conforma por 8.131 municipios, según la última revisión del padrón de municipios publicada por el Instituto Nacional de Estadística (INE), de fecha 1 de enero de 2022. Se trata de una cifra muy superior a la de otros países de nuestro entorno, valga el ejemplo de Portugal que cuenta con 308 municipios. Además, en torno al 72% de los municipios españoles tienen una población inferior a 2.000 habitantes.

Los datos anteriores contextualizan la realidad de la organización municipal en España y plantean, de entrada, un primer interrogante que no es una novedad, en la medida en que ya ha sido tratado con amplitud por la doctrina: la eficiencia del elevado número de municipios existentes en nuestro país y los consiguientes gastos que de ello se deriva.

Además, la tendencia mostrada en los últimos años ha sido hacia un progresivo crecimiento del número de municipios, lo que todo hace indicar continuará si no se adoptan medidas en otro sentido. Aspectos como la dispersión territorial, la propia despoblación, el envejecimiento de la población o los bajos índices de natalidad, apuntan, sin duda, en este sentido.

Sin embargo, esta tendencia, favorecida en algunos casos por el empleo de la figura de la segregación de municipios, es contraria a la que se observa en un importante número de países de Europa. Basta echar un vistazo a Suecia, Dinamarca, Grecia, Alemania, Bélgica o la propia Portugal, países que han apostado por llevar a cabo políticas públicas orientadas a reducir de manera significativa el número de municipios.

Nuestro ordenamiento jurídico prevé diferentes fórmulas para la creación o supresión de municipios, así como para la alteración de términos municipales. Pese a ello, la realidad muestra el escaso empleo en lo que a la reducción del número de municipios se refiere, propósito para el que se prevén técnicas como la fusión o la supresión de municipios por nuestro ordenamiento jurídico, y en el sentido opuesto el empleo masivo de las figuras tendentes a posibilitar la creación de nuevos municipios, mediante la segregación de municipios.

La reducción de la planta municipal es, sin lugar a dudas, un adecuado (y preciso) mecanismo en aras a la optimización y eficiencia de recursos públicos, valga el ejemplo adoptado, como se verá en capítulos posteriores, de Italia, y con la misma finalidad la apuesta de no pocos países por ello. No obstante, es un debate abierto en la medida en que, pese a las bondades que se puede predicar, cabe también apuntar aspectos negativos como la pérdida de la cercanía de la Administración al ciudadano y con ella la merma en la descentralización administrativa y la proximidad de los poderes públicos. De ahí la necesidad de ponderar y valorar tanto sus aspectos positivos como negativos, con la finalidad de tener el marco de referencia adecuado para poder pronunciarse en un sentido u otro.

Pero junto a las técnicas anteriores, nuestro ordenamiento jurídico recoge figuras orientadas precisamente a aunar los citados municipios, a las que les reconoce la condición de entes locales, nos referimos a las áreas metropolitanas, las comarcas y las mancomunidades de municipios, todas ellas previstas y reguladas, y que posibilitan, frente a la falta de una política efectiva orientada a la reducción de municipios, facilitar las funciones y el desempeño de competencias por los mismos, dotándolos de la adecuada figura que les dote de soporte jurídico a tal fin.

Pese a tratarse de figuras recogidas desde hace décadas y, a pesar de, valga la redundancia, la problemática que representa a nivel operativo el elevado número de municipios con que cuenta nuestro país, máxime si se tiene en cuenta, como se indicaba, que la inmensa mayoría tienen la condición de pequeños municipios, la realidad muestra la escasa implantación práctica que las mismas han tenido. Sin embargo, se está ante una realidad de hecho, piénsese en Madrid, Barcelona, Sevilla, Málaga, Bilbao, etc., acaso, ¿no podría afirmarse sin dudarlo que se está ante auténticas áreas metropolitas? La realidad muestra que sí, pero ello se contrapone rápidamente con su adecuación jurídica pues pese a existir la previsión legal de una figura concreta como es el área metropolitana que perfectamente podría dotar de cobertura jurídica a la misma, sencillamente, no se emplea o, mejor dicho, con la salvedad de algún ejemplo concreto que se verá, son muy reducidos los casos en que dicha figura se ha empleado.

En definitiva, el propósito y fin de este trabajo no es otro que aproximar a la realidad de la organización territorial en España, centrando los esfuerzos en analizar, como es el objeto de la obra en la que se encuadra las figuras que podrían denominarse se encuadran bajo la supramunicipalidad. Todo ello con la finalidad de conocer de manera más próxima, cómo se articula en la práctica, qué beneficios y desventajas podría tener su empleo, pero, ante todo, qué soluciones se pueden plantear frente a la realidad que presenta España en el contexto de su planta local.

2. LOS ENTES LOCALES EN LA ORGANIZACIÓN ADMINISTRATIVA ESPAÑOLA

2.1. Algunas cuestiones previas

Como punto de partida es adecuado indicar la diversidad de Administraciones públicas presentes en nuestro esquema organizativo. Por un lado, la Administración territorial, dentro de la cual se incluye la Administración General del Estado, la Administración de las Comunidades Autónomas y las Administraciones Locales y, por otro, la Administración no territorial, conformada por la Administración institucional, la Administración corporativa y las Administraciones independientes.

Nos centraremos en el primer grupo, en la Administración territorial, y dentro de ella, en particular, en la Administración local.

Las Administraciones territoriales se caracterizan por la descentralización territorial conforme a nuestro propio texto constitucional. Descentralización territorial que se manifiesta en un doble sentido: descentralización política y descentralización administrativa. De esta forma, mientras la descentralización política implica atribuir decisiones políticas originarias a entidades distintas a la entidad central, la descentralización administrativa es la técnica por la que las funciones públicas se distribuyen entre varias Administraciones públicas, jurídicamente independientes, y tiene como consecuencia inmediata la disminución de la tutela de la Administración de ámbito territorial superior sobre la Administración de ámbito territorial inferior. Además, dentro de la descentralización administrativa se diferencia la descentralización funcional (creación por una entidad pública de una Administración institucional o instrumental para la gestión más eficaz de parte de sus funciones).

En todo caso, el elemento constitutivo y determinante en las Administraciones territoriales es el territorio. Al igual que constituyen un *numerus clausus* o lista cerrada ya que vienen determinadas por la organización del Estado en el artículo 137 de la Constitución Española (CE). Su marco regulatorio parte de la Ley 40/2015, de 1 de octubre, de Régimen Jurídico del Sector Público (LRJSP), que se aplica a todas las Administraciones territoriales, junto a las leyes específicas que regulan cada una de las Administraciones territoriales.

Frente a la tradicional, en nuestro país, denominación de Administraciones Públicas, la LRJSP opta por el empleo del término “sector público” que comprende, como señala en el artículo 2, además de las ya enumeradas Administraciones territoriales (estatal, autonómica y local), el sector público institucional, a su vez integrado por: cualesquiera organismos públicos y entidades de derecho público vinculados o dependientes de las Administraciones públicas; las entidades de derecho privado vinculadas o dependientes de las Administraciones públicas que quedarán sujetas a lo dispuesto en las normas de la LRJSP que específicamente se refieran a las mismas; las Universidades públicas que se regirán por su normativa específica y, supletoriamente, por las previsiones de la LRJSP.

La actuación administrativa está sujeta a unos principios básicos recogidos en el artículo 103.1. de la CE, que predica "La Administración Pública sirve con objetividad los intereses generales y actúa de acuerdo con los principios de eficacia, jerarquía, descentralización, desconcentración y coordinación, con sometimiento pleno a la ley y al Derecho". Principios que, en lo esencial, acoge la LRJSP, en su artículo 3.1. "Las Administraciones Públicas sirven con objetividad los intereses generales y actúan de acuerdo con los principios de eficacia, jerarquía, descentralización, desconcentración y coordinación, con sometimiento pleno a la Constitución, a la Ley y al Derecho", además de prever en el párrafo segundo del mismo precepto, que "Deberán respetar en su actuación y relaciones los siguientes principios: a) Servicio efectivo a los ciudadanos; b) Simplicidad, claridad y proximidad a los ciudadanos; c) Participación, objetividad y transparencia de la actuación administrativa; d) Racionalización y agilidad de los procedimientos administrativos y de las actividades materiales de gestión; e) Buena fe, confianza legítima y lealtad institucional; f) Responsabilidad por la gestión pública; g) Planificación y dirección por objetivos y control de la gestión y evaluación de los resultados de las políticas públicas; h) Eficacia en el cumplimiento de los objetivos fijados; i) Economía, suficiencia y adecuación estricta de los medios a los fines institucionales; j) Eficiencia en la asignación y utilización de los recursos públicos; k) Cooperación, colaboración y coordinación entre las Administraciones Públicas".

2.2. La autonomía local

La CE prevé en el artículo 137 la división del Estado en diferentes entes territoriales: "Municipios, Provincias y las Comunidades Autónomas que se constituyan". La autonomía de los entes locales (Municipios, Provincias e Islas) goza de reconocimiento constitucional; en el artículo 137 de la CE, los Municipios y Provincias y en el artículo 141.1. de la CE, las Islas.

De esta forma, el artículo 137 de la CE garantiza no sólo la autonomía de las Comunidades Autónomas, también la de los entes locales, al disponer:

> "El Estado se organiza territorialmente en municipios, en provincias y en las Comunidades Autónomas que se constituyan. Todas estas entidades gozan de autonomía para la gestión de sus respectivos intereses".

El Tribunal Constitucional, en diferentes Sentencias, entre otras, la STC 4/1981, de 2 de febrero[1], y la STC 25/1981, de 14 de julio[2], reconoce una autonomía política a las Comunidades Autónomas y una autonomía administrativa a los entes locales. Así dispone que "Las Comunidades Autónomas gozan de una autonomía cualitativamente superior a la administrativa que corresponde a los entes locales, ya que se añaden potestades legislativas y gubernamentales que la configuran como autonomía de naturaleza política". De lo anterior, subyace que las relaciones entre las Comunidades Autónomas y los entes locales no son jerárquicas, sino que se rigen por el principio de competencia.

Ahora bien, en esta autonomía local que conlleva la descentralización territorial, las Comunidades Autónomas ostentan

---

1 BOE núm. 47, de 24 de febrero de 1981.

2 BOE núm. 193, de 13 de agosto de 1981.

la potestad legislativa, mientras los demás entes la potestad administrativa, no en vano si bien el artículo 137 de la CE se refiere a las Comunidades Autónomas, los Municipios y las Provincias, el artículo 140 de la CE[3], vuelve a insistir en la autonomía local, y el artículo 141 de la CE[4], en las Provincias y las Islas.

Se está ante una garantía institucional ya que la CE, al contrario de cómo procede con las Comunidades Autónomas, no precisa en qué consiste esa autonomía local a la que hace expresa referencia, no le atribuye una esfera de intereses propios ni un conjunto de competencias para materializarlos; lo que hace es remitir al legislador ordinario que, por tanto, puede atribuir a estas entidades mayor o menor autonomía. Por tanto, la garantía institucional supone una obligación para el

---

3 En su dicción, el precepto señala que: "La Constitución garantiza la autonomía de los municipios. Estos gozarán de personalidad jurídica plena. Su gobierno y administración corresponde a sus respectivos Ayuntamientos, integrados por los Alcaldes y los Concejales. Los Concejales serán elegidos por los vecinos del municipio mediante sufragio universal, igual, libre, directo y secreto, en la forma establecida por la ley. Los Alcaldes serán elegidos por los Concejales o por los vecinos. La ley regulará las condiciones en las que proceda el régimen del concejo abierto".

4 Así establece que:

"1. La provincia es una entidad local con personalidad jurídica propia, determinada por la agrupación de municipios y división territorial para el cumplimiento de las actividades del Estado. Cualquier alteración de los límites provinciales habrá de ser aprobada por las Cortes Generales mediante ley orgánica.
2. El Gobierno y la administración autónoma de las provincias estarán encomendados a Diputaciones u otras Corporaciones de carácter representativo.
3. Se podrán crear agrupaciones de municipios diferentes de la provincia.
4. En los archipiélagos, las islas tendrán además su administración propia en forma de Cabildos o Consejos".

legislador de respetar el núcleo básico de estas instituciones: podrá aumentar o disminuir las competencias, pero en ningún caso podrá eliminarlas totalmente. En definitiva, la garantía institucional no asegura un contenido concreto o un ámbito de competencias determinado, pero sí comporta que en ningún caso puede privarse totalmente a estos entes de su posibilidad de existencia efectiva.

Ahora bien, en el marco supranacional es preciso hacer alusión a la Carta Europea de Autonomía Local, aprobada por el Consejo de Europa, hecha en Estrasburgo en 1985. Como se sabe, la Carta Europea de Autonomía Local (CEAU), tiene el carácter de tratado internacional, por lo que desde su ratificación por España, lo que tuvo lugar el 20 de enero de 1988[5], y conforme a la previsión constitucional del artículo 96 de la CE, forma parte del ordenamiento jurídico interno. Autores como BANDRÉS SÁNCHEZ-CRUZAT[6], se ha encargado de recoger las principales vertientes doctrinales sobre el carácter normativo de la CEAU. Subraya como en la doctrina administrativista destaca la posición del profesor PAREJO ALFONSO "para quien formalmente la Carta Europea de la Autonomía Local tiene el valor y la fuerza propia de las leyes y, por ello, tiene la misma condición que la Ley reguladora de las bases de régimen local e integra con ella el "bloque de cabecera del ordenamiento de régimen local interno", aunque pueden advertirse diferencias relevantes entre ambos textos normativos en relación con el título competencial afectado (artículo 149.1.3.

---

[5] BOE núm. 47, de 24/04/1989.

[6] En relación con lo anterior véase las distintas posturas doctrinales, como recoge BANDRÉS SÁNCHEZ-CRUZAT, S.M. "La Autonomía Local en la Jurisprudencia del Tribunal Constitucional", en *La autonomía local: análisis jurisprudencial,* Marcial Pons, 1998, pp. 17-46 o, de manera más reciente, BANDRÉS SÁNCHEZ-CRUZAT, S.M. "Tribunal Supremo y Gobiernos locales: últimas novedades jurisprudenciales", *Cuadernos de Derecho Local,* 2022, pp. 390-425.

y artículos 149.1.8. CE) y el procedimiento de aprobación, suspensión, modificación o derogación”[7].

---

7 PAREJO ALFONSO, L. “La autonomía local en la Constitución”, en MUÑOZ MACHADO, S., *Tratado de Derecho Municipal*, Madrid: Civitas, 2003, pp. 25-156. Entre los autores que también destaca BANDRÉS SÁNCHEZ-CRUZAT, al haber mostrado su postura doctrinal, señala como “Para el profesor Luis Ortega, como recuerda el magistrado Rafael Fernández Montalvo, la Carta Europea despliega un efecto más intenso que la legislación básica. La congelación competencial que produce el convenio internacional hace que todo lo que en él aparece regulado sea indisponible. La Carta se impone a la LRBRL en las materias en las que pueda apreciarse una discrepancia por el efecto de lex posterior e impide, también, al legislador básico una modificación de lo en ella establecido. Y esta prevalencia se aprecia, asimismo, tanto en relación con la legislación sectorial estatal como respecto a la normativa de las comunidades autónomas”. En FERNÁNDEZ MONTALVO, R. “La presencia de la Carta Europea de la Autonomía Local en los pronunciamientos jurisprudenciales sobre autonomía local de 2004”, en *Anuario de Gobierno Local,* dirigido por TOMÁS FONT i LLOVET. Madrid: Fundación Gobierno y Democracia Local, 2005, citando a ORTEGA ÁLVAREZ, L. “La Carta Europea de la Autonomía Local y el ordenamiento local español”, *Revista de Estudios de la Administración Local y Autonómica,* núm. 259, 1993, pp. 475-498. También apunta como “Según el magistrado constitucional Jorge Rodríguez Zapata, para quien la Carta Europea de la Autonomía Local asume una posición de prevalencia respecto de la Ley por su naturaleza de tratado internacional”, según este autor, “debe ser parámetro para enjuiciar la constitucionalidad de las leyes internas”. En RODRÍGUEZ ZAPATA, J. “Interpretación jurisdiccional de la autonomía local en la jurisprudencia española”, en *Estudios sobre la Carta Europea de la Autonomía Local,* Conferencia sobre la Carta Europea de la Autonomía Local. Barcelona, 23-25 de enero de 1992. Ajuntament de Barcelona, 1994. Por último, muestra la posición mostrada por el profesor LASAGABASTER, para quien, según indica “con base en la doctrina sentada por el Tribunal Constitucional y por el Tribunal Supremo, considera que la Carta Europea de la Autonomía Local, como norma de Derecho

Parte la CEAU del fundamento constitucional y legal de la autonomía local, reconociendo en su artículo 2 que "El principio de la autonomía local debe estar reconocido en la legislación interna y, en lo posible, en la Constitución", ofreciendo el concepto de qué ha de entenderse por autonomía local, así preceptúa:

> "1. Por autonomía local se entiende el derecho y la capacidad efectiva de las Entidades locales de ordenar y gestionar una parte importante de los asuntos públicos, en el marco de la Ley, bajo su propia responsabilidad y en beneficio de sus habitantes.
>
> 2. Este derecho se ejerce por Asambleas o Consejos integrados por miembros elegidos por sufragio libre, secreto, igual, directo y universal y que pueden disponer de órganos ejecutivos responsables ante ellos mismos. Esta disposición no causará perjuicio al recurso a las asambleas de vecinos, al referéndum o a cualquier otra forma de participación directa de los ciudadanos, allí donde esté permitido por la Ley".

---

internacional, prevalece sobre las leyes por mor de lo dispuesto en el artículo 96 de la Constitución y el artículo 1.5 del Código Civil, de modo que a los órganos judiciales ordinarios les corresponde declarar la inaplicabilidad de la norma de Derecho interno que contradiga el Tratado, sin necesidad de plantear cuestión de inconstitucionalidad, cuando la norma controvertida tenga rango de ley. En defensa de su criterio aduce este autor la doctrina expuesta en la sentencia del Pleno del Tribunal Constitucional 28/1991, de 14 de febrero, en la que se rechaza que la oposición conflictual entre un tratado internacional y una ley interna pueda presentarse como un litigio constitucional". En LASAGABASTER HERRARTE, I. *La Carta Europea de la Autonomía Local.* Madrid: Iustel, 2007.

Pero, a su vez, la CEAU, se encarga de precisar el alcance de la autonomía local, indicando en su artículo 4, que:

> "1. Las competencias básicas de las Entidades locales vienen fijadas por la Constitución o por la Ley. Sin embargo, esta disposición no impide la atribución a las Entidades locales de competencias para fines específicos, de conformidad con la Ley.
>
> 2. Las Entidades locales tienen, dentro del ámbito de la Ley, libertad plena para ejercer su iniciativa en toda materia que no esté excluida de su competencia o atribuida a otra autoridad.
>
> 3. El ejercicio de las competencias públicas debe, de modo general, incumbir preferentemente a las autoridades más cercanas a los ciudadanos. La atribución de una competencia a otra autoridad debe tener en cuenta la amplitud o la naturaleza de la tarea o las necesidades de eficacia o economía.
>
> 4. Las competencias encomendadas a las Entidades locales, deben ser normalmente plenas y completas. No pueden ser puestas en tela de juicio ni limitadas por otra autoridad central o regional, más que dentro del ámbito de la Ley.
>
> 5. En caso de delegación de poderes por una autoridad central o regional, las Entidades locales deben disfrutar en lo posible de la libertad de adaptar su ejercicio a las condiciones locales.
>
> 6. Las Entidades locales deben ser consultadas, en la medida de lo posible, a su debido tiempo y de forma apropiada, a lo largo de los procesos de planificación y de decisión para todas las cuestiones que les afectan directamente".

Su interés, reside, como expone el profesor PAREJO ALFONSO en que, frente a las referencias, pero, a su vez, parca regulación directa del ordenamiento local por parte de la CE, pese a que, como señala el autor, insiste una y otra vez, en los artículos 137, 140 y 141, en el término "autonomía", erigiéndola "en la pieza maestra de aquel ordenamiento", sin embargo, su construcción jurídica "sólo es posible, pues, a partir y sobre la base de la interpretación y el desarrollo cabales y correctos de la autonomía garantizada por el Poder constituyente, que es, por tanto, el principio por excelencia de dicho ordenamiento local", abundando en que "Justamente aquí se sitúa la principal dificultad con que tropieza el Régimen local postconstitucional. Porque falta aun sencillamente una elaboración mínimamente suficiente del contenido y el alcance de la autonomía local en el orden estatuido por la Constitución de 1978; ausencia que se explica por la magnitud y de la transformación política operada por ésta, la complejidad y rapidez del proceso de reconstrucción del Estado iniciado con la misma y las exigencias de la dinámica política. El hecho es que, a efectos de la autonomía local, se viene operando con ideas inducidas por la experiencia histórica vivida (formulación política de la autonomía por contraposición a su diseño y manejo en el régimen autoritario y centralista anterior y con el designio del desmantelamiento de sus técnicas), los esquemas y categorías jurídico-públicas tradicionales (básicamente formuladas en el último tercio del siglo XIX y el primero de este siglo) y la traslación más o menos modulada al plano local de las construcciones que van formulándose, al compás del desarrollo constitucional, fundamentalmente para la novedosa autonomía territorial, la de las Comunidades Autónomas, que implanta el texto fundamental de 1978"[8].

Es más, en su artículo 11, la CEAU, llega incluso a regular lo que denomina "Protección legal de la autonomía local", reconociendo que las entidades locales deben disponer de una vía jurisdiccional a fin de asegurar el libre ejercicio de sus competencias y el respeto a los principios de autonomía local consagrados en la CE o en la legislación interna.

---

8 PAREJO ALFONSO, L. "La autonomía local", *Revista de Estudios de la Administración Local y Autonómica,* núm. 229, 1986, pp. 9-64.

Por su parte, la CEAU, también se encarga de fijar su ámbito de aplicación, extendiéndolo a todas las categorías de entidades locales existentes en el territorio de la parte contratante. Esta previsión, conforme al marco normativo español, y sin perjuicio de que nos detendremos en la cuestión más adelante, implica que la misma resulta aplicable a las dos categorías de entidades locales previstas en la Ley 7/1985, de 2 de abril, Reguladora de las Bases del Régimen Local (LRBL): entidades locales territoriales y entidades locales.

2.3. Breves referencias al marco normativo en régimen local

Adecuado es partir nuevamente, del texto constitucional y de la distribución de competencias que establece. Y aquí entran en juego las diferentes Administraciones territoriales. En primer lugar, el Estado, en virtud del artículo 149.1.18°. de la CE, ostenta la competencia exclusiva relativa al régimen jurídico básico de las Administraciones locales, lo que se ha de poner en relación con la previsión del artículo 137 de la CE, que parte de la organización territorial del Estado y las relaciones directas con las entidades locales.

Pero, a su vez, del artículo 149.1.18°., se infiere explícitamente la competencia de las Comunidades Autónomas en legislación de desarrollo y ejecución de la legislación básica sobre régimen local.

Adecuado es, antes de proseguir, detenernos en una cuestión. Mientras que la CE se encarga de enumerar y precisar las competencias tanto del Estado (artículo 149 de la CE), como de las Comunidades Autónomas (artículo 148 de la CE), mantiene silencio respecto a las competencias que pudieran corresponder a las entidades locales. Su remisión expresa a la regulación de la misma mediante regulación básica, competencia atribuida, como se indicaba, al Estado, lleva a la promulgación del que es el texto esencial en la materia: la LBRL.

Y, en efecto, en la LBRL, sí que se detalla el régimen jurídico de las entidades locales, entre otros aspectos y en referencia al párrafo anterior, también las competencias que las mismas ostentan. Diferencia de esta forma, entre lo que viene a denominar como competencias propias de los municipios, enumeradas en el artículo 25.2. de la LBRL, y competencias delegadas, entendiendo por tales aquellas competencias que el Estado y las Comunidades Autónomas, en el marco de sus respectivas competencias, podrán delegar en los municipios. Junto a ella, en el artículo 36 regula las competencias provinciales que encomienda directamente como competencias propias de la Diputación o entidad equivalente conforme a la legislación del Estado o de las Comunidades Autónomas.

Pero, además, se encarga de enumerar el conjunto de servicios de prestación obligatoria por parte de los municipios, cuestión regulada en el artículo 26 de la LBRL. En función del número de habitantes del municipio en cuestión deberá prestar más o menos servicios públicos. Aquí ya aparece, aunque será tratada con posterioridad, una de las principales problemáticas que llevan a la necesidad de rearticular y buscar fórmulas que faciliten lo que en la práctica supone un "quebradero" de cabeza en no pocas ocasiones para los municipios, por una sencilla razón y que es de sobra conocida, los escasos recursos de los que suelen disponer y frente a ello la obligación de prestar, con carácter obligatorio, un conjunto de servicios públicos. Ello lleva a plantearse la oportunidad que el empleo de fórmulas alternativas como los entes supramunicipales pueden jugar en este sentido. Sobre la cuestión se volverá más adelante.

Por su parte, debe atenderse también en este contexto normativo estatal al Real Decreto Legislativo 781/1986, de 18 de abril, por el que se aprueba el texto refundido de las disposiciones legales vigentes en materia de Régimen Local, dictado, atendiendo a la previsión contenida en la disposición final primera de la LBRL, que autorizaba al Gobierno de la Nación a refundir en un solo texto las disposiciones legales vigentes en materia de régimen local, de acuerdo con lo dispuesto en su disposición derogatoria, en tanto no se opusieran, contradijeran o resultasen incompatible con la citada LBRL. El objeto del citado Real Decreto Legislativo 781/1986, no es otro que adecuar los preceptos no derogados de la legislación anterior (Ley de Régimen Local, texto articulado y refundido, aprobado por Decreto de 24 de junio de 1955), con las aclaraciones y armonizaciones procedentes. El texto legal, se centra en la regulación del municipio (territorio, población y organización); así como la provincia (organización y competencias), junto a otras entidades locales, constreñido a las Mancomunidades y las entidades locales de ámbito territorial al municipio.

En el ámbito estatal, también debemos hacer referencia a la Ley 27/2013, de 27 de diciembre, de Racionalización y Sostenibilidad de la Administración Local (LRSAL), dictada en desarrollo de la reforma del artículo 135 de la CE, operada en el año 2011 y que consagra la estabilidad presupuestaria como principio rector que debe presidir las actuaciones de todas las Administraciones públicas y que se encarga, como reconoce en su exposición de motivos, en lo relativo a la Administración local, de llevar a cabo en la LBRL "una revisión profunda del conjunto de disposiciones relativas al completo estatuto jurídico de la Administración local". En relación con lo cual se plantea varios objetivos básicos: clarificar las competencias municipales para evitar duplicidades con las competencias de otras Administraciones de forma que se haga efectivo el principio "una Administración una competencia", racionalizar la estructura organizativa de la Administración local de acuerdo con los principios de eficiencia, estabilidad y sostenibilidad financiera, garantizar un control financiero y presupuestario más riguroso y favorecer la iniciativa económica privada evitando intervenciones administrativas desproporcionadas[9].

Por su parte, si bien con carácter reglamentario, el Real Decreto 2586/1986, de 28 de noviembre, por el que se aprueba el Reglamento de Organización, Funcionamiento y Régimen Jurídico de las Entidades Locales (ROFEL), también se encarga de regular las entidades locales. Como particularidad, el ROFEL proviene del mandato de la disposición final primera de la LBRL que establece que el Gobierno de la Nación debe actualizar y acomodar en la misma, entre otros, el Reglamento de Organización, Funcionamiento y Régimen Jurídico de las Corporaciones Locales, aprobado por Decreto de 17 de mayo de 1952 con las modificaciones de que haya sido objeto en disposiciones posteriores, fruto de dicha adecuación, en lo fundamental en lo referido a los Estatutos de los miembros de las corporaciones locales y de los vecinos, así como la participación ciudadana, surge el ROFEL.

En síntesis, a nivel estatal, y en desarrollo de la atribución competencial del artículo 149.1.18ª. de la CE al Estado, es la LBRL la norma básica encargada de regular la Administración local. Junto a la cual, hay que atender al marco establecido en el Real Decreto Legislativo 781/1986 y en la LRSAL, así como en el marco reglamentario, el ROFEL.

Ahora bien, sin perjuicio de lo anterior, y dado el carácter de legislación básica que se atribuye al Estado, las Comunidades Autónomas pueden asumir competencias de desarrollo

---

9 Véase BARRERO RODRÍGUEZ, C. "La reforma del régimen local: las competencias municipales: Mesa redonda segunda: la reforma local", en FAYA BARRIOS, A.L. *Legislación de crisis y su incidencia en el estado de las autonomías: actas de las XVI Jornadas de Estudio del Gabinete Jurídico de la Junta de Andalucía.* Sevilla: Junta de Andalucía, Instituto Andaluz de Administración Pública, 2015, pp. 139-178.

de legislación básica y de ejecución. Ya de manera temprana, el Tribunal Constitucional en su Sentencia 1/1982, de 28 de enero[10], precisó esta cuestión, declarando, en síntesis, que el término bases o normas básicas empleado en reiteradas ocasiones por el artículo 149 de la CE no es más que una técnica mediante la cual la regulación final es el resultado de la actividad normativa compartida con el Estado, que regula lo básico, y de la Comunidad Autónoma, encargada de desarrollar la citada regulación básica. Así, en el FJ 1, la meritada resolución judicial establece:

> "Lo que la Constitución persigue al conferir a los órganos generales del Estado la competencia exclusiva para establecer las bases de la ordenación de una materia determinada (en nuestro caso las de los números 11 y 13) es que tales bases tengan una regulación normativa uniforme y de vigencia en toda la Nación, con lo cual se asegura, en aras de intereses generales superiores a los de cada Comunidad Autónoma, un común denominador normativo, a partir del cual cada Comunidad, en defensa del propio interés general, podrá establecer las peculiaridades que le convengan dentro del marco de competencias que la Constitución y su Estatuto le hayan atribuido sobre aquella misma materia".

En coherencia con ello, Comunidades Autónomas como, por ejemplo, Andalucía, han desarrollado lo anterior. En el caso de esta Comunidad Autónoma, que se señala únicamente a efectos ejemplificativos, el artículo 92.2. de su Estatuto de Autonomía[11] (EEA) reconoce a los municipios competencias propias y el artículo 192.2. establece que una ley regulará la participación de las entidades locales en los tributos de la Comunidad Autónoma que se instrumentará a través de un fondo de nivelación municipal, de carácter incondicionado,

---

[10] BOE núm. 49, de 26 de febrero de 1982.

[11] Aprobado por Ley Orgánica 2/2007, de 19 de marzo, de reforma del Estatuto de Autonomía de Andalucía.

recogiendo competencias propias y financiación incondicionada, junto a ello, garantiza la plena capacidad de autoorganización y el principio de subsidiariedad. En virtud de dicha previsión, desarrolla la Ley 5/2010, de 11 de junio, de Autonomía Local de Andalucía (LAULA)[12].

3. LAS ENTIDADES SUPRAMUNICIPALES

3.1. La problemática de la planta local en España y posibles alternativas

Conforme a los últimos datos disponibles, España cuenta con un total de 8.131 municipios, según publica el Instituto Nacional de Estadística (INE)[13]. Destacan claramente algunas Comunidades Autónomas como Castilla y León que tiene 2.248 municipios, seguida de Cataluña (con 947 municipios) o Castilla-La Mancha (con 919 municipios). Por provincias, en la cúspide, la provincia de Burgos que alberga 371 municipios, en el extremo opuesto la provincia de Las Palmas, con 34. En términos de población, a 1 de enero de 2022, la población inscrita era de 47.475.420 habitantes. Como datos de interés,

---

12 Sobre las normativas autonómicas en régimen local, véase, entre otros, VELASCO CABALLERO, F. "El nuevo régimen local general y su aplicación diferenciada en las distintas comunidades autónomas", *Revista Catalana de Dret Públic,* núm. 48, 2014, pp. 1-23; PAREJO ALFONSO, L. "Consideraciones sobre el régimen local básico en los nuevos Estatutos de Autonomía", *Fundación Manuel Giménez Abad de Estudios Parlamentarios y del Estado Autonómico,* 2009, pp. 1-16; SOLOZÁBAL ECHEVARRÍA, J.J. "El marco estatutario del régimen local", *Revista de Administración Pública,* núm. 179, 2009, pp. 9-35.

13 Referidos al 1 de enero de 2022.

4.986 municipios tienen menos de 1.000 habitantes; 2.381 municipios tienen una población de entre 1.001 y 10.000 habitantes; 613 municipios se encuentran entre los 10.001 y los 50.000 habitantes; frente a los 87 municipios cuya población está entre los 50.001 y los 100.000 habitantes, y tan sólo 64 cuentan con más de 100.000 habitantes. Los datos publicados por el INE resultan, cuando menos, ejemplificativos, más de la mitad de los municipios españoles tienen una población inferior a los 1.000 habitantes, en total un 61,32%. En el extremo opuesto, ni siquiera llega al 1% (en concreto, 0,79%) de los municipios en España superan los 100.000 habitantes.

Ahora bien, para tener una perspectiva acorde de la situación que presenta España es adecuado ponerla en relación con otros países de su entorno. Significativo si se señala que la vecina Portugal cuenta con tan solo 308 municipios. Pero esta tendencia no es algo puntual de Portugal, desde hace décadas, pero con particular ahínco en los últimos años, provocada por la crisis económica y financiera y consciente de la insostenibilidad del modelo con el firme propósito de reducir su número de municipios, son numerosos los países que han llevado a cabo reformas en su organización municipal con el firme propósito de reducir su planta municipal. Ha sido la tendencia seguida, sin carácter exhaustivo, por otros tantos países europeos como Grecia, Italia, Suecia, Dinamarca, Alemania o Bélgica[14].

---

14 Sobre las transformaciones político-administrativas en la planta local europea, sus transformaciones desde la segunda mitad del siglo XX, o los modelos empleados a tal fin: la reducción del número de municipios por agregación o fusiones de varios municipios, propia en los países del norte de Europa o la creación de entes de cooperación supramunicipal, opción elegida por la mayoría de países de tradición administrativa francesa, así como la posibilidad de, en base a dichas experiencias, acometer un posible modelo de reestructuración de la base local en España, realiza un interesante análisis RODRÍGUEZ

En el caso de Portugal, su organización territorial se estructura en 18 distritos y dos regiones autónomas (Azores y Madeira), los cuales se dividen en 308 municipios[15], que, a su vez, se subdividen en un nivel inferior al municipio las denominadas "*Freguesías*", de las que se contabilizan, según datos de EUROSTAT, un total de 3.092[16].

Ilustrativo, como señala el profesor REBOLLO PUIG, precisamente al comparar la situación de la planta local de España con la de Portugal. Apunta de partida, en relación con la proliferación de pequeños municipios en España, que "En esta superabundancia de municipios y en la consiguiente atomización nos diferenciamos bastante de Portugal, a la que bien podríamos señalar como un modelo. Es más, Portugal es precursora y adelantada de muchos Estados europeos pues, no habiendo tenido nunca un número desmesurado de municipios (a lo sumo llegó a tener unos 800), realizó hace mucho tiempo una drástica reducción, como siglo y medio después han hecho Alemania, Bélgica, Gran Bretaña, Holanda, Suecia, Grecia… aunque todos ellos con resultados más modestos que Portugal", indicando como "En la actualidad, sólo la provincia de Burgos, que no llega ni remotamente al medio millón de habitantes, tiene bastantes más municipios que toda Portugal. Si Portugal padeciese el minifundismo municipal de España, multiplicaría por siete su actual número de municipios"[17].

GONZÁLEZ, R. "El territorio local en Europa. Reestructuración de su base organizativa y posibilidades para España", *Revista de Xeografía, Territorio e Medio Ambiente*, núm. 6, 2006, pp. 115-132.

15 Conforme a datos de la *Associaçao Nacional de Municípios Portugueses*. Disponible en https://anmp.pt/municipios/municipios/municipios-de-a-a-v/

16 Datos obtenidos de https://ec.europa.eu/eurostat/web/nuts/local-administrative-units

17 REBOLLO PUIG, M. "La supresión de los pequeños municipios: régimen, alternativas, ventajas e inconvenientes", *Revista de Estudios*

Y en este sentido, parece oportuno la formulación de dos posibles modelos o, si se quiere, incluso la conjugación de ambos. La rearticulación de la actual planta local utilizando las fórmulas de alteración de municipios prevista en nuestro ordenamiento jurídico[18], en particular y por coherencia con lo que aquí se mantiene, la fusión o incorporación, y/o el empleo efectivo de las fórmulas organizativas supramunicipales ya previstas desde su promulgación en la LBRL, en las que nos centraremos, si bien sin obviar que en este caso nos encontramos ante Administraciones no territoriales.

Precisamente con dicha finalidad se promulga LRSAL, entre otras, debido a la necesidad de racionalizar la estructura de una Administración local sobredimensionada y con importantes problemas de sostenibilidad financiera. De hecho, como reconoce en su exposición de motivos, "enumera un listado de

---

de la Administración Local y Autonómica, núm. 308, 2008, pp. 151-206.

18 Ha de apuntarse que el artículo 148.1.2º. de la CE, faculta a las Comunidades Autónomas a asumir la competencia en materia de "Las alteraciones de los términos municipales comprendidos en su territorio y, en general, las funciones que correspondan a la Administración del Estado sobre las Corporaciones locales y cuya transferencia autorice la legislación sobre Régimen Local". La propia LBRL, en su artículo 13, se refiere a las diferentes fórmulas de creación o supresión de municipios, así como la alteración de términos municipales, remitiendo a su regulación por la legislación de las Comunidades Autónomas sobre régimen local. Parece evidenciarse, conforme a la previsión del artículo 13.4. de la LBRL, un cierto criterio favorable a favor de la fusión, previendo que "Los municipios, con independencia de su población, colindantes dentro de la misma provincia podrán acordar su fusión mediante un convenio de fusión, sin perjuicio del procedimiento previsto en la normativa autonómica. El nuevo municipio resultante de la fusión no podrá segregarse hasta transcurridos diez años desde la adopción del convenio de fusión", enumerando, además, en su regulación, el régimen que le resultará de aplicación al municipio resultante de dicha fusión.

materias en que los municipios han de ejercer, en todo caso, competencias propias, estableciéndose una reserva formal de ley para su determinación, así como una serie de garantías para su concreción y ejercicio. Las Entidades Locales no deben volver a asumir competencias que no les atribuye la ley y para las que no cuenten con la financiación adecuada. Por tanto, solo podrán ejercer competencias distintas de las propias o de las atribuidas por delegación cuando no se ponga en riesgo la sostenibilidad financiera del conjunto de la Hacienda municipal, y no se incurra en un supuesto de ejecución simultánea del mismo servicio público con otra Administración Pública. De igual modo, la estabilidad presupuestaria vincula de una forma directa la celebración de convenios entre administraciones y la eliminación de duplicidades administrativas". A la par que apuesta por reforzar el papel de las Diputaciones Provinciales, los Cabildos, los Consejos insulares o entidades equivalentes, principalmente a través de la coordinación por las Diputaciones de determinados servicios mínimos en los municipios con población inferior a 20.000 habitantes, lo que, tal y como se veía con anterioridad, supone, en términos porcentuales, la mayor parte de la planta local española, o la atribución a las Diputaciones de nuevas funciones como la prestación de servicios de recaudación tributaria, administración electrónica o contratación centralizada en los municipios con población inferior a 20.000 habitantes, así como una activa participación de las mismas en la elaboración y seguimiento de los planes económico-financieros o las labores de coordinación y supervisión, en colaboración con las Comunidades Autónomas, de los procesos de fusión de municipios[19].

---

19 Sobre la cuestión, véase, entre otros, GUTIÉRREZ COLOMINA, V. y LLAVADOR CISTERNES, H. (coords.) *Ley de racionalización y sostenibilidad de la Administración Local. Estudio sobre la aplicación de la Ley 27/2013, de 27 de diciembre: actualizado a la Ley 15/2004, de 16 de septiembre.* Valencia: Tirant lo Blanch, 2015; DOMINGO ZABALLOS,

3.2. Algunos apuntes sobre las entidades locales

Pues bien, en este punto y antes de proseguir, es adecuado concretar algunas de las previsiones que en relación a la planta local española prevé la LBRL.

La LBRL, en el marco de sus disposiciones generales, parte diferenciando en el artículo 3, dos grandes grupos de entes locales:

- Entidades locales territoriales (artículo 3.1. LBRL): dentro de las cuales incluye los municipios, la provincia y la isla en los archipiélagos balear y canario.
- Entidades locales (art. 3.2. LBRL): categoría en la que distingue las comarcas, las áreas metropolitanas y las mancomunidades de municipios[20].

M. (coord.) *Reforma del Régimen Local: la Ley de Racionalización y Sostenibilidad de la Administración Local: veintitrés estudios*. Navarra: Thomson Reuters Aranzadi, 2014; SANTAMARÍA PASTOR, J.A. *La reforma del 2013 del régimen local español*. Madrid: Fundación Democracia y Gobierno Local, 2014; MARTÍNEZ PALLARÉS, P. "La planta local tras la Ley de Racionalización y Sostenibilidad de la Administración Local: esperando a Godot", *Revista Cuadernos Manuel Giménez Abad*, núm. 7, 2014, pp. 70-82; GARCÍA RUBIO, F. *El derecho local tras la "racionalización": entre la transparencia, la remunicipalización y el ajuste presupuestario*. Valencia: Tirant Lo Blanch, 2020.

20 Antes de la modificación de este precepto por la LRSAL, el tenor del artículo 3.2. de la LBRL, era el siguiente:

"Gozan, asimismo, de la condición de entidades locales:

a) Las entidades de ámbito territorial inferior al municipal, instituidas o reconocidas por las Comunidades Autónomas, conforme al artículo 45 de esta Ley.

b) Las comarcas u otras Entidades que agrupen varios Municipios, instituidas por las Comunidades Autónomas de conformidad con esta Ley y los correspondientes Estatutos de Autonomía.

c) Las Áreas metropolitanas.

d) Las Mancomunidades de Municipios".

El artículo 4 al regular las potestades que reconoce a las entidades locales, dedica su apartado 1 a enumerar aquellas que, en el marco de sus competencias, corresponden a las entidades locales territoriales, recogiendo como tales:

- Las potestades reglamentaria y de autoorganización.
- Las potestades tributaria y financiera.
- La potestad de programación o planificación.
- Las potestades expropiatoria y de investigación, deslinde y recuperación de oficio de sus bienes.
- La presunción de legitimidad y la ejecutividad de sus actos.
- Las potestades de ejecución forzosa y sancionadora.
- La potestad de revisión de oficio de sus actos y acuerdos.
- Las prelaciones y preferencias y demás prerrogativas reconocidas a la Hacienda Pública para los créditos de la misma, sin perjuicio de las que correspondan a las Haciendas del Estado y de las comunidades autónomas; así como la inembargabilidad de sus bienes y derechos en los términos previstos en las leyes.

Ahora bien, como particularidad, el artículo 4.2. faculta a las leyes de las Comunidades Autónomas a concretar cuáles de las anteriores potestades podrán resultar de aplicación para las comarcas, las áreas metropolitanas y las demás entidades locales. En el caso de las mancomunidades, que el precepto excluye expresamente de dicha previsión, remitiendo a lo previsto en el artículo 4.3., precisa que a las mismas les corresponde "para

---

En definitiva, la modificación viene dada por la supresión de las entidades de ámbito inferior al municipio, de las que ya no se predica la condición de entidad local, al menos, a la luz de la clasificación que realiza el artículo 3 de la LBRL.

la prestación de los servicios o la ejecución de las obras de su competencia, las potestades señaladas en el apartado 1 de este artículo que determinen sus Estatutos. En defecto de previsión estatutaria, les corresponderán todas las potestades enumeradas en dicho apartado, siempre que sean precisas para el cumplimiento de su finalidad, y de acuerdo con la legislación aplicable a cada una de dichas potestades, en ambos casos"[21].

En síntesis, la LBRL reconoce junto a las tradicionalmente implantadas en nuestra organización territorial administrativa, las entidades locales territoriales, una segunda categoría, que únicamente denomina "entidades locales" y centro de la cual se integran diversas formas organizativas de carácter supramunicipal.

3.3. Las fórmulas organizativas de carácter supramunicipal

Nos centraremos en el presente epígrafe en las entidades locales de carácter supramunicipal previstas en nuestro ordenamiento jurídico y la relevancia que la misma vienen teniendo a nivel práctico.

Adelantar, antes de profundizar, que la norma choca frontalmente con la realidad, ya que, si bien nos encontramos ante entidades previstas desde la propia promulgación de la LBRL,

---

[21] Sobre las entidades locales territoriales, véase, entre otros, MORENO MOLINA, A.M. "Las entidades locales territoriales. Organización y competencias", en CALVO CHARRO, M. (coord.) y RODRÍGUEZ-ARANA, J. (dir./coord.) *La administración pública española.* Madrid: Instituto Nacional de Administración Pública, 2002 o MORELL OCAÑA, L. "Las fuentes del Derecho Local: Problemas generales: Competencias del Estado y las Comunidades Autónomas", *Revista de Estudios de la Administración Local y Autonómica,* núm. 235-236, 1987, pp. 489-532.

en el año 1985, en la práctica su efectiva implantación ha sido muy escasa, pese a que es una realidad desde años en nuestro país y que se incrementa día a día. Parece incoherente que una cuestión, como es la evolución de las dinámicas sociales, territoriales, económicas y en otros ámbitos que superan los tradicionales límites o "fronteras" administrativas, con las consiguientes problemáticas que de la misma se genera, aun teniendo una solución prevista en nuestro ordenamiento jurídico, no se emplee en la práctica. La razón bien parece estar en el perpetuo y tradicional arraigo a la Administración sobre la que se despliegan las competencias, sea estatal, autonómica o local, pero, incluso, si cabe, con más ahínco en el ámbito local.

Es el título IV de la LBRL el encargado de regular lo que denomina "Otras entidades locales". Ahora bien, como punto de partida aquí no es el territorio, como lo es en las entidades locales territoriales, lo determinante. Y tampoco puede hablarse, en modo alguno, de una simbiosis absoluta, no en vano nuestro ordenamiento jurídico las diferencia, una de las cuestiones más importantes, en el ámbito competencial de las mismas.

En relación con las comarcas, desde el marco legislativo básico, la LBRL dedica su artículo 42 a las mismas, fijando que:

> "1. Las Comunidades Autónomas, de acuerdo con lo dispuesto en sus respectivos Estatutos, podrán crear en su territorio comarcas u otras entidades que agrupen varios Municipios, cuyas características determinen intereses comunes precisados de una gestión propia o demanden la prestación de servicios de dicho ámbito.
>
> 2. La iniciativa para la creación de una comarca podrá partir de los propios Municipios interesados. En cualquier caso, no podrá crearse la comarca si a ello se oponen expresamente las dos quintas partes de los Municipios que debieran agruparse en ella, siempre que, en este caso, tales Municipios representen al menos la mitad del censo electoral del territorio

> correspondiente. Cuando la comarca deba agrupar a Municipios de más de una Provincia, será necesario el informe favorable de las Diputaciones Provinciales a cuyo ámbito territorial pertenezcan tales Municipios.
>
> 3. Las Leyes de las Comunidades Autónomas determinarán el ámbito territorial de las comarcas, la composición y el funcionamiento de sus órganos de gobierno, que serán representativos de los Ayuntamientos que agrupen, así como las competencias y recursos económicos que, en todo caso, se les asignen.
>
> 4. La creación de las Comarcas no podrá suponer la pérdida por los Municipios de la competencia para prestar los servicios enumerados en el artículo 26, ni privar a los mismos de toda intervención en cada una de las materias enumeradas en el apartado 2 del artículo 25"[22].

Son, por tanto, a partir de las previsiones anteriores, las Comunidades Autónomas las auténticas protagonistas en el establecimiento de la regulación de las comarcas en su ámbito territorial.

---

[22] En relación a las comarcas, la disposición adicional cuarta de la LBRL, contiene una particularidad en el caso de Cataluña, así dispone:
"En el supuesto de que, en aplicación de lo previsto en el número 2 del artículo 42 de esta Ley, se impidiera de forma parcial y minoritaria la organización comarcal del conjunto del territorio de la Comunidad Autónoma, la Generalidad de Cataluña, por haber tenido aprobada en el pasado una organización comarcal para la totalidad de su territorio y prever su Estatuto, asimismo, una organización comarcal de carácter general, podrá, mediante Ley aprobada por mayoría absoluta de su Asamblea Legislativa, acordar la constitución de la comarca o las comarcas que resten para extender dicha organización a todo su ámbito territorial".

Formalmente constituidas, y de conformidad con los datos publicados por el Registro de Entidades Locales[23], las Comunidades Autónomas en las que predominan las mismas son dos: Aragón y Cataluña, que cuentan en ambos casos con un buen número de ellas, seguidas de País Vasco, con siete comarcas y Castilla y León, con una, la Comarca El Bierzo. Ello, pese a la tradición que existe en España, de denominar como comarcas a otros ámbitos que como se verá, no tienen tal carácter desde el punto de vista de su formalización jurídica.

En el siguiente cuadro, se sintetizan las comarcas previstas formalmente constituidas en España:

CCAA	Denominación	Fecha inscripción	Núm. municipios
Aragón	Alto Gállego	21/12/2001	8
	Aranda	05/06/2002	13
	Bajo Aragón	05/07/2002	20
	Bajo Aragón-Caspe/Baix Aragó-Casp	12/06/2003	6
	Bajo Cinca/Baix Cinca	23/12/2002	11
	Bajo Martín	18/06/2003	9
	Campo de Belchite	12/03/2003	15
	Campo de Borja	05/06/2002	18
	Campo de Cariñena	25/03/2003	14
	Campo de Daroca	13/11/2002	35
	Central	17/07/2020	21
	Cinca Medio	20/06/2002	9
	Cinco Villas	11/02/2003	31

23 A fecha mayo de 2023.

	Comunidad de Calatayud	13/11/2001	67
	Comunidad de Teruel	14/11/2003	46
	Cuencas Mineras	07/10/2004	30
	Gúdar-Javalambre	11/04/2002	24
	Hoya de Huesca/Plana de Uesca	25/02/2003	40
	La Jacetania	18/07/2002	20
	Jiloca	27/10/2004	40
	La Litera/La Llitera	06/02/2003	14
	Maestrazgo	01/08/2002	15
	Matarraña/Matarranya	25/06/2002	18
	Los Monegros	12/11/2002	31
	Ribagorza	11/09/2002	34
	Ribera Alta del Ebro	30/01/2003	17
	Ribera Baja del Ebro	14/08/2002	10
	Sierra de Albarracín	23/10/2003	25
	Sobrarbe	07/05/2003	19
	Somontano de Barbastro	31/05/2002	29
	Tarazona y el Moncayo	03/12/2001	16
	Valdejalón	04/11/2002	17
Castilla y León	El Bierzo	16/10/1991	38
Cataluña	Alt Camp	21/09/1988	23
	Alt Empondrá	17/01/1989	68
	Alt Penedés	04/03/1991	27
	Alt Urgell	06/03/1989	19
	Alta Ribagorça	30/04/1990	3

	Anoia	04/03/1991	33
	Bages	08/09/1988	30
	Baix Camp	13/06/1988	28
	Baix Ebre	01/07/1988	14
	Baix Empordà	25/01/1989	36
	Baix Llobregat	10/11/1988	30
	Baix Penedès	24/04/1989	14
	Barcelonès	09/02/1989	5
	Berguedà	23/04/1989	31
	Cerdanya	07/02/1989	17
	Comarca del Moianès	14/12/2016	10
	Conca de Barberá	13/06/1988	22
	Garraf	16/03/1990	6
	Garrigues	02/01/1989	24
	Garrotxa	08/01/1990	21
	Gironès	04/03/1991	27
	Maresme	22/06/1990	30
	Montsià	08/07/1988	12
	Noguera	02/01/1989	31
	Osona	30/04/1990	50
	Pallars Jussà	02/01/1989	14
	Pallars Sobirà	02/01/1989	15
	Pla de l'Estany	15/03/1989	11
	Pla d'Urgell	06/03/1989	16
	Priorat	03/11/1988	23
	Ribera d'Ebre	30/04/1990	14

	Ripollès	19/01/1989	20
	Segarra	14/05/1990	19
	Segrià	02/01/1989	39
	Selva	08/02/1989	28
	Solsonès	02/01/1989	17
	Tarragonès	20/05/1988	22
	Terra Alta	30/05/1989	12
	Urgell	06/03/1989	20
	Val d´Aran	02/01/1989	9
	Vallès Occidental	15/03/1990	23
	Vallès Oriental	18/05/1990	42
	Arabako Lautadako Kuadrilla / Cuadrilla de la Llanada Alavesa	08/06/1992	8
	Cuadrilla de Añana / Añanako Kuadrilla	07/09/1993	10
	Cuadrilla de Ayala / Aiarako Kuadrilla	19/09/1994	5
	Cuadrilla de Gorbeialdea/ Gorbeialdeko Kuadrilla	19/09/1994	6
	Cuadrilla de Laguardia-Rioja Alavesa / Biasteri-Arabako Errioxako Kuadrilla	06/09/1993	17
	Cuadrilla de Montaña Alavesa/ Arabako Mendialdeko Kuadrilla	05/08/1994	6
	Cuadrilla de Vitoria-Gasteiz / Vitoria-Gasteizko Kuadrilla	15/10/1993	1

Fuente: Elaboración propia a partir de datos publicados en el Registro de Entidades Locales. Ministerio de Asuntos Económicos y Transformación Digital.

Conforme a los datos anteriores, en España se contabilizan un total de 82 comarcas, concentradas, salvo la Comarca El Bierzo localizada en Castilla y León, en Aragón, con un total de 32 y en Cataluña en la que se encuentran 49 comarcas. Resulta paradójico como en el resto de Comunidades Autónomas no se encuentre formalizada ninguna comarca.

Por su parte, el artículo 43 de la LBRL se encarga de establecer algunas precisiones básicas en relación a las áreas metropolitanas. De esta forma, dispone que:

> "1. Las Comunidades Autónomas, previa audiencia de la Administración del Estado y de los Ayuntamientos y Diputaciones afectados, podrán crear, modificar y suprimir, mediante Ley, áreas metropolitanas, de acuerdo con lo dispuesto en sus respectivos Estatutos.
>
> 2. Las áreas metropolitanas son entidades locales integradas por los Municipios de grandes aglomeraciones urbanas entre cuyos núcleos de población existan vinculaciones económicas y sociales que hagan necesaria la planificación conjunta y la coordinación de determinados servicios y obras.
>
> 3. La legislación de la Comunidad Autónoma determinará los órganos de gobierno y administración, en los que estarán representados todos los Municipios integrados en el área; el régimen económico y de funcionamiento, que garantizará la participación de todos los Municipios en la toma de decisiones y una justa distribución de las cargas entre ellos; así como los servicios y obras de prestación o realización metropolitana y el procedimiento para su ejecución".

Nuevamente son las legislaciones autonómicas las que tienen la potestad de regular y precisar el régimen jurídico de las Áreas Metropolitanas.

Como se indicaba con anterioridad, formalmente y conforme a los datos publicados por el Registro de Entidades Locales, en España únicamente se localizan formalmente tres Áreas Metropolitanas: el Área Metropolitana de Barcelona (constituida en el año 2011), la Entidad Metropolitana de Servicios

Hidráulicos, ubicada en Valencia (constituida en el año 2002) y la Entidad Metropolitana para el Tratamiento de Residuos (también constituida en el año 2002) y, de igual forma, localizada en Valencia.

Es ilustrativo como, pese a ser una realidad en múltiples ámbitos del contexto español, donde las Áreas Metropolitanas, incluso determinan el ámbito territorial de planes territoriales u otras tantas cuestiones, formalmente no han tenido una eficacia práctica. Algunas, como Vigo es un buen ejemplo del intento de formalizar un Área Metropolitana en este ámbito, llegando incluso en el año 2012, a aprobar la Ley 4/2012, de 12 de abril, del Área Metropolitana de Vigo, pero debido a diversas viscitudes y tras más de una década continúa sin ser una realidad, lo que da buena cuenta de la dificultad práctica que, en ocasiones, puede generar la formalización en la práctica de este tipo de ente supramunicipal. Cuestiones como el arraigo en las competencias por parte de las Administraciones territoriales son uno de los principales motivos que parece llevar a esta realidad.

A las mancomunidades de municipios, también dedica un precepto en particular la LBRL, el artículo 44 que establece:

> "1. Se reconoce a los municipios el derecho a asociarse con otros en mancomunidades para la ejecución en común de obras y servicios determinados de su competencia.
>
> 2. Las mancomunidades tienen personalidad y capacidad jurídicas para el cumplimiento de sus fines específicos y se rigen por sus Estatutos propios. Los Estatutos han de regular el ámbito territorial de la entidad, su objeto y competencia, órganos de gobierno y recursos, plazo de duración y cuantos otros extremos sean necesarios para su funcionamiento.
>
> En todo caso, los órganos de gobierno serán representativos de los ayuntamientos mancomunados.
>
> 3. El procedimiento de aprobación de los estatutos de las mancomunidades se determinará por la legislación de las comunidades autónomas y se ajustará, en todo caso, a las siguientes reglas:

a) La elaboración corresponderá a los concejales de la totalidad de los municipios promotores de la mancomunidad, constituidos en asamblea.

b) La Diputación o Diputaciones provinciales interesadas emitirán informe sobre el proyecto de estatutos.

c) Los Plenos de todos los ayuntamientos aprueban los estatutos.

4. Se seguirá un procedimiento similar para la modificación o supresión de mancomunidades.

5. Podrán integrarse en la misma mancomunidad municipios pertenecientes a distintas comunidades autónomas, siempre que lo permitan las normativas de las comunidades autónomas afectadas".

La legislación autonómica correspondiente es la que debe concretar y precisar la regulación de las Mancomunidades de Municipios, al igual que se ha tenido ocasión de indicar con las otras tipologías de entes supramunicipales.

En la práctica, esta fórmula organizativa local es la que mayor presencia tiene en el contexto español. Su razón podría encontrarse en que se trata de una fórmula más flexible y cuyo fundamento está, en lo fundamental, en poder prestar servicios de manera conjunta por diversos municipios. A efectos ejemplificativos, en el siguiente cuadro se señalan las Mancomunidades de Municipios inscritas en el Registro de Entidades Locales, diferenciando por Comunidades Autónomas.

Mancomunidades de Municipios en Andalucía

Provincia	Denominación	Fecha inscripción	Núm. municipios
Almería	Mancomunidad de la Comarca del Mármol "Blanco Macael"	03/01/1989	5
	Mancomunidad de Municipios de Los Vélez	10/01/2008	4
	Mancomunidad de Municipios del Bajo Andarax	30/06/1987	7
	Mancomunidad de Municipios del Levante Almeriense	31/05/2004	14
	Mancomunidad de Municipios del Valle del Almanzora	05/06/2002	22
	Mancomunidad de Municipios para el Desarrollo de los Pueblos del Interior	16/08/2006	10
	Mancomunidad de Municipios "Río Nacimiento"	22/01/2007	7
	Mancomunidad del Medio-Alto Andarax y Bajo Nacimiento	05/02/2007	3
Cádiz	Mancomunidad "Bahía de Cádiz"	26/11/1990	7
	Mancomunidad de Municipios de la Comarca de La Janda	02/06/1995	7
	Mancomunidad de Municipios de la Comarca del Campo de Gibraltar	15/12/1986	8
	Mancomunidad de Municipios de la Sierra de Cádiz	11/05/1990	20

Córdoba	Mancomunidad "Comarca Cordobesa Alto Guadalquivir"	30/05/1988	8
	Mancomunidad de Municipios de la Campiña Sur Cordobesa	30/12/1996	13
	Mancomunidad de Municipios de la Sierra Morena Cordobesa	04/07/1988	8
	Mancomunidad de Municipios de la Zona Centro del Valle de los Pedroches	22/07/1988	7
	Mancomunidad de Municipios de la Zona Subbética de Córdoba	12/06/1990	14
	Mancomunidad de Municipios de Los Pedroches	10/01/1994	17
	Mancomunidad de Municipios del Guadajoz y Campiña Este de Córdoba	21/11/1994	5
	Mancomunidad de Municipios del Valle del Guadiato	30/07/1992	11
	Mancomunidad de Municipios "Vega del Guadalquivir"	30/03/2000	4
	Mancomunidad de Municipios "Zona Noroeste del Valle de los Pedroches"	08/08/1988	7
Granada	Agrupación Intermunicipal de los pueblos de Peligros, Pulianas y Güevéjar para el abastecimiento de aguas potables a las citadas poblaciones	03/10/1986	3
	Mancomunidad de Abastecimiento de Agua Potable del Temple	08/03/1991	4
	Mancomunidad de Abastecimiento de Aguas Potables "Río Dílar"	14/12/1987	5
	Mancomunidad de Aguas Potables "San José"	07/04/1992	4
	Mancomunidad de la Comarca de Baza	08/01/1992	8

	Mancomunidad de los Municipios de Güevéjar, Pulianas, Calicasas y Nívar para abastecimiento de aguas	25/01/1997	4
	Mancomunidad de Municipios de Juncaril-Asegra, Albolote-Peligros	23/01/1996	2
	Mancomunidad de Municipios de la Alpujarra Granadina	20/10/1995	21
	Mancomunidad de Municipios de la Comarca Alhama de Granada	06/04/1990	8
	Mancomunidad de Municipios de la Comarca de Guadix	29/02/1988	22
	Mancomunidad de Municipios de la Comarca de Huéscar	15/12/1999	6
	Mancomunidad de Municipios de la Costa Tropical de Granada	29/12/1992	19
	Mancomunidad de Municipios de la Vega Alta	01/12/1986	8
	Mancomunidad de Municipios del Valle de Lecrín	26/02/1987	7
	Mancomunidad de Municipios "El Temple"	26/01/1998	4
	Mancomunidad de Municipios "Ribera Baja del Genil"	22/11/1994	4
	Mancomunidad de Municipios "Río Dílar"	01/04/2003	6
	Mancomunidad de Municipios "Vega Norte-Alfaguara"	13/03/1992	8
	Mancomunidad del Marquesado del Zenete	06/06/2001	10
	Mancomunidad del Mencal	22/12/1992	8
	Mancomunidad del Río Monachil	14/10/1986	4
	Mancomunidad Deportiva "Vegatem"	28/06/1993	7

	Mancomunidad Intermunicipal "Aldevi"	18/10/1996	3
	Mancomunidad para la Prestación del Servicio de Recogida de Residuos Sólidos Urbanos de la Ruta de Torvizcón	03/04/2008	5
Huelva	Agrupación Intermunicipal de los Ayuntamientos de Manzanilla y Chucena para la prestación de los servicios propios de sus respectivas Universidades Populares	19/05/1992	2
	Mancomunidad "Andévalo Minero"	17/04/1995	7
	Mancomunidad "Campiña-Andévalo"	24/09/1997	4
	Mancomunidad Cuenca Minera	07/05/1990	7
	Mancomunidad de Agua Villablanca-San Silvestre de Guzmán	26/07/1990	2
	Mancomunidad de Desarrollo del Condado de Huelva	09/08/1990	15
	Mancomunidad de Islantilla	04/03/1992	2
	Mancomunidad de Municipios "Beturia"	11/03/1993	11
	Mancomunidad de Municipios "Condado-Campiña"	04/09/1990	18
	Mancomunidad de Municipios de la Comarca de Doñana	31/07/1998	12
	Mancomunidad de Servicios de la Provincia de Huelva	16/11/2009	68
	Mancomunidad del Andévalo	02/10/1992	13
	Mancomunidad Intermunicipal Moguer-Palos de la Frontera	01/10/1986	2
	Mancomunidad Intermunicipal Sierra Minera	26/05/1988	5
	Mancomunidad "Ribera del Huelva"	27/07/1993	12

Huelva	Mancomunidad Sierra Occidental de Huelva	12/06/1991	12
	Mancomunidad Turística de la Sierra de Huelva	09/12/1986	16
Jaén	Mancomunidad Intermunicipal del Guadiel	26/09/1986	4
Málaga	Mancomunidad de Municipios de la Costa del Sol Occidental	04/09/1986	11
	Mancomunidad de Municipios de la Costa del Sol-Axarquía	09/10/1986	31
	Mancomunidad de Municipios de la Sierra de las Nieves	30/05/1995	9
Sevilla	Agrupación Intermunicipal Aguadulce-Pedrera	06/10/1986	2
	Mancomunidad de Desarrollo y Fomento del Aljarafe	23/10/2002	32
	Mancomunidad de los Alcores para la gestión de los residuos sólidos urbanos	30/10/1986	6
	Mancomunidad de Municipios de la Comarca de Écija	20/06/1997	5
	Mancomunidad de Municipios de la Vega Alta de Sevilla	19/01/1999	4
	Mancomunidad de Municipios del Aljarafe	24/11/1986	36
	Mancomunidad de Municipios Sierra Morena de Sevilla	11/05/1992	10
	Mancomunidad de Municipios "Sierra Sur"	22/10/1990	2
	Mancomunidad de Servicios e Información del Aljarafe	18/07/1991	5
	Mancomunidad de Servicios "La Vega"	17/09/1991	19
	Mancomunidad de Tierras de Doñana	03/04/2001	6

	Mancomunidad Guadalquivir	22/09/1986	28
	Mancomunidad Intermunicipal Campiña 2.000	05/12/1986	7
	Mancomunidad Intermunicipal de Coria del Río, Gelves, La Puebla del Río y San Juan de Aznalfarache	06/10/1986	4
	Mancomunidad para la protección, desarrollo e integración de disminuidos físicos, psíquicos y sensoriales del Aljarafe	07/03/1990	5

Fuente: Elaboración propia a partir de datos publicados en el Registro de Entidades Locales. Ministerio de Asuntos Económicos y Transformación Digital.

Mancomunidades de Municipios en Aragón

Provincia	Denominación	Fecha inscripción	Núm. municipios
Huesca	Mancomunidad de Aguas de Alerre, Banastás y Chimillas	23/05/2019	3
	Mancomunidad de Aguas de Antillón y seis pueblos más	25/02/1987	4
	Mancomunidad de Aguas de Calcón	27/12/1996	4
	Mancomunidad de Aguas de Vadiello	04/09/1992	6
	Mancomunidad de Municipios del Valle de Chistau	06/03/1992	4
	Mancomunidad de Servicios de los Municipios del Alto Valle del Aragón	29/09/1986	6
	Mancomunidad del Quiñón de Panticosa	01/12/1986	2
	Mancomunidad Forestal Ansó-Fago	29/09/1986	2
	Mancomunidad Forestal de Aragüés del Puerto-Jasa	10/11/1986	2
	Mancomunidad Forestal del Valle de Broto	29/09/1986	2

Teruel	Comunidad de Albarracín	17/02/1992	23
	Mancomunidad "Altiplano de Teruel"	11/03/1993	12
	Mancomunidad de Abastecimiento de Aguas del Guadalope-Mezquín	24/11/2005	8
	Mancomunidad de la Sierra de Gúdar	15/09/1986	6
	Mancomunidad del Acueducto Romano Albarracín-Gea-Cella	24/01/2022	3
	Mancomunidad Industrial "Zona Bajo Martín"	10/02/1987	7
	Mancomunidad "La Fuente"	13/09/1996	4
	Mancomunidad "Sierra del Pobo"	16/05/1988	5
	Mancomunidad "Turolense Elevación Aguas del Ebro"	13/02/2002	5
Zaragoza	Mancomunidad Agua de Monegros	23/08/1989	4
	Mancomunidad Clarina de las Cinco Villas	15/11/1990	3
	Mancomunidad de Abastecimiento Nonaspe-Fabara	04/06/1996	2
	Mancomunidad de Aguas de Cuarte-Cadrete y María de Huerva	03/06/1988	3
	Mancomunidad de Aguas de las Torcas	19/11/1998	5
	Mancomunidad de Aguas de Torres de Berellén y La Joyosa	20/10/1988	2
	Mancomunidad de Aguas del Huecha	31/05/1991	11
	Mancomunidad de Monegros II	11/06/1990	6
	Mancomunidad de Sierra de Luna y Las Pedrosas	17/04/1990	2
	Mancomunidad del Bajo Gállego	21/09/1990	3
	Mancomunidad Intermunicipal "Altas Cinco Villas"	11/04/1989	13

	Mancomunidad Intermunicipal de Villafeliche y Montón	16/08/1988	2
	Mancomunidad "La Sabina"	05/08/1996	12
	Mancomunidad para la depuración de Aguas del entorno Oeste de Zaragoza	08/02/2019	6
	Mancomunidad Ribera Bajo Huerva	01//12/1994	8
	Mancomunidad "Ribera Izquierda del Ebro"	12/04/1989	7
	Mancomunidad "Sierra Vicort-Espigar"	24/08/1998	11

Fuente: Elaboración propia a partir de datos publicados en el Registro de Entidades Locales. Ministerio de Asuntos Económicos y Transformación Digital.

Mancomunidades de Municipios en el Principado de Asturias

Provincia	Denominación	Fecha inscripción	Núm. municipios
Asturias	Mancomunidad "Cabo de Peñas"	03/02/1994	2
	Mancomunidad "Cinco Villas"	29/04/2003	3
	Mancomunidad "Comarca Avilés"	18/11/2003	4
	Mancomunidad "Comarca de la Sidra"	19/01/1990	6
	Mancomunidad "Comarca Vaqueira"	24/09/2003	6
	Mancomunidad de los Concejos de Cangas de Onís, Amieva y Onís	30/05/1995	3
	Mancomunidad de los Concejos de Grado y Yernes y Tameza	15/02/1991	2
	Mancomunidad de los Concejos de Llanes y Ribadedeva	05/10/2001	2
	Mancomunidad de los Concejos de Oscos-Eo	11/03/2002	7
	Mancomunidad de los Concejos de Parres y Piloña	09/03/1990	2
	Mancomunidad de los Concejos del Oriente de Asturias	16/10/1989	12

	Mancomunidad de Servicios del Valle del Nalón	11/09/1986	5
	Mancomunidad del Nora	26/12/2011	3
	Mancomunidad Occidental	06/09/1991	17
	Mancomunidad Suroccidental de Asturias	14/11/1989	4
	Mancomunidad "Valles del Oso"	28/09/1990	4

Fuente: Elaboración propia a partir de datos publicados en el Registro de Entidades Locales. Ministerio de Asuntos Económicos y Transformación Digital.

Mancomunidades de Municipios en Baleares

Provincia	Denominación	Fecha inscripción	Núm. municipios
Islas Baleares	Mancomunidad "Es Raiguer"	24/10/1986	11
	Mancomunidad "Matadero Insular D'Eivissa"	01/07/1993	5
	Mancomunidad Migjorn de Mallorca	08/03/1988	2
	Mancomunitat de la Zona Nord de Mallorca	27/01/1997	6
	Mancomunitat de Tramuntana	26/01/1987	6
	Mancomunitat Intermunicipal Sud-Mallorca	01/02/1988	4
	Mancomunitat Pla de Mallorca	05/09/1986	14

Fuente: Elaboración propia a partir de datos publicados en el Registro de Entidades Locales. Ministerio de Asuntos Económicos y Transformación Digital.

Mancomunidades de Municipios en Canarias

Provincia	Denominación	Fecha inscripción	Núm. municipios
Las Palmas	Mancomunidad "Costa Lairaga"	19/02/1998	2
	Mancomunidad de Ayuntamientos del Norte de Gran Canaria	26/03/1996	12
	Mancomunidad de Municipios de la isla de Lanzarote para la prestación de los servicios regulados en el Reglamento Nacional de los Servicios Urbanos e Interurbanos de Transportes en Automóviles Ligeros	01/09/1986	7
	Mancomunidad de Municipios de las Medianías de Gran Canaria	28/01/1995	6
	Mancomunidad de Municipios de Montaña No Costeros de Canarias	30/04/2003	12
	Mancomunidad de Municipios del Centro-Sur de Fuerteventura	09/03/1998	4
	Mancomunidad de Servicios Sociales Mogán-La Aldea de San Nicolás	17/07/1995	2
	Mancomunidad Intermunicipal del Sureste de Gran Canaria	22/01/1991	3
	Mancomunidad Intermunicipal del Sur-Oeste de Gran Canaria	24/04/1997	3
Santa Cruz de Tenerife	Mancomunidad de Municipios "San Juan de la Rambla-La Guancha"	08/08/2001	2
	Mancomunidad de Servicios Garachico-El Tanque	10/07/2009	2
	Mancomunidad del Nordeste de Tenerife	16/11/1999	6

Fuente: Elaboración propia a partir de datos publicados en el Registro de Entidades Locales. Ministerio de Asuntos Económicos y Transformación Digital.

Mancomunidades de Municipios en Cantabria

Provincia	Denominación	Fecha inscripción	Núm. municipios
Cantabria	Asociación y Comunidad de Campoo-Cabuérniga	09/10/1986	5
	Mancomunidad "Altamira-Los Valles"	23/12/2005	3
	Mancomunidad de Ayuntamientos "Reserva del Saja"	18/11/1998	4
	Mancomunidad de Liébana y Peña-rrubia	29/01/1999	8
	Mancomunidad de los Valles de San Vicente	06/09/1991	3
	Mancomunidad de los Valles Pasiegos	08/11/2005	8
	Mancomunidad de Municipios Alto Ebro	15/12/2022	8
	Mancomunidad de Municipios del Alto Asón	17/04/2001	6
	Mancomunidad de Municipios "Nansa"	11/01/2005	5
	Mancomunidad de Municipios Sostenibles de Cantabria	02/01/2001	17
	Mancomunidad de Servicios Costa Occidental	13/12/2011	4
	Mancomunidad de Servicios "Miera-Pisueña"	19/04/2001	5
	Mancomunidad de Servicios Siete Villas	16/02/1993	6
	Mancomunidad de Servicios Sociales Alto Pas	04/08/2021	6
	Mancomunidad de Servicios Sociales de los Ayuntamientos de Ampuero, Limpias, Liendo, Guriezo y Colindres	09/01/2002	5

	Mancomunidad de Servicios Sociales y otros posibles servicios de Castañeda, Penagos, Santa María de Cayón y Saro	06/07/2004	4
	Mancomunidad de Valle del Saja	19/02/1991	5
	Mancomunidad del Bajo Deva	24/02/2006	2
	Mancomunidad "El Brusco"	08/06/1994	5
	Mancomunidad "Los Valles"	21/06/2001	3
	Mancomunidad Oriental de Trasmiera	02/08/1993	5
	Mancomunidad "Saja-Nansa"	24/01/2003	15
	Mancomunidad Valle de Iguña	24/09/2003	3

Fuente: Elaboración propia a partir de datos publicados en el Registro de Entidades Locales. Ministerio de Asuntos Económicos y Transformación Digital.

Mancomunidades de Municipios en Castilla y León

Provincia	Denominación	Fecha inscripción	Núm. municipios
Ávila	Mancomunidad "Aguas de El Burguillo"	20/04/2011	3
	Mancomunidad "Alberche"	22/02/1994	12
	Mancomunidad "Cañada Real"	04/06/2001	4
	Mancomunidad de Aguas de la Presa de Gamonal	17/06/1997	10
	Mancomunidad de Aguas de Piedrahíta-Malpartida de Corneja	02/04/1992	2
	Mancomunidad de Aguas "Presa de Santa Cruz de Pinares"	01/08/1995	3
	Mancomunidad de Municipios "Agua los Arenales"	20/11/2008	10
	Mancomunidad de Municipios "Bajo Tiétar"	30/09/1993	11

	Mancomunidad de Municipios "Barranco de las Cinco Villas"	30/01/1989	5
	Mancomunidad de Municipios "Berrocal-La Horcajada"	20/01/1998	3
	Mancomunidad de Municipios de la Comarca de Gredos	15/10/1986	10
	Mancomunidad de Municipios de la Comarca de Madrigal de las Altas Torres	24/09/1986	12
	Mancomunidad de Municipios de la Comarca "La Moraña"	06/07/1994	65
	Mancomunidad de Municipios de la Ribera del Adaja	22/02/1994	27
	Mancomunidad de Municipios "Los Galayos"	01/09/1986	3
	Mancomunidad de Municipios "Sierra de Ávila"	22/02/1994	12
	Mancomunidad de Servicios "Alberche-Burguillo"	08/06/1999	3
	Mancomunidad de Servicios "Casagrande"	13/05/1997	9
	Mancomunidad de Servicios de Barco y Piedrahíta	24/09/1986	36
	Mancomunidad de Servicios del "Alto Tiétar"	05/03/1991	3
	Mancomunidad "Pinares de Ávila"	02/11/1988	4
	Mancomunidad "Pueblos de la Moraña"	18/10/2006	5
	Mancomunidad "Sierra de Ávila-Este"	22/07/1998	14
	Mancomunidad "Sierra de Gredos-Central"	22/07/1991	5

	Mancomunidad "Tierras de Moraña"	13/05/1997	45
	Mancomunidad "Valle de Amblés"	06/06/1991	28
	Mancomunidad "Valle del Tiétar"	01/09/1986	5
Burgos	Mancomunidad "Alfoz de Lara"	09/08/1990	28
	Mancomunidad "Alta Sierra de Pinares"	14/10/1992	7
	Mancomunidad "Bajo Arlanza"	10/06/1991	22
	Mancomunidad "Camino Natural Vía Verde de la Sierra de la Demanda"	07/07/2008	6
	Mancomunidad "Campos de Muñó"	20/06/2008	38
	Mancomunidad "Cerezo-Tormantos"	03/11/1992	2
	Mancomunidad "Comarca del Arlanzón"	11/08/1993	15
	Mancomunidad de Aguas de Lara	17/03/2009	2
	Mancomunidad de Aguas "Las Calzadas"	15/12/2009	3
	Mancomunidad de la Ribera del Río Ausín y Zona de San Pedro de Cardeña	02/02/1989	18
	Mancomunidad de Municipios de la Comarca Ebro-Nela	04/07/1991	7
	Mancomunidad de Municipios Encuentro de Caminos: Sierra de Atapuerca, Camino de Santiago y Vía Romana	14/10/2009	6
	Mancomunidad de Oca-Tirón	01/02/1988	21
	Mancomunidad de Sierra de la Demanda	11/07/1990	8
	Mancomunidad "Desfiladero y Bureba"	13/08/1990	17
	Mancomunidad "La Riojilla Burgalesa"	12/04/1995	8

	Mancomunidad "La Yecla"	07/06/1993	17
	Mancomunidad "Las Lomas de Bureba"	16/02/1993	4
	Mancomunidad "Noroeste de Burgos"	18/04/1991	6
	Mancomunidad "Norte Trueba-Jerea"	26/02/1993	8
	Mancomunidad "Odra-Pisuerga"	06/02/1989	9
	Mancomunidad "Oña-Bureba-Caderechas-Valdiviels o (OBURCAVAL)"	09/07/1992	13
	Mancomunidad "Páramos y Valles"	22/02/1994	4
	Mancomunidad "Peña Amaya"	04/05/1993	21
	Mancomunidad "Pueblos de la Vecindad de Burgos"	28/08/1987	17
	Mancomunidad "Raíces de Castilla"	01/03/2004	3
	Mancomunidad "Ribera del Arlanza y del Monte"	27/01/1988	29
	Mancomunidad "Ribera del Duero-Comarca de Roa"	17/10/1986	32
	Mancomunidad "Río Arandilla"	07/03/1988	13
	Mancomunidad "Ríos Arlanzón y Vena"	23/10/1995	7
	Mancomunidad "Ruta del Vino-Afluente Rural"	12/05/1997	8
	Mancomunidad "Tierras del Cid"	10/09/1991	16
	Mancomunidad "Valle del Río Riaza"	19/05/1989	16
	Mancomunidad "Virgen de Manciles"	12/06/1992	5
León	Mancomunidad "Alto Bernesga"	28/02/1997	2
	Mancomunidad "Cabrera Baja"	30/06/1994	2
	Mancomunidad Captación de Aguas Bárcena-Boeza	06/08/2021	2

	Mancomunidad de Interés General Urbana de León y Alfoz	12/05/1995	11
	Mancomunidad de La Maragatería	18/02/1993	5
	Mancomunidad de la Vega del Tuerto	23/12/1988	2
	Mancomunidad de Municipios "Alto Esla-Cea"	22/03/1996	6
	Mancomunidad de Municipios "Alto Órbigo"	06/04/1993	6
	Mancomunidad de Municipios "Bierzo Alto"	12/09/1991	4
	Mancomunidad de Municipios "Bierzo Central"	17/12/1999	9
	Mancomunidad de Municipios "Bierzo Oeste"	26/04/1990	4
	Mancomunidad de Municipios "Bierzo Suroeste"	28/10/1993	3
	Mancomunidad de Municipios de la Comarca de La Bañeza	22/02/1994	8
	Mancomunidad de Municipios de la Zona Arqueológica de Las Médulas (ZAM)	09/06/2003	2
	Mancomunidad de Municipios de León Sur-Oeste	03/08/2009	5
	Mancomunidad de Municipios del Agua del Bierzo	23/10/1986	7
	Mancomunidad de Municipios del Cúa	05/01/2000	4
	Mancomunidad de Municipios del Curueño	25/07/1989	3
	Mancomunidad de Municipios del Sur de León (MANSURLE)	14/05/1999	26

	Mancomunidad de Municipios "El Páramo"	12/09/1991	14
	Mancomunidad de Municipios "Montaña de Riaño"	27/11/1990	9
	Mancomunidad de Municipios "Omaña-Luna"	08/11/1990	6
	Mancomunidad de Municipios "Ribera del Boeza"	19/05/1994	3
	Mancomunidad de Municipios "San Emiliano-Sena de Luna"	20/02/1987	2
	Mancomunidad del Órbigo	26/02/1992	6
	Mancomunidad "Depuración del Alto Órbigo"	25/06/2020	14
	Mancomunidad "Esla-Bernesga"	26/10/1988	8
	Mancomunidad Fabero-Vega de Espinareda	08/02/2012	2
	Mancomunidad Interprovincial Sahagún-Villada	17/11/1992	2
	Mancomunidad "La Cabrera-Valdería"	03/04/1990	4
	Mancomunidad "La Cepeda"	20/02/1987	5
	Mancomunidad "Lancia y Sobarriba"	19/07/1989	3
	Mancomunidad "Las Cuatro Riberas"	20/03/1991	8
	Mancomunidad "Montaña Central"	02/03/2006	7
	Mancomunidad Municipal para el Saneamiento Integral de León y su Alfoz	12/09/1991	8
	Mancomunidad Municipal para el Tratamiento de las Aguas Residuales del Bajo Bierzo	18/03/2008	8

	Mancomunidad Municipal para la prestación de Servicios Funerarios y de Cementerio en los Municipios de León, San Andrés del Rabanedo y Villaquilambre "SERFUNLE"	16/01/1991	3
	Mancomunidad "Ribera del Esla"	02/03/1992	7
	Mancomunidad "Valle del Burbia"	02/12/2002	2
	Mancomunidad "Zona de Sahagún"	01/10/1991	18
Palencia	Mancomunidad "Aguilar-Valdivia"	05/10/1994	3
	Mancomunidad "Alcor de Campos"	01/04/1992	7
	Mancomunidad "Campos y Nava"	17/02/1993	18
	Mancomunidad "Campos Zona Norte del Canal de Castilla"	06/03/2007	5
	Mancomunidad "Campos-Este"	31/10/2002	5
	Mancomunidad de Aguas "Campos-Alcores"	25/06/1996	4
	Mancomunidad de Aguas del Carrión	23/01/1987	7
	Mancomunidad de Aguas del Otero	18/03/2010	7
	Mancomunidad de Campos	21/05/1990	14
	Mancomunidad de la Comarca de Saldaña	10/09/1991	29
	Mancomunidad de Municipios "Alto Carrión"	21/04/1995	5
	Mancomunidad de Municipios "Alto Pisuerga"	22/02/1994	9
	Mancomunidad de Villas del Bajo Carrión y Ucieza	23/01/1987	12
	Mancomunidad del Boedo-Ojeda	30/03/1994	16
	Mancomunidad del Camino de Santiago	17/07/1987	17

	Mancomunidad del Canal del Pisuerga	09/02/1987	15
	Mancomunidad del Cerrato	13/08/1986	10
	Mancomunidad del Valle Boedo	01/02/2005	9
	Mancomunidad del Valle del Pisuerga	15/03/1990	4
	Mancomunidad "El Carmen"	01/12/1987	5
	Mancomunidad "La Vallarna"	09/05/1990	8
	Mancomunidad Municipal Voluntaria de Aguas "Baltanás-Villaviudas"	23/01/1987	2
	Mancomunidad "Valles del Cerrato"	19/04/1994	12
	Mancomunidad "Villas de Tierra de Campos"	06/09/1991	5
	Mancomunidad "Zona Campos Oeste"	19/12/2002	5
	Mancomunidad "Zona Cerrato Sur"	20/05/1998	12
	Mancomunidad "Zona Norte del Cerrato"	08/10/1997	5
Salamanca	Mancomunidad "Alto Águeda"	28/07/1992	20
	Mancomunidad "Arribes del Duero"	22/02/1994	2
	Mancomunidad "Burguillos"	14/03/1997	9
	Mancomunidad "Cabeza de Horno"	15/12/1994	22
	Mancomunidad "Campo Charro"	30/05/2007	8
	Mancomunidad "Centro Duero"	04/04/1994	16
	Mancomunidad "Comarca de Peñaranda"	11/04/1990	11
	Mancomunidad "Comarca del Abadengo"	22/02/1994	12
	Mancomunidad "Cuatro Caminos"	24/11/1993	15
	Mancomunidad de Aguas "Águeda-Azaba"	05/09/2005	6

	Mancomunidad de Entresierras	04/11/1986	16
	Mancomunidad de la Armuña	26/07/1989	23
	Mancomunidad de los Municipios de Guijuelo y su Entorno Comarcal	11/05/2007	21
	Mancomunidad de Municipios de la Comarca de Ledesma	17/01/1989	47
	Mancomunidad de Municipios "Linares de Riofrío y su entorno"	06/04/1994	5
	Mancomunidad de Municipios "Riberas del Águeda, Yeltes y Agadón"	26/04/1994	12
	Mancomunidad de Municipios "Yeltes"	25/08/2014	7
	Mancomunidad de Vitigudino	20/10/1994	19
	"Mancomunidad del Azud"	24/09/1986	4
	Mancomunidad "Embalse de Béjar"	11/02/1998	27
	Mancomunidad "Las Dehesas"	24/09/1986	40
	Mancomunidad "Margañán"	04/05/1990	6
	Mancomunidad Municipal "Aguas de Santa Teresa"	23/09/1994	8
	Mancomunidad Municipal "Alto Tormes"	30/11/1988	9
	Mancomunidad "Pantano de Santa Teresa"	15/03/1990	22
	Mancomunidad "Puente la Unión"	05/02/1991	13
	Mancomunidad "Ruta de la Plata"	24/05/1995	22
	Mancomunidad "Rutas de Alba"	24/01/2011	2
	Mancomunidad "Sierra de Francia"	21/09/1993	15
	Mancomunidad "Tierras del Tormes"	17/06/1997	16
	Mancomunidad "Zona de Cantalapiedra y las Villas"	04/11/1986	19

Segovia	Comunidad de Villa y Tierra de Fresno de Cantespino	22/06/1990	3
	Comunidad de Villa y Tierra de Maderuelo	14/12/1989	10
	Mancomunidad "Cega"	27/11/1989	7
	Mancomunidad de Municipios de La Pedriza (Mampe)	22/09/1986	12
	Mancomunidad de Municipios de la Sierra	10/10/1986	13
	Mancomunidad de Municipios del Eresma	22/02/1994	12
	Mancomunidad de Municipios del Malucas (Mandem)	01/09/1989	5
	Mancomunidad de Municipios del Río Pirón (MAMPI)	05/09/1986	4
	Mancomunidad de Municipios del Zorita "Manzo"	03/09/1991	12
	Mancomunidad de municipios "Dos Valles"	08/02/1989	12
	Mancomunidad de Municipios Las Lomas	02/12/2013	6
	Mancomunidad de Municipios "Riberas del Voltoya"	13/11/1992	19
	Mancomunidad de Municipios "Salva Ríos"	11/02/1993	5
	Mancomunidad de Municipios "Segovia Centro"	30/07/2001	3
	Mancomunidad de Municipios "Vega-Pinares"	05/09/1986	5
	Mancomunidad de Pinares	08/05/1989	12
	Mancomunidad "Fuente del Mojón"	15/02/2002	6

	Mancomunidad "Hontanares"	05/05/1988	4
	Mancomunidad Intermunicipal de los Ángeles de San Rafael (MILASR)	04/04/2019	2
	Mancomunidad Interprovincial Castellana	20/03/1989	12
	Mancomunidad "La Atalaya"	09/06/1987	4
	Mancomunidad "La Mujer Muerta"	03/09/1991	4
	Mancomunidad "Nordeste"	04/10/1988	8
	Mancomunidad "Nuestra Señora de Hornuez"	10/03/1992	12
	Mancomunidad "Río Viejo"	22/08/2001	5
	Mancomunidad "Tres Cruces"	10/10/1989	3
Soria	Mancomunidad "Campo de Gómara"	26/08/1986	10
	Mancomunidad "Cuenca del Jalón"	01/12/1988	2
	Mancomunidad de Almazán, Matamala, Tardelcuende y agregados	04/09/1986	3
	Mancomunidad de Las Vicarías	24/07/2001	6
	Mancomunidad de Obras y Servicios de Corpes	29/02/2000	6
	Mancomunidad de Pinares de Soria	28/12/2001	8
	Mancomunidad de Tierras Altas	02/02/1995	16
	Mancomunidad de Turismo Duero-Jalón	12/12/2003	18
	Mancomunidad "El Caramacho"	11/07/2005	3
	Mancomunidad "Mio Cid"	13/01/1989	8
	Mancomunidad para el Turismo de Montaña de Soria-Urbión	10/09/1991	2
	Mancomunidad "Sierra Cebollera"	05/11/2001	11
	Mancomunidad Turística "Tierras del Suroeste Soriano"	06/09/1991	8

Valladolid	Comunidad de Villa y Tierra de Íscar	15/12/1986	7
	Comunidad de Villa y Tierra de Portillo	26/08/1986	6
	Mancomunidad "ALVISAN"	18/10/1986	6
	Mancomunidad "Arroyo del Pontón"	09/02/2006	5
	Mancomunidad "Bajo Duero"	25/03/1992	8
	Mancomunidad "Bajo Pisuerga"	29/02/1996	9
	Mancomunidad "Campo de Peñafiel"	06/04/1988	19
	Mancomunidad "Campos Góticos"	11/04/1989	22
	Mancomunidad "Comarca de la Churrería"	09/05/1995	28
	Mancomunidad de Interés General Urbana "Valladolid y Alfoz"	10/03/2020	25
	Mancomunidad de Municipios "Las Murallas"	03/02/1997	11
	Mancomunidad de Municipios "Río Eresma"	05/08/2002	32
	Mancomunidad de Municipios "Vega del Duero"	10/10/2008	18
	Mancomunidad "El Portillejo"	07/02/2001	2
	Mancomunidad "Minguela"	17/06/2002	4
	Mancomunidad "Pinoduero"	30/10/1986	11
	Mancomunidad "Serman" (Servicios Mancomunados)	28/08/1986	23
	Mancomunidad "Tierra de Pinares"	06/10/1986	8
	Mancomunidad "Tierras de Medina"	16/05/1991	32
	Mancomunidad "Tierras de Valladolid"	19/03/1990	10
	Mancomunidad "Tierras del Adaja"	13/05/1997	10
	Mancomunidad "Torozos"	25/04/1990	17

	Mancomunidad "Valle del Esgueva"	21/01/1992	21
	Mancomunidad "Zona Norte de Valladolid"	28/04/1989	36
Zamora	Mancomunidad "Alta Sanabria"	12/03/2008	4
	Mancomunidad de Interés General Urbana de Benavente y Alfoz	07/05/2021	7
	Mancomunidad de Interés General Urbana de Zamora y Alfoz	02/07/2021	8
	Mancomunidad de Servicios "Órbigo-Eria"	22/02/1994	14
	Mancomunidad de Servicios "Valle del Esla"	25/02/1992	7
	Mancomunidad de Servicios "Valle del Tera"	19/05/1992	18
	Mancomunidad "ETAP Benavente y Los Valles"	03/06/2011	34
	Mancomunidad "La Guareña"	20/06/1994	15
	Mancomunidad "Lago de Sanabria"	29/01/2003	3
	Mancomunidad "Norte-Duero"	30/04/1990	23
	Mancomunidad "Sanabria-Carballeda"	20/12/1993	18
	Mancomunidad "Sayagua"	10/09/1986	22
	Mancomunidad "Tierra de Campos"	15/12/1986	16
	Mancomunidad "Tierra de Campos-Pan-Lampreana"	06/09/1991	25
	Mancomunidad "Tierra de Tábara"	07/11/1996	17
	Mancomunidad "Tierra del Pan"	21/04/1994	12
	Mancomunidad "Tierra del Vino"	14/07/1993	26
	Mancomunidad "Tierras de Aliste"	02/04/1996	12
	Mancomunidad "Valverde"	10/12/1992	16

Fuente: Elaboración propia a partir de datos publicados en el Registro de Entidades Locales. Ministerio de Asuntos Económicos y Transformación Digital.

Mancomunidades de Municipios en Castilla-La Mancha

Provincia	Denominación	Fecha inscripción	Núm. municipios
Albacete	Mancomunidad "Campo de Montiel"	17/04/1997	5
	Mancomunidad de Municipios "Sierra del Segura"	11/04/1989	12
	Mancomunidad de Servicios "Almenara"	14/05/1999	24
	Mancomunidad de Servicios de El Bonillo y Munera	13/10/1988	2
	Mancomunidad de Servicios "Manserman"	10/01/1989	6
	Mancomunidad del Servicio de recogida de basuras Valdemembra	26/10/1987	2
	Mancomunidad "Grupo Fao, Recogida de Residuos Sólidos"	10/03/1993	3
	Mancomunidad "Mancha del Júcar"	05/12/2001	7
	Mancomunidad "Mancha-Centro"	17/09/1997	2
	Mancomunidad "Manchuela del Júcar"	14/10/1988	7
	Mancomunidad "Monte Ibérico"	02/10/1996	12
	Mancomunidad "Montearagón"	09/05/1990	11
	Mancomunidad para el Desarrollo de La Manchuela	16/01/1998	24
	Mancomunidad "Pedralta"	27/08/1991	4
	Mancomunidad "Recu-Ibáñez"	14/10/1988	7
	Mancomunidad "Unión Manchuela"	15/11/1996	14
Ciudad Real	Mancomunidad "Cabañeros"	30/01/1996	12
	Mancomunidad "Comsermancha" (Comunidad de Servicios de La Mancha)	15/02/1990	22

	Mancomunidad de Municipios "Campo de Calatrava"	12/02/1988	13
	Mancomunidad de Servicios del Acuífero 24 "MANCUIFER 24"	06/06/1994	2
	Mancomunidad de Servicios Gasset	24/02/2011	7
	Mancomunidad "El Quijote"	02/03/1998	2
	Mancomunidad "Estados del Duque"	01/07/2002	6
	Mancomunidad "La Mancha"	18/02/1997	9
	Mancomunidad Municipal de Servicios "Guadiana"	02/10/1988	8
	Mancomunidad "Pueblos de los Montes"	31/10/2005	5
	Mancomunidad "Ríos Esteras, Valdeazogues y Alcudia"	21/11/1995	7
	Mancomunidad "Tierra de Caballeros y Tablas de Daimiel"	02/04/2002	6
	Mancomunidad "Valle de Alcudia-Sierra Madrona"	17/02/1998	8
	Mancomunidad "Valle del Bullaque"	14/04/1997	5
	Mancomunidad "Vallehermoso"	22/09/2010	4
Cuenca	Mancomunidad Ayuntamientos Sierra de Cuenca	19/07/1989	5
	Mancomunidad "Baja Alcarria"	27/12/1990	7
	Mancomunidad "Capama"	29/10/1997	8
	Mancomunidad "Concamanchuela"	19/09/1991	12
	Mancomunidad Cultural Alta Serranía de Cuenca	30/01/1991	9
	Mancomunidad de Depurama	17/12/1996	3
	Mancomunidad de Municipios "Alto Guadiela"	22/02/1989	5

	Mancomunidad de Municipios "Cinco Villas de Cuenca"	18/01/1990	5
	Mancomunidad de Municipios "El Girasol"	01/06/1992	7
	Mancomunidad de Municipios "Ribera del Júcar"	20/10/2003	3
	Mancomunidad de Pastos de Sierra de Cuenca	28/01/1987	81
	Mancomunidad de Servicios "Alta Manchuela"	21/02/1990	4
	Mancomunidad de Servicios de Depuración de Aguas de Arcas del Villar y Villar de Olalla	11/11/2011	2
	Mancomunidad de Servicios de La Alcarria de Cuenca	06/10/1987	4
	Mancomunidad de Servicios La Grajuela	10/11/1987	3
	Mancomunidad de Servicios "La Manchuela"	18/11/1987	3
	Mancomunidad de Servicios "Las Lomas"	23/04/1997	7
	Mancomunidad de Servicios "Manchuela Conquense"	11/05/2006	30
	Mancomunidad de Servicios Municipales Río Júcar	15/03/1993	6
	Mancomunidad de Turismo Rural de Beteta y su Comarca	17/07/2006	7
	Mancomunidad del Gigüela	01/03/1995	6
	Mancomunidad "El Puerto"	28/03/2000	4
	Mancomunidad "El Záncara"	17/01/1991	20
	Mancomunidad "Ibalesa"	10/03/1989	4

	Mancomunidad "Informancha"	08/05/1987	10
	Mancomunidad Intermunicipal "Entredicho La Sierrezuela"	01/12/1986	7
	Mancomunidad Intermunicipal Voluntaria "Encomienda de Belvalle"	10/09/1986	4
	Mancomunidad "La Montesina"	18/12/1992	3
	Mancomunidad "La Ribereña"	19/09/1991	11
	Mancomunidad "La Sierra Baja"	31/03/1995	8
	Mancomunidad "Llanos de la Laguna"	12/11/1990	9
	Mancomunidad "Llanos del Monasterio"	10/04/1995	6
	Mancomunidad "Los Mimbrales"	20/12/1989	8
	Mancomunidad "Los Serranos"	06/07/1992	14
	Mancomunidad Medio-Ambiental "El Riato"	22/05/2001	4
	Mancomunidad Río Guadiela	05/01/1990	11
	Mancomunidad "Sierra Alta"	28/10/2002	4
	Mancomunidad "Vega del Guadazaón"	11/09/1990	5
	Mancomunidad "Villas de La Alcarria Conquense"	09/02/2011	10
Guadalajara	Cimasol Mancomunidad de Servicios Múltiples	13/10/1988	9
	Mancomunidad "Aguas del Bornova"	07/06/1996	23
	Mancomunidad "Alcarria Alta"	02/10/1990	7
	Mancomunidad "Alto Rey"	25/02/1992	14
	Mancomunidad "Alto Tajo"	19/09/1991	8
	Mancomunidad "Campiña Alta"	22/12/1987	9
	Mancomunidad "Campiña Baja"	10/03/1988	5

	Mancomunidad "Campo-Mesa"	04/10/1993	14
	Mancomunidad de Aguas de Municipios Colindantes de los Embalses de Entrepeñas y Buendía	10/01/2020	14
	Mancomunidad de Aguas del Río Tajuña	13/02/1998	36
	Mancomunidad de Aguas del Sorbe	15/09/1986	13
	Mancomunidad de Aguas "La Muela"	30/06/1994	23
	Mancomunidad de Almoguera	04/03/1987	6
	Mancomunidad de las Riberas del Tajo	17/08/2001	8
	Mancomunidad de Municipios de Entrepeñas	26/05/1988	8
	Mancomunidad de Municipios del Alto Henares-Badiel	19/09/1991	26
	Mancomunidad de Municipios "La Alcarria"	25/11/1987	11
	Mancomunidad de Municipios "Villas Alcarreñas"	15/10/1991	8
	Mancomunidad de recogida de residuos sólidos de Brihuega y Alaminos	10/04/1990	2
	Mancomunidad de Servicios Culturales y Deportivos de "La Campiña"	07/03/2000	4
	Mancomunidad de Servicios de La Campiña	17/06/2021	6
	Mancomunidad de Servicios del Ocejón	22/11/1993	7
	Mancomunidad del "Tajo-Guadiela"	26/12/1995	13
	Mancomunidad "El Berral"	24/04/2006	6
	Mancomunidad "La Sierra"	16/12/1988	17
	Mancomunidad "La Torrecilla"	25/05/2001	2

	Mancomunidad "Las Dos Campiñas"	21/11/1989	11
	Mancomunidad "Río Gallo"	30/12/1993	12
	Mancomunidad "Sexma del Pedregal"	15/04/2004	10
	Mancomunidad "Sierra Ministra"	21/09/1992	14
	Mancomunidad "Sierra Pela-Alto Sorbe"	28/11/1988	13
	Mancomunidad "Tajo-Dulce"	08/07/1993	14
	Mancomunidad "Vega del Henares"	25/05/1993	9
Toledo	Mancomunidad "Arroyo del Conde"	22/11/1989	2
	Mancomunidad "Campana de Oropesa y Cuatro Villas"	19/11/1986	10
	Mancomunidad "Castillo de Barcience"	14/04/1993	10
	Mancomunidad de abastecimiento de agua de Segurilla y Cervera de los Montes	21/06/1988	2
	Mancomunidad de Aguas del Piélago	26/04/1995	4
	Mancomunidad de Aguas del Río Algodor	15/09/1986	42
	Mancomunidad de la Vía Verde de la Jara	06/02/2007	5
	Mancomunidad de Municipios de la Sagra Alta	02/10/1986	14
	Mancomunidad de Nombela, Aldea en Cabo y Paredes de Escalona	23/10/1986	3
	Mancomunidad de Río Frío	03/04/1990	6
	Mancomunidad de Servicios "Cabeza del Torcón"	06/04/1990	9
	Mancomunidad de Servicios de la Sagra Baja	02/10/1986	14
	Mancomunidad de Servicios "Garciolís"	10/07/1989	2

	Mancomunidad de Servicios "Río Guajaraz"	13/10/1986	5
	Mancomunidad del Río Tajo	01/04/1991	10
	Mancomunidad "Gévalo"	16/02/1993	8
	Mancomunidad Industrial de Orgaz y Sonseca	30/01/2004	2
	Mancomunidad "Río Alberche"	30/10/1991	4
	Mancomunidad "Río Pusa"	11/07/1990	11

Fuente: Elaboración propia a partir de datos publicados en el Registro de Entidades Locales. Ministerio de Asuntos Económicos y Transformación Digital.

Mancomunidades de Municipios en Cataluña

Provincia	Denominación	Fecha inscripción	Núm. municipios
Barcelona	Mancomunidad de L'Alta Segarra	06/04/1993	7
	Mancomunidad Intermunicipal Aguilar de Segarra, Fonollosa y Rajadell	08/01/1991	3
	Mancomunidad Intermunicipal de Arenys de Mar-Arenys de Munt	23/10/1986	2
	Mancomunidad Intermunicipal de Cornellà de Llobregat, Esplugues de Llobregat, Sant Joan Despí y Sant Just Desvern	15/04/1987	4
	Mancomunidad Intermunicipal de Martorelles y Santa Maria de Martorelles	23/10/1986	2
	Mancomunidad Intermunicipal "Ripoll-Riu Sec"	27/05/1987	5
	Mancomunidad para la Atención de los Minusválidos Psíquicos de la Comarca del Anoia	15/04/1987	22
	Mancomunitat d'aigües BERSOLS	08/10/2010	5

	Mancomunitat d'Aigües de Merlès	16/09/2004	6
	Mancomunitat de Abrera, Esparreguera, Martorell, Olesa de Montserrat, Pallejà, Sant Andreu de la Barca i Torrelles de Llobregat	16/01/1991	6
	Mancomunitat de l'Alt Maresme per a la gestió de residus sòlids urbans i del medi ambient	06/03/1995	4
	Mancomunitat de Municipis de la Comarca d'Osona	23/10/1986	11
	Mancomunitat de Municipis del Bages per al Sanejament	23/01/1987	14
	Mancomunitat de Municipis del Galzeran	09/05/2012	7
	Mancomunitat de Serveis Oristà-Sant Feliu Sasserra	22/02/2006	2
	Mancomunitat del Bisaura i Alt Lluçanès	03/07/1997	7
	Mancomunitat dels Municipis de Premià de Dalt, Premià de Mar i Vilassar de Dalt per a la prestació del servei de deixaleria	28/06/2005	3
	Mancomunitat d'infraestructura sanitària de l'Alt Maresme-Sector III-Litoral Nord	16/12/1991	3
	Mancomunitat Intermunicipal d'abastament d'aigua de l'Alt Maresme	23/10/1986	6
	Mancomunitat Intermunicipal de Boixadors	29/03/1989	3
	Mancomunitat Intermunicipal de La Beguda Alta	11/05/2010	2
	Mancomunitat Intermunicipal de la Conca d'Òdena	22/11/2001	8

	Mancomunitat Penedès i Garraf	23/10/1987	33
	Mancomunitat Tegar del Garraf	08/04/1991	6
	Mancomunitat Intermunicipal de La Vall del Tenes	26/07/1989	4
	Mancomunitat Intermunicipal de Santa Perpètua de Mogoda i La Llagosta	16/12/1991	2
	Mancomunitat Intermunicipal de Serveis Anoia de Ponent	06/02/2014	3
	Mancomunitat Intermunicipal de Serveis d'Alella, El Masnou i Teià	17/12/2001	3
	Mancomunitat Intermunicipal del Cardener	06/06/2005	6
	Mancomunitat Intermunicipal "Escola Comarcal d'Arts i Oficis del Berguedà"	24/04/1989	2
	Mancomunitat Intermunicipal per l'abastament d'aigua procedent de la planta d'Abrera als municipis de Collbató, Esparreguera i Els Hostalets de Pierola	13/09/1993	3
	Mancomunitat Intermunicipal Voluntària "La Plana"	13/09/1993	12
	Mancomunitat "La Gavarresa"	04/11/1998	2
Girona	Mancomunitat de la Vall de Llémena	14/07/2010	4
	Mancomunitat de Municipis "Comunitat Turística de la Costa Brava"	06/03/1987	24
	Mancomunitat de Municipis de Palamós, Calonge i Vall-llobrega	30/09/2005	3
	Mancomunitat del servei de control de mosquits a la badia de Roses i el Baix Ter	16/12/1991	7
	Mancomunitat Intermunicipal d'Aigües de Garriguella, Vilajuïga, Pau i Palau-saverdera	25/03/1987	4

	Mancomunitat Intermunicipal d'Aigües i Serveis del Baix Empordà	27/05/1999	4
	Mancomunitat Intermunicipal de La Cerdanya	27/10/1986	16
	Mancomunitat Intermunicipal de la Conca de l'Onyar	06/03/2006	2
	Mancomunitat Intermunicipal de la Vall de Camprodon	10/11/1986	6
	Mancomunitat Intermunicipal de l'Alt Empordà	10/02/1988	24
	Mancomunitat Intermunicipal dels Ajuntaments de Palafrugell, Begur, Pals, Regencós i Torrent	22/01/1987	5
	Mancomunitat Intermunicipal dels Municipis de Foixà, Parlavà, Rupià i Ultramort	24/06/2005	4
	Mancomunitat Intermunicipal per a fins d'instrucció i cultura d'Alp, Das, Fontanals de Cerdanya i Urús	09/05/1991	4
	Mancomunitat Intermunicipal per a l'Eliminació de Residus	17/02/1997	6
	Mancomunitat Intermunicipal "Toribi Duran"	20/08/1993	11
	Mancomunitat Intermunicipal Voluntària del Gironès	27/10/1986	13
	Mancomunitat Intermunicipal Voluntària "Les Guilleries"	19/10/1988	4
	Mancomunitat Intermunicipal Voluntària "Verge dels Socors"	03/06/1987	4
	Mancomunitat Urbanística Girona-Vilablareix	20/11/1986	2

Lleida	Mancomunidad de Municipios para la promoción de las pistas de esquí nórdico	10/11/1986	4
	Mancomunidad para abastecimiento de agua potable a la Comarca de Las Garrigas	15/10/1986	24
	Mancomunitat d'abastament d'aigua del Solsonès	02/01/1987	9
	Mancomunitat d'Aigües de la Noguera Alta	03/02/1997	4
	Mancomunitat de Municipis de Les Valls d'Àneu	20/03/2013	4
	Mancomunitat de Municipis per la Música a les Garrigues	04/09/2012	12
	Mancomunitat de recollida d'escombraries de L'Urgellet	22/09/1986	5
	Mancomunitat de Serveis del Mig Segre	09/05/2005	5
	Mancomunitat Intermunicipal del Camí Natural de la Noguera Baixa	22/10/2010	5
	Mancomunitat Intermunicipal Mollerussa-El Palau d'Anglesola	22/02/1991	2
	Mancomunitat Intermunicipal per a la Potabilització de les Aigües de Barbens, Castellnou de Seana, Ivars d´Urgell i Vila-sana	04/09/2003	4
Tarragona	Mancomunidad de la Taula del Sénia	20/02/2006	27
	Mancomunidad Intermunicipal sobre el sector territorial de la pista de pruebas de vehículos "L'Albornar"	04/12/1991	4
	Mancomunitat "Abocador Baix Ebre"	29/09/1986	11
	Mancomunitat de Municipis Tortosa-Roquetes (M.T.R.)	30/04/2002	2

	Mancomunitat del Parc Natural de la Serra de Montsant	17/11/2010	9
	Mancomunitat "Deltatres"	16/12/1991	3
	Mancomunitat d'Iniciatives pel Desenvolupament Integral del Territori (MIDIT)	24/01/1996	4
	Mancomunitat Gestora dels Recursos Hídrics dels municipis de Salou i de Vila-seca	05/01/2011	2
	Mancomunitat Intermunicipal del Priorat d'Escaladei D.O.	25/05/2000	9
	Mancomunitat per a la gestió integral de residus urbans	10/06/1987	8
	Mancomunitat Sarral-Rocafort de Queralt	16/12/1991	2
	Mancomunitat "Serveis Abocador Baix Camp"	07/10/1987	14
	Mancomunitat Topograpo	03/10/1986	4

Fuente: Elaboración propia a partir de datos publicados en el Registro de Entidades Locales. Ministerio de Asuntos Económicos y Transformación Digital.

Mancomunidades de Municipios en Comunidad Valenciana

Provincia	Denominación	Fecha inscripción	Núm. municipios
Alicante	Mancomunidad de Calpe, Murla y Vall de Laguar-Pozo Lucifer	20/05/2014	3
	Mancomunidad de la Vid y el Mármol	11/12/2001	3
	Mancomunidad de l'Alacantí/Mancomunitat de l'Alacantí	23/02/1987	8
	Mancomunidad de Municipios "Bajo Segura"	01/03/1990	5
	Mancomunidad de Servicios de Promoción Económica Vega Baja	30/11/1993	11

	Mancomunidad de Servicios Sociales Mariola	29/12/1992	5
	Mancomunidad de Servicios Sociales y de Carácter Cultural de Callosa d'En Sarrià, Polop, Tàrbena, Bolulla, Benimantell, Confrides, el Castell de Guadalest, Benifato y Beniardá	07/01/1991	9
	Mancomunidad del Alto Vinalopó/Mancomunitat del Alt Vinalopó	12/12/2000	5
	Mancomunidad Intermunicipal de Vall de Laguar y Orba	07/04/2014	2
	Mancomunidad Intermunicipal del Valle del Vinalopó-Mancomunitat Intermunicipal de la Vall del Vinalopó	17/07/1990	4
	Mancomunidad Intermunicipal "Foia de Castalla"	11/03/1991	2
	Mancomunidad La Vega	09/10/2006	4
	Mancomunidad Municipal de la estación depuradora de aguas residuales, margen derecha del Río Segura	20/01/1988	4
	Mancomunidad para la depuración de aguas residuales del margen izquierdo del Segura -Vega Baja-	06/09/1991	7
	Mancomunidad para la depuración de aguas residuales del margen izquierdo final del Segura, de la Comarca de la Vega Baja	23/10/1992	7
	Mancomunitat comarcal Marina Alta	29/10/1997	33
	Mancomunitat de la Bonaigua	18/11/1993	5
	Mancomunitat de la Vall de Gallinera i l'Atzúvia-Forna	14/05/1999	2
	Mancomunitat de Serveis Socials de la Marina Alta	07/03/1989	22
	Mancomunitat de Serveis Socials i Turisme de Pego, l'Atzúvia i les Valls	19/12/1996	3

	Mancomunitat "Font de la Pedra"	16/03/2007	3
	Mancomunitat Intermunicipal "La Rectoria"	24/03/2006	5
	Mancomunitat Intermunicipal Vall del Pop	10/09/1991	8
	Mancomunitat "L'Alcoià i El Comtat"	08/05/2012	16
	Mancomunitat "El Xarpolar"	18/11/1993	28
Castellón	Mancomunidad "Baix Maestrat"	02/12/1997	6
	Mancomunidad "Castelló Nord"	20/01/1992	6
	Mancomunidad Comarcal Els Ports	14/06/1993	12
	Mancomunidad de la Plana de l'Arc	18/11/2021	4
	Mancomunidad de Penyagolosa-Pobles del Nord	07/02/2019	4
	Mancomunidad Espadán-Mijares	04/04/1990	15
	Mancomunidad Intermunicipal del Alto Mijares	08/03/1990	8
	Mancomunidad Intermunicipal del Alto Palancia	19/10/1992	28
	Mancomunidad La Plana Espadà	31/03/2022	3
	Mancomunidad L'Alcalatén-Alto Mijares	28/11/2020	8
	Mancomunidad Río Mijares	01/04/2022	6
	Mancomunitat "Alt Maestrat"	18/07/2008	6
	Mancomunitat "Plana Alta"	25/03/2002	6

Fuente: Elaboración propia a partir de datos publicados en el Registro de Entidades Locales. Ministerio de Asuntos Económicos y Transformación Digital.

Mancomunidades de Municipios en Extremadura

Provincia	Denominación	Fecha inscripción	Núm. municipios
Badajoz	Mancomunidad Cultural y Turística de Lacimurga	27/04/1995	5
	Mancomunidad de Aguas de Nogales	02/09/1991	12

	Mancomunidad de Aguas del Pantano de Alange	06/07/1993	4
	Mancomunidad de aguas Guadajira	25/02/1991	4
	Mancomunidad de Badajoz, Almendral y Valverde de Leganés	06/10/1986	3
	Mancomunidad de Municipios de la Comarca de Fregenal de la Sierra	15/04/1994	7
	Mancomunidad de Municipios de La Serena	22/01/1992	12
	Mancomunidad de Municipios "Los Molinos"	19/02/1991	9
	Mancomunidad de Municipios "Río Bodión"	06/08/1993	15
	Mancomunidad de Municipios "Vegas Altas"	16/06/1988	17
	Mancomunidad de Servicios "Campiña Sur"	11/04/1991	5
	Mancomunidad de Servicios "La Serena-Vegas Altas"	07/11/1995	10
	Mancomunidad de Servicios "Siberia-Serena"	19/04/1996	5
	Mancomunidad del Servicio de Abastecimiento de Agua Conjunto de los Municipios de La Coronada, La Haba y Magacela	25/02/1991	3
	Mancomunidad Don Benito-Villanueva de la Serena	12/06/1996	2
	Mancomunidad Integral Cíjara	03/03/1997	6
	Mancomunidad Integral de Aguas y Servicios de la Comarca de Llerena	29/10/1986	21
	Mancomunidad Integral de la Comarca de Olivenza	24/07/1992	10

	Mancomunidad Integral de Municipios Centro	18/05/2006	13
	Mancomunidad Integral de Municipios "Guadiana"	20/04/1999	6
	Mancomunidad Integral de Servicios Vegas Bajas	07/02/1992	10
	Mancomunidad Integral Lácara Los Baldíos	24/19/1991	8
	Mancomunidad Integral Sierra Suroeste	01/03/1993	9
	Mancomunidad Integral "Tierra de Barros-Río Matachel"	10/09/1991	7
	Mancomunidad "Siberia"	20/02/1998	11
	Mancomunidad Turística de los Lagos del Guadiana	10/09/1991	11
	Mancomunidad Turística y de Servicios de Tentudía	11/09/1986	9
	Mancomunidad "Vegas Bajas del Guadiana II"	16/02/1996	3
	Mancomunidad "Zona de Barros"	01/09/1992	9
Cáceres	Mancomunidad "Alconavarr"	24/10/2001	2
	Mancomunidad "Comarca de Trujillo"	19/06/2006	14
	Mancomunidad de Aguas de Ahigal y otros	10/09/1991	5
	Mancomunidad de Aguas del Ayuela	14/10/1986	6
	Mancomunidad de Aguas del Río Tamuja	05/09/1991	8
	Mancomunidad de Aguas "Rivera de Gata"	24/05/1993	7
	Mancomunidad de A.M.A.C.N.A.	20/02/1998	4
	Mancomunidad de Municipios "Depuradora de Baños"	22/10/1998	6

	Mancomunidad de Municipios "Río Tiétar"	20/02/1998	2
	Mancomunidad de Municipios "Zona Centro"	18/10/1994	8
	Mancomunidad de Obras y Servicio de Abastecimiento de Agua "La Vega Lapuente"	26/11/2018	2
	Mancomunidad del Servicio de Aguas de Madroñera, Torrecillas de la Tiesa, Aldeacentenera y La Aldea del Obispo	12/04/1991	4
	Mancomunidad del Valle del Jerte	14/02/1991	11
	Mancomunidad Integral "Comarca de Las Hurdes"	22/04/1996	6
	Mancomunidad Integral de Municipios del Campo Arañuelo	24/05/2001	23
	Mancomunidad Integral de Municipios del Valle del Alagón	14/10/1986	14
	Mancomunidad Integral de Municipios "Riberos del Tajo"	12/03/1997	6
	Mancomunidad Integral de Municipios Sierra de Gata	01/03/1994	19
	Mancomunidad Integral de Villuercas-Ibores-Jara	01/09/1994	18
	Mancomunidad Integral "Rivera de Fresnedosa"	20/051994	12
	Mancomunidad Integral "Sierra de Montánchez"	01/02/1993	21
	Mancomunidad Integral "Sierra de San Pedro"	08/05/1996	9
	Mancomunidad Integral Trasierra-Tierras de Granadilla	03/06/1997	15

	Mancomunidad Intermunicipal de Servicios de Los Cuatro Lugares	16/01/1987	4
	Mancomunidad "Las Tres Torres"	05/09/1991	3
	Mancomunidad para la Gestión Urbanística de los Municipios del Norte de Cáceres	14/10/2015	12
	Mancomunidad "Tajo Salor"	07/05/1996	15
	Mancomunidad "Valle del Ambroz"	24/03/1992	8
	Mancomunidad Intermunicipal de la Vera	14/10/1986	19

Fuente: Elaboración propia a partir de datos publicados en el Registro de Entidades Locales. Ministerio de Asuntos Económicos y Transformación Digital.

Mancomunidades de Municipios en Galicia

Provincia	Denominación	Fecha inscripción	Núm. municipios
A Coruña	Mancomunidad de Municipios del Área de Santiago de Compostela	21/11/1986	11
	Mancomunidad de Municipios del Área del de A Coruña	21/11/1986	9
	Mancomunidad Ría de Arousa Zona Norte	02/03/1987	4
	Mancomunidade "Comarca de Fisterra"	19/06/1995	5
	Mancomunidade da Comarca de Compostela	31/05/2002	7
	Mancomunidade de Auga dos Concellos de Carnota e Muros	17/09/1996	2
	Mancomunidade de Concellos da Comarca de Ferrol	21/11/1986	9
	Mancomunidade de Concellos do Tambre	08/06/1990	2
	Mancomunidade de Concellos "Serra do Barbanza"	09/03/1998	6

	Mancomunidade de Municipios da Comarca de Ordes	02/03/1987	7
	Mancomunidade "Xallas-Tines-Tambre"	28/01/1997	7
Lugo	Mancomunidad de Ayuntamientos de la Marina Luguesa	09/12/1986	16
	Mancomunidad de Municipios "Da Terra Cha"	03/08/1988	5
	Mancomunidade de Concellos Galegos do Camiño Francés	03/10/2001	11
Ourense	Mancomunidad de Municipios de la Comarca de Verín	07/10/1987	7
	Mancomunidad de O Carballiño-Maside	09/03/2023	2
	Mancomunidad de Aguas Rúa-Petín	16/02/1987	2
	Mancomunidad I. V. de O Ribeiro	07/06/1988	5
	Mancomunidad Intermunicipal Voluntaria de "Santa Águeda"	17/06/1991	4
	Mancomunidad Voluntaria de Municipios de la Comarca de La Limia	30/01/1989	11
	Mancomunidad Voluntaria de Municipios de la Comarca de Ourense	17/07/1990	10
	Mancomunidade Allariz-Taboadela	06/06/1996	2
	Mancomunidade de Municipios da Comarca do Carballiño	06/03/1990	8
	Mancomunidade Intermunicipal "Ribeira Sacra"	15/11/1994	8
	Mancomunidade Intermunicipal Voluntaria Conso-Frieiras	19/01/2005	4
	Mancomunidade Intermunicipal Voluntaria da Terra de Celanova	04/10/1991	8
	Mancomunidade Turística dos Concellos do Carballiño, Ribadavia, Boborás e Leiro	13/10/2005	4
	Mancomunidade Voluntaria das Terras do Navea-Bibei	20/04/1993	3

Pontevedra	Mancomunidad para el Servicio de vertedero de residuos sólidos urbanos de los Ayuntamientos de Pontevedra y Sanxenxo	07/04/1988	2
	Mancomunidad Terras de Pontevedra	23/02/2007	9
	Mancomunidad Voluntaria de Municipios de Arousa	22/09/1986	7
	Mancomunidade da Área Intermunicipal de Vigo	07/04/1993	11
	Mancomunidade de Concellos do Morrazo	27/09/1994	4
	Mancomunidade de Concellos do Val Miñor	28/12/1995	3
	Mancomunidade de Terras de Deza	17/02/2004	5
	Mancomunidade do Paradanta	14/10/1986	4
	Mancomunidade do Salnés	26/05/1988	9
	Mancomunidade Intermunicipal do Baixo Miño	26/06/1992	5
	Mancomunidade Intermunicipal dos Vales do Ulla e Umia	11/05/1994	5

Fuente: Elaboración propia a partir de datos publicados en el Registro de Entidades Locales. Ministerio de Asuntos Económicos y Transformación Digital.

Mancomunidades de Municipios en Comunidad de Madrid

Provincia	Denominación	Fecha inscripción	Núm. municipios
Madrid	Mancomunidad "Alto Jarama"	03/03/2000	4
	Mancomunidad "Barrio de Los Negrales de los Municipios de Collado Villalba y Alpedrete"	15/11/2002	2
	Mancomunidad de Ciempozuelos y Titulcia	09/09/1993	2
	Mancomunidad de Consumo "Henares-Jarama"	08/03/2002	6

	Mancomunidad de Medio Ambiente de Fresnedillas de la Oliva y Zarzalejo	10/06/2002	2
	Mancomunidad de Municipios de la Sierra del Guadarrama	09/01/1987	10
	Mancomunidad de Municipios de la Zona Oeste de Madrid para el tratamiento de residuos sólidos urbanos	20/03/1992	5
	Mancomunidad de Municipios del Alto Henares	11/05/1990	7
	Mancomunidad de Municipios del Jarama para el establecimiento y desarrollo del servicio de tratamiento de residuos sólidos urbanos	21/02/1991	4
	Mancomunidad de Nuevo Baztán y Villar del Olmo	09/09/1993	2
	Mancomunidad de Servicios Culturales de la Sierra Norte de Madrid	03/02/2005	42
	Mancomunidad de Servicios de Arquitectura y Urbanismo Sierra Norte (MSAU)	18/05/1995	24
	Mancomunidad de Servicios de Educación de Adultos de Madrid Este (M.S.E.A.M.E.)	10/04/2008	13
	Mancomunidad de Servicios de El Molar, San Agustín y Guadalix	12/02/1991	3
	Mancomunidad de Servicios del Suroeste de Madrid	09/09/1993	6
	Mancomunidad de Servicios del Valle Norte del Lozoya	09/01/2006	9
	Mancomunidad de Servicios "El Alberche"	14/06/1988	5
	Mancomunidad de Servicios "La Jara"	27/08/2001	2

	Mancomunidad de Servicios Medioambientales "La Cabrera-Valdemanco-Bustarviejo"	29/04/1993	3
	Mancomunidad de Servicios "Meseta del Henares"	26/02/1992	7
	Mancomunidad de Servicios Múltiples Navalafuente-Valdemanco	13/11/2009	2
	Mancomunidad de Servicios Río Cofio	31/05/2022	2
	Mancomunidad de Servicios Sociales de Sierra Oeste	22/12/1992	10
	Mancomunidad de Servicios Sociales de Torrelodones, Hoyo de Manzanares, Alpedrete y Moralzarzal (T.H.A.M.)	11/12/1998	4
	Mancomunidad de Servicios Sociales Mejorada-Velilla	07/02/1992	2
	Mancomunidad de Servicios Sociales "Pantueña"	18/02/2009	6
	Mancomunidad de Servicios Sociales "Sierra Norte"	29/08/1990	45
	Mancomunidad de Servicios Sociales y Mujer "La Maliciosa"	12/03/2004	6
	Mancomunidad de Servicios Tielmes-Valdilecha	31/01/2003	2
	Mancomunidad de Servicios "Valle Medio del Lozoya"	23/01/1992	4
	Mancomunidad del Embalse del Atazar	26/04/2000	6
	Mancomunidad del Este	03/01/2007	31
	Mancomunidad del Noroeste para la gestión y tratamiento de los residuos urbanos	03/07/2013	42

	Mancomunidad del Servicio de Urgencias y Rescate del Este de Madrid (SUREM)	14/12/2010	4
	Mancomunidad del Sur	17/05/2012	30
	Mancomunidad "Henares-Jarama"	06/07/1999	4
	Mancomunidad Intermunicipal de Residuos del Sur de Madrid (M.I.R. del Sur)	31/01/1989	3
	Mancomunidad Intermunicipal de Servicios "Los Pinares"	14/06/1990	10
	Mancomunidad Intermunicipal de Servicios Sociales del Este de Madrid (MISSEM)	17/03/1992	6
	Mancomunidad Intermunicipal de Servicios Sociales "La Encina"	24/05/1991	4
	Mancomunidad Intermunicipal de Servicios Sociales "Las Cañadas"	11/12/2002	4
	Mancomunidad Intermunicipal de Servicios Sociales "Las Vegas"	06/07/1992	6
	Mancomunidad Intermunicipal de Servicios Sociales "Vega del Guadalix"	21/02/2007	4
	Mancomunidad Intermunicipal de Servicios Sociales "2016"	24/02/1992	12
	Mancomunidad Intermunicipal del Sudeste de la Comunidad de Madrid (MISECAM)	09/04/1992	13
	Mancomunidad Intermunicipal "La Sierra del Rincón"	05/03/1990	6
	Mancomunidad "Jarama"	17/031992	3
	Mancomunidad "Los Olmos"	10/07/1995	4

	Mancomunidad para el abastecimiento de aguas potables de los municipios de Navas del Rey, Chapinería y Colmenar del Arroyo	26/01/1987	3
	Mancomunidad para el abastecimiento de aguas potables del río Tajo de los municipios de Colmenar de Oreja, Belmonte de Tajo y Valdelaguna	02/09/1986	3
	Mancomunidad "Puerta de la Sierra"	19/05/1999	2
	Mancomunidad "Servicio de Emergencias Mancomunado de Daganzo y Paracuellos" (S.E.M.)	16/03/2007	2
	Mancomunidad "Sierra del Alberche"	01/03/2001	10
	Mancomunidad "Valle del Lozoya"	18/10/2004	5
	Mancomunidad Voluntaria Intermunicipal para la recogida y tratamiento de basuras y parque móvil de vehículos de representación y de servicios	02/09/1987	4

Fuente: Elaboración propia a partir de datos publicados en el Registro de Entidades Locales. Ministerio de Asuntos Económicos y Transformación Digital.

Mancomunidades de Municipios en Región de Murcia

Provincia	Denominación	Fecha inscripción	Núm. municipios
Murcia	Mancomunidad "Comarca Oriental"	03/12/1990	4
	Mancomunidad de Municipios de la Vega Media del Segura	24/10/1986	4
	Mancomunidad de Municipios del Valle de Ricote	27/03/1991	7
	Mancomunidad de Servicios Sociales	14/12/1990	2
	Mancomunidad de Servicios Sociales de la Comarca del Noroeste	29/11/1991	4

	Mancomunidad de Servicios Sociales del Río Mula	22/04/1991	4
	Mancomunidad Turística de Sierra Espuña	03/11/2009	5

Fuente: Elaboración propia a partir de datos publicados en el Registro de Entidades Locales. Ministerio de Asuntos Económicos y Transformación Digital.

Mancomunidades de Municipios en Comunidad Foral de Navarra

Provincia	Denominación	Fecha inscripción	Núm. municipios
Navarra	Agrupación de Servicios Administrativos Basaburua-Imotz Udal Elkartzea	09/06/2010	2
	Agrupación de Servicios Administrativos "Calibus"	25/10/2006	4
	Agrupación de Servicios Administrativos de la Valdorba	10/02/2015	5
	Agrupación de Servicios Administrativos de los Municipios de Falces y Miranda de Arga	05/02/2009	2
	Agrupación de Servicios Administrativos de Valdemañeru	23/03/2006	4
	Bortzirietako Euskara Mankomunitatea (Mancomunidad del Euskara de Bortziriak)	15/06/1990	5
	Mancomunidad Andia	27/01/2011	5
	Mancomunidad de Aguas "Arratoz"	09/02/1996	6
	Mancomunidad de Aguas del Moncayo	04/12/1991	8
	Mancomunidad de Aguas del Río Linares	04/12/1991	3
	Mancomunidad de Bortziriak-Cinco Villas para la Gestión de los Residuos Sólidos Urbanos	04/12/1991	5
	Mancomunidad de Cascante, Cintruénigo y Fitero (Mancascinfit)	26/05/1989	3

	Mancomunidad de la Comarca de Pamplona	16/03/1987	52
	Mancomunidad de la Ribera	09/01/1990	19
	Mancomunidad de Leitza, Goizueta, Areso y Arano para la gestión del servicio social de base	02/10/1996	4
	Mancomunidad de los Ayuntamientos de Beire y Pitillas para el sostenimiento de personal común	18/03/1997	2
	Mancomunidad de Mairaga-Zona Media/Erdi Aldea	16/03/1987	20
	Mancomunidad de Montejurra/Jurramendiko Mankomunitatea	13/03/1987	63
	Mancomunidad de Residuos Sólidos "Bidausi"	01/06/1993	15
	Mancomunidad de Residuos Sólidos Esca-Salazar/Eska-Zaraitzu Hiriko Hondakin Solidoen Mankomunitatea	14/07/1994	19
	Mancomunidad de Residuos Sólidos Urbanos Irati	30/08/1993	11
	Mancomunidad de Sakana	03/02/1987	15
	Mancomunidad de Servicios Administrativos de Izaga	03/01/2003	7
	Mancomunidad de Servicios Administrativos de la Sierra de Codés	20/12/2001	6
	Mancomunidad de Servicios Administrativos de Valdizarbe	07/11/2001	8
	Mancomunidad de Servicios Bibliotecarios Berragu-Berragu Liburutegi Zerbitzuen Mankomunitatea	28/12/2001	9
	Mancomunidad de Servicios de la Comarca de Sangüesa	27/10/1993	17
	Mancomunidad de Servicios Deportivos y Socioculturales de la Zona Media de Navarra	10/04/2001	17
	Mancomunidad de Servicios Generales de Malerreka	04/10/1993	13

	Mancomunidad de Servicios Sociales "Auñamendi"	05/10/1990	14
	Mancomunidad de Servicios Sociales de Base de Allo, Arellano, Arróniz, Dicastillo y Lerín	04/03/1993	5
	Mancomunidad de Servicios Sociales de Base de Altsasu/Alsasua, Olazti/Olazagutía y Ziordia	17/04/1996	3
	Mancomunidad de Servicios Sociales de Base de Ansoáin, Berrioplano, Berriozar, Iza y Juslapeña	21/09/1992	5
	Mancomunidad de Servicios Sociales de Base de Cintruénigo y Fitero	18/04/1996	2
	Mancomunidad de Servicios Sociales de Base de Irurtzun	24/05/1996	11
	Mancomunidad de Servicios Sociales de Base de la Zona de Buñuel	09/04/1991	5
	Mancomunidad de Servicios Sociales de Base de la Zona de Los Arcos	09/05/1991	12
	Mancomunidad de Servicios Sociales de Base de la Zona de Noáin	22/10/1997	9
	Mancomunidad de Servicios Sociales de Base de la Zona de Olite	23/12/1996	7
	Mancomunidad de Servicios Sociales de Base de los Ayuntamientos del Área de Carcastillo	10/05/1996	4
	Mancomunidad de Servicios Sociales de Base del Valle del Queiles	03/12/1990	6
	Mancomunidad de Servicios Sociales de Base "Iranzu"	18/04/2001	7
	Mancomunidad de Servicios Sociales de Base y Deportes Valdizarbe	06/03/1998	16
	Mancomunidad de Servicios Sociales de Bortziriak-Cinco Villas	04/12/1991	5
	Mancomunidad de Servicios Sociales de la Zona Básica de Salud de Etxarri-Aranatz	19/10/1993	7

	Mancomunidad de Servicios Sociales de la Zona de Peralta	14/01/1997	4
	Mancomunidad de Servicios Sociales de las Villas de Arguedas, Valtierra, Villafranca, Milagro y Cadreita	27/02/1991	5
	Mancomunidad de Servicios Sociales de Lazagurría, Lodosa, Mendavia, Sartaguda y Sesma	10/02/1998	5
	Mancomunidad de Servicios Sociales de San Adrián, Azagra, Andosilla y Cárcar	17/03/1992	4
	Mancomunidad de Servicios Sociales "Izaga"	30/08/1993	4
	Mancomunidad de Servicios Sociales "Salazar y Navascués"	28/11/1996	11
	Mancomunidad de Servicios Sociales San Isidro	08/02/2019	2
	Mancomunidad de Servicios Sociales Zona Básica de Salud de Ultzama	02/02/2023	6
	Mancomunidad de Servicios Ultzanueta	24/09/2015	3
	Mancomunidad de Valdizarbe/Izarbei-barko Mankomunitatea	04/12/1991	13
	Mancomunidad Deportiva Araitz, Areso, Betelu, Larraun, Lekunberri	20/11/2006	5
	Mancomunidad Deportiva "Ebro"	01/10/1990	7
	Mancomunidad Deportiva "Navarra Sur"	23/04/1993	8
	Mancomunidad Deportiva "Orreaga"	12/03/2007	5
	Mancomunidad para la gestión de residuos sólidos urbanos Ribera Alta de Navarra	03/12/1991	9
	Mendialdea Mankomunitatea	16/02/2017	6
	Nafarroako Iparraldeko Euskara Mankomunitatea-Mancomunidad de Euskara del Norte de Navarra	17/12/1997	12
	Unión de Aralar-Aralarko Elkartea	06/04/1987	10

Fuente: Elaboración propia a partir de datos publicados en el Registro de Entidades Locales. Ministerio de Asuntos Económicos y Transformación Digital.

Mancomunidades de Municipios en País Vasco

Provincia	Denominación	Fecha inscripción	Núm. municipios
Álava	Mancomunidad Intermunicipal de Servicios de La Rioja Alavesa	14/05/1990	17
Bizkaia	Arratiako Udalen Mankomunitatea	03/12/1986	9
	Busturialdeko Mankomunitatea	28/05/2010	4
	Enkarterriko Udalen Mankomitatea-Mancomunidad de los Municipios de las Encartaciones	11/05/1990	11
	Mancomunidad de la Margen Izquierda y Zona Minera	03/12/1986	9
	Mancomunidad de la Merindad de Durango-Durangoko Merinaldearen Amankomunazgoa	25/09/2001	10
	Mancomunidad de los Municipios Rurales del Lea/Lea Ibarreko Udal Txikien Mankomunazgoa	19/03/1990	6
	Mancomunidad de Municipios de Bermeo, Busturia, Mundaka y Sukarrieta	24/10/1990	4
	Mancomunidad de Municipios de Lea Artibai/Lea Artibaiko Udalerrien Amankomunazgoa	28/09/1989	9
	Mancomunidad de Oxiña/Oxiña'Ko Erri Batza	04/10/1990	5
	Mancomunidad de Servicios Nerbioi-Ibaizabal	04/06/2021	9
	Mancomunidad de Servicios Sociales de Busturialdea	03/12/1986	15
	Mancomunidad de Servicios Uribe Butroe	05/12/2007	8

	Mancomunidad de Servicios Uribe Kosta/Uribe Kostako Zerbitzuen Mankomunitatea	11/11/1991	7
	Mancomunidad "Enkarterriko Udal Euskaltegia"	05/07/1989	3
	Mancomunidad Mungialde Servicios Sociales	14/02/2017	6
	Mancomunidad Municipal Pro-Minusválidos Psíquicos "Taller Ranzari Lantegia"	08/04/1987	2
	Txorierriko Zerbitzuen Mankomunitatea-Mancomunidad de Servicios del Txorierri	05/06/1990	6
Guipúzcoa	Debagoieneko Mankomunitatea	24/05/1996	8
	Aiztondo Zerbitzuen Mankomunitatea	24/10/2001	4
	Bideberri Mankomunitatea	23/03/2007	3
	Debabarrena Eskualdeko Mankomunitatea-Mancomunidad Comarcal de Debabarrena	26/05/1987	7
	"Debabe" Udal Euskaltegien Mankomunitatea	28/06/1996	3
	Loatzo Udalerrien Mankomunitatea	12/09/2002	8
	Mancomunidad Beterri-Buruntza	08/02/2022	6
	Mancomunidad de Enirio-Aralar	28/03/1990	13
	Mancomunidad de Municipios para la gestión del matadero comarcal de Tolosa	28/03/1988	48
	Mancomunidad de Servicios de Txingudi-Txingudiko Zerbitzuen Mankomunitatea	09/04/1990	2
	Mancomunidad de Servicios Urola Garaia/Urola Garaia Udal Elkartea	31/10/1988	4

	Mancomunidad de Tolosaldea	06/08/1998	28
	Mancomunidad "Leintz Udal Euskaltegia"	03/10/1988	2
	Mancomunidad Municipal de Aguas del embalse del Río Añarbe	23/01/1990	10
	Mancomunidad Municipal de San Marcos/San Markos-eko Udal Mankomunitatea	15/11/1991	10
	Mancomunidad Sasieta	20/03/1990	22
	Mancomunidad Uli	25/02/1998	4
	Mancomunidad Urola Erdia/Urola Erdiko Mankomunitatea	04/12/1991	7
	Mancomunidad Urola Kosta/Urola Kostako Udal Elkartea	06/11/1991	5
	Mancomunidad "Urretxu-Zumarragako Udal Euskaltegia"	04/03/1991	2
	Saiaz Amankomunitatea	21/10/1994	4
	Udalerri Euskaldunen Mankomunitatea (UEMA)	23/03/1992	52

Fuente: Elaboración propia a partir de datos publicados en el Registro de Entidades Locales. Ministerio de Asuntos Económicos y Transformación Digital.

Mancomunidades de Municipios en La Rioja

Provincia	**Denominación**	**Fecha inscripción**	**Núm. municipios**
La Rioja	Mancomunidad Intermunicipal de Servicios de La Rioja Alavesa	10/04/1989	12
	Mancomunidad de Servicios Sociales del Camero Viejo	13/03/2023	11
	Mancomunidad "Cuatro Ríos"	15/12/2006	14
	Mancomunidad de Aguas del Glera	22/02/2000	7
	Mancomunidad de Aguas "Río Molina"	28/10/2002	3

	Mancomunidad de Desarrollo Turístico de los Municipios de Ábalos, Briones, San Vicente de la Sonsierra y San Asensio	13/11/2002	4
	Mancomunidad de Desarrollo Turístico de los Municipios de Haro, Briñas, Casalarreina, Ollauri y Sajazarra	16/09/2021	5
	Mancomunidad de Desarrollo Turístico del Valle del Alhama-Linares	03/02/2022	5
	Mancomunidad de Desarrollo Turístico La Rioja Rupestre	09/09/2021	8
	Mancomunidad de Desarrollo Turístico Valle de la Lengua	15/12/2021	5
	Mancomunidad de Entrena y Sojuela	25/01/2002	2
	Mancomunidad de La Esperanza	23/01/1991	4
	Mancomunidad de los Pueblos del Moncalvillo	20/11/1997	10
	Mancomunidad de Monte Real	27/07/2007	3
	Mancomunidad de Municipios de la Cuenca del Cidacos	31/05/1995	17
	Mancomunidad de Nalda y Viguera	18/05/2006	2
	Mancomunidad de Sierra La Hez	31/01/2007	4
	Mancomunidad del Agua Potable de los Municipios de Cuzcurrita de Río Tirón, Tirgo y Baños de Rioja	18/05/2006	3
	Mancomunidad del Alto Iregua	02/11/1990	13
	Mancomunidad del Alto Najerilla	16/11/2010	9
	Mancomunidad del Najerilla	08/01/1992	14
	Mancomunidad del Oja-Tirón	19/07/1990	34
	Mancomunidad del Tirón	22/03/2000	14
	Mancomunidad del Valle de Ocón	19/03/2008	7
	Mancomunidad Intermunicipal de las Cinco Villas de Alesanco, Torrecilla sobre Alesanco, Azofra, Hormilla y Hormilleja	09/04/1991	5

	Mancomunidad Intermunicipal "Valvanera"	24/05/2007	4
	Mancomunidad "Leza-Iregua"	11/05/2006	8
	Mancomunidad "Rioja Alta"	11/02/1991	13
	Mancomunidad "Sampol"	12/09/2002	2
	Mancomunidad Turística Valles de Ocón, Jubera, Leza y Cidacos	03/03/2009	6
	Mancomunidad "Virgen de Allende"	30/12/1999	17
	Mancomunidad Voluntaria de Aguas de Zarratón, Hervías y San Torcuato	18/05/2006	3

Fuente: Elaboración propia a partir de datos publicados en el Registro de Entidades Locales. Ministerio de Asuntos Económicos y Transformación Digital.

Las tablas anteriores son ilustrativas pues muestran desde una perspectiva de conjunto la implantación que las entidades supramunicipales previstas en nuestro ordenamiento jurídico tienen en el conjunto del territorio estatal, con un claro y evidente predominio de las mancomunidades de municipios frente a la aparente inexistencia de las áreas metropolitanas, pese a la virtualidad y eficacia que en el escenario actual las mismas podrían tener, pudiendo dar respuesta a buena parte de las demandas que la organización territorial tiene al tratarse de una escala intermedia cuyas competencias podrían tener, pues se entienden la fórmula más acorde a las necesidades de las propias interrelaciones territoriales[24].

---

24 Sobre las áreas metropolitanas, véase, entre otros, BARRERO RDRÍGUEZ, C. *Las áreas metropolitanas.* Madrid: Civitas, 1993; RODRÍGUEZ GUTIÉRREZ, F. *Áreas metropolitanas de España: la nueva forma de ciudad.* Oviedo: Servicio de Publicaciones de la Universidad de Oviedo, 2009; PITARCH GARRIDO, M.D. *Sostenibilidad en las áreas metropolitanas.* Valencia: Servicio de Publicaciones de la Universidad de Oviedo, 2014.

4. CONCLUSIONES

La dilatada trayectoria en nuestro ordenamiento jurídico por la previsión de fórmulas organizativas supramunicipales, contrasta con su implementación práctica, máxime en algunas de ellas que podrían constituir la respuesta a muchas de los problemas actuales y a las cada vez más predominantes y acuciantes relaciones e interacciones intermunicipales.

No en vano, algunas de ellas, como las áreas metropolitanas surgen como respuesta a necesidades imperantes. La tradicional concepción de pueblo o ciudad no es la realidad de hoy día, la sociedad se interrelaciona, al menos, entre diferentes municipios y no es una cuestión ocasional, es el día a día de la ciudadanía. Los límites administrativos, en tanto líneas imaginarias fijadas en el territorio, poco o nada tienen que ver con los modelos urbanos imperantes y que se incrementan día a día. Frente a ello la ineficacia mostrada cuando se ha tratado de pasar a la teoría a la práctica, con ejemplos como el del Área Metropolitana de Vigo que tras una década continúa intentando conformarse formalmente como tal.

Es una realidad que, a mayor abundamiento, se emplea en materias como ordenación territorial u otras, delimitando ámbitos de áreas metropolitanas para planificar de manera conjunta y coordinada dicho ámbito en el que concurren interrelaciones sociales, económicas, históricas y de otra índole.

El arraigo de las Administraciones territoriales a su esfera competencial, en los diferentes niveles, parece ser uno de los óbices para su materialización. Sin embargo, son otros tantos los aspectos positivos que el empleo de estas fórmulas organizativas puede tener lugar, uno de los más evidentes y reiterados es la eficacia y reducción de costes que, en ocasiones, "asfixia" a los municipios en España.

En definitiva, las dinámicas sociales y territoriales demandan nuevas fórmulas organizativas capaces de dar una adecuada respuesta a sus demandas y deben tener una coherente respuesta, máxime si, como es el caso, cuenta ya con una dilatada previsión en el ordenamiento jurídico, tanto estatal como de las diferentes Comunidades Autónomas.

5. BIBLIOGRAFÍA

BANDRÉS SÁNCHEZ-CRUZAT, S.M. "La Autonomía Local en la Jurisprudencia del Tribunal Constitucional", en *La autonomía local: análisis jurisprudencial*, Marcial Pons, 1998, pp. 17-46.

BANDRÉS SÁNCHEZ-CRUZAT, S.M. "Tribunal Supremo y Gobiernos locales: últimas novedades jurisprudenciales", *Cuadernos de Derecho Local*, 2022, pp. 390-425.

BARRERO RDRÍGUEZ, C. *Las áreas metropolitanas*. Madrid: Civitas, 1993.

BARRERO RODRÍGUEZ, C. "La reforma del régimen local: las competencias municipales: Mesa redonda segunda: la reforma local", en FAYA BARRIOS, A.L. *Legislación de crisis y su incidencia en el estado de las autonomías: actas de las XVI Jornadas de Estudio del Gabinete Jurídico de la Junta de Andalucía*. Sevilla: Junta de Andalucía, Instituto Andaluz de Administración Pública, 2015, pp. 139-178.

CALVO CHARRO, M. (coord.) y RODRÍGUEZ-ARANA, J. (dir./coord.) *La administración pública española*. Madrid: Instituto Nacional de Administración Pública, 2002.

DOMINGO ZABALLOS, M. (coord.) *Reforma del Régimen Local: la Ley de Racionalización y Sostenibilidad de la Administración Local: veintitrés estudios*. Navarra: Thomson Reuters Aranzadi, 2014.

FERNÁNDEZ MONTALVO, R. "La presencia de la Carta Europea de la Autonomía Local en los pronunciamientos jurisprudenciales sobre autonomía local de 2004", en *Anuario de Gobierno Local*, dirigido por TOMÁS FONT i LLOVET. Madrid: Fundación Gobierno y Democracia Local, 2005.

GARCÍA RUBIO, F. *El derecho local tras la "racionalización": entre la transparencia, la remunicipalización y el ajuste presupuestario*. Valencia: Tirant Lo Blanch, 2020.

GUTIÉRREZ COLOMINA, V. y LLAVADOR CISTERNES, H. (coords.) *Ley de racionalización y sostenibilidad de la Administración Local. Estudio sobre la aplicación de la Ley 27/2013, de 27 de diciembre: actualizado a la Ley 15/2004, de 16 de septiembre*. Valencia: Tirant lo Blanch, 2015.

LASAGABASTER HERRARTE, I. *La Carta Europea de la Autonomía Local.* Madrid: Iustel, 2007.

MARTÍNEZ PALLARÉS, P. "La planta local tras la Ley de Racionalización y Sostenibilidad de la Administración Local: esperando a Godot", *Revista Cuadernos Manuel Giménez Abad,* núm. 7, 2014, pp. 70-82.

MORELL OCAÑA, L. "Las fuentes del Derecho Local: Problemas generales: Competencias del Estado y las Comunidades Autónomas", *Revista de Estudios de la Administración Local y Autonómica,* núm. 235-236, 1987, pp. 489-532.

ORTEGA ÁLVAREZ, L. "La Carta Europea de la Autonomía Local y el ordenamiento local español", *Revista de Estudios de la Administración Local y Autonómica,* núm. 259, 1993, pp. 475-498.

PAREJO ALFONSO, L. "La autonomía local", *Revista de Estudios de la Administración Local y Autonómica,* núm. 229, 1986, pp. 9-64.

PAREJO ALFONSO, L. "La autonomía local en la Constitución", en MUÑOZ MACHADO, S., *Tratado de Derecho Municipal,* Madrid: Civitas, 2003, pp. 25-156.

PAREJO ALFONSO, L. "Consideraciones sobre el régimen local básico en los nuevos Estatutos de Autonomía", *Fundación Manuel Giménez Abad de Estudios Parlamentarios y del Estado Autonómico,* 2009, pp. 1-16.

PITARCH GARRIDO, M.D. *Sostenibilidad en las áreas metropolitanas.* Valencia: Servicio de Publicaciones de la Universidad de Oviedo, 2014.

REBOLLO PUIG, M. "La supresión de los pequeños municipios: régimen, alternativas, ventajas e inconvenientes", *Revista de Estudios de la Administración Local y Autonómica,* núm. 308, 2008, pp. 151-206.

RODRÍGUEZ GONZÁLEZ, R. "El territorio local en Europa. Reestructuración de su base organizativa y posibilidades para España", *Revista de Xeografía, Territorio e Medio Ambiente,* núm. 6, 2006, 115-132.

RODRÍGUEZ GUTIÉRREZ, F. *Áreas metropolitanas de España: la nueva forma de ciudad.* Oviedo: Servicio de Publicaciones de la Universidad de Oviedo, 2009.

RODRÍGUEZ ZAPATA, J. "Interpretación jurisdiccional de la autonomía local en la jurisprudencia española", en *Estudios sobre la Carta Europea de la Autonomía Local,* Conferencia sobre la Carta Europea de la Autonomía Local. Barcelona, 23-25 de enero de 1992. Ajuntament de Barcelona, 1994.

SANTAMARÍA PASTOR, J.A. *La reforma del 2013 del régimen local español.* Madrid: Fundación Democracia y Gobierno Local, 2014.

SOLOZÁBAL ECHEVARRÍA, J.J. "El marco estatutario del régimen local", *Revista de Administración Pública*, núm. 179, 2009, pp. 9-35.

VELASCO CABALLERO, F. "El nuevo régimen local general y su aplicación diferenciada en las distintas comunidades autónomas", *Revista Catalana de Dret Públic*, núm. 48, 2014, pp. 1-23.

Capítulo 3

Las actuaciones de interés autonómico

DIEGO J. VERA JURADO
Catedrático de Derecho Administrativo
Universidad de Málaga

SUMARIO: 1. ASPECTOS CONCEPTUALES Y COMPETENCIALES. 2. *¿INICIATIVA PÚBLICA O INICIATIVA PRIVADA?* 3. ACTUACIONES DE INTERÉS AUTONÓMICO Y AUTONOMÍA LOCAL. 4. ACTUACIONES DE INTERÉS AUTONÓMICO Y LEYES SINGULARES. 5. BIBLIOGRAFÍA.

1. ASPECTOS CONCEPTUALES Y COMPETENCIALES

Con la denominación de *Actuaciones de Interés Autonómico* se hace referencia a aquellas iniciativas, obras o proyectos que tienen un impacto económico, social, ambiental o logístico que supera el estricto ámbito de un municipio para incidir en otro superior que corresponde normalmente al ámbito competencial de las comunidades autónomas. No existe, sin embargo, un concepto unificado en las normas territoriales y urbanísticas sobre este tipo de proyectos y actuaciones. A lo sumo, y con un carácter puramente orientativo, cabría destacar algunas características generales. Así, por una parte, podemos subrayar su naturaleza como instrumento de ordenación territorial y su operatividad como técnica de intervención directa sobre el suelo con el objetivo principal de la implantación de instalaciones, actividades o usos. Por otra parte, y en directa vinculación con esta primera, hay que resalta su carácter excepcional y singular, lo que le permite un funcionamiento al margen de los instrumentos de planificación y ordenación urbanística y territorial, con una asunción directa de las facultades decisorias por parte de las comunidades autónomas[25].

Es fácil de imaginar, a partir esta inicial descripción, los problemas que puede generar la regulación y ejecución de este tipo de actuaciones, siendo especialmente patente los que se plantean en relación con los límites competenciales entre municipios y comunidades autónomas. Y aunque ello realmente no constituye ninguna novedad especial, ya que gran parte de la regulación de la ordenación del territorio y el urbanismo –también del medio ambiente– transcurre alrededor de un permanente conflicto, *las actuaciones de interés autonómico* aportan cierta intensidad al debate[26].

---

25 Véanse, en este sentido, los trabajos de MELLADO RUIZ, L. "Reflexiones críticas sobre las actuaciones autonómicas de interés público con fines turísticos o turísticos- residenciales", *Revista Internacional de Derecho del Turismo, RIDETUR,* vol, 2, núm. 1, 2018, pp. 55-89 (p. 56) y ALONSO CLEMENTE, A., "Proyectos singulares de interés supralocal", *Práctica Urbanística,* núm. 94, 2010, p. 66.

26 Recordemos, en este sentido, que el reconocimiento de la autonomía municipal en la Constitución de 1978 garantiza un ámbito propio de actuación de los municipios e implica, además, el establecimiento de unos límites al legislador. El problema más importante, sin embargo, que plantea el reconocimiento constitucional de la autonomía municipal, tanto desde la perspectiva de la determinación de su contenido competencial como desde su defensa, es que no se proyecta sobre un listado de materias predeterminadas en el propio texto constitucional, sino que se limita a decir que estas entidades "*gozan de autonomía para la gestión de sus intereses respectivos*" (artículo 137 CE). De esta configuración abstracta de la autonomía municipal se desprende el reconocimiento de una cierta capacidad

de autorregulación, aunque su alcance concreto se remite a la legislación estatal y autonómica. Esta situación de conflicto, siendo generalizada entre comunidades autónomas y municipios, es especialmente compleja -como ya se ha indicado- en materias como el urbanismo y la ordenación del territorio en las que se produce un significativo solapamiento de competencias. Así las comunidades autónomas tienen competencia exclusiva en materia de ordenación del territorio, urbanismo y vivienda (artículos 148 y 149 CE), pero también los municipios tienen atribuida como propia–"*en los términos de la legislación estatal y autonómica*"- la competencia sobre "urbanismo", incluyendo el planeamiento, ejecución y disciplina urbanística. A esta situación se une, además, el potencial conflicto de las comunidades autónomas -en menor medida de los municipios- con el Estado, que también dispone de competencias en materia de protección ambiental, sostenibilidad urbana y territorial. El TC ha examinado de manera reiterada la interconexión entre los conceptos de ordenación del territorio y urbanismo, es el caso de las sentencias 149/1991 (RTC 1991, 149); 61/1997 (RTC 1997, 61) o 240/2006 (RTC 2006, 240), entre otras muchas. En una más reciente, en la que estaba en cuestión la infracción de la autonomía urbanística municipal por un plan de ordenación del litoral aprobado por ley autonómica, reitera su doctrina afirmando que existe siempre un interés supramunicipal en las decisiones sobre el "*cómo, cuándo y dónde deben surgir o desarrollarse los asentamientos humanos". Añade, además, que ese interés supramunicipal está presente en la consideración de la "capacidad de acogida" como factor determinante del "umbral de crecimiento de cada núcleo" de población y que "el agotamiento de la capacidad de acogida territorial marca los límites del crecimiento, en este caso urbanístico, de un núcleo de población, razón por la cual su determinación no podrá considerarse ayuna de interés supramunicipal.*" (STC 57/2015, RTC 2015,57). Destacar, en este sentido, los trabajos de VERA JURADO, D.J. "Las actuaciones de interés autonómico: cara y cruz de un instrumento polémico", *Revista General de Derecho Administrativo*, núm. 56, 2021 y "Algunas reflexiones sobre las actuaciones de interés autonómico: luces y sombras de una nueva forma de ordenación del territorio", *Revista de estudios locales. Cunal*, núm. 36, 2020, pp. 194-216; MENÉNDEZ REXACH, Á., "Ordenación del territorio supramunicipal y urbanismo municipal: el control de las actuaciones

Con este panorama competencial de fondo, son diferentes las opciones que emplean las comunidades autónomas a la hora de regular, definir y declarar las actuaciones de interés autonómico. Y aunque todas tienen por finalidad -como ya se ha indicado anteriormente- autorizar y regular la implantación de actividades y proyectos de especial trascendencia territorial que hayan de asentarse en más de un término municipal o que, aun asentándose en uno solo, trasciendan de dicho ámbito por su incidencia territorial, económica, social o cultural, su magnitud o sus singulares características, son diferentes los argumentos de legitimación que se emplean para ello. En este sentido, la mayoría de las normas autonómicas lo justifican como un instrumento de "intervención directa" en el territorio[27], pudiéndose destacar en algunos casos, además, su "naturaleza

---

de interés regional", *Encuentros multidisciplinares,* vol. 17, 2015, pp. 42-49; CORCHERO PÉREZ, M. y SÁNCHEZ PÉREZ, L., "El control judicial del urbanismo de interés regional", *Práctica Urbanística,* núm. 128, 2014 y VAQUER CABALLERÍA, M., "El urbanismo supramunicipal", *Revista de Derecho Urbanístico y Medio Ambiente,* núm. 279, 2013, pp. 13-43.

27 Véase, como ejemplo, el art. 35,1 de la Ley 11/2018, de 21 de diciembre, de Ordenación Territorial y Urbanística Sostenible de Extremadura, que establece que: "*el Proyecto de Interés Regional es el instrumento de intervención directa en la ordenación territorial que diseña, con carácter básico, para su inmediata ejecución, obras de infraestructura, servicios, dotaciones e instalaciones que se declaren de interés regional debido a su particular utilidad pública o interés social. El proyecto debe incluir las obras de urbanización y conexión que sean necesarias para asegurar el correcto funcionamiento de las instalaciones que sean su objeto*".

estratégica[28] y sostenible"[29]. Se llega, incluso, a justificar por parte de algunas comunidades autónomas el carácter "urgente" y "sobrevenido" que pueden tener estas iniciativas y actuaciones[30]. Variadas, por tanto, las justificaciones empleadas para articular esta fórmula territorial.

No obstante, en cualquier de los casos, nos encontramos ante un instrumento polémico, de especial trascendencia y que incorpora intervenciones que prevalecen sobre las competencias municipales en favor de los intereses sectoriales regionales y de la propia multifunción del territorio. Además, no se puede perder de vista que la consolidación de esta figura autonómica hace más sólido a un denominado *urbanismo de proyectos* frente a un *urbanismo de planes*. Y ello, con independencia de otras consideraciones, genera una deslegitimación del planeamiento -a la postre del urbanismo- rechazando todo lo que éste supone (visión general, enfoque estructural, esfuerzo

---

28 En este sentido el art. 26,1 de la Ley de 2/2001, de 25 de junio, de Ordenación Territorial y Régimen Urbanístico del Suelo de Cantabria o el art. 19,1 del Decreto Legislativo 1/2010, de 18 de mayo, por el que se aprueba el Texto Refundido de la Ley de Ordenación del Territorio y de la Actividad Urbanística de Castilla- La Mancha, entre otros.

29 El art. 17,1 del Decreto Legislativo 1/2021, de 18 de junio, del Consell de aprobación del texto refundido de la Ley de Ordenación del Territorio, Urbanismo y Paisaje, de la Comunidad Valenciana propone, incluso, el concepto de "proyectos de inversiones estratégicas sostenibles", al indicar que "Los proyectos de inversiones estratégicas sostenibles tienen por objeto la ordenación, gestión y desarrollo de intervenciones territoriales de interés general y estratégico, de relevancia supramunicipal, que así sean declaradas por el Consell". En parecidos términos el artículo 32 y ss. del Decreto Legislativo 2/2015, de 17 de noviembre, del Gobierno de Aragón, por el que se aprueba el Texto Refundido de la Ley de Ordenación del Territorio.

30 Arts. 123 y ss. de la Ley 4/2017, de 13 de julio, del Suelo y de los Espacios Naturales Protegidos de Canarias.

de previsión, etc.)[31]. En efecto, pese a la relevancia y oportunidad que pueden tener muchas de las intervenciones singulares de transformación de la ciudad y del territorio, las actuaciones de interés autonómico ponen en evidencia las debilidades del *fragmentarismo formalista*, y del carácter excesivamente autónomo de los proyectos. No dudamos, por tanto, sobre la pertinencia de una figura de estas características como respuesta a las limitaciones del *plan;* totalizador, ambicioso y amplio en muchos casos, pero si tenemos dudas sobre la amplitud con la que las actuaciones de interés autonómico están diseñadas en muchas de las normas autonómicas[32]. En muchos de los casos,

---

31 Algunos autores lo relacionan con las tendencias desreguladoras de la década de los 90, véase en este sentido FONT, A., "Ciudad: mercancía o espacio colectivo", *Ciudad y Territorio*, núm. 103, 1995, pp. 37-42.

32 Valga como ejemplo de esta afirmación la reciente normativa de la Comunidad Autónoma de Andalucía, que en el artículo 50 de la LISTA establece el ámbito de las actuaciones de interés autonómico. Y lo hace con un carácter amplio, muy amplio, al indicar en el párrafo primero del referido artículo que: *"El Consejo de Gobierno podrá declarar de Interés Autonómico, por su especial relevancia derivada de su magnitud, su proyección social y económica o su importancia para la estructuración territorial de Andalucía: a) Las actuaciones de carácter público contempladas en planes de ordenación del territorio y en planes con incidencia territorial. Estas actuaciones podrán ejecutarse mediante la colaboración público-privada. b) Las actividades de intervención singular, de carácter público, relativas a los ámbitos sectoriales que tengan incidencia supralocal, en los términos establecidos en esta ley. c) Las inversiones empresariales declaradas de interés estratégico para Andalucía, conforme a su normativa específica.* Se puede advertir, por una parte, la posibilidad de que las actuaciones de carácter público pueden ser declaradas de interés autonómico, y ello tanto si están contempladas en los planes territoriales como en los planes con incidencia en la ordenación del territorio, añadiendo además las actividades de intervención públicas de carácter singular que tengan una incidencia supralocal. Es oportuno subrayar, asimismo, la posibilidad de que estas actuaciones se puedan realizar mediante la colaboración público-privada.

de hecho, no son el resultado de un modelo urbanístico y de una función previamente diseñada, sino una simple respuesta práctica a la *dura competencia* entre comunidades autónomas por diseñar un escenario normativo lo más cómodo posible para la implantación de proyectos e inversiones. Nada más. Y aunque ello pueda tener una lógica económica no desdeñable, no responde a los principios del desarrollo sostenible y la ordenación del territorio. Dicho en otras palabras, el retorno a la concepción de la ciudad y del territorio como sumatoria de proyectos, con la pretensión de ocupar un papel relevante en la ordenación territorial, es una respuesta más cercana al

---

Por otra parte, y en referencia a las inversiones empresariales (actividades de iniciativa privada), el párrafo c) del artículo 50 remite a aquellas que tengan un interés estratégico como vía para obtener de la DIA. En este sentido, será el Decreto-Ley 4/2019, de 10 de diciembre, para el "*fomento de iniciativas económicas mediante la agilización y simplificación administrativas en la tramitación de proyectos y su declaración de interés estratégico para Andalucía*", el que establece en su artículo 3 la relación de actividades e iniciativas empresariales que pueden ser objeto de esta declaración Es patente la amplitud con la que el legislador autonómico diseña este conjunto de iniciativas privadas, destacando, especialmente, la ambigüedad de las fórmulas empleadas para describirlas ("inversiones industriales o de servicios avanzados que generen o amplíen cadenas de valor añadido", "nuevas actividades económicas que aporten valor añadido en sectores productivos con alto potencial innovador y desarrollo tecnológico", "inversiones que refuercen la implantación de la sociedad del conocimiento", "inversiones que contribuyan a la renovación del patrón productivo en los sectores tradicionales de la actividad económica", "implantación de nuevas actividades económicas que puedan sustituir a sectores en declive o en reconversión", entre otras). Sólo quedarían excluidas, de manera expresa, las iniciativas de carácter residencial. Y todo ello no constituye una cuestión menor, ya que permite a la Comunidad Autónoma un margen de maniobra muy amplio, marginando posibles competencias municipales y relativizando el valor que puedan tener los instrumentos de planificación territorial y urbanística aprobados.

desarrollo económico que a la propia ordenación urbanística y territorial, sin que ello implique que no puedan confluir. Tenemos que plantear, por tanto, que una utilización poco controlada por la normativa de las actuaciones de interés autonómico puede iniciar un proceso gradual de *desplanificación* de los territorios, con todo lo que implica[33]. Y ello admitiendo la consideración del plan como condición necesaria pero no suficiente, en la medida que "forma" y "contenido" no pueden separarse, son horizontales y por eso se pueden sustituir mutuamente. Plan y proyecto, como ya se ha indicado, no son compatibles sino copresentes[34].

2. ¿INICIATIVA PÚBLICA O INICIATIVA PRIVADA?

Uno de los principales problemas planteados en la regulación de las actuaciones de interés autonómico y, por tanto, en su declaración es el referido a la naturaleza -pública o privada- de las iniciativas que las originan. Las primeras normas autonómicas que regularon estos instrumentos territoriales contemplaban exclusivamente la posibilidad de proyectos de iniciativa pública. Y ello, probablemente, tenía como causa la normativa que regulaba los proyectos de interés general del Estado que, de manera principal, se referían a las actuaciones de iniciativa pública. Con el paso del tiempo la respuesta normativa de las comunidades autónomas ha tomado otros derroteros, de tal manera que lo que era un criterio general se ha convertido en excepcional. En efecto, gran parte de las regulaciones autonómicas reconocen la posibilidad de que las actuaciones

---

[33] CAMPOS VENUTI, G., (1984) "Plan o Proyecto: Una falsa alternativa", *Ciudad y Territorio*, núm. 56-60, 1984, pp. 55.60.

[34] ELINBAUM, P., "Una relación renovada entre el plan y el proyecto", *Revista Iberoamericana de Urbanismo*, núm. 7, 2012, pp. 117-137 (p.118).

de interés autonómicos puedan ser tanto de iniciativa pública como de iniciativa privada, siendo excepcional las comunidades autónomas que las limitan exclusivamente a las primeras[35]. Ahora bien, no podemos olvidar, que en cualquiera de los dos casos –públicos o privados– se deberá justificar la relevancia derivada de su magnitud, su proyección económica y social o su importancia para la estructuración territorial, y ello con independencia de que puede asentarse en más de un término municipal o en uno solo[36].

A partir del reconocimiento general tanto de las iniciativas públicas como privadas[37], las comunidades autónomas han desarrollado diferentes opciones y modalidades de actuación. Así

---

35 Es destacable, en este sentido, el art. 35,3 de la Ley 11/2018, de 21 de diciembre, de Ordenación Territorial y Urbanística Sostenible de Extremadura.

36 Véase, por ejemplo, el art. 34 del Decreto Legislativo 2/2015, de 17 de noviembre, por el que se aprueba el texto refundido de la Ley de Ordenación del Territorio de Aragón.

37 Ley 7/2021, de 1 de diciembre, de impulso para la sostenibilidad del territorio de Andalucía (LISTA), el caso de la Comunidad Autónoma de Andalucía es un buen ejemplo de la evolución que han tenido los proyectos que pueden ser considerados de interés autonómico. Así, la anterior Ley 1/1994, de 11 de enero, de Ordenación del Territorio de la Comunidad Autónoma de Andalucía (LOTA) comienza a admitir los proyectos de iniciativa pública (artículo 38 y 39), para posteriormente –como resultado de diferentes modificaciones legislativas- introducir los campos de golf (artículo 40) y, finalmente, la incorporación de los artículos 41 y ss. sobre inversiones empresariales de interés autonómico. En el mismo, sentido, el Art. 34,1 del Decreto Legislativo 2/2015, de 17 de noviembre, por el que se aprueba el texto refundido de la Ley de Ordenación del Territorio de Aragón; Art. 26,2 de la Ley 2/2001, de 25 de junio, de Ordenación Territorial y Régimen Urbanístico del Suelo de Cantabria; Art. 21 de la Decreto Legislativo 1/2010, de 18/05/2010, por el que se aprueba el texto refundido de la Ley de Ordenación del Territorio y de la Actividad Urbanística

algunas comunidades llegan a regular las iniciativas de carácter mixto, como es el caso de Aragón[38] o Valencia[39]. Otras, incluso, admiten la posibilidad de que los sujetos que impulsa los proyectos de interés autonómico no los ejecuten materialmente, sino a través de "promotores definitivos", y ello con independencia de la forma en que se haya realizado la promoción inicial –pública o privada– del proyecto; pudiéndose reservar, según los casos, a un consorcio, a una sociedad urbanística o, incluso, a una persona seleccionada en concurso público le ejecución del proyecto[40]. En la misma línea se ha establecido también, en algunos casos, la posibilidad de subrogación en la posición jurídica de la persona o entidad particular que tenga atribuida la ejecución, de manera excepcional y en virtud de circunstancias sobrevenidas, cuando sea indispensable para el aseguramiento de la conclusión de la ejecución del proyecto[41]. En definitiva, en el presente momento las actuaciones de

---

de Castilla-La Mancha; Art. 40,1, a) Ley 1/2021, de 8 de enero, de Ordenación del Territorio de Galicia, entre otras.

38 Art. 34, 3 del Decreto Legislativo 2/2015, de 17 de noviembre, por el que se aprueba el texto refundido de la Ley de Ordenación del Territorio de Aragón, que indica que "también podrá el Gobierno de Aragón vincular la promoción y ejecución de un Plan o Proyecto de Interés General de Aragón a los términos de un contrato de colaboración entre el sector público y el sector privado, conforme a lo previsto en la legislación reguladora de los contratos del sector público".

39 Art. 17,2 del Decreto Legislativo 1/2021, de 18 de junio, del Consell de aprobación del texto refundido de la Ley de Ordenación del Territorio, Urbanismo y Paisaje, de la Comunidad Valenciana.

40 Arts. 34,2 y 37 y ss. del Decreto Legislativo 2/2015, de 17 de noviembre, del Gobierno de Aragón, por el que se aprueba el texto refundido de la Ley de Ordenación del Territorio de Aragón; art. 31 de la Ley 13/2015, de 30 de marzo, de Ordenación Territorial y Urbanística de la Región de Murcia.

41 Art. 21 del Decreto Legislativo 1/2010, por el que se aprueba el texto refundido de la Ley de Ordenación del Territorio y de la Actividad Urbanística de Castilla-La Mancha.

interés autonómico están vinculadas a cualquier tipo de iniciativa, con las mayores facilidades para gestionar el proyecto. Esta opción de las comunidades autónomas no es irrelevante ni neutral, se establece con ella un nuevo escenario de actuación de las comunidades autónomas en el territorio y, consecuentemente, de los municipios, además de un nueva forma de implementación de las actividades y proyectos.

3. LAS ACTUACIONES DE INTERÉS AUTONÓMICO Y LA AUTONOMÍA LOCAL

No nos cabe duda que las actuaciones de interés autonómico se han configurado con un amplio potencial de intervención, diseñado casi como un "verso suelto" dentro del sistema de ordenación territorial y urbanística de las comunidades autónomas. Y es justamente esta alta capacidad de intervención, así como la incertidumbre que genera su posible control y límites, lo que la convierte en una figura controvertida.

En efecto, las actuaciones de interés autonómico tienen un contenido funcional amplísimo lo que demanda un necesario equilibrio entre la justificación de un auténtico interés singular y supramunicipal, por una parte, y la protección del resto de intereses y valores concurrentes, por otra. Y es aquí donde reside, fundamentalmente, su conflictividad: en la utilización de las ambiguas alegaciones a la existencia de un "interés general" para la aprobación superior de proyectos concretos, con desapoderamiento de las facultades urbanísticas municipales, por una parte, y con la vulneración directa de la normativa urbanística, por otra. El efecto transformador que conlleva la aprobación de estos proyectos en el régimen jurídico del suelo es manifiesto, en tanto que suponen la implantación no sólo de equipamientos o dotaciones, sino también la generación de oferta de suelo con destino industrial o residencial, sustrayendo a las entidades locales la decisión última, quedando limitada su participación al trámite de consultas correspondiente y a promover la alteración del planeamiento urbanístico para adaptarlo a posteriori al planeamiento territorial[42].

La regulación de un concepto tan abierto y genérico[43], casi indeterminado en su ámbito de aplicación, ha provocado una diversidad de conflictos y, por consiguiente, una amplia respuesta judicial. Y aunque nos no cabe la menor duda de que en la mayoría de los casos se realiza una actuación plenamente ajustada a derecho, es necesario saber sobre determinadas cuestiones que afectan a este instrumento. No es improcedente preguntarnos, por ejemplo, ¿cómo se controlan los elementos reglados indispensables, como la motivación, la necesidad, la proporcionalidad o la adecuación del procedimiento utilizado?; ¿dónde están sus límites? o ¿cómo se controla el interés supramunicipal real? En esta línea de planteamiento, tanto el Tribunal Constitucional como el Tribunal Supremo han tenido que abordar en repetidas ocasiones el funcionamiento de esta figura.

En el caso del TC se han planteado, de manera especial, conflictos en defensa de la autonomía local y recursos de inconstitucionalidad contra leyes singulares aprobatorias de proyectos de interés autonómico. El TS, por su parte, se ha pronunciado sobre la legalidad de determinadas actuaciones de interés regional que podían atentar contra la autonomía local o incurrir en otras infracciones de la normativa urbanística.

---

42 MELLADO RUIZ, L., "Reflexiones críticas sobre las actuaciones autonómicas de interés público…" op. cit. (p. 57).

43 En algunas normas autonómicas se ha llegado, incluso, a regular la posibilidad de declaraciones implícitas de los proyectos de interés supramunicipal, como es el caso del artículo 36 del Decreto Legislativo 2/2015, de 17 de noviembre, por el que se aprueba el texto refundido de la Ley de Ordenación del Territorio de Aragón.

Veamos algunos ejemplos significativos en los diferentes ámbitos jurisdiccionales.

El TC, como se ha indicado, ha analizado en diferentes casos la concurrencia de los intereses supramunicipales y su posible afección sobre la autonomía municipal. Así la STC 37/2014, de 11 de marzo (RTC 2014, 37), que analiza la declaración de un proyecto regional para la instalación de un centro de tratamiento de residuos urbanos para la Provincia de Salamanca, reconoce el evidente "carácter supramunicipal" de la actuación propuesta, y para ello argumenta que el proyecto que había motivado el conflicto "*tiene un evidente alcance provincial y será la única instalación de estas características en la provincia*", lo que justificaría, según el Tribunal, el interés autonómico que presenta la iniciativa[44]. Con diferente contenido y argumento, podemos destacar la STC 57/2015, de 18 de marzo (RTC 2015,57) en la que se abordaba la posible constitucionalidad del Plan de Ordenación del Litoral (POL) aprobado por la Ley 2/2004, de 27 de septiembre, del Parlamento de Cantabria. En este caso la sentencia respalda la validez del plan, salvo en un aspecto puntual; la afirmación del propio plan de que los proyectos singulares de interés regional (PSIR) pueden prescindir de la clasificación del suelo, ya que ello contradice la autonomía municipal. Además la sentencia considera también contraria a la autonomía municipal la privación a los ayuntamientos de su potestad sancionadora hasta que adapten los planes de ordenación urbana al POL, porque "*con independencia de la efectividad que una previsión de este tipo pueda tener en la consecución del objetivo perseguido (la adaptación del planeamiento municipal a la nueva ley), lo cierto es que con ella no se evita la aparición de ningún riesgo para la efectividad de las determinaciones de la ley y representa*

---

44 Sentencia que resuelve el conflicto en defensa de la autonomía local interpuesto por el Ayuntamiento de Gomecello contra la Ley 6/2005, de 26 de mayo de Castilla y León.

una privación absoluta del ejercicio de una potestad que la legislación urbanística reconoce a los municipios sin que, por las razones que se acaban de exponer, concurra un interés supramunicipal que lo justifique, por lo que debe declararse su inconstitucionalidad y nulidad". En la misma línea, también en relación con el Plan de Ordenación del Litoral de Cantabria, se manifiesta la STC 92/2015, de 14 de mayo (RTC 2015, 92).

Además de estas sentencias que, por diversos motivos, han tenido una especial trascendencia, el TC se ha manifestado en otras resoluciones que también pueden arrojar luz a la situación. Así conviene destacar la STC 240/2006, de 20 de julio (RTC 2006, 240)[45], en la que se declara que la facultad de aprobación definitiva de los planes municipales de urbanismo no forma parte del núcleo de la autonomía local garantizada en la Constitución, lo cual genera un ámbito de actuación significativo para las comunidades autónomas y les permite que los proyectos de interés autonómico puedan incidir y condicionar el planeamiento urbanístico. Construye, asimismo, su doctrina sobre la exención de licencias y autorizaciones urbanísticas y ambientales para los proyectos autonómicos (de infraestructuras de residuos, en concreto) y la sustitución de la preceptiva licencia municipal por la emisión de un informe sobre la conformidad o disconformidad de los proyectos de interés regional con el planeamiento territorial o urbanístico, sin que ello implique necesariamente incidencia con la autonomía local [SSTC 129/2013 (RTC 2013, 129)[46], 142/2013 (RTC 2013,

---

45 Recurso planteado en defensa de la autonomía local, promovido por la Ciudad Autónoma de Ceuta en relación con la disposición adicional 3ª de la Ley 6/1998, de 13 de abril, sobre Régimen del Suelo y Valoraciones.

46 Recurso de inconstitucionalidad interpuesto contra la Ley de las Cortes de Castilla y León 9/2002, de 10 de julio, sobre declaración de proyectos regionales de infraestructuras de residuos de singular interés para la Comunidad y, en particular, contra los apartados 1,

142)[47] y 37/2014 (RTC 2014,73)[48]]. En parecidos términos la STC 57/2015 (RTC 2015, 57)-(FJ. 18 b) al indicar que "*no padece la autonomía local por el hecho de que la ley prevea la adaptación de los instrumentos municipales de planeamiento urbanístico a las determinaciones contenidas en otros planes supraordenados. En el bien entendido de que esa obligación de adaptación hace referencia a las determinaciones establecidas por la comunidad autónoma en el legítimo ejercicio de sus competencias, sin que la eventualidad de un uso desviado de la norma pueda servir de fundamento para su anulación*".

Recogiendo muchas de las cuestiones planteadas se manifiesta la más reciente STC 86/2019, 20, de junio de 2019 (RTC 2019, 86)[49], de la que podemos extraer cuatro líneas principales. En primer lugar, en justificación y amparo de los intereses autonómicos, se resalta que el uso de conceptos jurídicos indeterminados para configurar los presupuestos que permitirán la adopción de actividades de interés autonómico, ni excluye su control, pues esas "*circunstancias estratégicas deberán estar justificadas debidamente en el expediente*", ni cuestiona el interés supramu-

---

2, 3, 4 y 5 de su artículo único, disposición adicional y disposición transitoria.

47 Recurso planteado en defensa de la autonomía local promovido por el Ayuntamiento de Santovenia de Pisuerga (Valladolid), contra la disposición adicional y los apartados 4 y 5 del artículo único de la Ley de las Cortes de Castilla y León 9/2002, de 10 de julio, sobre declaración de proyectos regionales de infraestructuras de residuos de singular interés.

48 Recurso planteado en defensa de la autonomía local interpuesto por el Ayuntamiento de Gomecello, contra la Ley de las Cortes de Castilla y León, 6/2005, de 26 de mayo, sobre declaración de proyecto regional para la instalación de un centro de tratamiento de residuos urbanos para la provincia de Salamanca, en el término municipal de Gomecello (Salamanca).

49 Recurso planteado en relación con diversos preceptos de la Ley 4/2017, de 13 de julio, del Suelo y de los Espacios Naturales Protegidos de Canarias (especialmente, arts. 123 y 126).

nicipal de las actuaciones que constituyen su objeto. Asimismo, en segundo lugar, las leyes autonómicas territoriales y urbanísticas que regulen las actuaciones de interés autonómico (no nos referimos, en este caso, a las leyes singulares de aprobación de proyectos autonómicos concretos), deben de asegurar la participación de los municipios en las diferentes fases del procedimiento de su elaboración y aprobación. En tercer lugar, indica el Tribunal, la presencia del interés supramunicipal en los proyectos de interés autonómico justifica plenamente la previsión de adaptar a sus determinaciones el planeamiento urbanístico municipal[50]. Por último, y en cuarto lugar, se descarta la vulneración del principio de autonomía municipal cuando existe una clara delimitación de las actuaciones integrales estratégicas [las "productivas", en la STC 57/2015 , FJ 18 d) o las "turísticas" vinculadas a un concreto modelo territorial de desarrollo turístico, en la STC 42/2018 , FJ 5 c) (RTC 2018, 42)], sin que ello suponga, en ningún caso, descuidar los intereses municipales que deberían ser ponderados en la decisión autonómica. Rechaza esta sentencia de 2019, sin embargo, que se permita que los proyectos de interés autonómico puedan ejecutarse prescindiendo de la clasificación y calificación urbanística, añadiendo además, que los proyectos de interés autonómico que tienen por objeto la transformación física del suelo para conseguir determinadas finalidades consideradas estratégicas, pero que son definidas de forma abierta o indeterminada —"de naturaleza análoga"— producen "*un*

---

50 En el mismo sentido, la STC 57/2015 (FJ. 18 b) al indicar que "*no padece la autonomía local por el hecho de que la ley prevea la adaptación de los instrumentos municipales de planeamiento urbanístico a las determinaciones contenidas en otros planes supraordenados. En el bien entendido de que esa obligación de adaptación hace referencia a las determinaciones establecidas por la comunidad autónoma en el legítimo ejercicio de sus competencias, sin que la eventualidad de un uso desviado de la norma pueda servir de fundamento para su anulación*".

debilitamiento del principio de autonomía municipal carente de razón suficiente, lo que representa una quiebra injustificada del principio de autonomía, 'que es uno de los principios estructurales básicos de nuestra Constitución', según se establece en las SSTC 4/1981 , FJ 3; y 214/1989 , de 21 de diciembre, FJ 13 c)"[51].

Por lo que se refiere al TS también se ha manifestado sobre la insuficiencia o inadecuación de la "motivación técnica" de este tipo de declaraciones autonómicas en determinados casos. Ha analizado, asimismo, la supuesta idoneidad de estos instrumentos para modificar el planeamiento urbanístico municipal, con la implicación que ello tiene sobre la autonomía municipal. Así se hace, por ejemplo, en la sentencia de 5 de julio de 2012 (RJ 2012, 8282) sobre la Ecociudad de vivienda de protección oficial en el término municipal de Logroño[52]. En este caso, el Alto Tribunal estimó el recurso interpuesto por el Ayuntamiento de Logroño contra el Acuerdo del Consejo de

---

51 Asimismo, SSTC 57/2015 , FJ 18 a) y 92/2015 , de 14 de mayo, FJ 11 a). Véase el comentario de ALEGRE ÁVILA, J.M., "Proyectos singulares de interés autonómico y autonomía municipal [A propósito del fundamento jurídico 10 de la Sentencia del Tribunal Constitucional 86/2019, de 20 de junio]" en enlace: http://www.nuevoderechourbanistico.es/wp content/uploads/2019/10/Proyectos-singulares-de-inter%C3%A9s-auton%C3%B3mico-autonom%C3%ADa-municipal.pdf.

52 Sobre este asunto puede verse los trabajos de EYRE DE LORENZO, J.A., "Análisis de las Sentencias del Tribunal Supremo sobre el conflicto derivado de la aprobación del proyecto de la *Zona de Interés Regional* Ecociudad Montecorvo de Logroño", *Revista de Derecho Urbanístico*, núm. 282, 2013, pp. 129-155 y DÍAZ LEMA, J. M., "Los proyectos de interés regional: ¿un instrumento urbanístico/territorial perturbador? A propósito de las tres sentencias del Tribunal Supremo de 5 de julio de 2012 (recursos nº 3869/2010; 4543/2010; 4066/2010), asunto "Ecociudad en la Fonsalada y El Corvo" –Logroño-", *El Cronista del Estado Social y Democrático de Derecho*, núm. 36, 2013, pp. 62-74.

Gobierno de la Comunidad Autónoma de La Rioja, por el que se declara el interés supramunicipal de la "Zona de Interés Regional" (ZIR) para el desarrollo de una ecociudad (ECOZIR), y ello con un doble argumento: la clasificación del suelo como no urbanizable protegido, por una parte, y la consideración de que la actuación no tenía interés supramunicipal, por otra. A juicio del TS, esa clasificación municipal del suelo comporta que los terrenos han de ser preservados de su transformación mediante la urbanización pretendida por el Gobierno de La Rioja. En cuanto al fondo del problema competencial, la sentencia argumenta que "*aunque es cierto que son diferentes las competencias de ordenación del territorio y urbanismo, y que en la citada Ley de Ordenación del Territorio y Urbanismo de La Rioja se contemplan las ZIR como instrumentos de ordenación del territorio, también lo es que en este caso se vulnera la autonomía municipal al referirse la ZIR únicamente al ámbito del municipio de Logroño y establecerse con ella la actuación residencial de que se trata -que no trasciende el interés local, aunque se la llame "ecociudad"- al margen y en contra del propio Plan General Municipal de Logroño, al ubicarse, como se ha reiterado, en suelo clasificado por ese instrumento de planeamiento como no urbanizable especial por razones paisajísticas*". Otro ejemplo significativo se contiene en la STS de 29 de enero de 2014 (RJ 2014, 1610)[53], en la que se confirma la anulación de un proyecto

[53] Esta STS trae causa de la STSJ de Extremadura de 20 de enero de 2009. A través de la actuación de interés autonómico aquí analizada se pretendía la recalificación y ordenación de determinados terrenos situados en el embalse de Valdecañas para la construcción de un "Complejo turístico, de salud y paisajístico y de servicios", así como la urbanización y edificación anexa de viviendas protegidas. Una posterior STSJ de Extremadura de 9 de marzo de 2011, de declaración de nulidad del proyecto y de obligación de restitución de los terrenos a su estado anterior, sería posteriormente ratificada por la citada STS de 29 de enero de 2014. La actuación pretendía la recalificación y ordenación de determinados terrenos situados en el embalse de Valdecañas para la construcción de un "Complejo turís-

de interés regional consistente en la construcción de un mega complejo turístico en terrenos que formaban parte de una zona especial de protección de aves (ZEPA) y de una masa de agua declarada LIC (Lugar de Importancia Comunitaria). La sentencia se fundamenta en que la actuación proyectada suponía la reclasificación de un suelo protegido incluido en la Red Natura 2000 (prohibida por la Ley de Suelo de 2008, vigente en aquel momento). La sentencia considera que estos proyectos de interés autonómico tienen naturaleza compleja o mixta, pues son a la vez instrumentos de ordenación del territorio e instrumentos urbanísticos. Como puede apreciarse en el fallo, no se plantea un problema de delimitación competencial en el sentido de si la actuación prevista en el proyecto regional es de ordenación del territorio o meramente urbanística, sino que el motivo de la anulación es una infracción de la ley estatal que prohíbe la transformación de los suelos que tengan algún tipo de protección.

En la misma línea que las anteriores sentencias, el TS ha ido incorporando precisiones sobre la materia. Así llega, incluso,

---

tico, de salud y paisajístico y de servicios", así como la urbanización y edificación anexa de viviendas protegidas. Como reitera el TS, "existe falta de motivación de la justificación del interés regional, de la utilidad pública y de la protección medioambiental del proyecto impugnado, que no contiene las razones que aconsejan ejecutarlo precisamente en esos terrenos y no en otros de los existentes en el ámbito territorial al que se dice querer beneficiar, máxime cuando se escogen unos terrenos de una extrema protección medioambiental, sin conocerse si era admisible la ubicación del proyecto en otros terrenos con menor protección o incluso sin protección alguna, que existieran en la comarca a la que se dice querer beneficiar". Sobre un comentario de la esta sentencia véase RUIZ LÓPEZ, M. Á., "De nuevo sobre la transformación urbanística de suelos rurales protegidos y sus límites (a propósito de la STS de 29 de enero de 2014, relativa al proyecto de "interés regional" de Valdecañas)", *Revista de Urbanismo y Edificación Aranzadi*, núm. 31, 2014.

a plantear cierto blindaje en favor de los intereses municipales en determinadas materias urbanísticas. En concreto, plantea que lo lógico sería diferenciar las facultades más susceptibles de intervención, ordenación y planificación, de las específicas y "presumiblemente" de más "interés local" de ejecución, gestión y disciplina, puesto que "*existiría una presunción a favor del carácter local de los intereses involucrados en estas tareas (ejecución, gestión y disciplina) que, como regla general entonces, obligaría al legislador urbanístico a configurarlas necesariamente como competencias de titularidad municipal y a respetar su ejercicio en régimen de autonomía*". También manifiesta criterios de protección en relación con el suelo rural, en tanto establece que todos los instrumentos de ordenación del territorio y los proyectos de interés autonómico están obligados, en virtud de los principios y directrices nucleares informadores de la legislación básica sobre suelo, a justificar adecuadamente la necesidad de la transformación del suelo rural, convirtiéndose su auténtica necesidad e idoneidad en parámetros jurídicos específico de control judicial [STS 5191/2012, de 5 de julio RJ 2013, 2343)].

4. LAS ACTUACIONES DE INTERÉS AUTONÓMICO Y LAS LEYES SINGULARES

Otro de los aspectos tratados por el TC se refiere a la viabilidad constitucional del uso de las denominadas "leyes singulares" para la aprobación de proyectos de interés autonómico. Se ha señalado, con detalle, que se trata de productos normativos que no constituyen un ejercicio normal de la potestad legislativa, por lo que deberían respetar, en todo caso, las exigencias derivadas del principio de igualdad, responder siempre a situaciones excepcionales y de relevancia singular y no condicionar o impedir el ejercicio de derechos fundamentales, en tanto materia reservada en principio a leyes generales. Según la clásica STC 166/1989, de 19 de diciembre (RTC 1989, 166) el canon de constitucionalidad que debería utilizarse para ejercer la función de control de constitucionalidad de este tipo de leyes sería el de la "razonabilidad", la "proporcionalidad" y la "adecuación". El TC ha sometido, pues, la constitucionalidad de estas leyes singulares al respecto de los derechos fundamentales, y singularmente el relativo a la tutela judicial efectiva (art. 24.1 CE). Ahora bien, este control puede llevarse a cabo por el Tribunal siempre que se cumplan dos condiciones: que sus titulares puedan ejercer la reclamación del control de constitucionalidad de la norma legal autoaplicativa, por una parte, y que el control que realice el TC sea suficiente para brindar una tutela materialmente equivalente a la que pueda otorgar la jurisdicción contencioso administrativa, por otra.

En cualquier caso, queda claro que se desautoriza el intento de aprobar como leyes singulares proyectos y actuaciones de ordenación territorial o de interés autonómico que deberían seguir la tramitación administrativa ordinaria. En esta línea, el TC estimó el recurso de inconstitucionalidad interpuesto contra la Ley 9/2002, de 10 de julio, sobre declaración de proyectos regionales de infraestructuras de residuos de singular interés de la Comunidad Castilla y León (Sentencia 129/2013, citada anteriormente). La sentencia reconoce, en concreto, que las leyes singulares no son "*por este mero hecho*", inconstitucionales, pero afirma también que "*no constituyen un ejercicio normal de la potestad legislativa*", por lo que "*están sujetas a una serie de límites contenidos en la propia Constitución*". El más importante de estos límites es el marcado por el principio de igualdad, que "*exige que la ley singular responda a una situación excepcional igualmente singular*". Tratándose de una ley "autoaplicativa", es decir, no necesitada de una actuación administrativa posterior para su ejecución, y dado que las leyes no son susceptibles de recurso contencioso-administrativo, el TC la declara inconstitucional por vulnerar el derecho a la tutela judicial efectiva, ya que el control que puede ejercer no es equivalente al que corresponde a los tribunales ordinarios. También, y con parecidos argumentos, se han declarado inconstitucionales otras leyes de la Comunidad Autónoma de Castilla y León[54]. El TC, por tanto, pone muchas trabas a la aprobación por ley de proyectos concretos calificados como de interés regional, tanto de iniciativa pública como privada, cuando quede evidencia que la utilización de ese cauce jurídico no tiene otra finalidad que eludir el control judicial de determinadas actuaciones autonómicas o, incluso, eludir el cumplimiento de sentencias firmes que las han prohibido.

---

54 En concreto, nos referimos a la Ley 6/2007, de 28 de marzo, de aprobación del proyecto regional "Ciudad del Medio Ambiente" (Soria), sobre la que se manifiesta la STC 203/2013, de 5 de diciembre (RTC 2013, 203), que consideró que en este caso no se trataba de una ley autoaplicativa ni de destinatario único, pero era una ley singular por referirse a un solo supuesto y carecía de justificación porque la misma ordenación podría haberse abordado mediante una norma aprobada por el Consejo de Gobierno, de modo que "*la utilización de la ley no es una medida razonable ni proporcionada a la situación excepcional que ha justificado su aprobación*". Por tanto, al no ser posible el control judicial, la sentencia considera que se ha vulnerado el derecho a la tutela judicial efectiva. Otro ejemplo lo constituye la Ley 5/2010, de 28 de mayo, de modificación de la Ley 4/2000, de 27 de junio, de Declaración del Parque Natural de Fuentes Carrionas y Fuente Cobre-Montaña Palentina (Palencia), sobre la que se manifiesta la STC 50/2015, de 5 de marzo (RTC 2015, 50), como resultado de una cuestión de inconstitucionalidad planteada por el Tribunal Superior de Justicia de Castilla y León, por posible vulneración de los arts. 9.3 y 24.1, en relación con el art. 117.3 CE. La declaración de inconstitucionalidad se basa, como en el caso de la STC 203/2013, en la falta de justificación de que la modificación se lleve a cabo mediante ley. Según la sentencia, "*resulta muy significativo que la regulación material de la Ley no presenta sustanciales diferencias con la que se contenía en el Decreto 13/2006, de 9 de marzo, anulado por el Tribunal Superior de Justicia de Castilla y León en una Sentencia luego confirmada por el Tribunal Supremo*". Con ello se evidencia, sin duda, que el propósito perseguido por el legislador autonómico era el de evitar el control judicial efectivo.

Son destacadas, en consecuencia, las indicaciones que el TC realiza sobre los límites y funcionamiento de las actuaciones de interés autonómico, sin que con ello se ponga en cuestión su utilización por parte de las comunidades autónomas, pero advirtiendo de que no se puede convertir en un instrumento que rompa con el sistema competencial ni con el resto de instrumentos urbanísticos y territoriales.

5. BIBLIOGRAFÍA BÁSICA

AGUDO GONZÁLEZ, J., "La transformación urbanística del suelo no urbanizable: proyectos territoriales de interés autonómico y reservas de suelo", *Revista Vasca de Administración Pública*, núm. 89, 2011.

ALONSO CLEMENTE, A., "Proyectos singulares de interés supralocal", *Práctica Urbanística*, núm.94, 2010.

BLASCO ESTEVE, A., "La planificación territorial de las zonas turísticas en España". *Revista de Derecho Urbanístico y Medio ambiente*, núm. 262, 2010.

CORCHERO, M. y SÁNCHEZ PÉREZ, L., "El control judicial del urbanismo de interés regional", *Práctica Urbanística*, núm. 128, 2014.

CRUZ VILLALÓN, J., "La intervención directa de la Administración autonómica en la transformación urbanística del suelo", *Práctica Urbanística*, núm. 139, 2016.

DÍAZ LEMA, J. M., "¿Gestión urbanística en manos autonómicas? Sobre las declaraciones de interés supramunicipal", *Revista de Estudios de la Administración Local y Autonómica*, núm. 311, 2009.

DÍAZ LEMA, J. M., "Los proyectos de interés regional: ¿un instrumento urbanístico/territorial perturbador? A propósito de las tres sentencias del Tribunal Supremo de 5 de julio de 2012 (recursos nº 3869/2010; 4543/2010; 4066/2010), asunto "Ecociudad en la Fonsalada" y "El Corvo" –Logroño-", *El Cronista del Estado Social y Democrático de Derecho*, núm. 36, 2013.

EYRE DE LORENZO, J. A., "Análisis de las Sentencias del Tribunal Supremo sobre el conflicto derivado de la aprobación del proyecto de la Zona de Interés Regional Ecociudad Montecorvo de Logroño", *Revista de Derecho Urbanístico*, núm. 282, 2013.

GONZÁLEZ FUSTEGUERAS, M. A., "Luces y sombras de la ordenación del territorio en Andalucía. Nuevas perspectivas", *Práctica Urbanística*, núm. 147, 2017.

MELLADO RUIZ, L., "Los campos de golf de interés turístico en Andalucía. Notas sobre su régimen jurídico-administrativo", *Revista Andaluza de Derecho del Turismo*, núm. 2, 2009.

MELLADO RUIZ, LORENZO, "Reflexiones críticas sobre las actuaciones autonómicas de interés público con fines turísticos o turísticos-residenciales", *Revista Internacional de Derecho del Turismo, RIDETUR*, vol. 2, 2018.

MENÉNDEZ REXACH, ÁNGEL, "Ordenación del territorio supramunicipal y urbanismo municipal: el control de las actuaciones de interés regional", *Encuentros multidisciplinares*, vol. 17, 2015.

RUIZ LÓPEZ, M. Á., "De nuevo sobre la transformación urbanística de suelos rurales protegidos y sus límites (a propósito de la STS de 29 de enero de 2014, relativa al proyecto de "interés regional" de Valdecañas)", *Revista de Urbanismo y Edificación* Aranzadi, núm. 31, 2014.

RUÍZ LÓPEZ, M. Á., "Jurisprudencia reciente sobre el carácter reglado del suelo no urbanizable: las Sentencias del Tribunal Supremo sobre la plataforma logística e industrial de Vigo y la ciudad del golf de las Navas del Marqués (Ávila)", *Revista de Urbanismo y Edificación* Aranzadi, núm. 22, 2010.

SANTAMARÍA ARINAS, R. J., "La acreditación de la necesidad de vivienda como requisito para la transformación del suelo rural (Comentario a las Sentencias del Tribunal Supremo de 5 de julio de 2012 sobre la «ecociudad de Logroño»)", *Revista electrónica del Departamento de Derecho de la Universidad de La Rioja*, núm. 10, 2012.

VAQUER CABALLERÍA, M., "El urbanismo supramunicipal", *Revista de Derecho Urbanístico y Medio Ambiente*, núm. 279, 2013.

Capítulo 4

La articulación de la supramunicipalidad en el urbanismo

ESTHER RANDO BURGOS
Profesora Ayudante Doctora (acred. PCD)
Universidad de Málaga

SUMARIO: 1. CUESTIONES DE PARTIDA. 2. EL URBANISMO EN CLAVE SUPRAMUNICIPAL. PRINCIPALES CONTROVERSIAS Y ALGUNAS PROPUESTAS. 3. EL PLANEAMIENTO URBANÍSTICO SUPRAMUNICIPAL Y SU TRATAMIENTO EN PERSPECTIVA AUTONÓMICA. 4. ALGUNOS MODELOS DE PLANES URBANÍSTICOS SUPRAMUNICIPALES PREVISTOS POR LAS COMUNIDADES AUTÓNOMAS. 5. CONCLUSIONES. 6. BIBLIOGRAFÍA.

1. CUESTIONES DE PARTIDA

Los revulsivos que acaecen en las ciudades, la eclosión de las mismas en sus tradicionales límites administrativos incluso, la interconexión, interdependencia, o interrelación entre municipios limítrofes, tienen como consecuencia directa e inmediata nuevas formas de relación que afectan de manera directa a múltiples ámbitos de la vida cotidiana. No se puede obviar que las dinámicas sociales, económicas, demográficas y de distinta índole que vienen acaeciendo en las últimas décadas y que se incrementan de forma vertiginosa en nuestro territorio, hacen preciso replantear los tradicionales esquemas de manera que se les consiga dar la respuesta que vienen demandando, desde nuestro ordenamiento jurídico.

Y en este contexto, el urbanismo no es ajeno a ello, al contrario, la perspectiva tradicional de su visión ceñida a los límites municipales parece que ha dejado de ser coherente con lo anterior o, al menos, no lo es con la entidad e importancia que lo era décadas atrás. Esto justifica la necesidad de respuestas que han de venir dadas desde nuestro ordenamiento jurídico. Cada vez son más frecuentes, incluso se fortalecen, las sinergias e interrelaciones que se producen entre municipios vecinos y este fenómeno precisa de fórmulas capaces de materializarlas.

En este escenario, el urbanismo y, en particular, el planeamiento urbanístico ha de manejarse en las escalas capaces de ofrecer las respuestas que se requieren. Son múltiples las ocasiones en que lo tradicionalmente entendido como local, supera dicho límite, encontrándonos frente a lo supralocal o supramunicipal, es lo que en el presente trabajo ocupa, el urbanismo en su escala supramunicipal. Lo anterior justifica la necesidad de abordar cómo se viene dando respuesta desde el ordenamiento jurídico a un reto que nos es nuevo pero que se acentúa con el trascurso del tiempo y las propias dinámicas que presentan nuestros pueblos y ciudades.

Este fenómeno supramunicipal es, como se indicaba, una realidad a la que el urbanismo, en su etapa planificadora y en la medida que competente para establecer el modelo de pueblo o ciudad, también debe dar solución. De esta forma, a los tradicionales instrumentos de planeamiento urbanístico centrados en la ordenación, general o de desarrollo, del término municipal, se han de incorporar otros tantos orientados, precisamente, a dar la adecuada cobertura jurídica a estas cuestiones que, aun quedando en el ámbito urbanístico, precisan una respuesta conjunta por parte de dos o más municipios, en aras a su efectividad y materialización.

Las cuestiones anteriores hacen muy necesario conocer qué soluciones y planteamientos se vienen adoptando para su consecución y conocer cómo se articulan. Con dicha finalidad, el trabajo parte de un primer objetivo como lo es conocer el objeto de la cuestión y la postura de nuestra jurisprudencia y la doctrina sobre el particular para, en un segundo momento, centrarnos en la respuesta que vienen ofreciendo algunos marcos normativos autonómicos, en tanto auténticos protagonistas en la materia.

2. EL URBANISMO EN CLAVE SUPRAMUNICIPAL. PRINCIPALES CONTROVERSIAS Y ALGUNAS PROPUESTAS

La Constitución Española (en lo sucesivo, CE) habilita a las Comunidades Autónomas a asumir determinadas competencias en su artículo 148, entre otras, en su apartado 1.3ª. las relativas a "ordenación del territorio, urbanismo y vivienda". Por tanto, son las Comunidades Autónomas las competentes para el desarrollo legislativo de la competencia en la materia. Así lo han realizado, paulatinamente y sin obviar los iniciales conflictos entre el Estado y las Comunidades Autónomas resueltos por la STC 61/1997, de 20 de marzo[55], todas las Comunidades Autónomas que se encuentran dotadas de las correspondientes leyes que desarrollan su competencia en materia de urbanismo. Nos encontramos, por tanto, con diecisiete escenarios de partida cuando hablamos de urbanismo, los que contienen las diecisiete leyes autonómicas en la materia.

---

[55] BOE núm. 99, de 25 de abril de 1997.

La previsión constitucional ha de ponerse en adecuada relación con la expresamente recogida en la Ley 7/1985, de 2 de abril, Reguladora de las Bases de Régimen Local (en adelante, LBRL) cuando, al enumerar en el artículo 25.2., las competencias propias del municipio, recoge entre las mismas, en su letra a), "Urbanismo: planeamiento, gestión, ejecución y disciplina urbanística". Se trata, además, de una competencia atribuida al municipio en toda su extensión, esto es, integrada por los tres pilares básicos que conforman el urbanismo: el planeamiento (la definición y concreción del modelo de pueblo o ciudad); la gestión (la ejecución de las previsiones contenidas en el planeamiento como medio para alcanzar el mismo y hacerlo efectivo); y la disciplina urbanística (la potestad de la Administración de reaccionar frente al incumplimiento de las previsiones contenidas tanto en la legislación urbanística como en los propios instrumentos de planeamiento urbanístico, en tanto, no debemos olvidar el carácter normativo de los mismos. Potestad que en este caso se ejerce, por lo general, en un doble sentido, mediante el restablecimiento del orden jurídico perturbado y a través del ejercicio de la potestad sancionadora, el reproche administrativo o, si se quiere, la consecuencia jurídica, frente a la infracción cometida).

Lo anterior, además, debe ser puesto en adecuada relación con otros títulos competenciales que inciden, de forma más o menos directa, en la misma y que llevan a la necesidad de matizar esa amplitud que en el ejercicio de la competencia urbanística por los municipios, podría entenderse de la simple lectura de la LBRL.

En este punto, parece de interés resaltar, siquiera someramente, alguna de las cuestiones que ya en su día se encargó de perfilar y concretar la conocida STC 61/1997, que puso fin al protagonismo que hasta ese momento había tenido el Estado en materia de suelo y urbanismo, sin obviar sus antecesoras, con la vigencia en aquel momento del Real Decreto 1/1992, de 26 de junio, por el que se aprobaba el texto refundido de la Ley sobre el Régimen del Suelo y Ordenación Urbana (para siguientes menciones, TRLS92) que unificaba en un único *corpus* normativo la materia. Como señala, la profesora LORA-TAMAYO VALLVÉ, la "... STC 61/97 rompió con esta tendencia y declaró inconstitucional la mayor parte del texto refundido del 92, con base a dos razones jurídicas: a) El legislador estatal no puede legislar supletoriamente, había una serie de artículos que el Estado regulaba aún a sabiendas de que no eran de su competencia, pero como legislación supletoria, es decir sustitutoria, en tanto las Comunidades Autónomas no legislaran al respecto. b) En cuanto a la legislación básica: la legislación estatal sólo podrá regular las materias que afecten al derecho de propiedad, bases de la economía, expropiación forzosa, procedimiento administrativo entre otras, y para deducir la inconstitucionalidad de gran parte de los preceptos del TRLS/92, lleva a cabo un auténtico encaje de bolillos, para distinguir lo que es propiedad de lo que es urbanismo en muchas ocasiones"[56].

Es de destacar, por su interés, la claridad respecto a la concreción del reparto competencial que lleva a cabo la misma[57], así como la concreción que en relación a la posición del urbanismo nos ofrece la meritada resolución de nuestro Tribunal Constitucional:

> "Del juego de los arts. 148 y 149 C.E. resulta que las Comunidades Autónomas pueden asumir competencia exclusiva en las materias de "ordenación del territorio, urbanismo y vivienda".

---

[56] LORA-TAMAYO VALLVÉ, M. *Derecho Urbanístico y Medio Ambiente: hacia el desarrollo urbano sostenible*, Madrid, Dykinson, 2006 (pp. 57-58).

[57] Sobre los antecedentes normativos y la situación hasta el pronunciamiento de la STC 61/1997, incluidas algunas cuestiones de particular interés sobre la misma, véase, entre otros, TEJEDOR BIELSA, J.C. "Propiedad, urbanismo y estado autonómico", *Revista de Administración Pública*, núm. 148, 1999, pp. 387-433.

> Conforme a estos preceptos constitucionales, las Comunidades Autónomas [...] tienen atribuida, estatutariamente, competencia «exclusiva» en dichas materias [...] Mas ha de señalarse que tal exclusividad competencial no autoriza a desconocer la que, con el mismo carácter, viene reservada al Estado por virtud del art. 149.1 C.E., tal como ha precisado la STC 56/1986 (fundamento jurídico 3), referida al urbanismo, y la STC 149/1991 [fundamento jurídico 1 B)], relativa a ordenación del territorio. Procede, pues, afirmar que la competencia autonómica en materia de urbanismo ha de coexistir con aquellas que el Estado ostenta en virtud del art. 149.1 C.E., cuyo ejercicio puede condicionar, lícitamente, la competencia de las Comunidades Autónomas sobre el mencionado sector material" (F.J. 5º)".

Otra de las cuestiones que se ha de destacar de la STC 61/1997, es que contiene una interesante aproximación a la definición de urbanismo, que viene a perfilar como:

> "... sector material susceptible de atribución competencial, alude a la disciplina jurídica del hecho social o colectivo de los asentamientos de población en el espacio físico, lo que, en el plano jurídico, se traduce en la «ordenación urbanística», como objeto normativo de las Leyes urbanísticas [...] el contenido del urbanismo se traduce en concretas potestades (en cuanto atribuidas o controladas por Entes públicos), tales como las referidas al planeamiento, la gestión o ejecución de instrumentos planificadores y la intervención administrativa en las facultades dominicales sobre el uso del suelo y edificación, a cuyo servicio se atribuyen técnicas jurídicas concretas; a lo que ha de añadirse la determinación, en lo pertinente, del régimen jurídico del suelo en tanto que soporte de la actividad transformadora que implica la urbanización y edificación" (F.J. 6º).

El propio F.J. 6º, concluye indicando cómo este contenido que le atribuye se traduce en "la fijación de lo que pudiéramos llamar políticas de ordenación de la ciudad, en tanto en cuanto mediante ellas se viene a determinar el cómo, cuándo y dónde deben surgir o desarrollarse los asentamientos humanos, a cuyo servicio se disponen las técnicas e instrumentos urbanísticos precisos para lograr tal objetivo"[58].

En este punto, parece adecuado detenerse en una cuestión. Si bien es cierto que la CE no atribuye competencias a los municipios, sí que reconoce y, además, garantiza, la autonomía local en su artículo 140, precisamente es aquí donde se encuentra uno de los más relevantes debates con otras competencias, de manera particular, con la ordenación del territorio, en tanto ambas son políticas públicas que operan sobre un mismo espacio[59]. No en vano, el estrecho límite que, no es infrecuente, se atribuye, separa hasta dónde ha de proyectarse la competencia en urbanismo y hasta dónde la competencia en ordenación del territorio, continúa siendo un debate abierto de compleja solución ya que nos encontramos ante dos competencias atribuidas a dos Administraciones territoriales distintas, por un lado, la autonómica y, por otro, la local, entre las que no siempre los intereses y fines parecen coincidentes[60].

No es ni por asomo una cuestión novedosa, por contra se está ante una controversia que lleva décadas en el candelero de la polémica. Ya en la década de los noventa, y al albor de las primeras legislaciones en ordenación del territorio, el profesor

---

58 En relación a la doctrina más relevante contenida en la STC 61/1997, véase PAREJO ALFONSO, L. "Análisis de la doctrina urbanística contenida en la Sentencia del Tribunal Constitucional sobre la legislación del suelo", *Ciudad y Territorio: Estudios Territoriales*, XXIX, núm. 112, 1997, pp. 311-322.

59 Véase GONZÁLEZ GARCÍA, J.V. "Planeamiento supramunicipal y autonomía local", *Revista de Urbanismo y Edificación*, núm. 38, 2016, pp. 89-93.

60 Véase BARNÉS, J. *Distribución de competencias en materia de urbanismo: Estado, Comunidades Autónomas, entes locales: análisis de la jurisprudencia constitucional*, Bosch Editor, 2002.

LÓPEZ RAMÓN[61], distinguía dos mecanismos en la relación entre ordenación del territorio y urbanismo, si bien regulados con carácter general en la legislación autonómica de ordenación territorial, por un lado, la atribución de efectos directos prevalentes a los instrumentos de ordenación del territorio y por otro, la remisión a los instrumentos urbanísticos de la capacidad de concretar y hacer operativas las previsiones de la ordenación territorial.

Transcurridas prácticamente tres décadas, se puede afirmar que ambas persisten, con aspectos que no faciliten su resolución como la que se entiende una de las grandes carencias de la ordenación del territorio, la falta, por inexistente, de una etapa de gestión, capaz de ejecutar y materializar las previsiones contenidas en los planes territoriales. Aquí la solución que se viene adoptando es aplicar los mecanismos de gestión urbanística para suplir dicha carencia -lo que ya apuntaba décadas atrás el profesor LÓPEZ RAMÓN cuando señalaba la remisión de los instrumentos de ordenación territorial a los instrumentos urbanísticos en su función de hacer operativas las previsiones de la ordenación territorial- cuando se entiende que por su propia configuración debieran ser mecanismos gestados desde la ordenación del territorio –y no desde el urbanismo- los que, adecuados a su ámbito y atribuciones, dieran el soporte que precisa[62].

Pero, además, con el añadido, en el ya de por sí complejo escenario expuesto, de lo que autores como VAQUER CABALLERÍA ha venido en llamar, acertadamente en nuestra opinión, "la explosión de la ciudad" llevando a que "las áreas urbanas

---

61 LÓPEZ RAMÓN, F. "Urbanismo municipal y ordenación del territorio", *Revista Española de Derecho Administrativo*, núm. 82, 1994, pp. 207-218.

62 Véase RANDO BURGOS, E. *Régimen jurídico de la gestión territorial*, Valencia, Tirant lo Blanch, 2020.

desborden las lindes de los términos municipales", junto al que señala un segundo fenómeno "el paradigma ambiental muta la concepción del urbanismo, tradicionalmente centrado en la ordenación y gestión de la ciudad pero hoy abierto al gobierno del territorio, una función más amplia que se alinea sin solución de continuidad con la ordenación territorial. Ambos fenómenos apelan, en suma, a una mayor implicación de intereses supramunicipales". En este escenario, el autor se plantea el interrogante en torno a cómo se concilian estos fenómenos con la autonomía local, recordando, para ello, como la Carta Europea de Autonomía Local reconoce que las competencias encomendadas a las autoridades locales deben ser normalmente plenas y completas, sin obviar, como también reconoce expresamente, que "determinadas competencias sean atribuidas a entes territorialmente superiores, siempre que sea en consideración a ´la amplitud o la naturaleza de la tarea o las necesidades de eficacia o economía´ [...] Dicho más sencillamente: en las materias de interés local, las autoridades locales deben tener autonomía de decisión o, subsidiaria y necesariamente, capacidad de participación"[63].

Muy significativa la diferenciación que apunta el profesor PAREJO ALFONSO, partiendo del nexo común entre ordenación del territorio y urbanismo, esto es, el compartir el mismo objeto como lo es la delimitación de los diversos usos a que pueda destinarse el suelo o espacio físico territorial. A ello, aun compartiéndolo, el profesor VAQUER CABALLERÍA añade que "eso no significa que cumplan una misma función. La ordenación del territorio cumple una función normativa de

63 VAQUER CABALLERÍA, M. "El urbanismo supramunicipal: su auge, su necesaria diferenciación de la ordenación del territorio y sus límites". *Revista Digital de Derecho Administrativo,* núm. 7, 2012, pp. 115-138 (p. 118-119). Del mismo autor, véase VAQUER CABALLERÍA, M. "El urbanismo supramunicipal", *Revista de Derecho Urbanístico y Medio Ambiente,* núm. 279, 2013, pp. 13-43.

equilibrio territorial supraordenadora al urbanismo, para la que consiste en un sistema de planes o instrumentos de ordenación de finalidad coordinadora, de carácter estructural y de competencia supramunicipal, mientras que al urbanismo `la determinación, en lo pertinente, del régimen jurídico del suelo en tanto que soporte de la actividad transformadora que implica la urbanización y la edificación´ (STC 61/1997, cit., F.J. 6°). Expresado más sintéticamente: la ordenación del territorio es ordenación estratégica y la urbanística es ordenación operativa, de donde se sigue que la primera está funcionalmente supraordenadora a la segunda pero también, y por ello mismo, diferenciada de ella"[64].

Para otros autores, como el profesor MENÉNDEZ REXACH, y de manera más reciente, pero manteniendo ese objeto común que en ambas funciones públicas, esto es, ordenación del territorio y urbanismo, viene dado por la planificación de los usos del suelo, y la dificultad que el mismo comporta a efectos de trazar una distinción nítida entre ambas materias, lo que a su entender, explica "que se haya impuesto el criterio formal de que la ordenación del territorio es planificación espacial a escala supramunicipal, mientras que el urbanismo lo es a escala municipal". Sin embargo, tampoco esta posible "delimitación" resuelve el conflicto manifiesto entre Comunidades Autónomas y Municipios[65].

Para el profesor BAÑO LEÓN ha surgido "una ordenación urbanística supramunicipal que excede la simple ordenación

---

64 *Ibídem* (p. 132), acogiendo lo señalado por PAREJO ALFONSO, L. *Lecciones de Derecho Administrativo. Orden económico y sectores de referencia.* 2° edición, Valencia, Tirant lo Blanch, 2011 (p. 217).

65 MENÉNDEZ REXACH, Á. "Ordenación del territorio supramunicipal y urbanismo municipal: El control de las actuaciones de interés regional", *Encuentros multidisciplinares*, vol. 17, núm. 50, 2015, pp. 42-49 (p. 42).

territorial". En este sentido, apunta el autor como uno de los fenómenos más singulares de nuestro derecho urbanístico "en los últimos quince años es la aparición de instrumentos de ordenación urbanística de las Comunidades Autónomas que claramente condicionan el campo propio del urbanismo municipal y del Plan General" y ello "al socaire de la competencia general sobre ordenación del territorio y urbanismo" que, afirma, ha llevado a las Comunidades Autónomas a lanzarse a establecer medidas de ordenación, incluso de planificación por dos vías: a través de planes supramunicipales de muy variado tipo y mediante la previsión de instrumentos excepcionales que corresponde aprobar a las Comunidades Autónomas, pensados para grandes proyectos que "dejan en entredicho la existencia misma de una planificación general". Pone de esta forma sobre la mesa una cuestión de máxima actualidad como es la previsión de instrumentos de escala supramunicipal desde las propias Comunidades Autónomas, incluso, atribuyéndose su aprobación a las mismas[66].

En síntesis, se está ante un debate que continúa abierto, y, que a la postre, todo hace presagiar que continuará estándolo durante un largo tiempo. Quizá sería adecuado profundizar, dentro de esa diferenciación entre el carácter supramunicipal o municipal de la actuación y precisar, dentro de la primera, las propias actuaciones que pueden tener lugar. Parece que un criterio adecuado en este sentido, y así se manifiesta en diferentes legislaciones autonómicas en ordenación del territorio al recoger figuras específicas, es si se está ante actuaciones que además de ser supramunicipales tienen un interés regional o no. Esta subclasificación podría coadyuvar a

---

66 BAÑO LEÓN, J.M. "La obsolescencia de la idea de plan general", *Revista de Estudios de la Administración Local y Autonómica*, núm. 13, 2020, pp. 6-21.

perfilar la necesidad de dotar la actuación a través de figuras de planificación territorial[67] o de planeamiento urbanístico.

---

67 Únicamente a efectos ejemplificativos, y sin carácter exhaustivo, son muchas las Comunidades Autónomas que han optado por incorporar instrumentos en tal sentido en las legislaciones en ordenación territorial. Es el caso de Andalucía, que preveía en la hoy derogada Ley 1/1994, de 11 de enero, de Ordenación del Territorio de la Comunidad Autónoma de Andalucía, los Proyectos de Actuación Autonómico (regulados en el artículo 39), cuyo principal presupuesto era, precisamente, la concurrencia del citado "interés autonómico". También la más reciente legislación extremeña, Ley 11/2018, de 21 de diciembre, de Ordenación Territorial y Urbanística Sostenible de Extremadura, instaura como instrumento de intervención directa, en el marco de la ordenación territorial, los denominados Proyectos de Interés Regional, en los que nuevamente es preciso que concurra el interés regional de la actuación. Así lo predica el artículo 35 de la Ley 11/2018, al regular el citado instrumento e indicar "El Proyecto de Interés Regional es el instrumento de intervención directa en la ordenación territorial que diseña, con carácter básico, para su inmediata ejecución, obras de infraestructura, servicios, dotaciones e instalaciones que se declaren de interés regional debido a su particular utilidad pública o interés social. El proyecto debe incluir las obras de urbanización y conexión que sean necesarias para asegurar el correcto funcionamiento de las instalaciones que sean su objeto". La última legislación en la materia aprobada hasta el momento, la Ley 1/2021, de 8 de enero, de Ordenación del Territorio de Galicia, también sigue similar esquema al prever como instrumento de ordenación del territorio los denominados Proyectos de Interés Autonómico, objeto de regulación en su artículo 40. Diferencia la legislación gallega, entre Proyectos de Interés Autonómicos previstos (aquellos cuyo objeto es planificar y proyectar la ejecución de actuaciones previstas en un plan sectorial vigente) y Proyectos de Interés Autonómicos no previstos (los que no cuentan con la cobertura de su previsión en ningún plan sectorial). Para estos últimos, el artículo 41, establece el requisito previo y necesario de que cuenten con la preceptiva declaración de interés autonómico de la actuación.

Sin embargo, cuando las indicadas actuaciones, y aun traspasando los límites municipales, como consecuencia de las actuales realidades y dinámicas urbanas en las que la denominada, en palabras de VAQUER CABALLERÍA, "explosión de la ciudad" y consiguiente desborde de los límites administrativos de los términos municipales, vienen acaeciendo, no conlleven un interés regional –incluso, subregional-, debe entenderse que quedan en el propio marco del urbanismo. En este sentido, y como respuesta de nuestro ordenamiento jurídico a dichas realidades, la expresa previsión por diferentes legislaciones urbanísticas de instrumentos orientados precisamente a articular este fenómeno, cada vez más frecuente.

Sobre el particular, se pronuncia la reciente Sentencia del Tribunal Supremo de 27 de abril de 2022 (núm. rec. 4049/2021)[68], con ocasión del recurso de casación planteado frente a la nulidad del Plan de Acción Territorial de la Infraestructura Verde del Litoral de la Comunidad Valenciana y el Catálogo de Playas de la Comunidad Valenciana (PATIVEL) que, reconoce la proximidad entre ambas pero, a su vez, la diferenciación existente. De esta forma, ya en sus consideraciones previas, y con el claro objeto de diferenciar ambas, señala:

> "En primer lugar, que ordenación territorial y urbanismo son conceptos próximos y relacionados, pero diferenciables (tal y como se deduce, sin dificultad del tenor de los artículos 148.1.3º. de la Constitución y 4.1 del TRLS de 2015, entre otros).
> En este sentido, el Diccionario panhispánico del español jurídico se refiere a la "ordenación del territorio" como la ordenación de los usos del suelo o del subsuelo y programación de las grandes actuaciones públicas vertebradoras del mismo, mientras que la RAE define el "urbanismo" -en la segunda de sus acepciones- como la organización u ordenación de los edificios y espacios de una ciudad.

68 ECLI:ES:TS:2022:1751.

> De esta primera aproximación se infiere ya que el concepto de ordenación del territorio es más amplio que el de urbanismo. De aquí que la doctrina especializada haya destacado que las normas urbanísticas, por más que intervengan en ellas las Comunidades Autónomas, poseen un carácter local-municipal o, lo que es lo mismo, referido al espacio de convivencia urbana, frente al carácter supralocal y autonómico de las normas de ordenación del territorio. Señalando en este sentido que la ordenación del territorio hace referencia a las grandes magnitudes, a las decisiones básicas condicionantes de la estructura, disposición y composición de las actividades en el territorio, dirigida a evaluar las características de un determinado territorio, así como su posición y función en la economía del conjunto; mientras que el urbanismo tiene, por el contrario, una magnitud local, referida al espacio de convivencia humana y, por tanto, a una acción pública de regulación directa y precisa del uso del suelo".

Y concluye indicando que "los planes de ordenación territorial establecen las directrices generales, el marco de referencia en el ámbito supralocal para que, posteriormente, puedan aprobarse de manera coherente y con la debida coordinación los planes urbanísticos en ámbitos territoriales más reducidos".

En definitiva, como ya se indicaba, nos encontramos ante un debate vivo que, a la postre, genera no pocas controversias, buen ejemplo la citada Sentencia en la que se pone de manifiesto como la falta de diferenciación conceptual entre ordenación territorial y ordenación urbanística, lleva a aplicar el régimen jurídico de un plan urbanístico a un plan territorial.

3. EL PLANEAMIENTO URBANÍSTICO SUPRAMUNICIPAL Y SU TRATAMIENTO EN PERSPECTIVA AUTONÓMICA

La realidad nos muestra, como se apuntaba con anterioridad pero ya centrados en el objeto del presente trabajo, cómo en la práctica convergen actuaciones en las que concurre el citado interés regional que viene justificando su desarrollo desde la ordenación territorial a través de diferentes instrumentos regulados en sus propias legislaciones, junto a otras, en las que no concurriendo el mismo, sí presentan, fruto de las dinámicas de explosión de numerosos pueblos y ciudades y la necesidad de interconexión entre los mismos, un carácter supralocal[69]. Y en este contexto, tal y como era previsible, también diferentes legislaciones autonómicas toman buena nota de ello, estableciendo figuras de planeamiento urbanístico para hacer posible su materialización en el espacio.

En este punto, es adecuado hacer una precisión, se está ante figuras emergentes que no todas las legislaciones autonómicas prevén, pero sobre las que sí se observa cómo, paulatinamente se empiezan a incorporar a las mismas, en ocasiones, con diferentes finalidades incluso planteamientos, pero con el objetivo común de dar respuesta a lo que es una realidad: la rearticulación de las propias figuras de planeamiento urbanístico de forma que se dote de repuesta jurídica a realidades preexistentes, fruto, sin duda, de la expansión de los propios pueblos y ciudades y de las dinámicas urbanas.

También es preciso, diferenciarlo, como se indicaba con anterioridad, motivado por la frecuencia con la que se tiende a confundir las propias competencias en ordenación del territorio y urbanismo, y puntualizar que se está ante figuras previstas en las legislaciones urbanísticas y que se encuadran en el marco del propio planeamiento urbanístico.

Se está, no por obvio, resta sentido reiterarlo, ante dos competencias diferentes, recogidas como tal en nuestra CE:

---

69 Frente a la tradicional escala local del planeamiento urbanístico. Sobre el particular, véase del detallado análisis de PARADA VÁZQUEZ, R. y LORA-TAMAYO VALLVÉ, M. *Derecho Administrativo II: Bienes públicos y Derecho urbanístico,* 16ª edición, Madrid, Ediciones Académicas UNED, 2017.

la ordenación del territorio y el urbanismo, de ahí que, en su desarrollo, empleen también figuras de planificación distintas, tratando con ello de dar respuesta a la competencia atribuida. Sin perjuicio, como se decía, y no se puede obviar, de la dificultad que en no pocas ocasiones implica delimitar una y otra materia.

En este sentido, se pronuncia VAQUER CABALLERÍA, aduciendo lo anterior, así afirma que "Podría aducirse que ordenación del territorio y urbanismo comparten un mismo objeto, como es "la delimitación de los diversos usos a que pueda destinarse el suelo o espacio físico territorial", por lo que pueden concebirse hoy como políticas públicas reunibles bajo el macroconcepto de "gobierno del territorio"[70], en el que están llamados a cooperar todos los entes territoriales del Estado. Peso eso, con ser cierto, no permite confundir a la ordenación del territorio con el urbanismo, desde el mismo momento en que aparecen mencionados en la Constitución como títulos competenciales distintos (art. 148.1.3ª CE) de los que solo el segundo integra la imagen característica de la autonomía local (art. 25.2 LBRL). Luego el bloque de la constitucionalidad del Estado autonómico ha roto el continuo ordenación territorial-urbanística de la legislación preconstitucional y su legislador de desarrollo no puede excluir la participación de los ayuntamientos, como instancia autónoma de decisión, por la vía de hacer materialmente coextensa a la ordenación del territorio con el urbanismo de manera que el ejercicio de la primera agote la ordenación de los usos del suelo en todo o parte de su término municipal, sin violar la autonomía local"[71].

---

70 Como cita el autor, este concepto se atribuye a PAREJO ALFONSO, L. *Lecciones de Derecho Administrativo. Orden económico y sectores de referencia*, 2ª edición, Valencia, Tirant Lo Blanch, 2008.

71 VAQUER CABALLERÍA, M. "El urbanismo supramunicipal: su auge, su necesaria diferenciación de la ordenación del territorio y

Pero, a mayor abundamiento, el autor enfatiza, aun reconociendo que ambas políticas públicas tienen un mismo objeto, en que ello no significa que cumplan una misma función. De esta forma, lo diferencia señalando que "La ordenación del territorio cumple una función normativa de equilibrio territorial supraordenadora al urbanismo, para la que consiste en un sistema de planes o instrumentos de ordenación de finalidad coordinadora, de carácter estructural y de competencia supramunicipal, mientras que compete al urbanismo "la determinación, en lo pertinente, del régimen jurídico del suelo en tanto soporte de la actividad transformadora"[72], acogiendo para ello lo ya reconocido en la STC 61/1997. Y concluye diferenciando entre cómo mientras la ordenación del territorio lleva a cabo una ordenación estratégica, el urbanismo es una ordenación más operativa. A colación de lo cual, se debe apuntar, también, las propias escalas empleadas por una y otra función pública.

Pero en lo que aquí ocupa, el objeto viene dado por la respuesta jurídica, dada desde el urbanismo y en concreto mediante instrumentos previstos en las propias legislaciones autonómicas, con la finalidad de planificar ámbitos que superan el municipal, incluyéndose en lo que en toda regla debe conceptuarse como "supramunicipal". Y es aquí donde se avanza y el objetivo del presente trabajo.

---

sus límites… op. cit. (p. 131).

72 *Ibídem* (p. 132).

4. ALGUNOS MODELOS DE PLANES URBANÍSTICOS SUPRAMUNICIPALES PREVISTOS POR LAS COMUNIDADES AUTÓNOMAS

Aunque sin carácter exhaustivo, la implementación de modelos concretos dirigidos a planificar desde el urbanismo ámbitos supramunicipales, es el objeto del presente epígrafe. Para ello, se toman como referentes algunos ejemplos prácticos, cómo se viene articulando en algunas legislaciones urbanística y, todo ello, tratando de ofrecer una aproximación a cómo en la práctica se vienen desarrollando, con el firme propósito de ofrecer una perspectiva lo más cercana y realista al estado de situación.

4.1. Andalucía: Planes de Ordenación Intermunicipal

Andalucía es una Comunidad Autónoma que cuenta, en el plano normativo, con una dilatada trayectoria en la previsión de instrumentos de planeamiento urbanístico centrados en la escala supramunicipal. Ya, la recientemente derogada Ley 7/2002, de 17 de diciembre, de Ordenación Urbanística de Andalucía (en lo sucesivo, LOUA), dentro de los instrumentos de planeamiento urbanístico general, preveía, como tales y junto a los Planes Generales de Ordenación Urbanística y los Planes de Sectorización, los Planes de Ordenación Intermunicipal. La vigente Ley 7/2021, de 1 de diciembre, de Impulso para la Sostenibilidad del Territorio de Andalucía (para sucesivas menciones, LISTA), mantiene, los Planes de Ordenación Intermunicipal, instrumento que se centra, en lo que aquí ocupa, en la ordenación urbanística desde la escala supralocal.

Los Planes de Ordenación Intermunicipal (en adelante, POI), es la figura que Andalucía recoge precisamente para dar respuesta a las necesidades que pueden surgir entre municipios colindantes en aras a la ordenación de áreas concretas, integradas por terrenos situados en dos o más términos municipales colindantes. No se está ante una figura destinada a establecer el planeamiento urbanístico unitario y completo para un conjunto de municipios, sino que, como concretaba antes la LOUA en su artículo 11 y ahora el artículo 64 de la LISTA, su objeto viene determinado por ámbitos concretos cuando los mismos se localicen en más de un término municipal.

Como se indicaba, la LOUA incorporaba con carácter novedoso los POI, en el año 2002, con la finalidad de llevar a cabo la ordenación de terrenos colindantes situados en dos o más términos municipales, con las determinaciones propias de un Plan General de Ordenación Urbanística, pero con la particularidad de ordenar actuaciones urbanísticas unitarias[73], no un conjunto de términos municipales concretos, cuestión que particulariza esta figura.

---

[73] El artículo 11 de la LOUA, disponía:

"1. Los Planes de Ordenación Intermunicipal tienen por objeto establecer la ordenación de áreas concretas, integradas por terrenos situados en dos o más términos municipales colindantes, que deban ser objeto de una actuación urbanística unitaria.

2. Los Planes de Ordenación Intermunicipal se formularán:

a) En cumplimiento de la remisión que al efecto hagan los Planes Generales de Ordenación Urbanística de los municipios afectados.

b) Al amparo de la previsión que en tal sentido efectúen los Planes de Ordenación del Territorio.

c) De forma independiente, en defecto de la remisión o de la previsión a que se refieren las letras anteriores.

3. El contenido de los Planes de Ordenación Intermunicipal comprenderá las determinaciones propias de los Planes Generales de Ordenación Urbanística que sean adecuadas para el cumplimiento de su objeto específico. En todo caso se limitará a lo estrictamente indispensable para este fin y se establecerá de la manera que comporte la menor incidencia posible en la ordenación establecida en los municipios correspondientes".

Desde una perspectiva general, la vigente LISTA rearticula el sistema de planeamiento urbanístico en la Comunidad Autónoma. Por un lado, establece dos niveles para las determinaciones de la ordenación urbanística: ordenación urbanística general y ordenación urbanística detallada. Por otro, para la ordenación urbanística diferencia tres categorías y, dentro de cada una de ellas, distintos instrumentos. En primer lugar, los instrumentos de ordenación urbanística general, incluyendo como tales: el Plan General de Ordenación Municipal, el Plan de Ordenación Intermunicipal y el Plan Básico de Ordenación Municipal. En segundo lugar, los instrumentos de ordenación urbanística detallada, categoría en la que incorpora: los Planes de Ordenación Urbana, los Planes Parciales de Ordenación, los Planes de Reforma Interior, los Estudios de Ordenación y los Planes Especiales. En tercer lugar, los instrumentos complementarios de la ordenación urbanística, distinguiendo dentro de los mismos: los Estudios de Detalle, los Catálogos, las Ordenanzas Municipales de Edificación y de Urbanización; y las Normas Directoras para la Ordenación Urbanística.

En este contexto, el POI es el instrumento que tiene por objeto establecer, como se indicaba, la ordenación de áreas concretas, integradas por terrenos situados en dos o más términos municipales colindantes, que deban ser objeto de una actuación urbanística conjunta. Como novedad, la LISTA respecto a la regulación contemplada en la LOUA, establece que "En todo caso, se limitará a lo estrictamente indispensable para este fin, procurando la mínima incidencia sobre la ordenación establecida en los municipios correspondientes". En el plano sustantivo, el POI debe contener las determinaciones propias de los Planes de Ordenación Municipal, adecuadas para el cumplimiento de su objeto específico[74].

---

[74] Habrá que estar por tanto a la concreta finalidad y objeto del correspondiente POI y, atendiendo a ello, adaptar las determinaciones

La LOUA, precisaba en el artículo 11.2., los supuestos concretos en que procedería la formulación de un POI: en cumplimiento de la remisión que a tal efecto hiciesen los Planes Generales de Ordenación Urbanística de los municipios afectados; en cumplimiento de la previsión que en dicho sentido realizasen los Planes de Ordenación del Territorio; incluso, se posibilitaba, su formulación de manera independiente cuando no estuviesen previstos ni por los Planes Generales de Ordenación Urbanística ni por los Planes de Ordenación del Territorio.

La LISTA, sin embargo, no precisa estas cuestiones, al menos, con la claridad (al contemplarlo en el propio precepto dedicado a la regulación de este instrumento) con que lo realizaba la LOUA, lo que ha de contextualizarse con el nuevo modelo de instrumentos de planeamiento urbanístico que emplea. No obstante, a lo largo de su articulado, se prevé el empleo del POI en determinados supuestos. Es el caso, en primer término, de la facultad que se atribuye a este instrumento para delimitar y ordenar, en los casos en que concurran los presupuestos propios de este instrumento, esto es, ámbitos comprendidos en más de un término municipal, las actuaciones de transformación urbanística[75], conforme a la previsión del artículo 25 de la LISTA, cuestión regulada en análogos

---

que sean precisas de entre las previstas con carácter general para los Planes de Ordenación Municipal.

75 Bajo la denominación de actuaciones de transformación urbanística, la LISTA contempla varios supuestos. Diferencia, en primer lugar, entre actuaciones de transformación urbanística en suelo urbano y actuaciones de transformación urbanística en suelo rústico. Dentro de las primeras, distingue, a su vez, dos categorías: actuaciones de mejora urbana y actuaciones de reforma interior. Dentro de las actuaciones de transformación urbanística en suelo rústico de nueva urbanización, contempla únicamente las actuaciones de nueva urbanización.

términos por el recién promulgado Decreto 550/2022, de 29 de noviembre, por el que se aprueba el Reglamento General de la Ley 7/2021, de 1 de diciembre, de Impulso para la Sostenibilidad del Territorio de Andalucía (en lo sucesivo, RLISTA), en el artículo 43. En segundo término, señalar la facultad que se atribuye al POI para delimitar ámbitos de hábitat rural diseminado y establecer para los mismos las determinaciones de la ordenación urbanística general y las directrices para la ordenación detallada mediante un posterior Plan Especial, cuestión recogida en el artículo 37 del RLISTA con ocasión de la regulación de las determinaciones para la ordenación del hábitat rural diseminado.

La escueta regulación que sobre este instrumento contiene la LISTA, se complementa, en cierta medida, con las previsiones contenidas en el ya citado RLISTA. Destacar en este sentido dos cuestiones previstas en el artículo 87 del RLISTA,

---

Por actuaciones de mejora urbana, conforme al artículo 47 de la LISTA, se entiende aquellas que tienen lugar sobre una parcela o conjunto de parcelas, en suelo urbano, y cuyo objeto es el aumento de la edificabilidad, del número de viviendas o el cambio de uso o tipología, cuando precisen nuevas dotaciones públicas, generales o locales, o cuando impliquen un incremento del aprovechamiento urbanístico, siempre que no conlleven la necesidad de reforma o renovación de la urbanización.
Las actuaciones de reforma interior, siguiendo el artículo 48 de la LISTA, tienen por objeto, de igual forma en suelo urbano, una nueva ordenación urbanística detallada en un ámbito por causa de la obsolescencia de los servicios, la degradación del entorno, la necesidad de modificar los usos existentes o cualquier otra circunstancia análoga que haga necesaria la reforma o renovación de la urbanización del ámbito.
Por otro lado, las actuaciones de nueva urbanización, las únicas previstas en suelo rústico común, son aquellas, de conformidad con el artículo 50 de la LISTA que, resulten necesarias para atender y garantizar las necesidades de crecimiento urbano, de la actividad económica o para completar la estructura urbanística.

precepto dedicado a regular los POI: el contenido sustantivo y documental de este instrumento.

En el plano sustantivo, el artículo 87.2. del RLISTA, establece que el POI "contendrá aquellas determinaciones de la ordenación urbanística recogidas en los artículos 75, 76 y 77 que sean necesarias para la consecución de sus fines", esto es, las relativas al modelo general de ordenación (artículo 75 RLISTA)[76], a la planificación estratégicas de la evolución del

---

[76] El artículo 75 del RLISTA "El modelo general de ordenación", dispone:

"El modelo general de ordenación se concreta a través de las siguientes determinaciones:

1. La clasificación del suelo, conforme a lo establecido en el Capítulo I del Título I de la Ley, que comprende: (N)
   a) La delimitación del suelo urbano y del suelo rústico.
   b) La delimitación de los suelos adscritos a las distintas categorías del suelo rústico
   c) La normativa urbanística general de cada una de las categorías de suelo rústico, que deberá incluir la regulación de los usos prohibidos y el régimen de protección y preservación derivado de la ordenación territorial y de la legislación y planificación sectorial que resulte de aplicación.
2. El esquema de los elementos estructurantes que comprende: (N)
   a) Los sistemas generales de espacios libres y zonas verdes, de movilidad y de equipamientos comunitarios.
   b) Las redes generales de infraestructuras y servicios técnicos, formadas por sus elementos principales, tanto lineales (conducciones, galerías, líneas, etc. en superficie, aéreas o enterradas) como puntuales (estaciones, depósitos, centrales, o instalaciones similares).

Se identificarán los elementos estructurantes existentes y los nuevos elementos necesarios para resolver los déficits así como para satisfacer las nuevas demandas derivadas de la propuesta de ordenación, incluidas, en su caso, las que se generen por los nuevos crecimientos contemplados tanto por las actuaciones de transformación urbanística en suelo rústico y urbano definidas en el Título II de la Ley, como por las actuaciones en suelo rústico definidas en el Capítulo

modelo general de ordenación (artículo 76 RLISTA)[77] y

III del Título I de la misma. Igualmente se identificarán los sistemas generales establecidos en la planificación sectorial.

3. El establecimiento de las zonas de suelo rústico, que podrán comprender suelos rústicos de distintas categorías, con la identificación de sus características, potencialidades y deficiencias, definiendo para cada una de ellas:(N)
   a) Las directrices para la implantación de las actuaciones ordinarias y extraordinarias, conforme al Capítulo III del Título I.
   b) Las medidas para evitar la formación de nuevos asentamientos, que en cualquier caso deberán respetar como mínimo las determinaciones previstas en el artículo 24.
4. La identificación y delimitación de los ámbitos de hábitat rural diseminado, que en cualquier caso deberán respetar los criterios establecidos en los artículos 36 a 42 incluidos los que, en su caso, hayan podido delimitarse a través de un Plan Especial, de conformidad con los artículos 23.1 y 70.3.i) de la Ley. (N)
5. La identificación de los bienes y espacios que deban contar con una singular protección por su valor histórico, cultural, urbanístico o arquitectónico y, en su caso, de sus entornos. (N)

Conforme a lo establecido en el artículo 8.a) de la Ley 14/2007, de 26 de noviembre, del Patrimonio Histórico de Andalucía se considera que los bienes y espacios que deben contar con una singular protección son los inscritos individualmente como Bien de Interés Cultural en el Catálogo General de Patrimonio Histórico Andaluz".

77 Las determinaciones que en relación a la "planificación estratégica de la evolución del modelo general de ordenación", reguladas en el artículo 76 del RLISTA, podrá comprender, las que se adecúen al objeto del correspondiente POI, como mínimo, de entre las siguientes:

"La planificación estratégica de la evolución del modelo general de ordenación a medio y largo plazo se concreta, como mínimo, a través de las siguientes determinaciones:

1. Las estrategias para el mantenimiento, la mejora, rehabilitación, regeneración y renovación de la ciudad existente:
   a) Directrices para las zonas de suelo urbano, a delimitar por los Planes de Ordenación Urbana y el Plan Básico de Ordenación Municipal. En general, constituirán zonas de suelo

---

urbano independientes, pudiendo dividirse a su vez cada una en varias zonas de suelo urbano:

1º Cada uno de los núcleos de población del término municipal.

2º Los conjuntos históricos declarados BIC conforme a la legislación en materia de patrimonio histórico.

3º Cada uno de los núcleos rurales tradicionales clasificados como suelo urbano por los instrumentos de ordenación urbanística general conforme al artículo 13.2 de la Ley.

b) Directrices para la delimitación de nuevas actuaciones urbanísticas y de transformación urbanística en suelo urbano.

c) Directrices y recomendaciones para mitigar el efecto "isla de calor urbano", mejorar los aspectos relacionados con la salud y bienestar de las personas, la contaminación urbana y el consumo energético.

d) Directrices y recomendaciones para establecimiento de un modelo urbano equilibrado que fomente la diversidad funcional y de usos y la accesibilidad universal a la dotación de servicios básicos y espacios públicos.

2. Estrategias para la ordenación de los futuros desarrollos a través de actuaciones de nueva urbanización en el suelo rústico, de conformidad con lo establecido en los artículos 79 a 83 y su coherencia con la ciudad existente:

a) Directrices para la delimitación de nuevas actuaciones, estableciéndose las bases que garanticen una adecuada inserción del ámbito en la estructura urbanística general.

b) Justificación de su interés público o social, en función del análisis de parámetros objetivos basados en previsiones del ritmo de la evolución de las condiciones sociodemográficas y socioeconómicas de su ámbito de influencia, y de la imposibilidad de atender estas necesidades en el suelo urbano disponible. Las previsiones se basarán en datos objetivos y empíricamente comprobables.

3. Directrices para la determinación de nuevos sistemas generales en suelo urbano y suelo rústico, que establecerán criterios de integración en la estructura urbanística general, alternativas de localización y condiciones de funcionalidad y conexión con los sistemas existentes.

determinaciones que complementan el modelo general de ordenación (artículo 77 RLISTA)[78]. Cuestión que completa,

---

4. Directrices para la planificación en materia de vivienda protegida, de conformidad con el artículo 61 de la Ley:
   a) Determinaciones generales para su localización de acuerdo con el principio de cohesión social.
   b) Determinaciones para la reserva de vivienda protegida en actuaciones de transformación urbanística.
   c) Determinaciones para la minoración o exención de vivienda protegida en ciertas actuaciones y previsión de compensación en otras.
5. Directrices para la planificación en materia de movilidad sostenible:
   a) Estrategias generales: movilidad exterior, entre núcleos e interior.
   b) Estrategias particulares: tráfico motorizado, transporte público, peatonal y otros.
6. Directrices para la equidistribución de cargas y beneficios en actuaciones de transformación urbanística en suelo urbano y en suelo rústico, al objeto de garantizar la igualdad en el ejercicio de los derechos y en el cumplimiento de los deberes de los propietarios del suelo".

78 El artículo 77 del RLISTA, bajo la rúbrica "Determinaciones que complementan el modelo general de ordenación", dispone:
"Forman parte también de la ordenación urbanística general las siguientes determinaciones que complementan a la definición del modelo general de ordenación, conforme a lo dispuesto en los artículos 63 y 65 de la Ley:
1. La normativa urbanística de las distintas categorías y zonas de suelo rústico, regulándose: (N)
   a) Las condiciones de implantación de los usos.
   b) La compatibilidad de las actuaciones ordinarias y extraordinarias con el régimen correspondiente a la categoría de suelo.
   c) Los parámetros urbanísticos para la implantación de edificaciones, construcciones e instalaciones.
2. La normativa urbanística de los ámbitos de hábitat rural diseminado, que en cualquier caso deberán respetar los criterios establecidos en los artículos 36 a 42. Estas determinaciones también podrán establecerse a través de un Plan Especial, de conformidad con el artículo 70.3.i) de la Ley. Comprenderá:

---

a) Los criterios para su mantenimiento, regeneración y, en su caso, desarrollo.

b) La regulación de los usos, requisitos para la implantación de nuevas edificaciones y, en su caso, las actuaciones incompatibles. (N).

3. Las condiciones tipológicas y estéticas para la implantación de edificaciones, construcciones e instalaciones en las distintas categorías y zonas de suelo rústico y en los ámbitos del hábitat rural diseminado.
4. La identificación de las agrupaciones de edificaciones irregulares en suelo rústico, mediante el establecimiento de las siguientes determinaciones:

a) La delimitación de las agrupaciones de edificaciones irregulares y el análisis de su compatibilidad con el modelo de ordenación adoptado. (N)

b) Las directrices de actuación sobre las agrupaciones de edificaciones irregulares en función de su compatibilidad con el modelo.

5. Las directrices para la ejecución y, en su caso, programación de los nuevos elementos estructurantes.

La ordenación urbanística detallada de los sistemas generales en suelo urbano se establecerá a través del Plan de Ordenación Urbana, del Plan Básico de Ordenación Municipal o de un Plan Especial, cuando no se incluyan en actuaciones de transformación urbanística. La ordenación detallada de los sistemas generales que se ubiquen en suelo rústico no incluidos en actuaciones de nueva urbanización y que requieran desarrollo urbanístico se realizará a través de un Plan Especial, en los términos del artículo 70.3.b) de la Ley.

6. La identificación de los bienes y espacios en suelo rústico que deban contar con protección, distinta de la recogida en el artículo 75.5, por su valor histórico, cultural, urbanístico o arquitectónico, que comprende: (N)

a) La delimitación de los bienes y, en su caso, la de sus entornos.

b) Las determinaciones de carácter general precisas para su conservación, protección y mejora, sin perjuicio de la remisión a un Catálogo, cuya tramitación puede ser simultánea o posterior a la del instrumento de ordenación general, de las

fijando que, además, y con carácter preceptivo establecerá la delimitación y la ordenación urbanística detallada completa de las actuaciones de transformación urbanística previstas, a fin de posibilitar su ejecución sin necesidad de tramitar un instrumento de ordenación detallada con posterioridad. A tal fin, concreta el conjunto de determinaciones de ordenación detallada que habrá de establecer el POI[79].

---

determinaciones de protección específicas para los diferentes bienes identificados.

7. En los términos del artículo 37 de la Ley, la identificación de los recursos y áreas de interés paisajístico en suelo rústico, así como las determinaciones para su preservación y para mejorar su calidad y percepción.
8. De conformidad con el artículo 63.2 b) de la Ley, las propuestas de delimitación de las actuaciones de transformación urbanística de nueva urbanización en suelo rústico que el instrumento de ordenación urbanística general contenga por estimar convenientes o necesarias para su desarrollo a corto plazo, a las que les será de aplicación el artículo 31 de la Ley.

Su contenido se adecuará a lo regulado en el artículo 44 y a las mismas les será de aplicación lo establecido en los artículos 50 y 51, debiendo remitir su ordenación urbanística detallada a la redacción de los correspondientes Planes Parciales de Ordenación".

79 En concreto, las definidas en las letras b), c), d), f), g), h) y j) del artículo 78.2. del RLISTA.
El artículo 78 está dedicado a la "ordenación urbanística detallada", estableciendo en su apartado 2 que "La ordenación urbanística detallada se concreta a través de las siguientes determinaciones", en lo que ocupa los incisos a los que remite el artículo 87.2. del RLISTA, disponen:
"b) El establecimiento de los límites de las actuaciones de transformación urbanística, conforme a la propuesta de delimitación aprobada. Justificadamente se podrán realizar ajustes de los límites contenidos en la propuesta, en un máximo de un quince por ciento de su superficie, para adaptarlos a la realidad física, al parcelario y a la ordenación urbanística de los

En el plano documental, el RLISTA también detalla el contenido del POI en su artículo 87.3., disponiendo que "Contendrá

---

suelos contenidos en la actuación o colindantes a la misma. (N)

c) La definición completa de la malla urbana, que comprende: (N)

1º El trazado y las características de la red viaria, con distinción de la peatonal, ciclista y la destinada al tráfico motorizado, incluidas las relativas a los aparcamientos, definiéndose las alineaciones y las rasantes. Las rasantes se definirán, al menos, en los puntos de cruce y en los cambios de dirección.

2º La fijación de las alineaciones, superficie y características de las reservas para dotaciones de la red de espacios libres y zonas verdes y de equipamientos comunitarios, de acuerdo, con las previsiones del instrumento de ordenación urbanística general conforme a las determinaciones establecidas en los artículos 74, 75 y 76 y los estándares y características establecidos en este Reglamento, localizando las parcelas donde se implantarán.

3º La localización de las parcelas destinadas, en su caso, a movilidad, infraestructuras y servicios técnicos.

4º. La descripción de las características y los trazados de las redes de infraestructuras y servicios técnicos existentes, en los términos de la letra d) de este mismo apartado.

5º La delimitación del resto del parcelario, con la definición de los usos pormenorizados y las condiciones de edificación por parcela, bien directamente o por remisión a las correspondientes zonas de ordenanzas de edificación.

d) Las características y los trazados de las redes de infraestructuras y servicios técnicos relativas a las instalaciones de abastecimiento de agua, alcantarillado, energía eléctrica, alumbrado, telecomunicaciones, gas canalizado, en su caso, y de aquellos otros servicios que pudiera prever el instrumento de ordenación urbanística, así como de su enlace con otras redes existentes o previstas.

Esta ordenación se podrá complementar con una Ordenanza Municipal de Urbanización o remitirse a las vigentes.

Tales preceptos deberán ser compatibles con la reglamentación técnica y la planificación sectorial y, en la medida de lo posible, con las normas técnicas particulares de las empresas suministradoras.

...

f) La regulación precisa de los usos en suelo urbano, con indicación de los usos globales y los usos pormenorizados que los componen. Se desarrollarán las reglas de compatibilidad de usos y la posibilidad de la implantación de usos complementarios. (N)

g) La normativa de edificación, que deberá contemplar al menos las siguientes determinaciones: (N)

1º Condiciones generales: de parcela, situación y forma de los edificios; morfológicas y tipológicas; estéticas, de calidad e higiene; de infraestructuras y servicios de los edificios; condiciones ambientales y otras condiciones análogas a las anteriores.

2º Ordenanzas de edificación por uso pormenorizado y/o tipología.

h) La normativa de urbanización, regulando ordenanzas mínimas de urbanización, viario (ciclista, rodado y peatonal), aparcamientos, espacios libres y zonas verdes, infraestructuras y servicios técnicos y análogos. (N)

...

j) Las determinaciones sobre la ejecución y equidistribución de las actuaciones de transformación urbanística, conforme a lo establecido en las bases para el desarrollo y ejecución de la actuación, y de las actuaciones urbanísticas. A tales efectos se definirá:

1º El área de reparto y el aprovechamiento urbanístico que será objeto de equidistribución entre los agentes intervinientes en la actuación, conforme a los criterios establecidos en los instrumentos de ordenación urbanística general y detallada y en la propuesta de delimitación aprobada. (N)

2º La delimitación de las unidades de ejecución, en su caso, con asignación del sistema de actuación, o del ámbito de la actuación asistemática, pudiendo incluir la previsión de constitución de entidad de urbanización. (N) aquellos documentos descritos en el artículo 85, con las especificaciones del artículo 86.3 imprescindibles para la justificación y descripción tanto de la ordenación urbanística general propuesta como, en su caso, de la propuesta o propuestas de delimitación y las bases para el desarrollo y ejecución de las actuaciones de transformación urbanística que contenga, así como los recogidos en el artículo 90.3 para el desarrollo de la ordenación detallada". Es decir, contendrá la documentación que con carácter general establece la LISTA para los instrumentos de ordenación urbanística: memoria (memoria de información y de diagnóstico; memoria de participación e información pública; memoria de ordenación; memoria económica), normativa urbanística y cartografía (de información y de ordenación), anexos (conforme a lo exigido por la legislación sectorial de aplicación) y resumen ejecutivo. Por su parte, la remisión al artículo 90.3. del propio RLISTA, está referida al contenido documental del Plan Parcial de Ordenación, estableciendo, la memoria de información y de diagnóstico; la memoria de gestión y ejecución; la normativa urbanística; la cartografía de información; y, la cartografía de ordenación.

En definitiva, en relación al POI, y siguiendo al profesor LÓPEZ BENÍTEZ, "su funcionalidad radica en resolver, por ejemplo, los problemas que presentan las conurbaciones y aglomeraciones urbanas o las cuestiones urbanísticas que se suscitan en zonas o terrenos enclavados en los límites de los términos municipales de dos localidades, y que, en ocasiones, dan lugar, ante la permisividad de alguno de los municipios, a fenómenos un tanto irregulares como urbanizaciones, alejadas del núcleo urbano tradicional del municipio que las

---

3º La programación, señalando en el correspondiente plan de etapas, las condiciones objetivas y funcionales que ordenen la eventual secuencia de la puesta en servicio de cada una de ellas".

permite, pero muy próximas, sin embargo, a las zonas urbanas del municipio colindante. Estas circunstancias aproximan extraordinariamente la funcionalidad de estos Planes de Ordenación Intermunicipal a la de los Planes de Ordenación del Territorio de Ámbito Subregional, aunque se diferencien claramente de éstos en que aquéllos no muestran ese carácter principal y de remisión a la planificación urbanística que poseen los planes de ordenación territorial"[80].

Alguna cuestión parece adecuada matizar, a la luz de la regulación prevista en la legislación andaluza, en torno a los POI. En primer lugar, no se trata de un instrumento destinado a establecer un planeamiento urbanístico conjunto de diferentes municipios colindantes, sino del instrumento destinado a dar respuesta y dotar de cobertura aquellas actuaciones que, transcendiendo los límites de un municipio y extendiéndose por el territorio de dos o más términos municipales vecinos, precisan de una figura que, desde el planeamiento urbanístico, lo dote de la precisa cobertura, limitándose por tanto a esta concreta función. En segundo lugar, en la práctica ha sido la figura de planeamiento urbanístico empleada por Andalucía para dotar de soporte jurídico a una figura prevista en su planificación territorial de ámbito subregional: las Áreas de Oportunidad. Y, ello, pese a como señala el profesor LÓPEZ BENÍTEZ y como venimos sosteniendo, el diferente carácter que presentan la planificación territorial y el planeamiento urbanístico.

Pues bien, en relación a las Áreas de Oportunidad, indicar que se está ante una figura que no se encuentra regulada ni en la legislación territorial ni tampoco en la legislación urbanística, sino que son los propios planes territoriales de ámbito

---

80 LÓPEZ BENITEZ, M. "La ordenación urbanística. Planes, procedimiento y efectos", en REBOLLO PUIG y VERA JURADO (dir.) *Urbanismo, Ordenación del Territorio y Medio Ambiente*, Tecnos, 2022, pp. 109-166.

subregional los que incorporan estas figuras. Su regulación, por tanto, se encuentra en los diferentes Planes de Ordenación del Territorio de ámbito subregional (en lo sucesivo, POTS) que las incluyen. A modo de ejemplo, el POTS de la Aglomeración Urbana de Málaga, aprobado por Decreto 308/2009, de 21 de julio, en su Normativa, nos aproxima a la concepción de estos ámbitos como aquellos que tienen "por finalidad contribuir a la recualificación territorial y mejorar la organización y estructuración interna de la aglomeración urbana, garantizando la dedicación de estos suelos a usos de interés supramunicipal".

La figura de las Áreas de Oportunidad (en adelante, AA.OO.), y aun con las particularidades de cada uno de los POTS que las incorporan, responden a una triple tipología en atención a la finalidad de las mismas: AA.OO. de contenido productivo (cuyo objeto es la localización e implantación de actividades económicas, tanto industriales, como logísticas, comerciales, empresariales, de ocio, terciarias o tecnológicas, entre otras): AA.OO. de contenido turístico (como espacios destinados a la dinamización turística del ámbito del plan); y AA.OO. de contenido residencial (espacios que tienen su justificación en la satisfacción de la demanda supramunicipal de viviendas y el destino preferente a la construcción de viviendas sometidas a algún régimen de protección pública).

Si bien se prevén diferentes mecanismos para su ejecución, en lo que aquí interesa, en aquellos supuestos en que el AA.OO. se localice en más de un término municipal, en la Normativa de algunos POTS, se establece expresamente su desarrollo a través del POI. A modo de ejemplo, es el caso de una de las AA.OO. previstas en el POTS del Levante Almeriense, la denominada "Zona de Reserva del Llano Central del Levante de Almería", que incluye terrenos pertenecientes a siete términos municipales (Antas, Bédar, Los Gallardos, Garrucha, Mojácar, Turre y Vera), para la que el artículo 36 del documento dedicado a la Normativa del Plan establece que "Corresponde a la Junta de Andalucía, en el plazo de un año desde la aprobación del Plan, la formulación de un Plan de Ordenación Intermunicipal (POI), para el ámbito...".

En la práctica, sin carácter exhaustivo, algunos de los POI tramitados y/o aprobados en Andalucía son el Plan Especial de Interés Supramunicipal de Ordenación del Centro de Transportes de Interés Autonómico de Bailén, Jaén[81], el POI "Áreas de reserva de suelo NS-01 Dílar y NS-02 Gójar, Granada" (2011)[82] el POI de la Infraestructura Viaria entre los municipios de Espartinas y Bollullos de la Mitación, en Sevilla (2013)[83] o el POI de viario de conexión entre los términos municipales de San Juan de Aznalfarache y Tomares, Sevilla, acceso al metro de San Juan Alto (2019)[84].

---

81 Aprobado inicialmente mediante Resolución de 2 de julio de 2010. Entre los últimos trámites publicados en el Boletín Oficial de la Junta de Andalucía, se encuentra el Acuerdo de 17 de octubre de 2018, de la Dirección General de Urbanismo por la que se abre un periodo de información pública del Plan Especial de interés supramunicipal de ordenación del Centro de Transporte de Mercancías de interés autonómico de Bailén (Jaén) y de la Adenda al Estudio Ambiental Estratégico del citado Plan (Boletín Oficial de la Junta de Andalucía, BOJA, núm. 208, de 26/10/2018).

82 Orden de 29 de septiembre de 2011, relativa a la aprobación definitiva del Plan de Ordenación Intermunicipal "Áreas de reserva de suelo NS-01 Dílar y NS-02 Gójar (Granada)" (BOJA núm. 201, de 13/10/2011).

83 Orden de 26 de diciembre de 2013, relativa a la aprobación definitiva del Plan de Ordenación Intermunicipal de la Infraestructura Viaria entre los municipios de Espartinas y Bollullos de la Mitación, en Sevilla (BOJA núm. 30, de 13/02/2014).

84 Anuncio de 17 de mayo de 2021, de la Delegación de Fomento, Infraestructuras y Ordenación del Territorio en Sevilla, por el que se dispone la publicación de la Resolución de 29 de marzo de 2021, de la Delegación Territorial de Fomento, Infraestructuras y Ordenación del Territorio en Sevilla, por la que se ordena proceder al registro y publicación del instrumento de planeamiento "Plan de Ordenación Intermunicipal de viario de conexión entre los términos

Resulta, sin embargo, curioso que la nueva legislación urbanística recientemente aprobada en Andalucía no contemple la figura de las AA.OO. La única previsión que se contiene en la LISTA es en su exposición de motivos, en la que se pone de manifiesto la falta de puesta en marcha de esta figura. Señala así "El correcto encaje de la ordenación urbanística dentro del marco general de la ordenación territorial se revela también como una necesidad acuciante. No es razonable mantener por más tiempo dos modelos de ordenación tan diferenciados. Por una parte, el de la legislación urbanística, cuyas carencias para adaptarse a las nuevas necesidades son evidentes y, por otra, el de la legislación territorial, tan general y abstracta que pocas de las propuestas que contienen los planes territoriales -como las áreas de oportunidad de los planes de ámbito subregional- han llegado a desarrollarse y ejecutarse".

La realidad muestra cómo, pese a que se avanza, aún es preciso continuar dotando de figuras capaces de, por un lado, precisar y diferenciar dos materias que pese a las analogías y similitudes que presentan, no ha de obviarse que constituyen materias propias como lo son la ordenación del territorio y el urbanismo, cada una con sus propios fines y objeto y, por otro, dotar, particularmente a la ordenación territorial, de mecanismos y herramientas orientadas a solventar, precisamente, la carencia que pone en evidencia la LISTA, el desarrollo y ejecución de las actuaciones previstas en el marco de la planificación territorial.

---

municipales de San Juan de Aznalfarache y Tomares (Sevilla), acceso al metro de San Juan Alto" (BOJA núm. 98, de 25/05/2021).

4.2. Cataluña: la figura de los Planes Directores Urbanísticos en Cataluña

Cataluña es una de las Comunidades Autónomas que también da respuesta normativa a la realidad supralocal desde el planeamiento urbanístico. Con dicha finalidad, el Decreto Legislativo 1/2010, de 3 de agosto, por el que se aprueba el texto refundido de la Ley de Urbanismo de Cataluña (en lo sucesivo, TRLUC), recoge, al igual que Andalucía, entre los instrumentos de planeamiento urbanístico general, un instrumento concreto: los Planes Directores Urbanísticos[85].

Aunque no se contiene una definición concreta de qué ha de entenderse, a los efectos del TRLUC, por Plan Director Urbanístico, el artículo 56 –en cuanto precepto base dedicado a su regulación-, sí precisa el objeto que puede tener este instrumento, en el marco de la planificación territorial y atendiendo a las exigencias del desarrollo regional[86]. De esta forma, el precepto, en su apartado 1, establece:

---

85 Conforme a lo dispuesto en el artículo 55 del TRLUC, se establecen tres tipos de instrumentos de planeamiento urbanístico general: el ya citado Plan Director Urbanístico, los Planes de Ordenación Urbanística Municipal y las Normas de Planeamiento Urbanístico.

86 Sobre los antecedentes, evolución y contexto de los Planes Directores Urbanísticos, véase ELINBAUM, P. "El planeamiento supramunicipal en Cataluña: un contexto instrumental relativo a los planes directores urbanísticos (PDU)", en II Congreso de Urbanismo y Ordenación del Territorio: *Un nuevo modelo para una nueva época*, Madrid, Colegio de Ingenieros, Canales y Puertos, 2011, pp. 1-20. Del mismo autor, si bien centrado en las comarcas centrales de Cataluña, ELINBAUM, P. "Un enfoque instrumental abierto. El caso de los planes directores urbanísticos en las comarcas centrales de Cataluña", *ACE: Architecture, City and Environment*, núm. 22, 2013, pp. 11-44.

> "Corresponde a los planes directores urbanísticos, de conformidad con el planeamiento territorial y atendiendo las exigencias del desarrollo regional, establecer:
>
> a) Las directrices para coordinar la ordenación urbanística de un territorio de alcance supramunicipal.
>
> b) Determinaciones sobre el desarrollo urbanístico sostenible, la movilidad de personas y mercancías y el transporte público.
>
> c) Medidas de protección del suelo no urbanizable, y los criterios para la estructuración orgánica de este suelo.
>
> d) La concreción y la delimitación de las reservas de suelo para las grandes infraestructuras, como redes viarias, ferroviarias, hidráulicas, energéticas, portuarias, aeroportuarias, de saneamiento y abastecimiento de agua, de telecomunicaciones, de equipamientos y otras parecidas.
>
> e) La programación de políticas supramunicipales de suelo y de vivienda, concertadas con los ayuntamientos afectados en el seno de la tramitación regulada por el artículo 83. Esta programación debe garantizar la solidaridad intermunicipal en la ejecución de políticas de vivienda asequible y de protección pública, la suficiencia y la viabilidad de estas políticas para garantizar el derecho constitucional a la vivienda y el cumplimiento de los principios que establece el artículo 3.
>
> f) La delimitación de una o de diversas áreas residenciales estratégicas y las determinaciones necesarias para proceder a la ejecución directa de estas actuaciones.
>
> g) La delimitación y la ordenación de sectores de interés supramunicipal para la ejecución directa de actuaciones de especial relevancia social o económica o de características singulares".

De igual forma, en relación al contenido sustantivo de los Planes Directores Urbanísticos (en adelante, PDU), el TRLUC fija que deben especificar los criterios para hacer el seguimiento y para la modificación o revisión, así como incluir las determinaciones adecuadas para las finalidades que persiguen, lo que se justifica en las distintas finalidades que el texto legal atribuye a este plan. Sí se concreta, el contenido formal o documentación que debe integrarlo: estudios justificativos;

memoria; programación de las actuaciones para aplicarlos; bases técnicas y económicas para desarrollarlos; planos de información y de ordenación; normas de obligado cumplimiento. En relación con esta última, destacar que el TRLUC, faculta a los PDU para establecer determinaciones que sean directamente ejecutadas o bien para ser desarrolladas mediante Planes Urbanísticos Especiales que hagan posible el ejercicio de competencias propias de los entes municipales[87].

Además, vincula al resto de planeamiento que resulte afectado por sus determinaciones ya que deberá adaptarse en los plazos que el propio PDU determine, sin perjuicio de la entrada en vigor inmediata del mismo y salvando las disposiciones transitorias que incluya[88].

Por su parte, atendiendo precisamente a su carácter supramunicipal, la formulación de los PDU corresponde a las entidades y organismos que determine la Comisión del Territorio de Cataluña, con la participación de los ayuntamientos afectados[89]. En relación a su tramitación, cuestión regulada en el artículo 83 del TRLUC, tanto la aprobación inicial como provisional compete a la Comisión Territorial de Urbanismo competente, salvo que el ámbito del plan afecte a más de una Comisión, en cuyo caso corresponderá a la Comisión de Territorio de Cataluña, sin perjuicio de que, en ambos casos, los

87 Artículo 56.3. del TRLUC.

88 Artículo 56.4. del TRLUC.

89 Conforme a la previsión contenida en el artículo 76 del TRLUC, en la redacción dada por el artículo 137.1. de la Ley 5/2020, de 29 de abril, de medidas fiscales, financieras, administrativas y del sector público y de creación del impuesto sobre las instalaciones que inciden en el medio ambiente. Con anterioridad a dicha modificación, su formulación venía atribuida a las entidades y organismos determinados por el consejero o consejera de Política Territorial y Obras Públicas, visto el informe de la Comisión de Urbanismo de Cataluña y con la participación de los municipios afectados.

ayuntamientos afectados deban ser consultados por un plazo de un mes antes de la aprobación inicial, en relación a los objetivos y propósitos generales de la iniciativa. De igual forma, durante su tramitación, los PDU deben someterse a información pública durante el plazo de un mes, tras el cual, deben someterse, por idéntico plazo, a trámite de información de las entidades locales comprendidas en su ámbito territorial. Simultáneamente a la información pública, se debe solicitar informe a los departamentos interesados, así como a los organismos afectados por razón de sus competencias sectoriales, que han de emitir en el plazo de un mes, salvo que con carácter excepcional una disposición autorice un plazo mayor. Por su parte, la aprobación definitiva de los PDU compete a la Comisión de Territorio de Cataluña. Conforme al artículo 79 del TRLUC.

En suma, el instrumento del PDU viene precisamente a tratar de paliar, la necesidad, cada vez más acuciante, de dar respuestas desde el planeamiento urbanístico a realidades que superan el ámbito estrictamente local, en particular en materias como vivienda o ámbitos de interés supramunicipal, precisamente uno de los caracteres que se indicaba con anterioridad como determinante en la figura de las AA.OO. previstas en Andalucía, si bien con la diferencia de que la respuesta viene dada desde la propia legislación urbanística, unificando con ello los criterios y el procedimiento al que ha de someterse este plan concreto. A mayor abundamiento, el interés de los PDU viene dado, a su vez, por la posibilidad no sólo de establecer la planificación del ámbito sino concretar su ordenación, lo que facilita y agiliza los trámites para su efectiva puesta en marcha.

Cataluña, además, no obvia la estrecha relación entre la planificación territorial y el planeamiento urbanístico, al contrario, apuesta por la complementariedad y reciprocidad en aras a la meta a alcanzar. Baste como ejemplo, el hecho de que Cataluña es una de las pocas Comunidades Autónomas, desde una perspectiva de conjunto del escenario que presentan las diecisiete Comunidades Autónomas en su desarrollo de la política territorial, que ha dotado la práctica totalidad de instrumentos de planificación territorial, tanto desde la escala regional con el Plan Territorial General de Cataluña (aprobado en 2005), como desde la escala subregional, en la que cuenta con siete Planes Territoriales Parciales[90].

---

90 Denominación que confiere la vigente Ley 23/1983, de 21 de noviembre, de Política Territorial de Cataluña, a los instrumentos cuya función es planificar el territorio desde una escala subregional. Como se indicaba, hasta el momento un total de siete planes de esta categoría se encuentran vigentes:

- Plan Territorial Parcial de l'Alt Pirineu i Aran.
- Plan Territorial Parcial del Camp de Tarragona.
- Plan Territorial Parcial de Ponent (Terres de Lleida).
- Plan Territorial Parcial de les Comarcas Gironines.
- Plan Territorial Parcial Metropolitano de Barcelona.
- Plan Territorial Parcial de las Comarcas Centrales.
- Plan Territorial Parcial de les Terres de l'Ebre.

Por su parte, el Plan Parcial del Penedès, se encuentra en tramitación. Por último, destacar que, junto a los ya citados instrumentos de planificación territorial, Plan Territorial General de Cataluña (PTGC) y Planes Territoriales Parciales (PTP), la Ley 23/1983, en su modificación operada por la Ley 32/2002, de 30 de diciembre, de medidas fiscales y administrativas, incorpora la figura de los Planes Directores Territoriales, destinados a concretar las directrices del planeamiento contenidas en el PTGC o en los propios PTP en las áreas y para los aspectos sobre los cuales inciden. Como nota común, su ámbito territorial debe ser inferior a los ámbitos de planificación previstos por el PTGC y, como mínimo, tener carácter supramunicipal, si bien pueden integrar a municipios pertenecientes a diferentes ámbitos de planificación. Sobre la planificación territorial en Cataluña, véase, entre otros, NEL·LO I COLOM, O. "El planeamiento territorial en Cataluña", *Cuadernos Geográficos*, núm. 47, 2010, pp. 131-167 o RANDO BURGOS, E. *Legislación e instrumentos de la ordenación del territorio en España*, Madrid, Iustel. 2019.

4.2.1. Áreas residenciales estratégicas

Ahora bien, sin perjuicio, como se indicaba, de las distintas finalidades que conforme al TRLUC puede tener el PDU, hay dos a las que el cuerpo legal presta particular atención y en las que este instrumento, precisamente por su carácter supralocal tiene particular trascendencia. Nos referimos a las áreas residenciales estratégicas y los sectores de interés supramunicipal.

Como ya se ha señalado, los PDU están facultados para delimitar una o varias áreas residenciales estratégicas en su ámbito, así como para establecer las determinaciones necesarias para proceder a la ejecución directa de las mismas. Con dicha finalidad, el artículo 56.5 del TRLUC, establece un conjunto de reglas centradas en aquellos PDU que tengan por objeto delimitar y ordenar áreas residenciales estratégicas, en concreto:

- Su inclusión como tal, implica la clasificación urbanística de los terrenos como suelo urbanizable delimitado, para el caso de no encontrarse clasificados conforme al planeamiento general municipal vigente. Incluso se habilita al PDU, en su caso, a modificar las condiciones establecidas para el desarrollo del sector de suelo urbanizable o de suelo urbano no consolidado conforme al planeamiento general municipal vigente, así como a establecer la ordenación detallada del suelo con el nivel y la documentación propia de un plan urbanístico derivado[91]. También pueden incorporar la concreción del trazado y las características de

[91] Los instrumentos de planeamiento urbanístico derivado, o planeamiento de desarrollo, previstos por el TRLUC, son, conforme a la clasificación contenida en el artículo 55.2.: los Planes Especiales Urbanísticos, los Planes de Mejora Urbana, los Planes Parciales Urbanísticos y los Planes Parciales Urbanísticos de Delimitación.

las obras de urbanización con el nivel y la documentación propias de un proyecto de urbanización.

- Legitiman el inicio de la ejecución urbanística de la actuación, sin necesidad de adaptación previa del planeamiento urbanístico general municipal, la cual debe llevarse a cabo en los plazos previstos en el PDU.
- Para los supuestos en que se localice en un ámbito clasificado como suelo urbano no consolidado, el PDU puede incrementar el porcentaje de aprovechamiento objeto del deber de cesión hasta el 15% del aprovechamiento del área y pueden establecer que el producto obtenido de la enajenación de este suelo se destine, total o parcialmente, a cumplir la obligación de costear la construcción de los equipamientos previstos.
- Establecen la administración actuante y pueden fijar para la ejecución urbanística de las áreas cualquier sistema de actuación urbanística o modalidad (como sistemas de actuación se prevén la expropiación o la reparcelación, y dentro de esta última se distinguen cuatro modalidades: compensación básica; compensación por concertación; cooperación; por sectores de urbanización prioritaria[92]) que, en razón de las circunstancias concurrentes, permita emprender con celeridad la actuación urbanizadora, incluida la modalidad por sectores de urbanización prioritaria sin que, en este último caso, haga falta la declaración previa correspondiente (referida a la necesidad de solicitar en los casos de divisiones o segregaciones de terrenos, en cualquier clase de suelo, declaración previa que

[92] Conforme a la clasificación que el propio TRLUC realiza en su artículo 121.

procede cuando la licencia de parcelación, en su caso, sea innecesaria).

Por su parte, tanto las áreas residenciales estratégicas como los sectores de interés supramunicipal, tienen la consideración, conforme al TRLUC, de actuaciones estratégicas de interés supramunicipal. Este matiz es importante, a efectos como se indicaba en párrafos precedentes, de la diferenciación entre actuaciones con incidencia o relevancia regional y actuaciones de carácter supralocal, cuestión que es objeto del presente trabajo. Actuaciones estrategias que, por su parte, el TRLUC enmarca dentro de lo que denomina "instrumentos de la política de suelo y de vivienda".

De manera más precisa, las áreas residenciales estratégicas son definidas por el artículo 157 del TRLUC, precepto dedicado a su regulación, como "... aquellas actuaciones de interés supramunicipal que reúnen los requisitos que establece el apartado 2[93], y que son promovidas por la Administración de la Generalidad con la finalidad de subvenir los déficits de suelo

---

93 El artículo 157.2 del TRLUC, detalla los requisitos que deben de cumplir, diferenciando los siguientes:
"2. Las áreas residenciales estratégicas tienen que cumplir los requisitos siguientes:
a) Cada área residencial estratégica tiene que constituir ya sea un sector de suelo urbanizable delimitado, cuya clasificación se establece por medio del plan director urbanístico que efectúa la delimitación, en el caso de que no tenga esta clasificación de acuerdo con el planeamiento general municipal vigente, ya sea un sector de planeamiento derivado en suelo urbano no consolidado establecido por el planeamiento general municipal vigente. La transformación urbanística del sector se lleva a cabo directamente a partir de la aprobación definitiva del plan director urbanístico, tramitado de acuerdo con lo dispuesto por los artículos 76.1 y 83, el cual establece la ordenación detallada del sector con el grado de precisión propio de un plan urbanístico derivado y puede concretar el

trazado y las características de las obras de urbanización con el contenido propio de los proyectos de urbanización.

b) Las áreas residenciales estratégicas se tienen que emplazar en municipios con capacidad territorial para polarizar el crecimiento urbano, de acuerdo con los planes territoriales parciales o los planes directores territoriales o urbanísticos que sean de aplicación; tienen que respetar los límites físicos de desarrollo que establezcan los mencionados planes; se tienen que situar en continuidad con el tejido urbano existente o previsto, tienen que poder garantizar una buena accesibilidad a la red de transporte público y tener garantizado el suministro de agua.

c) La ordenación detallada de las áreas residenciales estratégicas tiene que prever:

Primero. Una densidad media mínima del sector de 50 viviendas/ha.

Segundo. La calificación de suelo suficiente para vivienda de protección pública a fin de que, como mínimo, la mitad de las viviendas de la actuación tengan este destino. En todo caso se tiene que dar cumplimiento a los requerimientos que establece el artículo 57.3 y, en su caso, la disposición adicional quinta con respecto a los porcentajes mínimos de techo a destinar a las diversas tipologías de viviendas con protección oficial.

Tercero. Una dotación suficiente de suelo con destino al sistema de espacios libres y de equipamientos, con cumplimiento, en todo caso, de las reservas mínimas exigidas por el artículo 65, y un adecuado dimensionado de los servicios para hacer frente a los requerimientos generados por la nueva población dentro de la propia actuación. También tiene que determinar la asunción por parte de la administración actuante del coste de construcción de los equipamientos previstos, el cual se tiene que llevar a cabo simultáneamente con la urbanización del área y la construcción de las viviendas.

Cuarto. Las medidas necesarias para garantizar la sostenibilidad del desarrollo urbano, tanto con respecto a la integración de la actuación en el medio, como con respecto a la eficiencia energética, el ahorro en el consumo de agua y el tratamiento de residuos, con especial atención a la utilización de energías renovables".

de uso residencial, para hacer efectivo el derecho de la ciudadanía a una vivienda digna y adecuada, mediante planes directores urbanísticos que comportan la ordenación y la transformación de las áreas delimitadas y, si procede, la modificación de la clasificación urbanística del suelo o de las condiciones de desarrollo previstas por el planeamiento vigente".

En síntesis, se está, y con cierta analogía con la figura de las AA.OO. previstas por Andalucía, concretamente con la tipología de carácter residencial, ante un instrumento destinado a hacer frente a las demandas de vivienda cuando las mismas superan las propias posibilidades del planeamiento urbanístico municipal por déficits de suelo calificado como residencial.

Para su gestión y en calidad de Administración actuante, el TRLUC apuesta por la figura del consorcio urbanístico, integrado por el Instituto Catalán del Suelo y el ayuntamiento correspondiente, correspondiéndole a dicha Administración actuante los derechos y las facultades propias de la actuación, incluida la aprobación de los Proyectos de Urbanización y los Proyectos de Urbanización Complementarios.

4.2.2. Sectores de interés supramunicipal

Destacar, de igual forma, alguna otra de las principales funciones atribuidas por el TRLUC al PDU, en su posición de figura de planeamiento urbanístico supramunicipal, nos referimos a la relativa a la delimitación y ordenación de sectores de interés supramunicipal para la ejecución directa de actuaciones de especial relevancia social o económica de características singulares. Cuando el PDU tenga por objeto dicha finalidad, el artículo 56.6. del citado cuerpo legal, le atribuye determinadas facultades que expresamente le reconoce, en concreto:

- Clasificar y calificar el suelo y conllevar la delimitación de sectores de suelo urbanizable delimitado o de suelo urbano no consolidado, pudiendo modificar la clasificación urbanística del suelo o las condiciones de desarrollo previstas, en su caso, por el planeamiento urbanístico vigente.

- Establecer la ordenación pormenorizada del suelo con el nivel y la documentación propios de un plan urbanístico derivado y las demás determinaciones propias de dicho instrumento.
- Incorporar la concreción del trazado y las características de las obras de urbanización con el nivel y la documentación propios de un proyecto de urbanización.
- Legitimar el inicio de la ejecución urbanística de la actuación, sin necesidad de adaptación previa del planeamiento urbanístico general municipal, el cual debe llevarse a cabo en los plazos previstos en el PDU.
- Especificar la administración actuante.

Pues bien, de similar manera a lo indicado con ocasión de las áreas residenciales estratégicas, el TRLUC también mantiene el carácter de actuación estratégica de interés supramunicipal respecto de los sectores de interés supramunicipal. Es en su artículo 157 bis en el que los conceptúa como "actuaciones de especial relevancia social o económica o de características singulares que promueve la Administración de la Generalidad mediante la elaboración de planes directores urbanísticos cuya aprobación definitiva permite llevar a cabo directamente la transformación urbanística del suelo".

Como particularidad, los sectores de interés supramunicipal han de situarse en los ámbitos de interés territorial definidos como tal por el planeamiento territorial, y en coherencia con sus normas, debiendo garantizar una buena accesibilidad a la red de comunicaciones. Cabe, no obstante, la posibilidad de que la actuación no se encuentre prevista en el planeamiento territorial, en cuyo caso es requisito previo para la formulación y aprobación del correspondiente PDU, el acuerdo de la Comisión de Política Territorial y de Urbanismo, en el que se reconozca la existencia de un interés territorial en la actuación.

4.2.3. Desarrollo y estado de situación de los PDU en Cataluña

A partir de la inclusión legislativa de los PDU, Cataluña ha llevado a cabo un prolijo desarrollo de esta figura. Esto justifica la oportunidad de acercarnos al estado de situación que en la actualidad presenta.

Casi una cuarentena de instrumentos, han sido objeto de aprobación hasta el momento, dato que, sin duda, corrobora lo anterior, ello atendiendo a la información publicada en el Departamento de Territorio y Sostenibilidad de la Generalitat de Cataluña[94]. Estos instrumentos urbanísticos se instituyen en una herramienta urbanística clave en la Comunidad catalana al

---

[94] Disponible https://territori.gencat.cat/ca/01_departament/05_plans/01_planificacio_territorial/plans_urbanistics/plans_directors_urbanistics/pdu_aprovats/ (última consulta 01/03/2023).
Los PDU, aprobados hasta el momento en Cataluña, son los siguientes, clasificados atendiendo a los diferentes ámbitos territoriales:

- Barcelona: PDU del Centro Direccional de Cerdanyola del Vallès; PDU de la actividad económica del Baix Llobregat Nord; PDU Vías Azules Barcelona; PDU de infracstructuras de la rótula Martorell-Abrera; PDU Gran Via – Llobregat; PDU del Circuito Barcelona – Catalunya; PDU del Delta del Llobregat; PDU para el desarrollo de infraestructuras viarias, ferroviarias y logísticas en las comarcas de L'Alt i El Baix Penedès; PDU para la Concreción y Delimitación de la Reserva de Suelo para el Establecimiento de la Línea Orbital Ferroviaria; PDU del ACTUR Santa Maria de Gallecs.
- Girona: PDU de revisión de los suelos no sostenibles del litoral gerundense; PDU del Sistema Urbano de Figueres; PDU de las

objeto de estimular y favorecer actuaciones como polos estratégicos, sectores de actividad local o, incluso, la potenciación de recursos naturales orientada al desarrollo económico y social, con el acicate de posibilitar una perspectiva supralocal unida a la rápida tramitación que su puesta en marcha conlleva.

Esta firme apuesta de Cataluña por este instrumento urbanístico de carácter supralocal, lleva a que, además de

---

Colonias del Ter y del Freser; PDU del Sistema Urbano de Girona; PDU de El Pla de l'Estany; PDU de la Sierra de Rodes.

- Tarragona y Tierras del Ebro: PDU de reordenación del ámbito del CRT de Vila-seca y Salou; PDU de las construcciones agrícolas tradicionales de Tierras del Ebro; PDU de delimitación para la implantación de una terminal intermodal de mercancías en el Camp de Tarragona; PDU de las Actividades Industriales y Turísticas de El Camp de Tarragona; PDU del Delta del Ebro.
- Comarcas Centrales: PDU de la actividad minera en el Bages; PDUA del aeródromo Barcelona/Bages; PDU de La Cuenca d'Òdena; PDU de las colonias de El Llobregat; PDU del Pla de Bages.
- Lleida y Alto Pirineo y Aran: PDU del embalse de Rialb; PDU de los suelos no sostenibles del Alto Pirineo; PDUA del aeródromo de la Cerdanya; PDUA del aeropuerto Andorra–la Seu d'Urgell; PDU del Val d'Aran; PDU de La Cerdanya; PDU de El Pallars Sobirà.
- Penedès: PDU para el desenvolvimiento de las infraestructuras viarias, ferroviarias y logísticas de las comarcas de l´Alt i el Baix Penedès; PDU de la Cuenca d´Òdena.
- Otros: PDU de los aparcamientos de intercambio modal transporte público-vehículo privado en el ámbito del sistema tarifario integrado de la ATM del área de Barcelona; PDU de las actividades de camping; PDU de las áreas residenciales estratégicas; PDU del Sistema Costero (PDUSC); PDU de los ámbitos del sistema costero integrados por sectores de suelo urbanizable delimitado sin plan parcial (PDUSC-2); PDU para la concreción y delimitación de la reserva de suelo para el establecimiento del eje transversal ferroviario; PDU para la concreción y delimitación de la reserva para el establecimiento de la línea orbital ferroviaria.

los ya PDU vigentes, un buen número se encuentren en la actualidad en tramitación, un total, s.e.u.o., de 15 nuevos PDU que se encuentran en diferentes fases de elaboración o tramitación[95].

En la práctica, y desde una perspectiva de los PDU aprobados y los que se vienen tramitando en Cataluña, son cuatro las tipologías predominantes en este instrumento: los de apoyo al sector terciario; lo que dotan de apoyo al sector de la investigación y la tecnología; lo de apoyo a la actividad industrial; y los que apoyan el sistema logístico. Ello, sin perjuicio de centrar su objeto en otras tipologías análogas o directamente relacionadas con las anteriores.

4.3. Aragón: la coordinación del planeamiento urbanístico a través de los Programas de Coordinación del Planeamiento Urbanístico de Aragón

Hasta el momento nos hemos centrado propiamente a instrumentos de planeamiento urbanístico de escala supramunicipal. Ahora bien, partiendo de lo anterior, es adecuado siquiera realizar alguna somera referencia a otros mecanismos también previstos desde las legislaciones urbanísticas autonómicas y en los que, de igual o análoga forma, la escala supramunicipal se instituye en el elemento fundamental y el claro objetivo de los mismos.

En este contexto, cabe destacar los Programas de Coordinación del Planeamiento Urbanístico de Aragón. Es preciso matizar que no se está ante un instrumento de planeamiento

---

95 Conforme a información disponible en la página web del Departamento Territorio y Sostenibilidad. Disponible https://territori.gencat.cat/ca/06_territori_i_urbanisme/planejament_urbanistic/pla_director_urbanistic_pdu/en_curs/ (última consulta 01/03/2023).

urbanístico[96], sino que se enmarca dentro de lo que el Decreto-Legislativo 1/2014, de 8 de julio, del Gobierno de Aragón, por el que se aprueba el texto refundido de la Ley de Urbanismo de Aragón (en adelante, TRLUA), denomina "instrumentos de política urbanística y de suelo"[97], análoga a la denominación empleada por la legislación catalana cuando se refiere a las áreas residenciales estratégicas y a los sectores de interés supramunicipal en tanto "instrumentos de la política de suelo y de vivienda".

Una de las principales diferencias, a la que es adecuado hacer referencia desde ya, y sin perjuicio de las señaladas con anterioridad, es el hecho de que su función no viene dada por establecer la planificación urbanística de un ámbito concreto, sino que se configura como una figura dirigida a coordinar un conjunto de instrumentos de planeamiento urbanístico general de distintos municipios pertenecientes a un mismo ámbito territorial. De esta forma es, como lo conceptúa el artículo 94 del TRLUA, al establecer "Los programas de coordinación del planeamiento urbanístico tienen por objeto coordinar la aprobación y gestión del planeamiento urbanístico de los municipios que constituyan su ámbito para alcanzar objetivos

---

96 El TRLUA recoge dos grandes grupos a la hora de precisar sus instrumentos de planeamiento urbanístico. En primer lugar, en sentido propio como instrumentos de planeamiento urbanístico, incluye el Plan General de Ordenación Urbana, los Planes parciales y los Planes especiales. En segundo lugar, engloba lo que denomina "otros instrumentos de ordenación urbanística", dentro de los que integra los Estudios de detalle, las Ordenanzas de edificación y urbanización y la delimitación del suelo urbano en municipios que carezcan de plan general.

97 Como "instrumentos de política urbanística y de suelo", el TRLUA, incorpora, junto a los Programas de Coordinación del Planeamiento Urbanístico, la Directriz Especial de Urbanismo, el Sistema de Información Urbanística de Aragón, la Norma Técnica de Planeamiento, los Convenios Urbanísticos, el Patrimonio público de suelo y las Áreas de tanteo y retracto.

de alcance supralocal acordes con los instrumentos de ordenación del territorio y los planes o programas sectoriales estatales o autonómicos que afecten a su territorio".

Apostar por la coherencia y coordinación entre los planes urbanísticos parece una opción muy adecuada en la medida en que, precisamente, uno de los principales objetivos de la ordenación del territorio es fijar un modelo territorial conforme al cual se desarrollen los diferentes modelos urbanos, evitando situaciones incoherentes, pero que han tenido lugar en la práctica, como suelos que, aun perteneciendo a un mismo ámbito territorial, pero incluidos, desde la esfera de los límites administrativos, en municipios limítrofes y, por tanto, con idénticas características y condicionantes –únicamente, insistimos, separados por una línea imaginaria, la que implica el límite administrativo-, han sido objeto de clasificaciones tan dispares como suelo urbano consolidado y suelo urbanizable protegido, ¿tiene, lo anterior, algún sentido?, ¿podría atender a alguna justificación?

Al margen de lo anterior, también es preciso matizar que esta coordinación por la que se aboga desde los Programas de Coordinación de Planeamiento Urbanístico, además de evitar situaciones no deseables como la anteriormente descrita, facilita, desde una perspectiva local, una coherencia y adecuación del conjunto de municipios y, por ende, del conjunto territorial.

Con el objetivo de lograr la finalidad que el TRLUA atribuye a los Planes de Coordinación del Planeamiento Urbanístico, en su artículo 95, enumera las determinaciones que deben contener:

- La identificación de los municipios o partes de los mismos que constituyan su ámbito.
- Las infraestructuras, equipamientos y servicios que conforman la ordenación estructural supramunicipal del ámbito al que afecten.

- Los objetivos de alcance supralocal.
- Los criterios de coordinación general para el planeamiento urbanístico municipal.
- Los criterios para el uso del territorio y, en particular, para la clasificación o calificación del suelo o la fijación de densidades y aprovechamientos en áreas determinadas, en función de objetivos de alcance supralocal.
- Criterios de sostenibilidad ambiental del territorio.

Una de las cuestiones que más destaca es que, además de la citada coordinación entre los diferentes planeamientos urbanísticos, también se plantean aspectos de ámbito supralocal, lo que facilita a los municipios, en este caso en no pocas ocasiones, pequeños municipios, el desarrollo de su competencia en materia de urbanismo[98].

5. CONCLUSIONES

Como se apuntaba al inicio del presente trabajo, las dinámicas urbanas y territoriales acentúan, día a día, nuevas realidades ya preexistentes en nuestros territorios. El urbanismo, en su acepción tradicional, y centrado en el ámbito local, va dando paso a nuevos escenarios, consecuencia de las interrelaciones e

---

98 De análoga forma, otras Comunidades Autónomas también han apostado por el empleo de figuras de planeamiento supramunicipal, véase el caso valenciano en el trabajo de ROMERO ALOY, M.J. "El planeamiento supramunicipal de la Comunidad Valenciana", *Práctica Urbanística: Revista mensual de urbanismo,* núm. 174. 2022. Práctica que se extiende a otros países de nuestro entorno, en concreto sobre la supramunicipalidad en Portugal, algunas claves se encuentran en el trabajo de REINO PIRES, G. "La planificación y la ordenación territorial a nivel supramunicipal: el caso portugués", *Práctica Urbanística: Revista mensual de urbanismo,* núm. 174, 2022.

interdependencia existente entre municipios limítrofes, y ello unido a la eclosión que, principalmente en los pueblos y ciudades con mayor población, en los que se aglutina buena parte de la ciudadanía y que coinciden con las grandes ciudades y los espacios litorales, a los que desde la legislación urbanística se viene dando respuesta, a través de la figura del planeamiento urbanístico supralocal.

Centrado principalmente en ámbitos que, por diversas razones, económicas, sociales, etc. precisan una respuesta conjunta, una respuesta que excede otras competencias como la ordenación del territorio pero que, a su vez, traspasa la concepción de planeamiento urbanístico limitado al término municipal. Es aquí, donde se observa, la creación por diferentes Comunidades Autónomas de instrumentos urbanísticos concretos con la finalidad de dar una respuesta acorde y adecuada. Se está, por lo general, ante ámbitos que, sin integrar términos municipales completos, sí incluyen un ámbito territorial perteneciente a dos o más términos municipales. Es aquí donde el papel del planeamiento urbanístico a escala supralocal se hace esencial, como se ha tenido ocasión de analizar de manera precisa en dos Comunidades Autónomas con figuras que pese a sus matices presentan importantes nexos comunes, es el caso de los Planes de Ordenación Intermunicipal previstos por la legislación andaluza o los Planes Directores Urbanísticos contenidos en la legislación catalana.

Sin embargo, también queda patente, otra realidad paralela, centrada más en municipios medianos o pequeños y para los que también se viene articulando por algunas Comunidades Autónomas figuras que, desde el urbanismo, tratan de coordinar y establecer fines y metas comunes para el conjunto de planes urbanísticos de un determinado ámbito. La tan ansiada coordinación interadministrativa encuentra en figuras como los Programas de Coordinación del Planeamiento Urbanístico previstos por la legislación aragonesa un aliado en aras a su efectividad e implementación.

Es muy necesario atender a la realidad, en general, pero muy particularmente en una cuestión como la que nos ocupa, la realidad territorial, de nuestros pueblos y ciudades, sus dinámicas, sus cambios y sus incipientes necesidades, todo ello con el firme propósito de plantear respuestas jurídicas que doten del adecuado soporte a las misma, favoreciendo una efectiva y real coordinación en el planeamiento urbanístico.

6. BIBLIOGRAFÍA

BAÑO LEÓN, J.M. "La obsolescencia de la idea de plan general", *Revista de Estudios de la Administración Local y Autonómica*, núm. 13, 2020, pp. 6-21.

BARNÉS, J. *Distribución de competencias en materia de urbanismo: Estado, Comunidades Autónomas, entes locales: análisis de la jurisprudencia constitucional*, Bosch Editor, 2002.

ELINBAUM, P. "El planeamiento supramunicipal en Cataluña: un contexto instrumental relativo a los planes directores urbanísticos (PDU)", en II Congreso de Urbanismo y Ordenación del Territorio: *Un nuevo modelo para una nueva época*. Madrid, Colegio de Ingenieros, Canales y Puertos, 2011, pp. 1-20.

ELINBAUM, P. "Un enfoque instrumental abierto. El caso de los planes directores urbanísticos en las comarcas centrales de Cataluña", *ACE: Architecture, City and Environment*, núm. 22, 2013, pp. 11-44.

GONZÁLEZ GARCÍA, J.V. "Planeamiento supramunicipal y autonomía local", *Revista de Urbanismo y Edificación*, núm. 38, 2016, pp. 89-93.

LÓPEZ BENITEZ, M. "La ordenación urbanística. Planes, procedimiento y efectos", en REBOLLO PUIG y VERA JURADO (dir.) *Urbanismo, Ordenación del Territorio y Medio Ambiente*, Tecnos, 2022, pp. 109-166.

LÓPEZ RAMÓN, F. "Urbanismo municipal y ordenación del territorio", *Revista Española de Derecho Administrativo*, núm. 82, 1994, pp. 207-218.

LORA-TAMAYO VALLVÉ, M. *Derecho Urbanístico y Medio Ambiente: hacia el desarrollo urbano sostenible*, Madrid, Dykinson, 2006.

MENÉNDEZ REXACH, Á. "Ordenación del territorio supramunicipal y urbanismo municipal: El control de las actuaciones de interés regional", *Encuentros multidisciplinares*, vol. 17, núm. 50, 2015, pp. 42-49.

NEL·LO I COLOM, O. "El planeamiento territorial en Cataluña", *Cuadernos Geográficos*, núm. 47, 2010, pp. 131-167.

PARADA VÁZQUEZ, R. y LORA-TAMAYO VALLVÉ, M. *Derecho Administrativo II: Bienes públicos y Derecho urbanístico.* 16ª edición, Madrid, Ediciones Académicas UNED, 2017.

PAREJO ALFONSO, L. "Análisis de la doctrina urbanística contenida en la Sentencia del Tribunal Constitucional sobre la legislación del suelo", *Ciudad y Territorio: Estudios Territoriales*, XXIX, núm. 112, 1997, pp. 311-322.

PAREJO ALFONSO, L. *Lecciones de Derecho Administrativo. Orden económico y sectores de referencia*, 2ª edición, Valencia, Tirant Lo Blanch, 2008.

PAREJO ALFONSO, L. *Lecciones de Derecho Administrativo. Orden económico y sectores de referencia*, 2º edición, Valencia, Tirant lo Blanch, 2011.

RANDO BURGOS, E. *Legislación e instrumentos de la ordenación del territorio en España*, Madrid, Iustel, 2019.

RANDO BURGOS. E. *Régimen jurídico de la gestión territorial*, Valencia, Tirant lo Blanch, 2020.

REINO PIRES, G. "La planificación y la ordenación territorial a nivel supramunicipal: el caso portugués", *Práctica Urbanística: Revista mensual de urbanismo*, núm. 174, 2022.

ROMERO ALOY, M.J. "El planeamiento supramunicipal de la Comunidad Valenciana", *Práctica Urbanística: Revista mensual de urbanismo*, núm. 174. 2022.

TEJEDOR BIELSA, J.C. "Propiedad, urbanismo y estado autonómico", *Revista de Administración Pública*, núm. 148, 1999, pp. 387-433.

VAQUER CABALLERÍA, M. "El urbanismo supramunicipal: su auge, su necesaria diferenciación de la ordenación del territorio y sus límites". *Revista Digital de Derecho Administrativo*, núm. 7, 2012, pp. 115-138.

VAQUER CABALLERÍA, M. "El urbanismo supramunicipal", *Revista de Derecho Urbanístico y Medio Ambiente*, núm. 279, 2013, pp. 13-43.

Capítulo 5

Las directrices de ordenación del territorio del País Vasco, determinaciones supramunicipales para un desarrollo urbano sostenible e integrado

ÁLVARO CEREZO IBARRONDO
Doctor Arquitecto en Sostenibilidad y Regeneración Urbana (acred. PCD)
Doctorando en Derecho en la Universidad Nacional de Educación a Distancia, UNED

SUMARIO: 1. INTRODUCCIÓN. 2. ANTECEDENTES. 3. LAS DOT DEL AÑO 2019. 4. MODELO DE OCUPACIÓN Y EL SISTEMA POLINUCLEAR DE CAPITALES. 5. DIRECTRICES URBANÍSTICAS DE LAS DOT. 6. CONCLUSIONES. 7. BIBLIOGRAFÍA.

1. INTRODUCCIÓN

Tras Cataluña[99] y Madrid[100], el País Vasco cuenta con la legislación más antigua de España en materia de Ordenación del Territorio. La Ley 4/1990 de Ordenación del Territorio (LOT en adelante) fue una ley que se antepuso siquiera temporalmente a la

---

99 Ley 23/1983, de 21 de noviembre, de Política Territorial (Cataluña).

100 Ley 10/1984, de 30 de mayo, de ordenación territorial de la Comunidad de Madrid.

promulgación de la ley urbanística del País Vasco (Ley 2/2006, LvSU en adelante), lo que, desde el punto de vista de arquitectura legal, permitió construir el modelo territorial y urbanístico por la base, armonizando los distintos intereses territoriales y urbanísticos y logrando una utilización más racional del suelo y de sus recursos, incluida la definición de las relaciones que han de establecerse entre las distintas administraciones públicas cuya actividad incide sobre el territorio y que ya tuvo sus primera construcción y distribución a través de la denominada Ley Territorios Históricos[101] [102].

Como señala la EM II de la LOT "a través de la política de Ordenación del Territorio se ha de perseguir, de manera inmediata, la definición de los usos aceptables o potenciables en función de cada tipo de suelo, y a través de tal definición, la consecución de las infraestructuras precisas, el acceso de la población a los equipamientos sanitarios, docentes, administrativos, comerciales etc., la gestión responsable de los recursos naturales y la protección del medio ambiente.

Los objetivos íntimos de la política de Ordenación del Territorio, a los que habrán de dirigirse las actuaciones anteriormente definidas, no son otros que el desarrollo socioeconómico equilibrado de las regiones y la mejora de la calidad de vida, con eliminación de las grandes diferencias existentes entre los diferentes sectores de población".

En consecuencia y para lograr tales fines, aquella ley definió tres instrumentos (conformes con la regulación urbanística vigente en aquel momento, el TRLS76):

a) Las Directrices de Ordenación Territorial (DOT).

---

101 Ley 27/1983, de 25 de noviembre, de Relaciones entre las Instituciones Comunes de la Comunidad Autónoma y los Órganos Forales de sus Territorios Históricos.

102 AGIRREAZKUENAGA, 2011: 24.

b) Los Planes Territoriales Parciales (PTP).

c) Los Planes Territoriales Sectoriales (PTS).

El primer instrumento, las DOT, constituye el marco general, tanto para la definición de los otros dos instrumentos como para la definición de las directrices de distinto rango sobre del medio físico y urbano que permiten articular los equilibrios territoriales necesarios, siendo respetuosas a su vez con las potestades de las distintas administraciones con competencias territoriales [103].

Los segundos, los PTPs, son los instrumentos de desarrollo de las DOT de acuerdo con las 15 particiones funcionales o áreas funcionales que, superando las divisiones administrativas de los tres territorios históricos que conforman la CAPV, permiten definir una ordenación más detalla por razón de sus características, situación y funcionamiento real.

Y los terceros, los PTSs, regulan las distintas políticas sectoriales tanto de los Departamentos del Gobierno Vasco como de los Órganos Forales de los Territorios Históricos que tengan una incidencia territorial. Así, en la actualidad, podemos categorizarlos en tres grupos: medioambientales (Agroforestal, Ríos y Arroyos, Zonas Húmedas y Protección y Ordenación del Litoral), infraestructuras de transportes (Carreteras de Álava y Bizkaia, Red ferroviaria y Vías Ciclistas de Gipuzkoa) y los económicos (Energía eólica, Creación Pública de Suelo para Actividades Económicas y Equipamientos Comerciales y de Infraestructuras de Residuos Urbanos de Gipuzkoa)[104]. No obstante, y a pesar de su vocación sectorial, todos ellos disponen de un carácter integrador y de respeto a las DOT.

---

103 ERQUICIA, 2006: 67.

104 https://www.euskadi.eus/planeamiento-territorial-sectorial/web01-a2lurral/es/

Pero si por algo se caracterizan estos instrumentos es por su eficacia vinculante sobre el planeamiento general, prevaleciendo en todo caso el principio de coordinación administrativa. Tal eficacia se contempla tanto desde un plano formal (art. 8 de la LOT, art. 52 de la LvSU y arts. 3, 4 y 11 del TRLSRU) como evolutivo, ya que las DOT han sabido evolucionar en la consecución de sus objetivos y a la necesidad de adaptarse a nuevas realidades y objetivos emergentes (EM II de las DOT19). Precisamente es esa evolución y adaptación la que interesa mostrar en el presente trabajo.

Las primeras DOT del año 1997 [105] definieron el concepto nuclear de su arquitectura territorial, el del denominado "sistema polinuclear vasco de capitales"[106], posteriormente ampliado a cabeceras y subcabeceras. Aquellas DOT permitieron definir un modelo mallar y de ejes de transformación cuyo resultado es un modelo de desarrollo territorial equilibrado, plasmado en múltiples facetas agrupadas sustantivamente en las directrices de ordenación y uso del espacio, así como en el resto de instrumentos de ordenación territorial y urbanística.

De igual manera y manteniendo el concepto del sistema polinuclear, la incorporación de los nuevos Objetivos globales y Agendas urbanas, junto con la incorporación de toda serie de perspectivas transversales hicieron necesaria la revisión de las DOT97 en el año 2019 (Decreto 128/2019[107]), a fin de

---

105 Decreto 28/1997, de 11 de febrero, se aprobaron definitivamente las Directrices de Ordenación Territorial de la Comunidad Autónoma del País Vasco. https://www.euskadi.eus/bopv2/datos/1997/02/9700689a.pdf

106 ERQUICIA, 2006: 91-93.

107 Decreto 128/2019, de 30 de julio, por el que se aprueban definitivamente las Directrices de Ordenación Territorial de la Comunidad Autónoma del País Vasco. https://www.euskadi.eus/directrices-de-ordenacion-territorial-dot/web01-a3lurral/es/

actualizar la visión del territorio hacia a una "estrategia territorial y urbana sostenible, inclusiva, viva, inteligente, equilibrada, interrelacionada y participativa" (EM II de las DOT19).

Al igual que las DOT97, las DOT19 destacan por esa regulación normativa que articula los equilibrios territoriales y se vincula jerárquicamente con los planeamientos urbanísticos, a los cuales impone una serie de directrices urbanísticas para lograr ese modelo territorial de desarrollo sostenible, armónico y equilibrado. Entre ellas interesa destacar las vinculadas al concepto del Desarrollo Urbano Sostenible e Integrado que se identifican, a su vez, con la perspectiva física de ocupación del territorio. Son las directrices de Regeneración urbana; de Suelo de actividades económicas y de equipamientos comerciales; de Perímetro de crecimiento urbano y de Cuantificación residencial.

Por tanto, el objetivo de este trabajo es ilustrar la evolución de las DOT como instrumento de ordenación territorial y, sobre todo, de capacidad de armonización de los planeamientos urbanísticos para lograr un Desarrollo Urbano Sostenible e Integrado (DUSI en adelante).

2. ANTECEDENTES

Tal y como preveía la LOT, en el año 1997, se aprueban las primeras DOT de la CAPV, el primer instrumento de planificación territorial para toda la comunidad autónoma.

Desde un punto de vista histórico, las DOT97 suponen la definición del marco para el resto de instrumentos de ordenación territorial (PTPs y PTSs) y urbana (PGOUs) con un triple objetivo: "formular el conjunto de criterios y normas que orienten y regulen los procesos de asentamiento en el territorio de las distintas actividades económicas y sociales, a fin de garantizar el necesario equilibrio territorial", "construir un marco de referencia en cuanto a la ordenación y al uso de los espacios y del territorio para la formulación y ejecución de las políticas sectoriales y de los planes urbanísticos con la necesaria coordinación y compatibilización entre todos ellos", así como "prever las acciones territoriales que requieran la acción conjunta con el Estado u otras Comunidades Autónomas" (EM I de las DOT97). Además, las DOT97 han tenido dos premisas, la valoración y protección del medioambiente y la integración de Euskadi en Europa, configurándose como un nodo estratégico en los procesos de integración del Área Atlántica, "una auténtica rótula europea".

Con respecto a la ordenación física, las DOT97 adoptan una serie de criterios clave:

- La identificación de los valores y las singularidades medioambientales, como elemento esencial para la configuración del modelo territorial y garantía para la calidad de vida de la población.
- El Sistema Polinuclear Vasco de Capitales conformado por las tres capitales de los territorios históricos, que están llamadas a liderar los desarrollos económicos, culturales y urbanos.
- La división del territorio en 15 áreas funcionales, como elemento dimensional, geográfico, de ordenación y al margen de las otras delimitaciones administrativas.
- La puesta en valor de las áreas rurales, para que puedan mantener su idiosincrasia y se creen unas condiciones propicias para la generación de empleo y un desarrollo sostenible.
- La definición de una red mallar de infraestructuras, para lograr una mejor estructuración territorial interna de las Áreas Funcionales y propiciar un mayor equilibrio y complementariedad territorial.

- La ordenación equilibrada del Sistema de Equipamientos, para la reducción de los desequilibrios territoriales.

Como mecanismo de desarrollo urbano sostenible e integrado, otras de las determinaciones que también han contribuido al éxito de las DOT97 han sido precisamente la definición de unas Determinaciones Vinculantes de Aplicación Directa para el planeamiento municipal[108]:

- Las medidas de protección de los ríos y arroyos, luego incorporadas en el PTS correspondiente, identificándolos como elementos de vertebración geográfica y medioambiental.
- La prohibición en el suelo no urbanizable del uso de la vivienda unifamiliar o bifamiliar no vinculada a explotación agropecuaria, como definición de un criterio fundamental a la hora de definir el modelo de ocupación del suelo.
- La cuantificación del límite máximo en la oferta de suelo residencial para el planeamiento municipal, como mecanismo de limitación de crecimiento urbano.
- La necesidad de que el planeamiento municipal delimite los ámbitos afectados por actividades extractivas, por ser actividades que tienen un mayor impacto medioambiental.

El resto de las determinaciones de las DOT97 son referencias para la redacción de los PTPs y de los PTSs, que a su vez introducirán otras determinaciones jerarquizadas y que contribuirán a construir ese modelo territorial basado en el DUSI.

---

[108] ERQUICIA, 2006: 95 y ATXUKARRO y SANZ, 2011: 87.

Tras las DOT iniciales del año 1997, en el año 2016[109] se procedió a realizar un ajuste del sistema, específicamente en lo relativo a la cuantificación residencial. Tal y como señala su exposición de motivos, aquel ajuste resultaba necesario por las importante variaciones demográficas, la evolución del tamaño familiar, del parque de viviendas y por el grado de artificialización del suelo que se había realizado en los últimos años.

Además, esta modificación tenía una justificación adicional y era la necesidad de adecuación de un gran número de planeamientos generales a la LvSU (en aquel momento se había otorgado un plazo adicional de adaptación de 7 años, hasta el año 2021), donde la cuantificación residencial resulta ser un parámetro determinante (al ser una directriz de aplicación directa y vinculante, DT4 de las DOT97).

3. LAS DOT DEL AÑO 2019[110]

Tras el periplo inicial de planificación territorial de más de 20 años descrito anteriormente, en el año 2019 se vio la necesidad de proceder la revisión y actualización completa de las DOT, puesto que además habían "surgido nuevas cuestiones y enfoques disciplinares que se debían contemplar en la planificación territorial: el reto del cambio climático, la regeneración urbana, la infraestructura verde, el paisaje, la economía circular o la movilidad; la participación pública, la gobernanza del territorio, y finalmente la gestión de los indicadores territoriales

---

[109] Decreto 4/2016, de 19 de enero, de modificación del Decreto por el que se aprueban definitivamente las Directrices de Ordenación Territorial de la Comunidad Autónoma del País Vasco, en lo relativo a la cuantificación residencial

[110] Decreto 128/2019, https://www.euskadi.eus/directrices-de-ordenacion-territorial-dot/web01-a3lurral/es/

como elemento de medida de la acción del ser humano". (EM I de las DOT19).

Significativamente, las DOT19 asumen la nueva realidad caracterizada por tres claves (geográfica, demográfica y económica): una orografía accidentada con asentamientos densos de población, una previsión de estancamiento poblacional y envejecimiento, lo que hará aumentar la tasa de dependencia, y una terciarización de la industria con la necesidad de aumentar la tasa de energías renovables que requerirá de una mayor inversión en I+D. A estos tres factores se suman las incidencias medioambientales transversales derivadas del cambio climático (subida de nivel del mar, cambio de las precipitaciones y aumento de las temperaturas), lo que permite identificar el DUSI como concepto englobador para la definición de las nuevas DOT y consecuentemente el resto de instrumentos de planificación territorial y urbanístico que de ellas dependen.

Paralelamente, las DOT19 también se hacen eco del conjunto de retos y políticas internacionales para la consecución del DUSI. Las DOT19 se alinean con los retos territoriales identificados en la "Agenda 2030 para el Desarrollo Sostenible" aprobada por la Asamblea General de las Naciones Unidas, en los 17 Objetivos de Desarrollo Sostenible (ODS) y en la "Nueva Agenda Urbana (HABITAT III)" aprobada en Quito, así como en la "Agenda Territorial de la Unión Europea 2020, Pacto de Ámsterdam", proyectando como se ha indicado en la introducción "un territorio o una política de ordenación territorial que tiene por visión ser una estrategia territorial sostenible, inclusiva, viva, inteligente, equilibrada, interrelacionada y participativa" (EM II de las DOT19).

De manera similar a las DOT97, las DOT19 se estructuran en dos categorías de distinta naturaleza normativa: las Directrices vinculantes de ordenación y uso del espacio (Capítulo II) y las Directrices recomendatorias (Capítulo III). Entre las Directrices vinculantes es posible distinguir cuatro grandes bloques:

- Ambientales: Ordenación del medio físico, Infraestructura verde y servicios de los ecosistemas.
- Ordenación geográfica: Áreas Funcionales, Sistema urbano de escala territorial, Sistema polinuclear de capitales, Red de cabeceras y subcabeceras de las Áreas Funcionales, Ejes de transformación y Cuestiones transversales y modelo de ciudad.
- Urbanísticas: Regeneración urbana, Perímetro de crecimiento urbano, Suelo de actividades económicas y de equipamientos comerciales, Cuantificación residencial y Compatibilización de planeamientos.
- Recursos: Agua, Energía, Economía circular, Gestión de residuos y el Suelo como recurso.

Considerando su clara incidencia en los instrumentos de planeamiento, el presente trabajo se va a centrar en las urbanísticas y sus aspectos más innovadores. En ese sentido, las DOT19 siguen apostando por el "sistema polinuclear vasco de capitales", con el que se renueva la apuesta por el papel de las ciudades medias para su articulación conjunta con criterios de sostenibilidad mediante lo que se ha llamado "Ejes de Transformación"; la distribución de ordenación territorial de acuerdo a las áreas funcionales como fórmula para lograr el equilibrio territorial; la apuesta decidida por la ciudad consolidada, su recuperación, regeneración y reutilización; la limitación del expansión urbana mediante la definición de los "Perímetros de Crecimiento Urbano"; la Cuantificación residencial tendente a favorecer el mejor aprovechamiento del suelo urbano, frente a nuevas ocupaciones en el territorio y la priorización de la puesta en valor del suelo y del comercio de proximidad para contribuir a la consecución de una ciudad compleja, rica, variada, con mezcla de usos y cohesionada.

Finalmente, como recoge su EM IV, la otra gran novedad conceptual de las nuevas DOT19 es que se completan "con una serie de cuestiones transversales cuyas políticas superan las propias de la ordenación del territorio, pero necesitadas de reflexión desde estas Directrices: la accesibilidad universal; la perspectiva de género, el cambio climático, la salud, el euskera y la interrelación territorial".

4. MODELO DE OCUPACIÓN Y EL SISTEMA POLINUCLEAR DE CAPITALES

Las DOT originales del año 1997, conforme a lo dispuesto en la LOT, ya definieron las 15 áreas funcionales que colmatan toda la comunidad autónoma y recogen todos sus municipios (art. 5 de las DOT19): Encartaciones, Goierri, Bilbao Metropolitano, Donostialdea-Bajo Bidasoa, Durangaldea, Bajo Deba, Busturialdea-Artibai, Arratia, Rioja Alavesa, Ayala, Alto Deba, Mungialdea, Tolosaldea, Álava Central y Urola Kosta.

Alineadas con aquella distribución del territorio, las DOT19 han venido a completar la ordenación mediante dos aspectos importantes. La actualización de las cabeceras y subcabeceras y la definición de los nuevos ejes de transformación. Por ello, junto con la distribución en áreas funcionales, se identifica el denominado sistema polinuclear de capitales (Álava Central, Bilbao Metropolitano y Donostialdea-Bajo Bidasoa) y la red de cabeceras y subcabeceras de las 12 Áreas Funcionales restantes, dentro de las cuales se llegan a diferenciar los distintos núcleos de población (art. 6 de las DOT19) y se configuran en una red mallar y un escalado para poder distribuir las distintas políticas territoriales.

Para el sistema polinuclear de capitales se prevé una serie de directrices encaminadas a la definición de dotaciones equipamentales con una perspectiva de equilibrio, integración y complementariedad entre las tres capitales, compatibilizando su centralidad con el mantenimiento de la identidad de los territorios de su entorno. Se definen los sistemas de transporte colectivo (ferroviarios y por carretera) en los que se garantice la intermodalidad y las determinaciones que ayudan a paliar los déficits existentes en materia de espacios libres, otras dotaciones y su accesibilidad. Y de igual manera, se prioriza la densificación de los tejidos urbanos, así como la regeneración de los ámbitos industriales abandonados o que se encuentran infrautilizados, para tratar de reducir el consumo de suelo como recurso prioritario y garantizar la sostenibilidad integrada.

Como directrices para las cabeceras y subcabeceras de las Áreas Funcionales (las 12 áreas funcionales restantes) se plantea la potenciación de su funcionamiento conjunto, de tal manera que se evite el traslado de la población a las capitales y se procure la mejora de su accesibilidad mediante sistemas de transporte colectivo. Al igual que en el caso de las capitales, se plantea la necesidad de abordar la problemática de los déficits existentes en materia de espacios libres y de otras dotaciones a través de los procesos de renovación y de regeneración urbana, así como la recuperación de la funcionalidad de las vías interiores de dichos municipios, que en los últimos años han ejecutado carreteras variantes.

En segundo lugar, se definen los Ejes de Transformación: Bajo Deba, Alto Deba, Urola-Kosta, Goierri, Kadagua, Alto Nervión, Arratia, Ibaizabal, Busturialdea-Artibai, Mungia-Derio, Llanada Alavesa y Rioja Alavesa.

Estos ejes de transformación se apoyan geográficamente sobre los corredores ecológicos de los cursos fluviales y los espacios ribereños en los que se integran, como elementos lineales de transporte, áreas de renovación urbana y espacios libres que deben mantenerse sin usos urbanísticos (generación de bolsas de suelos libres de urbanización). En paralelo, se define el rediseño de las carreteras que han perdido su funcionalidad (generalmente por la definición de otras vías rápidas) en forma de ecobulevares y se insta a la aplicación de los principios de diseño urbano y arquitectónico bioclimático como elemento de sostenibilidad ambiental en los mismos.

5. DIRECTRICES URBANÍSTICAS DE LAS DOT

A partir de la distribución de la ordenación territorial descrita y como se ha indicado en la introducción, si por algo destacan las DOT19 es por las directrices que tienen una aplicación directa sobre los instrumentos de planeamiento urbanístico en el despliegue del DUSI. Son las directrices de Regeneración urbana; de Suelo de actividades económicas y de equipamientos comerciales; de Perímetro de crecimiento urbano y de Cuantificación residencial.

5.1. Directrices sobre regeneración urbana

Sin perjuicio de que las DOT19 remiten a que sean los respectivos PTPs los que identifiquen las posibles zonas potenciales de regeneración, son los planeamientos municipales (a través de sus PGOU o, en su defecto, mediante Planes Especiales de regeneración urbana, según el art. 43.2 de la Ley 3/2015 de Vivienda) los que delimitarán las Áreas de Regeneración Urbana y consiguientemente sus actuaciones sobre el medio urbano de regeneración y renovación integrada (art. 2.1 del TRLSRU).

Las DOT19 se hacen eco del concepto de regeneración que ya definió la propia Ley 3/2015 de Vivienda como desarrollo de las actuaciones sobre el medio urbano de la legislación básica

(TRLSRU). Así, se debe tener presente que las actuaciones y áreas de regeneración son aquellas "que tienen por objeto realizar obras de rehabilitación edificatoria, cuando existan situaciones de insuficiencia o degradación de los requisitos básicos de funcionalidad, seguridad y habitabilidad de las edificaciones, [...] y de los tejidos urbanos, pudiendo llegar a incluir obras de nueva edificación en sustitución de edificios previamente demolidos", siendo de "carácter integrado, cuando articulen medidas sociales, ambientales y económicas enmarcadas en una estrategia administrativa global y unitaria" (art. 2.1 del TRLSRU).

Por tanto, desde la óptica de las DOT19, las directrices sobre regeneración priorizan la reutilización y recuperación de los espacios y tejidos edificatorios ya urbanizados desde una perspectiva integrada (física, social, económica y medioambiental), como mecanismo para la reducción de impactos ambientales, reducción del consumo de recursos y energía, así como garantizar las condiciones de habitabilidad edificatoria y la accesibilidad urbana, posibilitando su redotación, reequipamiento y recuperación económica, que subsanen los déficits fundacionales de los tejidos aquejados de degradación, vulnerabilidad y, sobre todo, obsolescencia urbana. El objetivo no es otro que paliar los desequilibrios territoriales y promover la cohesión social, el desarrollo económico y el empleo, así como fomentar medidas para la educación y la formación.

En igual sentido, estas directrices se enmarcan dentro de la estrategia de movilidad alternativa y sostenible, pero dentro de un despliegue dual (territorial y local), apostando por el vehículo eléctrico, la distribución limpia de mercancías y la bicicleta como sistema de movilidad de cercanía.

Las directrices de regeneración también definen los objetivos de espacios y cubiertas verdes que se engarzan con los objetivos de reducción de contaminación atmosférica, acústica, de las aguas y del suelo y la recuperación de aquellos lugares donde la incidencia humana los ha deteriorado de manera acusada.

Finalmente, pero no por ello menos importante, abordan el gran problema del medio urbano a corto y medio plazo, la obsolescencia de la ciudad consolidada, la intervención sobre todo aquello que no vemos pero que es lo que hace que la ciudad sea vivible, la necesaria renovación y actualización de las redes y servicios que definen la situación básica del suelo urbanizado.

5.2. Directrices sobre los suelos de actividades económicas y equipamientos comerciales

Si hay unas directrices que han resultado, cuando menos, controvertidas son las que corresponden a la materia de suelo de actividades económicas y de equipamientos comerciales desde la trasposición al ordenamiento jurídico español de la Directiva de Servicios (Directiva 2006/123/CE del Parlamento Europeo y del Consejo, de 12 de diciembre de 2006, relativa a los servicios en el mercado interior) y singularmente sobre los equipamientos comerciales (baste señalar que la Ley 10/2019, de 27 de junio, de ordenación territorial de grandes establecimientos comerciales que desarrolla la filosofía de las DOT19 en esta materia ha sido objeto de controversia y posible modificación al poco de nacer por vulneración de la Directiva de Servicios [111]).

---

[111] Resolución de 23 de junio de 2020, de la Secretaría General de Coordinación Territorial, por la que se publica el Acuerdo de la Comisión Bilateral de Cooperación Administración del Estado-Administración de la Comunidad Autónoma del País Vasco, en relación con la Ley 10/2019, de 27 de junio, de ordenación territorial de grandes establecimientos comerciales (BOE de 20 de julio de 2020: https://www.boe.es/boe/dias/2020/07/20/pdfs/BOE-A-2020-8210.pdf), aun cuando a día de hoy siguen sin cumplirse sus determinaciones.

Las directrices sobre actividades económicas se dividen en cuatro grandes bloques: industria tradicional, altas tecnologías, transportes y los equipamientos comerciales.

Sobre las áreas de industrias tradicionales se apuesta por su renovación, rehabilitación, reforma y puesta en valor para optimizar y no antropizar más suelo, diseñar instrumentos para la conservación y no pérdida de competitividad de dichos tejidos, que eviten su extinción o traslado a otro lugar u otro país (dejando pasivos medioambientales tras de sí).

En el caso de las áreas de altas tecnologías o con potencial innovador se plantea una estrategia conjunta de parques tecnológicos y de cercanía a las grandes infraestructuras de transporte colectivo y a los tejidos urbanos existentes. Una serie de parques tecnológicos y científicos que se conviertan en espacios multifuncionales vinculados a los campus universitarios, bajo estándares de arquitectura de calidad insertada en espacios verdes y naturales.

Para los nuevos suelos de actividades económicas, además de las exigencias anteriormente señaladas sobre movilidad, reducción del consumo de suelo, integración en el medio natural y exigencia de componentes de excelencia, se establece un tope genérico de un máximo de 3 hectáreas de suelo cuando exista capacidad de acogida suficiente sin provocar impactos significativos sobre el medio natural, todo ello sin perjuicio de que las propias DOT definan localizaciones concretas y justificadas con una mayor cuantía de suelo, pero en todo caso dentro de una estrategia global.

Por último tenemos las tan controvertidas áreas comerciales, donde la regulación es más tenue pero igualmente selectiva. Sintéticamente, se plantean unas directrices que apuestan por el comercio urbano y por la limitación de estas áreas de acuerdo a los criterios jurisprudenciales del Tribunal de Justicia de la Unión Europea que definen las razones imperiosas de interés general (movilidad, medioambiente, concentración, impactos, etc.).

El resto de determinaciones se remiten a la actualización del PTS de Creación Pública de Suelo para Actividades Económicas y de Equipamientos Comerciales, que en todo caso establecerá las localizaciones de las operaciones de creación pública de suelo para actividades económicas, categorizará los municipios en función de su población para poder limitar los crecimientos específicos y fomentará la recalificación de los ámbitos industriales en desuso para su nueva puesta en servicio y dar acogida a los nuevos usos productivos.

5.3. Directrices sobre los perímetros de crecimiento urbano

Otra de las novedades que incorpora las DOT19 es el establecimiento de los denominados Perímetros de Crecimiento Urbano y lo hace en dos escalas, la territorial (PTP) y la urbana (PGOU).

En primer lugar, habilita para que los distintos PTPs puedan definir esos contornos geométricos para limitar los crecimientos residenciales y de actividades económicas, aunque luego puedan ajustarse por los distintos PGOUs, cuando se formulen o cuando deban ser revisados (en función de la casuística particular de cada municipio).

Para su delimitación dentro de cada PTP se seguirán los siguientes criterios: la morfología de la mancha urbana actual, las características físicas y ecológicas de los terrenos del entorno y las perspectivas de crecimiento vinculadas a los sistemas de transporte colectivo, potenciando las conexiones transversales en el caso de los Ejes de Transformación y la exclusión de los suelos especialmente protegidos.

El ajuste en cada PGOU debe realizarse previa consideración de las iniciativas de densificación y renovación posibles.

Los crecimientos solo se podrán realizar en zonas situadas en el entorno de los puntos de acceso a sistemas de transporte, siendo las zonas accesibles a pie desde las estaciones de metro, cercanías y tranvías interurbanos los ámbitos preferentes para la localización de dotaciones y equipamientos con alta demanda. Adicionalmente al criterio limitativo de imposibilidad de ocupar suelos de especial protección, los suelos que, derivado de las dinámicas de regresión demográfica o de otras dinámicas urbanas, vayan a ser desclasificados deberán ser categorizados como suelos agroganaderos de alto valor estratégico (vinculado al art. 97 bis de la LvSU) en pro de la suficiencia alimentaria y pervivencia del sector primario[112].

5.4. Directrices sobre cuantificación residencial

Pero si por alguna directriz de naturaleza urbanística se puede reconocer a las DOT19 como elemento armonizador y catalizador del DUSI es por la que establece la cuantificación residencial, en cada área funcional y para cada municipio.

La capacidad residencial de cada ámbito territorial se basa en un criterio objetivo de cuantificación a partir de la suma de una serie de componentes, a la cual se le aplica un coeficiente de esponjamiento o de mayoración. Debe considerarse que la cuantificación residencial se entiende como la posibilidad de incremento de viviendas únicamente en suelos urbanos y urbanizables sujetos a actuaciones de urbanización (denominación del TRLSRU) o integradas (denominación de la LvSU) y, por tanto, en las que se excluyen las derivadas de las actuaciones aisladas, de dotación y sobre el medio urbano de regeneración y renovación, lo que da un margen discrecional suficiente a los ayuntamientos para que

112 LOZANO, 2020: 411-413.

puedan acometer las operaciones de cirugía y recuperación de tejidos urbanizados que sean necesarias sin verse afectadas por dicho límite.

Como límite objetivo, la capacidad de residencial de cada municipio constituye el límite superior de viviendas que puede calificar cada PGOU, límite que tampoco puede ser rebasado mediante modificaciones puntuales o revisiones parciales, con la única exclusión de las operaciones de regeneración y renovación urbana, como mecanismo de incentivación para lograr esa priorización estratégica.

Para calcular la Capacidad Residencial máxima de cada área funcional o municipio se parte del cálculo de la necesidad residencial, la cual se calcula mediante la suma de una serie de conceptos, algunos interrelacionados entre sí, de la siguiente fórmula:

NR = CMT+A1+A2+B1+B2+C1

Donde:

- NR: Necesidad Residencial
- CMT: Correcciones del modelo territorial vigente (en función del PTP)
- A1: Necesidades de vivienda principal por variación de la población residente (según parámetros estadísticos oficiales)
- A2: Necesidades de vivienda principal por variación del tamaño familiar (en función del número medio de personas por familia)
- B1: Demanda de vivienda secundaria por variación de la demanda de vivienda principal
- B2: Demanda de vivienda secundaria por variación del coeficiente de vivienda secundaria
- C1: Previsión de viviendas deshabitadas por variación de las viviendas habitadas

A partir de la Necesidad Residencial (NR) se calcula la Capacidad Residencial máxima (CRmax) en cada área funcional y municipio aplicando la siguiente fórmula:

CRmax = (NR × ESP) – C2

Donde:

- ESP: Factor de Esponjamiento para área funcional y municipio definido en las propias DOT (2,2 – 3)
- C2: Reducción de la capacidad residencial a prever debido a la recuperación de parte de las viviendas deshabitadas existentes

Con esta metodología se obtiene la proyección de Capacidad Residencial máxima estimada en cada ámbito territorial (ver Tabla 1), si bien dicho límite objetivo debe actualizarse en el momento en que se proceda a revisar el planeamiento general de cada municipio, en función del grado de ejecución de las actuaciones de urbanización del planeamiento precedente, del censo real de población y de la proyección estadística oficial de su evolución que realice el Instituto Vasco de Estadística (EUSTAT).

En todo caso, la cuantificación residencial resultante tiene que cumplir dos condiciones adicionales:

- No podrá superar el 50% del parque de viviendas existente en el momento de aprobación del planeamiento urbanístico (como medida para limitar el crecimiento urbano).
- Todo municipio podrá plantear una capacidad residencial equivalente al 10% del parque inicial de viviendas (como medida para evitar tensiones excesivas de mercado por reducción de la oferta de suelo).

Como corolario de las directrices y adicionalmente a la cuantía resultante en cada municipio, se puede observar que existe un mecanismo de limitación y reparto dentro de cada área funcional que opera a modo mecanismo de equilibrio y de sostenibilidad territorial, de forma que se puede modular la oferta residencial y, en cierta manera, los movimientos demográficos o poblacionales.

Tabla 1. Tabla de capacidad residencial estimada para el planeamiento 2018-2026 por territorios históricos y por áreas funcionales

Lurralde Eremua Ámbito Territorial	**2016ko etxe-parkea** Parque viviendas 2016	**Etxebizitzen beharrak** Necesidades resid.		**Gehienezko bizitegi-ahalmena** Capacidad residencial máxima			
		Etxe Beharrak Necesidades residenciales	**Harrotze-faktorekin** Neces. Esponjadas	**Etxe hutsen murriztea** Reduc. Viv. deshabitada	**Etxe-ahalmena mugarik gabe** Cap. Resid. sin limitaciones	**Ahalmen maximoa** Capacidad máxima	**Harrotze-faktorea** Factor de Esponjamiento
EAE/CAPV	**1.042.646**	**82.918**	**198.558**	**20.857**	**177.701**	**180.872**	**2,18**
1. Lurralde historiko bakoitzeko 1. Por territorio histórico							
Araba/Álava	162.384	18.761	44.961	3.247	41.714	**36.665**	1,95
Bizkaia	540.835	37.084	88.691	10.820	77.871	**86.490**	2,33
Gipuzkoa	339.427	27.073	64.906	6.790	58.116	**57.717**	2,13
2. Eremu Funtzional bakoitzeko 2. Por Área Funcional							
Enkarterri/Encartaciones	16.325	1.354	3.485	326	3.159	**3.258**	2,41
Goierri	33.437	2.521	6.467	669	5.798	**6.016**	2,39
Bilbao Metropolitano	415.700	25.108	58.385	8.316	50.069	**58.452**	2,33
Donostialdea-Bajo Bidasoa	190.135	14.344	33.055	3.802	29.253	**28.245**	1,97
Durangaldea	34.815	3.716	8.662	697	7.965	**8.097**	2,18
Debabarrena /Bajo Deba	35.595	1.951	4.838	712	4.126	**5.006**	2,57
Busturialdea-Artibai	40.549	2.436	6.364	809	5.555	**6.149**	2,52
Arratia	7.075	887	2.408	143	2.265	**2.205**	2,49
Arabako Errioxa Rioja Alavesa	8.539	881	2.409	171	2.238	**2.096**	2,38
Ayala	20.317	1.811	4.707	407	4.360	**4.082**	2,25
Debagoiena /Alto Deba	30.509	1.886	4.674	610	4.064	**4.633**	2,46
Mungialdea	13.679	2.713	7.102	274	6.828	**6.120**	2,26
Tolosaldea	22.449	2.240	6.002	449	5.553	**4.710**	2,10
Araba Erdialdea / Álava Central	137.814	16.531	39.070	2.756	36.314	**31.671**	1,92
Urola Kosta	35.708	4.527	10.870	716	10.154	**10.132**	2,24

Fuente: Decreto 128/2019[113]

113 Anexo IV a las normas de aplicación: cuantificación residencial.

6. CONCLUSIONES

Desde su génesis las Directrices de Ordenación del Territorio del País Vasco se han demostrado como un instrumento útil, integrador y armonizador de la ordenación del espacio, sea territorial o urbanístico.

Las DOT19 en su actualización asumen la nueva realidad geográfica, medioambiental, demográfica y económica y plantean un modelo alineado con el conjunto de retos y políticas internacionales para, a su vez, lograr un modelo territorial y urbano basado en el DUSI, proyectando una política de ordenación que tiene por visión ser una estrategia territorial sostenible, inclusiva, viva, inteligente, equilibrada, interrelacionada y participativa.

En el ámbito urbanístico y como directrices vinculantes para los planes generales de ordenación urbana se definen cuatro directrices con un hondo impacto en su ordenación espacial: Regeneración urbana; Suelo de actividades económicas y de equipamientos comerciales; Perímetro de crecimiento urbano y Cuantificación residencial.

Las de Regeneración urbana suponen la incorporación al urbanismo de los mecanismos e instrumentos de regeneración previstos en las actuaciones sobre el medio urbano de la regulación básica del Estado y en la Ley de Vivienda para la ciudad consolidada bajo una perspectiva integrada.

Las relativas al Suelo de actividades económicas y de equipamientos comerciales abogan por la reducción y limitación de su consumo, la reutilización y puesta en valor del suelo, junto con la integración con el medio natural y la ubicación estratégica de los tejidos de innovación productiva junto a las grandes infraestructuras de transporte colectivo. En materia de equipamientos comerciales se hace una apuesta por el comercio de proximidad como refuerzo de la ciudad consolidada.

En cuanto a las directrices sobre el Perímetro de crecimiento urbano, estas establecen que sean los PTPs los que detallen con carácter vinculante las posibles zonas de crecimiento de suelo susceptible de transformación, siempre ubicadas en las cercanías de los sistemas de transporte y sin posibilidad de ocupar los suelos especialmente protegidos o aquellos que hayan sido declarados de alto valor agrológico.

Finalmente, las directrices sobre Cuantificación residencial suponen una de las grandes aportaciones a la ordenación territorial, ya que mediante su sistema objetivo de asignación y reparto permite limitar los crecimientos urbanos y corregir los desequilibrios territoriales.

Con todo, cabe concluir que las nuevas DOT19 son un mecanismo eficaz y un referente de las políticas territoriales en España a la hora de armonizar los distintos planeamientos urbanísticos y como vía para implementar el modelo del DUSI a través de sus directrices vinculantes de aplicación directa.

7. BIBLIOGRAFÍA

AGIRREAZKUENAGA ZIGORRAGA, I. (2011): *Marco normativo y competencial en materia de Ordenación del territorio, urbanismo y vivienda*. El modelo de Ordenación Territorial: Urbanismo y Vivienda vasco: Aplicación práctica, IVAP, Oñati, 2011, págs. 19-82, ISBN: 978-84-7777-378-8.

AGOUES MENDIZABAL, C. (2007): *La ordenación del territorio: su articulación con las políticas sectoriales y con la autonomía local*, Revista Vasca de Administración Pública., N 79, II (Septiembre-diciembre 2007, págs. 357-400, ISSN: 0211-9560.

ATXUKARRO ARRUABARRENA, I. y SANZ ARAUJO, A. (2011): *El modelo de ordenación y planeamiento territorial: Directrices, PTSs y PTPs. El modelo de Ordenación Territorial: Urbanismo y Vivienda vasco: Aplicación práctica*, IVAP, Oñati, 2011, págs. 83-154, ISBN: 978-84-7777-378-8.

ERQUICIA OLACIREGUI, J.M., ARREGUI SAN MIGUEL, M. y ZANGUITU OSA, A. (2006): *La ordenación territorial y la legislación sectorial de la CAPV: Apuntes genéricos.* IVAP, Oñati, 2006, págs.. 67 y 95, ISBN: 978-84-7777-294-0.

LASAGABASTER HERRARTE, I y LAZCANO BROTONS, I. (1999): *Régimen jurídico de la Ordenación del Territorio en Euskalherria,* IVAP, Oñati, 1999, ISBN: 84-7777-196-0.

LOZANO VALENCIA, P. J. (2020): *La Ordenación del Territorio en Euskadi. Evaluación de la década transcurrida y retos para la siguiente,* Ekonomiaz: Revista vasca de economía, N. Extra 35, 2020, págs. 394-423, 2020, ISSN 0213-3865.

Capítulo 6

El planeamiento supramunicipal en la Comunidad Valenciana

Mª JESÚS ROMERO ALOY
Profesora Titular de Universidad. Doctora en Derecho
Universitat Politècnica de València

SUMARIO: 1. EL PLAN DE ORDENACIÓN URBANA DE VALENCIA Y SU CINTURA. 2. LAS NORMAS DE COORDINACIÓN METROPOLITANA. 3. LA ORDENACIÓN TERRITORIAL EN EL TEXTO REFUNDIDO DE LA LEY DE ORDENACIÓN DEL TERRITORIO, URBANISMO Y PAISAJE EN LA COMUNIDAD VALENCIANA. 4. LA ESTRATEGIA TERRITORIAL DE LA COMUNIDAD VALENCIANA. 5. LOS PLANES DE ACCIÓN TERRITORIAL. 6. CONCLUSIONES.

1. EL PLAN DE ORDENACIÓN UBANA DE VALENCIA Y SU CINTURA

El Decreto de 14 de octubre de 1949, definió la personalidad, fines y régimen económico de la entidad Gran Valencia. En él se recogía como finalidad de la misma la realización de la ordenación urbana de Valencia y su comarca conforme al Plan General de 1946, comprendiendo dicha ordenación los términos municipales de la capital y pueblos de la cintura, en un total de 30 términos municipales.

Un planeamiento similar se venía utilizando desde hacía décadas en otras ciudades europeas. Así había ocurrido con el plan redactado por el arquitecto finlandés Gotbtlieb Eliel para el gran Helsinki durante los años 1917 a 1918. El plan se inspiraba en la teoría geográfica de los lugares centrales, propugnada por Walter Chrisller, puesto que para la delimitación del ámbito de influencia comarcal se consideró a la ciudad de Valencia como un válido centro de servicios. Las distancias máximas de la periferia al centro donde se prestaban los servicios urbanos podían considerarse asumibles a la hora de establecer el debido control. El plan contenía la estrategia de desarrollo secuencial, de modo que el territorio se dividía en sectores y cada uno de ellos sería objeto de un plan parcial.

Para la gestión del Plan General la administración del Estado creó la Corporación Gran Valencia, presidida por el gobernador civil de la provincia, a su vez Presidente de la Corporación y una comisión ejecutiva presidida por el alcalde de Valencia. Situados en el momento histórico de mediados del siglo pasado, lo cierto es que un plan general supramunicipal cuyo ámbito son 30 municipios, supone un gran paso adelante en la práctica urbanística. Las dificultades graves se plantearon a la hora de gestionar el plan y vale por todos el acertado juicio que emite Sosa Wagner[114] al decir que "*en primer lugar, faltaron los medios económicos y, consecuentemente, también los técnicos. Tampoco sus medios jurídicos fueron holgados, la legislación fue imprecisa y confusa, y nunca se perfilaron con nitidez las competencias de las organizaciones metropolitanas y de los municipios de la comarca, lo que originó tensiones y conflictos con persistentes incumplimientos*".

---

114 SOSA WAGNER, F. *Aspectos institucionales de la gestión metropolitana. Planeamiento y gestión metropolitana comarcal y municipal.* Pamplona, Universidad de Navarra, 1993.

2. LAS NORMAS DE COORDINACIÓN METROPOLITANA

La Ley Autonómica 5/1986, de 19 de noviembre, de la Generalitat Valenciana dispuso la extinción de la Corporación Gran Valencia por su inadecuación a las nuevas realidades fácticas y políticas que definían el entorno metropolitano. Por otra parte, se había producido el incremento del área territorial pasando de 30 a 45 municipios con un planeamiento centralizado que, cada vez más, entraba en fricción con la autonomía municipal. Así pues, la Corporación Administrativa del Gran Valencia estuvo vigente durante unos 37 años y el Plan General de Valencia y su Cintura aún pervivió en la medida que los municipios tardaron en redactar su propio plan urbanístico.

Sin embargo, la Ley 5/1986 creó un nuevo marco de coordinación territorial para abordar la ordenación del territorio y la coordinación supramunicipal mediante las normas de coordinación metropolitana. El art. 3.1 de la citada ley, manteniendo el ámbito territorial de los 30 municipios iniciales, abría la posibilidad de extender el ámbito territorial a un mayor número cuando las circunstancias o los fines que se persigan con la ordenación así lo aconsejasen.

El objeto de la Ley según el artículo 3.2, consistía en: "*A) La adopción de las medidas de protección a adoptar en orden a la conservación del suelo, de los demás recursos naturales y a la defensa, mejora, desarrollo o renovación del medio ambiente natural y del patrimonio histórico artístico. B) El señalamiento y localización de las infraestructuras básicas relativas a las comunicaciones, sistema de transportes, abastecimiento de agua, saneamiento, suministro de energía, tratamiento y vertidos de residuos sólidos urbanos o industriales, defensa contra incendios y otras análogas*". El órgano gestor creado era el Consell Metropolitá del L´Horta cuya finalidad era la de "*solucionar los problemas y conflictos territoriales, urbanísticos y medioambientales de carácter supera municipal*" y satisfacer al tiempo "*las aspiraciones de los municipios de encontrar una forma diferente de regir su territorio".*

Finalmente, la Ley 8/ 1999, de 3 de diciembre, argumentaba la conveniencia de huir de fórmulas organizativas demasiado rígidas y la necesidad de buscar fórmulas de gestión más ágiles y eficaces y, en consecuencia, impulsó la pura y simple desaparición del órgano gestor.

Podemos concluir diciendo que durante un periodo de medio siglo (1949-1999), en la Comunidad Valenciana han existido dos instrumentos de ordenación metropolitana con desigual efectividad y en cualquier caso con unos resultados prácticos muy deficientes.

3. LA ORDENACIÓN TERRITORIAL EN EL TEXTO REFUNDIDO DE LA LEY DE ORDENACIÓN DEL TERRITORIO, URBANISMO Y PAISAJE DE LA COMUNIDAD VALENCIANA

El Texto Refundido de la Ley de Ordenación del Territorio, Urbanismo y Paisaje de la Comunidad Valenciana aprobado por el Decreto Legislativo 1/2021, de 18 de junio (en adelante, TRLOTUP), regula en su artículo 14, los tipos de instrumentos de ordenación, estructurándolos en tres niveles en función de su ámbito territorial.

Así, son instrumentos de planeamiento urbanístico y territorial de ámbito supramunicipal: la Estrategia Territorial de la Comunidad Valenciana, los planes de acción territorial y los planes generales estructurales mancomunados. Como instrumento de planeamiento urbanístico y territorial de ámbito municipal, el plan general estructural. Y, son instrumentos de desarrollo del plan general estructural: el plan de ordenación pormenorizada, los planes de reforma interior, los planes parciales y los estudios de detalle. También son instrumentos de ordenación los planes especiales, los catálogos de protecciones y los proyectos de inversiones estratégicas sostenibles.

Esta regulación de los instrumentos de ordenación obedece al tradicional sistema de planeamiento en el ordenamiento urbanístico español formado por tres niveles de ordenación, el supramunicipal, el municipal y el de desarrollo. A la estructuración en estos tres niveles de ordenación, se le aplica el principio de jerarquía normativa, de manera que los planes de niveles de ordenación inferior, no pueden contradecir ni modificar a los planes de rango superior[115].

En este trabajo, se va a realizar un análisis de aquellos instrumentos de planeamiento de ordenación supramunicipal que gozan de mayor incidencia territorial en el ámbito de la Comunidad Valenciana.

4. LA ESTRATEGIA TERRITORIAL DE LA COMUNIDAD VALENCIANA

La Estrategia Territorial de la Comunidad Valenciana es un importante documento elaborado en la dirección señalada por la Estrategia Territorial Europea (1999) y las Agendas Territoriales derivadas de ella, y encuentra su respaldo legal en las Directivas de Agua (60/200), Evaluación Ambiental Estratégica (42/2001) y Gestión de Inundaciones (60/2007) e Impacto Ambiental (52/2014).

[115] En la Comunidad Valenciana existe cierta flexibilidad en este sentido que permite, bajo determinadas circunstancias, la modificación del planeamiento superior a partir de la formulación de planes de desarrollo (por ejemplo, los planes parciales y planes de reforma interior de mejora que pueden modificar las disposiciones del plan general estructural).

Los países europeos han transpuesto estas normas a su legislación con arreglo al modelo de Estado de cada uno de ellos. La necesidad de la estrategia ha sido puesta de relieve por la doctrina y así, Olcina Cantos[116], señala que su ausencia explica la enorme transformación del territorio vivida en la región en las tres últimas décadas, originada por la aprobación de planes urbanísticos de escala municipal claramente expansionistas y con poco margen de limitación, por inexistencia de planes regionales o subregionales de ordenación del territorio contemplados en las diferentes normativas de ordenación del territorio.

Desde una perspectiva socioeconómica, Farinós Dasi[117], hace notar que la planificación estratégica se puede definir como el "*esfuerzo orientado a generar aquellas decisiones y acciones consideradas fundamentales para hacer realidad la visión de futuro deseada por los principales agentes económicos y sociales de la ciudad, mediante una relación de objetivos y de medidas para alcanzarlos, con prioridades bien establecidas. Se distingue del tradicional planeamiento urbano por el hecho de ser más comprehensivo y menos normativo, por orientarse más a las acciones socioeconómicas integrales que a la regulación de los usos del suelo*".

En el caso de la Comunidad Valenciana, por Decreto 1/2011, de 13 de enero, del Consell, se aprobó la Estrategia Territorial de la Comunidad Valenciana (posteriormente modificada por el Decreto 166/2011, de 4 de noviembre del Consell), de conformidad a lo establecido en el art. 19.1 del Estatuto de Autonomía de la Comunidad Valenciana que otorga competencia exclusiva a la Comunidad en materia de ordenación del

---

116 OLCINA CANTOS, J., "Ordenación territorial e infraestructura verde para la reducción del riesgo natural en España". *Práctica Urbanística* nº 164, mayo-junio 2020, pág. 5.

117 FARINÓS DASÍ ET ALL. "Planes estratégicos territoriales de carácter supramunicipal". *Boletín de la A.G.E.*, Nº 39, 2005, pág. 119.

territorio y del litoral, urbanismo y vivienda, así como en otras materias que se ven afectadas por la Estrategia Territorial de la Comunidad (en adelante, ETCV).

La Estrategia define un modelo territorial de futuro para la Comunidad Valenciana, integrando las políticas sectoriales con proyección territorial, estableciendo las directrices de planificación y gestión para el suelo no urbanizable y definiendo los ámbitos adecuados para la planificación del ámbito subregional. Como hace notar Auban Nogués[118], con respecto al concepto de la naturaleza estratégica de la ETCV, observamos que este instrumento no es suficiente para completar la ordenación en el nivel de la ordenación territorial. Son necesarios planes de carácter más propositivo, que incorporen propuestas de ordenación en desarrollo de las objetivos y principios directores de la ETCV. En el mismo sentido Llorca Ramis[119], señala que la Estrategia Territorial de la Comunidad Autónoma debemos verla como el resultado de un proceso que contiene las directrices, orientaciones y criterios que constituyen un referente de las decisiones públicas de incidencia territorial contenidas en los distintos instrumentos de planeamiento, estableciendo las pautas de armonización y de coordinación de las distintas políticas sectoriales y proyecciones económicas y sociales.

Por tanto, se trata de un documento marco en el que se dibuja la política territorial de la Comunidad para un plazo de 20 años con el objeto de conseguir un territorio más competitivo

---

118 AUBAN NOGUES, C. "Una Estrategia Territorial para dinamizar un área regional: la Estrategia Territorial de la Comunidad Valenciana". *Práctica Urbanística* Nº 169, marzo-abril 2021, pág. 4.

119 LLORCA RAMIS, J.B. "La ordenación del territorio, la Administración Local y la pérdida de competencias en materia urbanística. El caso de la Comunidad Autónoma Valenciana". *Práctica Urbanística* Nº 126, enero-febrero 2014. Págs. 48-65.

en lo económico, más respetuoso en lo ambiental y más integrador en lo social. El documento de la Estrategia Territorial está formado por 25 objetivos generales, 100 metas con indicadores de cumplimiento, más de 1500 proyectos de cambio en el territorio y un conjunto de principios directores y criterios de planificación territorial. En su conjunto, el documento se divide en seis bloques de contenido.

Caracterización jurídica de la ETCV

El rango de la ETCV se sitúa en la cima del primer nivel de ordenación territorial, dentro de la jerarquía del sistema de planeamiento de la Comunidad Valenciana, configurándose como el instrumento de mayor nivel quedando el resto condicionados a las disposiciones reguladas en el ETCV.

Por lo que se refiere a su obligatoriedad el art. 7.3 TRLOTUP, establece que *"El departamento competente en materia de ordenación del territorio, dentro del marco de las consultas a las administraciones públicas que recoge el artículo 55 de este texto refundido, emitirá un informe con carácter vinculante sobre la aplicación a la planificación territorial y urbana de las determinaciones de la Estrategia Territorial de la Comunitat Valenciana y de los planes de acción territorial que así lo expresen en sus disposiciones normativas"*.

Por tanto, las directrices establecidas por la ETCV se convierten en vinculantes desde el momento en que se emite el correspondiente informe que resulta vinculante para los instrumentos de planeamiento de rango inferior.

Modelo Territorial de la ETCV

Se estructura en ámbitos territoriales, áreas funcionales y un sistema nodal de referencia. Los ámbitos territoriales son "*zonas geográficas de la Comunitat que sintetizan el conjunto de elementos urbanos, ambientales y paisajísticos que configuran el territorio* (art. 68.1 ETCV)". Son: la Plana Litoral o Cota 100, el Sistema Rural y, la Franja Intermedia.

Las áreas funcionales son "***ámbitos territoriales intermedios entre el espacio regional y el municipal, definidos en la Ley de Ordenación del Territorio y Protección del Paisaje como los adecuados para la gestión y planificación territorial supramunicipal, capaces de articular el territorio de manera efectiva y delimitadas de acuerdo con criterios que reflejan la funcionalidad del territorio, tales como los desplazamientos obligados y no obligados, los procesos de expansión urbana, la optimización de las áreas de prestación de servicios supramunicipales y los corredores de transporte público*** (art. 69.1 ETCV)". Su ámbito territorial es supramunicipal.

El sistema nodal de referencia "*está formado por aquellos municipios y Áreas Urbanas Integradas que crean polaridad territorial respecto a las prestaciones de bienes y servicios al conjunto del territorio y deben ser utilizados como referencia para la planificación supramunicipal* (art. 73 ETCV)".

5. LOS PLANES DE ACCIÓN TERRITORIAL

El carácter programático que tiene la ETCV necesita de instrumentos concretos que plasmen en la realidad aquellas actuaciones y objetivos previamente diseñados. Se dice que, sin los planes de ordenación, el urbanismo es inexistente y otro tanto puede decirse de la ETCV que quedaría en un *flatum vocis* de no contar con los adecuados instrumentos operativos. Debe tenerse en cuenta que las leyes urbanísticas o de ordenación del territorio son leyes de aplicación indirecta. Necesariamente necesitan de los planes urbanísticos o territoriales para que tengan su plasmación en la realidad.

El contenido de la ETCV es enormemente amplio, como se desprende del artículo 16. 5. b) TRLOTUP, según el cual estos planes contendrán el diagnóstico del territorio y definición de escenarios de futuro, detallando la problemática y oportunidades de su ámbito de actuación, identificando sus causas y los agentes cuya actuación sea relevante para alcanzar los objetivos del plan, incluyendo las estrategias para la consecución de los objetivos propuestos.

En consecuencia, los instrumentos operativos que desarrollan la ETCV son de diversa naturaleza. De aquí que el art. 16 TRLOTUP cuenta con gran amplitud estos instrumentos operativos. Así dice que los planes de acción territorial (en adelante, PAT), pueden referirse a ámbitos territoriales concretos, o a ámbitos sectoriales específicos comprendiendo, en todo o en parte, varios términos municipales. Por tanto, es una innovación que conviene remarcar ya que los PAT, además de referirse al territorio en su propio sentido, pueden afrontar temas tan diversos como la energía eólica, la prevención de riesgos naturales o la infraestructura verde.

Afronta también el mismo artículo 16 TRLOTUP lo que hasta ahora es una *rara avis* en el panorama, cual es el de los planes supramunicipales que padecen fuertes limitaciones para que nazcan desde la base a veces por un mal entendido propósito, o por fijar un ámbito operativo supramunicipal. También con la necesaria flexibilidad que puede hacerlos más asumibles en el sentido de que pueden referirse no a la ordenación territorial integral sino a determinados aspectos de ésta.

El TRLOTUP dota a los PAT de una notable capacidad operativa que se manifiesta en dos direcciones. En una dirección que podríamos denominar ascendente, tiene capacidad para modificar a la propia ETCV cuando de un análisis territorial más detallado se demuestre que los ámbitos operativos no son los más adecuados, debiendo mantener en todo caso la coherencia con la planificación sectorial de la Generalitat. La otra dirección en la que se manifiesta su capacidad operativa, es la que se refiere a la alteración de los planes municipales cuya ordenación estructural puede ser modificada, así como imponer determinaciones un para la adaptación de estos planes a las nuevas previsiones de la ETCV fijando plazos para el cumplimiento de estos objetivos.

Se afronta la delicada cuestión del nuevo escenario derivado de la aprobación del PAT que puede ser más restrictivo que el contenido del planeamiento municipal alterado. Esta adaptación del planeamiento municipal puede ser automática o bien fijada como un procedimiento o administrativo de adaptación. En este segundo supuesto, se permite que el ayuntamiento afectado realice una memoria en la que se analicen los usos, intensidades, ocupación de suelo y parcelación y, en base a la misma, realice una propuesta de adaptación que deberá exponerse al público para posteriormente ser elevada al gobierno autonómico para la aprobación, en su caso.

La notable capacidad operativa de los PAT se manifiesta en cuanto que pueden descender a nivel del máximo detalle, en cuanto que pueden establecer clasificaciones de suelo urbano, urbanizable, o no urbanizable con las correspondientes protecciones, establecer zonificaciones de uso residencial, industrial o terciario, parámetros de zonificación como coeficientes de edificabilidad, alturas edificables, ocupación de parcela, etc. Junto a ello pueden determinar la existencia de dotaciones de interés supramunicipal, infraestructuras viarias y entornos de influencia supramunicipal. A este respecto Sánchez Cabrera[120] llama la atención sobre un aspecto problemático ya que, según su opinión, "*los planes subregionales de ordenación territorial tienen muchas posibilidades de acabar en los tribunales por una clara falta de asunción de los entes locales de sus determinaciones si son contrarias a sus deseos o a las de los actores hegemónicos que los sustentan*".

---

120 SÁNCHEZ CABRERA, J. *Renovación y cambio en los instrumentos y leyes de ordenación del territorio, urbanismo y paisaje en la Comunidad Valenciana, en Planificación y Gestión Integrada como respuesta.* Universitat de València, 2020, pág. 268.

5.1. Plan de Acción Territorial sobre Prevención del Riesgo de Inundación de la Comunidad Valenciana (PATRICOVA)

En el mediocre panorama del planeamiento territorial en España, tal como lo dibuja Toribio J.[121], sobresale la Comunidad Valenciana que fue pionera en regular el riesgo de inundación mediante un instrumento de ordenación territorial supramunicipal, de carácter sectorial denominado Plan de Acción Territorial de Riesgo de Inundación de la Comunidad Valenciana (PATRICOVA), aprobado por Acuerdo del Consell de 28 de enero de 2003, derogado por el vigente Decreto 201/2015, de 29 de octubre, del Consell, adaptado a la Directiva 2007/60/CE y al RD 903/2010. Por tanto, la problemática sobre la que actúa este plan es el riesgo de inundación a escala regional en la Comunidad Valenciana.

Una importante misión del PATRICOVA es la de orientar los desarrollos urbanísticos y territoriales hacía áreas no inundables o, en su caso, hacia las de menor riesgo, siempre que permitan el asentamiento, otorgando preferencia a los modelos urbanos y territoriales más eficientes. Todo ello reforzando el principio básico de internalización del riesgo dentro del conjunto de la actuación. Se trata de llevar a su máximo rigor las determinaciones de carácter preventivo que forman parte de la centralidad del plan. Esto se complementa con el establecimiento de determinadas limitaciones de los usos del suelo en las zonas inundables para los distintos escenarios de peligrosidad y la exigencia de criterios y requisitos constructivos para las edificaciones situadas en zonas inundables. El plan contempla situaciones diferentes en atención a la distinta zonificación y clasificación del suelo afectado por la peligrosidad de inundación.

---

[121] TORIBIO J., TENOR, M.R., RAMOS J. R., "Los planes de ordenación del territorio como instrumentos de cooperación". *Boletín Oficial de la Asociación de Geógrafos Españoles* nº 39, 2005, pág. 114.

Estas limitaciones por la naturaleza especialmente preventiva del PATRICOVA, alcanzan su máxima expresión en el suelo no urbanizable, cuya reclasificación no está permitida con carácter general, con las excepciones que establece la propia normativa.

El PATRICOVA tiene naturaleza vinculante para todos los instrumentos de ordenación urbanística o territorial e incide, entre otras cuestiones, en la clasificación del suelo en cuanto que el dominio público hidráulico y las zonas delimitadas como de riesgo de inundación grado 1, deben ser clasificadas como suelo no urbanizable de especial protección.

Establece que los estudios de inundabilidad son imprescindibles para admitir decisiones de planeamiento que se aparten de las determinaciones contenidas en los documentos de carácter vinculante del PATRICOVA que serán aprobados por la Consejería competente en materia de ordenación del territorio previo informe del organismo de cuenca. Este informe de aprobación tendrá carácter preceptivo y determinante (art. 18).

Además, el art. 20 establece que, a efectos del PATRICOVA, se consideran municipios con elevado riesgo de inundación aquellos en los que, al menos, las dos terceras partes de su término municipal están afectadas por el riesgo, o bien aquellos otros que, aun no cumpliendo la condición anterior, tienen grandes limitaciones para orientar sus futuros desarrollos hacia zonas no inundables por la morfología de su territorio, estableciéndose una escala de peligrosidad ante el riesgo desde el factor 1 (máxima peligrosidad) al factor 6 que representa la peligrosidad más baja.

El carácter pionero de la cartografía del PATRICOVA ha sido resaltado por Sanchis Ibor[122] al señalar que *es la primera*

122 SANCHÍS IBOR ET ALL. "La cartografía regional de peligrosidad de inundación por criterios geomorfológicos en el plan de acción

normativa de rango y escala autonómica que ha establecido una regulación normativa sobre limitaciones a los usos del suelo identificados por encontrarse afectados por un nivel de peligrosidad de inundación definidos por criterios exclusivamente geomorfológicos.

5.2. El Plan de Acción Territorial de la Infraestructura Verde del Litoral de la Comunidad Valenciana (PATIVEL)

La infraestructura verde

La Comisión Europea[123] define la infraestructura verde como una red estratégicamente planificada de las áreas naturales y parcialmente naturales de alta calidad, diseñada y gestionada para ofrecer una amplia gama de servicios de los ecosistemas y proteger la biodiversidad, tanto en zonas rurales como urbanas. Feria Toribio[124] sitúa su origen en Estados Unidos en la década de los años 90, donde surge como respuesta a la creciente preocupación por las implicaciones ambientales del *urban sprow.*

Desde la aprobación en 1999 de la Estrategia Territorial Europea, la gestión racional y sostenible del territorio, este postulado se ha convertido en un objetivo principal de las políticas ambientales. De un modo más concreto se señalan

territorial frente al riesgo de inundación en la Comunidad Valenciana (PATRICOVA)", en *Comprendiendo el relieve del pasado al futuro,* Madrid 2016, pág. 57.

123 COMISIÓN EUROPEA, *Medio ambiente para los europeos,* Nº 35, 2009, pág. 11.

124 FERIA TORIBIO, J., SANTIAGO RAMOS, J., "Naturaleza y ciudad. Perspectivas para la ordenación de la infraestructura verde en los planes territoriales metropolitanos en España". *Boletín de la Asociación de Geógrafos Españoles,* Nº 74, 2017, pág. 120.

como objetivos un desarrollo territorial policéntrico, una nueva relación entre campo y ciudad, un acceso equilibrado a las infraestructuras y una gestión prudente de la naturaleza y del patrimonio natural. Lo cierto es que los referidos objetivos fundamentales de la Estrategia Territorial Europea como hace notar Vega-Rebollo[125], han sido acogidos con desigual intensidad por los estados miembros.

Con una definición más ajustada a la regulación valenciana, podemos considerar la infraestructura verde como el espacio integrado por las áreas naturales protegidas en la legislación bien sea autonómica, estatal o internacional, por los espacios de la Red Natura 2000, por los paisajes de valor cultural y visual y por aquellos espacios críticos con restricciones para la urbanización, como son las zonas con riesgo natural, las áreas de elevado riesgo de erosión y las zonas de recarga de acuíferos. Por otra parte, como señala Uriarte Ricote[126], la infraestructura verde admite formulaciones flexibles ya que puede referirse tanto a un espacio regional como local o, incluso, descender a la escala de un barrio.

El PATIVEL fue aprobado por Decreto 58/2018, de 24 de mayo del Consell de la Generalitat Valenciana en cuyo preámbulo se resalta la trascendencia de la norma desde el punto de vista económico, ya que más del 15% del producto interior bruto valenciano y más del 85 % del valor añadido bruto proceden del sector turístico que se genera en la franja de 500 metros medidos desde el límite interior de la ribera del mar. A ello hay que añadir el valor ambiental y social de

125 VEGA-REBOLLO, J. ET AL., "La incorporación de la infraestructura verde en el ordenamiento territorial. El plan de acción territorial de la infraestructura verde del litoral de la Comunidad Valenciana", *Ciudad y Territorio*, nº 201, pág. 468.

126 URIARTE RICOTE, M., "Planificar la infraestructura verde urbana". *R.V.A.P.,* número especial, mayo-diciembre 2014, pág. 2875.

dicho espacio. El Decreto acoge la Recomendación 2002/413/CE sobre la gestión integrada del litoral en Europa, que hace hincapié en la necesidad de una visión amplia y global de la ordenación y gestión de los espacios costeros y la necesidad de protección de los tramos del litoral libres de edificación. El PATIVEL viene a corregir una ausencia de planificación supramunicipal en un ámbito de elevado valor y fragilidad.

Objetivos y contenido del PATIVEL

Su objetivo fundamental es la definición y preservación de la infraestructura verde del litoral y por ello el PATIVEL se centra en el espacio costero, así como en las infraestructuras de movilidad o sistemas de asentamientos con sus prioridades territoriales y áreas de oportunidad. Su objetivo principal recae en la preservación de aquellos suelos de la infraestructura verde que no cuentan con un régimen de protección específico. El litoral tiene la consideración de un espacio crítico de alto valor estratégico que se encuentra amenazado por procesos de ocupación urbanística y de transformación de suelo que pueden menoscabar su importancia como activo del territorio. Debe tenerse en cuenta que el litoral valenciano presenta 10 parques naturales, el 90 % de la superficie de los humedales catalogados, 23 lugares de interés comunitario (LICS, zonas especiales de conservación ZEC) a lo cual hay que añadir una gran proporción de los espacios agrícolas de alta capacidad productiva que se localizan en los valles aluviales del litoral.

A modo de resumen, pueden concretarse tres grandes propuestas de actuación. La primera consiste en establecer categorías de protección y régimen de usos de limitando los siguientes tipos de suelo en cuanto a su clasificación y zonificación: suelos protegidos por la legislación ambiental, suelos no urbanizables de protección del litoral, suelos no urbanizables conectores del litoral, suelos no urbanizables de regulación del litoral y suelos no urbanizables comunes del litoral. Estas clasificaciones conllevan el correspondiente régimen jurídico que delimita las posibles actuaciones. La segunda propuesta se refiere a la definición de un programa de actuación en áreas prioritarias. La tercera propuesta sería establecer las categorías de playas naturales y urbanas para su gestión sostenible.

Las clasificaciones del suelo y su posible conflictividad

Las habituales clasificaciones de suelo no urbanizable común y protegido son insuficientes para determinar las situaciones del suelo afectado por el PATRICOVA y se precisa generar nuevas clasificaciones que determinan también los distintos estatutos jurídicos del propietario. A los efectos del PATIVEL, más que las clasificaciones de suelo no urbanizable, dada la multiplicidad de situaciones de suelo sobre las que puede operar, lo verdaderamente significativo es acudir a las situaciones básicas de suelo previstas en el TRLSRU, cuyo art. 13 define la situación básica de suelo rural como el suelo preservado por la ordenación territorial y urbanística de su transformación mediante la urbanización y también el suelo para el que los instrumentos de ordenación territorial y urbanística prevean o permitan su paso a la situación de suelo urbanizado, hasta que termine la correspondiente actuación de urbanización, y cualquier otro que no reúna los requisitos propios del suelo urbano.

En la situación básica de suelo rural se encuentran las clasificaciones de suelo no urbanizable otorgadas por el planeamiento municipal que puede conferir un estatuto jurídico al propietario de mayores posibilidades y beneficios que los otorgados por las clasificaciones del PATIVEL. A esto hay que añadir situaciones complejas de suelos urbanizables que, según la ley estatal, quedan dentro de la situación básica de suelo rural, pero que han podido alcanzar una situación de suelo con un cierto grado de urbanización que ha supuesto los correspondientes desembolsos por parte de los propietarios. Sobre esta panorámica se proyectan las clasificaciones del PATIVEL que pueden ser mucho más restrictivas según el contenido de derechos que examinamos seguidamente.

En este contexto, los suelos ya regulados por instrumentos de ordenación y gestión ambientales se regirán por los mismos. Sin perjuicio de ello, estos suelos deberán mantener su estado rural en aquellos supuestos en que exista coincidencia con los regulados por el PATIVEL.

Los suelos regulados con mayor detalle, por ser específicos del PATIVEL son los no urbanizables de protección del litoral y no urbanizables de refuerzo del litoral. En los primeros, que se sitúan con carácter general en los 500 metros desde el límite interior de la ribera del mar, no se permiten con carácter general nuevas edificaciones, pero sí la rehabilitación y adecuación de las existentes para usos residenciales y terciarios relacionados con la proximidad del mar y la actividad turística. También son compatibles los usos agrarios, así como las dotaciones públicas. Los suelos no urbanizables de refuerzo del litoral, son los situados entre los 500 y 1.000 metros medidos en proyección horizontal tierra adentro desde el límite interior de la ribera del mar. En estos suelos, junto con los usos y actividades permitidas en los anteriores también se podrán autorizar campamentos de turismo, usos deportivos abiertos que no conlleven la construcción de viviendas, estaciones de suministro de carburantes vinculadas a vías de comunicación y establecimientos hoteleros. Por último, en los suelos denominados corredores ecológicos y funcionales, que se concretarán por la planificación municipal, solo se autorizarán aquellas actuaciones que no supongan un menoscabo para esta función conectora del territorio. Se regulan también los suelos denominados comunes del litoral, que son los no incluidos en las categorías precedentes dentro de los 1.000 metros desde la ribera del mar y medidos en proyección horizontal tierra adentro. En estos predominan con carácter general las determinaciones del planeamiento urbanístico.

5.3. El plan eólico supramunicipal de la Comunidad Valenciana

El marco comunitario de la energía eólica

La Directiva 2000/28/CE del Parlamento y del Consejo, tiene por objeto el establecimiento de un marco común a las energías renovables cuya implantación lleva consigo, de ordinario, desembolsos económicos de gran importancia. Esta circunstancia exige un marco jurídico que ofrezca seguridad a los inversores tal como se determina en el Considerando 14 de la Directiva. Junto a la seguridad se reclama la existencia de un marco jurídico común que ofrezca simplicidad a los procedimientos. A este respecto cabe anticipar que el planeamiento territorial es la herramienta que puede ofrecer un panorama clarificado en cuanto que ofrece las posibilidades concretas de instalación, determinación sobre la que se monta todo el sistema. Esta exigencia de tratamiento territorial es reclamada por la doctrina y así, Castellanos Garijo[127], manifiesta que "*lo que cabe, por tanto, es exigir que los poderes públicos no permanezcan impasibles e inactivos ante la elección de los emplazamientos idóneos para la generación eólica, sino que protagonicen el proceso de elección, señalando los lugares en los que, atendiendo únicamente al interés común, y como consecuencia a la eficiencia del sistema, y no sean las empresas las que atendiendo únicamente a su cuenta de pérdidas y ganancias, (como por otra parte les corresponde) hagan esa elección.*"

---

127 CASTELLANOS GARIJO, M. *Régimen jurídico de la energía eólica. Los procesos de autorización de los parques eólicos y de su acceso y conexiones a la red.* Universidad de Alcalá de Henares, 2012. Pág. 232.

La Directiva determina contenidos obligatorios para los estados miembros que, en el caso concreto de España, se le asigna una cuota del 20% del consumo nacional para el año 2020 a obtener a partir de las energías renovables, exigencia a la que el Reino de España ha dado cumplimiento. Como destacan García Delgado y Jiménez[128], energía y medio ambiente son los pilares sobren los que se estructura el desarrollo sostenible, la necesaria integración y equilibrio.

El plan eólico supramunicipal

El plan eólico de la Comunidad Valenciana fue aprobado por Acuerdo de 26 de julio de 2001, del Gobierno Valenciano y fue revisado por Acuerdo del Consell de 28 de julio de 2017, por el que se introducían algunas modificaciones fruto de las experiencias acumuladas durante los dieciséis años de vigencia. Este plan, junto con el plan eólico de Galicia, son los pioneros en la planificación eólica dentro del panorama nacional. En el art. 1 de las normas del plan se dice que tiene naturaleza de plan de acción territorial de carácter sectorial.

La estrategia operativa del plan

El plan opera según una estrategia netamente urbanística y, por ello, arranca desde las clasificaciones del suelo, estableciendo en el art. 23 de las normas que los parques eólicos pueden establecer sobre el suelo no urbanizable pero también en el urbanizable e incluso en el urbano siempre que estas dos clasificaciones alberguen la calificación de uso industrial. Contiene este artículo una prevalencia, frecuente en los planes

---

[128] GARCÍA DELGADO, J. Y JIMÉNEZ, J.C. (2007). "Un debate necesario: la regulación energética". En *Energía y Regulación, 2007*, Cizur Menor, Ed. Civitas. Pág. 8.

eólicos, según la cual el establecimiento en suelo no urbanizable es indistinto que se trate de suelo no urbanizable común o protegido. Esta prevalencia que anula la clasificación de suelo protegido con las posibles consecuencias negativas, figura también en el plan eólico de Galicia y no deja de llamar la atención por resultar difícilmente justificable. Más razonable resulta la prescripción del art. 25 de las normas al establecer que, cuando exista instalado un parque eólico, cualquier suelo que se clasifique como urbano o urbanizable y su uso sea distinto del de industrial, ese suelo así clasificado, deberá mantener una distancia mínima de mil metros desde cualquier punto de la superficie del parque.

Como es lógico, la finalidad última de un plan eólico es la determinación de las áreas apropiadas para el establecimiento de los parques eólicos. A estas áreas el plan les otorga el calificativo urbanístico de zonas[129]. Esta tradicional herramienta ha sido de uso frecuente en países de nuestro entorno que disponen de planificación energética eólica como ponen de manifiesto Nadai et Al.[130] al decir que "*el desarrollo de la energía eólica ha sido iniciado y engranado en muchas regiones... en la práctica más actual de zonificación, algo que, en el ámbito de la planificación, refleja la dualidad de la cultura paisajística alemana*". El plan configura un total de 15 zonas atribuyendo a cada una de ellas la potencia de referencia y el número máximo de

---

129 ROMERO ALOY, M. J. Y ROMERO SAURA, F. *La zonificación Urbanística,* Madrid, España, Ed. La Ley-Wolters Kluver, Madrid, 2013: "*Aunque la zonificación es una técnica específicamente vinculada a la ordenación del suelo urbano y urbanizable, la legislación valenciana (Ley 10/2004, de 9 de diciembre, de 2004 del Suelo no Urbanizable -derogada-) utiliza también esta técnica para el suelo no urbanizable*".

130 NADAI A. ET AL. El paisaje y la transición energética: comparando el surgimiento de paisajes de energía eólica en Francia Alemania y Portugal. *Numbus, Revista de Climatología, Meteorología y Paisaje,* 25-26, 2010. Págs. 155-173.

aerogeneradores por zona. En total la potencia máxima es de 1.695 MW y 2.720 aerogeneradores. Llama la atención que el plan silencie la metodología seguida para justificar la elección de tales emplazamientos. En este sentido, tal como recoge Agulló Carbonell[131] no ha dejado de darse alguna situación problemática con la correspondiente oposición popular.

La concreta ordenación de cada zona eólica se realiza mediante un plan especial configurado como instrumento regulado por el art. 12 de las normas en el que se establece la documentación a elaborar. Este plan especial tiene también un carácter prevalente previsto en el art. 12.3 de las normas, según el cual puede establecer modificaciones sobre el planeamiento general municipal que estuviera vigente.

En la documentación del plan especial figura la cautela con referencia a edificaciones diseminadas en áreas rurales que puedan resultar vulnerables por las instalaciones eólicas a cuyo efecto podrá reformulase una zonificación específica.

Las revisiones del plan eólico valenciano

Como se ha dicho anteriormente, una primera revisión se produjo en el año 2017 y recoge la experiencia de los dieciséis años de vigencia del plan y, en consecuencia, introduce algunas modificaciones. Como modificaciones más destacables figuran la supresión de los concursos para la instalación de los parques eólicos que suponen un freno a la libre iniciativa y no se corresponde con la regulación básica vigente del sector eólico.

---

131 AGULLÓ ET AL. "Energía, territorio y sociedad: Zona XIV del plan eólico valenciano". En, *Energía y territorio: dinámicas y procesos: comunicaciones: XXII Congreso de Geógrafos Españoles,* 2002, Alicante, Universidad de Alicante. Págs. 13-22.

La segunda revisión del plan se produjo por Decreto-Ley 14/2020, de 7 de agosto, del Consell, de medidas para acelerar la implantación de instalaciones para el aprovechamiento de las energías renovables, e introduce innovaciones destacables. En primer lugar, se efectúa una regulación minuciosa de la energía fotovoltaica, no sólo en los aspectos procedimentales sino también de ubicación territorial, aspecto que juzgamos del mayor interés. Así, en el Anexo I se incluye el mapa informativo de la compatibilidad de las áreas sometidas a la protección medio ambiental para el emplazamiento de centrales fotovoltaicas a cuyo efecto aparecen delimitadas las zonas incompatibles y las zonas condicionadas, es decir, aquellas zonas en las que se pueden implantar centrales bajo las condiciones que se determinen en el procedimiento administrativo de concesión. Recuérdese que este acertado criterio es el que se utilizó con respecto a la ubicación de los parques eólicos en el plan del año 2001, instrumento que es retomado por el Decreto-Ley 14/2020 , al decir en su art. 12 que los criterios generales y específicos territoriales, paisajísticos, urbanísticos, medio ambientales y energéticos para la localización e implantación de parques eólicos, son los dispuestos en las normas del Plan Eólico de la Comunidad Valenciana, aprobado por acuerdo de 26 de julio de 2001, del Consell.

5.4. El Plan de Acción Territorial de Ordenación y Dinamización de la Huerta de Valencia

La derogada Ley de Ordenación del Territorio, Urbanismo y Paisaje de 2004 y posteriormente la ETCV, a la que anteriormente nos hemos referido, preveían la redacción de un plan de acción territorial de la huerta de Valencia, con el fin de delimitar aquellas zonas que debían de protegerse y las medidas urbanísticas necesarias para favorecer la sostenibilidad de la huerta de Valencia.

El área perimetral que circunda la ciudad de Valencia constituye uno de los paisajes agrarios más relevantes y singulares del área mediterránea ya que es un espacio de acreditados valores productivos, ambientales, culturales, históricos y paisajísticos que reclaman indudablemente un régimen de protección que garantice su pervivencia. Este espacio emblemático genera una producción agraria de alta calidad. La ciudad de Valencia y el entorno metropolitano despliegan una presión urbanística de importancia, a lo que se añade infraestructuras de movilidad que transforman los espacios agrícolas.

Desde otra perspectiva y en relación con esa singularidad, aparecen instituciones seculares de carácter jurídico tal como remarca Iranzo García [132] como es el Tribunal de las Aguas de Valencia que fue declarado patrimonio inmaterial de la humanidad por la UNESCO el 13 de septiembre de 2009, singular institución que ha merecido la atención de los estudiosos[133].

Los sistemas de regadío se remontan a la alta edad media instalados por la nueva sociedad andalusí creada en tiempos del Emirato Omeya a partir de la llegada de los musulmanes a

132 IRANZO GARCÍA, E., "L`Horta de Valencia. Incertidumbre para un paisaje cultural ancestral" en *Atlas de los paisajes agrarios de España.* Tomo II, 2014, Ministerio de Agricultura, Alimentación y Medio Ambiente. Pág. 2.

133 FAIRÉN GUILLÉN, V. "Breve examen del Tribunal de las Aguas de Valencia y de su proceso". *Arbor* CLXXV, 691, julio 2003: "El tribunal de las Aguas de Valencia (Tribunal de los Acequieros de la Vega de Valencia, es su nombre propio) se halla en una organización estatal integrada por el Ministerio de Obras Públicas, a efectos administrativos, pero con plena autonomía funcional (art. 20 de la Ley de Aguas de 2 de agosto de 1985, y en la Comunidad Valenciana, en lo que proceda por sus competencias, por la Confederación Hidrográfica del Júcar, como "Organismo de Cuenca" del citado art. 20 de la Ley de Aguas, regida por las normas aplicables a las Entidades Estatales Autónomas". Pág. 1296.

la Península Ibérica. Después de la reconquista se ampliaron los sistemas y en la época moderna se introdujeron cambios en el funcionamiento social de la huerta, pero fue sobre todo la revolución burguesa del siglo XIX la que dio paso a un nuevo tiempo caracterizado por la difusión del minifundio y la creación de una verdadera huerta de participación popular al calor del mercado[134]. Como señalan Mayordomo y Hermosilla[135] el espacio de la huerta está conformado por un mosaico de usos donde los campos de cultivo y las infraestructuras hidráulicas conviven con las áreas urbanas e industriales asociadas al área metropolitana de Valencia. La elevada presión urbanística se traduce en la reducción de su superficie. Desde una perspectiva temporal, tal como subraya Díez Torrijos[136], es de notar la sostenibilidad de un espacio que ha pervivido a lo largo de los siglos. La gestión del agua, la preservación del suelo y el cuidado de la cubierta vegetal, así como la implantación del hábitat disperso han permitido la pervivencia del área.

Es preciso hacer referencia también a un factor que debe tenerse en cuenta a la hora de poner en marcha las estrategias protectoras que se diseñan en el plan y es la fuerte crisis económica que afecta a un buen número de explotaciones agrícolas que dadas sus pequeñas dimensiones no resultan competitivas en el mercado y, lamentablemente, no es infrecuente el caso de abandono de cultivos dada su nula rentabilidad económica. Es decir, es preciso tener en cuenta que actualmente se opera sobre un espacio económicamente deprimido y que puede ser un fuerte condicionante de las previsiones del plan.

---

134 Memoria Informativa del Plan de Acción Territorial de la Huerta de Valencia

135 MAYORDOMO MAYA, S., HERMOSILLA PLA, J., "Evaluación del patrimonio cultural: La Huerta de Valencia como recurso territorial", *Boletín de la Asociación de Geógrafos Españoles*, Nº 82, 2019. Pág. 6.

136 DÍEZ TORRIJOS, I., "La Huerta de Valencia, estructura y paisaje". *Palimpsesto* nº 4, marzo 2012, pág. 14.

Contenido y estrategias del plan

El Plan de la Huerta fue aprobado por decreto 219/2018, de 30 de noviembre, del Consell de la Comunidad Valenciana. Según Díez Torrijos[137] el Plan de la Huerta tiene tres líneas de acción principales enmarcadas en la necesidad de crear un órgano gestor que coordine todas las actividades que se desarrollen en la huerta de Valencia. Estas son un modelo de protección, un programa agrícola y un modelo de uso público. Se definen 24 unidades territoriales de paisaje que constituyen los ámbitos de referencia para la definición de los objetivos de calidad territorial y paisajística y prevé la formación de un catálogo de protección de escala supramunicipal que se tramitará de forma separada dada la complejidad del mismo. Este catálogo será asumido y en su caso, completado por los planes generales estructurales municipales. El área territorial regulada por el plan comprende 44 términos municipales con una superficie aproximada de 22.900 hectáreas, el 3,99 % del territorio de la Comunidad Valenciana.

El plan trata la infraestructura verde de la huerta que está configurada por los espacios agrarios de huerta, los elementos de conexión, los espacios de valor natural y otros espacios urbanos en conexión. Se tiene en cuenta que la huerta no es un espacio homogéneo, sino que en función de criterios tales como su grado de transformación, parcelario patrimonio cultural y paisaje son por lo que el plan diferencia tres categorías como son la huerta de protección especial de grado 1, que es la que circunda a la ciudad de Valencia y los municipios más cercanos; la huerta de especial protección de grado 2, y la huerta de protección agrícola grado 3.

---

137 DÍEZ TORRIJOS, I., "El Plan de la Huerta de Valencia. PATPHV", *Paisea: revista de paisajismo,* nº 23, 2012. Pág. 104.

El plan se plantea la importante cuestión de relación con los planes generales de los municipios afectados los cuales integrarán la infraestructura verde supramunicipal propuesta por el plan de acción territorial y la completarán con los elementos propios de la escala local para conseguir un sistema interconectado permeable. El plan no propone crecimiento urbanístico alguno salvo en las denominadas zonas rurales comunes que se definen como aquellas susceptibles de transformación urbanística en función de las previsiones de los planes generales estructurales y los objetivos y determinaciones del Plan de la Huerta.

Una cuestión fundamental es la regulación de los usos y actividades en el suelo no urbanizable de la huerta, estableciendo el uso agrario como uso global, por lo que en el ámbito de la huerta protegida sólo se podrán realizar instalaciones, construcciones y obras que sean necesarias y compatibles con el mejor aprovechamiento de los valores de la huerta. Se regulan las instalaciones y obras vinculadas al sector agrario con un tratamiento diferenciado según su superficie y categoría de la huerta, por lo que se refiere a la rehabilitación de las viviendas y edificaciones existentes estas se someterán a las tipologías tradicionales según el catálogo de protecciones permitiéndose pequeñas ampliaciones.

Se aborda la situación de aquellas áreas de la huerta que a la entrada en vigor del plan de acción territorial cuentan ya con programa de actuación aprobado y, en consecuencia, deberán transformarse en suelo urbano. Se regula la cuestión temporal de modo que las obras de urbanización deberán realizarse en los plazos previstos en los programas y en todo caso, se establece como máximo un plazo de cinco años contados desde la aprobación del programa para iniciar las obras de urbanización y de otros cinco para ejecutarlas. De no cumplirse estas exigencias el suelo quedará sujeto al régimen ordinario del plan. También se afronta la importante cuestión de aquellas actuaciones ya declaradas de interés comunitario de usos terciarios o de servicio que hubieran iniciado su información pública con anterioridad a la entrada en vigor de la Ley 5/2018, de la Huerta de Valencia.

Por lo que se refiere a las estrategias de actuación, hay que referir la delimitación de enclaves de recuperación que son superficies de terrenos degradados sobre las que hay edificaciones en situaciones de ruina o en mal estado de conservación o son suelos sellados sin edificaciones o con escasa presencia de las mismas sin valor patrimonial. Sobre ellos se realizarán actuaciones de regeneración de la huerta para destinarlos a explotaciones agrarias efectivas, permitiéndose rectificar o rehabilitar las superficies construidas. El artículo 32 de la Ley 5/2018, determina que los propietarios de estos enclaves tienen la obligación de recuperar el suelo de la huerta y cultivar por lo menos las dos terceras partes de sus superficies. Sí transcurridos cuatro años desde la declaración de los enclaves, esta obligación se mantuviera incumplida, la Consellería competente en materia de Ordenación del Territorio instará al cumplimiento de la referida obligación.

Este plan, en definitiva, como instrumento de ordenación del territorio condiciona, en especial, los nuevos crecimientos urbanos tanto residenciales como industriales, así como las áreas de actividades terciarias o de servicios, la implantación de infraestructuras, la gestión y conservación de espacios naturales, la puesta en valor de los espacios culturales, las actuaciones de mejora de imagen urbana y la regeneración de los espacios degradados.

5.5. Plan de Acción Territorial Forestal de la Comunidad Valenciana

La superficie forestal de la Comunidad Valenciana ocupa el 55% de la superficie total del territorio valenciano, en concreto, 1.267.042 hectáreas, siendo por tanto un territorio con un marcado carácter forestal. González Prieto[138] señala que "*algo más de la mitad de los terrenos forestales de la Comunidad Valenciana son de titularidad privada (61,4%), siendo el resto de titularidad pública (38,6%). La Generalitat Valenciana es titular de casi el 10% del territorio forestal y corresponde a la Conselleria de Infraestructuras, Territorio y Medio Ambiente, la gestión de manera directa del 32% de la superficie, al tener a su cargo los montes de utilidad pública de titularidad municipal*". Estas cifras ofrecen datos objetivos de la importancia de dar solución a una gran extensión de territorio que parte de una escasa gestión forestal y una gran tasa de abandono como consecuencia de los altos costes, la dificultad administrativa y el escaso reconocimiento social, lo que conlleva una degradación progresiva de los ecosistemas.

Para abordar esta situación, por Decreto 58/2013, de 3 de mayo, del Consell, se aprobó el Plan de Acción Territorial de la Comunidad Valenciana (en adelante, PATFOR) de conformidad con la potestad autonómica para asumir competencias en materia de montes y aprovechamientos forestales. En el ámbito estatal, la Ley 43/2003 de Montes, en su art. 31, otorga a las Comunidades Autónomas la capacidad de elaborar instrumentos de planificación forestal, pasando a formar parte de las herramientas de la ordenación territorial[139].

Se concibe, por tanto, como un Plan de Acción Territorial sectorial que debe dar cumplimiento a los requisitos establecidos por la Ley 3/1993 Forestal de la Comunidad Valenciana

---

138 GONZÁLEZ PRIETO, A. "Biomasa en la Comunidad Valenciana. PATFOR: evaluación de los recursos forestales para la biomasa". *Bioenergy International Español* nº 19, 2 trimestre 2013. Pág. 22

139 El art. 31.2 de la Ley de Montes, dispone que "el contenido de estos planes será obligatorio y ejecutivo en las materias reguladas por esta Ley. Asimismo, tendrán carácter indicativo respecto de cualquiera otras actuaciones, planes o programas sectoriales".

que establece para el Plan General de Ordenación Forestal de la Comunidad Valenciana.

El contenido del PATFOR se regula y desarrolla en torno a cuatro documentos: documento informativo, propositivo, normativo y el estudio de paisaje. En concreto, el documento propositivo que desarrolla las propuestas de planeamiento del PATFOR versa en torno a cuatro puntos fundamentales: las propuestas de planeamiento, las directrices y zonificación territorial (incluyen las demarcaciones forestales), las recomendaciones técnicas para la gestión forestal y las recomendaciones para mejorar la eficacia de la administración forestal y, por último, el programa de actuaciones a desarrollar en los siguientes años.

El ámbito de aplicación del PATFOR es el formado por todos los terrenos forestales de la Comunidad Valenciana, tanto de titularidad pública como privada, sobre los cuales incorpora unos objetivos y principios directores atendiendo a la Estrategia Territorial de la Comunidad Valenciana. Las determinaciones del PATFOR serán vinculantes, por tanto, tanto para las personas físicas como para las personas jurídicas, públicas o privadas.

Como se ha señalado, el PATFOR incorpora los objetivos y principios directores de la estrategia territorial de la Comunidad Valenciana, manteniendo así la funcionalidad de la infraestructura verde del territorio y zonificando el suelo no urbanizable en la planificación urbanística y territorial, siendo su objetivo principal definir el modelo forestal de la Comunidad Valenciana basado en su integración con el desarrollo rural, la gestión sostenible, la multifuncionalidad de los montes y la conservación de la diversidad biológica y paisajística.

6. CONCLUSIONES

El planeamiento supramunicipal comenzó tempranamente en Valencia al aprobarse en el año 1946 el Plan General que comprendía 30 municipios. En aquellos momentos el urbanismo en España estaba dando sus primeros pasos como formulación científica y el ambicioso plan tuvo su talón de Aquiles en la infructuosa gestión urbanística y territorial. Se constituyó la Corporación Administrativa del Gran Valencia y, ciertamente, la capacidad operativa de la institución fue muy poco brillante, existiendo tensiones evidentes con los municipios del área. La liquidación de la Corporación Administrativa tuvo lugar en el año 1986 y se dio paso a las Normas de Coordinación Metropolitana que coordinaban actividades con influencia en el territorio de la extinguida Gran Valencia. Progresivamente fueron apareciendo tensiones, especialmente con relación a la supuesta prepotencia con la ciudad de Valencia y también acabaron desapareciendo con un balance bastante pobre. En realidad, desde la desaparición de la Corporación Administrativa Gran Valencia los municipios toman las riendas de su propio futuro urbanístico y, progresivamente, fueron tramitando sus correspondientes planes generales a partir de la ordenación inicial del plan de 1946.

Se puede decir que, en general, ha sido una experiencia con abundancia de luces y sombras. Sin embargo, dentro de las realizaciones positivas hay que destacar, en primer lugar, el PATRICOVA, que ha supuesto un instrumento muy valioso para hacer frente al gran riesgo de las inundaciones en la Comunidad Valenciana, un plan territorial plenamente operativo y de gran valor protector.

Otro plan que brilla con luz propia es el Plan Eólico de la Comunidad Valenciana, que fue redactado con un cierto carácter pionero tratando de hacer frente a una grave amenaza paisajística, cual es la causada por los impactos de los aerogeneradores. La energía eólica goza de una general aceptación en cuanto a sus características de producción de energía eléctrica, pero su implantación al margen de los criterios de sostenibilidad ambiental puede originar graves e irreparables daños en el paisaje, flora y fauna. Los estudios de impacto ambiental a los que deben someterse los proyectos de parques eólicos resultan claramente insuficientes a la hora de una valoración precisa de los impactos desfavorables. En este sentido el plan eólico ha supuesto una salvaguarda de paisajes muy valiosos tanto en la costa como en el interior.

El PATIVEL despliega una importante carga urbanística sobre el área costera y tiene una gran incidencia sobre el planeamiento general, en la medida que entra en las desclasificaciones de suelo urbanizable y también en las propias del suelo no urbanizable, sobre las cuales despliega un estatuto jurídico del propietario mucho más restringido. La aplicación de la situación básica de suelo rural prevista en el TRLSRU, lleva consigo fuertes fricciones en relación con las expectativas de los propietarios deducidas del planeamiento municipal. Por lo que se refiere al Plan de la Huerta, despliega estrategias de diversa naturaleza, debiendo distinguirse entre aquellas medidas que imponen una simple prohibición a partir de una situación dada, de aquellos otros preceptos que imponen una obligación de hacer. En este último aspecto es preciso tener en cuenta que una muy apreciable parte de la huerta valenciana está enormemente lastrada en cuanto a rendimientos económicos y, en consecuencia, el propietario difícilmente afrontará obligaciones que le supongan un desembolso sin posibilidades de recuperarlo.

7. BIBLIOGRAFÍA

AGULLÓ ET AL. "Energía, territorio y sociedad: Zona XIV del plan eólico valenciano". En, *Energía y territorio: dinámicas y procesos: comunicaciones: XXII Congreso de Geógrafos Españoles,* 2002, Alicante, Universidad de Alicante. Págs. 13-22.

AUBAN NOGUES, C. "Una Estrategia Territorial para dinamizar un área regional: la Estrategia Territorial de la Comunidad Valenciana". *Práctica Urbanística* Nº 169, marzo-abril 2021.

CASTELLANOS GARIJO, M. *Régimen jurídico de la energía eólica. Los procesos de autorización de los parques eólicos y de su acceso y conexiones a la red.* Universidad de Alcalá de Henares, 2012.

COMISIÓN EUROPEA, *Medio ambiente para los europeos,* Nº 35, 2009.

DÍEZ TORRIJOS, I., "El Plan de la Huerta de Valencia. PATPHV", *Paisea: revista de paisajismo,* nº 23, 2012.

DÍEZ TORRIJOS, I., "La Huerta de Valencia, estructura y paisaje". *Palimpsesto* nº 4, marzo 2012.

FAIRÉN GUILLÉN, V. "Breve examen del Tribunal de las Aguas de Valencia y de su proceso". *Arbor* CLXXV, 691, julio 2003.

FARINÓS DASÍ ET ALL. "Planes estratégicos territoriales de carácter supramunicipal". *Boletín de la A.G.E.*, Nº 39, 2005.

FERIA TORIBIO, J., SANTIAGO RAMOS, J., "Naturaleza y ciudad. Perspectivas para la ordenación de la infraestructura verde en los planes territoriales metropolitanos en España". *Boletín de la Asociación de Geógrafos Españoles,* Nº 74, 2017.

GARCÍA DELGADO, J. Y JIMÉNEZ, J.C. (2007). "Un debate necesario: la regulación energética". En *Energía y Regulación, 2007,* Cizur Menor, Ed. Civitas.

GONZÁLEZ PRIETO, A. "Biomasa en la Comunidad Valenciana. PATFOR: evaluación de los recursos forestales para la biomasa". *Bioenergy International Español* nº 19, 2 trimestre 2013.

IRANZO GARCÍA, E., "L`Horta de Valencia. Incertidumbre para un paisaje cultural ancestral" en *Atlas de los paisajes agrarios de España.* Tomo II, 2014, Ministerio de Agricultura, Alimentación y Medio Ambiente.

LLORCA RAMIS, J.B. "La ordenación del territorio, la Administración Local y la pérdida de competencias en materia urbanística. El caso de la Comunidad Autónoma Valenciana". *Práctica Urbanística* Nº 126, enero-febrero 2014. Págs. 48-65.

MAYORDOMO MAYA, S., HERMOSILLA PLA, J., "Evaluación del patrimonio cultural: La Huerta de Valencia como recurso territorial", *Boletín de la Asociación de Geógrafos Españoles*, Nº 82, 2019.

NADAI A. ET AL. El paisaje y la transición energética: comparando el surgimiento de paisajes de energía eólica en Francia Alemania y Portugal. *Numbus, Revista de Climatología, Meteorología y Paisaje,* 25-26, 2010. Págs. 155-173.

OLCINA CANTOS, J., "Ordenación territorial e infraestructura verde para la reducción del riesgo natural en España". *Práctica Urbanística* nº 164, mayo-junio 2020.

ROMERO ALOY, M. J. Y ROMERO SAURA, F. *La zonificación Urbanística,* Madrid, España, Ed. La Ley-Wolters Kluver, Madrid, 2013.

SÁNCHEZ CABRERA, J. *Renovación y cambio en los instrumentos y leyes de ordenación del territorio, urbanismo y paisaje en la Comunidad Valenciana, en Planificación y Gestión Integrada como respuesta.* Universitat de València, 2020.

SANCHÍS IBOR ET ALL. "La cartografía regional de peligrosidad de inundación por criterios geomorfológicos en el plan de acción territorial frente al riesgo de inundación en la Comunidad Valenciana (PATRICOVA)", en *Comprendiendo el relieve del pasado al futuro,* Madrid 2016.

SOSA WAGNER, F. *Aspectos institucionales de la gestión metropolitana. Planeamiento y gestión metropolitana comarcal y municipal.* Pamplona, Universidad de Navarra, 1993.

TORIBIO J., TENOR, M.R., RAMOS J. R., "Los planes de ordenación del territorio como instrumentos de cooperación". *Boletín Oficial de la Asociación de Geógrafos Españoles* nº 39, 2005.

URIARTE RICOTE, M., "Planificar la infraestructura verde urbana". *R.V.A.P.,* número especial, mayo-diciembre 2014.

VEGA-REBOLLO, J. ET AL., "La incorporación de la infraestructura verde en el ordenamiento territorial. El plan de acción territorial de la infraestructura verde del litoral de la Comunidad Valenciana", *Ciudad y Territorio,* nº 201.

Capítulo 7

El Plan director urbanístico de la actividad económica de la Cuenca de Ódena: una infraestructura verde de escala supramunicipal

DAVID BARRETO EXPÓSITO
Arquitecto, máster en urbanismo y máster en SIG
Profesor asociado en la Universidad Politécnica de Cataluña. Colectivo CCRS

IAGO CHOI KO
Arquitecto y diplomado en turismo. Colectivo CCRS

SANDRA NÚÑEZ MALAVÉ
Arquitecta, máster en proyectación urbanística, máster en políticas de suelo y desarrollo urbano sostenible y posgrados en SIG
Profesora asociada en la Universidad Politécnica de Cataluña. Colectivo CCRS

MARTÍN PORTILLA CARDONA
Ingeniero agroambiental y del paisaje y máster en paisajismo. Colectivo CCRS

OMAR SOSA GARCÍA
Doctor arquitecto. Profesor colaborador en la Universitat Oberta de Catalunya. Colectivo CCRS

ALBERTO ZARAGOZA TALAMANTES
Arquitecto y máster en proyectación urbanística. Colectivo CCRS

SUMARIO: 1. LA ESTRATEGIA TERRITORIAL PARA LA LOCALIZACIÓN DE NUEVOS SECTORES DE ACTIVIDAD ECONÓMICA EN CATALUÑA. 2. LA CUENCA DE ÓDENA: UN TERRITORIO INDUSTRIAL. 3. EL PLAN DIRECTOR URBANÍSTICO DE LA ACTIVIDAD ECONÓMICA DE LA CUENCA DE ÓDENA. 4. CONCLUSIONES. 5. BLIBLIOGRAFÍA.

1. LA ESTRATEGIA TERRITORIAL PARA LA LOCALIZACIÓN DE NUEVOS SECTORES DE ACTIVIDAD ECONÓMICA EN CATALUÑA

Desde mediados del siglo XIX, Cataluña ha destacado por su impulso industrial, consolidándose como un territorio innovador. El modelo catalán se ha basado históricamente en la localización estratégica de la industria en el territorio, aprovechando la energía fluvial para impulsar las turbinas de las fábricas textiles, que coexistía tanto con equipamientos como con el alojamiento de obreros y técnicos. Durante los últimos años se ha ido perdiendo el vínculo entre la industria y la vida urbana debido a que otros factores, como la cercanía a grandes infraestructuras de movilidad, han tomado prioridad en la implantación de áreas de actividad económica.

El aumento de los precios de la vivienda en las grandes ciudades y la deslocalización de los polos productivos han provocado una expansión de la vivienda y nodos terciarios en zonas alejadas, lo que ha resultado en una fragmentación y pérdida de espacios naturales. Esto se refleja en la actual superficie de suelo urbanizable de actividad económica en los municipios catalanes, que asciende a alrededor de 15.820 hectáreas, frente a las 134.538 hectáreas del total de suelo urbano consolidado de Cataluña, esto supone un crecimiento de la mancha urbana actual del 11,76%.[140]

---

[140] Los datos presentados se basan en el análisis de la información urbanística contenida en el Mapa Urbanístico de Cataluña (MUC) en fecha de marzo de 2023. El MUC es una herramienta que sintetiza el planeamiento general en Cataluña, permitiendo obtener una visión global de la situación urbanística del territorio mediante una codificación uniforme. Es importante señalar que la información contenida en el MUC no posee validez jurídica, por lo que los resultados derivados de su análisis deben ser considerados como una aproximación.

En julio de 2020 el Departamento de Territorio de la Generalitat de Cataluña elaboró la Estrategia Territorial para la Localización de Nuevos Sectores de Actividad Económica. Esta Estrategia tiene como objetivo dar respuesta a la necesidad de generar parcelas bien conectadas, de cierta dimensión[141] y con disponibilidad de población cualificada en su entorno. Su objetivo es planificar a escala territorial el suelo con capacidad para acoger actividad económica en ámbitos estratégicos en Cataluña. Para ello, se delimitan ámbitos concretos, evitando así posibles desarrollos de actividad económica industrial o logística de gran formato en ámbitos no estratégicos que puedan fragmentar el territorio.

Para poder desarrollar esta estrategia, es necesaria una mirada que trascienda los límites municipales. El documento subraya la importancia de la gestión supramunicipal de modo que los beneficios resultantes de la implantación de nuevas empresas en el territorio recaigan sobre el conjunto de municipios y no sobre unos pocos. Esto implica una recaudación conjunta de impuestos y tasas, así como un esfuerzo conjunto de los municipios para hacer frente a las responsabilidades de mantenimiento y gestión.

La Ley 2/2002, de 14 de marzo, de Urbanismo (LUC), que ya ha sido derogada, establecía el alcance de los planes directores urbanísticos para que proporcionaran directrices destinadas a coordinar la ordenación urbanística de un territorio de ámbito supramunicipal. El régimen de suelo recaía en el planeamiento urbanístico municipal, siempre en concordancia con las directrices establecidas en el planeamiento territorial. Sin embargo, a partir del nuevo Decreto Legislativo 1/2010, de 3 de agosto, por el que se aprueba el texto refundido de la

---

141 Se distinguen tres grupos en función de la superficie de las parcelas: pequeñas (menores a 1 hectárea), medianas (entre 1 y 5 hectáreas) y grandes (mayores a 5 hectáreas).

Ley de urbanismo (TRLUC), se determina que, a través de los planes directores urbanísticos de delimitación y ordenación de sectores de interés supramunicipal, se puede iniciar la gestión urbanística de actuaciones sin necesidad de una adaptación previa de los planes de ordenación urbanística municipal.

En el documento de la Estrategia Territorial para la Localización de Nuevos Sectores de Actividad Económica, se identifican ámbitos clave para el progreso económico que son susceptibles de ser desarrollados a través de Planes Directores Urbanísticos (PDU). La Cuenca de Ódena es uno de estos enclaves para impulsar el crecimiento económico del territorio catalán, promoviendo nuevas actividades, fomentando la competitividad y equilibrando el desarrollo territorial.

En 2017, los Ayuntamientos de los siete municipios de la Mancomunidad Intermunicipal de la Cuenca de Ódena[142] (MICOD) solicitaron el impulso de un ámbito de gestión conjunta para la ordenación de suelo destinado a nuevas actividades económicas. Dado que esta solicitud implicaba la transformación de un suelo mayormente agrario, se respondió al encargo con un PDU que, formulado por el Departamento de Territorio de la Generalitat de Cataluña, se basase en los principios del Desarrollo Urbano Sostenible e Integrado (DUSI) en respuesta a la solicitud.

---

[142] La Mancomunidad Intermunicipal de la Cuenca de Ódena (MICOD) fue creada en el año 2001 y es una asociación voluntaria de municipios con personalidad jurídica propia y plena capacidad para el cumplimiento de sus fines. Está compuesta por los siguientes siete municipios: Castellolí, Igualada, Jorba, La Pobla de Claramunt, Ódena, Santa Margarida de Montbui y Vilanova del Camí.

2. LA CUENCA DE ÓDENA: UN TERRITORIO INDUSTRIAL

La tradición económica de la Cuenca de Ódena se basó principalmente en la agricultura hasta mediados del siglo XVIII, momento en el que empezaron a surgir diferentes industrias asociadas a los cursos de agua, especialmente al del río Anoia. En este contexto, aparecen diversas actividades como la molinera y la del papel en La Pobla de Claramunt, o el curtido de pieles y producción de género de punto en Igualada, así como actividades extractivas yeseras en Ódena y Vilanova del Camí.

La conexión directa de la Cuenca de Ódena con Barcelona y su localización estratégica en el corredor hacia el interior de la península ibérica, junto con su posterior conexión ferroviaria, son factores clave en el crecimiento de su actividad industrial. Durante el siglo XIX, el crecimiento económico y demográfico se centra principalmente en la ciudad de Igualada, pero en el siglo XX se extendió a los municipios cercanos, como Vilanova del Camí y Santa Margarida de Montbui. La industria de la piel en Igualada marcó la identidad de la comarca de la Anoia, convirtiéndose en un centro de referencia internacional durante el siglo XIX.

En el siglo XX, la producción textil de punto tiene también un importante crecimiento, como respuesta a la crisis del algodón. Durante este siglo, la industria empleó alrededor del 65,6% de la población activa, principalmente gracias a la producción de géneros de punto. A partir de la década de los sesenta, la actividad económica se diversificó en sectores como la metalurgia, la construcción y las artes gráficas, y se localiza en los polígonos industriales de Igualada, Vilanova del Camí, Santa Margarida de Montbui y Ódena.

La Cuenca de Ódena sigue siendo un territorio con un gran potencial para el desarrollo económico y la innovación, así como para ampliar la oferta de actividad económica, gracias a tres aspectos clave:

- Su localización estratégica, conectada con infraestructuras de gran capacidad, como la autovía A-2, las carreteras C-15 y C-37 y el aeródromo de Igualada-Ódena, que la conectan con el puerto y aeropuerto de Barcelona en solo 45 minutos.
- La orografía relativamente plana de parte de su territorio.
- La tradición industrial vinculada a sectores como la piel, el textil, el papel y la automoción, que se está diversificando aún más, para adaptarse a los sectores más innovadores y emergentes, como el diseño, las TIC y la energía. Este cambio de paradigma también se refleja en la apuesta para generar una amplia oferta educativa de ciclos formativos relacionados con el sector industrial y logístico, así como en la oferta de grados universitarios o el máster en ingeniería del cuero, único a nivel europeo.

En la iniciativa de formulación del Plan Director Urbanístico, propuesta por los Ayuntamientos de los siete municipios integrantes de la MICOD, se destaca la idoneidad de la Cuenca de Ódena como espacio para el desarrollo económico, industrial y logístico de alta capacidad. Ésta se basa en su posición central en Cataluña, predominancia de terrenos planos en su parte central y, su proximidad a importantes infraestructuras. En dicha solicitud, también se reconoce los activos económicos históricos de la comarca y los centros de educación superior en materia industrial y logística.

Los Ayuntamientos solicitan la creación de un nuevo Plan Director Urbanístico (PDU) supramunicipal que permita la ejecución directa de ámbitos de desarrollo urbanístico estratégico. Este plan coordinará, fomentará y dinamizará los diferentes sectores productivos y económicos presentes en el territorio. Este Plan debe tener en cuenta, entre otros aspectos, las determinaciones sobre un desarrollo urbanístico sostenible, la movilidad de personas y mercancías, el transporte público y la gestión adecuada del medio ambiente para preservar los valores históricos y culturales que distinguen la Cuenca de Ódena.

Los sectores de interés supramunicipal deben situarse en los ámbitos de interés territorial definidos por el planeamiento territorial. En el caso de que la actuación no esté prevista en el mismo, es requisito previo a la formulación del PDU correspondiente, el acuerdo de la Comisión de Política Territorial y Urbanismo (CPTU) que reconozca el interés territorial de la actuación. Por ello, en la sesión de 28 de julio de 2017, la CPTU de Cataluña acordó declarar el interés territorial, en virtud del artículo 157bis del TRLUC, a los diferentes sectores de interés supramunicipal que el PDU de la Actividad Económica de la Cuenca de Ódena delimite y ordene en los municipios integrantes de la MICOD, por considerarlos de gran relevancia social y económica.

En el siguiente apartado se explica cómo el Plan Director Urbanístico de la Actividad Económica de la Cuenca de Ódena (PDUAECO), que fue aprobado definitivamente en febrero de 2023 por la Comisión de Territorio de Cataluña, garantiza la sostenibilidad integral (económica, social y ambiental) desde una perspectiva física a través de la construcción de una infraestructura verde. Esta infraestructura verde se presenta como uno de los dos objetivos principales del plan, junto al de delimitación y ordenación de suelo apto para la actividad económica de gran extensión.

3. EL PLAN DIRECTOR URBANÍSTICO DE LA ACTIVIDAD ECONÓMICA DE LA CUENCA DE ÓDENA

Los planes directores urbanísticos que se proponen para desarrollar la Estrategia Territorial para la Localización de Nuevos Sectores de Actividad Económica en Cataluña demuestran el compromiso del Gobierno de Cataluña, que resulta más destacable aún, si consideramos la dificultad de aprobar un plan que clasifica y ordena detalladamente el suelo de varios municipios.

En el caso del PDUAECO, la constitución de la MICOD y la solicitud común suscrita por los siete Ayuntamientos al Departamento de Territorio de la Generalitat de Cataluña para la formulación del nuevo PDU, ha propiciado un escenario previo de consenso sobre el contenido del futuro Plan.

Si bien el objetivo principal del PDUAECO es la delimitación y ordenación de suelo para la actividad económica, se añade un segundo objetivo que persigue la construcción física de una infraestructura verde que conecte la nueva actividad económica con la vivienda y su entorno natural. La promulgación de los principios del Desarrollo Urbano Sostenible e Integrado (DUSI) por el Real Decreto Legislativo 7/2015, de 30 de octubre, por el que se aprueba el Texto Refundido de la Ley de Suelo y Rehabilitación Urbana (TRLSRU), junto con la oportunidad que ofrece la planificación de un territorio que va más allá de los límites municipales gracias al carácter supramunicipal de los planes directores urbanísticos, ha permitido articular una serie de cargas urbanísticas a los desarrolladores de los sectores de interés supramunicipal del PDU, destinadas a la consecución de este segundo objetivo.

Figura 1. Aproximar la nueva actividad económica a la residencia

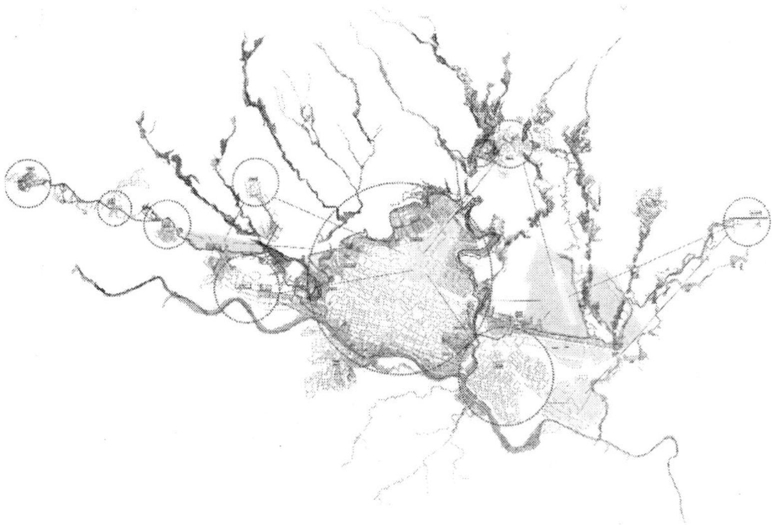

Fuente: Colectivo CCRS

Respecto al primer objetivo que implica la delimitación y ordenación detallada del suelo de actividad económica, es importante destacar que el ámbito del PDUAECO está íntegramente incluido en el ámbito del Plan Director Urbanístico de la Cuenca de Ódena (PDUCO), que fue aprobado definitivamente antes de la entrada en vigor del TRLUC[143]. Por lo tanto, el PDUCO es un plan que establece directrices de obligado cumplimiento para el planeamiento urbanístico general, pero no tiene la potestad de modificar el régimen de suelo. Sin embargo, el PDUCO se redactó para abordar cuestiones de carácter urbanístico supramunicipal, siendo éste un documento a medio camino entre los Planes Territoriales Parciales (PTP) y los Planes de Ordenación Urbanística Municipal (POUM), ya

---

143 El Plan Director Urbanístico de la Cuenca de Ódena (PDUCO) fue aprobado definitivamente en diciembre de 2008.

que establece categorías de suelo similares al planeamiento territorial parcial, con un nivel de detalle propio del planeamiento general municipal, pero sin alterar el régimen del suelo.

El PDUCO establece diferentes categorías de espacios abiertos, delimita ámbitos de desarrollo urbanístico y ordena las infraestructuras. Los instrumentos de planeamiento encargados de desarrollar estas determinaciones son los POUM y los planes especiales urbanísticos de carácter supramunicipal, que deben ajustarse a los contenidos del PDUCO. En lo que respecta al sistema de asentamientos, el PDUCO delimita ámbitos de suelo residencial, de actividad económica y de desarrollo urbanístico mixto.

El nuevo PDUAECO define el proyecto de territorio que justifica la delimitación y ordenación de los nuevos sectores de actividad económica en la Cuenca de Ódena, siguiendo los principios del DUSI. El PDUAECO redefine el modelo de implantación de la actividad económica en el territorio y, por lo tanto, establece en su normativa la eliminación de la previsión de los ámbitos de crecimiento de actividad económica establecidos en el PDUCO, ya que son incompatibles con el modelo urbanístico sostenible propuesto. Como resultado, se reduce la previsión de este tipo de suelo se reduce en un 66,63%, pasando de las 615,21 hectáreas en el PDUCO a las 205,30 en el nuevo Plan. Se mantiene un modelo coherente y en continuidad con el tejido urbano existente, se evita la generación de perímetros urbanos discontinuos y se sitúa la mayor parte de los crecimientos en el interior del anillo delimitado por la estructura viaria de alta capacidad, lo que minimiza el riesgo de urbanización dispersa sobre la matriz agroforestal y, evita la fragmentación de la misma.

En relación al segundo objetivo, se busca construir una infraestructura verde que conecte la nueva actividad económica con la residencia y el entorno natural, promoviendo una distribución modal que priorice la movilidad blanda, saludable y activo, como caminar o ir en bicicleta, en lugar del transporte motorizado en vehículo privado. En numerosas ocasiones los espacios libres aparecen aislados, sin formar parte de una red conectada. Esto resulta bastante común especialmente en el caso de los polígonos industriales, donde el sistema de espacios libres a menudo se convierte en un suelo residual que, simplemente, cumple con el estándar de espacios libres exigido por la legislación urbanística.

El análisis desde una visión territorial, que va más allá de los límites municipales, permite identificar una serie de espacios que ofrecen la oportunidad de crear un sistema conectado de espacios abiertos. Este sistema interconectado permite generar espacios para una infraestructura de la movilidad activa, reduciendo así las distancias entre los diferentes núcleos, tanto residenciales como de actividad económica. En el caso que nos ocupa, es fácil reconocer el conjunto de espacios que forman el Anillo Verde de Igualada, donde en los últimos años han llevado a cabo múltiples actuaciones para configurar recorridos que conectan equipamientos y servicios del municipio alrededor del continuo urbano de Igualada, Vilanova del Camí y Ódena.

El proyecto de territorio que se persigue con el PDUAECO pretende vincular el Anillo Verde de Igualada con los núcleos urbanos del entorno. El Plan propone fomentar y mejorar la red de caminos existente, en la que la ordenación de los sectores delimitados jugará un papel fundamental para ubicar de manera estratégica los equipamientos y zonas libres vinculados a los caminos.

Figura 2. La construcción de la infraestructura verde

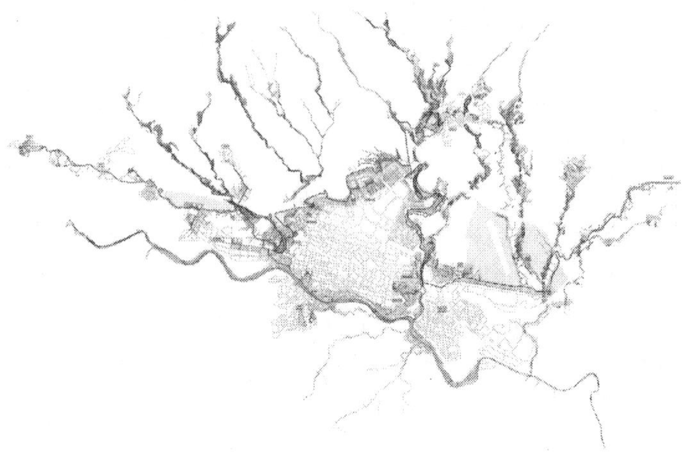

Fuente: Colectivo CCRS

Para lograrlo, el PDUAECO establece una serie de obligaciones a los desarrolladores con el fin de llevar a cabo cada una de las acciones necesarias en cada sector, de acuerdo con los principios del DUSI y promulgados por el TRLSRU. Antes de la Ley 8/2007, de 28 de mayo, de suelo (LS07), todas estas acciones habrían sido muy difíciles de justificar.

Por ejemplo, el sector de suelo urbanizable denominado "Parque Tecnológico y Empresarial de Igualada y Jorba" abarca a tres municipios diferentes y presenta una estructura discontinua, con áreas verdes y equipamientos ubicados al norte y sur de la autovía A-2, y en el que todo el aprovechamiento urbanístico se concentra al sur de ésta. Cabe destacar que el suelo destinado a espacios libres y equipamientos supera los estándares urbanísticos exigidos por el artículo 65 del TRLUC, que establece un mínimo del 10% del sector para el sistema de espacios libres y un 5% para equipamientos. Para el cumplimiento del estándar de sistema de espacios libres, se deben excluir aquellos suelos con pendientes superiores al 20%, según lo establecido por el artículo 7.1.b del Reglamento de la Ley de Urbanismo. En este sector se observa que el 14,03% del ámbito al sur de la autovía A-2 corresponde al sistema de espacios libres en suelos con pendientes inferiores al 20%, y el 5,02% corresponde al sistema de equipamientos públicos. Con todo ello, se justifica que la inclusión de los terrenos al norte de la autovía no responde tanto al cumplimiento de los estándares legales, sino más bien a la voluntad del Plan de generar la mencionada infraestructura verde que conecte los diferentes nodos. De esta forma, el núcleo residencial rural del Espelt queda conectado con los nuevos ámbitos de actividad económica a través de la infraestructura de caminos. Se configura así la puerta de conexión entre el nuevo sector y el Espelt, generando un recorrido paisajístico que dispone en su trayectoria de una zona equipada para actividades al aire libre y que dota de cierta seguridad ciudadana. Con este mismo fin se prevé la correcta iluminación del camino.

Tanto el conjunto de acciones, como la delimitación de sectores discontinuos, configuran los mecanismos necesarios para alcanzar el segundo de los objetivos, demostrando que los sistemas urbanísticos como equipamientos y espacios libres van más allá del cumplimiento de los estándares mínimos legales.

Figura 3. Sector discontinuo "Parque Tecnológico y Empresarial de Igualada y Jorba"

Fuente: Colectivo CCRS

El sector de suelo urbanizable denominado "Entorno del Aeródromo" se configura como un sector discontinuo y abarca un conjunto de suelo de espacios libres en el ámbito de Fátima, a una distancia de 4 kilómetros de donde se concentra el aprovechamiento urbanístico. Al igual que en el caso anterior, el sistema de espacios libres y de equipamientos cumple ampliamente con los estándares urbanísticos requeridos por la legislación vigente. Considerando exclusivamente el ámbito del sector discontinuo donde se concentra el aprovechamiento urbanístico, se observa que el 20,36% del área está calificado como sistema de espacios libres en suelos con pendientes inferiores al 20%, mientras que el 5,14% se califica como sistema de equipamientos públicos. Por lo tanto, la inclusión de los suelos en Fátima dentro del sector de suelo urbanizable, no responde al cumplimiento de los estándares mínimos, sino más bien a la necesidad de dar continuidad a la infraestructura verde desde una visión global.

La incorporación de los informes sectoriales preceptivos y vinculantes como factor determinante y demostración del acogimiento del principio y de los objetivos DUSI (Cerezo, 2023) se recoge en los informes recibidos con motivo del período de exposición pública y audiencia institucional del PDU aprobado inicialmente. Cabe mencionar lo señalado en el informe del Departamento de Acción Climática recibido en el que se destaca en positivo que la nueva propuesta del Plan es la formulación de un planteamiento global de territorio que no solo abastece la implantación de actividades económicas, sino que también incluye un proyecto de infraestructura verde basado en los elementos estructurales del territorio.

Figura 4. Sectores discontinuos y cargas externas para enlazar los nuevos ámbitos de actividad económica con la residencia, a través de la infraestructura verde

Fuente: Colectivo CCRS

Además de la discontinuidad de los sectores de suelo urbanizable, otro de los mecanismos utilizados para dar continuidad a la infraestructura verde identificada ha sido la definición de una serie de intervenciones externas a los sectores, que se incluyen en el cuerpo normativo del Plan como cargas adscritas a los mismos y que, deben incluirse en el proyecto de urbanización y ser asumidos por la entidad de reparcelación correspondiente. Valgan como ejemplo, las actuaciones del puente por encima de la A-2, que une los ámbitos norte y sur del sector 1, la mejora del camino que conecta el ámbito que concentra el aprovechamiento urbanístico del sector 1 con el Anillo Verde de Igualada y la adecuación de un camino seguro que conecta el nuevo sector con el núcleo residencial de El Pla de Torroella. Éstas son actuaciones adscritas al primer sector de suelo urbanizable. En la definición de las cargas urbanísticas adscritas a cada sector, se han considerado exclusivamente suelos públicos para evitar que la comunidad de reparcelación asuma el gasto de adquirir nuevos suelos, y que únicamente asuma el costo de mejorar algunos de los existentes y la construcción del puente.

Otro mecanismo ha sido el establecimiento de medidas de compensación ambiental. En la evaluación ambiental estratégica de planes y programas en Cataluña, se ha incorporado una nueva exigencia denominada la "No pérdida neta de biodiversidad", que tiene el objetivo de detener la progresiva pérdida de biodiversidad y de los servicios y funciones que proveen los ecosistemas. A pesar de la necesidad de incorporar tipologías edificatorias que requieren grandes superficies de parcela, el Plan incorpora esta exigencia como uno de los retos principales del proyecto. Éste se aborda a partir de una metodología basada en la jerarquía de mitigación, que se puede resumir en las siguientes fases: evitar, corregir y compensar el impacto. Como en cualquier transformación urbanística de este calibre, a pesar de evitar y corregir el impacto, ha sido necesario compensar la pérdida de biodiversidad. En este sentido, el PDUAECO localiza en el entorno inmediato ámbitos degradados de interés medioambiental que, a través de medidas de compensación, puedan ser recuperados mediante actuaciones de mejora ambiental. Esto supone un enfoque diferente respecto a cómo se ha utilizado el concepto de compensación hasta la fecha, que a menudo estaba asociado a costear operaciones en territorios lejanos.

Por otra parte, resulta necesario disponer de herramientas para medir la biodiversidad y, actualmente, aún no hay ejemplos en fase de planeamiento urbanístico. El PDUAECO es uno de los primeros planes urbanísticos que incluye un ensayo de medición y cuantificación económica de la biodiversidad, lo cual es esencial para asegurar su equilibrio.

El mantenimiento de la biodiversidad se incorpora a los deberes de los promotores de la actuación urbanística y exige una definición específica como un concepto técnico-científico que relaciona muchos elementos entre sí, como los recursos naturales, las especies y los hábitats, de manera sistémica. Para ello, se evaluó la pérdida de biodiversidad de manera objetiva en el Estudio Ambiental Estratégico (EAE) del Plan y se incluyeron las mencionadas medidas de compensación ambiental como parte de las obligaciones urbanísticas asociadas al desarrollo de los sectores con pérdida de biodiversidad. Las medidas de compensación ambiental son coherentes con la infraestructura verde del Plan, como, por ejemplo, la sustitución de la caña por bosque de ribera en torrentes cercanos a los sectores y la recuperación de la cubierta vegetal en el entorno de los asentamientos rurales.

4. CONCLUSIONES

La consecución de los dos objetivos establecidos en el PDUAECO ha sido posible, principalmente, gracias a la existencia de una entidad supramunicipal, la MICOD, formada por los siete Ayuntamientos de la Cuenca de Ódena que firmaron conjuntamente la iniciativa de formulación del Plan. Al mismo tiempo, la Generalitat de Cataluña ha trabajado en la Estrategia Territorial para la Localización de Nuevos Sectores de Actividad Económica, lo cual ya reconoce la ubicación estratégica de la Cuenca de Ódena como ámbito idóneo para la localización de actividad económica de gran extensión, bien conectada con las infraestructuras de transporte y con población formada cercana. Con todos estos elementos, el Gobierno de Cataluña acordó declarar el interés territorial de los diferentes sectores de actividad económica que el plan delimite y ordene en los municipios integrantes de la MICOD.

Para lograrlo, se ha seguido la tramitación administrativa ordinaria de los planes directores urbanísticos. Se ha garantizado la intervención de los municipios en la toma de decisiones, tanto durante la redacción del Plan como en los períodos de audiencia con motivo de la información del Avance y la exposición pública del documento aprobado inicialmente, además de la recepción de los informes de las distintas entidades públicas afectadas. Todo ello ha permitido delimitar y ordenar de manera detallada los sectores de actividad supramunicipal de forma independiente a los límites administrativos y la seguridad jurídica que ofrece la tramitación ordinaria de planes.

En este sentido, el Plan se enfoca en dos objetivos básicos: la delimitación y ordenación de sectores de interés supramunicipal y la construcción de una infraestructura verde que acerque la nueva actividad económica a la residencia, con la definición de cargas externas y medidas ambientales adscritas a los mismos.

Figura 5. Identificación de la estructura del territorio de la Cuenca de Ódena como base para su ordenación más allá de límites de término municipal

Fuente: Colectivo CCRS

Se ha logrado el segundo objetivo del Plan gracias a la aplicación de los principios de Desarrollo Urbano Sostenible e Integrado, promulgados por el TRLSRU. La definición clara de cargas urbanísticas y la delimitación de sectores discontinuos, independientemente de la delimitación de los términos municipales, han contribuido a la construcción de un futuro medio urbano sostenible en términos sociales, económicos y ambientales. La infraestructura verde supramunicipal mejora la relación entre núcleos y ámbitos de actividad económica, se garantiza la viabilidad y sostenibilidad económica de las actuaciones de transformación, y se cumple con los objetivos ambientales contenidos en el EAE.

El planeamiento general en Cataluña, que tiene la potestad de modificar el régimen del suelo, está integrado por los planes directores urbanísticos, los planes de ordenación urbanística municipal y por las normas de planeamiento urbanístico.[144] Gracias al reconocimiento de una entidad supramunicipal como la MICOD y al alcance de los planes directores urbanísticos en Cataluña, cuyo trámite administrativo no elude la salvaguarda de la autonomía local, se ha podido abordar la ordenación de la actividad económica de la Cuenca de Ódena, a partir de su declaración como sectores de interés supramunicipal y la creación de una infraestructura verde de escala supramunicipal. Desde una perspectiva estrictamente local, nada de esto habría sido posible utilizando únicamente el plan de ordenación urbanística municipal correspondiente.

---

[144] Artículo 55.1 del TRLUC.

5. BIBLIOGRAFÍA

AA.VV. (2007): *Plans molt especials.* Colegio de Arquitectos de Cataluña. Barcelona. ISBN: 978-84-96185-70-8.

CEREZO IBARRONDO, Á. (2023): *El refuerzo de la naturaleza reglamentaria de los instrumentos de ordenación urbanística bajo la perspectiva del Desarrollo Urbano Sostenible e Integrado.* Revista de Estudios de la Administración Local y Autonómica.

LOZANO CUTANDA, B. y ALLI TURRILLAS, J-C. (2022): *Administración y Legislación Ambiental. Actualizado y Adaptado al EEES.* Dykinson. Madrid. ISBN: 978-84-1122-533-5.

MENÉNDEZ REXACH, A. (2016): *Ordenación del territorio supramunicipal y urbanismo municipal: una discusión imposible a la vista de las actuaciones de interés regional.* En J. Gifreu i Font, M. Bassols Coma y A. Menéndez Rexach (dirs.), El derecho de la Ciudad y el Territorio. Estudio en homenaje a Manuel Ballbé Prunes. Instituto Nacional de Administración Pública – INAP.

SABATÉ BEL, J. (2007): *Proyectar el territorio aún en tiempos de incertidumbre.* Proyectar el territorio en tiempos de incertidumbre: Camp de Tarragona, proyectos para una nueva configuración territorial, págs. 10-35. ISBN: 978-84-7653-008-5.

VERA JURADO, D.J. (2021): *Las actuaciones de interés autonómico: cara y cruz de un instrumento polémico.* Revista General de Derecho Administrativo número 56. ISSN: 1696-9650.

Capítulo 8

La ordenación urbana y territorial en las grandes capitales europeas: retos del planeamiento supramunicipal y metropolitano ante la nueva agenda urbana

RAFAEL DE MIGUEL GONZÁLEZ

Profesor de Titular de Geografía. Universidad de Zaragoza. Presidente de EUROGEO

SUMARIO: 1. INTRODUCCIÓN. INTRODUCCIÓN: UNA AGENDA URBANA Y METROPOLITANA RENOVADA PARA LA CIUDAD POST-PANDEMIA. 2. RETOS SUPRAMUNICIPALES EN EL PLANEAMIENTO URBANO Y TERRITORIAL DE ESCALA METROPOLITANA. 3. LA AGENDA METROPOLITANA DEL GRAN PARÍS. 4. LA SUPRAMUNICIPALIDAD EN EL GRAN LONDRES Y EL LONDON PLAN 2021. Autoridad del Gran Londres y el London Plan 2021.S DOT DEL AÑO 2019. 5. DE LA AGENDA METROPOLITANA SUPRAMUNICIPAL A LA SUPRARREGIONAL EN BERLÍN BRANDEBURGO. 6. DE LA PROVINCIA DE ROMA A LA CIUDAD METROPOLITANA DE ROMA CAPITAL. 7. LA ORDENACIÓN SUPRAMUNICIPAL DE BARCELONA: UN NUEVO PLAN DIRECTOR URBANÍSTICO METROPOLITANO, MEDIO SIGLO DESPUÉS. 8. CONCLUSIONES. 9. BIBLIOGRAFÍA.

1. INTRODUCCIÓN

La supramunicipalidad en los grandes espacios urbanos no es un tema nuevo. No lo es desde los inicios de conformación del urbanismo como disciplina científica y técnica en el siglo XIX, sino desde las primeras décadas del siglo XX, en que se procede a la consolidación y difusión de paradigmas internacionales, cuando ya existe una constante preocupación por la planificación de las ciudades más allá del estricto término municipal, y en especial, en las grandes regiones metropolitanas que definen la condición de lo urbano en la cultura occidental. Una vez más, el Plan Regional de Nueva York de 1929, el Plan Regional del Gran Londres de 1944 o del Plan Director de la Región Parisina de 1965, son considerados como referentes fundamentales en la formulación del *regional planning* en contextos de crecimiento demográfico, económico y urbanístico expansivos, como los que se realizaron en Madrid y Barcelona durante los años sesenta y setenta del siglo pasado (De Miguel, 2008).

Sin embargo, en las últimas décadas, la concepción del urbanismo supramunicipal en grandes espacios metropolitanos se ha reorientado hacia el desarrollo urbano sostenible (limitación del consumo de recursos naturales y energía para reducir las emisiones a la atmósfera, reciclaje del suelo ya urbanizado, movilidad sostenible, revegetación del espacio urbano), hacia la definición de operaciones urbanas estratégicas que contribuyan a posicionar a la ciudad en la economía global basada en el conocimiento y la información, hacia la instalación de diferentes sensores, la puesta en marcha de indicadores y formas de interactuar con el espacio urbano que introducen el modelo de *smart cities*, hacia el diseño de sistemas de movilidad más eficientes y menos contaminantes, y hacia la formulación de actuaciones de carácter residencial y dotacional que mejoren la calidad de vida y fomenten la cohesión social (Ezquiaga, 2008).

La nueva forma de concebir y planificar la ciudad se produce también por el incremento de la heterogeneidad geográfica, histórica, morfológica e incluso social de las ciudades post-metropolitanas, lo que modifica en parte los métodos habituales de la planificación (zonificación, regulación normativa), orientándose hacia la identificación de oportunidades en el territorio para promover acciones transformativas. Pero sobre todo está condicionada por los recientes acuerdos internacionales que fomentan la sostenibilidad, no urbana sino mundial, ambos de finales de 2015: el Acuerdo de París, resultante de la Conferencia de las Naciones Unidas sobre el Cambio Climático, y la Agenda 2030, adoptada por la Asamblea General de Naciones Unidas que ha definido diecisiete Objetivos de Desarrollo Sostenible, y en concreto el undécimo, sobre ciudades y comunidades sostenibles.

En consecuencia, la tercera Conferencia de Naciones Unidas sobre Vivienda y Desarrollo Sostenible (Hábitat III) ha promulgado en 2016 una Nueva Agenda Urbana, que refuerza el principio del desarrollo urbano sostenible desde su cuádruple dimensión: sostenibilidad social, sostenibilidad económica, sostenibilidad medioambiental, y sostenibilidad territorial (De Miguel, 2017) (Naciones Unidas, 2017). Para lograr este principio del desarrollo urbano sostenible, se definen tres compromisos de transformación o retos para la urbanización de las décadas venideras:

- El desarrollo urbano sostenible en pro de la inclusión social y la erradicación de la pobreza.
- Prosperidad urbana sostenible e inclusiva y oportunidades para todos.
- Desarrollo urbano resiliente y ambientalmente sostenible

Consecuentemente, se establecen unos mecanismos de intervención, unas medidas concretas y unos medios para la implementación de la propia agenda urbana, entre los que se encuentra la gobernanza metropolitana, la planificación urbana y territorial metropolitana, y los sistemas de gestión de servicios urbanos a escala metropolitana (apartados 90 y 96 de la Nueva Agenda Urbana). También se establece un modelo de planificación y gestión del desarrollo espacial urbano que plantea llevar a la práctica un nuevo paradigma urbanístico: la ciudad como macro bien público (Ezquiaga, 2019). A su vez, la Agenda Urbana de la Unión Europea (Pacto de Ámsterdam de 2016) ha asumido y ampliado los principios del desarrollo urbano sostenible, lo mismo que los recientes documentos de 2020 de la Unión Europea, la Agenda Territorial Europea y la nueva Carta Urbana de Lepizig, que insisten en la cooperación metropolitana y la gobernanza multinivel como factores esenciales para conseguir ciudades sostenibles (Pemán, 2019), e incluso cien ciudades europeas climáticamente neutras para el año 2030.

De igual manera, la Agenda Urbana Española de 2019 expresa que la realidad urbana nacional "ha adquirido una dimensión supramunicipal que requiere de tratamientos e intervenciones que permitan coordinar políticas diferentes (De la Cruz, 2019). Solo así será posible abordar eficazmente la complejidad que genera la urbanización creciente del país", por lo que se establece como objetivo específico la utilización de fórmulas supramunicipales o de coordinación y colaboración interadministrativa. De hecho, en la síntesis territorial que establece por Comunidades Autónomas, se realiza una cartografía completa de los planes de ordenación del territorio de ámbito subregional (y por lo tanto supramunicipal) vigentes. La Agenda Urbana Española establece una serie de indicadores de seguimiento y evaluación, para cada uno de los diez objetivos estratégicos, en total 72, de los cuales 35 son cualitativos y 37 cualitativos. De ellos, tan sólo dos (y ambos cualitativos) guardan relación con el hecho supramunicipal de la ciudad española:

- el indicador 1.1.1., relativo a la incorporación, en los instrumentos de ordenación territorial y urbanística, de criterios para asegurar el uso racional del suelo que atienda al principio de desarrollo sostenible.

- el indicador 10.2.2., relativo al acceso del contenido del planeamiento urbanístico por medios electrónicos y su incorporación a los sistemas de información de nivel supramunicipal.

No obstante, y sin perjuicio de los servicios a escala metropolitana que prestan administraciones públicas (Comunidades Autónomas y Diputaciones Provinciales), empresas públicas, consorcios y otras fórmulas administrativas, los organismos metropolitanos propiamente dichos en España, áreas metropolitanas como entidades locales, conforme al artículo 43 de la Ley de Bases de Régimen Local (casi cuatro décadas después de su aprobación) y el Registro de Entidades Locales, siguen afectando solamente a dos ciudades, el Área Metropolitana de Barcelona y las dos Entidades Metropolitanas de Valencia (Entidad Metropolitana de Servicios Hidráulicos, Entidad Metropolitana para el Tratamiento de Residuos). La Sentencia 179/2020 del Juzgado de lo Contencioso Administrativo número 1 de Vigo, ha declarado inválidos los actos administrativos posteriores a la constitución (en 2016) de la Asamblea del Área Metropolitana de Vigo (aprobada por Ley de 2012), por lo que en la práctica ha supuesto su anulación como entidad local supramunicipal. En suma, el abandono de la cuestión metropolitana en España es un hecho latente, en comparación con su relativo desarrollo en otros países de nuestro entorno europeo (De Miguel, 2008; Hindelbrand, 2017).

De manera inesperada, en la fase de difusión e implementación de todas estas agendas urbanas para el desarrollo sostenible ha surgido la epidemia mundial de Covid-19, que ha tenido un impacto directo en la vida urbana, y en el modo en que las sociedades contemporáneas residen, se organizan y se relacionan principalmente en las ciudades. De este modo, en el discurso actual se han incluido, junto a los principios del desarrollo urbano sostenible, los retos de la recuperación en un escenario post-pandemia, entre otros: repensar la forma y la función del espacio urbano (y especialmente del espacio público), reducir la pobreza urbana y las desigualdades sociales, reconstruir la normalidad en las relaciones sociales y en la actividad productiva, reforzar el sistema sanitario urbano, etc., en definitiva incrementar la capacidad de resiliencia y adaptabilidad de las ciudades antes las circunstancias cambiantes. Así, el presente capítulo actualiza un análisis previo (De Miguel y Ezquiaga, 2012) ejemplifica esta agenda urbana y metropolitana renovada para la ciudad post-pandemia, a través de las ciudades capitales de los cuatro principales Estados del continente europeo, debido a su tamaño, liderazgo y experiencia en supramunicipalidad[145], junto al estudio de caso del Área Metropolitana de Barcelona, debido su indudable interés por ser el más reciente y renovado marco de planeamiento urbanístico supramunicipal en España.

2. RETOS SUPRAMUNICIPALES EN EL PLANEAMIENTO URBANO Y TERRITORIAL DE ESCALA METROPOLITANA

Los retos de las ciudades metropolitanas son los tres expresamente citados por la Nueva Agenda Urbana y desarrollados a través de su articulado para el conjunto de asentamientos urbanos en el mundo, pero con un enfoque complementario: alentar la cooperación y las sinergias e interacciones entre

---

145 No incluimos expresamente a Madrid, como capital de España, por ser más conocida su organización supramunicipal de facto, la Comunidad de Madrid, así como por la incapacidad de realizar un planeamiento urbanístico o territorial supramunicipal. La crónica detallada de los procesos recientes de metropolización en Madrid, así como de su tratamiento competencial, ha sido analizado con detalle en otro estudio (Valenzuela, 2018)

los diferentes municipios (urbanos, periurbanos y rurales) de una misma región metropolitana para diseñar y ejecutar proyectos de infraestructura regional sostenible que estimulen el crecimiento del conjunto, y para prestar servicios públicos de manera coordinada e integral. Este tratamiento a una escala de planificación y gestión distinta, la supramunicipal, implica una gobernanza metropolitana multinivel, que cruza fronteras administrativas, se basa en los territorios funcionales, implica tanto a los gobiernos locales como a los regionales y subnacionales en un proceso inclusivo de toma de decisiones, y dispone –o debería disponer- de marcos jurídicos e institucionales representativos y mecanismos de financiación solidarios.

Al seguimiento de la Nueva Agenda Urbana han contribuido los gobiernos nacionales y locales, pero también la sociedad civil que participó en Hábitat III (*General Assembly of Partners*) y que sigue implicada en la iniciativa de ONU-Hábitat, *World Urban Campaign,* y en particular las entidades representantes de los profesionales del urbanismo aglutinadas en torno a *Habitat Professionals Forum*[146]. Este foro ha diseñado, en colaboración con el Secretariado de ONU Hábitat una hoja de ruta para la recuperación urbana (HPF, 2022), en donde se realizan propuestas de implementación de la Nueva Agenda Urbana, en el proceso de salida y recuperación de la pandemia mundial Covid-19. En esta hoja de ruta se afirma que para promover un planeamiento estratégico efectivo es más necesario que nunca la colaboración metropolitana, superando los límites administrativos, y especialmente en las megaciudades, megaregiones o sistemas urbanos compuestos por

146 Del que forman parte, entre otras entidades, la Sociedad Europea de Geografía (EUROGEO), la Unión Internacional de Arquitectos (UIA), la Asociación Internacional de Urbanistas (ISOCARP), el Consejo Europeo de Urbanistas (ECTP-CEU), el Consejo de Jurisprudencia (CNJUR) o la red de agencias de planificación territorial y metropolitana (MTPA).

redes metropolitanas, en los que el impacto de la pandemia, pero también del cambio climático, es mayor, pero también es mayor su tamaño, complejidad territorial o significancia en la red de ciudades globales. Igualmente, se subraya la necesidad crítica de una visión integral de la regulación urbanística para hacer frente a pandemias, desastres naturales y crisis. Este principio tiene implicaciones sobre todo a la escala metropolitana de la planificación, que requiere de una mayor claridad y transparencia. Así, se señala que el reconocimiento de un marco jurídico a nivel metropolitano de planificación, gobernanza y gestión permite desarrollar una planificación metropolitana con una visión integral, y precisa instrumentos vinculantes para regular los fenómenos de conurbación y metropolización entre dos o más territorios o ámbitos administrativos, ya sean municipios, regiones e incluso estados.

La reciente segunda Asamblea de las Naciones Unidas, sobre los Asentamientos Humanos del Programa de las Naciones Unidas para los Asentamientos Humanos (ONU-Hábitat, 2023), ha presentado y aprobado un informe sobre los progresos realizados en la aplicación de la Nueva Agenda Urbana y la Agenda 2030 para el Desarrollo Sostenible, y en el que se asevera que la continuidad de los retos urbanos significa que persisten las lagunas en la aplicación de la Nueva Agenda Urbana. En concreto, estas lagunas se califican como "obstáculos estructurales", entre ellas, la falta de coordinación entre instituciones, y una débil gobernanza multinivel, estructura y marco de apoyo para aplicar la Nueva Agenda Urbana. Existe una distribución poco clara de las responsabilidades entre las distintas escalas de gobierno, una carencia de mecanismos de cooperación, y una escasa participación de los gobiernos locales en los mecanismos de elaboración y ejecución de políticas que superan su jurisdicción municipal. De esta manera, se revelan como insuficientes los esfuerzos para vincular eficazmente las políticas urbanas a la planificación estratégica, y las capacidades de planificación siguen siendo limitadas en relación con la escala y el ritmo necesarios para gestionar la expansión de las ciudades y frenar el crecimiento urbano incontrolado.

No obstante, este balance se refiere al conjunto de las ciudades de los estados miembros de la ONU, por lo que es preciso discernir que existen modelos de gestión metropolitana más avanzados, como los que se dan en las grandes ciudades europeas. Metrópolis, la red mundial de grandes ciudades y áreas metropolitanas, al igual que Metrex, la red de áreas y regiones metropolitanas europeas, han respaldado el 7º Foro de Autoridades Metropolitanas Europeas, celebrado en Katowice en junio de 2022, coincidiendo con el 11º Foro Urbano Mundial de ONU-Hábitat. En este encuentro de representantes metropolitanos se ha aprobado una declaración institucional, en la que se evidencia que en Europa no existe una carencia tan grave de estructuras metropolitanas, como indica el citado informe de ONU-Hábitat de 2023, sino que las grandes ciudades europeas tienen sus propios retos derivados también del contexto geopolítico:

- Cohesión política en la Unión Europea, y en su posición respecto a la guerra de Ucrania.
- Dependencia de la economía, los recursos y las infraestructuras, respecto de las cadenas de producción y suministro global, especialmente de China.
- Cambio climático, Pacto Verde Europeo y transición energética.

No obstante, esta declaración refuerza la idea (ONU-Hábitat, 2020) de que la pandemia de Covid-19 ha demostrado que las ciudades están en la primera línea de los desafíos del siglo XXI, y que superar estos desafíos requiere nuevos enfoques de gobernanza basados en la cooperación, la acción colectiva y la solidaridad. A diferencia de las políticas centralizadoras de emergencia utilizadas en la pandemia, es preciso entender que el gobierno de las futuras ciudades y áreas metropolitanas es más complejo que antes, y requiere instituciones supramunicipales sólidas con recursos financieros y un enfoque participativo, basadas en un modelo de hélice, que involucre a los ciudadanos, empresas, academia, e inspire a las administraciones públicas.

Desde una perspectiva europea y administrativa, un reciente documento sobre los retos metropolitanos en el país supramunicipal por excelencia, como es Francia- como luego se expondrá en el estudio de caso de la región parisina y en el capítulo siguiente- debido a su fragmentación local en unos 35.000 municipios, plantea una modernización de su principal instrumento de planeamiento supramunicipal, el plan de coherencia territorial o SCOT (Ramona, 2022). Reforzando los cuatro ejes fundamentales de cualquier ordenación supramunicipal (actividad económica, vivienda/cohesión social/ equipamientos y servicios, movilidad y transición ecológica/ biodiversidad), se plantea que la ordenación debe ser más estratégica que nunca, debido a la incertidumbre y a los rápidos cambios que se producen en el territorio metropolitano, ya sea por eventos de carácter extraordinario (como la pandemia o los desastres naturales) o por las oscilaciones en las dinámicas territoriales del espacio metropolitano y en la propia geometría variable del perímetro metropolitano. En cualquier caso, estas orientaciones se proponen para ciudades metropolitanas francesas y europeas de tamaño medio, no para las megaciudades de otros continentes, aunque son también aplicables para las principales capitales europeas de más de 10 millones de habitantes como Londres y París, o las que están en el rango entre 3 y 6 millones de habitantes, como Madrid, Milán, la conurbación del Ruhr o las analizadas en los apartados siguientes: Berlín, Roma y Barcelona. El análisis de las 100 mayores regiones metropolitanas europeas delimitadas por Eurostat, por volumen demográfico, muestra que alrededor del 80% de las mismas se sitúa entre uno y tres millones de habitantes, lo que permiten establecer una serie de retos comunes en el planeamiento metropolitano, ya que no existen grandes diferencias en cuanto a la ordenación supramunicipal por su rango y tamaño en la red urbana europea, a lo que se suma la creciente europeización de la legislación urbanística (Lora-Tamayo, 2017).

Uno de estos retos compartidos es la aplicación de una estrategia ZAN (*Zéro Artificialisation Nette*) para 2050, de tal manera que se comparta el objetivo de ir reduciendo progresivamente la transformación de suelos naturales a suelos urbanizados, a través de los documentos de documentación supramunicipal (con carácter vinculante al planeamiento urbanístico local y de desarrollo), década a década en las tres siguientes. De este modo en 2050, fecha en que la Unión Europea también ha propuesto el horizonte para convertir a la economía europea en climáticamente neutra, el proceso de urbanización estaría basado en los siguientes principios:

- Control de la extensión urbana.
- Renovación urbana y optimización de la densidad del espacio urbanizado.
- Protección de los suelos rurales, naturales y forestales.
- Re-naturalización de suelos artificiales y restauración de la biodiversidad.

No es que no se permita estrictamente la artificialización de suelo, sino que la transformación de suelos no urbanizados a urbanizados requerirá que se compense, a escala territorial, con un enfoque metropolitano y a través de un instrumento supramunicipal (SCOT), con el mismo número de hectáreas, con suelos que se renaturalizan o desartificializan. Ello implicará el cambio de clasificación y calificación urbanística, pero sobre todo con evidencias de que un suelo impermeabilizado por la edificación, la trama viaria, las infraestructuras y equipamientos se transforma en una superficie natural, sea vegetal, cultivada, constituyendo un hábitat natural o formando parte de una red hidrográfica natural. De esta manera, la planificación supramunicipal se convierte en el principal instrumento de sostenibilidad urbana y territorial, transformando su naturaleza de documento de planificación del crecimiento (como lo fueron los planes directores o SDAU, vigentes entre 1967 y 2000) o de fórmula para el control y la coherencia territorial (como lo fueron los SCOT desde 2000 hasta la pandemia), para erigirse en un plan territorial bioclimático (*SCOT bioclimatique*), lo que le confiere a su vez mayor complejidad conceptual e instrumental. Sin renunciar a sus componentes de proyecto espacial, estrategia territorial y sectorial, útil jurídico y programa de actuaciones, el plan de coherencia territorial "modernizado"[147] permite su convalidación como un Plan de Clima-Aire-Energía Territorial (PCAET), al que están obligados a redactar y aprobar las ciudades francesas a través de sus diferentes entidades supramunicipales: metrópolis, comunidades urbanas, comunidades de aglomeración, mancomunidades de municipios…

En todo caso, los postulados de una nueva cultura urbanística y una nueva cultura del territorio que ya se venían anunciando desde el ámbito académico en los inicios del nuevo siglo (Ezquiaga, 2006; Lieberherr-Gardiol, 2007; Llop et al., 2008; Busquets, 2014), se han concretado en planes y normas de intervención en la ciudad supramunicipal, como ha sucedido en el caso de los SCOT franceses, en los planes metropolitanos de las regiones capitales europeas, o en el plan director urbanístico de Barcelona, como se expone seguidamente. Esta última referencia (Busquets, 2014) realiza un estudio de 33 ciudades y planes urbanísticos para comprender las nuevas dinámicas y

---

147 Derivado de diversas modificaciones legislativas en el Código del Medioambiente francés, vinculadas a la resiliencia frente al cambio climático, pero especialmente de la *Ordonnance n° 2020-744 du 17 juin 2020 relative à la modernisation des schémas de cohérence territoriale.*

los nuevos instrumentos urbanísticos a través de una serie de elementos comunes o retos del urbanismo -municipal y supramunicipal- que de una u otra manera están recogidos en la Nueva Agenda Urbana, pero también en los estudios de caso de las capitales europeas:

- Movilidad y desplazamiento sostenibles
- Competición y colaboración entre ciudades.
- Economía digital basada en el conocimiento.
- Conexiones globales, virtuales y físicas.
- Metabolismo urbano.
- Medio ambiente.
- Equidad y justicia social.

3. LA AGENDA METROPOLITANA DEL GRAN PARÍS

En Francia se definen como colectividades territoriales de la República los municipios, los departamentos y las regiones, según la redacción del artículo 72 de la Constitución de 1958, así como el artículo L-1111-1 del Código de las colectividades territoriales. La ley de 10 de julio de 1964 creó, junto al decreto de 25 de febrero de 1965, un régimen transitorio de tres años para la reorganización de la región parisina en nuevos departamentos, dado que el departamento de la Sena, y en consecuencia su prefecto, había acumulado mucho poder que podía hacer sombra al propio Presidente de la República. El 1 de enero de 1968 se suprimieron los departamentos de la Seine y el de la Seine-et-Oise, manteniéndose el de Seine-et-Marne. El primero se subdividió en la ciudad-departamento de París, y en los departamentos de la primera corona (Val de Marne, Hauts de Seine, Seine Saint Denis), mientras que el segundo se subdividió en los de Essone, Yvelines y Val d'Oise. En total los ocho departamentos que hoy configuran la región Ile-de-France, y que aglutinan a 1.268 municipios, que aproximadamente coinciden con la región metropolitana de París, aunque hay municipios rurales de Seine-et-Marne que escasamente participan de las dinámicas metropolitanas, mientras que hay otros municipios de fuera de la región que están muy integrados con la capital en los corredores de la A-1 y A-16.

La ley 82-213, de 2 de marzo de 1982, sobre derechos y libertades de municipios, departamentos y regiones fijó el marco jurídico para la descentralización, suprimió la tutela administrativa del Estado, atribuyó la posibilidad de ejercer unas competencias ejecutivas al presidente del Consejo Regional, y estableció la categoría de colectividades territoriales a las regiones, que luego ha sancionado la reforma constitucional. Entre 1982 y 2015 existieron veintidós regiones en Francia metropolitana (no de ultramar), que fueron reducidas a trece con efectos del 1 de enero de 2016, debido a su escasas competencias e identificación ciudadana, a diferencia de lo que sucede en España con las Comunidades Autónomas. En todo caso, la región Isla de Francia no vio modificado ni su nombre ni su delimitación, aunque que el sistema de reparto competencial, especialmente en urbanismo y ordenación del territorio es especialmente complejo. La región Isla de Francia dispone de un régimen jurídico particular por su tamaño y funciones de capitalidad. Por una parte está la coincidencia entre el Prefecto de la región y el de París en la misma persona. Por otra, la ciudad de París, es una colectividad territorial doble (municipio y departamento). Por otra parte están los ocho departamentos y los 1.268 municipios.

Esta estructura de Estado, Región, Departamentos y municipios ha resultado insuficiente para la adecuada planificación y gestión de determinados servicios urbanos, no sólo en la región metropolitana de París, sino en todo Francia. Para poner remedio a esta división administrativa se puso en marcha, ya desde la ley de 22 de marzo 1890, un mecanismo de cooperación entre municipios, la *intercommunalité* o intermunicipalidad. Con el paso del tiempo y el desarrollo de los procesos territoriales de dispersión urbana, de periurbanización y sobre todo de metropolización, la intermunicipalidad se ha revelado como un imprescindible instrumento de desarrollo económico local y de ordenación del territorio, así como una respuesta pragmática a los problemas de gestión a nivel municipal. De tal manera que actualmente hay en Francia más de 1.250 establecimientos públicos de cooperación intercomunal (ECPI) con fiscalidad propia, de los cuales 63 están en la Región Isla de Francia: 30 *communautés de communes,* 20 *communautés d'agglomération,* 1 *communauté urbaine,* 11 établisssements publics territoriaux, más la Metrópoli de Gran París.

Después de un amplio debate y de iniciativas diversas, como el *Atelier International du Grand Paris,* compuesto por quince equipos de arquitectos para el diseño de propuestas de ordenación y promoción global de la región metropolitana (existente entre 2010 y 2017), o como la constitución de la Sociedad Gran París (también en 2010) para la construcción de la denominada *Grand Paris Express,* por la que se ha ampliado la red de metro parisina, finalmente el 1 de enero de 2016 se constituyó la *Métropole du Grand Paris,* tras la promulgación de la Ley de 27 de enero de 2014, de modernización de la acción pública territorial y afirmación de las metrópolis (Ley MAPTAM) y la Ley de 7 de agosto de 2015, de nueva organización territorial de la República.

La Metrópolis del Gran París es el principal organismo supramunicipal, que se encuentra en una escala intermedia entre los municipios y la región Isla de Francia. Agrupa a la ciudad de París, a los 123 municipios de los departamentos de la "pequeña corona" (Hauts-de-Seine, Seine-Saint-Denis, Val-de-Marne), además de 7 municipios de los departamentos de Essonne y Val d'Oise. En total, la Metrópolis del Gran París comprende 131 municipios, 7'2 millones de habitantes (de los 12'2 que tiene la región en su conjunto), 4'2 millones de empleos y

3'5 millones de viviendas. A su vez, se divide en 11 territorios, que se constituyen como estructuras de intermunicipalidad denominadas Establecimientos Públicos Territoriales. Además, la ciudad de París se subdivide en distritos (arrondissements), por lo que la estructura político administrativa de la región metropolitana deviene extremadamente compleja hasta en siete niveles: distritos, municipios, establecimientos intercomunales (ECPI), departamentos, Metrópolis del Gran París, Región Isla de Francia, además del propio Estado, que sigue manteniendo importantes competencias territoriales.

La Metrópolis del Gran París es una estructura con fiscalidad propia y con un sistema de elección directa de los 208 miembros del Consejo Metropolitano, con al menos un representante de cada uno de los 131 municipios, aunque la ciudad de París aporta 60 consejeros. Las competencias de la Metrópolis del Gran París (conforme el artículo L-5219 del Código de colectividades territoriales) son principalmente cuatro: la ordenación del espacio metropolitano, la política local de vivienda, el desarrollo económico, social y cultural, y la protección y puesta en valor del medio ambiente.

Esta arquitectura institucional hace todavía más complicada la planificación urbana y territorial a escala supramunicipal. A nivel regional, existe un *Schéma Directeur de la Région Île de France* (SDRIF) para el conjunto de la Región, cuyo documento actual, de 2013, es el cuarto plan director, tras los históricos planes de 1965, 1976 y 1994. El artículo L123-5 del Código del Urbanismo francés establece que el Plan Director es realizado por la Región Isla de Francia "en asociación con el Estado", lo que ha provocado que su tramitación fuera lenta y compleja, desde 2004, por la confrontación institucional, entre el Estado y la Región. El vigente Plan Director se fundamenta en los principios del desarrollo urbano sostenible en sus dimensiones social (favorecer la solidaridad y mejorar la cohesión social), ambiental (anticipar los cambios medioambientales), económica (atracción y dinamismo en la economía mundial) y territorial (proyecto espacial regional), aunque hasta 2019 no se ha publicado un documento sobre su grado de aplicación y seguimiento. Recientemente, en la Región Isla de Francia, la Deliberación del Consejo Regional 2021-067, de 17 de noviembre de 2021, acuerda revisar el actual SDRIF e iniciar los trabajos de elaboración de un nuevo SDRIF-E o Plan Director Medioambiental, cuya concertación pública se ha desarrollado entre 2022 y 2023.

Figura 1: Plan Director de la Región Isla de Francia, 2013

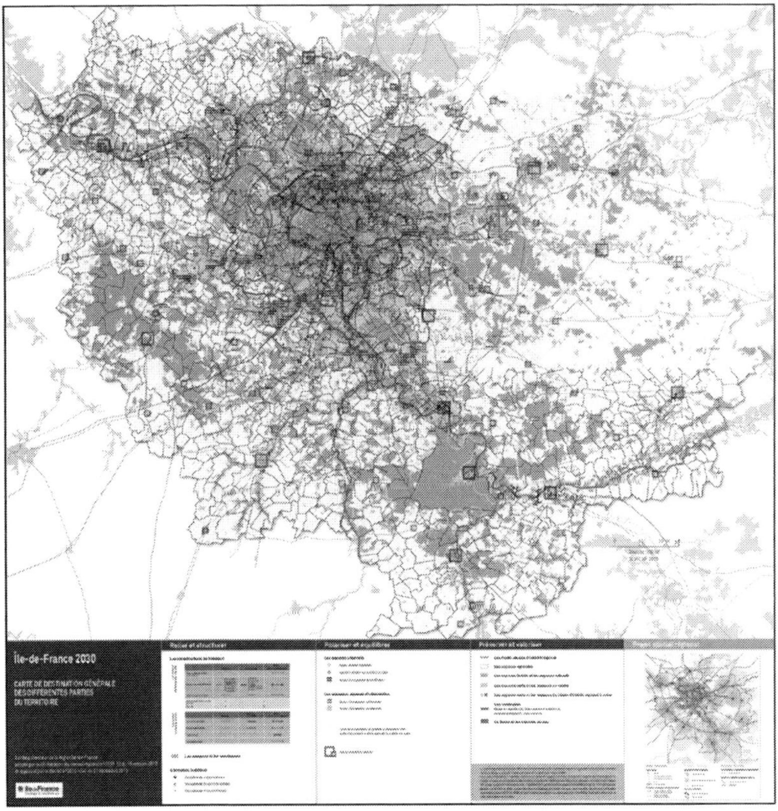

Entre el plan director regional y los planes locales de urbanismo (de competencia municipal), el artículo L141-1 del Código del urbanismo en Francia establece los planes de coherencia territorial o SCOT (*schéma de cohérence territorial*) como instrumentos de ordenación territorial supramunicipal, que son competencia de los establecimientos públicos de cooperación intercomunal. En el caso de la Región Isla de Francia, hay actualmente 15 SCOT aprobados, 5 SCOT en proceso de revisión y 9 SCOT en proceso de elaboración. De esos 29, todos menos uno planifican el territorio en ámbitos supramunicipales de la "gran corona", esto es, en los Departamentos de Essone, Yvelines, Val d'Oise y Seine-et-Marne.

A su vez, tras la creación de la Metrópolis del Gran París, se ha iniciado la redacción de un SCOT metropolitano para el conjunto de los 131 municipios que lo componen, cuya aprobación inicial produjo en enero de 2022, estando pendiente de su aprobación definitiva este año de 2023, tras un largo periodo de información pública. Sus primeros documentos de diagnóstico y objetivos señalan doce orientaciones estratégicas, aunque articuladas prácticamente en los mismos tres ejes del Plan Director: atracción y creación de valor; calidad de vida, equilibrio y solidaridad; y metrópoli resiliente a la transición energética. Además, en el actual proceso de concertación, se está introduciendo la variable de sanidad metropolitana para hacer frente, desde el SCOT, a los problemas de desequilibrio social territorial en la red de equipamientos y en la atención sanitaria, que ha puesto de manifiesto la pandemia.

Figura 2: Plan de Coherencia Territorial, Metrópoli Gran París, 2022

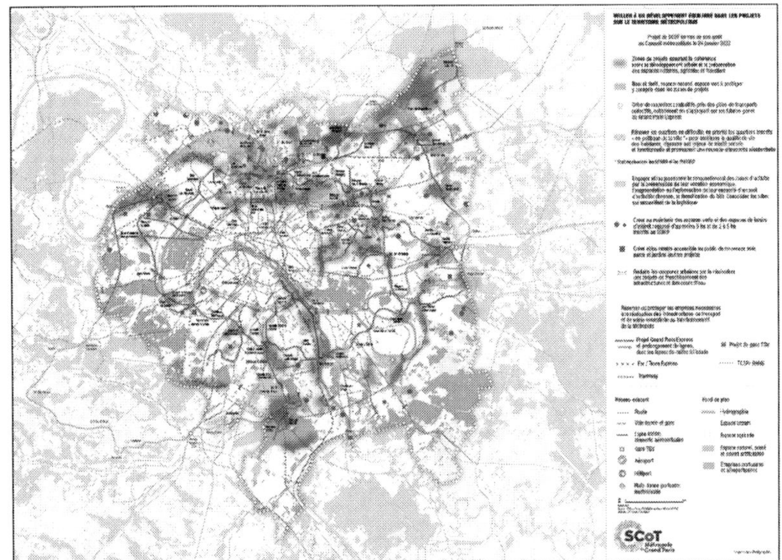

4. LA AUTORIDAD DEL GRAN LONDRES Y EL LONDON PLAN 2021

La historia de la supramunicipalidad de Londres se resume en la expresión de que el plan metropolitano procedió a la institución metropolitana, ya que el *Greater London Plan* de 1944, superó los límites del *London City Council* (creado en 1889 sobre el territorio de los 14 distritos o *boroughs* que actualmente conforman el *Inner London*), planificando una región metropolitana más amplia. Así el *London City Council* fue sustituido por el *Greater London Council* en 1965 (hasta su disolución en 1986) que cubría esos 14 distritos del Londres interior, más otros 19 del denominado *Outter London*, los 33 distritos del Londres actual.

La Autoridad del Gran Londres (*Greater London Authority*) se creó en 2000, por aplicación de la *Greater London Authority Act* de 1999, promulgada tras un referéndum celebrado el 7 de mayo de 1998, en el que la mayoría de los votantes se mostraron a favor de la propuesta del gobierno central de crear un Alcalde y una Asamblea para Londres. Abarca los 32 boroughs de Londres y la London City. Cuenta con un Alcalde (Mayor) elegido por sufragio directo y una Asamblea elegida por separado para el control del Alcalde; el mandato de cada uno de estos órganos es por cuatro años. Se trata de un nuevo tipo de entidad pública, destinada a lograr un gobierno estratégico para el conjunto de Londres. Sus objetivos principales son la promoción del desarrollo socioeconómico y la mejora medioambiental de Londres. En el ejercicio de sus competencias la Autoridad deberá tener en cuenta el efecto de sus acciones sobre la salud pública y sobre el desarrollo sostenible del Reino Unido.

La Autoridad del Gran Londres asume las responsabilidades de algunas administraciones preexistentes de ámbito metropolitano, y cuenta con competencias específicas en materia de transportes, desarrollo económico, policía, bomberos, medio ambiente, cultura y planeamiento territorial, en esencia el London Plan. Las bases legales para la redacción del Plan de Londres son las leyes *Greater London Authority Act* de 1999 (y sus modificaciones posteriores), y *Planning and Compulsory Purchase Act*, de 2004, así como las *Town and Country Planning regulations* de 2000.

La Ley de 1999 hace responsable al Alcalde de Londres del desarrollo de una Estrategia de Desarrollo Espacial (*Spatial Development Strategy*), que debe ser coherente con otras estrategias de la Autoridad del Gran Londres, y establecer un marco regulatorio de los usos del suelo. Los *Unitary Development Plan* de los respectivos *boroughs* deben ser coherentes con la Estrategia del Alcalde de Londres, aunque el London Plan es un documento de carácter más indicativo y estratégico que vinculante de usos del suelo. Los Consejos de los distritos mantienen el control del urbanismo en sus respectivos ámbitos municipales, pero el Alcalde de Londres debe ser consultado, y, en caso necesario, será capaz de intervenir en el proceso de toma de decisión, pudiendo ordenar a los distritos que denieguen la aprobación cuando elementos se vean afectados elementos que se opongan a la Estrategia del Gran Londres.

Hasta el momento se han ido aprobado cinco versiones del London Plan: en 2004, 2008, 2011, 2016, y la vigente de marzo de 2021, un año después del inicio de la pandemia en Europa occidental. Es por ello que entre los seis objetivos del "buen crecimiento" -sostenible e inclusivo- que propone el plan, se destaque uno que es la promoción de la ciudad saludable. De la misma manera que John Snow, con su mapa del cólera en el Londres de 1854, fue un precursor de la aplicación de los principios del higienismo al urbanismo, el Plan de Londres de 2021 es quizás el los primeros planes metropolitanos que establece directrices para el fomento de calles saludables basados en 10 indicadores (*healthy streets*), para el incremento decidido de los estándares dotacionales de sanidad ajustados a las necesidades de los cambios en la población londinense, para la suficiente ventilación de la nueva edificación.

Otros de los aspectos innovadores del Plan de Londres -ya desde su primera edición de 2004- consiste en la definición de una serie de indicadores clave de rendimiento (KPI, *Key Performance Indicators*) en siete aspectos (vivienda, economía, transporte, medioambiente, salud, calidad del aire, patrimonio y cultura), que permiten un seguimiento, monitorización y evaluación anual del propio plan. De hecho, estas siete dimensiones se amplían a veinticuatro en los informes anuales de monitorización del Plan de Londres, habiéndose anticipado así a uno de los elementos centrales de los Objetivos de Desarrollo Sostenible (y en particular del ODS 11 de ciudades y comunidades sostenibles) y de la Nueva Agenda Urbana, como es el marco de indicadores mundiales para la consecución de los ODS, que permiten evaluar realmente los logros de la sostenibilidad.

Figura 3: Estrategia de desarrollo espacial para el Gran Londres, 2021

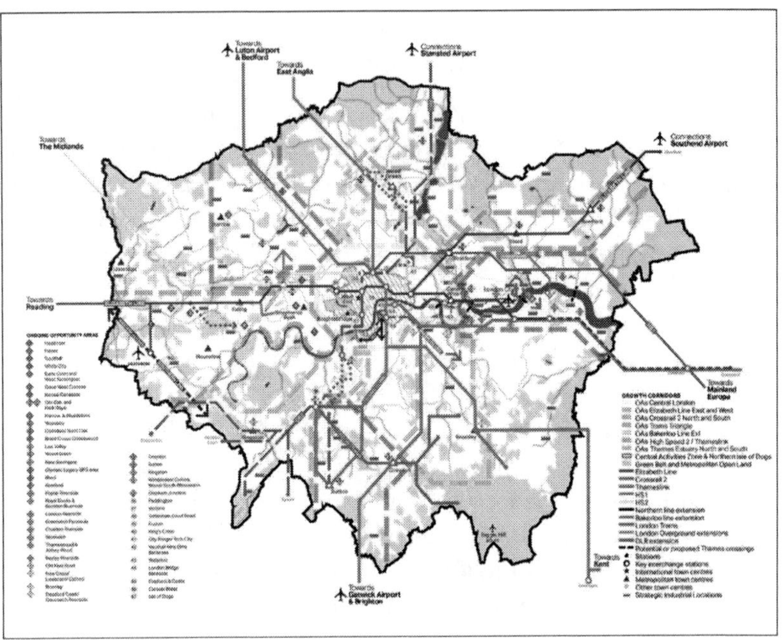

5. DE LA AGENDA METROPOLITANA SUPRAMUNICIPAL A LA SUPRARREGIONAL EN BERLÍN-BRANDEBURGO

Un mes después de la caída del muro, el 9 de noviembre de 1989, se estableció una comisión de planeamiento territorial de Berlín y Brandeburgo en la que participaron representantes del senado de Berlín-Oeste, del gobierno de Berlin-Este, de los gobiernos de las ciudades de Potsdam y de Frankfurt/Oder, del gobierno de Alemania del Este y del gobierno de la República Federal de Alemania. El objetivo de la comisión era la elaboración de recomendaciones para un futuro desarrollo dinámico de la región y a la vez la reducción de implicaciones negativas para el área metropolitana de Berlín y Brandeburgo. Algunos de los riesgos eran el desarrollo extensivo de nuevas áreas residenciales unifamiliares y la creación de grandes infraestructuras comerciales en las afueras de Berlín que podían, por un lado, poner en peligro las estructuras comerciales y residenciales existentes y por otro, destruir el suelo rural existente.

La reunificación alemana ha contribuido a la cohesión regional de dos territorios con dos sistemas económicos distintos. Proceso que no se ha producido exclusivamente dentro del perímetro de Berlín capital, sino también en su zona próxima correspondiente al de Brandeburgo. Así, tras la reunificación de la ciudad-estado de Berlín, así como del restablecimiento del Land de Brandeburgo en la Alemania unificada, ambos en octubre de 1990, se produjo un movimiento conducente a fusionar ambos Lander. La región metropolitana de Berlín supone una población total de unos seis millones de habitantes en un territorio que supera el límite administrativo del Land Berlín, de dimensiones reducidas (891 kilómetros cuadrados). Estos se distribuyen entre los 3'5 millones de habitantes de Berlín, y los 2'5 millones de habitantes que residen en los distritos del Estado de Brandeburgo que circundan la ciudad-estado de Berlín o las en cuatro ciudades independientes (*kreisfreie Städte*), no incluidas en ningún distrito: la ciudad de Brandeburgo, Cottbus, Fráncfort del Oder o Potsdam.

A pesar del referéndum de 1996, en que se votó mayoritariamente en contra de unificar dichos Lander, ambos han seguido colaborando estrechamente en temas como mercado laboral, actividades económicas, sistema de seguridad social, transportes, y evidentemente planeamiento territorial. La creación de la Región-Capital Berlín Brandeburgo (*Hauptstadtregion Berlin-Brandenburg*) se ha producido por Acuerdo entre los gobiernos de los estados de Berlín y Brandeburgo, sobre su cooperación, y por el establecimiento de un Consejo de coordinación conjunto, creado el 20 de noviembre de 1996. Es decir, no existe ninguna institución jurídica propia, sino que la colaboración se concreta en la firma de treinta y tres acuerdos para los diferentes temas en que se trabaja conjuntamente, o en la definición de un marco estratégico general para la región capital, cuya última versión es de 2020.

Entre ellos, está el Tratado Estatal sobre el Programa Conjunto de Desarrollo de los Estados de Berlín y Brandeburgo (*Landesentwicklungsprogramm*) y sobre la modificación del Tratado de Planificación Estatal -Territorial- del 7 de agosto de 1997 (1 de marzo de 1998), modificado por el Tratado de Estado del 5 de mayo de 2003 (1 de noviembre de 2003); reemplazado en gran parte por el Tratado Estatal de Berlín y Brandeburgo sobre el Programa Estatal de Desarrollo de 2007 (LEPro 2007) y la enmienda al Tratado de Planificación Estatal del 10 de octubre de 2007 (1 de febrero de 2008).

El sistema de planificación territorial en Alemania se entiende en el marco de un país federal. Desde el año 2006, la ordenación del territorio pertenece a la legislación concurrente. Quiere ello decir que el Estado Federal ya no está obligado a definir las bases para la ordenación territorial, aunque lo puede hacer y de hecho el de Berlín lo adoptó en diciembre del 2008, por medio de la ley federal de ordenación territorial. Dicha ley define bases y objetivos generales del planeamiento territorial y el sistema de planeamiento territorial. A los *länder* les incumbe el desarrollo de la legislación básica para su respectiva ordenación territorial y el desarrollo de los planes de ordenación territorial. Sin embargo, en el caso de la región capital de Berlín- Brandeburgo, a consecuencia de los Tratados entre ambos estados, antes citados, se ha procedido a una planificación territorial conjunta.

Para ello se creó en febrero de 2008 por medio de un contrato entre ambos Estados, el Departamento Conjunto de Planificación Estatal Berlín-Brandeburgo (*Gemeinsame Landesplanungsabteilung*), conformado por funcionarios de ambas administraciones regionales y supervisado por la Conferencia de planificación estatal conjunta. Este Departamento fue el encargado de redactar tanto el Programa estatal de desarrollo (*Landesentwicklungsprogramm,* LEPro 2007), como un primer Plan territorial conjunto Berlín-Brandeburgo (*Landesentwicklungsplan,* LEP B-B, 2009). En noviembre de 2011, se firmó un nuevo contrato de planificación estatal, sobre las tareas y el patrocinio, así como los principios y procedimientos de planificación estatal conjunta entre los estados de Berlín y Brandeburgo.

La Ordenanza sobre el Plan de Desarrollo Regional de Berlín-Brandeburgo (*Landesentwicklungsplan Hauptstadtregion Berlin-Brandenburg,* LEP HR), del 29 de abril de 2019, ha sido aprobada simultáneamente por el ministro regional de infraestructuras y planificación regional de Brandeburgo, y por el alcalde de Berlín. Este plan asume los principios del desarrollo sostenible a partir de una serie de principios (equilibrio espacial regional, desarrollo económico, medio ambiente, control del desarrollo urbanístico, movilidad, energía y transición energética), unos meses de la pandemia, lo que supone -a diferencia de París y Londres- que no existe una agenda territorial para la región metropolitana de Berlín-Brandeburgo adaptada al contexto post pandemia.

Figura 4: Plan de Desarrollo Regional de Berlín-Brandeburgo, 2019

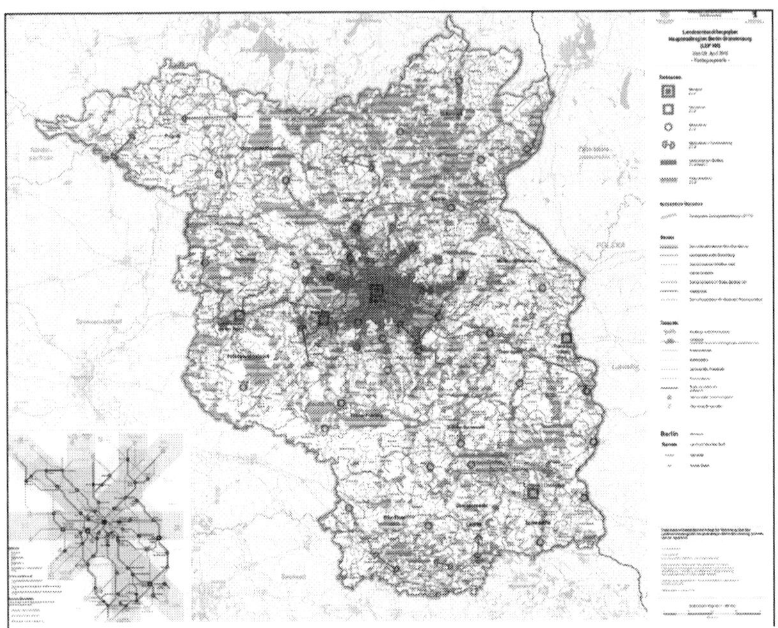

6. DE LA PROVINCIA DE ROMA A LA CIUDAD METROPOLITANA DE ROMA CAPITAL

El Consejo Regional del Lazio, creado en 1970 a partir de las cinco provincias de Roma, Frosinone, Latina, Rieti y Viterbo, ha desempeñado una actividad legislativa (Ley urbanística y territorial de 2009) y de planificación del territorio (Plan Territorial General de la Región del Lacio, de 2001 y Plan Territorial del Paisaje Regional de 2021) que, con 17.000 kilómetros cuadrados, supera la región metropolitana de Roma.

La provincia de Roma tiene unos antecedentes históricos que se remontan al primer tercio del Siglo XIX. El 5 de julio de

1831, el Papa Gregorio XVI firmó el edicto que subdividía los Estados Pontificios en varias circunscripciones administrativas o Delegaciones, entre las que destacaba la que comprendía los lugares suburbanos sujetos a la capital bajo el nombre de la Comarca de Roma. La primera reunión del Consejo Administrativo de la Comarca tuvo lugar el 9 de septiembre de 1831.

El Real Decreto 3702, de 23 de octubre de 1859 estableció la organización del inminente territorio italiano unificado a partir de provincias y municipios, luego revisado por la Ley de 20 de marzo de 1865 o ley de unificación administrativa del nuevo Estado. A esta normativa se acogió la provincia de Roma por Decreto de 15 de octubre de 1870, cuando la provincia de Roma se integró en la estructura territorial de Italia, sólo tres semanas y media después de la Toma de Roma por el General Cardona, último acontecimiento del proceso de unificación italiana. No obstante, el Tratado de Letrán de 1929 por el que se crea la Ciudad del Vaticano, supone la última modificación territorial de la ciudad y la provincia de Roma.

La provincia de Roma, reconocida como ente autónomo en la Constitución de 1947, volvió a comenzar su andadura institucional el 23 de junio de 1952 con la proclamación del nuevo Presidente. Sin embargo, ha sido la ley número 142, de 8 de junio de 1990, la que ha supuesto un fortalecimiento institucional de las provincias y de los municipios que en el caso de Roma se ha traducido por un Estatuto Provincial en octubre de 1991, modificado por el reciente de noviembre de 2005, que además de determinar las competencias del Consejo, Presidente y Junta Provinciales, definió el papel institucional de Roma como Provincia Capital de Italia y como Provincia Metropolitana.

La Provincia de Roma, basándose en este marco jurídico, ha sido la principal institución que ha impulsado los dos documentos de planificación supramunicipal de ámbito metropolitano, el Plan Territorial de Coordinación de la Provincia de

1998, sustituido posteriormente por el Plan Territorial Provincial General de Roma de 2010, actualmente vigente.

Sin embargo, el municipio de Roma representa el 67% de la población total de la provincia de Roma, que comprende 121 municipios, lo que supone un fuerte desequilibrio territorial. De todas las grandes capitales europeas, Roma es la que más se aproxima al concepto de ciudad metropolitana, por la primacía de su municipio central en la jerarquía de ciudades que conforman la región metropolitana. Este hecho geográfico, político y administrativo ha sido determinante para que el Senado de la República italiana haya aprobado la Ley 56, de 7 de abril de 2014, de Disposiciones sobre las ciudades metropolitanas, provincias y fusiones de municipios. De esta manera, la Provincia de Roma ha sido derogada y sustituida por la Ciudad Metropolitana de Roma Capital, con efectos de 1 de enero de 2015, sobre el mismo territorio histórico de la provincia de Roma, que a efectos reales constituye el espacio metropolitano romano contemporáneo.

El Estatuto de la Ciudad Metropolitana de Roma Capital, aprobado por la Conferencia Metropolitana de 22 de diciembre de 2014, ha definido las competencias de planificación territorial y ambiental a través de la figura del Plan Territorial Metropolitano (artículo 8), así como de la planificación estratégica a través de la figura del Plan Estratégico Metropolitano (artículo 7). Actualmente, la Ciudad metropolitana ha asumido el Plan Territorial Provincial General de Roma de 2010 como Plan Territorial Metropolitano. Aunque no hay indicios de su revisión o actualización, recoge igualmente buna parte de los presupuestos del desarrollo urbano sostenible: concentración como fortaleza territorial, fomento del transporte colectivo, revalorización de los recursos del sistema productivo, mejora de la calidad ambiental y consolidación de una red ecológica provincial, natural y cultural, con criterios de sostenibilidad, etc.

En todo caso, es destacable de este plan la minuciosidad y el grado de detalle de una cartografía supramunicipal vinculante cuya regulación se desarrolla pormenorizadamente en una normativa territorial de 95 artículos que son especialmente aplicables al planeamiento urbanístico en los apartados del sistema ambiental (con unas directrices de usos muy concretas para las unidades territoriales ambientales y para los unidades de paisaje) y del sistema morfológico. En definitiva, este plan es, de los cuatro analizados, el que tiene un mayor carácter de plan supramunicipal o "plan de planes" locales por la determinación espacial de sus normas y de sus planos e implementa un modelo de planeamiento jerárquico o en cascada, mucho más concreto en sus indicaciones espaciales que los otros tres (más estratégicos) pero por ello no menos innovador en cuestiones de paisaje, contención urbana o movilidad sostenible. Por su parte, el Plan Estratégico Metropolitano ha sido aprobado en Consejo Metropolitano el 14 de Diciembre de 2022, actualizando los nuevos retos de la agenda metropolitana, como las smart cities o la Roma post-pandemia y renovando los ejes estratégicos del territorio metropolitano romano conforme las orientaciones de la Nueva Agenda Urbana: innovación (desarrollo económico y digitalización), sostenibilidad (movilidad, economía circular, transición energética, espacios naturales) e inclusión (vivienda social, empleo, renovación urbana de la periferia metropolitana). De hecho, su enfoque estratégico e incluso la definición de unos indicadores de seguimiento, le confiere una doble naturaleza de plan estratégico metropolitano, pero también de agenda territorial metropolitana.

Figura 5. Plan Territorial Provincial General de la Provincia de Roma, 2010

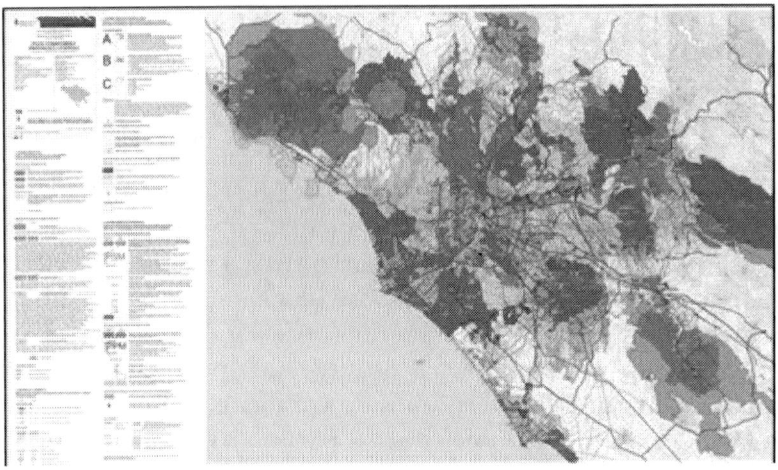

7. LA ORDENACIÓN SUPRAMUNICIPAL DE BARCELONA: UN NUEVO PLAN DIRECTOR URBANÍSTICO METROPOLITANO, MEDIO SIGLO DESPUÉS

La historia metropolitana de Barcelona, aunque es más conocida, tiene especial importancia en este análisis por los últimos acontecimientos supramunicipales. En lo relativo al planeamiento supramunicipal, los referentes han sido el Plan Director del Área Metropolitana de Barcelona de 1968 (aprobado "a efectos administrativos internos", Plan General Metropolitano de Barcelona de 1976 y el Plan Territorial Metropolitano de Barcelona de 2010 (De Miguel, 2008). En lo que respecta a la organización institucional, metropolitana y supramunicipal, la Entidad Municipal Metropolitana de Barcelona, fue creada por Decreto-ley 5/1974, regida por la Corporación

Metropolitana de Barcelona, y posteriormente disuelta por la Ley 7/1987, del Parlamento de Cataluña. Esta norma disolvió la Corporación Metropolitana de Barcelona y la sustituyó por dos entidades metropolitanas sectoriales, la Entidad Metropolitana del Transporte y la Entidad Metropolitana de Servicios Hidráulicos y Tratamiento de Residuos, de ámbito territorial diferente. En 1988, los 27 municipios implicados en el Plan General Metropolitano de Barcelona de 1976 se constituyeron como Mancomunidad de Municipios del Área Metropolitana de Barcelona, entre otras razones, para la gestión urbanística del Plan General Metropolitano. Finalmente, la Ley 31/2010 del Parlamento de Cataluña, del Área Metropolitana de Barcelona, ha restaurado la entidad metropolitana única para 36 municipios, asumiendo las competencias de las dos entidades metropolitanas y de la mancomunidad, y estableciendo Plan Director Urbanístico Metropolitano como principal instrumento de ordenación supramunicipal.

El Plan Territorial Metropolitano de Barcelona, aprobado definitivamente en 2010, afecta a 164 municipios de las 6 comarcas que configuran la región metropolitana de Barcelona. Los retos supramunicipales coinciden con los enumerados en los párrafos iniciales, pero especialmente destaca la creación de una red de espacios abiertos, para lo cual es preciso contener la dispersión urbana y permitir la urbanización contigua a la ya existente, con unas densidades propias de un modelo de ciudad compacta. El plan establece directrices en tres sistemas de ordenación (espacios abiertos, sistema urbano e infraestructuras de movilidad), junto a otras orientaciones sectoriales con impacto espacial como las zonas de actividad, la vivienda o la cohesión social. El plan territorial contiene una normativa supramunicipal que es vinculante al planeamiento urbanístico, especialmente en la protección de los espacios abiertos y en las estrategias urbanísticas: transformación urbana de interés metropolitano, extensión urbana de interés metropolitano, nuevas centralidades, áreas residenciales a restructurar, áreas industriales a consolidar, etc., e incluso vinculante al planeamiento urbanístico supramunicipal, como es el Plan Director Urbanístico Metropolitano de Barcelona.

Figura 6. Plan Territorial Parcial Metropolitano de Barcelona, 2010

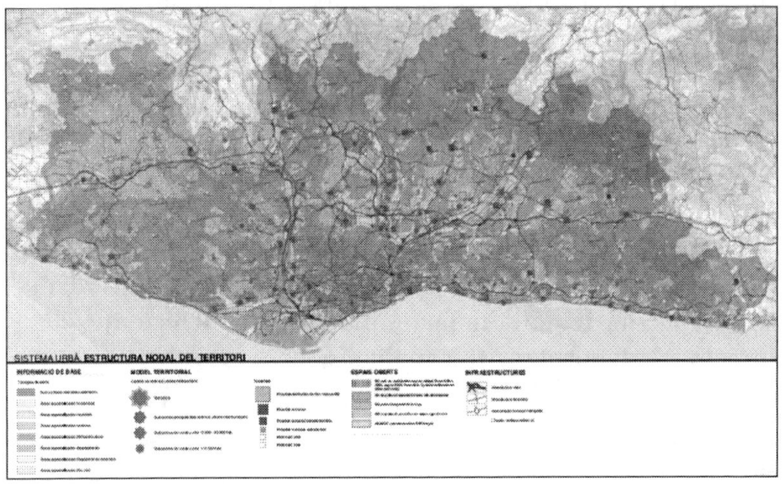

El Plan Director Urbanístico Metropolitano de Barcelona, ha sido aprobado inicialmente en marzo de 2023, y da respuesta a la Ley 31/2010, del Área Metropolitana de Cataluña. Este plan director metropolitano, que vendrá a sustituir al Plan General Metropolitano de 1976 (esto es, 48 después al estar prevista su aprobación definitiva en 2024), se ajusta al plan territorial metropolitano en sus normas, directrices y orientaciones establecidas para el continuo urbano y la primera corona metropolitana, tal y como se detalla en el apartado decimocuarto de su memoria. Pero más allá de orientarse en varios grandes retos supramunicipales, similares a los del plan territorial (transición ecológica, accesibilidad, habitabilidad, competitividad), refuerza los principios urbano-territoriales de la articulación interna del espacio metropolitano, del sistema de centralidades, del equilibrio supramunicipal basado en la capacidad de crecimiento y de relación y, en definitiva, del encaje territorial con el modelo del plan territorial metropolitano. La propuesta de ordenación de los asentamientos urbanos en un sistema policéntrico ha permitido definir actuaciones de transformación urbanística de interés metropolitano (ATIM), realizando una trasposición de la norma territorial a la norma urbanística supramunicipal, entre otras propuestas del plan director que exceden de este capítulo y merecerán análisis más detallados.

Figura 7. Plan Director Urbanístico Metropolitano de Barcelona, 2023

8. CONCLUSIONES

Todas las regiones metropolitanas capitales de las principales naciones europeas cuentan con instituciones para el gobierno del territorio metropolitano, más o menos adaptadas al espacio urbano funcional de escala supramunicipal, aunque el ámbito (suprarregional, regional o subregional) y la naturaleza de la institución condicionan enormemente el enfoque del plan, sea de carácter estratégico, de ordenación territorial o de ordenación urbanística (Tabla 1).

Tabla 1. Escala y enfoque de los planes supramunicipales de ordenación metropolitana, en las ciudades europeas analizadas

Enfoque Escala	Estratégico	Territorial	Urbanístico
Área metropolitana		SCOT París Metrópoli	PDUM Barcelona
Región Metropolitana	Plan de Londres PEM Roma	SDRIF Isla de Francia PTP Roma PTM Barcelona	
Supra-regional		LEP Berlín-Brandeburgo	

En algunos casos el plan territorial metropolitano es más vinculante para el planeamiento urbanístico municipal, en otros es más indicativo; en algunos casos el plan territorial metropolitano es más estructurante de los grandes ejes de desarrollo urbano, mientras que en otros se centra en operaciones estratégicas más o menos aisladas; en algunos casos el plan territorial metropolitano es más reciente, en otros el plan tiene más de una década; en algunos casos el plan territorial metropolitano tiene más vocación de promover la dimensión de ciudad global, en otros se centra en problemas locales y regionales; en algunos casos el plan territorial metropolitano es más flexible en su tramitación y, por lo tanto, más adaptable a las circunstancias cambiantes, mientras que en otros el procedimiento es muy largo y complejo. De esta manera, la primera conclusión obtenida es el carácter diverso del planeamiento supramunicipal metropolitano.

Sin embargo, en todos ellos subyace la idea del desarrollo urbano sostenible, así como los principios del Objetivo de Desarrollo Sostenible número 11 y, consecuentemente, de la Nueva Agenda Urbana aprobada en la tercera Conferencia de Naciones Unidas sobre Vivienda y Desarrollo Sostenible: sostenibilidad medioambiental, sostenibilidad social, sostenibilidad económica y sostenibilidad espacial y en los usos del suelo, así como unas serie de características pretendidas de regiones metropolitanas inclusivas, resilientes, inteligentes, adaptables a los cambios, seguras, con sistemas de movilidad eficientes, comprometidas con la transición energética y la lucha contra el cambio climático...

Y en todas ellas, el sistema de organización institucional supramunicipal y de planificación territorial metropolitana está fuertemente condicionada por la geografía, por la historia, por el urbanismo y por el derecho, es decir: por el medio físico, la ocupación humana, su densidad, extensión, morfología urbana y distribución espacial; por el devenir político de las propias naciones y sus procesos administrativos de descentralización, así como de la evolución de los órganos metropolitanos en función de la competencia o contrapoder político al gobierno central o municipal; por la cultura (epistemología y técnica) urbanística; y por la tradición jurídica de la codificación normativa en dos aspectos esenciales, organización del régimen local, y urbanismo y ordenación del territorio.

En fin, el tratamiento de la agenda urbana post-covid es muy dispar, dado que los tres años de pandemia–desde inicios de 2020 hasta el momento actual de 2023, cuando la OMS ha decretado el fin de la emergencia sanitaria internacional-constituye un periodo muy breve en comparación con el plazo medio de tramitación de cualquier instrumento de ordenación territorial o urbanística. A pesar de que la pandemia ya no está tan presente en el discurso público, los aspectos de salud y sanidad metropolitana están llamados a ocupar un lugar central en la revisión de los planes territoriales metropolitanos, y también en las políticas de los entes supramunicipales, no sólo en las regiones capitales, sino en cualquier tipo de administración pública con competencias en la ciudad y en el territorio.

En fin, existen elementos comunes en las agendas metropolitanas que hacen frente a los retos de ordenación y gestión supramunicipal, pretendidos como universales por la propia Nueva Agenda urbana. Pero si como hemos visto, este modelo global no es mecánicamente aplicable en las ciudades europeas, con relación a las de otros continentes y países emergente, resulta que tampoco podemos hablar de un modelo europeo de ordenación supramunicipal, debido a las diferencias nacionales.

En España llevamos casi un siglo sugiriendo planes supramunicipales: además de los antecedentes del Plan Cerdá o el Plan Jaussely en Barcelona o el proyecto de Ciudad Lineal de Madrid (que superaban los respectivos términos municipales en su momento), en los años veinte y treinta del siglo pasado se produjeron una serie de iniciativas de planificación supramuncipal. En Madrid, los Planes de Extensión de 1922, de 1929 (Hansen y Zuazo), otro de 1929 (Ulargui y Czekelius), de 1931, y el Plan Comarcal de 1934 (Zuazo), hasta llegar al Plan Regional de Madrid de 1939. En Barcelona, el Plan Maciá, de 1932. En Bilbao, la propuesta de ordenación de la ría de Bilbao de 1923 (Bastida). El Plan Regional de Madrid sentó las bases de la planificación supramunicipal de la postguerra, principalmente el Plan General de Ordenación de Madrid de 1946 o

Plan Bidagor, y sus coetáneos (Plan General de Valencia y su Cintura, Plan General de Ordenación Comarcal de Bilbao), o el posterior Plan de Ordenación de Barcelona y su zona de influencia de 1953, que a su vez fueron antecedentes de los planes metropolitanos de Madrid y Barcelona de los años sesenta (1963 y 1968, respectivamente), tras la importación del neologismo "metropolitano" de las áreas metropolitanas estadísticas de Estados Unidos, definidas en 1950. Y as su vez, estos planes metropolitanos, precedieron a los planes de ordenación territorial en época democrática y competencias autonómicas. Un siglo después, volvemos a reflexionar sobre la supramunicipalidad metropolitana en España, analizando las experiencias de otras grandes ciudades en países de nuestro entorno europeo, desde el anhelo de la convergencia europea en ordenación territorial, para hacer ciudades más sostenibles, en definitiva, ciudades mejores.

9. BIBLIOGRAFÍA

BUSQUETS, J. (Dir.) (2014): Cities and urban plans in the 21st century: understanding the new dynamic and urban planning instruments, *Quaderns PDU Metropolitá*, 7.

DE LA CRUZ, A. (2019): La Agenda Urbana Española, *Ciudad y territorio: Estudios territoriales*, 202, 675-686.

DE MIGUEL, R. (2017) Hábitat III: tercera conferencia de Naciones Unidas sobre vivienda y desarrollo urbano sostenible. La nueva agenda urbana (2016-2036), *Boletín de la Real Sociedad Geográfica*, 152, 9-20.

DE MIGUEL, R. (2008): Planificación territorial, gobierno y gobernanza metropolitana en las grandes ciudades españolas, *Boletín de la Asociación de Geógrafos Españoles*, 48: 355-374.

DE MIGUEL, R. y EZQUIAGA, J.M. (2012): Hacia una ordenación territorial metropolitana renovada en Europa. Los planes de las regiones urbanas de París, Londres, Berlín y Roma, *Ciudad y territorio: Estudios territoriales*, 174, 669-688.

EZQUIAGA, J.M. (2019): La Nueva Agenda Urbana y la reinvención de la planificación espacial: del paradigma a la práctica, *Ciudad y territorio: Estudios territoriales*, 202, 765-784.

EZQUIAGA, J.M. (2008): Horizontes post-metropolitanos, *De la ciudad antigua a la cosmópolis, Cuadernos de la Fundación Botín*, 12, 207-228.

EZQUIAGA, J.M. (2006): Las ciudades sin territorio. Bases para una nueva cultura urbanística, *Temas para el debate*, 144, 50-53.

HILDENBRAND, A. (2017): El abandono de la cuestión metropolitana en España: la necesidad de dar un nuevo impulso para su replanteamiento. *Revista iberoamericana de urbanismo*, 13, 25-46

HPF (2022): *The HPF 22 Roadmap to recovery. Working Together for a Just and Regenerative Recovery. The Contributions of the Professions.* Hábitat Professionals Forum.

LIEBERHERR-GARDIOL, F. (2007): Durabilité urbaine et gouvernance, enjeux du xxie siècle, *Revue internationale des sciences sociales*, 193-194, 373-385.

LORA-TAMAYO, M. (2017): *The Europeanisation of planning law. The European -land use- silent revolution.* Pamplona, Thomson Reuters-Aranzadi.

LLOP, J.M., VALLS, X., ALBORS, J., MONGIL, D. (2008): Ciudades en reconstrucción. ¿Hacia una nueva cultura urbanística?, en *Ciudades en (re)construcción: necesidades sociales, transformación y mejora de barrios.* Barcelona, Diputación de Barcelona, pp. 13-28.

ONU-HÁBITAT (2023): *Progresos realizados en la aplicación de la Nueva Agenda Urbana y la Agenda 2030 para el Desarrollo Sostenible. Informe de la Directora Ejecutiva.* Nairobi, Naciones Unidas.

ONU-HÁBITAT (2020): *Governance assessment framework for metropolitan, territorial and regional management.* Nairobi, Naciones Unidas.

PEMAN, I. (2019): La Agenda Urbana en el marco europeo: experiencias internacionales de políticas urbanas, *Ciudad y territorio: Estudios territoriales*, 202, 701-722.

RAMONA, S. (2022): *Le SCOT modernisé.* Paris, Ministère de la transition ecologique/Fédération des SCOT.

NACIONES UNIDAS (2017): Nueva Agenda Urbana, Organización de las Naciones Unidas.

VALENZUELA, M. (2018). "Madrid, 1997-2017. Una metrópoli real sin planeamiento territorial ni cultura metropolitana", *Boletín de la Real Sociedad Geográfica*, 153, 263-336.

ANEXO I. REGIONES METROPOLITANAS EUROPEAS

London	14.372.596
Paris	12.252.917
Madrid	6.641.649
Barcelona	5.575.204
Berlin	5.303.846
Ruhrgebiet	5.111.530
Milano	4.344.411
Roma	4.263.542
Manchester	3.712.997
Athina	3.561.750
Hamburg	3.327.940
Bruxelles / Brussel	3.290.046
Amsterdam	3.269.905
Marseille	3.112.990
Warszawa	3.053.104
Napoli	3.048.194
Budapest	3.031.160
München	2.908.664
Wien	2.853.903
Lisboa	2.846.332
Stuttgart	2.787.724
Frankfurt am Main	2.710.127
Katowice	2.695.148
Praha	2.677.964
Lille–Dunkerque–Valenciennes	2.603.999
West Midlands	2.558.916
Valencia	2.540.588
Stockholm	2.344.124
Bucuresti	2.315.173
Torino	2.238.663

Dublin	2.107.749
Liverpool	2.049.940
København	2.045.259
Köln	2.003.046
Sevilla	1.949.640
Lyon	1.871.364
Alicante/Alacant–Elche/Elx	1.862.780
Glasgow	1.861.315
Rotterdam	1.846.933
Leeds	1.750.276
Porto	1.722.374
Göteborg	1.709.814
Sofia	1.678.041
Helsinki	1.671.024
Málaga–Marbella	1.660.985
Bordeaux	1.619.190
Düsseldorf	1.555.985
Zürich	1.520.968
Kraków	1.491.811
Murcia–Cartagena	1.487.663
Leicester	1.443.399
Nantes	1.427.913
Toulouse	1.395.382
Malmö	1.362.164
Nürnberg	1.349.848
Dresden	1.343.305
Gdansk	1.328.350
Hannover	1.315.405
Utrecht	1.306.912
Bremen	1.277.609
Grenoble	1.266.669
Rouen	1.254.436

Brescia	1.254.419
Cádiz	1.249.739
Bari	1.234.997
Palermo	1.231.602
Ostrava	1.203.299
Poznan	1.194.454
Mannheim-Ludwigshafen	1.189.073
Brno	1.187.667
Newcastle upon Tyne	1.177.704
Montpellier	1.171.739
Bristol	1.157.937
Cardiff	1.140.165
Strasbourg	1.138.467
Bilbao	1.137.191
Stoke-on-Trent	1.130.317
A Coruña	1.122.006
Bergamo	1.107.159
Thessaloniki	1.104.690
s' Gravenhage	1.103.368
Nice	1.087.266
Rennes	1.077.412
Catania	1.077.270
Lódz	1.070.544
Antwerpen	1.053.033
Leipzig	1.043.293
Bern	1.034.977
Oviedo–Gijón	1.022.205
Bologna	1.017.551
Riga	1.003.203
Firenze	998.976
Braunschweig-Salzgitter-Wolfsburg	998.543
Zaragoza	968.049

Santa Cruz de Tenerife	949.471
Vigo	941.007
Padova	933.867
Bonn	927.038
Palma de Mallorca	923.608
Verona	922.857

Fuente: Eurostat 2019-

Capítulo 9

Planeamiento participativo a escala supramunicipal: el caso del Neighbourhood Planning en UK

ALMUDENA CANO PIÑEIRO
Royal College of Art

SUMARIO: 1. INTRODUCCIÓN: LA TRADICIÓN PARTICIPATIVA EN EL SISTEMA DE PLANEAMIENTO BRITÁNICO. 2. EL MODELO DE NEIGHBOURHOOD PLANNING Y LA RECONFIGURACIÓN DEL PLANEAMIENTO LOCAL EN LONDRES. 3. CROSS-BOUNDARY NEIGHBOURHOOD PLANS: BARRERAS Y OPORTUNIDADES PARA LA SUPERACIÓN DE LAS FRONTERAS LOCALES. 4. EL CASO DEL HIGHGATE NEIGHBOURHOOD PLAN. 5. LECCIONES Y RETOS DEL NEIGHBOURHOOD PLANNING. 6. BIBLIOGRAFÍA.

1. INTRODUCCIÓN: LA TRADICIÓN PARTICIPATIVA EN EL SISTEMA DE PLANEAMIENTO BRITÁNICO

El sistema de planeamiento británico fue el primero de los servicios públicos en Reino Unido que incorporó protocolos participativos en un intento de apaciguar el creciente descontento de la ciudadanía y restaurar la confianza en la administración local en los procesos de planificación de la ciudad. Ya en 1969, el informe *Skeffington 'People and Planning'* introdujo oficialmente la necesidad de involucrar a los ciudadanos en las dinámicas del planeamiento a través de periodos de consulta pública que pretendían darles oportunidad de comentar y objetar a desarrollos urbanísticos y concesión de licencias (Townsend & Tully, 2004). Desde entonces, el enfoque participativo en la formulación de políticas públicas ha ido consolidándose con los sucesivos gobiernos y sus distintas perspectivas, desde el Thatcherismo a la 'agenda devolucionista' del Nuevo Laborismo, pasando por la retórica del 'localismo' y la 'descentralización' del Gobierno de Coalición de 2010.

> "Ha llegado la hora de descentralizar el poder en la Gran Bretaña de hoy" Primer Ministro y Primer Viceministro del Gobierno de Coalición, mayo 2010

Esta tradición sustentó la última reforma del sistema de planeamiento inglés establecida en la *Localism Act de 2011,* que pretendía dar un impulso a la democracia local y una redistribución de poder sin precedentes en las competencias en materia de planeamiento a través de fórmulas como el *Neighbourhood Planning.* Un modelo de participación institucionalizada (Cornwall, 2004) en la que, por primera vez, los propios ciudadanos pueden formular planes urbanísticos de carácter vinculante a través de los nuevos protocolos definidos en la ley.

Con este instrumento legal, se pretendía descentralizar el poder desde el gobierno central a las autoridades locales, y éstas, devolver a los ciudadanos la capacidad de influencia en los desarrollos y transformaciones urbanas que les afectan directamente a través de la preparación de *Neighbourhood Plans* o planes de desarrollo a escala barrial. Así, el *Neighbourhood Planning* se presentó como el antídoto a los recurrentes problemas del sistema de planeamiento para abordar las necesidades reales e inmediatas del ámbito. También prometía aligerar el jerárquico sistema de planeamiento británico aboliendo el nivel de legislación regional que definía a nivel estratégico el desarrollo territorial de cada región a través de las *Regional Spatial Strategies (RSSs),* siempre en favor de las administraciones locales circunscribiendo las decisiones urbanísticas más relevantes al ámbito municipal.

Así, oficialmente, promovía una ciudadanía más activa y responsable que capitalizara las oportunidades derivadas de esa agenda devolucionista y empoderara a las comunidades locales para decidir sobre su propio futuro. Aunque los críticos de esta visión localista, ya desde los inicios, alertaban sobre las formas de participación que se insertan en estructuras preexistentes y resultan en una mera transferencia de responsabilidades a los ciudadanos más que una devolución de poder efectiva a nivel local (Allmendinger & Haughton, 2011).

Pero la realidad es que en estos diez años de aplicación, la fórmula ha contado con una gran acogida, y prueba de ello son los más de 2000 procesos de *Neighbourhood Planning* que hay a día de hoy en marcha en todo Reino Unido. En Londres, se calcula que los próximos años dos tercios del territorio londinense van a estar regulados a través de este modelo previsto en la Localism Act 2011, y aunque su implantación ha sido más lenta debido a las particularidades de la capital, actualmente hay 130 *Neighbourhood Forums* operando en la ciudad y 25 *Neighbourhood Plans* completados.

2. EL MODELO DE NEIGHBOURHOOD PLANNING Y LA RECONFIGURACIÓN DEL PLANEAMIENTO LOCAL EN LONDRES

El protocolo de *Neighbourhood Planning* requiere primero la formalización de un grupo de al menos veinte vecinos, llamado *Neighbourhood Forum*, que viven o trabajan en una zona geográfica que denominan *Neighbourhood Area* -el barrio- para la que propondrán un plan urbanístico. Tanto la constitución del foro de vecinos como la delimitación del barrio han de ser reconocidas por la autoridad local pertinente a través de un protocolo oficial y unos plazos fijados de solicitud, respuesta y alegaciones. Una vez autorizado el grupo y los límites del barrio, se inicia el proceso de formulación de un *Neighbourhood Plan* o *Neighbourhood Development Plan (NDP)* que regulará el desarrollo futuro de la zona. La legislación en Reino Unido no obstante, elude la prescripción de los contenidos de estos planes y tan sólo restringe su ámbito de actuación al deber de favorecer, y no impedir, el desarrollo urbano. Así mismo sus ordenanzas deberán completar y en ningún caso contradecir la ordenación de rango superior en la jerarquía del sistema de planeamiento, es decir, marcos normativos de distrito, de ciudad o nacionales. Tampoco se definen metodologías de participación, más allá de la necesidad de incluir evidencias de las demandas vecinales a las que responden las ordenanzas propuestas y la de garantizar cierto grado de implicación ciudadana durante la fase de formulación del plan. Para ello los protocolos de *Neighbourhood Planning*, sí obligan a una consulta ciudadana previa a la entrega del documento a la autoridad local para su valoración. El plan es entonces examinado por un profesional independiente asignado por la autoridad local, que verifica la coherencia del ordenamiento propuesto con respecto a las líneas estratégicas de planificación del territorio a nivel local y nacional. Tras las modificaciones pertinentes propuestas por el examinador, la versión definitiva del plan vuelve a ser sometida a un referéndum vinculante y pasa a formar parte del sistema de planeamiento con una vigencia de diez a quince años.

Esto supone añadir una nueva capa al ordenamiento del territorio británico, que en el caso de Londres, consta de tres niveles: el *National Planning Policy Framework (NPPF)* con la regulación que aplica a toda Inglaterra, el *London Plan* que establece la estrategia de desarrollo a nivel metropolitano, y los *Local Development Frameworks (LDF)* o *Local Plans* de cada uno de los 32 *boroughs* o distritos de Londres. Los nuevos *Neighbourhood Plans* se suman en la escala más baja a estos marcos regulatorios, y pretenden ser más específicos en su definición y control de cómo deben ser las futuras transformaciones de los barrios.

Mientras el *London Plan* recoge la visión estratégica del alcalde de Londres sobre el desarrollo espacial de la ciudad para los próximos 20-25 años; las autoridades de distrito mantienen un gran poder en la definición del desarrollo urbanístico a través de los *Local Development Frameworks (LDF)*, desde que fueron introducidos en el *Planning and Compulsory Purchase Act* 2004, en materia de definición de usos de suelo, cuantificación y localización de las necesidades de vivienda, equipamientos, espacios públicos, infraestructuras, etc. Dentro de este marco, los *Neighbourhood Plans* tienen toda la libertad para establecer en detalle normativa sobre los nuevos desarrollos: localizar áreas de oportunidad, definir criterios de diseño, preservar zonas de interés, proteger espacios públicos, proponer estándares de sostenibilidad o accesibilidad, recuperar las plusvalías, etc. Los *Neighbourhood Forums*, entonces, aparecen como una voz legítima con verdaderas oportunidades para definir sus propias aspiraciones en materia urbanística, lo que en estos diez años ha generado una amplia diversidad de tipologías de *Neighbourhood Plans*, desde aquellos con una visión más estratégica a una más conservacionista.

Pero además de la aparición de nuevos instrumentos de planeamiento y nuevos actores en la toma de decisiones urbanas a escala de barrio, el modelo de *Neighbourhood Planning* está propiciando la reconfiguración de las fronteras locales. Esto se debe a la capacidad que otorga el *Localism Act 2011* a los nuevos *Neighbourhood Forums* de autodefinir el área de sus planes urbanísticos más allá de las fronteras administrativas existentes, lo que está generando planes transfronterizos o *cross-boundary* Neighbourhood Plans.

3. CROSS-BOUNDARY NEIGHBOURHOOD PLANS: BARRERAS Y OPORTUNIDADES PARA LA SUPERACIÓN DE LAS FRONTERAS LOCALES

La definición del *Neighbourhood Area* es una de los mayores obstáculos que encuentran los recién constituidos *Neighbourhood Forums* a la hora de iniciar la formulación de los planes urbanísticos. Sin embargo, es también en esta primera tarea decisoria donde reside el gran potencial del modelo de *Neighbourhood Planning*, pues permite superar las fronteras administrativas preestablecidas y generar nuevos espacios de planeamiento supramunicipales. Esta sección recoge algunas de las limitaciones más comunes que afrontan los foros para poder aprovechar esta oportunidad sin precedentes que ofrece el *Localism Act* 2011.

El Planning Advisory Service (2015) en su *Briefing Note: Neighbourhood Area and Neighbourhood Forum Designations,* ya adelantaba las disputas que estaban emergiendo entre grupos locales por la delimitación de su área de acción. Uno de los ejemplos más incipientes lo encontrábamos en el distrito de Hackney, donde el Stamford Hill Neighbourhood Forum (SHNF) y el North Hackney Neighbourhood Forum (NHNF) competían por formular un plan para la misma zona. La autoridad local de Hackney, en este caso, decidió rechazar ambas solicitudes alegando tensiones irresolubles entre ambos grupos enraizadas en sus diferencias étnicas y religiosas, que no hacían sino ensanchar las discrepancias sobre las futuras transformaciones del barrio. En 2014, el Southwark Council tuvo que lidiar también con dos solicitudes rivales para una zona sobre la que querían legislar tanto el Bermondsey Neighbourhood Forum como el Bermondsey Village Action Group. Pero estos no son casos aislados, sino que evidencian cómo la gran complejidad de la geografía londinense en términos de mezcla social y cultural, se convierte en un claro obstáculo para cohesionar a los grupos locales en torno a un Neighbourhood Plan (Cooke & Macdonald, 2014).

En la retórica del localismo, las comunidades locales son entendidas como entes unitarios vinculadas a una porción de territorio mentalmente percibido como 'el barrio'. Pero no sólo esas fronteras barriales son generalmente difusas para las comunidades locales, sino que además, a estos grupos se les presupone una posición común y coherente frente a los cambios urbanos que debe sufrir el área. Este ideal de comunidad local choca frontalmente con la realidad empírica del tejido asociativo londinense, con grupos ciudadanos locales mezclados y superpuestos en distintas zonas, lejos de las "románticas suposiciones sobre cómo funciona la geografía de las estructuras sociales" en la capital (Clarke & Cochrane, 2013, p.17). Los *Neighbourhood Forums* incluyen individuos con múltiples puntos de vista, a veces contradictorios y sin posiciones unívocas, que sin embargo tienen una vinculación con el territorio que de alguna manera les une (Natarajan, 2013).

Por ello, para poder funcionar en esa realidad, el modelo de *Neighbourhood Planning* tiene que acercarse a una idea más abierta de 'comunidad local' como categoría social no exenta de problemas y controversias (Hickey & Mohan, 2004), cuyo proceso de identificación con un ámbito geográfico concreto forma parte intrínseca del proceso de formulación del *Neighbourhood Plan*, y como tal, requiere tiempo, esfuerzo y recursos. Con la ambición de facilitar este trabajo de autodefinición de los foros y sus fronteras, el gobierno central ha incluido entre sus paquetes de soporte técnico a los que pueden optar los grupos locales, el '*Setting up a Neighbourhood Planning Group*' para acompañarles en sus primeros pasos. Además, Planning Aid England ya en 2015 publicaba la guía *How to designate a Neighbourhood Area?*, enteramente dedicada a la cuestión de la delimitación geográfica de lo local, que ha sido ampliamente utilizada, tanto por grupos ciudadanos, como por profesionales involucrados en prácticas de *Neighbourhood* Planning.

Asímismo, la designación del *Neighbourhood Area* no sólo plantea conflictos entre las propias comunidades locales, sino también en la relación de éstas con las autoridades de distrito que deben acompañar y validar este proceso. Pues son, en última instancia, los consejos distritales los que deben dar el visto bueno a las solicitudes para iniciar la preparación de Neighbourhood Plans en sus territorios. El caso del Elephant and Walworth Neighbourhood Forum, que tuvo que modificar hasta en tres solicitudes los bordes de su *Neighbourhood Area* para poder ser aprobada por el Southwark Council, da buena muestra de las dificultades por las que atraviesan algunos de los foros para poder ejercer de manera efectiva los nuevos poderes que otorga el *Localism Act 2011.* Las razones esgrimidas por Cll Mark Williams[148] para negar la aprobación del área fueron "la gran densidad" de población del área elegida y "las diferencias entre zonas" que se incluían en el ámbito, objeciones que atienden más a puntos de vista subjetivos que a cuestiones técnicas o requerimientos legales. En ese sentido, la *Localism Act 2011,* no establece criterios para la designación del *Neighbourhood Area* dejando a los grupos con pocas garantías de que sus esfuerzos en la preparación de planes urbanísticos vayan a ser respaldados, en lo que voces críticas del localismo ven una intencionada limitación del potencial de esta ley para empoderar a los ciudadanos en la toma de decisiones urbanísticas (Painter et al., 2011).

---

[148] Cllr Mark Williams era Cabinet Member for Regeneration en Southwark Council en 2014, en el momento de decidir sobre la solicitud del Elephant and Walworth Neighbourhood Forum. Para más información en el caso Elephant and Walworth, consultar:
http://www.southwark.gov.uk/info/200413/neighbourhood_planning/3436/neighbourhood_planning_in_elephant_and_castle_and_walworthhttp://www.southwark.gov.uk/info/200413/neighbourhood_planning/3436/neighbourhood_planning_in_elephant_and_castle_and_walworth
http://www.peoplesrepublicofsouthwark.co.uk/index.php/hold-news/news/3638-support-elephant-and-walworth-neighbourhood-plan

Sin embargo, esa indefinición de la legislación abre también la oportunidad para determinar *Neighbourhood Areas* que exceden los límites administrativos de distrito, y así, aparece un fenómeno digno de estudio en clave supramunicipal: los planes transfronterizos o *cross-boundary Neighbourhood Plans*. Estos planes regulan un territorio que se encuentra entre varios distritos y por tanto deben contar con el seguimiento y aprobación de varias autoridades locales. Los *Neighbourhood Forums* que formulan este tipo de planes, se convierten en entidades ciudadanas con un ámbito de acción urbanística propio, que debe estar refrendado por las administraciones concernidas. En ese sentido, la sección 110 del *Localism Act 2011*, que impone el 'deber de cooperar'[149] a las autoridades locales en la elaboración de estos planes, adquiere vital importancia. Pues para culminar el proceso con éxito, estos foros tienen que trabajar y mediar con varias administraciones, en un ejercicio de coordinación que aporta dificultad añadida al ya complejo camino de elaboración de un Neighbourhood Plan.

A pesar de ello, en Londres existen actualmente 11 *cross-boundary Neighbourhood Plans* en distintas fases del proceso de preparación, lo que empieza a dibujar una nueva capa de ordenamiento territorial superpuesta y no coincidente con las delimitaciones distritales, entre la escala local y la metropolitana. El ejemplo de Highgate puede arrojar luz sobre cómo están funcionando este tipo de prácticas en el terreno:

---

149 'Duty to cooperate' es un deber de obligado cumplimiento para las administraciones locales. La sección 110 del *Localism Act* insertó la sección 33A en el *Planning and Compulsory Purchase Act 2004* que establece que toda autoridad local en materia de planificación urbana debe cooperar con otras autoridades y cuerpos del estado, específicamente en el desarrollo de documentos de planeamiento.

4. EL CASO DEL HIGHGATE NEIGHBOURHOOD PLAN

Adoptado en julio de 2017, el caso de Highgate Neighbourhood Plan -Highgate NP- fue el primer *cross-boundary* plan aprobado en todo el país, y pronto se convirtió en un ejemplo paradigmático del potencial del modelo *Neighbourhood Planning* para reconfigurar los espacios de participación local en el ámbito urbanístico.

Highgate es una histórica villa situada en una colina en el norte de Londres entre los distritos de Haringey y Camdem. La frontera entre ambos sigue siendo aún hoy una vibrante calle principal que aglutina tradicionales pubs, tiendas y negocios, que junto a sus bosques y espacios naturales, se han convertido en seña de identidad de este barrio londinense. Así lo entendieron los miembros del Highgate Neighbourhood Forum –Highgate NF-, que en diciembre de 2012 comenzaron a preparar un Neighbourhood Plan propio para conseguir "una planificación coherente del futuro desarrollo urbanístico de una zona situada entre dos administraciones" (Highgate NP, 2015, p.6). Con una población de 18.000 habitantes y una extensión de 4,8 km2, esta zona enfrenta los grandes desafíos de un suburbio residencial que necesita atraer a población joven con vivienda de nueva construcción, modernizar sus redes de movilidad y equipamientos o proteger sus espacios verdes mientras preserva el "espíritu local intacto" (p.8). Por ello, el Highgate NP, con una clara agenda pro-crecimiento urbano, elaboró ordenanzas para la resolución de los problemas de tráfico y transporte, el control de los nuevos desarrollos y la conservación de patrimonio, el mantenimiento de la red de espacios públicos; junto con normativa urbanística vinculada a retos socio-comunitarios y económicos percibidos por los ciudadanos. Además, estableció criterios de diseño para nuevos proyectos en cinco zonas concretas del barrio y anticipó el uso de los recursos provenientes del *Community Infrastructure Levy* (tasas municipales derivadas de las plusvalías), para financiar iniciativas de interés comunitario.

El Highgate NP tiene una vigencia de quince años hasta el 2031, periodo durante el cual podrá ser monitoreado para asegurar que las políticas que contiene cumplan con éxito sus objetivos declarados. Tal como establece la *Localism Act 2011*, el plan urbanístico es plenamente vinculante y ha sido elaborado en estricta conformidad con toda la legislación primaria y secundaria relevante, principalmente el Anexo 4B del *Town and Country Planning Act 1990* y las *Neighbourhood Planning (General) Regulations 2012*. Además, las normativas que define el plan son coherentes con *el National Planning Policy Framework 2012*, el *London Plan 2015*, y los marcos de planeamiento municipal en vigor de Haringey y Camden.

Para la elaboración del plan, el Highgate NF, reunió a más de cincuenta organizaciones locales de perfil diverso: desde asociaciones de residentes, a grupos de acción y sociedades recreativas, grupos religiosos, centros artísticos y comunitarios, escuelas y residencias; incorporando desde el inicio y a través de un proceso participativo ejemplar, las perspectivas de cada uno de estos colectivos. Desde las primeras acciones de *street engagement* o 'participación a pie de calle' con paseos por la zona para delimitar los límites del *Neighbourhood Area*, hasta las presentaciones públicas de los avances del plan a los vecinos o los talleres de co-diseño facilitados por expertos para abordar las materias normativas clave; el esfuerzo continuado por involucrar a todos los afectados por las futuras transformaciones del barrio queda patente en el *Consultation Statement* presentado como complemento al plan urbanístico, tal como requiere el protocolo de *Neighbourhood Planning*. El proceso de formulación colaborativa del plan, incluyó también a propietarios de suelo, grupos de interés del área o funcionarios de las administraciones de Camden y Haringey; concibiendo la comunidad local desde perspectiva amplia que incorporara las distintas aspiraciones de todos los agentes concernidos por la nueva regulación. Tras la experiencia de planeamiento participativo, el Highgate NF reportó una estrecha relación de colaboración con las autoridades de los dos distritos, nunca antes coordinados en una empresa tan ambiciosa como un plan urbanístico.

5. LECCIONES Y RETOS DEL NEIGHBOURHOOD PLANNING

El ejemplo de Highgate NF pone de manifiesto la oportunidad que ofrece la *Localism Act 2011* para crear órganos estatutarios cuya acción excede los límites de los distritos, que además continúan ejerciendo su cometido más allá de la elaboración de planes urbanísticos vinculantes. Gracias a la posibilidad prevista en la legislación para volver, cada cinco años, a renovar la vigencia de un *Neighbourhood Forum*, más de tres años después de la adopción legal del Highgate NP, el foro que lo impulsó sigue en activo "vigilando aspectos del planeamiento en los grandes desarrollos de la zona, comentando en asuntos estratégicos y siendo oficialmente consultados por la administración en la aprobación de licencias urbanísticas de la zona". Además, continúa manteniendo un diálogo constante con las autoridades de Camden y Haringey para la financiación de proyectos de iniciativa ciudadana local a través de los mecanismos de redireccionamiento y recuperación de plusvalías previstos en el plan (Highgate Neighbourhood Forum, 2017).

Uno de los efectos no anticipados del modelo de *Neighbourhood Planning*, es por tanto la continuidad de los grupos ciudadanos tras la aprobación de los planes, siendo clave en su proceso de implementación a lo largo del tiempo en todas las etapas de producción urbanística. Con un estatus diferenciado y una voz reconocida oficialmente en asuntos de planeamiento urbanístico, los foros que continúan su actividad tras estos diez años de la reforma localista, siguen ensanchando sus espacios de poder e influencia.

Además, están consiguiendo poner sobre la agenda urbana cuestiones que la administración ha ido retrasando, como puede ser el papel de la regeneración de la ciudad en la atención a la emergencia climática. La *Localism Act 2011*, enmarca el *Neighbourhood Planning* en un modelo de desarrollo sostenible, pero es el impulso ciudadano el que está formulando normativa específica y clara para lograr ese objetivo. Por ejemplo, el Highgate NP parte de la definición de sostenibilidad de Brundtland e incluye un 'Árbol de la Sostenibilidad' que incluye ordenanzas que promueven una movilidad alternativa y exigen que los nuevos desarrollos sean completamente peatonales. También el Hackbridge and Beddington Corner NP en el distrito de Sutton al sur de Londres, es pionero en normativas para que los futuros proyectos en la zona cuenten con sistemas de recogida y aprovechamiento de aguas pluviales o reciclaje de aguas grises, para reducir el consumo energético en el ciclo urbano del agua de un área de gran valor ecológico. Elementos estratégicos con efectos más allá de los límites de los barrios, que los marcos de planeamiento de los distritos tratan como meras directrices, y que gracias al peso vinculante de los *Neighbourhood Plans* adquieren especificidad y contundencia.

Hasta ahora, la Localism Act 2011 ha avivado el debate académico sobre el verdadero impacto de la reforma en el tejido urbano y social, pero para poder hacer un análisis completo, comienza a ser necesario un estudio más amplio y profundo sobre canales participativos institucionalizados como el *Neighbourhood Planning*, que aunque cuentan con límites preestablecidos, también inician dinámicas de empoderamiento ciudadano y transformación urbana cuyo alcance o escala está todavía por determinar (Gaventa, 2006)

6. BIBLIOGRAFÍA

ALLMENDINGER, P., & HAUGHTON, G. (2011). Post-political spatial planning in England: A crisis of consensus? *Transactions of the Institute of British Geographers, 37*(1), 89- 103. doi:10.1111 /j.1475-5661.2011.00468.

CLARKE, N., & COCHRANE, A. (2013). Geographies and politics of localism: The localism of the United Kingdoms coalition government. *Political Geography, 34,* 10-23. doi:10.1016/j.polgeo.2013.03.003

COOKE, S., & MACDONALD, R. (2014, November 24). *Determination of Neighbourhood Planning Applications- Key Decision No: LHR J62* (Rep.). Retrieved from http:// mginternet.hackney.gov.uk/documents/ s40038/LHR J62_Central_Stamford_Hill_ Forum_Cabinet_report_ November_2014.pdf

CORNWALL, A. (2004). Introduction: New Democratic Spaces? The Politics and Dynam- ics of Institutionalised Participation. *IDS Bulletin,* 35(2), 1-10.

Gaventa, J. (2006). Finding the Spaces for Change: A Power Analysis. *IDS Bulletin, 37*(6), 23-33.

HICKEY, S., & MOHAN, G. (2014). Towards participation as transformation: Critical themes and challenges for a post-tyranny agenda. In *Participation–From Tyranny to Transformation: Exploring new approaches to participation in development* (pp. 3-20). London: ZED Books.

HIGHGATE NEIGHBOURHOOD FORUM. (2015). *Highgate Neighbourhood Plan: Draft for Consultation January 2015.* Retrieved from https:// forhighgate.org/about-hnf/ plan/#

HIGHGATE NEIGHBOURHOOD FORUM. (2017). *Highgate Neighbourhood Forum Leaflet.* . Retrieved from https://forhighgate.org/

NATARAJAN, L. (2013) *Learning about Communities in a Participatory Spatial Planning Context: A Study of Community Engagement & Planning Knowledge in England.* Doc- toral thesis, UCL (University College London). Retrieved from http://discovery.ucl. ac.uk/1384302/

PAINTER, J., DOMINELLI, L., MACLEOD, G., ORTON, A., & PANDE, R. (2011). *Connecting localism and community empowerment : Research review and critical synthesis for the AHRC Connected Community Programme* (Rep.). Durham: The University of Durham Department of Geography and School of Applied Social Sciences.

PLANNING ADVISORY SERVICE. (2015). *Briefing Note: Neighbourhood Area and Neighbourhood Forum Designations* (Rep.). Retrieved https://www.local.gov.uk/ sites/default/files/documents/area-and-forum-designatio-814.pdf

PLANNING AID ENGLAND. (2015). *How to designate a neighbourhood area* (Rep.). Retrieved from http://www.ourneighbourhoodplanning.org.uk/storage/resources/ documents/How_to_designate_a_neighbourhood_area2.pdf

TOWNSEND, A., & TULLY, J. (2004). Modernising Planning: Public Participation in the UK Planning System. *ERSA04 Conference Papers.*

Capítulo 10

La planificación y la ordenación territorial a nivel supramunicipal: el caso portugués

GONÇALO REINO PIRES

Abogado

Mestre en Ciencias Jurídico-Políticas (Facultad de Derecho–Universidad de Lisboa)

SUMARIO: 1. INTRODUCCIÓN. 2. EL NIVEL SUPRAMUNICIPAL EN LA ESTRUCTURA ADMINISTRATIVA PORTUGUESA. 3. EL NIVEL SUPRAMUNICIPAL EN LAS LEYES DE ORDENACIÓN DEL TERRITORIO. 4. LOS EJEMPLOS DE PLANIFICACIÓN DE COOPERACIÓN MUNICIPAL: ¿PLANES SUPRAMUNICIPALES O INTERMUNICIPALES? 5. CONCLUSIONES. 6. BIBLIOGRAFÍA

1. INTRODUCCIÓN

La planificación y la ordenación del territorio a nivel supramunicipal en Portugal no es, por desgracia, un caso de éxito.

Al margen de las regiones autónomas de las Azores y de Madeira, que poseen un estatuto de autonomía administrativa, y también política (que no es objeto de este documento), la constante vacilación entre el mandato de creación de regiones administrativas contenido en el texto constitucional y su efectiva institucionalización ha dejado huérfanos de representación a los intereses públicos supramunicipales e infraestatales, y la legislación ha intentado que tanto el Estado como los municipios los patrocinen, aunque sin mucho éxito.

Esto ha llevado al fracaso en la planificación del nivel territorial intermedio en Portugal, lo que puede explicar la ausencia de desarrollo a nivel regional en Portugal, dado que los actores que están llamados a llenar este vacío se centran, con razón, (puesto que es su trabajo), en las políticas nacionales, o en el desarrollo municipal.

La última respuesta que intentó dar la ley fue reforzar el asociacionismo municipal en el ámbito de la elaboración y aprobación de instrumentos de gestión territorial de carácter intermunicipal, pero, como veremos, es una solución poco ajustada a la realidad que, por este motivo, ha sido muy poco utilizada.

2. EL NIVEL SUPRAMUNICIPAL EN LA ESTRUCTURA ADMINISTRATIVA PORTUGUESA

2.1. Consideraciones generales

La fuerte autonomía municipal en Portugal siempre ha estado anclada en una dinámica que tiene como único contrapunto al Estado como Administración central, sin que exista un reparto de atribuciones y competencias entre los municipios y un nivel regional de administración.

Es en este contexto en el que se comprueba que la administración pública en Portugal no cuenta con un actor propio y autónomo tanto de la Administración central como de los municipios, cuya función sea la identificación y persecución de los intereses puramente regionales y que actúe exclusivamente a nivel regional.

En este sentido, la identificación y promoción de intereses públicos con una incidencia regional, o en cierto modo supramunicipal, ha sido asumida generalmente de forma directa por el Estado, ya sea por servicios centralizados o por servicios desconcentrados para áreas geográficas de carácter regional.

Esta situación hace que, a menudo, sea difícil distinguir las situaciones en las que nos enfrentamos a la definición y aplicación de una política pública de alcance verdaderamente regional (o, al menos, infraestatal) de aquellas en las que sólo se trata de una adecuación, o particularización, de una política pública nacional a la realidad regional. El hecho es que, desde una perspectiva subjetiva, los actores que definen y ejecutan estas políticas integran siempre a la Administración central, lo que condiciona de inmediato la forma en que miran e intentan actuar sobre el territorio, al tiempo que potencia retos difíciles de resolver a la luz del principio de subsidiariedad.

Por otra parte, en un intento de compensar la ausencia de este nivel regional de administración, el legislador fomentó la creación de entidades de nivel superior al municipal. Esto se consiguió recurriendo a figuras que, más que institucionalizar un nivel de administración supramunicipal, constituyen modelos de mera colaboración entre municipios, en los que se armonizan y articulan los intereses y las políticas públicas de los distintos municipios en unos términos que, en rigor, parecen más una forma de colaboración intermunicipal que una auténtica administración supramunicipal.

La falta de un nivel regional de administración genera así, a nuestro modo de ver, dos tendencias que generalmente caracterizan el modelo de administración pública en Portugal y que, de forma acusada, tienen un impacto determinante en el sistema de planificación y ordenación del territorio:

- Por un lado, cuando se trata de iniciativa estatal, las políticas públicas de ámbito regional son, a menudo, la particularización de políticas de ámbito nacional, y no verdaderas políticas regionales;

- Por otro lado, cuando son asumidas por los organismos intermunicipales, estas políticas públicas suelen ser un ejercicio de coordinación y armonización de los intereses públicos municipales, más que un ejercicio de definición de una política supramunicipal cualitativamente distinta de las políticas públicas municipales.

Estas dos tendencias, que ocupan el "vacío" a nivel regional, generan, naturalmente, dos tensiones estructurales en este proceso.

En el primer caso, existe un claro enfrentamiento entre el Estado y los municipios, en el que la absorción del nivel supramunicipal de la administración por parte del Estado, aunque no invada el espacio de la autonomía municipal, es susceptible de condicionarlo de forma determinante, limitando el espectro de opciones que los municipios pueden considerar a la hora de definir las políticas públicas municipales.

En el segundo caso, siempre existe una fuerte tensión entre municipios, concretamente en los casos en los que está en juego la elección de la ubicación de infraestructuras, equipamientos o proyectos con relevante impacto supramunicipal, con una comprensible tendencia a que cada municipio, dentro de estas estructuras intermunicipales, busque la mejor solución para sí mismo y no la mejor solución para todos (o para la región).

En este marco, se puede entender la relevancia que reviste la implantación de un nivel regional en sentido propio en la estructura de la Administración pública, dirigido a perseguir, con autonomía, los intereses que surgen de un territorio regional y de su población, con órganos representativos de esta población y con competencias y atribuciones propias, lo que es fundamental para garantizar, con propiedad, la definición y consecución de las políticas públicas regionales.

2.2. La inexistencia de regiones administrativas

La creación de las regiones administrativas en Portugal está prevista en la Constitución de la República Portuguesa ("**CRP**"), en los artículos 255 y siguientes, desde la Revisión Constitucional de 1989, pero su institucionalización depende, también por imposición constitucional, de un resultado positivo en un referéndum nacional.

Esta situación transitoria no impidió la aprobación de la Ley Marco de las Regiones Administrativas (Ley nº 56/91, de 13 de agosto–la "**LQRA**"), en virtud de la cual las regiones administrativas se diseñan materialmente a la luz del concepto de ente local (*autarquia local* en portugués), o de persona jurídica pública de población y territorio (revistiendo de pleno derecho esta naturaleza), en igualdad de condiciones con el Estado, por un lado, y los municipios y parroquias (*freguesias* en portugués), por otro.

Esta situación de paridad con los municipios y las parroquias, como tercer tipo de ente local, se revela de varias maneras: (*i*) los titulares de sus órganos ejecutivo y deliberante son elegidos directamente por la población de la región, existiendo una representatividad directa; (*ii*) las regiones administrativas persiguen los intereses propios de esta población regional; (*iii*) estos intereses propios son distintos de los intereses públicos de ámbito nacional y municipal, gozando de autonomía respecto a ellos.

Sobre esta base, las *regiones administrativas* son "*entes locales supramunicipales, que tienen por objeto la consecución de aquellos intereses de sus respectivas poblaciones que la ley considera mejor gestionados en ámbitos intermedios entre el nivel nacional y el municipal*" ([150]). En palabras de la ley, "*la región administrativa es una persona*

---

150 AMARAL, 2006: 658.

jurídica territorial, dotada de autonomía administrativa y financiera y de órganos representativos, que tiene por objeto perseguir los intereses de las respectivas poblaciones como factor de cohesión nacional" ([151]).

Al tener autonomía para perseguir sus propios intereses a nivel regional, las regiones administrativas están preparadas para desempeñar un papel clave en la definición y aplicación de las políticas públicas supramunicipales.

Según lo dispuesto en el artículo 17 de la LQRA, la ley que cree cada región administrativa deberá especificar las atribuciones de la región administrativa, pero se basarán en las siguientes áreas:

- Desarrollo económico y social;
- Ordenación del territorio;
- Medio ambiente, conservación de la naturaleza y recursos hídricos;
- Infraestructura social y vías de comunicación;
- Educación y formación profesional;
- Cultura y patrimonio histórico;
- Juventud, deporte y tiempo libre;
- Turismo;
- Suministro público;
- Apoyo a las actividades productivas;
- Apoyo a la acción de los municipios.

Naturalmente, el principio de subsidiariedad desempeñará un papel clave en la definición del nivel óptimo de intervención de la región administrativa, es decir, en la identificación

151 Cfr. Lo dispuesto en el artículo 1.º de la LQRA.

de los intereses públicos que, en un momento dado, serán mejor gestionados por la región administrativa que por el Estado o los municipios.

La LQRA, como no podía ser de otra manera, reconoce a las regiones administrativas atribuciones en el ámbito genérico de la ordenación del territorio, así como en determinados sectores que tienen una necesidad inherente de expresión en un modelo territorial concreto, como el medio ambiente, la conservación de la naturaleza, la gestión de los recursos hídricos, los grandes equipamientos públicos, las vías de comunicación, el abastecimiento público, el turismo, entre otros que se manifiestan típicamente a escala regional ([152]).

Este marco de atribuciones muestra también que las regiones administrativas, al igual que los municipios, son personas jurídicas públicas con fines múltiples, es decir, que persiguen la consecución de los intereses públicos comunes a la población a la que representan, cuya titularidad se les atribuye congénitamente en virtud de su condición de entes locales, y que su ámbito de actuación no se restringe sólo a parte de los intereses propios (en el sentido de los sectores) de las futuras regiones administrativas.

En su artículo 19, la LQRA prevé específicamente la existencia de un plan de desarrollo regional y encomienda a la región administrativa su elaboración y ejecución, distribuyendo, en los artículos 25 y 31, la facultad de aprobar el plan a la Asamblea regional (órgano deliberante) y la facultad de elaborar, proponer su aprobación y ejecutar el plan al Consejo regional (órgano ejecutivo).

---

[152] Cabe señalar que la planificación urbana, como medio de estructuración del espacio urbano, no es competencia de las regiones administrativas, ya que se considera que entra exclusivamente en el ámbito de la autonomía municipal.

El mismo tipo de distribución de competencias entre la asamblea regional y el consejo regional se realiza, en los mismos artículos, en relación con el plan regional de ordenación del territorio, que se asimila así al plan de desarrollo regional en cuanto a procedimiento y forma. La disociación entre estos dos planes regionales es muy relevante porque induce la idea (que es correcta) de que la definición de una estrategia de desarrollo, por un lado, y la definición del modelo territorial que la materializa espacialmente, por otro, son dos tareas distintas y requieren procesos autónomos de identificación y ponderación de intereses, aunque la situación de hecho del territorio, con sus limitaciones y potencialidades, sea un elemento decisivo para la adopción de una determinada estrategia de desarrollo y un determinado modelo territorial.

Por otro lado, y confirmando el carácter autónomo de las regiones administrativas, tanto el plan de desarrollo regional como el plan regional de ordenación del territorio son planes que persiguen intereses múltiples (frente a los planes que persiguen intereses únicos o sectoriales), siendo naturalmente relevante que la región administrativa esté legitimada, en todas sus atribuciones, para realizar un ejercicio de ponderación de intereses públicos entre sí y privilegiar unos sobre otros en la definición de la estrategia de desarrollo y su expresión territorial, a partir de un modelo típico de elección pública.

De este modo, podemos afirmar sin temor a equivocarnos que la existencia de un nivel regional de administración es algo que la Constitución y la ley reconocen como deseable, con el fin de perseguir intereses públicos de ámbito regional que, obviamente, no son adecuadamente perseguidos ni por las entidades de ámbito nacional ni por las entidades de ámbito municipal.

2.3. Los servicios desconcentrados de la Administración central

En un contexto de ausencia de regiones administrativas, el Estado creó cinco comisiones de coordinación y desarrollo regional ("**CCDR**") para garantizar la coordinación y articulación de las distintas políticas sectoriales de ámbito regional, así como para aplicar a nivel regional las políticas de medio ambiente, ordenación del territorio y ciudades.

Figura 1. Ámbito territorial de las CCDR

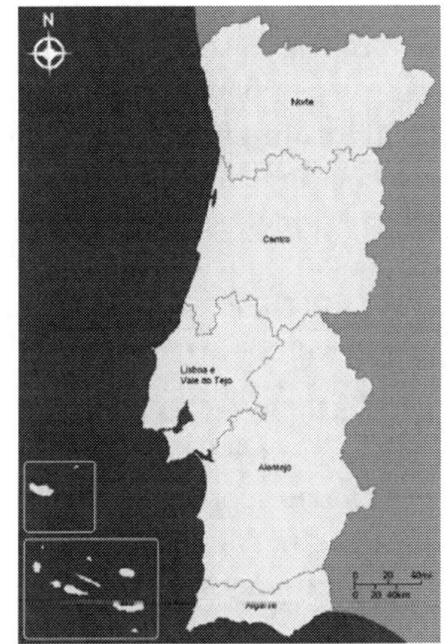

(fuente: Wikipedia)

Las CCDR son servicios periféricos (desconcentrados) de la administración directa del Estado, dotados de autonomía administrativa y financiera, cuya ley orgánica está actualmente recogida en el Decreto-Ley 228/2012, de 25 de octubre de 2012 ("**Decreto-Ley 228/2012**").

Las cinco CCDR se dividen en Norte, Centro, Lisboa y Valle del Tajo, Alentejo y Algarve (el ámbito territorial respectivo se muestra en la Figura 1.)

Las atribuciones confiadas a las CCDR muestran muy claramente que estas pretenden, en gran medida, llenar el "vacío" que deja la inexistencia de las regiones administrativas, sobre todo por las alusiones que hace el artículo 2.3 del Decreto-Ley 228/2012 a la "*articulación entre las políticas sectoriales en el ámbito regional*", a la "*articulación entre instituciones de la Administración directa del Estado, entes locales y entidades asimiladas*", y a la necesidad de "*promover y garantizar una adecuada articulación intersectorial entre los servicios desconcentrados de ámbito regional*".

Con esta formulación, la ley asume que, en la actualidad (muy probablemente por la ausencia de regiones administrativas), no existen intereses públicos regionales, sino manifestaciones regionales de los distintos intereses públicos nacionales, así como que la persecución de cada interés público concreto, al referirse al ámbito regional, se atribuye a los servicios desconcentrados de las personas jurídicas públicas de la Administración central que estatutariamente los persiguen, y no a las CCDR (que sólo promueven su articulación).

En este contexto, se asignan a las CCDR funciones de promoción de la articulación entre las políticas sectoriales del Estado y entre los servicios desconcentrados de otras personas jurídicas públicas que las persiguen, pero sin que las CCDR tengan poderes para imponer realmente los términos de esa articulación a los servicios desconcentrados en cuestión. Así, las funciones de coordinación y articulación de las políticas públicas sectoriales no se corresponden con un verdadero poder administrativo de decisión, es decir, un poder que faculte a las CCDR para ponderar la relevancia e intensidad con la que se presenta cada interés público en el contexto del área regional en cuestión y elegir uno sobre otro, de modo que cualquier conflicto deberá resolverse fuera de las CCDR (concretamente en el contexto de las relaciones entre ministerios).

Por otro lado, al afirmar que las CCDR deben asegurar la articulación entre la Administración central y los entes locales, el Decreto-Ley 228/2012 también asume que, en el marco actual, no existen intereses de ámbito regional, por lo que la tensión en juego siempre se dará directamente entre intereses de ámbito nacional y municipal. En este particular, como servicio administrativo integrador de la Administración central, no estará de más preguntarse si las CCDR son capaces de asegurar el necesario distanciamiento para garantizar un enfoque objetivo y equilibrado en el desempeño de estas funciones de articulación, y alejarse de un prejuicio de protección de la Administración central del que forma parte en detrimento de los municipios.

Conscientes de que esta cuestión está justificada, y buscando aumentar la legitimidad y representatividad de los municipios en el seno de las CCDR, se promovió en 2020 una modificación del Decreto-Ley 228/2012 para reformular el proceso de designación del presidente y los vicepresidentes de las CCDR:

- El Presidente es elegido por un órgano electoral amplio, compuesto por los miembros de las Cámaras municipales y de las asambleas municipales de los municipios incluidos en el ámbito territorial de la CCDR;
- Un Vicepresidente será elegido por un órgano electoral restringido, compuesto por los alcaldes (presidentes en portugués) de las Cámaras municipales de los municipios comprendidos en el ámbito territorial de la CCDR;
- Posteriormente, el Gobierno nombra un Vicepresidente, previa consulta con el Presidente y el Vicepresidente elegidos en los términos mencionados ut supra;
- Todos los miembros son, tras su elección o nombramiento, designados formalmente por el Gobierno.

Esta solución es absolutamente reveladora del malestar y los malentendidos que existen respecto a los intereses regionales y la forma de tratarlos.

Por un lado, se intentó responder a un desequilibrio, en beneficio de la Administración central, generado por el hecho de que los intereses regionales no son actualmente más que una mera incidencia territorial regional de los intereses públicos nacionales.

Por otro lado, se reconoce que existe una falta de consideración, o representatividad, de los intereses municipales en la definición del modelo de desarrollo regional, y al mismo tiempo se intenta equilibrar esta representatividad y legitimar las funciones atribuidas a las CCDR.

Sin embargo, la solución encontrada es profundamente objetable, y por razones fácilmente comprensibles: estamos ante la elección de los máximos responsables de un servicio desconcentrado de la Administración central por paneles electorales del gobierno local, donde (*i*) los dirigentes elegidos no rinden cuentas a quienes los eligen, (*ii*) sus superiores jerárquicos (que son los miembros del Gobierno) no los eligieron y (*iii*) sus votantes no pueden destituirlos.

Una tercera línea de consideraciones tiene que ver con el hecho de que las CCDR, además de estas funciones de coordinación y articulación, también tienen (*i*) competencias propias a nivel de definición y aplicación de políticas sectoriales específicas y (*ii*) competencias de instrucción y decisión de procedimientos que incluyen la consideración y armonización de los intereses públicos encomendados a las CCDR y los intereses públicos encomendados a otras entidades.

En estos casos, las CCDR aparecen simultáneamente como actoras y decisoras de su propia causa, o como mediadoras directamente interesadas en algunos de los intereses de la mediación, lo que perturba la creación de un marco normativo que comprenda garantías objetivas de imparcialidad efectiva por parte de las CCDR en el desempeño de sus funciones.

Un ejemplo, entre otros, de estas situaciones es la función de autoridad de evaluación de impacto ambiental ("**EIA**") que desempeña la CCDR en el contexto de los procedimientos de EIA, en virtud de los cuales se evalúan proyectos que también son objeto de pronunciamiento por parte de las CCDR en el contexto de la elaboración de los planes municipales de ordenación del territorio. Naturalmente, se tenderá a ejercer las dos competencias en cuestión en la misma dirección, o con la misma posición de principio, lo que en la mayoría de los casos puede ser incluso la decisión correcta, pero es aconsejable distribuir las distintas competencias entre diferentes entidades como medida de garantía objetiva de imparcialidad.

Teniendo en cuenta lo anterior, es importante retener la idea principal, que es que la existencia de las CCDR no implica el reconocimiento de la existencia o relevancia de intereses regionales o, dicho de otra forma, de intereses supramunicipales, sino que, por el contrario, es un síntoma de su irrelevancia práctica en el ordenamiento jurídico portugués.

2.4. Las entidades intermunicipales

Las vacilaciones en el avance del proceso de regionalización en Portugal llevaron, a principios de la década pasada, a la aprobación de un régimen jurídico destinado a estructurar la creación de entidades intermunicipales en todo el país, unos 30 años después de la creación de las áreas metropolitanas de Lisboa y Oporto por la Ley 44/91 de 2 de agosto.

Figura 2. Ámbito territorial de las entidades intermunicipale

(fuente: Wikipedia)

El modelo previsto en la Ley nº 75/2013, de 12 de septiembre ("**Ley 75/2013**"), para las comunidades intermunicipales ("**CIM**") (designación de otras entidades intermunicipales distintas de las áreas metropolitanas) es, sin embargo, relativamente incipiente, ya que se basa en la creación de asociaciones públicas de municipios de carácter voluntario.

Con esta naturaleza, es comprensible que las competencias atribuidas a las CIM sean, en la práctica y casi exclusivamente, competencias de articulación, seguimiento y consulta. Estas entidades no pretenden ser un foro para el ejercicio conjunto de las competencias municipales, si bien, legalmente, podrían serlo.

Las CIM han sido, sobre todo, centros de concertación de intereses, de colaboración y de asunción de proyectos de ámbito intermunicipal, con vistas, sobre todo, a preparar y facilitar la formalización de los contratos programa inherentes a la utilización de los fondos procedentes de la Unión Europea.

En este marco, las acciones de las CIM no han extendido sus efectos más allá del ámbito directo de los propios municipios. En otras palabras, las CIM son, sobre todo, estructuras de colaboración entre municipios, cuya actividad no tiene como destinatarios directos a otras entidades públicas ni a los ciudadanos, teniendo, por regla general, efectos jurídicos meramente internos en un contexto asociativo o contractual.

En lo relativo a las atribuciones de las áreas metropolitanas y las CIM, los artículos 67 y 81 de la Ley 75/2013 aluden a áreas que son, en su conjunto, similares a las atribuciones que la LQRA definió para las regiones administrativas, a saber:

- Redes de abastecimiento público, infraestructuras de saneamiento básico, tratamiento de aguas residuales y residuos urbanos;
- Red de equipos sanitarios;
- Red de educación y formación profesional;
- Ordenación del territorio, conservación de la naturaleza y recursos naturales;
- Seguridad y protección civil;
- Movilidad y transportes;
- Redes de equipamiento público;
- Promoción del desarrollo económico y social;
- Red de equipamientos culturales, deportivos y de ocio.

Teniendo por referencia las cuestiones relacionadas con la planificación de ámbito supramunicipal, el artículo 90, apartado 1, d), de la Ley 75/2013, señala como competencias del consejo intermunicipal las siguientes:

> *"d) Aprobar los planes, programas y proyectos de inversión y desarrollo de interés intermunicipal, cuyos regímenes jurídicos se definan en un decreto específico, entre ellos:*
>
> *i) Plan de Ordenación Intermunicipal del territorio;*

ii) Plan intermunicipal de movilidad y logística;

iii) Plan intermunicipal de protección civil;

iv) Plan intermunicipal de gestión medioambiental;

v) Plan intermunicipal de gestión de las redes de equipamientos sanitarios, educativos, culturales y deportivos;"

Sin perjuicio de que abordemos la cuestión de los programas y planes intermunicipales de ordenación territorial *ut infra*, lo cierto es que ninguno de los otros tipos de planes intermunicipales a los que se refiere el citado precepto legal (apartados *ii*) a *v*)) ha visto hasta ahora desarrollado su régimen jurídico en un decreto independiente. Sin embargo, esta inercia del legislador no ha impedido que, en el marco de las entidades intermunicipales, se hayan elaborado documentos de carácter y contenido estratégico en materias como la adaptación al cambio climático, la lucha contra los incendios forestales, la movilidad y el transporte, la promoción del turismo, entre otras, y que permitieron, como se ha dicho, fundamentar el éxito de las solicitudes de fondos de la Unión Europea, o simplemente establecer unas bases comunes para las actuaciones posteriores de cada municipio.

La superposición, o identidad, de atribuciones entre lo previsto en la LQRA y la Ley 75/2013 demuestra que, efectivamente, el legislador buscó en las entidades intermunicipales un sustituto, o quizás un preludio, de la creación de regiones administrativas.

Sin embargo, se confirma que las entidades intermunicipales acaban por no tener competencias propias con eficacia externa, siendo más bien un centro de concertación de intereses de los municipios que las integran. Las entidades intermunicipales no son entes locales. Así, es difícil incluso vislumbrar la existencia de intereses públicos de carácter supramunicipal perseguidos por las entidades intermunicipales o que, incluso, superen el conjunto de los intereses públicos municipales de los municipios que las compongan.

También hay que mencionar que, desde una perspectiva política, no es fácil que un municipio defienda ante sus habitantes que ha renunciado al ejercicio autónomo de una determinada competencia en favor de un ejercicio conjunto en el ámbito de la entidad intermunicipal, sobre todo si se acepta que esa competencia pueda ejercerse de forma contraria a los intereses del municipio en cuestión.

Por estos motivos, la experiencia desde 2013 y las perspectivas de futuro no permiten concluir que las entidades intermunicipales vayan a desempeñar un papel relevante en el ámbito de la planificación y ordenación territorio a nivel supramunicipal.

3. EL NIVEL SUPRAMUNICIPAL EN LAS LEYES DE ORDENACIÓN DEL TERRITORIO

3.1. El sistema de gestión territorial en Portugal

La correcta comprensión de los términos en los que se ha abordado la cuestión de la ordenación del territorio a nivel supramunicipal depende de una explicación resumida de algunos de los pilares en los que se basa el sistema de gestión territorial en Portugal, explicación que no pretende ser exhaustiva, sino específicamente orientada a los aspectos necesarios o útiles para la consecución del objetivo.

El sistema de gestión territorial está recogido en dos instrumentos jurídicos:

- La ley de bases generales de la política pública de suelo, ordenación del territorio y urbanismo, contenida en la Ley nº 31/2014, de 30 de mayo (“LB”), que es una ley de valor reforzado y, como tal, debe ser desarrollada por decreto-ley del Gobierno;

- El Régimen jurídico de los instrumentos de gestión territorial, contenido en el Decreto-Ley nº 80/2015, de 14 de mayo ("RJIGT"), que desarrolla las bases generales definidas en la LB.

El sistema de gestión territorial se organiza en los ámbitos nacional, regional, intermunicipal y municipal, siendo cierto que los tres últimos se materializan en los términos explicados en los apartados 3 a 5 del artículo 2 del RJIGT (a la luz de lo dispuesto en los artículos 37 y siguientes de la LB):

> *"3–El ámbito regional se materializa a través de los programas regionales.*
>
> *4–El ámbito intermunicipal se materializa a través de los siguientes instrumentos:*
>
> *a) Los programas intermunicipales;*
>
> *b) El Plan director intermunicipal;*
>
> *c) Los Planes de urbanización intermunicipales;*
>
> *d) Los Planes de Ordenación Pormenorizada intermunicipales.*
>
> *5–El ámbito municipal se implementará a través de los siguientes planes:*
>
> *a) El plan director municipal*
>
> *b) Los Planes de urbanización*
>
> *c) Los Planes Parciales".*

El sistema de gestión territorial se basa en un principio de tipicidad, según el cual los fines de la política de ordenación del territorio sólo pueden perseguirse mediante los instrumentos previstos en la ley, no siendo posible adoptar otro tipo de instrumentos, con eficacia externa, en concreto en lo que se refiere a la definición de las normas de uso del suelo.

Los instrumentos pueden consistir, según lo dispuesto en el artículo 38 de la LB, en programas o planes:

- Los programas establecen el marco estratégico para el desarrollo territorial y sus directrices programáticas o definen la incidencia espacial de las políticas nacionales a considerar en cada nivel de planificación;
- Los planes establecen opciones y acciones concretas en materia de planificación y organización del territorio, así como definen el uso del suelo.

De forma simplista, el criterio de distinción entre programas y planes es el componente exclusivamente estratégico de los programas y la exclusividad de los planes para proceder a la definición de normas de uso del suelo. Por tanto, sólo los planes son directamente vinculantes para los particulares, mientras que los programas sólo lo son para las entidades públicas (véase lo dispuesto en los artículos 46 de la LB y 3 del RJIGT).

El régimen de uso del suelo se expresa a través de su clasificación, que determina el destino básico del suelo, respetando su naturaleza, y se basa en la distinción entre suelo rural y urbano, y de su calificación, que define, respetando su clasificación, el contenido de su uso con referencia al potencial de desarrollo del territorio, fijando los respectivos usos dominantes y compatibles y, cuando sea admisible, la edificabilidad (cf. artículos 9 y 10 de la LB y 70, 71 y 74 del RJIGT).

También es importante tener en cuenta que todos los instrumentos de gestión territorial, ya sean programas o planes, tienen un componente de definición de una estrategia de desarrollo territorial, por un lado, y un componente de espacialización de esta estrategia mediante la definición de un modelo territorial. Esta distinción queda clara, por ejemplo, en la definición legal del objeto del plan director municipal contenida en el apartado 1 del artículo 95 del RJIGT (el resaltado es nuestro):

> *"El plan director municipal es el instrumento que establece la* ***estrategia municipal de desarrollo territorial****, la política municipal de suelo, ordenación del territorio y urbanismo, el* ***modelo territorial municipal****, las opciones de localización y gestión de los equipamientos de uso colectivo y las relaciones de interdependencia con los municipios vecinos, integrando y articulando las directrices establecidas por los programas de ámbito nacional, regional e intermunicipal".*

Estos dos componentes deben naturalmente estar relacionados sobre una base causal, en la que el modelo territorial propuesto tiene que ser adecuado para llevar a cabo la estrategia de desarrollo territorial, so pena de que alguna incoherencia a este nivel lleve a la invalidez del propio programa o plan.

Teniendo en cuenta que el modelo territorial de un plan debe consistir en la clasificación y calificación de todo el suelo incluido en el ámbito territorial del plan en cuestión, el modelo territorial será naturalmente mucho más concreto en el caso de los planes que en el de los programas.

Esta distinción, sin embargo, es relevante para las cuestiones que nos ocupan porque se refiere a los intereses públicos con incidencia territorial que cada entidad puede o debe considerar en el contexto de la elaboración de un programa o plan. Sobre esta base, en el contexto de un programa regional no deben someterse a ponderación y elección administrativas los intereses municipales, que están reservados a los municipios, al igual que en el contexto de un programa o plan municipal, deben respetarse la ponderación y las elecciones ya realizadas en el programa regional sobre los intereses nacionales y su expresión regional.

Y, en este nivel, las dificultades a nivel regional, subregional, intermunicipal y supramunicipal, independientemente de la forma en que asumamos cada una, son evidentes, pues el contenido y el alcance de las competencias legales encomendadas a los distintos organismos públicos antes referidos para identificar y ponderar los intereses públicos en cuestión dependen decisivamente de su naturaleza e incidencia territorial.

Esta es una cuestión fundamental a nuestros efectos, y es objeto de regulación normativa expresa en el artículo 38, nº 2 de la Ley: "*El sistema de gestión territorial se organiza en un marco de interacción coordinada que se redirige a los ámbitos nacional, regional, intermunicipal y municipal, **según la** naturaleza **e** incidencia territorial **de los intereses públicos perseguidos***" (con resaltado y subrayado añadido).

En concreto, entre los intereses puramente nacionales y los intereses puramente municipales, existe una gama de situaciones que no siempre son fáciles de distinguir, y que la ley no se molesta en ampliar o aclarar.

Las cuestiones que se plantean y que son fundamentales para intentar comprender el fenómeno de la planificación y ordenación del territorio en Portugal a nivel supramunicipal son, por ejemplo, las siguientes:

- Los intereses de ámbito regional, en ausencia de regiones administrativas, ¿siguen siendo expresiones de intereses de ámbito nacional, o son intereses autónomos, aunque no estén adscritos a una región administrativa?
- Los intereses subregionales ¿son una particularización de los intereses nacionales o una comunitarización de los intereses municipales? ¿Son intereses supramunicipales, teniendo como referencia los municipios y no la Administración central?
- ¿Son los intereses intermunicipales de la misma naturaleza que los intereses municipales, diferenciándose sólo en su mayor incidencia territorial pero siendo aún una suma cuantitativa de intereses municipales?, ¿o son cualitativamente diferentes?

- ¿Son diferentes los intereses supramunicipales de los intermunicipales?

Estas cuestiones son muy relevantes porque es importante garantizar que una determinada entidad no se exceda, en el ejercicio de las competencias urbanísticas, en la consecución de los intereses que tiene encomendados y, por tanto, que no vulnere el ámbito de actuación reservado a otras entidades. La validez del programa o plan en sí depende de esta disciplina.

La definición de estos límites será también la base para la aplicación de los principios de articulación y coordinación, en los términos recogidos en el artículo 24, nº 2 del RJIGT:

> *"2–El Estado, los municipios y las asociaciones de municipios tienen el deber de promover, de forma articulada entre ellos, la política de ordenación del territorio, garantizando, a saber:*
>
> *a) El respeto a las respectivas atribuciones, en la elaboración de programas y planes territoriales nacionales, regionales, intermunicipales y municipales;*
>
> *b) El cumplimiento de los límites materiales impuestos a la intervención de los distintos organismos y agentes, en relación con el procedimiento de planificación nacional, regional, intermunicipal y municipal;*
>
> *c) La definición, de acuerdo con las estructuras orgánicas y funcionales, de un modelo de interlocución que permita una interacción coherente en materia de ordenación del territorio, evitando la concurrencia de competencias".*

Sin embargo, al pretender enriquecer el sistema de gestión territorial aludiendo a los niveles de planificación regional, subregional e intermunicipal sin poder identificar a las entidades administrativas que natural y genéticamente son titulares de los intereses correspondientes a estos niveles de planificación, el legislador también ha introducido una complejidad a la que no da respuesta.

3.2. Los programas regionales de ordenación del territorio

Antes de la entrada en vigor de la LB y el RJIGT, estaba en vigor la anterior ley de bases (Ley nº 48/98, de 11 de agosto), que determinaba que los planes regionales de ordenación del territorio debían ser elaborados y aprobados por las regiones administrativas y que, mientras no se establecieran específicamente, se mantendrían las competencias de la administración central en materia de elaboración y aprobación de los planes regionales de ordenación del territorio.

Ante la falta de avance en la creación de las regiones administrativas, la LB y el RJIGT asumieron la estructura administrativa existente como referencia para la definición del régimen aplicable a los programas regionales de ordenación del territorio ("**PROT**"), responsabilizando a las CCDR de la elaboración de los PROT, que son aprobados por el Gobierno.

En términos generales, los PROT establecen las opciones estratégicas de organización del territorio regional y el respectivo modelo de estructuración territorial, teniendo en cuenta el sistema urbano, las infraestructuras y los equipamientos de uso colectivo de interés regional, así como las áreas de interés regional en términos agrícolas, forestales, ambientales, ecológicos y económicos, integrando las redes nacionales de infraestructuras, movilidad y equipamientos de uso colectivo con expresión regional (cf. lo dispuesto en el artículo 41 de la LB).

Sus objetivos, de acuerdo con lo establecido en el artículo 53 del RJIGT, son los siguientes:

- Desarrollar, a nivel regional, las opciones previstas en el programa nacional de política de ordenación del territorio, los programas sectoriales y los programas especiales;

- Traducir, en términos espaciales, los principales objetivos del desarrollo económico y social sostenible a escala regional;
- Considerar medidas para mitigar las asimetrías de desarrollo intrarregional;
- Servir de base para la formulación de la estrategia nacional de ordenación del territorio y como marco de referencia para la elaboración de los programas y planes intermunicipales y municipales;
- Establecer, a nivel regional, las grandes opciones de inversión pública con impacto territorial significativo, sus prioridades y la programación respectiva, en articulación con las estrategias definidas para la aplicación de los fondos comunitarios y nacionales.

A su vez, en cuanto a su contenido material, previsto en el artículo 54 del RJIGT, se pretende que definan el modelo de organización del territorio regional, estableciendo, a saber:

- La estructura regional del sistema urbano, las infraestructuras y los equipamientos de uso colectivo de interés regional, garantizando la salvaguarda y la valorización de las zonas de interés regional en términos económicos, agrícolas, forestales, de conservación de la naturaleza, medioambientales, paisajísticos y patrimoniales;
- Los objetivos y principios asumidos a nivel regional en cuanto a la localización de las actividades y de las grandes inversiones públicas, sus prioridades y su programación;
- La incidencia espacial, a nivel regional, de las políticas establecidas en el programa nacional de política de ordenación del territorio y en los planes, programas y estrategias sectoriales preexistentes, así como de las políticas de relevancia regional a desarrollar por

los planes territoriales intermunicipales y municipales contemplados;

- La política medioambiental a nivel regional, incluida la estructura ecológica regional para la protección y mejora del medio ambiente, así como la recepción, a nivel regional, de las políticas y medidas establecidas en los programas sectoriales y especiales.

Partiendo de este marco, que remite sistemáticamente a un contexto regional, la figura de los PROT adquiere una complejidad añadida cuando se confronta con las disposiciones de los apartados 1 y 3 del artículo 52 del RJIGT:

> *"1–Los programas regionales definen la estrategia regional de desarrollo territorial, integrando las opciones establecidas a nivel nacional y considerando las estrategias de desarrollo local subregionales y municipales, constituyendo el marco de referencia para la elaboración de programas y planes intermunicipales y de los planes municipales.*
>
> *(...)*
>
> *3–Las comisiones de coordinación y desarrollo regional podrán proponer al Gobierno que el programa regional se estructure en unidades de planificación correspondientes a espacios subregionales, es decir, las correspondientes a los ámbitos geográficos de las entidades intermunicipales, integradas en el respectivo ámbito de actuación y susceptibles de elaboración y aprobación escalonada"*

En este artículo, el RJIGT se refiere a un nivel subregional de planificación, al que no se refiere expresamente la LB, en cuanto a la definición del régimen aplicable a los PROT, señalando que los PROT deben respetar las estrategias vigentes para ese nivel. Con esta obligación, el RJIGT asume que la estrategia subregional no está incluida en el ámbito de los PROT, siendo externa a ellos.

Sin perjuicio de retomar este tema más adelante, tras explorar el régimen aplicable a los programas y planes intermunicipales de ordenación del territorio, cabe señalar desde el principio que la RJIGT acepta como posible que un área de dimensión subregional, correspondiente al ámbito geográfico de una entidad intermunicipal, pueda ser cubierta simultáneamente por dos programas (uno regional y otro municipal), con el mismo ámbito territorial, pero elaborados por entidades diferentes ([153]).

En este marco, y recordando que el artículo 38, nº 2 de la LB establece que la coordinación se realiza a nivel nacional, regional, intermunicipal y municipal, en función de la naturaleza e incidencia territorial de los intereses públicos perseguidos, cabe preguntarse qué intereses serán considerados en cada uno de estos dos programas, recordando que en principio tendrán la misma incidencia territorial, pero una naturaleza completamente diferente:

- Si se trata de intereses de carácter nacional, encomendados por la Administración central a un órgano desconcentrado de ámbito regional, y con incidencia subregional;
- Si se trata de intereses de carácter municipal, encomendados por los municipios a una entidad intermunicipal, y con una repercusión más amplia en un grupo de municipios.

3.3. Los programas y planes intermunicipales de ordenación del territorio

El nivel intermunicipal de planificación ya estaba consagrado antes de la LB y del RJIGT actualmente en vigor, pero en una versión bastante simplificada que se basaba en la colaboración entre municipios para la aprobación de un instrumento

---

[153] OLIVEIRA, 2016: 89.

exclusivamente estratégico que no era susceptible de regular el uso del suelo.

En el marco de la LB, se decidió dar mayor relevancia al nivel intermunicipal, previendo la posibilidad de aprobar programas intermunicipales, por un lado, y planes directores intermunicipales, planes de urbanización intermunicipales y planes de ordenación pormenorizada intermunicipales, por otro.

En virtud de lo dispuesto en el artículo 42 de la LB, el programa intermunicipal:

- Es de elaboración opcional;
- Abarca dos o más municipios territorialmente contiguos integrados en una misma comunidad intermunicipal, salvo situaciones excepcionales autorizadas por el Gobierno;
- Garantiza la coordinación entre el programa regional y los planes territoriales de ámbito intermunicipal o municipal en el caso de zonas que requieran una actuación de planificación integrada por su interdependencia estructural o funcional o por la existencia de áreas de riesgo homogéneas;
- Establece las opciones estratégicas para la organización del territorio intermunicipal y la inversión pública, sus prioridades y programación, en coordinación con las estrategias definidas en los programas territoriales de alcance nacional, sectorial y regional, definiendo las directrices para los planes territoriales de alcance intermunicipal o municipal.

Siendo estos sus objetivos, su contenido material ha sido definido en el artículo 63 del RJIGT, siendo el programa intermunicipal el encargado de definir:

- Las principales opciones estratégicas de organización territorial y de inversión pública, sus prioridades y su respectiva programación, en articulación con las estrategias definidas en los programas nacionales y regionales y la evaluación de los impactos de las estrategias de desarrollo adoptadas y desarrolladas, teniendo en cuenta las especificidades y los recursos diferenciadores de cada territorio;
- Las directrices y orientaciones para los planes territoriales de ámbito intermunicipal y municipal;
- Las directrices para las redes de infraestructura, equipamiento, transporte y movilidad y servicios;
- Las normas y objetivos mínimos que deben alcanzarse en materia de calidad ambiental, conservación de la naturaleza y mejora del paisaje.

Por otro lado, en lo que respecta a los planes intermunicipales, el artículo 42 de la LB establece lo siguiente:

- El plan director intermunicipal establece, de forma coordinada, la estrategia de desarrollo territorial intermunicipal, el modelo territorial intermunicipal, las opciones de localización y gestión de los equipamientos de uso público local y las relaciones de interdependencia entre dos o más municipios territorialmente contiguos, y su aprobación exime de la elaboración de planes directores municipales, sustituyéndolos.
- Los planes de urbanización y los planes de ordenación pormenorizada intermunicipales abarcan parte del territorio contiguo de los municipios a los que se refieren;
- La existencia de un plan intermunicipal no afecta al derecho de cada municipio a gestionar su territorio de forma autónoma, de acuerdo con las disposiciones del plan.

Este régimen fundamental, definido en la LB, fue desarrollado posteriormente en el marco del RJIGT, y se aclaró, en el artículo 27, nº 4, que *"la existencia de un plan director, plan de urbanización o plan de ordenación pormenorizada de ámbito intermunicipal excluye la posibilidad de la existencia, en el respectivo ámbito de cobertura, de planes municipales del mismo tipo, sin perjuicio de las normas relativas a la dinámica de los planes territoriales".*

Con este lema, la regulación de los planes intermunicipales se realizó recurriendo directamente al régimen definido para los planes municipales de ordenación del territorio, en el que, en general, la palabra "municipal" se sustituía, según el caso, o se añadía, a la palabra "intermunicipal". En cuanto a la estructura orgánica, y también en términos generales, se mantienen en los mismos órganos las competencias que en el ámbito municipal están encomendadas al consejo municipal y a la asamblea municipal, salvo en el caso de los planes directores intermunicipales que abarcan a todos los municipios que integran una entidad intermunicipal, que se aprueba por deliberación del consejo metropolitano o de la asamblea intermunicipal, a través de una propuesta presentada por la comisión ejecutiva metropolitana o el consejo intermunicipal.

Este recurso directo al régimen definido para los planes municipales de ordenación del territorio no se refiere únicamente a los procedimientos de elaboración y aprobación, sino que se extiende a toda la dinámica (modificación, revisión y revocación), a la suspensión, a la adopción de medidas preventivas y otras medidas cautelares, a la ejecución y a la evaluación.

3.4. La inconsistencia del ámbito intermunicipal entre los ámbitos regional y municipal

La inconsistencia del ámbito intermunicipal en el contexto del sistema de gestión territorial, y que nos parece la base de su escasísima utilización, está relacionada, sobre todo, con la dificultad para identificar y diferenciar la naturaleza de los intereses públicos que deben perseguirse en este ámbito. Y el RJIGT, cuando se interpreta desde una perspectiva sistemática, parece quedar atrapado en estas dudas.

De hecho, el RJIGT tiende, a lo largo de su articulado, a relacionar el nivel subregional (que se menciona escasamente a lo largo del texto legal) y el ámbito intermunicipal del sistema de gestión territorial. A este respecto, en el preámbulo del decreto se indica lo siguiente:

> *"Sin embargo, el plan director municipal sigue siendo un instrumento para definir la estrategia* ***municipal o intermunicipal****, estableciendo el marco estratégico para el desarrollo territorial a nivel* ***local o subregional****. Por otro lado, los planes territoriales pasan a ser los únicos instrumentos capaces de determinar la clasificación y calificación de uso del suelo, así como su implantación y programación.*
>
> *De esta forma, las orientaciones de desarrollo territorial resultantes de los programas de ámbito nacional, regional y subregional deben integrarse en el plan director municipal o intermunicipal y adaptarse a él"* (resaltado añadido por nosotros).

La imputación directa al ámbito intermunicipal de las alusiones realizadas al ámbito subregional se realiza en el artículo 185, nº 2, apartado n), en relación con la composición de la Comisión Nacional del Territorio, al prever la posibilidad de integrar "*un representante del área metropolitana o de las comunidades intermunicipales, en atención a los intereses subregionales y municipales implicados*".

En este contexto, el RJIGT asume entonces que la planificación a nivel subregional está comprometida con los municipios asociados de manera institucional (en entidades intermunicipales) o meramente eventual.

La primera cuestión es precisamente la designación de los intereses como de carácter subregional (y no supramunicipal), lo que induce a pensar que su matriz no es municipal, lo cual parece incoherente con la entrega de su consecución a los municipios.

De hecho, únicamente se debe aceptar que los municipios puedan gestionar intereses que surjan de sus propios intereses, incluso si, de alguna manera, son intereses inherentes a un grupo de municipios y comunes a todos ellos. En sentido estricto, los municipios, solos o agrupados, no tienen legitimidad para perseguir intereses regionales que les son ajenos.

Esto se debe a que los intereses no municipales, en ausencia de regiones administrativas, siguen arraigados en la esfera del Estado, porque no han sido asignados a los municipios. Si se trata de intereses subregionales y no municipales, deben, por su naturaleza, ser perseguidos por las regiones administrativas y, en su defecto, por el Estado.

La segunda cuestión se desprende entonces de la primera: si ni el criterio de la naturaleza ni el de la incidencia territorial apuntan a una genética municipal en los intereses de carácter subregional, ¿cómo y dónde trazar la línea divisoria entre los intereses que debe perseguir el Estado en el marco de los PROT y los intereses que deben perseguir los municipios, de manera aislada o agregada, en la elaboración de planes y programas intermunicipales?

La tercera cuestión nos lleva precisamente a discutir el carácter supramunicipal de este tipo de planes y programas.

De hecho, se comprueba que se trata de instrumentos que pueden abarcar sólo dos municipios o una multitud de ellos (las comunidades intermunicipales del Duero o de Coimbra engloban a 19 municipios). ¿Puede haber intereses que compartan la misma naturaleza con incidencias territoriales y números de municipios tan dispares ([154])?

---

154 La misma cuestión es planteada por OLIVEIRA, 2016: 91.

Dudamos de que esto sea posible. Cuando miramos, por ejemplo, el Área Metropolitana de Lisboa, con 18 municipios y casi tres millones de habitantes, es muy difícil argumentar que los intereses con incidencia territorial en esta área que son comunes a todos estos municipios tengan una génesis exclusivamente municipal.

No hay que pensar que estas cuestiones son meramente teóricas y no tienen repercusiones prácticas. Y es que una incursión, por parte de los municipios o de las entidades intermunicipales, en intereses públicos excluidos de sus competencias no sólo atenta contra la tipicidad del sistema de gestión territorial, sino que es una actuación que, ipso facto, será nula y sin efecto.

En cuarto lugar, en lo que respecta a los planes intermunicipales de ordenación del territorio, la forma en que se definen y regulan hace pensar que sólo se diferencian de los planes municipales en cuanto al ámbito territorial que abarcan, y no tanto en cuanto al carácter municipal o intermunicipal de los intereses en juego.

De hecho, es cierto que está en juego la identificación y ponderación de intereses para la definición de una estrategia de desarrollo territorial, pero esta estrategia debe diseñarse en términos adecuados para apoyar, a partir de una relación causal, la definición del modelo territorial y la clasificación y calificación del suelo.

La clasificación y calificación del suelo son dos figuras jurídicas que se encuentran reguladas en detalle en la LB, en el RJIGT, y en el Decreto Reglamentario nº 15/2015, de 19 de agosto (por el que se establecen los criterios de clasificación y reclasificación del suelo, así como los criterios de calificación y las categorías de suelo rural y urbano en función del uso dominante, aplicables a todo el territorio nacional), por lo que la mayor incidencia territorial de un plan director intermunicipal sólo altera cuantitativamente este ejercicio (en los casos de planes de urbanización y de ordenación pormenorizada intermunicipales, ni siquiera eso...).

Así, en el caso de los planes intermunicipales de ordenación del territorio, parece tratarse más de la persecución conjunta y contemporánea de intereses municipales por parte de varios municipios que de la persecución de intereses intermunicipales, por lo que puede y debe cuestionarse si realmente estamos ante actuaciones en el ámbito intermunicipal o más bien, todavía y siempre, en el ámbito municipal ([155]).

La quinta cuestión está entonces relacionada con la utilidad efectiva de los planes intermunicipales: ¿estamos ante situaciones de hecho que no podrían seguir resolviéndose de forma más directa y menos compleja mediante el uso de mecanismos de articulación y coordinación, más o menos formalizados?

Cabe destacar que la cuestión no es acuciante en lo que se refiere a los programas intermunicipales, que efectivamente permiten la creación de una formalización estable para la adopción de modelos de desarrollo territorial intermunicipal, concretamente en lo que se refiere a las políticas sectoriales en ámbitos en los que la existencia de una acción convergente de varios actores es fundamental, como en las redes de estructuras ecológicas, los itinerarios de movilidad sostenible, los transportes públicos, el abastecimiento de agua y el saneamiento y tratamiento de aguas residuales, la preservación de las identidades paisajísticas, entre muchos otros.

La sexta cuestión se refiere a la dinámica de los programas y planes intermunicipales: ¿puede un municipio retirarse libremente del ámbito territorial de un programa o plan intermunicipal, o necesita el acuerdo de los demás municipios?

---

[155] En el mismo sentido, OLIVEIRA, 2016: 92.

No olvidemos, a este respecto, que un municipio es libre de retirarse de una entidad intermunicipal a la que pertenece, por lo que parece inconcebible que se vea obligado a ver regulado su territorio por un instrumento de gestión territorial que considera obsoleto o inadecuado.

Con este marco, no es de extrañar que el recurso al ámbito intermunicipal del sistema de ordenación del territorio haya sido prácticamente inexistente en los últimos 25 años, cuando la anterior ley de bases recogió los denominados planes intermunicipales de ordenación del territorio.

4. LOS EJEMPLOS DE PLANIFICACIÓN DE COOPERACIÓN MUNICIPAL: ¿PLANES SUPRAMUNICIPALES O INTERMUNICIPALES?

4.1. Plan de Ordenación Pormenorizada del Parque de las Ciudades (Parque das Cidades)

El Plan de ordenación pormenorizada del Parque de las Ciudades fue aprobado en 2001 por los municipios de Faro (el 20 de marzo de 2001) y Loulé (el 19 de marzo de 2001), ya que abarca ambos municipios simultáneamente.

Este Plan pormenorizado tenía como objetivo apoyar el proyecto del Estadio Intermunicipal Faro-Loulé, comúnmente conocido como Estadio del Algarve, con vistas a su construcción para el Campeonato de Europa de Fútbol de 2004, pero también estructurar su entorno, creando una urbanización de uso colectivo denominada Parque de las Ciudades, que comprende áreas de ocio, deporte, cultura, salud y medio ambiente.

Con vistas a la implementación de la asociación municipal, el proceso de elaboración del Plan de ordenación pormenorizada fue ejecutado materialmente por la Asociación de Municipios de Loulé/Faro, la implementación del Plan pormenorizado fue asegurada por una empresa intermunicipal (participada por ambos municipios), e incluso el propio estadio se implementa simultáneamente en ambos municipios.

En cuanto al procedimiento, y a falta de una legislación que regulase los términos en los que se elaboran y aprueban este tipo de planes, se promovieron dos procedimientos de planeamiento distintos y paralelos en cada uno de los municipios, aunque todo el seguimiento y coordinación con las entidades de la Administración central se hizo como si fuera un único procedimiento.

Curiosamente, la solución que se consagró en el RJIGT en 2015, respecto a los planes de ordenación pormenorizada intermunicipales, fue la que se había aplicado en el procedimiento de aprobación del Plan de ordenación pormenorizada del Parque de las Ciudades, es decir, su aprobación por deliberación de cada una de las asambleas municipales de los municipios afectados.

4.2. Plan de Ordenación Intermunicipal del territorio del Alto Duero Vinatero (Alto Douro Vinhateiro)

El Plan de Ordenación Intermunicipal del Territorio del Alto Duero Vinatero fue el primer Plan de Ordenación Intermunicipal del territorio aprobado en Portugal, y es fruto del compromiso adquirido cuando la región del Alto Duero Vinatero fue incluida en la Lista del Patrimonio Mundial de la UNESCO, y tiene como objetivo proteger el patrimonio catalogado y preservar las características, especialmente paisajísticas, que le confieren un valor universal excepcional.

Para ello, el Plan abarca parte de los municipios de Alijó, Armamar, Carrazeda de Ansiães, Lamego, Mesão Frio, Peso da Régua, Sabrosa, Santa Marta de Penaguião, São João da Pesqueira, Tabuaço, Torre de Moncorvo, Vila Nova de Foz Côa y Vila Real, cuyas asambleas municipales lo aprobaron entre diciembre de 2002 y febrero de 2003.

El Plan tiene un carácter estratégico, pero también es, en algunos puntos, más concreto, en función del tipo de conservación que pretende conseguir en su área de intervención. En este sentido, está integrado por directrices sustantivas y por un programa de actuación, previendo además una estructura orgánica ad hoc encargada de la ejecución del Plan, que integra una oficina técnica intermunicipal que garantiza su aplicación uniforme.

Con el fin de proteger la clasificación de la Región del Alto Duero Vinatero en la Lista del Patrimonio Mundial de la UNESCO, el Plan incluye un modelo de ordenación del territorio que propone directrices para la definición del régimen de uso del suelo por parte de los planes municipales de ordenación del territorio y pretende garantizar los estándares de calidad ambiental necesarios (cerca del 90% de la superficie del Plan corresponde a suelos con aptitud agrícola o de encuadramiento ambiental).

En cuanto a la gestión urbanística, se enumeran un conjunto de actuaciones prohibidas y se prevé la necesidad de dictamen previo de la oficina técnica intermunicipal para la concesión de algunas otras. También se identifican algunas situaciones que deberían modificarse y se proponen medidas de mitigación específicas.

La situación que constituye el objeto de este Plan es, en el contexto nacional, verdaderamente excepcional. En este sentido, el Decreto-Ley 228/2012, por el que se aprueba la estructura orgánica de las CCDR, asigna tareas específicas a la CCDR Norte para proteger, conservar y potenciar, así como difundir y promocionar, el Paisaje Cultural Evolutivo y Vivo del Alto Duero Vinatero, contribuyendo a la consecución de los mismos objetivos que persigue el Plan Intermunicipal.

4.3. Plan de Ordenación Intermunicipal de la Ría de Aveiro

El Plan de Ordenación Intermunicipal de la Ría de Aveiro es el único ejemplo de plan intermunicipal que fue aprobado por una asamblea intermunicipal, la de la Asociación de Municipios de la Ría, entidad que elaboró el Plan, y que abarca los municipios de Águeda, Albergaria-a-Velha, Aveiro, Estarreja, Ílhavo, Mira, Murtosa, Oliveira do Bairro, Ovar y Vagos.

Figura 3. Ejes Estratégicos y objetivos estratégicos del Plan de Ordenación Intermunicipal de la Ría de Aveiro

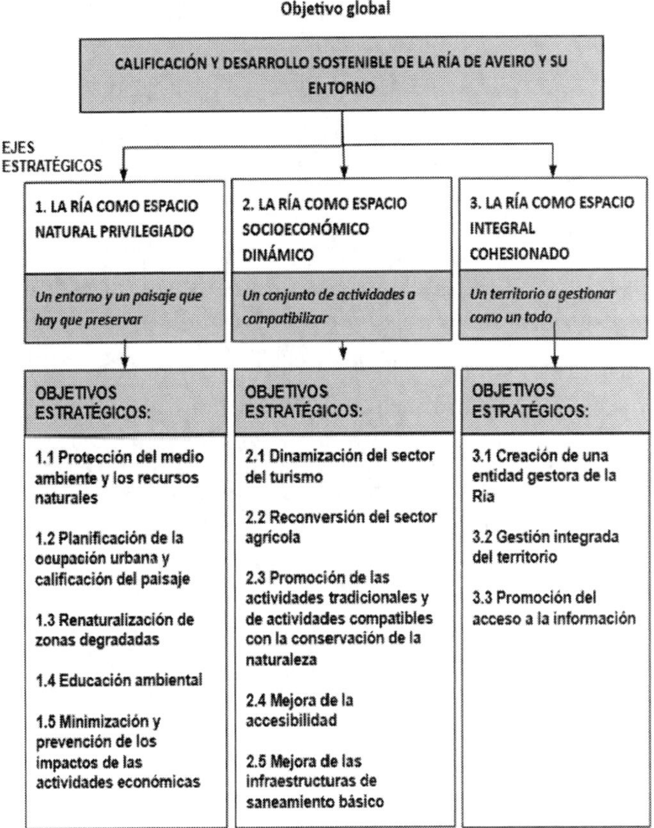

Confirmando que no siempre es fácil distinguir entre los intereses de ámbito regional y los intereses comunes de varios municipios (y que no dejan de ser municipales) que se trabajan en el marco de un plan intermunicipal, se da una indicación (puramente política, es cierto) de que el Plan será transpuesto, y asumido como aprobado, por el PROT.

Cabe destacar que este Plan de Ordenación Intermunicipal tiene esta denominación porque fue aprobado en 2008, es decir, antes de la LB y del RJIGT, en un entorno legal en el que no se distinguía entre planes y programas y en el que el único instrumento de carácter intermunicipal que entonces preveía la ley tenía un carácter exclusivamente estratégico.

El Plan tiene como hilo conductor principal un enfoque de sostenibilidad ambiental en la gestión territorial de la Ría de Aveiro, como elemento común a los municipios cubiertos por el Plan, y en el que se justifica la necesidad de un enfoque común y alineado.

Para ello, el Plan consta de tres ejes estratégicos que, a su vez, se desglosan en varios objetivos estratégicos (cfr. Figura 3.)

En lo que respecta a las acciones planificadas, constituidas por proyectos municipales o intenciones de proyectos, se encuentran:

- Identificadas, caracterizadas y evaluadas en "fichas de proyecto" individuales;
- Organizadas por municipios y evaluadas en términos estratégicos;
- Organizadas por alternativas de financiación;
- Enmarcadas espacialmente en unidades operativas de planificación.

El Plan de Ordenación Intermunicipal de la Ría de Aveiro es, de hecho, un excelente ejemplo de cómo un instrumento de carácter estratégico, basado en la consecución común de intereses, puede establecer una base común sobre la que los municipios vecinos construyen sus políticas públicas municipales.

4.4. Programa intermunicipal de los Sacromontes

Este Programa Municipal, promovido conjuntamente por los municipios de Braga y Guimarães, se denomina *Sacromontes* porque comprende un territorio jalonado por un conjunto de lugares de culto como el Santuario del Bom Jesus do Monte, el Santuario de Sameiro, la Capilla de Santa Maria Madalena, la Capilla de Santa Marta do Leão y los asentamientos castreños prehistóricos de Santa Maria das Cortiças, Briteiros y Sabroso.

La elaboración del Programa fue deliberada por las dos cámaras municipales en 2018, teniendo como objetivos comunes:

- La protección de los bienes patrimoniales, incluyendo la protección y mejora de la zona forestal que rodea los espacios sagrados o sacralizados mediante una estrategia de defensa contra incendios y la seguridad de las personas y los bienes;
- La valoración, rehabilitación, restauración y promoción del patrimonio construido y natural;
- La definición de los mecanismos de operatividad del Programa, a través de la determinación de acciones para la gestión activa y la mejora del paisaje forestal;
- La aprobación integrada de toda la zona y de todos los recursos como un conjunto de alto valor patrimonial y turístico.

Teniendo en cuenta que los dos municipios, territorialmente contiguos, integran entidades intermunicipales distintas, la elaboración de este Programa Intermunicipal requirió, en virtud de lo dispuesto en la letra b) del apartado 2 del artículo 61, RJIGT, la autorización del miembro del Gobierno responsable de la ordenación del territorio.

El programa está actualmente en elaboración.

5. CONCLUSIONES

Teniendo en cuenta, por un lado, la muy escasa utilización de los modelos de planificación territorial intermunicipal y, por otro, la tensión existente entre los niveles de planificación municipal y regional, tenemos la tentación de concluir que una estructuración equilibrada del sistema de gestión territorial requiere la existencia de regiones administrativas.

De hecho, los modelos basados en asociaciones intermunicipales, institucionalizadas en entidades intermunicipales o menos formalizadas, son idóneos para perseguir los intereses comunes de estas comunidades de municipios, pero no consiguen, en nuestra opinión, "dar el salto" de un nivel municipal a un nivel supramunicipal.

Como hemos visto, los municipios también están limitados por sus atribuciones legales, que se centran en intereses públicos municipales, y éstos tienen una naturaleza y una incidencia territorial bastante diferente a la de los intereses supramunicipales, por lo que los municipios, en cooperación o en asociación, pueden no ser las entidades administrativas más adecuadas para perseguir intereses que los superan.

Actualmente se está debatiendo de nuevo en Portugal un referéndum sobre la forma de las futuras regiones administrativas. Veamos si, a diferencia de lo que ocurrió en 1998, este referéndum tiene un resultado favorable a la regionalización.

6. BIBLIOGRAFÍA

AMARAL, DIOGO FREITAS DO (2006), *Curso de Direito Administrativo*, 3ª Edición, Almedina, Coimbra;

OLIVEIRA, FERNANDA PAULA (2016), "Algumas questões relativas aos programas enquanto instrumentos de gestão territorial", en *O Novo Regime Jurídico dos Instrumentos de Gestão Territorial*, Almedina, Coimbra.

Capítulo 11

La supramunicipalidad en Italia: el papel de la Ciudad Metropolitana en la organización administrativa local

ESTHER RANDO BURGOS
Profesora Ayudante Doctora (acred. PCD)
Universidad de Málaga

SUMARIO: 1. INTRODUCCIÓN. 2. LA ORGANIZACIÓN ADMINISTRATIVA EN ITALIA: ANTECEDENTES Y EVOLUCIÓN. 3. LA REFORMA LOCAL EN ITALIA. 3.1. Contexto general. 3.2. Las Regiones. 3.3. Las Provincias. 4. LAS CIUDADES METROPOLITANAS COMO EJE DE RACIONALIZACIÓN EN EL MODELO ORGANIZATIVO ITALIANO. 4.1. Antecedentes: el periplo jurídico de las Ciudades Metropolitanas hasta su efectiva conformación en el ordenamiento jurídico. 4.2. Principales caracteres de las Ciudades Metropolitanas. 4.3. Funciones fundamentales atribuidas a las Ciudades Metropolitanas. 4.4. La organización institucional de las Ciudades Metropolitanas. 4.5. La evolución y estado actual de las Ciudades Metropolitanas. 5. CONCLUSIONES. 6. BIBLIOGRAFÍA.

1. INTRODUCCIÓN

La Constitución de la República Italiana (*Costituzione della Repubblica Italiana*), es la norma suprema de la República de Italia, aprobada el 22 de diciembre de 1947 y publicada el 27 de diciembre del mismo año, entrando en vigor, apenas unos días después, el 1 de enero de 1948. En su redacción originaria, la organización territorial establecida por el texto constitucional reconocía la división de la República en Regiones, Provincias y Municipios.

En este contexto, Italia presenta un modelo de organización territorial muy similar al de España, en el que, sin obviar las particularidades propias de cada uno, cuenta con las Regiones que vienen a ser el equivalente a las Comunidades Autónomas previstas en nuestra Constitución, junto, como se ha dicho, a las Provincias y Municipios, contempladas también en la organización territorial de España.

No obstante, en el caso italiano, cuestiones como las propias dinámicas territoriales con la expansión y conurbación de grandes ámbitos, la necesidad de reducción del gasto público o la necesidad de dotar de respuesta jurídica a lo que era ya una realidad, lleva al establecimiento, por primera vez, en el año 1990, y pese a los importantes antecedentes con que ya contaba desde décadas atrás y el debate abierto en torno a las mismas, al establecimiento de las denominadas Ciudades Metropolitanas.

La Ley núm. 142, de 8 de junio de 1990, de Ordenamiento de las Autonomías Locales, en lo sucesivo LOAL, lleva a cabo una importante reforma de la organización territorial del país en la que, entre otros aspectos de relevancia, se establecen las líneas básicas de la organización provincial y municipal, dotándolas de una histórica reivindicación como lo era la potestad estatutaria; se ofrecen algunas soluciones a la preexistente problemática de las estructuras locales, como requisitos para la creación de nuevos Municipios, asociacionismo municipal o fórmulas de descentralización municipal; se crean nuevas Provincias dando respuesta a la problemática de los límites provinciales; y se trata de dar solución al problema que presentaba lo que ya por entonces, de manera análoga a lo que ocurre en la actualidad en España, era una realidad, las áreas metropolitanas.

Sin embargo, y en particular en lo que a las Ciudades Metropolitanas se refiere, la Ley no tuvo el resultado esperado. Ello unido a la latente reivindicación por una respuesta lleva incluso a la modificación de la Constitución. De esta forma, la Ley Constitucional 3/2001, reforma el título V de la Constitución italiana, reconociendo expresamente las Ciudades Metropolitanas, junto con las preexistentes, en su organización territorial, Regiones, Provincias y Municipios. Así, el artículo 114 del texto constitucional abandona la concepción de división política del todo el territorio de la República en tres tipos de entes locales: Regiones, Provincias y Municipios, haciendo posible enumerar entre las entidades constitutivas de la República, también a las Ciudades Metropolitanas[156]. La ulterior Ley núm. 56, de 7 de abril de 2014, de Disposiciones sobre las Ciudades Metropolitanas, sobre las Provincias, sobre las uniones y fusiones de Municipios, supone un impulso definitivo para la implantación de las Ciudades Metropolitanas.

Y este punto, resulta, en lo que al presente trabajo se refiere, de particular interés por las similitudes que presenta con España, las denominadas por la Ley 7/1985, de 2 de abril, Reguladora de las Bases de Régimen Local (LBRL) áreas metropolitanas, reconocidas por nuestro ordenamiento como entes locales, pero con una escasísima implantación práctica, pese a que, de manera análoga a lo acaecida en Italia, es una realidad latente en nuestro país.

Ello justifica la necesidad de analizar la articulación del modelo de organización administrativo italiano y, en particular, en lo que a la figura de la Ciudad Metropolitana se refiere. Y ello

---

156 GIACCHETTI FANTINI, M. *Le cittá metropolitane nella legge di delegaciones sul* c.d. Federalismo Fiscale, 2010.

obedece a diversos motivos, pero principalmente dos: la reciente implantación efectiva que viene realizando Italia en este sentido y el periplo hasta su configuración; así como la necesidad de que en España se configure y se articule de manera efectiva las áreas metropolitanas dando respuesta con ello a una dilatada reivindicación y a una cada vez más imperante realidad que hasta el momento no ha tenido los efectos deseados.

2. LA ORGANIZACIÓN ADMINISTRATIVA EN ITALIA: ANTECEDENTES Y EVOLUCIÓN

La Constitución italiana, en su redacción original, ya venía a reconocer la descentralización administrativa y la autonomía local de los entes locales previstos en la misma. De esta forma, su artículo 5 disponía que: "La República, única e indivisible, reconoce y promueve las autonomías locales; efectuará en los servicios que dependan del Estado la más amplia descentralización administrativa y adaptará los principios y métodos de su legislación a las necesidades de la autonomía y de la descentralización".

En dicha redacción originaria, dedicaba su título V a "Las Regiones, Provincias y Municipios". El artículo 114 reconocía la división territorial italiana, como se indicaba, en tres niveles administrativos: las Regiones, las Provincias y los Municipios. Sería con la modificación operada por el artículo 1 de la Ley constitucional núm. 3 de 18 de octubre de 2001[157], cuando dicho precepto es modificado, pasando a incorporar en el organigrama territorial a las Ciudades Metropolitanas, junto a las anteriores.

---

157 Gazzetta Oficial Italiana núm. 248, de 24 de octubre de 2001.

En relación con las Regiones, el artículo 115, las reconocía, originariamente, como organismos autónomos con competencias propias y funciones conforme a los principios establecidos en la propia Constitución. Artículo que, en el año 2001, con la reforma constitucional sería derogado.

Dentro de dicha autonomía general, a Sicilia, Cerdeña, Trentino-Alto Adige, al Friuli-Venezia-Giulia y Valle d'Aosta, se les reconocía desde este momento condiciones particulares de autonomía, conforme a sus propios estatutos especiales adoptados por leyes constitucionales, sin perjuicio de abrir la puerta a otras que se pudieran incorporar[158].

Sin duda alguna, desde el primer momento, Italia opta por prestar mayor protagonismo a las Regiones frente al resto de entidades locales previstas. Sin embargo, como se tendrá ocasión

---

158 Sobre el particular, fueron promulgadas la Ley constitucional núm. 2, de 26 de febrero de 1948 (para el estatuto siciliano), la Ley constitucional núm. 3 de 26 de febrero de 1948 (para el estatuto de Cerdeña), la Ley constitucional núm. 4 de 26 de febrero de 1948 (para el estatuto de Val d'Aosta), la Ley constitucional núm. 5 de 26 de febrero de 1948 y Decreto del Presidente de la República núm. 670 de 31 de agosto de 1972 (para el estatuto del Trentino-Alto Adige), la Ley constitucional núm. 1 de 31 de enero de 1963 (para el estatuto de Friuli-Venecia Giulia). Que, en la década de los 80 y principios de los 90, sería modificadas por la Ley constitucional núm. 1 de 9 de mayo de 1986, relativa a la modificación del art. 16 del estatuto de Cerdeña (Boletín Oficial núm. 111 de 15 de mayo de 1986), la Ley constitucional núm. 3 de 12 de abril de 1989, de modificaciones e integraciones a la Ley constitucional núm. 1 d 23 de febrero de 1972, relativa a la duración en el cargo de la Asamblea regional siciliana y de los consejos regionales de las regiones con estatuto especial (Boletín Oficial núm. 87 de 14 de abril de 1989), además de la Ley constitucional núm. 2 de 23 de septiembre de 1993, relativa a las modificaciones e integraciones a los estatutos especiales del Val d'Aosta, Cerdeña, Friuli-Venecia Giulia y Trentino-Alto Adige (Boletín Oficial núm. 226 de 25 de septiembre de 1993).

de ver, esta situación actual es modificada con los años, como recoge el profesor VANDELLI, la autonomía local implica "*il riconoscimento a Comuni e Province, enti esponenziali di collettività territoriali, di potestà pubbliche nel perseguimento di finalità e di interessi propri delle rispettive collettività, secondo un proprio indirizzo politico-amministrativo, distinto e relativamente indipendente da quello statale*"[159].

En este breve recorrido por los antecedentes en la organización territorial italiana hasta lo que es en la actualidad, y siguiendo a MORCILLO MORENO, que lo sintetiza de manera magistral, en lo que aquí interesa, recordando como ya en la década de los setenta, "con las Regiones ya asentadas y robustecidas desde un punto de vista institucional, la debilidad de la regulación del ordenamiento municipal y provincial evidenció la necesidad de su adaptación a los nuevos tiempos, particularmente en cuestiones como la relación de municipios y provincias con las Regiones, la insuficiencia de circunscripciones territoriales para la descentralización de funciones, la rigidez de las formas de colaboración entre entes o la indeterminada posición de la provincia"[160].

Aunque ello daría lugar a un intenso debate, incluso la presentación, en 1979, de un texto unificado, le seguiría una cierta paralización, retomada más de una década después, cuando fue aprobada la Ley núm. 142, de 8 de junio de 1990, *sull´ordinamento delle autonomie local*. Siguiendo a la autora, esta Ley redefinió los trazos de la autonomía municipal y provincial, en base a un conjunto de criterios básicos, que sintetiza en los siguientes:

---

159 VANDELLI, L. *Il sistema delle autonomie local*, 5ª ed, Bologna: Il Mulino, 2013 (p. 22).

160 MORCILLO MORENO, J. "La racionalización de los entes locales en Italia: a la sombra de la incertidumbre". *Revista de Administración Pública*, núm. 195, 2014, pp. 303-336 (p. 308).

"a) Se reconoció por primera vez a municipios y provincias la facultad de dotarse de estatutos propios que disciplinasen su organización.

b) Se recogían los órganos de gobierno que habrían de tener tanto el municipio como la provincia, a saber: un *Consiglio* (Asamblea electiva), una *Giunta* (Consejo ejecutivo) y un órgano monocrático, *Sindaco* (Alcalde) en el municipio y *Presidente* (Presidente) en la provincia. En cuanto a sus competencias, al *Consiglio* se le atribuía un papel de dirección y control y sólo podía adoptar los actos indicados en la Ley. En cambio, la competencia residual general (antes atribuida al *Consiglio*) pasaba a la *Giunta*. Por su parte, al *Sindaco/Presidente* correspondía la representación del respectivo ente, así como la convocatoria y presidencia del *Consiglio* y de la *Giunta*. La elección del *Sindaco/Presidente* y de la *Giunta* correspondía al *Consiglio* y se efectuaba en una sola votación por mayoría absoluta. En cuanto a la composición de la *Giunta*, se modifica su número de asesores y se permite, siempre que así lo previera el Estatuto, la elección como asesores de ciudadanos que no formaran parte del *Consiglio*.

c) Se introdujo la *sfiducia costruttiva* (moción de censura constructiva).

d) Respecto a las *città metropolitane* (ciudades metropolitanas), en las áreas expresamente indicadas en la Ley, en lugar de la provincia se previó la institución de la ciudad metropolitana, que, delimitada por cada región, asumiría las funciones encomendadas a la provincia, así como las que le atribuyese la Ley regional.

e) Por su parte, se reconoce un importante papel a la provincia tanto en la planificación como en la gestión de las funciones administrativas de una serie de sectores.

f) Por último, en cuanto a las formas asociativas entre entes locales, junto a las *unioni dei comuni* (uniones de municipios) —entes locales constituidos por dos o más municipios con el fin de ejercitar conjuntamente una pluralidad de funciones de su competencia—, se recogían los *consorzi* (consorcios) para la gestión asociada de uno o varios servicios locales y las *comunità montane* (comunidades de montaña) con fines específicamente dirigidos a mejorar las condiciones de los municipios ubicados en zonas de montaña. Junto a ellos, además, se albergaban formas flexibles de colaboración entre municipios y provincias, como

> las *convenzioni* (convenios), o entre éstos y las Regiones, Administraciones estatales y otros entes públicos, como los *accordi di programma* (acuerdos de programa). En suma, el modelo instaurado se caracterizaba, amén de por la voluntariedad en la creación de formas asociativas o de cooperación, estructurales o funcionales, sin tener en cuenta la población de los municipios, por la pluralidad de modelos organizativos permitidos y por la amplia autonomía estatutaria local en la regulación de la organización y de las modalidades de funcionamiento de las formas asociativas, asegurada por una regulación legislativa estatal limitada sólo a algunas disposiciones generales"[161].

Como ya se ha indicado, y con el único objetivo de situar los antecedentes esenciales que faciliten una mejor comprensión de la situación acaecida en las últimas décadas en Italia, el contexto actual de su marco organizativo local y la reforma del mismo, a finales de la década de los 90, surgiría lo que autores como TUBERTINI han venido a denominar "tercera descentralización administrativa"[162], que sitúa en los años 1997-1999, en tanto antecedente de interés en el periplo sobre el debate en torno a la reorganización de las funciones administrativas llevadas a cabo a nivel local y sobre su necesaria e inaplazable rearticulación según criterios de eficiencia, no solapamiento y adecuación, lo que en palabras de la autora había comenzado mucho antes de la crisis económico-financiera[163] y la intensificación de las políticas de reducción de la deuda pública, lo que, como apunta, bien debería haber conducido a una distribución más racional de las funciones

---

161 *Ibídem* (p. 309-310).

162 TUBERTINI, C. "Las ciudades metropolitanas en Italia", en VERA JURADO, D. (dir.) y MORENO LINDE, M. (coord.) *Ciudad y territorio en el siglo XXI: reflexiones desde el Derecho Público*, Sevilla: Instituto García Oviedo, Universidad de Sevilla, 2020, pp. 281-293 (p. 282).

163 Véase TUBERTINI, C. "Il riassetto delle funzioni amministrative local: cronoca di una reforma solo in parte realizzata" en *Le autonomie territoriali: transformazioni e innovazioni dopa la crisi*, Maggioli, 2017.

locales, que en realidad adolecían de la falta de aplicación oportuna por parte de todas las entidades institucionales que, atendiendo a diferentes razones, eran las que debieron haber contribuido a su efectiva y plena aplicación.

Finalmente, como también apunta, la situación descrita, conllevó finalmente a la adopción de diversos decretos como los Decretos leyes 138/2011, 201/2011, 95/2011, 188/2012 (no convertido en ley), de las leyes de estabilidad para los años 2013 y 2014, hasta que finalmente fuera proclamada la Ley núm. 56, de 7 de abril de 2014, siendo ésta la que, en efecto, lleva a cabo la más reciente y de entidad reforma orgánica del sistema local italiano.

3. LA REFORMA LOCAL EN ITALIA

3.1. Contexto general

Con algunos antecedentes de entidad, el hito fundamental en la reforma del modelo local italiano vino materializado, sin duda, en el año 2001, con la modificación del texto constitucional mediante la Ley constitucional núm. 3, de 18 de octubre de 2001, Modificaciones al Título V de la parte segunda de la Constitución.

La primera cuestión a destacar de la Ley constitucional núm. 3 de 2001, fue la incorporación, en el artículo 114, de las Ciudades Metropolitanas, como entes de la República, junto a los ya previstos, desde la promulgación originaria del texto constitucional, de las Regiones, las Provincias y los Municipios, así como el propio Estado[164].

---

[164] Sobre la Administración pública en Italia, véase RUSSO, A.M. "La dimensión del sector y de las Administraciones Públicas en Italia.

Cinco niveles administrativos pasan a configurarse desde la Constitución en la organización territorial de la República italiana desde este momento. Además, en su apartado 2, el artículo 114 viene a reconocer la autonomía como entes autónomos con sus propios estatutos, facultades y funciones a los cuatro niveles administrativos: Municipios, Provincias, Ciudades Metropolitanas y Regiones. De esta forma, el artículo 114, queda con la siguiente redacción:

> "La República se compone de los Municipios, de las Provincias, de las Ciudades Metropolitanas, de las Regiones y del Estado.
>
> Los Municipios, las Provincias, las Ciudades Metropolitanas y las Regiones son entes autónomos con sus propios estatutos, facultades y funciones según los principios establecidos en la Constitución.
>
> Roma es la capital de la República. La Ley estatal regula su estatuto".

La Ley constitucional núm. 3 de 2001, en su artículo 9.2., deroga, entre otros, el artículo 115[165] que reconocía autonomía estatutaria únicamente a las Regiones, reconociéndosela a partir de este momento a las Regiones, pero junto a ellas a las Provincias, a las Ciudades Metropolitanas y a los Municipios, lo que formaliza, como se ha apuntado con anterioridad, en el propio artículo 114.

¿Una película centralizadora en rodaje?", *ReDCE*, núm. 20, 2013, pp. 163-222.

165 En su redacción originaria, el derogado artículo 115, disponía que: "Las Regiones se constituyen como entes autónomos con funciones y poderes propios, según los principios establecidos en la Constitución".

3.2. Las Regiones

De particular relevancia, las modificaciones llevadas a cabo en la Región en lo concerniente, entre otros, a su potestad legislativa. En el texto original, la Constitución enumeraba un conjunto de materias precisas, en su artículo 117, cuya competencia legislativa atribuía a las Regiones[166], de manera análoga a como lo realiza la Constitución española en el artículo 148, algunas, además, con bastante analogía, es el caso de las competencias

---

166 El artículo 117, en la redacción original de la Constitución italiana, publicado en la Gazzetta Ufficiale della Repubblica Italiana, el 27/12/1947, entró en vigor el 01/01/1948, disponía:
"La Región emite normas legislativas en las siguientes materias y dentro de los límites de los principios fundamentales establecidos por las Leyes del Estado, siempre que tales normas no entren en conflicto con el interés nacional y con el de demás Regiones:
· organización de las oficinas y órganos administrativos dependientes por la Región;
· circunscripciones municipales;
· policía local urbana y rural;
· ferias y mercados;
· beneficencia pública y asistencia sanitaria y hospitalaria;
· educación artesanal y profesional y asistencia escolar;
· museos y bibliotecas de las autoridades locales;
· urbanismo;
· turismo e industria hotelera;
· tranvías y líneas de autobuses de interés regional;
· viabilidad, acueductos y obras públicas de interés regional;
· navegación, puertos y lagos;
· aguas minerales y termales;
· pozos y turberas; caza;
· pesca en aguas interiores;
· agricultura y bosques;
· artesanía.
Las demás materias que señalen las leyes constitucionales.
Las leyes de la República pueden delegar facultades a la Región para dictar normas para su aplicación".

relativas a ferias y mercados; museos y bibliotecas de las autoridades locales; urbanismo; turismo e industria hotelera; aguas minerales y termales; pesca en aguas interiores; o artesanía. Sin embargo, dicho precepto es objeto de modificación por el artículo 3 de la Ley constitucional núm. 3 de 2001.

En este contexto, si bien se mantiene la potestad legislativa de las Regiones, se produce una importante modificación desde el punto y hora en que de una enumeración precisa de materias sobre las que se le atribuía dicha competencia legislativa a las Regiones, dentro de los límites de los principios atribuidos al Estado, ahora se pasa a establecer un listado en el que se enumera las competencias reservadas en exclusiva al Estado (artículo 117.2.[167]), y materias de legislación concurrente

---

[167] El Estado tiene competencia en la legislación exclusiva de las siguientes materias:

a) política exterior y relaciones internacionales del Estado; relaciones entre el Estado y la Unión Europea; derecho de asilo y situación jurídica de los ciudadanos de Estados no pertenecientes a la Unión Europea;
b) inmigración;
c) las relaciones entre la República y las confesiones religiosas;
d) Defensa y Fuerzas Armadas; seguridad del Estado; armas, municiones y explosivos;
e) moneda, protección del ahorro y mercados financieros; defensa de la competencia; sistema monetario; régimen tributario y contable del Estado; compensación de los recursos financieros;
f) órganos del Estado y sus respectivas leyes electorales relacionadas; referéndums estatales; elección al Parlamento Europeo;
g) ordenamiento y organización administrativa del Estado y de los entes públicos nacionales;
h) orden público y la seguridad, con excepción de la policía administrativa local;
i) nacionalidad, estado civil y registros;
l) jurisdicción y normas procesales; ordenamiento civil y penal; justicia administrativa;

(artículo 117.3.[168]), a la vez que se reconoce a las Regiones la potestad legislativa en las materias no reservadas expresamente

---

m) determinación de los niveles esenciales de las prestaciones relativas a los derechos civiles y sociales que deben garantizarse en todo el territorio nacional;
n) normas generales sobre enseñanza;
o) seguridad social;
p) legislación electoral, órganos de gobierno y funciones básicas de los Municipios, Provincias y Ciudades Metropolitanas;
q) aduanas, protección de las fronteras nacionales y prevención de epidemias;
r) pesos, medidas y hora oficial; coordinación informativa estadística e informática de los datos de la Administración Pública estatal, regional y local; obras de ingeniería;
s) protección del medio ambiente, del ecosistema y del patrimonio cultural.

168 Preceptúa el artículo que:
"Serán materias de legislación concurrente las relativas a: relaciones internacionales y con la Unión Europea de las Regiones, comercio exterior, la protección y seguridad del trabajo, la enseñanza, salvo la autonomía de los centros docentes y con excepción de la instrucción y formación profesional, las profesiones, la investigación científica y tecnológica y el apoyo a la innovación para los sectores de producción; la protección de la salud, la alimentación, el régimen jurídico de los deportes, la protección civil, el gobierno del territorio, los puertos y aeropuertos civiles, las grandes redes de transporte y navegación; normas sobre comunicaciones; producción, transporte y distribución nacional de energía, seguridad social complementaria y adicional, armonización de los presupuestos de entes públicos y coordinación de las Finanzas Públicas y del ordenamiento tributario; aprovechamiento de los bienes culturales y medioambientales y promoción y organización de actividades culturales; cajas de ahorros, cajas rurales, empresas de crédito de carácter regional y entidades de crédito inmobiliario y agrario de carácter regional. En las materias de legislación concurrente corresponde a las Regiones la potestad de legislar, excepto para la determinación de los principios fundamentales, que se reserva a la legislación del Estado".

a la legislación del Estado (artículo 117.4.[169]), con lo que se le reconoce también una competencia residual sobre aquellas materias no expresamente previstas. Todo ello, sin perjuicio, como reconoce el artículo 117.1. de que "el poder legislativo es ejercido por el Estado y por las Regiones de conformidad con la Constitución, así como las limitaciones resultantes del derecho comunitario y las obligaciones internacionales".

Para autores como PARISI, la modificación más importante se encuentra precisamente en la distribución de competencias entre el Estado y las Regiones que se realiza por el texto legal, señalando de esta forma que "Una de las innovaciones más destacadas sobre la repartición de competencias normativas es sin duda el método de reparto, que ve desaparecer la competencia concurrente, a saber, la competencia legislativa por la cual en la misma materia la ley del Estado establece una disciplina con los principios fundamentales y las regiones regulan la materia con más detalle para adaptarla a la realidad regional. Es una competencia normativa muy similar a la *Konkurrierende Gesetzgebungalemán* (aunque no comparte con esa la matriz de colaboración entre *Bundy Länder*) y a la legislación básica o de bases española", destacando, a mayor abundamiento, que "Aparte de la eliminación de las competencias concurrentes, sin embargo, se sigue utilizando la técnica de división "geométrica" de listas de materias a pesar del hecho de que gran parte de la doctrina ha advertido desde hace tiempo el fracaso de esta técnica, que es típica de un sistema regional "dual", no colaborativo. En la reforma se sigue asignando al Estado una enorme cantidad de materias de competencia exclusiva, dejando a las regiones un poder legislativo residual, parcialmente enumerado. En paralelo, la reforma introduce algunas expresiones muy vagas: son

[169] Dispone el citado precepto, que:
"Corresponde a las Regiones la potestad legislativa en cualquier materia no expresamente reservada a la legislación del Estado".

las "disposiciones generales y comunes" en algunas materias. La modificación en el sistema de competencias se acompaña de la introducción de la "cláusula de supremacía" de la ley estatal sobre las leyes regionales y la recuperación de la fórmula del interés nacional, una cláusula que había desaparecido en 2001 (y que la jurisprudencia de la Corte Constitucional, desde 1980, había convertido el límite de la conveniencia política, en el límite de la legitimidad".

En relación con las Regiones y pese a que el objeto de la Ley núm. 56 de 2014 no es, en sentido propio, la misma, sí que contiene algunas referencias de interés que parece adecuado, siquiera, apuntar. En concreto, y en lo que al marco de competencias se refiere, el artículo 1, apartado 52, del citado cuerpo legal, reconoce que las competencias reconocidas a las Regiones por los párrafos tercero y cuarto del artículo 117 de la Constitución, se mantienen sin cambios. Por su parte, el artículo 131, le reconoce, en aras a la definición del Pacto de Estabilidad Vertical, la posibilidad de identificar medidas adecuadas encaminadas a fomentar las uniones y fusiones de Municipios, sin perjuicio del objetivo de financiación público atribuido a una misma Región.

En otro orden, y si bien se apuntaba con anterioridad, esencial resulta señalar el doble modelo de Regiones dispuesto por la Constitución italiana, la cual reconoce dos tipos: las Regiones que cuentan con un estatuto regional ordinario y las Regiones regidas por un estatuto especial, el cual se instituye en el principal documento normativo de las Regiones que concreta el funcionamiento y la organización, si bien siempre en el marco de las previsiones constitucionales[170].

---

170 Sobre las Regiones en Italia, véase el trabajo de ORTEGA SANTIAGO, C. "La reforma constitucional del Estado Regional en Italia". *Revista Española de Derecho Constitucional*, núm. 75, 2005, pp. 181-210.

Cinco de las veinte Regiones que en la actualidad se contabilizan en la organización administrativa italiana, cuentan con régimen especial, reconocido en el artículo 116 de la Constitución italiana. Se trata de Friuli-Venecia Julia, Cerdeña, Sicilia, Trentino-Alto Adigio/Südtirol (Tirol del Sur) y el Valle de Aosta/Vallée d'Aoste. Además, como particularidad, la Región de Trentino-Alto Adigio/Südtirol está formada por las Provincias autónomas de Trento y Bolzano. La Constitución, aunque establece un sistema concreto de cuáles tienen tal condición, no cierra la posibilidad de conceder a otras Regiones "otras modalidades y condiciones especiales de autonomía, en las materias referidas en el tercer párrafo del artículo 117 y en el párrafo segundo del mismo artículo en sus apartados I), únicamente sobre la organización del Juez de Paz, n) y s), mediante Ley del Estado, a iniciativa de la Región interesada y oídas las entidades locales, y dentro de los principios enunciados en el artículo 119. Dicha ley será aprobada por las Cámaras por mayoría absoluta de sus miembros, sobre la base de un pacto entre el Estado y la Región interesada".

Las quince Regiones italianas con estatuto regional ordinario son Liguria; Lombardia; Piemonte; Emilia-Romagna; Veneto; Abruxxo; Lazio; Marche; Molise; Toscana; Umbria; Basilicata; Calabria; Campania; y Puglia.

A nivel organizativo, las Regiones, también atendiendo a la previsión constitucional del artículo 121, se conforman por el Consejo Regional, la Junta y su Presidente. El Consejo Regional ejerce las potestades legislativas encomendadas a las Regiones y las demás funciones que la Constitución y las leyes le confiera, además, podrán presentar proposiciones de ley a las Cámaras. Por su parte, la Junta Regional es el órgano ejecutivo de las Regiones, mientras que el Presidente de la Junta representa a la Región, además de contar con otras funciones atribuidas por la Constitución, como: dirigir la política de la Junta y ser responsable de la misma; promulgar las leyes y adoptar los reglamentos regionales; o dirigir las funciones administrativas delegadas por el Estado en la Región, cumpliendo las instrucciones del Gobierno de la República[171]. Además, en cada Región se prevé el establecimiento de órganos de justicia administrativa de primera instancia, conforme al ordenamiento que establezca, por Ley, la República, pudiéndose instituir secciones son sede distinta de la capital regional (artículo 125 de la Constitución).

Otra cuestión relevante es la previsión de que cada Región cuente con un Estatuto en el que, conforme a la Constitución, se establecerá su forma de gobierno y sus principios fundamentales de organización y funcionamiento. El Estatuto, además, regulará el ejercicio del derecho de iniciativa y de referéndum sobre las leyes y disposiciones administrativas de la Región, así como la publicación de las leyes y reglamentos regionales. Se establece que el Estatuto será aprobado y modificado por el Consejo Regional mediante ley aprobada por mayoría absoluta

---

171 De manera más precisa, el artículo 122 de la Constitución, establece que:
"El sistema de elección y los casos de inelegibilidad y de incompatibilidad del Presidente y de los demás miembros de la Junta Regional, así como de los miembros de los Consejos regionales, se regularán por ley regional dentro de los principios fundamentales establecidos por una ley de la República que establecerá asimismo la duración de los órganos electivos.
Nadie podrá formar parte al mismo tiempo de un Consejo o de una Junta Regional y de una de las Cámaras del Parlamento, de otro Consejo o de otra Junta Regional, o del Parlamento Europeo.
El Consejo elegirá entre sus componentes a un Presidente y una Mesa.
Los miembros de los Consejos regionales no responderán de las opiniones expresadas ni de los votos emitidos en el ejercicio de sus funciones.
El Presidente de la Junta Regional será elegido por sufragio universal y directo, salvo que el Estatuto regional disponga otra cosa. El Presidente elegido nombrará y revocará a los miembros de la Junta".

de sus miembros, a través de dos deliberaciones sucesivas separadas entre sí por un intervalo de tiempo de, al menos, dos meses. Para dicha ley no será necesario el visto bueno del Comisario del Gobierno. El Gobierno de la República podrá, sin embargo, plantear ante el Tribunal Constitucional la cuestión de constitucionalidad de un Estatuto regional en el plazo de treinta días a partir de su publicación. Por su parte, el Estatuto de cada Región es el que regula el Consejo de las Autonomías Locales en tanto órgano de consulta entre la Región y las entidades locales.

3.3. Las Provincias

En este camino de reconfiguración en el modelo de organización territorial que viene llevando a cabo Italia, las Provincias presentan un giro fundamental.

Ilustrativo, como señala TUBERTINI "El cambio de rumbo parece particularmente claro para las Provincias, sobre todo si se compara su connotación en la Ley n. 56 –en síntesis extrema, la de entidades con representación indirecta, con funciones que tienden a ser delimitadas, incluso en proceso de ser superadas como entes necesarios- con respeto al papel que les reconocía el TUEL (*Testo Unico degli enti Locali*) de 2000, y más aún con la reforma de la Constitución que las había colocado, en perfecta simetría con los municipios, entre los entes constitutivos de la República, titulares de autonomía estatutaria (artículo 114), poder normativo (artículo 117.6.), autonomía financiera (artículo 119) y con funciones administrativas propias y conferidas (artículo 118)"[172].

---

[172] TUBERTINI, C. "Las ciudades metropolitanas en Italia", *op. cit.* (p. 283).

En efecto, la Constitución italiana reconoce a las Provincias, en igualdad de condiciones a los Municipios, las Ciudades Metropolitanas y las Regiones, el carácter de entidades autónomas con sus propios estatutos, facultades, funciones, todo ello conforme a los principios establecidos en la Constitución.

El artículo 117.6. de la Constitución, por su parte, reconoce a los Municipios, las Provincias y las Ciudades Metropolitanas la potestad reglamentaria si bien limitada a regular la organización y el desarrollo de las funciones que les estén encomendadas.

En dicho contexto, el artículo 118 de la Constitución reconoce, por una parte, la posibilidad de asignar a los Municipios las funciones administrativas, salvo que las mismas, para asegurar su ejercicio unitario, se encomienden a las Provincias, las Ciudades Metropolitanas, las Regiones y el Estado, todo ello sobre la base de los principios de subsidiaridad, de diferenciación y de adecuación. De igual forma, se reconoce la posibilidad de que los Municipios sean titulares de funciones administrativas propias y aquellas que les sean conferidas mediante ley estatal o regional, conforme a las competencias respectivas.

Por último, también, como ya se ha indicado, la Constitución, en su artículo 119, les reconoce autonomía financiera para sus ingresos y gastos, ajustándose al principio de equilibrio presupuestario, concurriendo a garantizar el cumplimiento de las obligaciones económicas y financieras derivadas del ordenamiento de la Unión Europea. Además, se le atribuye recursos autónomos, así como la potestad de establecer o recaudar sus propios impuestos e ingresos conforme a la propia Constitución y de conformidad con los principios de coordinación de la hacienda pública y del régimen tributario. Por su parte, también se les reconoce la coparticipación en la recaudación de los impuestos estatales imputables a su respectivo ámbito territorial.

Por su parte, oportuno es hacer siquiera somera referencia a una norma esencial en lo que a entidades locales se refiere:

el texto refundido de las leyes de organización de las corporaciones locales (TOUL), aprobado por Decreto legislativo núm. 267, de 18 de agosto de 2000, y recientemente actualizado con las modificaciones introducidas por el decreto ley núm. 41, de 4 de mayo de 2022, que contiene Disposiciones urgentes para la realización simultánea de las elecciones administrativas y los referéndums previstos por el artículo 75 de la Constitución, cuya celebración se preveía en el año 2022, así como para la aplicación de procedimientos operativos, cautelares y de seguridad para efectos de la recolección del voto. Pues bien, en el artículo 19, enumera las funciones de la Provincia, estableciendo como tales:

> "1. Corresponden a la provincia las funciones administrativas de interés provincial que afecten a grandes espacios (también denominadas áreas vastas) intermunicipales o a todo el territorio provincial en los siguientes sectores:
>
> a) la protección del suelo, la protección y mejora del medio ambiente y la prevención de desastres;
>
> b) protección y mejora de los recursos hídricos y energéticos;
>
> c) puesta en valor de los bienes culturales;
>
> d) carreteras y transporte;
>
> e) protección de la flora y la fauna en parques y reservas naturales;
>
> f) caza y pesca en aguas interiores;
>
> g) organización de la eliminación de residuos a nivel provincial, detección, regulación y control de vertidos de aguas y emisiones atmosféricas y acústicas;
>
> h) los servicios públicos de salud, higiene y profilaxis, atribuidos por la legislación estatal y regional;
>
> i) las tareas relacionadas con la educación secundaria superior y educación artística, así como la relativa a la formación profesional, incluida la construcción de escuelas, atribuida por legislación estatal y autonómica;

l) recopilación y procesamiento de datos, asistencia técnico-administrativa a las autoridades locales.

2. La provincia, en colaboración con los municipios y sobre la base de los programas que ésta propone, promueve y coordina actividades, así como realiza obras de significativo interés provincial tanto en el sector económico, productivo, comercial y turístico, como en el sector social, cultural y deportivo.

3. La gestión de estas actividades y obras se realiza a través de las formas previstas en este texto refundido para la gestión de los servicios públicos locales".

El artículo 20 del Decreto legislativo núm. 267, de 18 de agosto de 2000, enumera, por su parte, las tareas de programación atribuidas a la provincia, señalando entre las mismas:

"1. La provincia:

a) recoge y coordina las propuestas formuladas por los municipios, a los efectos de planificación económica, territorial y ambiental de la región;

b) contribuye a la determinación del programa de desarrollo regional y otros programas y planes regionales según las normas dictadas por la ley regional;

c) formula y adopta, con referencia a las previsiones y objetivos del programa desarrollo regional, sus propios programas plurianuales de carácter general y sectorial, y promueve la coordinación de la actividad de planificación de los municipios.

2. La provincia, además, sin perjuicio de las competencias de los municipios y en desarrollo de la legislación y programas regionales, elabora y aprueba el plan territorial de coordinación que determina las directrices generales de la planificación territorial y, en particular, indica:

a) los diferentes usos del territorio en relación con la vocación predominante de sus partes;

b) la ubicación general de las grandes infraestructuras y las principales líneas de comunicación;

> c) las líneas de intervención para la gestión hídrica, hidrogeológica e hidráulico-forestal y en general para la consolidación del suelo y la regulación de las aguas;
>
> d) las áreas en las que es conveniente establecer parques o reservas naturales.
>
> 3. Los programas plurianuales y el plan de coordinación territorial se remiten a la región con el fin de comprobar su conformidad con las directrices de planificación regional socioeconómico y territorial.
>
> 4. La ley autonómica dictará los procedimientos de aprobación, así como las normas que aseguren la participación de los municipios en la formación de programas y planes plurianuales áreas de coordinación.
>
> 5. A efectos de coordinación y aprobación de los instrumentos de planificación del territorio establecido por los municipios, la provincia ejerce las funciones que se le atribuyen de la región y tiene, en todo caso, la tarea de comprobar la compatibilidad de dichos instrumentos con lo dispuesto en el plan de coordinación territorial.
>
> 6. Los organismos y administraciones públicas, en el ejercicio de sus respectivas competencias, cumplen con los planes de coordinación territorial de las provincias y tienen en cuenta sus programas plurianuales".

Dentro de la regulación contemplada en la Ley núm. 56 de 2014 relativa a la Provincia, tiene particular relevancia el artículo 1, apartado 6, de ahí, como indica TUBERTINI, el cambio de rumbo que ha tenido lugar, al posibilitar que el territorio de la Ciudad Metropolitana coincida con el de la Provincia del mismo nombre. Incluso la previsión de plazos concretos para que las Ciudades Metropolitanas tomen el relevo de las Provincias homónimas, sucediéndolas en sus funciones, o la sucesión a la Ciudad Metropolitana de los recursos instrumentales, el personal, entre otros, de la Región a la Ciudad Metropolitana.

Otros autores, como GARDINI se han referido de manera reciente a la situación de las Provincias italianas bajo el sugerente título "Las provincias italianas en la encrucijada", señalando que "La Ley n.º 56, de 7 de abril de 2014 (conocida como Ley "Delrio", por el nombre del ministro proponente), marca un punto de inflexión en el ordenamiento jurídico italiano, porque, en un intento de racionalizar el sistema de los entes territoriales, transforma las Administraciones de área amplia (ciudades metropolitanas y provincias) en entes cuyos órganos ya no son elegidos directamente por los ciudadanos. Es muy interesante notar que la Ley 56/2014, desde el principio, declara expresamente que introduce estas modificaciones "[a] la espera de la reforma del Título V de la Segunda Parte de la Constitución y de sus normas de desarrollo" (art. 1, apartado 5), denunciando así su dependencia del proyecto de reforma constitucional presentado en abril de 2016 por el Gobierno de Matteo Renzi, y rechazado rotundamente por el referéndum popular celebrado el 5 de diciembre de ese mismo año (los votos en contra de la reforma superaron el 59 % de las preferencias expresadas). El proyecto de reforma constitucional Renzi-Boschi proponía, entre otras muchas cosas, eliminar el término "provincia" del texto de la Constitución, para permitir que el legislador ordinario suprimiera posteriormente este nivel de Gobierno, objetivo declarado más o menos explícitamente —a su vez— por todos los bandos políticos de la posguerra"[173].

El autor, abundado en la idea, cita a VANDELLI cuando señala que "Mediante la modificación de la forma de gobierno de estas áreas amplias se pretendía diluir los conflictos a nivel local, encomendando a los órganos de segundo grado —que se convirtieron en la expresión de los municipios— la función de sintetizar y mediar entre los intereses municipales. De ahí surge

---

173 GARDINI, G. "Las provincias italianas en una encrucijada". *Fundación Democracia y Gobierno Local*, 2022. Blog disponible: https://www.gobiernolocal.org/acento-local/las-provincias-italianas-en-la-encrucijada/

un modelo de gobernanza territorial "integrada", que pretende superar la lógica de gobierno por niveles separados —el llamado sistema "millefoglie" (cuya traducción literal al español sería "milhojas")—, aunque coincidentes en cuanto a materias y funciones, característica de la experiencia italiana"[174].

4. LAS CIUDADES METROPOLITANAS COMO EJE DE RACIONALIZACIÓN EN EL MODELO ORGANIZATIVO ITALIANO

4.1. Antecedentes: el periplo jurídico de las Ciudades Metropolitanas hasta su efectiva conformación en el ordenamiento jurídico

Las Ciudades Metropolitanas constituyen el nivel administrativo que, por diferentes razones, entre otras, por el fracaso que, en España, pese a su expresa previsión legal bajo la denominación de áreas metropolitanas ha tenido a nivel práctico, mayor interés representa a los efectos que ocupan en esta obra: la supramunicipalidad. Se está ante un nivel organizativo intermedio entre las Regiones y los Municipios (extrapolada, y en lo general, entre las Comunidades Autónomas y los entes locales, en España), que se entiende capaz de dar respuesta a realidades y necesidades presentes desde hace años en nuestro país, pero sin una respuesta real y efectiva o, al menos, el preciso impulso en aras a hacerlas realidad.

Los impulsos dados en aras a consolidar las Ciudades Metropolitanas en Italia, en el contexto de la reorganización territorial

---

[174] VANDELLI, L. "La Provincia italiana nel cambiamento: sulla legittimità di forme ad elezione indiretta". *Revista Catalana de Dret Públic*, núm. 46, 2013, pp. 90-103.

llevada a cabo por el país y el debate abierto en torno a la rearticulación de las funciones administrativas efectuadas a nivel local, así como su necesaria e inaplazable rearticulación siguiendo criterios de eficiencia, eficacia y no solapamiento, tienen su punto de inflexión en la reforma de la Constitución italiana operada en el año 2001, en la que las Ciudades Metropolitanas pasan a incluirse como un ente más de los reconocidos en la estructura político-administrativa del país, y a la que, de manera idéntica a los entes anteriormente previstos hasta aquel momento en la organización territorial italiana (Regiones, Provincias y Municipios), se les reconoce constitucionalmente su carácter de entes autónomos, con potestad para definir sus estatutos y se les dota de facultades y funciones propias.

En el caso italiano, las Ciudades Metropolitanas fueron previstas por primera vez en la Ley núm. 142, de 8 de junio de 1990, sobre la reforma del ordenamiento de los entes locales (anterior incluso a la propia reforma del texto constitucional de 2001), aunque tras un periplo de más de una década, el proceso hasta su definitiva instauración no tendría lugar hasta el año 2014. Siquiera someramente, apuntar, entre otros tantos intentos, las previsiones contenidas en la Ley núm. 42, de 5 de mayo de 2009, por la que se delegan al Gobierno las materias de federalismo fiscal, de conformidad con el artículo 119 de la Constitución[175], que venía a atribuir a la Ciudad

---

[175] El artículo 119 de la Constitución italiana dispone:
"Los Municipios, las Provincias, las Ciudades Metropolitanas y las Regiones gozarán de autonomía financiera para sus ingresos y gastos, ajustándose al principio de equilibrio presupuestario, y concurrirán a garantizar el cumplimiento de las obligaciones económicas y financieras derivadas del ordenamiento de la Unión Europea.
Los Municipios, las Provincias, las Ciudades Metropolitanas y las Regiones tendrán recursos autónomos. Establecerán y recaudarán sus propios impuestos e ingresos de conformidad con lo dispuesto en la Constitución y de acuerdo con los principios de coordinación de

Metropolitana, un conjunto de funciones fundamentales, disponiendo así en el artículo 18, párrafo 7:

"1. Las funciones fundamentales de las provincias suprimidas.

2. Las siguientes funciones fundamentales;

1. planificación territorial y de las redes de infraestructuras.
2. estructuración del sistema coordinado de gestión de los servicios públicos, así como la organización de los servicios públicos de interés general de ámbito metropolitano.
3. movilidad y tráfico.
4. promoción y coordinación del gasto público y social.

---

la Hacienda Pública y del régimen tributario. Dispondrán de una coparticipación en la recaudación de los impuestos estatales imputable a su respectivo ámbito territorial.
Se establecerá por ley del Estado un Fondo de Compensación, sin afectación forzosa de su destino, para los territorios con una menor capacidad fiscal por habitante.
Los recursos procedentes de las fuentes a las que se refieren los párrafos anteriores permitirán a Municipios, Provincias, Ciudades Metropolitanas y Regiones financiar íntegramente las funciones públicas que tengan encomendadas. El Estado destinará recursos adicionales y emprenderá intervenciones especiales a favor de determinados Municipios, Provincias, Ciudades Metropolitanas y Regiones para fomentar el desarrollo económico, la cohesión y la solidaridad social, eliminar los desequilibrios económicos y sociales, favorecer el ejercicio efectivo de los derechos de la persona o atender a finalidades distintas del ejercicio normal de sus respectivas funciones.
Los Municipios, las Provincias, las Ciudades Metropolitanas y las Regiones contarán con su propio patrimonio, asignado de conformidad con los principios generales que se establezcan por ley del Estado. Sólo podrán recurrir al endeudamiento para financiar gastos de inversión; en ese momento deberán definir los correspondientes planes de amortización, garantizando, en todo caso, el respeto del equilibrio presupuestario para el conjunto de las entidades de cada Región. Queda excluida toda garantía del Estado sobre los préstamos que dichas entidades asuman".

> 3. El patrimonio y los recursos humanos e instrumentales de la provincia suprimidos de los cuales la ciudad metropolitana sucede a título universal en todos los activos y pasivos adscritos.
>
> 4. Los recursos financieros referidos a los artículos 23 y 24 de las leyes de 6 de mayo de 2011, n. 68".

Como destaca MORCILLO MORENO, en general, desde el año 2009, con el fin de reducir costes y cumplir con el objetivo de déficit público marcado por Europa "el Gobierno italiano adoptó numerosas reformas, episódicas e inestables, recogidas en las conocidas como *manovre economiche*. Dichos cambios, adoptados bajo la forma de Decretos-leyes, apuntaron a la diana de la Administración territorial, convertida en el "chivo expiatorio" de la crisis italiana". Y precisamente en esta línea engloba la autora la Ley núm. 42 de mayo de 2009, como la primera de las reformas llevadas a cabo con el objetivo anterior y centrada en cuestiones financieras, medidas que no sólo, señala, se han reflejado de modo directo en la reducción de los recursos estatales a las Regiones y entes locales, sino también indirectamente en la estructura misma de los entes territoriales, como prueba apunta "la supresión de ciertos órganos como los defensores locales– y entes –como las Comunidades de montaña, a las que el Estado ha ido dejando progresivamente sin recursos"[176].

También TUBERTINI, se pronuncia sobre la citada Ley núm. 42 de 2009, recordando como en relación a las Ciudades Metropolitanas, la misma "ya había intentado impulsar el proceso de su institución, modificando el procedimiento y estableciendo un nuevo sistema de financiación". Considera la autora que "Se trataba de una disciplina expresamente declarada transitoria, pero que ya identificaba los grandes municipios en

176 MORCILLO MORENO, J. "La racionalización de los entes locales en Italia: a la sombra de la incertidumbre", *op. cit.* (p. 317).

torno a los cuales se podían establecer los nuevos organismos, aunque sin prever directamente su perímetro legal y dejando a las autoridades locales el poder de iniciativa. Con esta disciplina, el legislador estatal ya había demostrado que consideraba la creación de una administración de área vasta con una marcada especialización funcional como parte esencial del proceso de implementación de la reforma constitucional, para garantizar –a diferencia de las antiguas provincias– el desarrollo y la protección de los intereses específicos de las áreas de intensa conurbación"[177].

Entre los antecedentes indicados hasta llegar a la determinante Ley núm. 56 de 2014 en lo que a las Ciudades Metropolitanas se refiere, apuntar también el papel del Decreto-ley 95/2012, de 6 de julio, *spending review* (convertido después en la Ley núm. 135, de 7 de agosto de 2012) que, en lo sustancial, vino a reordenar las Provincias y redefinir sus funciones para configurarlas como entidades de área vasta[178], y es que ni

---

177 TUBERTINI, C. "Las ciudades metropolitanas en Italia", *op. cit.* (p. 283).

178 MORCILLO MORENO, sintetiza con claridad las principales aportaciones de esta norma, entre las que destaca:

"1) Transferencia a los municipios de las funciones administrativas atribuidas a las provincias por ley estatal hasta la entrada en vigor del Decreto-ley.

2) Mantenimiento de la supresión de la Giunta provincial.

3) Con el fin de asegurar una reducción no inferior al 20% del gasto, supresión o agrupación de entes provinciales o municipales de cualquier naturaleza que, a la entrada en vigor del Decreto-ley, ejercitasen funciones fundamentales o funciones administrativas de municipios, provincias y ciudades metropolitanas.

4) Reordenación provincial, para cuya efectividad el artículo 17.2 del Decreto-ley 95/2012 indicaba que, dentro de los diez días siguientes a su entrada en vigor, el Consejo de Ministros la concretaría sobre la base de requisitos mínimos relativos al territorio y a la población.

siquiera las perspectivas financieras habían sido capaces de dar el impulso necesario al inicio del procedimiento de establecimiento de las Ciudades Metropolitanas, llegando el legislador con el Decreto-ley 95/2012 a optar directamente por su institución y su perimetración directa.

El citado proyecto pronto sufrió un revés, fruto de la Sentencia del Tribunal Constitucional 220/2013 que, vino, en esencia, y siguiendo nuevamente a TUBERTINI, a señalar que "la transformación a través del decreto-ley del ordenamiento jurídico y de toda la disciplina de los entes locales garantizados por la Constitución era incompatible, lógicamente y jurídicamente, con la `necesidad y urgencia´ que requiere el instrumento del decreto-ley. Inconstitucionales, por lo tanto, se declararon todas las normas referidas a Provincias y Ciudades Metropolitanas contenidas en los citados decretos leyes y también algunas de las disposiciones sobre los Municipios y sus Uniones"[179].

En este contexto, el siguiente y definitivo paso, como ya se adelantaba, vino dado por la aprobación de la Ley núm. 56, de 7 de abril de 2014, de Disposiciones sobre Ciudades

---

5) Previsión del ejercicio en forma asociada de todas las funciones en los municipios de menos de 1.000 habitantes (mediante la creación de una unione "di diritto speciale", aunque sólo si así lo decidían los municipios implicados 32) o sólo de las fundamentales en los de menos de 5.000 —o 3.000 en las Comunidades de montaña— mediante unioni "ordinarie" o convenzioni. Para las provincias, ciudades metropolitanas y municipios se regulaban nuevamente las funciones fundamentales".

En MORCILLO MORENO, "La racionalización de los entes locales en Italia: a la sombra de la incertidumbre", *op. cit.* (p. 320).

179 TUBERTINI, C. "Las reformas locales: el impacto de la Ley 56 de 2014 (Ley "Delrio") sobre el sistema local en Italia", en *Análisis de las repercusiones de la reforma local sobre la organización, competencias y servicios de las entidades locales,* INAP, 2015.

Metropolitanas, Provincias, Uniones y Fusiones de Municipios (en lo sucesivo Ley núm. 56 de 2014).

4.2. Principales caracteres de las Ciudades Metropolitanas

Las Ciudades Metropolitanas son conceptuadas en el artículo 1.2. de la Ley núm. 56 de 2014, como:

> "... entidades territoriales de una vasta área con las funciones a que se refieren los párrafos 44 a 46 y con los siguientes propósitos generales: cuidado del desarrollo estratégico del territorio metropolitano; promoción y gestión integral de servicios, de infraestructura y redes de comunicación de interés para la ciudad metropolitana; cuidado de las relaciones institucionales relativas al propio nivel incluidos aquellos con ciudades y áreas subterráneos europeos".

La Ley núm. 56 de 2014 se encarga, además, de establecer diez Ciudades Metropolitanas, en el territorio de las Provincias correspondientes, simultáneamente suprimidas: Roma, Bolonia, Turín, Milán, Florencia, Bari, Venencia, Génova, Nápoles, Reggio Calabria, que se suman a las introducidas por las Regiones con estatuto especial (Cagliari, Catania, Messina, Parlermo). Esta cuestión, como era de esperar, fue objeto de numerosas objeciones, dando lugar a la presentación de diferentes recursos por parte de las Regiones frente a la Ley núm. 56 de 2014 que, sin embargo, no prosperon. En este sentido y en relación a los pronunciamientos del Tribunal Constitucional italiano frente a los recursos planteados sobre el particular, TUBERTINI, recuerda que "Hay que observar inmediatamente una premisa sobre la actitud de la Corte Constitucional en este caso. La irreversibilidad, no tanto formal como sustancial, de muchas de las decisiones tomadas por el legislador y, en particular, la relativa a la creación de nuevas entidades metropolitanas debe tenerse ciertamente en cuenta a la hora de juzgar la sentencia 50/2015, que, como es sabido, rechazó todas las objeciones planteadas contra la ley. Además, se observa inmediatamente que una de las cifras distintitas de esta sentencia es precisamente la referencia insistente al contexto, junto con su brevedad, y casi laconicidad. Podríamos decir, por lo tanto, que el Tribunal Constitucional no podía dejar de tener en cuenta como elemento decisivo el hecho "histórico" –aunque nacido, como se ha visto, de un contexto muy particular y contingente– de la aplicación, por fin, de uno de los elementos que faltaba en la reforma constitucional de 2001"[180].

Esta nueva estructura administrativa configurada en la organización territorial italiana, como su artículo 1, apartado 6, de la Ley núm. 56 de 2014, señala, coincide con el de la Provincia del mismo nombre, ello sin perjuicio de la iniciativa de los Municipios, incluidos los Municipios capitales de las Provincias limítrofes, conforme a la previsión del artículo 133, párrafo primero, de la Constitución[181], para la modificación de los distritos provinciales limítrofes e incorporarse a la Ciudad Metropolitana. En estos casos, se prevé que si la Región de que se trate, dentro de los treinta días desde la solicitud en el marco del procedimiento antes mencionado previsto en el artículo 133 de la Constitución, expresa una opinión contraria, en todo o en parte, con las propuestas formuladas por los Municipios, el Gobierno promoverá un acuerdo entre la Región y los Municipios interesados, que será definitivo por noventa días a partir de la fecha de emisión de la opinión. En caso de no llegar a un acuerdo en el plazo antes mencionado,

---

180 TUBERTINI, C. "La reforma degli enti local dopo il guidizio di legittimità costituzionale", en *Giornale di diritto ammnistrativo,* 2015. Véase también MOBILIO, G. "La città metropolitane non si toccao: la Corte Costituzionale si pronuncia sulla legge "Delrio"", *Osservatorio sulle fonti,* núm. 2, 2015.

181 Conforme al cual "La alteración de las circunscripciones provinciales y la institución de nuevas Provincias en el ámbito de una Región se acordarán mediante leyes de la República, a iniciativa de los Municipios, oída la propia Región".

el Consejo de Ministros, oído el informe del Ministro de Asuntos Regionales y el Ministro del Interior y oído el dictamen del Presidente de la Región, deciden finalmente en orden a la aprobación y presentación al Parlamento del proyecto de ley que contiene las modificaciones territoriales de Provincias y Ciudades Metropolitanas.

Como fecha para la conformación, al menos, inicial de las Ciudades Metropolitanas, se fija el 1 de enero, fecha en la que, conforme al artículo 1, párrafo 16 de la Ley núm. 56 de 2014, "Las ciudades metropolitanas toman el relevo de las Provincias homónimas, sucediéndolas en todas las relaciones activas y pasivas y ejercerán sus funciones, respetando el equilibrio de las finanzas públicas y los objetivos del municipio capitalino del alcalde metropolitano y la ciudad metropolitana opera con el estatuto y sus órganos, asumiendo también las funciones a que se refieren los párrafos 44 a 46", también se fija que en caso de no aprobación del estatuto a fecha 30 de junio de 2015, la aplicación del procedimiento para el ejercicio del poder de sustitución previsto en el artículo 8 de la Ley núm. 131, de 5 de junio de 2003.

4.3. Funciones fundamentales atribuidas a las Ciudades Metropolitanas

En relación a las funciones que se atribuyen a las Ciudades Metropolitanas, la Ley núm. 56 de 2014, en su artículo 44, partiendo de que las mismas se llevarán a cabo a partir de los recursos propios y cedidos, sin que supongan mayores cargas para las finanzas públicas y, en cualquier caso, en cumplimiento de los condicionantes del pacto de estabilidad interna, a la Ciudad Metropolitana se le atribuyen tanto las funciones básicas de las Provincias como aquellas atribuidas a la Ciudad Metropolitana bajo el proceso de reorganización de las funciones de las Provincias, así como de conformidad con el artículo 117, párrafo segundo, letra p) de la Constitución[182], un conjunto de lo que viene a denominar "funciones fundamentales" y que enumera el precepto:

> "a) adopción y actualización anual de un plan estratégico trienal del área metropolitana, que constituye un acto de dirección de la entidad y para el ejercicio de las funciones de los municipios y de las uniones de municipios comprendidos en el citado territorio, también en relación con el ejercicio de las funciones delegadas o asignadas por regiones, de conformidad con las leyes de las regiones en materias relativas a su competencia;
>
> b) la ordenación territorial general, incluidas las estructuras de comunicación, las redes de servicios y las infraestructuras pertenecientes a la competencia de la comunidad metropolitana, fijando también las limitaciones y objetivos para la actividad y el ejercicio de las funciones de los municipios incluidos en el área metropolitana;
>
> c) estructuración de sistemas coordinados de gestión de los servicios públicos, organización de los servicios públicos de interés general en el área metropolitana. De acuerdo con los municipios interesados, la ciudad metropolitana puede ejercer las funciones de preparación de los pliegos de condiciones, poder adjudicador, seguimiento de los contratos de servicios y organización de concursos y procedimientos selectivos;
>
> d) movilidad y viabilidad, asegurando también la compatibilidad y coherencia del planeamiento urbanístico municipal en el área metropolitana;
>
> e) promoción y coordinación del desarrollo económico y social, asegurando también el apoyo a las actividades económicas y de investigación innovadora acorde con la vocación de la ciudad metropolitana tal y como se describe en el plan estratégico del territorio de a que se refiere la letra a);

---

[182] Se trata de la atribución que la Constitución le hace al Estado para ostentar la competencia exclusiva para legislar sobre un conjunto de materias, en concreto la prevista en el citado precepto, hace referencia a "legislación electoral, órganos de gobierno y funciones básicas de los Municipios, las Provincias y Ciudades".

> f) promoción y coordinación de los sistemas de informatización y digitalización del área metropolitana".

Particular interés tiene estas funciones fundamentales que se le encomiendan a las Ciudades Metropolitanas. Autores como TUBERTINI[183], argumenta que estas funciones fundamentales atribuidas a las Ciudades Metropolitanas, ni siquiera el legislador regional puede atribuirlas a otro nivel de Administraciones diferentes de las mismas, y razón no le falta pues se está ante una competencia exclusiva del Estado de las enumeradas en el artículo 117 de la Constitución italiana.

La autora realiza una interesante sistematización de las citadas funciones metropolitanas, agrupándolas en cuatro grandes grupos, conforme a los cuales distingue:

> "a) funciones de coordinación "horizontal" o "intermunicipal" (véanse, en particular, las funciones mencionadas en la letra c), en relación con los servicios públicos; la letra e), el desarrollo económico y social; la letra f), los sistemas de informatización y digitalización; b) la ordenación del territorio, se si entiende en este sentido);
>
> b) funciones de colaboración y asistencia a los municipios (letra c), con referencia a las funciones que la Ciudad Metropolitana puede ejercer de común acuerdo con los municipios;
>
> c) funciones normalmente asignadas a organismos que tienen sus propias directrices políticas-administrativas autónomas (letra a), como planificación estratégica, b); planificación territorial, si se entiende como planificación con efecto prescriptivo, pero también d), movilidad y viabilidad;
>
> d) funciones de administración activa distintas de las funciones municipales (medio ambiente, transporte, construcción de escuelas, etc.)".

---

[183] TUBERTINI, C. "Las ciudades metropolitanas en Italia", *op. cit.* (p. 285).

Destaca también el carácter no cerrado o abierto de las funciones atribuidas a la Ciudad Metropolitana y cita como ejemplo la Sentencia del Tribunal Constitucional 50/2015, en la que se define a las Ciudades Metropolitanas como "organismos de importancia nacional (y también supranacionales a efectos del acceso a fondos comunitarios específicos)". De igual forma, el apartado 46 del artículo 1, insiste en este carácter abierto de las funciones previstas en el artículo 45 de la Ley núm. 56 de 2014, al señalar que "El Estado y las Regiones, cada uno con sus propias competencias, puede atribuir más funciones a las Ciudades Metropolitanas en aplicación de los principios de subsidiariedad, diferenciación y adecuación a que se refiere el primer párrafo del artículo 118 de la Constitución".

4.4. La organización institucional de las Ciudades Metropolitanas

Como órganos de la Ciudad Metropolitana, la Ley núm. 56 de 2014, establece tres: el Alcalde metropolitano; el Consejo metropolitano; y la Conferencia metropolitana, cada uno con unas funciones específicas.

El Alcalde metropolitano representa a la institución, convoca y preside el Consejo metropolitano y la Conferencia metropolitana, supervisa el funcionamiento de los servicios y oficinas y la ejecución de las mismas; además, cumple las demás funciones que le asigna el correspondiente estatuto. El órgano de política y control es el ayuntamiento metropolitano que propone en la Conferencia el estatuto y sus enmiendas; aprueba los reglamentos, planes y programas; aprueba o adopta cualquier otro acto relacionado con ella presentado por el Alcalde metropolitano; realiza otras funciones atribuidas por ley. A propuesta del Alcalde metropolitano, el directorio adopta los estados financieros para ser sometidos a la opinión de la Conferencia metropolitana. Siguiendo la opinión expresada por Conferencia metropolitana con votos que representan al menos un tercio de los Municipios incluidos en la Ciudad Metropolitana y la mayoría de población residente total, el ayuntamiento aprueba los estados financieros.

Por su parte, la Conferencia metropolitana tiene potestades propositivas y consultivas, conforme a lo dispuesto en el propio estatuto, así como un conjunto de facultades concretas que se regulan en el artículo 9 de la Ley núm. 56 de 2014. Conforme a este precepto, la Conferencia metropolitana adopta o rechaza el estatuto y sus enmiendas propuestas por el Consejo metropolitano con los votos que representen al menos un tercio de los municipios incluidos en el ámbito de la ciudad metropolitana y la mayoría de la población residente en su conjunto. La Conferencia metropolitana se compone por todos los Alcaldes del área metropolitana

El estatuto es el documento encargado de establecer las reglas fundamentales de la organización, incluyendo la atribución de los órganos, así como la articulación de las mismas facultades. En concreto, el estatuto tiene entre sus funciones recoger los aspectos tendentes a establecer:

> "a) regula los métodos e instrumentos de coordinación de la acción global de gobernanza del territorio;
>
> b) regula las relaciones entre los municipios y sus uniones que forman parte de la ciudad metropolitana y la ciudad metropolitana, en lo que respecta a los métodos de organización y ejercicio de las funciones metropolitanas y municipales, previendo también formas de organización conjunta, eventualmente diferenciadas por ámbitos territoriales. Mediante un convenio que regule las modalidades de utilización de los recursos humanos, instrumentales y financieros, los municipios y sus gremios podrán hacer uso de las estructuras de la ciudad metropolitana, y viceversa, para el ejercicio de funciones específicas o los municipios y sus gremios podrán delegar el citado ejercicio a estructuras de la ciudad metropolitana, y viceversa, sin nuevos o mayores cargos para las finanzas públicas;
>
> c) podrá disponer, incluso a propuesta de la región y en todo caso de acuerdo con la misma, el establecimiento de zonas

> homogéneas, para funciones específicas y teniendo en cuenta las especificidades territoriales, con órganos de coordinación vinculados a los órganos de la ciudad metropolitana, sin nuevas o mayores cargas para las finanzas públicas. La falta de acuerdo puede ser superada por decisión de la conferencia metropolitana por una mayoría de dos tercios de los miembros;
>
> d) regula las modalidades según las cuales los municipios no incluidos en el área metropolitana pueden establecer convenios con la ciudad metropolitana".

Por su parte, el Consejo metropolitano está integrado por el Alcalde metropolitano (que es por derecho el alcalde del Municipio capital) y por: 24 concejales en las Ciudades Metropolitanas con población residente superior a 3 millones de habitantes; 18 concejales en Ciudades Metropolitanas con población residente mayor a 800.000 habitantes y menor o igual a 3 millones; 14 concejales en las demás Ciudades Metropolitanas. El Consejo metropolitano tiene una duración de cinco años, salvo en caso de renovación del cabildo, en que se procederá a nuevas elecciones del Consejo metropolitano dentro de los 60 días siguientes a la proclamación del Alcalde del Municipio que ostente la capital.

4.5. La evolución y estado actual de las Ciudades Metropolitanas

Conviene, por último, destacar algunas de las principales cuestiones a las que se enfrentan las Ciudades Metropolitanas en la actualidad.

En primer lugar, coexisten, en aquellas que se han constituido formalmente como Ciudades Metropolitanas, diferentes modelos dependiendo de las opciones del legislador regional y de los propios estatutos aprobados por las mismas, en las que el protagonismo mayor o menor de los Municipios también es dispar.

En segundo lugar, es preciso aún la completa conformación de las Ciudades Metropolitanas pues, en la práctica, como se ha tenido opción de analizar no todas las Provincias han devenido en Ciudades Metropolitanas. De hecho, se señalaba con anterioridad que son 15 las que formalmente se han conformado como Ciudades Metropolitanas en sentido propio.

En tercer lugar, uno de los principales debates se centra en la financiación que reciben, frente a la importante asignación de funciones, las mismas no parecen encontrarse en coherencia con la asignación financiera del Estado. En este sentido, destaca TUBERTINI como "las relaciones financieras entre el Estado, las Regiones y los entes de área vasta deben redefinirse en la lógica de una adecuada simetría entre las tareas encomendadas y los recursos asignados, teniendo en cuenta el grave deterioro de las condiciones de equilibrio estructural de los presupuestos de las Provincias y Ciudades Metropolitanas, que no han sido remediadas de manera orgánica por las intervenciones de emergencia aprobadas hasta ahora"[184].

En cuarto lugar, otra de las dificultades a las que se enfrentan las Ciudades Metropolitanas es su excesiva extensión. Como también destaca la autora, en referencia a la Conferencia Estado-Ciudad para la revisión orgánica de la disciplina en materia de Provincias y Ciudades Metropolitanas "el problema es ante todo la dimensión, considerada inadecuada, en la mayoría de los casos, en relación al papel que deben desempeñar: una afirmación que es ciertamente aceptable, pero que se traduce en una propuesta de reducción del territorio de los entes metropolitanos, en beneficio de una reexpansión de las Provincias. La consecuencia de esta propuesta es clara: en primer lugar, se propone reducir el territorio metropolitano a la capital y a los municipios del primer cinturón

---

184 TUBERTINI, C. "Las ciudades metropolitanas en Italia", *op. cit.* (p. 290).

urbano (los documentos hablan de "conurbación cercana"); la revisión se atribuye al legislador estatal, sin tener en cuenta las necesidades de participación de las comunidades. En segundo lugar, se propone que la entidad metropolitana deje de ser una alternativa, para convertirse en complementaria a la Provincia de referencia, que, por lo tanto, se restablece en sus fronteras anteriores"[185].

Como colofón la autora, se plantea si, en efecto, la reducción generalizada de las Ciudades Metropolitanas es realmente útil, sobre todo, al imaginar una valorización de las Ciudades Metropolitanas si tuvieran que repartir sus competencias con un organismo provincial dotado de legitimidad directa, así como los numerosos problemas que se podrían ocasionar como consecuencia de la retransferencia de las funciones exprovinciales de las Ciudades Metropolitanas a las Provincias, así como la pérdida de los recursos relativos para las Ciudades Metropolitanas, aún sin líneas de financiación específica.

5. REFLEXIONES FINALES

Italia es uno de los países que ha apostado de manera decidida por la reorganización de su planta administrativa, abogando en particular por la modificación de los entes locales y con planteamientos tan interesantes como la ulterior incorporación de entes intermedios, como es el caso de las analizadas Ciudades Metropolitanas, en el mismo nivel y en igualdad de condiciones en su organigrama territorial, llegando para ello incluso a modificar su Constitución para incorporarlas y con ello llevar a cabo una profunda modificación de su división territorial.

---

185 TUBERTINI, C. "La cittá metropolitana in u sistema di autonomie responsabili: situazione attuale e prospective", en *Per autonomie responsabili. Prospete per l'Italia e l'Europa,* LUISS University press, 2017.

Pese a la firme apuesta llevada a cabo en este sentido, no sin múltiples inconvenientes surgidos, lo que es una cuestión consustancial al propio arraigo de los diferentes niveles administrativos por su división territorial y el territorio en el que ejercen sus competencias, lleva a que sea algo perfectamente extensible a cualquier país o, al menos, la mayoría de los que se planteen llevar a cabo una reforme de esta entidad, como se ha analizado Italia no ha cesado en sus esfuerzos hasta hacerlo realidad.

Bien es cierto que dos cuestiones han estado en el candelero y han determinado la firme apuesta de la República en este sentido, por un lado, los problemas financieros y el elevado coste derivado de mantener una compleja estructura administrativa, incrementada de manera notable con la llegada de la crisis económica y financiera y, por otro, la necesidad de dar respuesta a la propia realidad del territorio y de aunar servicios y prestaciones para los ciudadanos frente a unas Provincias que ya habían quedado sin la capacidad necesaria para ello.

Ahora bien, se ha de tomar nota de la experiencia italiana y en particular en lo que a la Ciudad Metropolitana se refiere, uno de los que a día de hoy continúa siendo uno de los grandes retos de la organización administrativa en España. Y, se dice tomar nota, tanto de los aspectos positivos como negativos. El auténtico periplo vivido, la necesidad incluso de modificar el texto constitucional, el debate ciudadano abierto, la controversia con otros niveles administrativos, son solo algunas de las cuestiones expuestas y que precisaban para conseguir en efecto su consolidación, de la constante y firme apuesta administrativa y política para su consecución, ello sin obviar, otras controversias que se vienen dando en la actualidad y que llevan incluso a replantear el modelo anterior, motivado, entre otros, por problemas de financiación suficiente e incoherente con las funciones atribuidas a los extensivos ámbitos territoriales que conforman las mismas. No obstante, se entiende que la disminución de entes administrativos, la concentración de funciones, las propias dinámicas territoriales, sociales e históricas, precisan de respuestas comunes como las que con las áreas metropolitanas se puede dar respuesta. Ello unido a cuestiones práctica como la gestión común de servicios o la propia reducción de gasto público.

En definitiva, como cualquier proceso de tal envergadura no es una cuestión baladí, con sus luces y sombras, pero, en lo esencial, lo relevante es la firme apuesta llevada a cabo para el logro que supone modificar un modelo organizativo administrativo de un país, máxime con la incorporación de un ente *ex novo* al que se atribuyen importantes funciones.

6. BIBLIOGRAFÍA

GARDINI, G. "Las provincias italianas en una encrucijada". *Fundación Democracia y Gobierno Local*, 2022. Blog disponible: https://www.gobiernolocal.org/acento-local/las-provincias-italianas-en-la-encrucijada/

GIACCHETTI FANTINI, M. *Le cittá metropolitane nella legge di delegaciones sul* c.d. Federalismo Fiscale, 2010.

MOBILIO, G. "La città metropolitane non si toccao: la Corte Costituzionale si pronuncia sulla legge "Delrio"", *Osservatorio sulle fonti*, núm. 2, 2015.

MORCILLO MORENO, J. "La racionalización de los entes locales en Italia: a la sombra de la incertidumbre". *Revista de Administración Pública*, núm. 195, 2014, pp. 303-336.

ORTEGA SANTIAGO, C. "La reforma constitucional del Estado Regional en Italia". *Revista Española de Derecho Constitucional*, núm. 75, 2005, pp. 181-210.

RUSSO, A.M. "La dimensión del sector y de las Administraciones Públicas en Italia. ¿Una película centralizadora en rodaje?", *ReDCE*, núm. 20, 2013, pp. 163-222.

TUBERTINI, C. "Las reformas locales: el impacto de la Ley 56 de 2014 (Ley "Delrio") sobre el sistema local en Italia", en *Análisis de las repercusiones de la reforma local sobre la organización, competencias y servicios de las entidades locales*, INAP, 2015.

TUBERTINI, C. "La reforma degli enti local dopo il guidizio di legittimità costituzionale", en *Giornale di diritto ammnistrativo,* 2015.

TUBERTINI, C. "Il riassetto delle funzioni amministrative local: cronoca di una reforma solo in parte realizzata" en *Le autonomie territoriali: transformazioni e innovazioni dopa la crisi,* Maggioli, 2017.

TUBERTINI, C. "La cittá metropolitana in u sistema di autonomie responsabili: situazione attuale e prospective", en *Per autonomie responsabili. Prospete per I'Italia e I'Europa,* LUISS University press, 2017.

TUBERTINI, C. "Las ciudades metropolitanas en Italia", en VERA JURADO, D. (dir.) y MORENO LINDE, M. (coord.) *Ciudad y territorio en el siglo XXI: reflexiones desde el Derecho Público,* Sevilla: Instituto García Oviedo, Universidad de Sevilla, 2020, pp. 281-293.

VANDELLI, L. *Il sistema delle autonomie local,* 5ª ed, Bologna: Il Mulino, 2013.

VANDELLI, L. "La Provincia italiana nel cambiamento: sulla legittimità di forme ad elezione indiretta". *Revista Catalana de dret públic,* núm. 46, 2013, pp. 90-103.

PARTE II

REDES Y MODELOS DE SERVICIOS PÚBLICOS A NIVEL SUPRAMUNICIPAL

Capítulo 12

Las fórmulas organizativas supramunicipales y su demostrada ineficacia para luchar contra la despoblación

ELSA MARINA ÁLVAREZ GONZÁLEZ
Profesora Titular de Derecho Administrativo
Universidad de Málaga

SUMARIO: 1. INTRODUCCIÓN. 2. PROCESO COMARCALIZADOR. MODELO ARAGONÉS, CATALÁN Y GALLEGO. 3. PROCESO INTERMUNICIPALIZADOR: LAS MANCOMUNIDADES. MODELO ANDALUZ Y EXTREMEÑO. 4. MODELO VALENCIANO. 5. BIBLIOGRAFÍA.

1. INTRODUCCIÓN

La LBRL regula las entidades de ámbito supramunicipal como estructura organizativa que facilita la prestación de los servicios públicos a los ciudadanos y garantiza el cumplimiento de las competencias locales. Dada su vocación de auxilio especialmente a los municipios pequeños, se presentan como fórmulas viables para aminorar los efectos de la despoblación. Hemos considerado de interés centrar el análisis de las distintas estructuras supramunicipales en el impacto positivo o negativo que las mismas han tenido sobre dicho fenómeno.

Como punto de partida debemos señalar que las entidades supramunicipales responden bien al principio de agrupación (comarcas y áreas metropolitanas) bien al principio de asociación (mancomunidades). La diferencia fundamental entre ambos principios radica en la Administración pública que ejerce la potestad organizativa pues mientras en el principio de agrupación la competencia es de la comunidad autónoma respectiva, en el principio de asociación la competencia es de los municipios.

En este sentido, la LBRL contempla en su artículo 42 la posibilidad de que las CCAA, según lo previsto en sus respectivos Estatutos de autonomía, creen en su territorio comarcas como entidades que agrupan a varios municipios cuyas características determinen intereses comunes precisados de una gestión propia o demanden una prestación de servicios también de carácter común. En este caso, la voluntad de creación no es municipal sino de las CCAA que las pueden crear por razones de eficacia en la prestación de los servicios. Se trata de un supuesto de agrupación y no de asociación de municipios. No obstante, la iniciativa para la creación de una comarca puede partir de los propios municipios interesados y, en cualquier caso, no podrá crearse la comarca si a ello se oponen expresamente las dos quintas partes de los municipios que debieran agruparse en ella, siempre que, en este caso, tales municipios representen al menos la mitad del censo electoral del territorio correspondiente.

Las leyes de las CCAA determinarán el ámbito territorial de las comarcas, la composición y el funcionamiento de sus órganos de gobierno, que serán representativos de los ayuntamientos que agrupen, así como las competencias y recursos económicos que, en todo caso, se les asignen. Si la comarca debe agrupar a municipios de más de una provincia, será necesario, además, el informe favorable de las diputaciones provinciales a cuyo ámbito territorial pertenezcan tales municipios. En cualquier caso, la creación de las comarcas no podrá suponer la pérdida por los municipios de la competencia para prestar los servicios enumerados en el artículo 26 ni privar a los mismos de toda intervención en cada una de las materias enumeradas en el apartado 2 del artículo 25 de la LBRL.

Respecto a las áreas metropolitanas, la LBRL establece en su art. 43, que las CCAA, previa audiencia de la Administración del Estado y de los ayuntamientos y diputaciones afectados, podrán crear, modificar y suprimir, mediante ley, áreas metropolitanas, de acuerdo con lo dispuesto en sus respectivos estatutos. Las áreas metropolitanas son entidades locales integradas por los municipios de grandes aglomeraciones urbanas entre cuyos núcleos de población existan vinculaciones económicas y sociales que hagan necesaria la planificación conjunta y la coordinación de determinados servicios y obras. La legislación de la comunidad autónoma determinará los órganos de gobierno y Administración, en los que estarán representados todos los municipios integrados en el área; el régimen económico y de funcionamiento, que garantizará la participación de todos los municipios en la toma de decisiones y una justa distribución de las cargas entre ellos; así como los servicios y obras de prestación o realización metropolitana y el procedimiento para su ejecución.

Por otra parte, el artículo 44 de la LBRL reconoce a los municipios el derecho a asociarse con otros en mancomunidades para la ejecución en común de obras y servicios determinados de su competencia. Las mancomunidades tienen personalidad y capacidad jurídicas para el cumplimiento de sus fines específicos y se rigen por sus estatutos propios. Los estatutos han de regular el ámbito territorial de la entidad, su objeto y competencia, órganos de gobierno y recursos, plazo de duración y cuantos otros extremos sean necesarios para su funcionamiento. En todo caso, los órganos de gobierno serán representativos de los ayuntamientos mancomunados.

Este régimen básico establecido en la LBRL -y modificado por la LRSAL- ha sido desarrollado por las CCAA en base a sus competencias sobre régimen local. Pero más que su análisis pormenorizado, vamos a examinar las distintas fórmulas organizativas utilizadas por las CCAA para actuar frente a la despoblación. No obstante, podemos adelantar que la respuesta organizativa de las CCAA en esta materia ha girado fundamentalmente y por lo general, en torno a dos modelos: comarcas o mancomunidades. Ambas se presentan como estructuras administrativas a priori válidas para aglutinar la actuación administrativa necesaria para auxiliar a los pequeños municipios.

2. PROCESO COMARCALIZADOR. MODELO ARAGONÉS, CATALÁN Y GALLEGO

La primera comunidad autónoma en reorganizar su estructura orgánico administrativa fue Aragón. Así, en el año 2001 nace allí una nueva entidad de carácter territorial: la comarca. Con ella se pretendía dar respuesta al fuerte desequilibrio territorial que sufre la región[186]. Se ha señalado

186 Su dinámica poblacional ha determinado ese desequilibrio, que se fragua en un largo proceso histórico que se inicia en los albores de la industrialización. INFANTE DÍAZ, J., "Comarcalización y despoblación. Interacciones y problemas", en ESCOLANO, S. Y DE LA RIVA, J., *Despoblación y ordenación del territorio*, Ed. Diputación de Zaragoza, 2003, pág. 99, señala que las disparidades económicas y sociales en Aragón se inician a finales del S. XVIII con la construcción de Canal Imperial, que modificará las relaciones económicas de la región. Con esta importante obra hidráulica, Zaragoza amplía su superficie de regadío e incrementa la productividad agraria, mientras que en las zonas de montaña se produce una desarticulación de

que, desde mediados del siglo XIX, el cambio institucional y polarizado del proceso de crecimiento económico afectó de manera diferente a los distintos espacios geográficos de Aragón, propiciando crecientes disparidades económicas internas (dualismo) entre los niveles de crecimiento de las comarcas del expansivo eje del Valle del Ebro —protagonizado crecientemente por el núcleo urbano zaragozano— frente a la crisis y decadencia de las zonas de montaña[187]. A principios del S. XX, Zaragoza consolida un complejo agroalimentario, especializado, ya no sólo harineras, sino también en la producción de azúcar y alcohol y se consolida, también, la industria de trasformados metálicos que daba respuesta a la demanda formulada por las obras públicas que se iniciaron en los primeros años del S. XX. Además, en los años cincuenta del S. XX se inicia la construcción de obras públicas asociadas al regadío (Planes de Bárdenas y Riegos del Alto Aragón), se producen inversiones en el sector químico (Sabiñánigo, Monzón, Escatrón) y Aragón se

---

su sistema productivo tradicional al perder competitividad frente al valle. A finales del S. XIX la perdida de las últimas colonias supuso que se implantara un modelo económico de sustitución de importaciones, que en Aragón permitió el desarrollo de la industria azucarera centrada en el Valle del Ebro: las azucareras de Zaragoza, Casetas, Alagón, Luceni, Epila, entre otras. Paralelamente surge en Zaragoza un pequeño complejo industrial que engloba a la industria metalúrgica y química. La demanda de energía en Zaragoza contribuyó a la explotación de los yacimientos carboníferos de las serranías turolenses. Se creo la compañía Minas y Ferrocarriles de Utrillas para construir y explotar una línea férrea que transportara el lignito de la cuenca minera a la capital aragonesa. En este contexto surge una incipiente banca regional con sede en Zaragoza que convierte la ciudad en una de las principales plazas financieras de España.

187 Así lo expresa GERMAN, L., "Del cereal al metal. La trayectoria de la economía aragonesa", en GERMAN, L. (Eds.). *Historia Económica Regional de España. Siglos XIX y XIX.* Ed. Crítica, Barcelona, 2001, pág. 333.

especializa en la producción de energía eléctrica. Esta expansión económica se concentra principalmente en Zaragoza[188].

Por tanto, se produce una importante transformación en la especialización productiva pues se pasa de una producción agrícola principalmente centrada en el cereal al sector metalúrgico. Un hecho significativo en la economía del último cuarto del S. XX es la instalación en 1979 de Opel España en Figueruelas, municipio del corredor del Ebro. En 1998 los subsectores de fabricación de automóviles (Opel España) y la industria auxiliar del automóvil generaban el 21% del empleo industrial de la economía aragonesa. Por tanto, Zaragoza concentra la mayor parte de los recursos económicos de la región.

El gran problema territorial de Aragón es la ausencia de una estructura urbana equilibrada (la segunda ciudad de Aragón, Huesca, es doce veces más pequeña que Zaragoza). No hay ciudades medias. La polarización de los dos espacios económicos queda realmente definido a través del componente demográfico. La desvertebración del territorio se debe al sistema de asentamientos humanos ya que desde la década de los años sesenta del S. XX adquieren gran protagonismo los movimientos migratorios[189]. En 2001 (fecha de creación de las

---

188 Entre 1950 y 1960 Huesca y Teruel pierden población, un 1'1% y un 8'8%, respectivamente. Zaragoza en este mismo tiempo la incrementa en un 5'6%.

189 Esta emigración ha contribuido a elevar la edad de la población que se queda en el lugar de origen. Emigran los jóvenes. El proceso de envejecimiento es progresivo y afecta a un mayor número de municipios. En Aragón ha adquirido una proporción sin precedentes con valores por encima de la media española. Los estratos de población de 80 y más años son los que, en valores relativos, crecen más, consecuencia del incremento de la esperanza de vida. Por tanto, confluyen dos aspectos importantes en el envejecimiento: la salida de jóvenes desde los años sesenta y la mejora en las condiciones sociosanitarias. La tendencia al envejecimiento genera el sobreen-

comarcas), Aragón tenía 730 municipios y 1540 entidades locales, con una superficie de 47.650 km2 y una población total de 1.204.215 habitantes, por tanto, una densidad media que no alcanzaba los 25 hab/km2. Un 72.74% de los municipios aragoneses tenían en 2001 menos de 500 habitantes. El 2'62% de los ayuntamientos se corresponden con ciudades medias, y de ellas dos son capitales de provincia. En la actualidad, solo una ciudad, Zaragoza, alberga al 51% de los aragoneses. Por tanto, el modelo territorial se caracteriza por unos desequilibrios que contribuyen a la existencia de grandes desigualdades en el territorio.

Lo anterior explica la política de comarcalización que se ha desarrollado en esta comunidad autónoma. El propio Estatuto de autonomía de 1982 recogía que Aragón se organiza territorialmente en municipios y provincias y que una ley "*podrá ordenar la constitución y regulación de las comarcas*" (art. 5). No obstante, no ha sido hasta el año 2000 cuando esa previsión estatutaria se ha desarrollado.

Es preciso recordar que la primera aportación para reorganizar el territorio aragonés fue la Ley 6/1987, de 15 de abril, sobre Mancomunidades de Municipios. Esta ley respondía al problema de la gran cantidad de pequeños municipios que hay en Aragón y que tienen unos medios económicos reducidos para hacer frente a la prestación de servicios. Las mancomunidades se concebían como la fórmula para afrontar eficazmente algunas competencias municipales, garantizando la autonomía

---

vejecimiento que puede dar lugar en el corto plazo a una nueva categoría municipal: los municipios terminales, aquellos en los que ya no existe posibilidad de reemplazamiento natural. Así lo recoge INFANTE DÍAZ, J., "Comarcalización y despoblación. Interacciones y problemas", en ESCOLANO, S. Y DE LA RIVA, J., Despoblación y ordenación del territorio, Ed. Diputación de Zaragoza, 2003, pág.103.

municipal. Según su funcionalidad, existen dos tipos de mancomunidades. Por una parte, las mancomunidades de un único fin, que una vez conseguido se disuelven dada esa flexibilidad que les caracteriza. Pero, por otra parte, las hay también con más fines o con carácter genérico que tienen una mayor permanencia en el tiempo. Así, el buen funcionamiento de la mancomunidad operaría a favor de su consolidación y podrían acoger la descentralización y desconcentración de otras Administraciones territoriales.

El crecimiento del número de mancomunidades en Aragón fue muy significativo. En 2001 había 92, que agrupaban más del 80% de los municipios. Había municipios que participaban en dos o tres mancomunidades. Sus funciones eran diversas, pero, en síntesis, podemos señalar la realización de funciones de abastecimiento de aguas, recogida de residuos sólidos urbanos, promoción turística o, como la mayoría, servicios diversos.

En 1992, se aprueba la Ley 11/1992, de 24 de noviembre, de Ordenación del Territorio de Aragón. En ella se concibe la ordenación del territorio como la expresión espacial de las políticas económica, social, cultural y ecológica de toda la sociedad. Y si el objetivo de la acción política es elevar la calidad de vida de los ciudadanos en un marco de libertad, cualquier política en este sentido que incida en el territorio se puede considerar relacionada con ordenación del territorio[190]. Un año después se aprueba la Ley 10/1993, de 4 de noviembre, de Comarcalización de Aragón. Se reconoce la existencia previa de comarcas en Aragón "*en cuanto realidades geográficas, económicas, culturales e históricas con características e intereses comunes (...) que acreditan*

---

190 Esta ley se completa con la Ley 7/1998, de 16 de julio, por la que se aprueban las Directrices Generales de Ordenación Territorial de Aragón, que viene a desarrollar el instrumento básico definido en aquella para la ordenación del territorio. En ellas se recogen las líneas maestras que deben guiar la política territorial aragonesa.

los vínculos y relaciones entre los municipios de determinadas zonas y en torno a diversas ciudades, y que espontáneamente es sentido por sus poblaciones respectivas como bases comunes de convivencia". La ley justifica la creación de las comarcas como medida para hacer posible la pervivencia institucional, democrática y representativa de aquellos pequeños municipios -los 338 municipios de menos de 250 habitantes que, según la ley, había en Aragón en 1992- cuya subsistencia carece de sentido como Administraciones públicas al no poder prestar servicios básicos para los ciudadanos y que la comarca, subsidiariamente, sí que podría hacerlo. La ley se convierte así en la panacea para la subsistencia de los núcleos con poca población, respetándolos como entidades representativas que no desaparecerán por consunción, fusión o incorporación a otros municipios. La creación de la comarca como entidad local no cuestiona ningún otro nivel de la Administración. Para evitar la duplicidad de organismos administrativos la ley contemplaba la descentralización de competencias por parte de la provincia y la Administración de la comunidad autónoma.

Ahora bien, las comarcas no parten de cero. Hay una continuidad con las mancomunidades. Frente a la mancomunidad que tiene un carácter temporal al constituirse para resolver un problema puntual en un momento dado, la comarca se caracteriza por su estabilidad temporal; los servicios que estaba dando la mancomunidad deben seguir prestándose con carácter institucional. La comarca viene a recoger, consolidar y potenciar las experiencias de aquellas mancomunidades de fines generales y ámbitos geográficos bien definidos que han sido precursoras en la reorganización de servicios supramunicipales. Se consideraba, pues, que las mancomunidades y las comarcas eran complementarias. El propio legislador contemplaba esta progresión normativa: de la mancomunidad a la comarca. Pero, con la puesta en marcha de las comarcas ese principio de convivencia se pierde, pues se entiende que cuando la comarca se sustenta en una mancomunidad y los servicios se integran en la comarca, no tiene sentido la pervivencia de la mancomunidad. Esta situación ha llevado a la disolución de las mancomunidades cuando se constituye la comarca, algo que, como veremos, no ocurre en Cataluña, donde ambas coexisten.

La primera comarca que se crea en el año 2000 fue la Comarca de Aranda[191]. Si bien fue en 2001 cuando se aprueba la Ley 23/2001, de 26 de diciembre, de medidas de comarcalización y el proceso de transferencia de competencias a las comarcas, con el consiguiente adelgazamiento de la Administración autonómica. Esta ley recoge con precisión las competencias del gobierno autónomo que se transferirán a las comarcas. El proceso de transferencia es simétrico para todas las comarcas. Es cierto que el orden de prelación en la trasferencia de materias se realizó en función de la dificultad que podía tener su ejecución por las comarcas. Por ello, el proceso se inicia con competencias residuales, es decir, aquellas que con anterioridad al proceso de descentralización apenas eran ejercidas por la Administración trasferidora (las que tiene menor prioridad en la política económica). Esta transferencia de competencias supone, en cualquier caso, una descentralización administrativa a favor de esta

191 Hasta julio de 2002 se han creado las siguientes comarcas: Aranda (Ley 9/2000, de 27 de diciembre), Comunidad de Calatayud (Ley 9/2001, de 18 de junio), Alto Gállego (13/2001, de 2 de julio), Tarazona y el Moncayo (Ley 14/2001, de 2 de julio), Comarca de Valdejalón (Ley 16/2001, de 29 de octubre), Campo de Borja (18/2001, de 19 de noviembre), Ribera Alta del Ebro (Ley 21/2001, de 21 de diciembre), Gúdar-Javalambre, (Ley 22/2001, de 21 de diciembre), Cinca Medio (Ley 3/2002 de 25 de marzo), Somontano de Barbastro (Ley 4/2002, de 25 de marzo), Matarraña/Matarranya (Ley 7/2002, de 15 de abril), Maestrazgo (Ley 8/2002, de 3 de mayo), Jacetania (Ley 9/2002, de 3 de mayo), Bajo Aragón (Ley 10/2002, de 3 de mayo), Andorra-Sierra de Arcos (Ley 11/2002, de 14 de mayo), Ribagorza (Ley 12/2002, de 28 de mayo), Ribera Baja del Ebro (Ley 13/2002, de 10 de junio), Monegros (Ley 17/2002, de 5 de julio) y Campo de Daroca (Ley 18/2002, de 5 de julio).

nueva entidad local, gestionada por los consejos comarcales integrados por los partidos políticos en función del número de votos obtenidos en las elecciones municipales en la comarca. Por tanto, sin una elección directa de los representantes de la nueva institución.

En definitiva, aunque la comarcalización aragonesa persiguiera dotar a los ciudadanos aragoneses de una igualdad de condiciones al margen del lugar donde residan, lo cierto es que el problema de la despoblación y el envejecimiento de la población no se ha resuelto. Hay comarcas en las que ningún municipio incrementa población y en otros, solo uno presenta un cierto grado de dinamismo demográfico. Los nuevos entes, por muy consolidados que estén, siguen sin dinamizar el territorio. Por tanto, parece que solo la modificación de la estructura territorial no resuelve los problemas territoriales.

Cataluña, por su parte, realiza una gran apuesta por el modelo comarcal ya en su Estatuto de autonomía de 1979. Así el art. 5.1 establecía que la organización territorial de la Generalidad se organiza en municipios y comarcas y otras organizaciones supracomarcales, sin perjuicio del mantenimiento de la provincia como entidad local y como ámbito territorial para el cumplimiento de las actividades del Estado de conformidad con los artículos 137 y 141 de la CE. Se considera pues la comarca en Cataluña como un ente local, de carácter necesario e integrado en la organización territorial interna de la comunidad. De hecho, Cataluña, a diferencia de Aragón, sitúa las comarcas en pie de igualdad con los municipios y deja en un segundo lugar a la provincia como entidad territorial local reconocida en la propia CE[192]. Es pues la comunidad autónoma

---

192 Ello se observa con claridad en el art. 1 del Decreto Legislativo 2/2003, de 28 de abril, por el que se aprueba el Texto Refundido de la Ley Municipal y de Régimen Local de Cataluña que establece que los municipios y las comarcas son los entes locales en que se

la competente para regular la comarca y dotarla de competencias, recursos y potestades, lo que se realiza primero con la Ley 6/1987, de 4 de abril, de organización comarcal de Cataluña, que establece la división y organización comarcal del territorio de Cataluña y después con el Decreto Legislativo 4/2003, de 4 de noviembre, por el que se aprueba el Texto refundido de la Ley de la organización comarcal de Cataluña. En él se configuran las comarcas como entidades locales supramunicipales encargadas de asegurar la prestación de competencias y servicios locales. Gozan de personalidad jurídica propia, capacidad y autonomía para cumplir sus fines. Las competencias de las comarcas son genéricas, pues no se refieren a ningún ámbito material concreto y son competencias fundamentalmente en materia de cooperación, asesoramiento y coordinación de los ayuntamientos, las que le atribuyan las leyes del Parlamento, las que le deleguen o le encarguen la Generalidad, la diputación correspondiente, los municipios o las mancomunidades, que tienen que ir acompañadas de la transferencia de los recursos necesarios para poder ejercerlas. Por tanto, no cuentan las comarcas con ninguna asignación de recursos concretos, aunque su financiación puede provenir en general de ingresos de derecho privado, tasas, contribuciones especiales, multas, participación en impuestos del Estado y de la Generalidad que puedan establecerse a su favor, subvenciones, créditos y las aportaciones de los municipios y de las diputaciones si asumen servicios suyos.

---

organiza territorialmente la Generalidad de Cataluña y recoge en el art. 2 otros entes locales: "*Tienen también la condición de entes locales de Cataluña la provincia, las entidades municipales descentralizadas, las entidades metropolitanas y las mancomunidades de municipios*". Según el art. 3, son entes locales territoriales el municipio, la comarca y la provincia que tienen naturaleza territorial y autonomía para la gestión de los intereses respectivos.

Actualmente, todo el territorio catalán está divido en 42 comarcas que agrupan a los 947 municipios existentes en la comunidad autónoma. No obstante, a pesar del esfuerzo del legislador autonómico por regular estas entidades y convertirlas en entes fundamentales de la organización territorial catalana, lo cierto es que presentan ciertas disfunciones que impiden que el modelo funcione eficazmente. Primero, se configuran como entes intermedios entre la Generalidad y los municipios, asumiendo un papel similar a las provincias. De hecho, se solapan las funciones de coordinación, asistencia y cooperación a los municipios comprendidos en su territorio entre las comarcas y las provincias, si bien las primeras cuentan con presupuestos propios a diferencia de las segundas. Ello explica que no tuviera éxito el intento autonómico de primar las comarcas frente a las provincias no sólo a través de su supresión sino incluso atribuyendo a aquellas competencias que antes eran de titularidad provincial, algo por lo demás ya fue declarado inconstitucional unos años antes cuando la comunidad autónoma pretendía asumir competencias de las diputaciones provinciales[193]. La comunidad autónoma solo puede reconocer de forma directa una competencia exclusiva a las comarcas sobre aquellas materias en las que ella misma sea competente, según se recoge en su Estatuto. Sobre las demás sólo podrá fijar directrices o principios básicos para garantizar la participación del ente comarcal, en cuanto ente garantizado estatutariamente, correspondiendo al legislador estatal, como competente material, concretar el alcance de esa participación, que tendrá que respetar siempre y en todo caso el núcleo esencial de la autonomía provincial y municipal constitucionalmente garantizado.

193 STC 32/1981, de 28 de julio, que declaró la inconstitucionalidad de una buena parte de la Ley 6/1980, de 17 de diciembre, de Transferencia Urgente y Plena de las Diputaciones Catalanas a la Generalidad de Cataluña.

Además, el nuevo Estatuto de autonomía de 2006 crea las veguerías como nueva estructura territorial que se ha regulado sin redefinir el marco de las comarcas, ocasionando entre ellas también una superposición. Ahora el art. 2 del Estatuto catalán 2006 dispone que Cataluña estructura su organización territorial en municipios, comarcas y veguerías. El art 90 define la veguería como el ámbito territorial específico para el ejercicio del gobierno intermunicipal de cooperación local y como la división territorial adoptada por la Generalidad para la organización de sus servicios. El art 91 dispone que el gobierno y la Administración autónoma de la veguería corresponden al consejo de veguería, determina que los consejos de veguería sustituyen a las diputaciones provinciales y establece que la creación, modificación y supresión de las veguerías, así como el despliegue de su régimen jurídico deben ser regulados por ley del Parlamento. Por su parte, la Ley 30/2010, de 3 de agosto, de veguerías, regula la doble naturaleza de esta institución. De un lado, es ámbito territorial específico para el ejercicio del gobierno intermunicipal de cooperación local. Establece el régimen jurídico del órgano de gobierno y de Administración, denominado consejo de veguería, de manera muy semejante a lo que dispone la LBRL para las diputaciones y sus competencias de cooperación y servicios supramunicipales. De otro lado, la veguería es la nueva división territorial en la que se organizan los servicios de la Generalidad (demarcación veguerial)[194].

Se reconocen 7 veguerías (Girona, Lleida, Alto Pirineo, Barcelona, Cataluña Central, Camp de Tarragona y Tierras del

---

194 Véase al respecto el trabajo del profesor DELGADO PIQUERAS, F., "La provincia en las comunidades autónomas pluriprovinciales, su compatibilidad con la comarca y otras nuevas administraciones", *Documentación Administrativa: Nueva época*, núm.3, 2016, pág. 91.

Ebro) más el Valle de Arán como entidad singular dentro del Alto Pirineo. La ley contempla un nuevo intento de supresión de las provincias al regular la transición de las diputaciones provinciales a los nuevos consejos de veguería (bienes, personal, recursos, etc.), si bien condicionada a la modificación de la normativa estatal correspondiente y con amplios plazos de transición. Así se prevé como primera actuación la constitución de los consejos de veguería de Barcelona, Lleida, Girona y Tarragona, de acuerdo con los vigentes límites provinciales y posteriormente la veguería de Tarragona se dividirá en la veguería de las Tierras del Ebro y el Campo de Tarragona y después del cambio de los límites provinciales por parte de las Cortes Generales, se constituirán las veguerías del Alto Pirineo y Valle de Arán y la de Cataluña Central. No se determinan en la Ley los límites de cada veguería, ni el peso electoral que tendrán en el Parlamento de Cataluña, aspectos estos supeditados a una ley propia de división territorial y otra electoral, estrechamente relacionadas.

Sobre esta ley catalana debemos señalar que el TC ha determinado que la regulación de las veguerías debe acomodarse a lo previsto en las bases fijadas por el Estado. La STC 31/2010, de 28 de junio, entiende que la omisión de la provincia en el Estatuto únicamente significa que éste no entra más que en la organización territorial propia de Cataluña, pero que ello no supone que cuestione la estatal. Constata que la veguería es una entidad local propia y distinta de la provincia. Y admite que puedan sustituir en su denominación a las diputaciones. Sin embargo, considera que cambiar la composición, el sistema de elección y demás elementos de las mismas corresponde al Estado. En suma, que solo pueden sustituir a las diputaciones cuando sus límites coincidan, lo que ha de hacerse por una ley orgánica. Por todo lo cual, el Tribunal falla que los apartados 3 y 4 del art. 91 EAC 2006 no son inconstitucionales, pero siempre que se interpreten en los términos establecidos en dicha Sentencia[195]. Esta sentencia provocó la modificación de la ley por la Ley 4/2011, de 8 de junio, que pospone la constitución de las veguerías hasta que se proceda a la adaptación del marco legal estatal aplicable.

En consecuencia, y en lo que a nosotros nos interesa, el modelo catalán más que dar respuesta al problema del minifundismo municipal ha duplicado los niveles administrativos: municipio, comarca, veguería y provincia y solapado funciones entre distintas entidades locales, lo que se traduce en un incremento de los costes y dificulta la eficacia de la gestión administrativa. Y ello, sin contar con la posibilidad de que los municipios catalanes puedan mancomunarse para establecer, gestionar o ejecutar en común obras y servicios determinados de su competencia. En concreto, pueden constituirse mancomunidades, entre otras, en materia urbanística, de aguas, de saneamiento, de transporte y de gestión de residuos[196]. Por tanto, como ya adelantábamos al analizar el modelo aragonés, que pueden existir mancomunidades sobre el mismo territorio de las comarcas.

Destacar también la posibilidad de crear comunidades de municipios (tanto de carácter temporal como indefinido) para para gestionar y ejecutar tareas y funciones comunes. Estas comunidades de municipios no tienen personalidad jurídica propia. No obstante, los acuerdos que adoptan vinculan a todos

---

195 Así lo explica DELGADO PIQUERAS, F., "La provincia en las comunidades autónomas pluriprovinciales, su compatibilidad con la comarca y otras nuevas administraciones", Documentación Administrativa: Nueva época, núm.3, 2016, pág. 92.

196 Según el art. 115 del Decreto Legislativo 2/2003, de 28 de abril, por el que se aprueba el Texto Refundido de la Ley Municipal y de Régimen Local de Cataluña, pueden mancomunarse municipios entre los que no haya continuidad territorial, si ésta no se requiere por la naturaleza de las finalidades de la mancomunidad.

los municipios agrupados y tienen eficacia frente a terceros, como si fueran adoptados por todos y cada uno de los municipios que integran la comunidad. Además, para formar una comunidad de municipios no es indispensable que los municipios pertenezcan a la misma comarca, ni que haya continuidad territorial entre ellos, si no lo requiere la naturaleza de la finalidad que se pretende llevar a cabo[197]. Se trata de una fórmula de asociación voluntaria que permite a los municipios ejercer en común tareas y prestar servicios sin necesidad de crear un órgano administrativo.

Por último, como modelo comarcal queremos destacar también el gallego. Su desarrollo comarcal se realiza con la Ley 7/1996, de 10 de julio. En ella se concibe la comarca como el espacio estratégico más adecuado para la gestión integrada del desarrollo territorial, al darse en ella una serie de características geográficas que la identifican como el ámbito ideal para la implantación de un proceso de desarrollo descentralizado. La comarca es, por tanto, como unidad supramunicipal, el ámbito más adecuado para la coordinación e integración de la planificación socioeconómica y la planificación física, y para la protección del medio ambiente en un modelo de desarrollo integrado. (art. 2.2).

Además, el Plan de desarrollo comarcal se concibe como un instrumento de coordinación para la concreción de las directrices y normas básicas contenidas en la legislación de ordenación del territorio y en el plan económico y social para lograr el desarrollo territorial homogéneo y equilibrado de Galicia (art.4.2).

---

197 Arts. 123 y 124 del Decreto Legislativo 2/2003, de 28 de abril, por el que se aprueba el Texto Refundido de la Ley Municipal y de Régimen Local de Cataluña.

No obstante, a pesar de configurarse la comarca como una agrupación territorial estable de municipios contiguos que tienen una cohesión interna basada en hechos geográficos, históricos, económicos y funcionales, su desarrollo no ha convertido a la comarca en el espacio funcional básico para la organización territorial ocupando una posición territorial intermedia entre el municipio y la provincia. Así, aunque ha sido un marco tradicional de convivencia y asentamiento en Galicia, al no existir una atribución de competencias propias ni recursos económicos específicos para las comarcas, estas no han sido estructuras estratégicas para el desarrollo territorial. Por tanto, no se han creado nuevas entidades administrativas ni entidades jurídico-territoriales con competencias propias, que pudieran entrar en confrontación directa con los municipios o provincias, sino en meras unidades estratégicas de referencia para la planificación territorial integrada[198].

Aunque hemos analizado el modelo aragonés, catalán y gallego como modelos de referencia del proceso comarcalizador, es preciso señalar que este modelo también ha sido desarrollado en Asturias[199] y La Rioja[200], pero con un impacto mucho menor que hace que no entremos en su desarrollo.

---

198 Así se recoge en DOVAL ADÁN, A., "El desarrollo comarcal en Galicia entre 1990 y 2010. El fracaso de un plan", en Caminando hacia un compromiso por el territorio: VI Congreso Internacional de Ordenación del Territorio, Asociación Interprofesional de Ordenación del Territorio (FUNDICOT), 2012.

199 A través de la Ley 3/1986, de 15 de mayo, por la que se regula el procedimiento de creación de Comarcas en el Principado de Asturias.

200 Véase al respecto el capítulo IV de la Ley 1/2003, de 3 de marzo, de la Administración Local de La Rioja.

3. PROCESO INTERMUNICIPALIZADOR: LAS MANCOMUNIDADES. MODELO ANDALUZ Y EXTREMEÑO

Andalucía, aunque en menor medida que las comunidades analizadas en los apartados anteriores, también presenta desequilibrios territoriales importantes. En la actualidad existen 785 municipios andaluces. Es una región que se caracteriza por la concentración de población en áreas como las campiñas del Guadalquivir o el corredor intrabético, junto con formas acusadas de dispersión en las tierras más orientales de la Cordilleras Béticas, y encontrándose toda una gama de situaciones intermedias en los espacios serranos, tierras de regadío o franjas litorales. En consecuencia, en el conjunto andaluz predominan los términos municipales extensos (33,5 % de los municipios poseen más de 100km2), mientras que, fruto de un poblamiento disperso, localizado, fundamentalmente, en la parte oriental, existen términos municipales que no alcanzan ni siquiera los 10km2, que representan el 5,6 del total[201].

La normativa de referencia en materia de organización territorial y régimen local es la Ley 7/1993, de 27 de julio, reguladora de la Demarcación Municipal de Andalucía. En ella resalta la figura de la entidad local autónoma (en adelante, ELA), antiguas entidades locales menores, como instrumento para canalizar las aspiraciones de autogestión de una localidad que no fuera cabecera municipal, pero como una figura transitoria para alcanzar la condición de nuevo municipio por segregación. En cuanto a las fusiones, se evitaron medidas coercitivas que supusieran pérdida de la autonomía local de los municipios

201 COPANO ORTIZ, L y VENTURA FERNÁNDEZ, J., “Procesos recientes de segregación e incorporación de municipios en Andalucía. ¿La fusión o la cooperación como solución al minifundismo local?”, en *Revista de Desarrollo Local*, num. 6, 2020, pág. 232.

en lugar de apostar por los supuestos beneficios funcionales que podía suponer la reducción del mapa municipal para una mejor gestión de los servicios públicos. Por tanto, se apuesta firmemente por fórmulas asociativas que permitan racionalizar recursos para una mejor ejecución de sus competencias. Así se promueve la creación de mancomunidades y consorcios para la prestación de servicios municipales. No recoge, en cambio, la regulación de las comarcas administrativas y se deja casi sin contenido jurídico a las áreas metropolitanas, cuya regulación deberá hacerse por una ley especial de creación de cada una de ellas que hasta el momento no se ha realizado.

La Ley 5/2010, de 11 de junio, de Autonomía Local de Andalucía (en adelante LAULA), por su parte, clarifica el régimen local andaluz e introduce algunas novedades en cuanto a la creación de municipios. Además, establece que el municipio en el ejercicio de su potestad de autoorganización, como manifestación de su plena autonomía política y con la finalidad de acercar la acción administrativa a la población, facilitar la participación ciudadana y dotar de mayor eficacia a la prestación de servicios, podrá organizar espacialmente el término municipal, o parte de él, en circunscripciones territoriales. Las circunscripciones territoriales podrán ser desconcentradas -tal y como prevé el art. 24 bis LBRL- o descentralizadas. Dentro de estas últimas se encuadran las entidades vecinales[202] y las ELA[203]. La creación de este tipo de entidades de gestión descentralizada

---

202 La LAULA las define como entidades locales para la gestión descentralizada de servicios locales de interés general y ejecución de obras de la competencia municipal que asumen por delegación del Ayuntamiento.

203 Según la LAULA son entidades locales creadas para el gobierno y Administración de sus propios intereses diferenciados de los generales del municipio, a cuyo efecto ostentan la titularidad de competencias propias y las que puedan serle transferidas por el Ayuntamiento.

que gozan de personalidad jurídica y se sujetan al Derecho administrativo, responde a la existencia de uno, o en su caso, varios núcleos de población separados de aquél en que se halle la capitalidad del municipio que tengan características geográficas, sociales, históricas, culturales o administrativas comunes, que de forma notoria revelen unos intereses colectivos peculiares que hagan conveniente una gestión diferenciada del resto del municipio[204].

A día de hoy no se ha creado ninguna entidad vecinal, y en lo relativo a las ELAS debemos recordar que de acuerdo con las modificaciones que introdujo la LRSAL en la LBRL con el mencionado artículo 24 bis, los EATIM carecerán de personalidad jurídica como forma de organización desconcentrada del mismo. Sin embargo, la Disposición Transitoria 4ª de la LRSAL permite que mantengan su personalidad jurídica y la condición de entidad local las EATIM existentes en el momento de su entrada en vigor. Por consiguiente, aunque el vigente marco legal impide la creación de tales entidades, persisten las entidades locales autónomas que ya existían en Andalucía y aquellas cuyo procedimiento de creación se hubiese iniciado antes del 1 de enero de 2013, así como el nivel de descentralización con el que se encuentran dotadas[205].

---

204 La iniciativa para la constitución de una entidad descentralizada corresponde al Ayuntamiento afectado. Dicha entidad deberá ser creada para el exclusivo ejercicio de competencias municipales que se determinen en el instrumento de creación o en sus posteriores modificaciones, sin perjuicio, en ningún caso, de la unidad de gobierno municipal y de la representación general que ostentan los correspondientes órganos municipales.

205 En este sentido, la LAULA establece que tendrán, para el ejercicio de sus funciones, las siguientes potestades y prerrogativas: de autoorganización; de reglamentación de los servicios; de presunción de legalidad y ejecutividad de sus acuerdos; revisión de oficio de sus propios actos; Administración, investigación, deslinde y recupe-

El régimen jurídico de esta figura ha sido objeto de desarrollo reglamentario en el Decreto 156/2021, de 4 de mayo, por el que se regulan las Entidades Locales Autónomas de Andalucía. Esta norma pretende atribuir a estas entidades el mayor margen de actuación posible para el ejercicio de sus competencias, sin menoscabo de la autonomía política y de la potestad de autoorganización del municipio al que pertenecen. De su regulación

---

ración de oficio de los bienes de su patrimonio; inembargabilidad de los bienes y derechos de su patrimonio en los términos legalmente previstos; tributaria y financiera, en orden a la imposición, ordenación y recaudación de tasas y contribuciones especiales; sancionadora y de ejecución forzosa de sus actos; prelaciones, preferencias y demás prerrogativas reconocidas a la hacienda pública en relación con los créditos, sin perjuicio de las que correspondan a la hacienda de las demás Administraciones públicas. Respecto al ámbito competencial mínimo, la ley andaluza reconoce a las ELA la competencia para la concesión de licencias de obras menores; pavimentación, conservación y reparación de vías urbanas; alumbrado público; limpieza viaria; ferias y fiestas locales; abastos; servicios funerarios; abastecimiento de agua baja, que incluye su distribución, el almacenamiento intermedio y el suministro o reparto de agua de consumo hasta las acometidas particulares o instalaciones de las personas usuarias; alcantarillado; recogida de residuos; control de alimentos. En el ejercicio de sus competencias propias se tendrán presente, en todo caso, las debidas facultades de coordinación del municipio. En el ámbito de la participación en asuntos municipales, el Ayuntamiento promoverá la intervención de la ELA en los asuntos municipales que, sin ser competencia de esta, afecten directa y específicamente a sus intereses, permitiéndole expresar su parecer. A tal fin, el Ayuntamiento facilitará el acceso de los miembros de la Junta vecinal a los procedimientos e instrumentos de planificación, programación y gestión de obras y servicios que les afecten directa y específicamente. Las Juntas vecinales -como órgano de gobierno de las ELAS, junto al presidente de la misma- podrán proponer al correspondiente órgano del Ayuntamiento o de sus entes instrumentales, las decisiones y actuaciones de competencia municipal que consideren de interés para su respectiva entidad.

nos gustaría destacar la posibilidad de que las ELAS puedan formar parte de las mancomunidades de municipios para prestar los servicios de su competencia si para ello cuentan con la autorización del municipio matriz, y pueden también estar representadas, con voz, pero sin voto, en las mancomunidades en que se integre el municipio al que pertenezcan para prestar servicios de competencia municipal que les afecte.

Respecto a la agrupación de municipios, esta ley sigue sin regular las comarcas ni las áreas metropolitanas. En cambio, regula con detalle las modalidades de asociación de los mismos: las mancomunidades y los consorcios locales. En efecto, la LAULA desarrolla las previsiones básicas sobre la asociación de municipios como manifestación de la capacidad de autoorganización y del derecho y la libertad de asociación de los municipios en los artículos 63 y siguientes. Respecto a las mancomunidades de municipios, la ley recoge que los municipios tienen derecho a asociarse entre sí, constituyendo mancomunidades, para la planificación, establecimiento, gestión o ejecución en común de obras y servicios determinados de competencia propia. Las mancomunidades son entidades locales institucionales dotadas de personalidad jurídica propia, constituidas por la asociación voluntaria de municipios. Se trata de una figura muy útil en aquellos municipios que, por sus dimensiones, no son capaces de crear economías de escala suficientes para una correcta prestación a sus vecinos de determinados servicios municipales. El objeto de la mancomunidad deberá ser determinado y no podrá comprender el ejercicio de la totalidad de las competencias asignadas a los respectivos municipios. El ámbito territorial de actuación de las mancomunidades es el de los municipios en ellas integrados. Para que los municipios se mancomunen no es indispensable que pertenezcan a la misma provincia ni que exista entre ellos continuidad territorial, si esta no es requerida por la naturaleza de los fines de la mancomunidad. Es posible incluso la constitución de mancomunidades con municipios pertenecientes a otras CCAA siendo necesaria la aprobación del Consejo de Gobierno de la comunidad autónoma de Andalucía, así como el cumplimiento de los requisitos establecidos en la legislación de las CCAA a las que pertenezcan aquellos.

Las mancomunidades legalmente constituidas tienen la condición de entidad local de cooperación territorial, con personalidad y capacidad jurídica para el cumplimiento de sus fines específicos. Su régimen jurídico será el establecido en sus propios estatutos, que deberán respetar, en todo caso, lo dispuesto en la ley, así como en las normas que la desarrollen. Las potestades de las mancomunidades serán las estrictamente necesarias para el cumplimiento de sus fines, debiéndose contener de forma expresa en sus estatutos. Sin perjuicio del respeto a la autonomía local en la determinación de los órganos de la mancomunidad, de sus atribuciones y régimen de funcionamiento, sus estatutos garantizarán que la composición del órgano de representación municipal asegure la presencia de miembros electos de todos los municipios, sin que ninguno pueda ostentar la mayoría absoluta.

Los consorcios locales, por su parte, son definidos por la Ley andaluza como una entidad pública de carácter voluntario y asociativo, dotada de personalidad jurídica propia y plena capacidad para crear y gestionar servicios y actividades de interés común, y sometida al Derecho administrativo. Las entidades locales podrán constituir consorcios con entidades locales de distinto nivel territorial, así como con otras Administraciones públicas, para finalidades de interés común o con entidades públicas o privadas sin ánimo de lucro, que tengan finalidades de interés público concurrentes.

Los consorcios participados mayoritariamente por entidades locales y que persigan fines en materia de interés local, se considerarán entidades locales de cooperación territorial a los efectos de la LAULA. Las potestades de los consorcios serán las estrictamente necesarias para el cumplimiento de sus fines, debiéndose contener de forma expresa en sus estatutos. Las entidades que pretendan consorciarse deberán aprobar un convenio fundacional en el que detallarán todos los requisitos, hitos y consideraciones que estimen relativos al proceso constitutivo. La suscripción del referido convenio fundacional por parte de las entidades locales deberá ser autorizada por sus respectivos órganos plenarios, por mayoría absoluta de su número legal de miembros.

Por lo que respecta a las comarcas y áreas metropolitanas debemos remitir a la LBRL, pues, como hemos visto, estas figuras de agrupación municipal no son objeto de regulación en la LAULA. Solo existen algunas previsiones generales en el EAA. Así, el artículo 97 dispone que la comarca se configura como la agrupación voluntaria de municipios limítrofes con características geográficas, económicas, sociales e históricas afines. Por ley del Parlamento de Andalucía podrá regularse la creación de comarcas, que establecerá, también, sus competencias. Se requerirá en todo caso el acuerdo de los ayuntamientos afectados y la aprobación del Consejo de Gobierno. Por su parte, el artículo 94 determina que una ley regulará las funciones de las áreas metropolitanas.

El modelo andaluz se caracteriza, pues, por la puesta en práctica de las fórmulas asociativas, teniendo un importante arraigo en Andalucía la figura de las mancomunidades. En Andalucía existen un total de 83 mancomunidades en las que se agrupan 522 municipios (66,5 %). No obstante, hay provincias en las que la asociación voluntaria de municipios para la gestión conjunta de competencias que les son propias no está lo suficientemente extendida. Es el caso de Jaén donde solo cuatro municipios están mancomunados, ya que es una provincia en la que abundan los consorcios, promovidos por la diputación. Además, existe un buen número de ayuntamientos, no precisamente los de mayor población (el 69,5 % de los mismos no alcanza los 5.000 hab.), que siguen sin pertenecer a ninguna mancomunidad, existiendo un índice significativo de solapamiento entre las distintas mancomunidades, si bien la mayoría de los municipios mancomunados (63,3 %) pertenecen a una única mancomunidad[206].

Con respecto al modelo extremeño, debemos señalar como dato previo que, de los 388 municipios existentes en Extremadura en 2019, unos 353 son Municipios que cuentan una población igual o inferior a 5.000 habitantes (el 90,97 %). Si bajamos el rango a población igual o inferior a 1.000 habitantes, son todavía unos 217 Municipios (el 55,92 %)[207]. Por tanto, la planta local extremeña está conformada casi en su totalidad por pequeños municipios.

El art. 44 LBRL, como hemos visto, reconoce el derecho a la asociación para ejecutar en común obras y servicios de su competencia y, además, regula sucintamente lo referente a los integrantes, personalidad y capacidad, estatutos y vida jurídica. Así, mientras la comarca es una estructura que surge a instancia autonómica, las mancomunidades responden a la voluntad municipal. Sin embargo, en Extremadura, la puesta en marcha y la continuidad de la gran mayoría de mancomunidades ha sido promovida e incentivada económicamente desde la propia Administración regional.

Además de la participación voluntaria, estas entidades locales se caracterizan por estar compuestas sólo por municipios (a diferencia de los consorcios que incorporan diferentes tipos de Administraciones), por tener una organización flexible que puede evolucionar en función de las modificaciones incorporadas en sus estatutos y por no precisar estar conformadas por

---

206 COPANO ORTIZ, L. y VENTURA FERNÁNDEZ, J., "Procesos recientes de segregación e incorporación de municipios en Andalucía. ¿La fusión o la cooperación como solución al minifundismo local?", en *Revista de Desarrollo Local,* num. 6, 2020, pág. 245.

207 Según los datos del INE a fecha 1 de enero de 2022, publicados el 31 de diciembre de 2022.

territorios contiguos (aunque en la lógica es lo deseable para que sea eficaz). El número y alcance de los servicios que prestan es muy diverso ya que varía, siempre dentro del marco permitido por la ley, en función de la voluntad de los municipios integrantes.

Pues bien, en un intento de solventar las disfunciones que conlleva el inframunicipalismo, el gobierno extremeño asumió la cooperación municipal a través de la creación de estructuras intermunicipales como estrategia territorial para la progresiva implantación de nuevos servicios en el ámbito municipal y como un intento de aplicar economías de escala en la gestión/financiación de estos municipios. Fue en el año 2003 cuando se reordenaron en Extremadura las mancomunidades preexistentes con el fin de constituir una red de entidades supramunicipales que abarcara ordenadamente a todos los municipios de la región, primero, al amparo de la legislación básica del Estado y, posteriormente, dotándola de su propia ley especial. A estas mancomunidades se les denominó "mancomunidades integrales" para diferenciarlas de las tradicionales, en la medida que estas nuevas entidades tenían como objeto prestar conjuntamente una cartera de servicios, en gran medida, más extensa y más variada que los tradicionalmente asumidos (gestión del agua y arreglo de caminos). Así la propia Ley 17/2010, de 22 de diciembre, de Mancomunidades y Entidades Locales Menores de Extremadura recoge en su exposición de motivos: "*la mancomunidad integral, especie dentro del género de las mancomunidades, como un instrumento con vocación de permanencia, a través del cual municipios y entidades locales menores colindantes en lo territorial y que comparten una realidad económica, social y cultural, o una tradición propia común, puedan estructurar en conjunto la prestación de sus servicios, de una parte, y las políticas de desarrollo y promoción de sus poblaciones, compatibilizándolas con las singularidades y especificidades de los diferentes territorios de nuestra comunidad autónoma*".

Llama la atención que el legislador extremeño opte por una ley específica para regular dos tipos de instituciones locales sin contar con una norma autonómica previa que regule el régimen local con carácter general. Esta anomalía es reconocida por el propio legislador en la exposición de motivos donde se justifica que la ley es un primer paso para un futuro régimen normativo singularizado para la Administración local extremeña, si bien, a día de hoy, la región continúa sin una norma que regule el régimen local autonómico. Asimismo, resulta curioso que esta norma regule conjuntamente las mancomunidades (entidad supramunicipal) y las entidades locales menores (entidad inframunicipal) siendo ambas entidades tan dispares. Nuevamente, la propia exposición de motivos reconoce esta incoherencia al afirmar que "*la unión de ambas materias responde más a razones de oportunidad que de cohesión de ambos regímenes regulatorios*"[208].

La ley regula el procedimiento para la creación y constitución de una mancomunidad que se inicia con un acuerdo expresivo de la voluntad inicial de mancomunarse por cada uno de los municipios o entidades locales menores interesadas. Nos interesa el procedimiento para obtener o perder la calificación de "integral". Se trata de un reconocimiento para las mancomunidades, de nueva creación o ya constituidas, que otorga la consejería competente siempre y cuando se acredite el cumplimiento de un conjunto de requisitos que podemos clasificar en dos grupos en función de su grado de concreción[209]:

---

208 Así lo pone de manifiesto DURÁN GARCÍA, F.J., "Mancomunidades integrales en Extremadura: estrategia, trayectoria y revisión", Revista de Estudios de la Administración Local y Autonómica, núm. 14, 2020, pág. 168.

209 Véase al respecto el Decreto 10/2021, de 17 de marzo, por el que se establecen determinados requisitos mínimos para la calificación como integral de una mancomunidad de municipios de la Comunidad Autónoma de Extremadura.

a) Requisitos determinados reglamentariamente: El sumatorio de los padrones de las entidades integrantes debe alcanzar los 6.000 habitantes (de conformidad con el art. 1.3.a) del Decreto 37/2018, de 3 de abril, por el que se regulan las bases para la distribución del Fondo de Cooperación para las Mancomunidades Integrales de Municipios de Extremadura) y un mínimo de 6 entidades locales no pueden formar parte de otra mancomunidad integral (se trata de una cláusula de exclusividad aunque se permite que una entidad local cambie de mancomunidad integral siempre y cuando se separe previamente de la anterior).

b) Requisitos indeterminados: contar con plantilla de personal propio con dedicación plena y con un ámbito geográfico continuo para los términos de todas las entidades integrantes. Existen excepciones a esta norma para el caso de las entidades locales menores cuyo municipio matriz no forme parte de la mancomunidad, para aquellos municipios cuyo término esté dentro de otro término (entendemos que rodeado) y cuando tengan una delimitación geográfica particular; identidad cultural, geográfica, económica o histórica común y homogénea.

También deben prestar servicios en, al menos, tres áreas competenciales de las recogidas en el artículo 19 y que son: 1. Urbanismo; 2. Abastecimiento de agua potable a domicilio y evacuación y tratamiento de aguas residuales; 3. Infraestructura viaria y otros equipamientos; 4. Protección civil, prevención y extinción de incendios; 5. Información y promoción turística; 6. Protección de la salubridad pública y sostenibilidad medioambiental; Deporte y ocupación del tiempo libre; 8. Cultura; 9. Participación ciudadana en el uso de las TICS; 10. Evaluación e información de situaciones de necesidad social y atención inmediata de personas en situación de riesgo de exclusión social) para la mitad de las entidades integrantes o un número inferior siempre que aglutinen a la mitad de la población de la mancomunidad.

Podemos observar como la mayoría de los requisitos son indeterminados, por tanto, existe un amplio margen de discrecionalidad de la Administración autonómica a la hora de calificar la mancomunidad como integral. En cualquier caso, las que obtienen tal calificativo acceden a una serie de recursos financieros que las no integrales no pueden acceder. En la actualidad, casi todos los municipios de Extremadura pertenecen a una mancomunidad integral. La excepción son Mérida, Badajoz, Cáceres, Plasencia y Navalmoral de la Mata, que por ser los municipios con mayor población no pertenecen a ninguna. Existen 30 mancomunidades integrales en Extremadura (16 en la provincia de Badajoz y 14 en la provincia de Cáceres). Además, se trata de una modalidad que sigue funcionando porque los presupuestos de la comunidad autónoma continúan incluyendo partidas específicas destinadas a la financiación de las mancomunidades integrales.

No obstante, en lo que a nosotros nos interesa, esta fórmula asociativa no ha solucionado los problemas del minifundismo local ni en Andalucía ni en Extremadura pues son patentes las carencias económicas derivadas del inframunicipalismo. Además, en el ámbito institucional, las mancomunidades siguen encontrando dificultades organizativas y competenciales pues se trata de una estructura administrativa adicional, paralela y con financiación derivada, de tal forma que no pocas veces interfiere con la gestión de otras Administraciones locales, como es el caso de las diputaciones o, incluso, de los propios municipios y en el ámbito administrativo, tanto la toma de decisiones como la gestión no se rige exclusivamente por criterios de eficiencia pues muchas de las decisiones requieren la ratificación en dos tiempos, a nivel de entidad municipal y a nivel de mancomunidad, lo que, unido a la duplicidad de servicios en muchas ocasiones, merma la funcionalidad de la entidad[210].

4. MODELO VALENCIANO

Para terminar este análisis de las fórmulas puestas en marcha en algunas CCAA queremos hacer alguna referencia al modelo valenciano que incorpora una figura un tanto confusa: las mancomunidades de ámbito comarcal. Esta modalidad deriva de la Ley 21/2018, de 16 de octubre, de Mancomunidades de la Comunidad valenciana. El objeto de esta ley es "*fomentar el desarrollo de las mancomunidades y de los municipios, configurando a estas como un eje básico en la prestación de servicios a los ciudadanos, mediante el desarrollo de una auténtica cultura asociativa como base para incrementar la eficiencia y eficacia de dicha prestación y como una referencia básica para las políticas de la Generalitat y el resto de administraciones de la Comunitat Valenciana*" y para cumplir con este objetivo "*se pretende dotar a las mancomunidades de un régimen jurídico más completo y, partiendo de la heterogeneidad en su composición, llevar a cabo una regulación más detallada en cuanto a su diferente catalogación, atendiendo a su capacidad de gestión, y la adecuación de su ámbito territorial a la demarcación territorial correspondiente*".

El art. 1.1 de la ley valenciana dispone que las mancomunidades de la comunidad valenciana podrán solicitar ser calificadas de ámbito comarcal, siempre que su ámbito territorial

---

210 Esta situación ha sido calificada por ALMEIDA CERREDA como uno de los principales inconvenientes de estas fórmulas asociativas porque los problemas de gobernabilidad provocan riesgo de ineficacia, en "La reforma de la planta, estructura competencial, organización y articulación de la Administración local", en DIEZ SÁNCHEZ, J.J. (Coord.), *La planta del gobierno local*, Ed. Fundación Democracia y Gobierno Local, 2013, pág. 112.

se inscriba dentro de una de las demarcaciones territoriales contenidas en el anexo de esta ley o la que determine la legislación sobre delimitación comarcal que, en su caso, las regule, cumpliendo el resto de requisitos y procedimientos previstos. Esta calificación de las mancomunidades como comarcales supone una innovación, en tanto que no se encontraba prevista en el régimen anterior. Se trata, como pone de manifiesto el preámbulo de la propia ley, de una pieza básica en una doble vertiente: por un lado, como estructura asociativa estable y sólida para la mejora de los servicios ofrecidos a los ciudadanos y de su participación en los asuntos públicos y, por otro lado, la de convertirlas en la referencia básica para la implementación de las políticas y servicios del resto de Administraciones públicas de la comunidad valenciana.

El art. 12.2 dispone que, para obtener la calificación de ámbito comarcal y para conservar la calificación como tal, las mancomunidades deberán cumplir con los siguientes requisitos:

a) Determinar expresamente en sus estatutos que asumen entre sus fines la gestión mancomunada de ejecución de obras y prestación de servicios comunes adecuados para los intereses supramunicipales de su territorio y el fomento de su desarrollo local.

b) Poseer plantilla de personal propio al servicio de la mancomunidad, con dedicación plena a ella, y los correspondientes puestos reservados a personal funcionario de habilitación nacional.

c) Incluir todas las entidades locales solicitantes dentro de una misma demarcación territorial, siendo los municipios mancomunados, al menos, la mitad más uno de los municipios pertenecientes a dicha demarcación territorial.

d) Gestionar actividades y servicios públicos por lo menos a la mitad de los municipios asociados y que, en conjunto, sumen más de la cuarta parte de la población total de los municipios que integran la mancomunidad y sobre las que los municipios ejerzan competencias, y que afecten a las siguientes materias:

- Área de sostenibilidad medioambiental, gestión de los residuos sólidos urbanos y del ciclo del agua.
- Área de seguridad, policía local, guardería rural y emergencias.
- Área de sanidad y bienestar social
- Área de cultura, juventud, educación y deportiva.
- Área de fomento económico y desarrollo local.
- Área de urbanismo, vivienda y ordenación del territorio.
- Área de infraestructuras, dotaciones y equipamientos.
- Área de participación ciudadana, igualdad, información y comunicación.
- Área de contratación y gestión administrativa y modernización.

La ley regula en los arts. 12 a 17 las cuestiones relativas a la solicitud, resolución de la calificación, publicidad y registro de las mancomunidades comarcales, así como las causas que determinan la pérdida de esa calificación y el procedimiento para la pérdida de esa condición. De igual manera, el art. 3.4 establece que las entidades locales menores podrán formar parte de las mancomunidades, siempre y cuando cuenten con la autorización del municipio matriz al que estén adscritas, autorización que únicamente podrá denegarse por razones justificadas en la prestación del servicio público y su eficacia.

Podemos observar cierta similitud en cuanto a su régimen jurídico con las mancomunidades integradas de Extremadura, si bien es cierto que la denominación elegida por la ley valenciana resulta un tanto confusa al recoger en el término "mancomunidades comarcales" dos tipologías distintas de entidad local. De hecho, ello fue objeto de recurso ante el TC, pues los recurrentes (ciento quince Diputados del Grupo parlamentario Popular en el Congreso de los Diputados) entendían que la regulación asimilaba las mancomunidades a las comarcas, cuando las primeras son entidades locales de base asociativa municipal para el ejercicio eficiente de las propias competencias de los municipios y las segundas, entidades locales con limitaciones respecto de las competencias municipales y al tiempo circunscripciones territoriales autonómicas. Además, argumentaban que la delimitación territorial de facto por medio de la división comarcal establecida en el anexo de la Ley no puede hacerse por ley ordinaria eludiendo las exigencias legales establecidas en la normativa autonómica estatutaria para establecer la mencionada comarcalización. En cuanto a la atribución de competencias a las mancomunidades comarcales, justificaban una vulneración de las limitaciones impuestas a las comarcas que va en detrimento de las competencias de otras entidades locales, en particular, de los municipios y las provincias. Por último, también aludían a restricciones de la libertad de agrupación y asociación de los municipios en favor de una facultad discrecional o criterio de oportunidad de la comunidad autónoma.

El TC, sin embargo, salva la constitucionalidad de la ley en la STC 105/2019, de 19 de septiembre, al entender que la naturaleza jurídica de las mancomunidades de municipios y comarcas es diferente. La libertad en su doble vertiente, positiva de creación y negativo de no ser obligados a asociarse o permanecer en ellas constituye un rasgo esencial de las primeras (siendo a su vez expresión de la autonomía local de los municipios que las integran), por tanto, constatado que las normas impugnadas respetan la voluntariedad en la solicitud, integración y abandono de las mancomunidades de ámbito comarcal, y que tampoco se dificulta a los municipios la libre asociación en mancomunidades que no tengan ese carácter, el Alto Tribunal declara la constitucionalidad de la norma. Además, la intervención autonómica se limita a la comprobación de los requisitos establecidos en el art. 12 de la Ley 21/2018, de 16 de octubre, por lo que se trata de una actividad reglada en forma de resolución administrativa que en su caso podrá ser objeto de impugnación ante la jurisdicción ordinaria en caso de infringir el ordenamiento jurídico (también desde la perspectiva de la autonomía local). Tampoco existe vulneración del art. 42.4 de la LBRL que dispone que "*la creación de las comarcas no podrá suponer la pérdida por los municipios de la competencia para prestar los servicios enumerados en el artículo 26, ni privar a los mismos de toda intervención en cada una de las materias enumeradas en el apartado segundo del artículo 25*", al tratarse las mancomunidades reguladas en la Ley cuestionada de entes locales diferenciados de las comarcas[211].

En conclusión, vemos como estas fórmulas supramunicipales, a pesar de su impacto positivo en muchos casos para la realización de una gestión y prestación común de los servicios públicos, no han funcionado como instrumentos para paliar los efectos de la despoblación en las distintas comunidades autónomas. Ello pone de manifiesto la necesidad de afrontar una nueva reforma territorial que ponga el acento en las necesidades organizativas de estos municipios pequeños para que puedan ejecutar adecuadamente las competencias que le atribuye el ordenamiento jurídico, así como prestar con las suficientes garantías los servicios públicos que necesitan los habitantes de esos territorios. Alguna iniciativa legislativa en

---

211 Véase al respecto REVERTER VALLS, J.L., "La constitucionalidad de las mancomunidades de ámbito comarcal de la Comunidad Valenciana. Análisis de la Sentencia del Tribunal Constitucional 105/2019, de 19 de septiembre", Anuario Aragonés del gobierno local 2019, nº11, 2020, págs. 501-515.

este sentido se ha puesto encima de la mesa como el Estatuto básico de los municipios de menor población, que no ha llegado finalmente a ver la luz.

5. BIBLIOGRAFÍA

ALMEIDA CERREDA, M. (2013): "La reforma de la planta, estructura competencial, organización y articulación de la Adminsitración local" en DIEZ SÁNCHEZ, J.J. (Coord.), La planta del gobierno local, Ed. Fundación Democracia y Gobierno Local, 2013.

ÁLVAREZ GONZÁLEZ, E.M., *Régimen jurídico de la despoblación en España: Reforma territorial, transformación digital y valorización del patrimonio natural y cultural*, Ed. Aranzadi, 2023.

COPANO ORTIZ, L y VENTURA FERNÁNDEZ, J.(2020): "Procesos recientes de segregación e incorporación de municipios en Andalucía. ¿La fusión o la cooperación como solución al minifundismo local?", en *Revista de Desarrollo Local*, num. 6.

DELGADO PIQUERAS, F. (2016): "La provincia en las comunidades autónomas pluriprovinciales, su compatibilidad con la comarca y otras nuevas administraciones", *Documentación Administrativa: Nueva época*, núm.3.

DOVAL ADÁN, A. (2010): "El desarrollo comarcal en Galicia entre 1990 y 2010. El fracaso de un plan", en *Caminando hacia un compromiso por el territorio: VI Congreso Internacional Ordenación del territorio, Fundicot.*

DURÁN GARCÍA, F.J. (2020): "Mancomunidades integrales en Extremadura: estrategia, trayectoria y revisión", *Revista de Estudios de la Administración Local y Autonómica*, núm. 14, 2020, pág. 168.

GERMAN, L. (2001): "Del cereal al metal. La trayectoria de la economía aragonesa", en GERMAN, L. (Eds.). *Historia Económica Regional de España. Siglos XIX y XIX*. Ed. Crítica, Barcelona.

INFANTE DÍAZ, J. (2003): "Comarcalización y despoblación. Interacciones y problemas", en ESCOLANO, S. Y DE LA RIVA, J., *Despoblación y ordenación del territorio*, Ed. Diputación de Zaragoza.

REVERTER VALLS, J.L. (2020): "La constitucionalidad de las mancomunidades de ámbito comarcal de la Comunidad Valenciana. Análisis de la Sentencia del Tribunal Constitucional 105/2019, de 19 de septiembre", *Anuario Aragonés del gobierno local 2019*, nº11.

Capítulo 13

Los informes de naturaleza económica financiera en la planificación territorial y urbanística

ANTONIO DESCALZO GONZÁLEZ
Instituto Pascual Madoz
Universidad Carlos III de Madrid

SUMARIO: 1. PLANTEAMIENTO. 2. LAS MEMORIAS O INFORMES DE NATURALEZA ECONÓMICA FINANCIERA EN LA PLANIFICACIÓN TERRITORIAL Y EN LA URBANÍSTICA: A PROPÓSITO DE LAS SENTENCIAS DEL TRIBUNAL SUPREMO DE 27 DE ABRIL 2022, RECURSOS DE CASACIÓN 4034/2021 Y 4049/2021, SOBRE EL PLAN DE ACCIÓN TERRITORIAL DE LA INFRAESTRUCTURA VERDE DEL LITORAL DE LA COMUNIDAD VALENCIANA. 2.1. El marco normativo de los Planes de Acción Territorial en el Decreto Legislativo de la Comunidad Valenciana 1/2021, de 18 de junio, por el que se aprueba el Texto Refundido de la Ley de ordenación del territorio, urbanismo y paisaje. 2.1.1. Los criterios generales de la ordenación territorial y urbanística. 2.1.2. El sistema de planeamiento territorial y urbanístico. 2.1.3. La Estrategia Territorial de la Comunidad Valenciana. 2.1.3.1. Función y carácter (artículo 15). 2.1.3.2. Contenido sustantivo (suma de los contenidos necesario y potestativo). 2.1.3.3. Contenido necesario. 2.1.3.4. Contenido formal. 2.1.4. Los Planes de Acción Territorial (PAT). 2.1.4.1. Objeto y funciones. 2.1.4.2. Contenido material y formal. 2.2. Las sentencias del Tribunal Supremo de 27 de abril 2022, recursos de casación 4034/2021 y 4049/2021, sobre el Plan de Acción Territorial de la Infraestructura Verde del Litoral de la Comunidad Valenciana.

1. PLANTEAMIENTO

Antes de cualquier otra consideración, es necesario notar que la Constitución española de 1978 no asume la situación preexistente a su promulgación sobre la existencia de un único sistema de ordenación territorial, de planificación física, cabalmente el definido por la legislación urbanística.

Por el contrario, la norma fundamental utiliza para referirse a la ordenación física dos expresiones distintas: la ordenación del territorio y el urbanismo. Esta opción constitucional es reconducible, de un lado, a lo insatisfactorio de la experiencia anterior de la planificación física supralocal, y, de otro, al modelo ofrecido por los países descentralizados de nuestro entorno, basado en la diferenciación de dos órdenes de planificación: uno estratégico, regional o supralocal, y otro urbanístico u operativo, de ámbito puramente municipal.

Ahora bien, la distinción entre ordenación del territorio y urbanismo no parece que obedezca a una diferenciación de materias y cometidos. Con ambas expresiones se está aludiendo inequívocamente a una misma responsabilidad: la racionalización, la ordenación del aprovechamiento y la utilización del territorio-suelo.

La distinción ha de referirse, pues, no tanto al qué, cuanto al cómo (la perspectiva y la finalidad) del cumplimiento del cometido. La expresión "ordenación del territorio" quiere aludir con toda evidencia a una perspectiva y escala específicas y comprensivas de las características del urbanismo (centrado en lo relativo o atinente a la ciudad, lo urbano) y para el control de los factores o elementos básicos capaces de dirigir la configuración del espacio social mediante la definición de la estructura del espacio físico considerado (de la ocupación y la utilización del correspondiente territorio).

Por tanto, dicha ordenación hace referencia a i) magnitudes supralocales, preferentemente regionales y ii) decisiones sobre la estructura, disposición y composición de las actividades principales o más determinantes, es decir, estructurantes del territorio y, por tanto, de la ocupación y el aprovechamiento del suelo.

El urbanismo, por contra, debe entonces hacer relación a la magnitud local, la de la convivencia inmediata, y, consecuentemente, a decisiones sobre la regulación directa y concreta de los usos últimos del suelo.

En pocas palabras, la Constitución ha querido hacer de dos perspectivas diferentes dos funciones públicas distintas. Y todo ello en razón no tanto a la estimación de que la diversidad de escala o perspectiva deba traducirse en una diferenciación sustantiva del tratamiento del mismo y único objeto, cuanto a la decisiva circunstancia de que aquella diversidad de escala se corresponde con la distinción de los espacios sociales y, por tanto, de las esferas de intereses que conciernen a las comunidades territoriales institucionalizadas y dotadas de autogobierno en el seno de la organización del Estado: la Comunidad Autónoma y la Administración local. Porque es obvio que la integración de intereses y políticas en qué consiste la ordenación territorial ha de realizarse en ambos niveles, su realización debe quedar atribuida en cada uno de ellos a la institución a la que corresponde la gestión autónoma de los intereses de la respectiva colectividad, por exigirlo así el artículo 137 CE.

Así que el orden constitucional no requiere necesariamente, en todo caso, una solución legislativa en términos de dualidad de regulaciones u ordenamientos, aunque las Comunidades Autónomas ostenten formalmente dos títulos competenciales independientes. Pero tampoco demanda la diferenciación neta de las materias, pues ésta no es sustantiva por obediente a una doble perspectiva de la misma realidad.

Consecuentemente, la regulación o no independiente de la ordenación del territorio y el urbanismo es cuestión exclusivamente de política legislativa, siendo cualquiera de las dos posibles soluciones igualmente legítimas, pero sin que ello implique olvidar que el régimen jurídico de la ordenación del territorio y el urbanismo ha de ser consecuente con el hecho de que constituyen formas distintas de abordar, resolver y gestionar la organización del espacio social y, por tanto, responsabilidades de niveles de gobierno territoriales asimismo diferentes.

Si, con independencia de su regulación formal en una misma o en dos distintas normas, la ordenación del territorio y la urbanística son dos cometidos a desarrollar por instancias territoriales de gobierno diferentes y autónomas entre sí, es claro que han de dar lugar a dos sistemas o procesos de planificación diferenciados, que precisan ser deslindados y articulados entre sí.

Desde el primer punto de vista una regla, por más imprecisa que sea, parece segura: el contenido de ninguno de esos dos niveles de planificación puede concebirse de tal manera y con tal extensión que el otro quede vaciado de sentido, incapaz de servir de marco a una política bien autonómica o supralocal, bien estrictamente local, de organización del correspondiente territorio-espacio social. De ahí que quepa caracterizar sus respectivos ámbitos en términos de ordenación estratégica o marco/ordenación concreta o de detalle (cuyo núcleo duro está, en este segundo caso, en el ámbito urbano).

Desde el punto de vista de la relación de ambos niveles de planificación entre sí, la delimitación principal anterior autoriza a sostener que la relación entre ambos ha de ser, si no de estricta jerarquía (excluido por el principio de autonomía que articula los poderes que las gestionan), sí necesariamente de superioridad-prevalencia: la planificación de mayor escala ha de enmarcar y, por tanto, condicionar y dirigir las de menor escala. Esta relación no puede entenderse, sin embargo y dadas las características propias de la planificación, en términos de rígida secuencia lógica plan supralocal-plan local. Aun cuando los planes locales deban encuadrar sus soluciones en las de los supralocales o regionales, éstos —por su parte— deben establecerse teniendo en cuenta la diversidad del territorio que comprendan y las peculiaridades de las distintas partes de éste, lo que conduce a una relación dinámica de alimentación recíproca entre ambos.

Con todo, en la práctica judicial y hablando siempre con carácter general, resulta inevitable la tensión e, incluso, el conflicto que —fundamentalmente desde el punto de vista de la lesión de la autonomía local— viene caracterizando la gestión territorial en el doble plano del planeamiento y de la ejecución de éste.

Aunque la tensión encuentra alivio con el criterio jurisprudencial basado en la índole local o supralocal de los intereses públicos implicados (criterio sentado a partir de las fundamentales SsTS de 5 y 14 de marzo de 1988; 2 de abril y 21 de noviembre de 1989 y 4 de julio y 19 de octubre de 1991) no puede dejarse de apuntar, sin embargo, que en el plano diario de la gestión no dejan de plantearse ciertas disfunciones entre el gobierno territorial y la gestión del urbanismo local que impide, a veces, una solución territorial supralocal eficaz.

Así, y por de pronto, es pacífica y reiterada la doctrina judicial que incluye en la ordenación del territorio no sólo los terrenos ocupados por las grandes obras declaradas de interés social, sino que -de acuerdo con la evolución y desarrollo sociales, derivados de los principios constitucionales- viene ampliando dicho concepto a todas aquellas zonas, o realizaciones de obras y servicios que se vean afectadas o se consideren necesarias para el funcionamiento de las grandes obras públicas, incluyéndose todas aquellas obras de carácter complementario que constituyan o sean susceptibles de ser calificadas como elementos necesarios para el funcionamiento, mantenimiento, o conservación de las obras definidas como de marcado interés público (SsTS de 17 julio de 1987 y 11 de octubre de 1994; de 28 de septiembre de 2000 y de 22 de octubre de 1999).

No obstante, la distinción entre "ordenación del territorio" y "urbanismo" es siempre difusa cuando se trata de una actuación concreta. Las definiciones genéricas vinculan a la primera con "el conjunto de actuaciones públicas de contenido planificación cuyo objeto consiste en tal fijación de los usos del suelo y el equilibrio entre las distintas partes del territorio" (STC 36/1994) por lo que no sólo tiene una visión territorial más amplia que el "urbanismo" sino que además incide en aspectos competenciales más globales, sin limitarse al simple examen del uso urbanístico del suelo. La ordenación del territorio conlleva actuaciones coordinadoras de las diversas partes del territorio con un enfoque global, no sólo del uso del suelo, sino del equilibrio socioeconómico del ámbito afectado lo que implica un análisis de la política de transportes, equipamientos sanitarios, docentes, turísticos, etc.

En suma, la ordenación del territorio comporta una visión global porque necesariamente el ámbito espacial es mas amplio y porque afecta a políticas económicas, socioculturales, medioambientales de todo este territorio, no limitándose al simple análisis de los usos del suelo.

A este propósito de la diferente posición y función de la ordenación territorial y de la urbanística es clara la doctrina sentada en las muy recientes sentencias del Tribunal Supremo de 27 de abril 2022, recursos de casación 4034/2021 y 4049/2021 (Tol 8933064 y 8932960, respectivamente), estimatorias de los recursos planteados contra las previas sentencias del Tribunal de Justicia de la Comunidad Valenciana que anularon el Decreto 58/2018, de 4 de mayo, del Consell, por el que se aprueba el Plan de Acción Territorial de la Infraestructura Verde del Litoral de la Comunitat Valenciana, y el Catálogo de Playas de la Comunidad Valenciana, DOGV número 8293, de 11 de mayo de 2018. Dice así el Tribunal Supremo:

> "(i) En primer lugar, que ordenación territorial y urbanismo son conceptos próximos y relacionados, pero diferenciables (tal y como se deduce, sin dificultad, del tenor de los artículos 148.1.3ª de la Constitución y 4.1 del TRLS de 2015, entre otros).
>
> En este sentido, el Diccionario panhispánico del español jurídico se refiere a la "ordenación del territorio" como la ordenación de los usos del suelo o del subsuelo y programación de las grandes actuaciones públicas vertebradoras del mismo, mientras que la RAE define el "urbanismo" -en la segunda de sus acepciones- como la organización u ordenación de los edificios y espacios de una ciudad.
>
> De esta primera aproximación se infiere ya que el concepto de ordenación del territorio es más amplio que el de urbanismo. De aquí que la doctrina especializada haya destacado que las normas urbanísticas, por más que intervengan en ellas las Comunidades Autónomas, poseen un carácter local-municipal o, lo que es lo mismo, referido al espacio de convivencia urbana, frente al carácter supralocal y autonómico de las normas de ordenación del territorio. Señalando en este sentido que la ordenación del territorio hace referencia a las grandes magnitudes, a las decisiones básicas condicionantes de la estructura, disposición y composición de las actividades en el territorio, dirigida a evaluar las características de un determinado territorio, así como su posición y función en la economía del conjunto; mientras que el urbanismo tiene, por el contrario, una magnitud local, referida al espacio de convivencia humana y, por tanto, a una acción pública de regulación directa y precisa del uso del suelo.
>
> En definitiva, los planes de ordenación territorial establecen las directrices generales, el marco de referencia en el ámbito supralocal para que, posteriormente, puedan aprobarse de manera coherente y con la debida coordinación los planes urbanísticos en ámbitos territoriales más reducidos. Pero, es importante precisar a este respecto que los planes de acción territorial se limitan a establecer criterios generales de ordenación, sin que

ello comporte de modo directo e inmediato la transformación del suelo, pues la transformación urbanística se producirá después, al tiempo de desarrollarse y concretarse esa planificación general mediante la aprobación de los correspondientes instrumentos urbanísticos de ámbito local o municipal.

Esta distinción conceptual resulta fundamental para comprender que, desde una perspectiva estrictamente jurídica, está justificado que el régimen jurídico aplicable a los planes de ordenación territorial (de ámbito autonómico o, en todo caso, supralocal) no sea exactamente coincidente con el de los planes urbanísticos (de ámbito local o municipal) o que, incluso, el cumplimiento de un mismo requisito pueda ser exigido en ambos casos con diferentes niveles de intensidad.

(ii) Que la aplicación del régimen jurídico que corresponda no puede efectuarse atendiendo, simplemente, a la denominación formal que se asigne a los planes como de ordenación territorial o urbanísticos, sino que debe tener en cuenta el contenido material de dichos planes.

(iii) Que, en todo caso, en la exigencia de los requisitos formales que deban observarse en la tramitación de los planes -sean éstos de ordenación territorial o urbanísticos- y, por ende, en la concreción de las consecuencias que quepa deducir de su incumplimiento, debe procederse siempre con absoluto respeto al principio de proporcionalidad, valorando el carácter esencial o sustancial que en el caso examinado pudiera tener el requisito incumplido y huyendo de rigorismos formales excesivos".

En suma, desde el propio tenor del artículo 148.1.3 de la Constitución, la ordenación del territorio y el urbanismo son dos materias distintas. La diferenciación entre ambas deriva del carácter supralocal y estratégico de la primera y el carácter local y operativo de la segunda, de suerte que lo dispuesto para esa última no es trasladable sin más a aquélla.

2. LAS MEMORIAS O INFORMES DE NATURALEZA ECONÓMICA FINANCIERA EN LA PLANIFICACIÓN TERRITORIAL Y EN LA URBANÍSTICA: A PROPÓSITO DE LAS SENTENCIAS DEL TRIBUNAL SUPREMO DE 27 DE ABRIL 2022, RECURSOS DE CASACIÓN 4034/2021 Y 4049/2021, SOBRE EL PLAN DE ACCIÓN TERRITORIAL DE LA INFRAESTRUCTURA VERDE DEL LITORAL DE LA COMUNIDAD VALENCIANA

Sobre la base de todo lo anterior, las citadas sentencias del Tribunal Supremo de 27 de abril 2022, recursos de casación 4034/2021 y 4049/2021, se detienen luego en el examen pormenorizado de la exigencia establecida en las sentencias recurridas de incorporar al contenido de los Planes de Acción Territorial un estudio económico financiero por virtud de la aplicación supletoria de los artículos 37.5 y 42 del Reglamento de Planeamiento, aprobado por Real Decreto 2159/1978, de 23 de junio, según los cuales el estudio económico y financiero de los Planes Generales contendrá la evaluación económica de la ejecución de las obras de urbanización correspondientes a la estructura general y orgánica del territorio y a la implantación de los servicios, incluidos ambos en los programas cuatrienales correspondientes al suelo urbanizable programado, así como la misma evaluación referida a las actuaciones que, en su caso, se hayan programado para el suelo urbano.

En concreto, la cuestión planteada en el recurso que presenta interés casacional objetivo para la formación de la jurisprudencia consiste en precisar y complementar nuestra jurisprudencia a fin de determinar "si la exigibilidad de estudio económico financiero establecida por la jurisprudencia (entre otras, STS de 31 de marzo de 2016, RC 3376/14) en todo tipo de instrumentos de ordenación urbanística es trasladable a instrumentos de ordenación territorial como el concernido (donde se protege el suelo, pero no se transforma)".

Situados en este contexto, antes de analizar la respuesta de la reciente jurisprudencia parece oportuno apuntar muy brevemente el marco normativo principal del ordenamiento regulador de la ordenación territorial y urbanística de la Comunidad Autónoma Valenciana que condicionan la formulación de los Planes de Acción Territorial.

2.1. El marco normativo de los Planes de Acción Territorial en el Decreto Legislativo de la Comunidad Valenciana 1/2021, de 18 de junio, por el que se aprueba el Texto Refundido de la Ley de ordenación del territorio, urbanismo y paisaje

En la Comunidad Valenciana la actividad objeto de atención es la "regulación de la ordenación del territorio valenciano, de la actividad urbanística, de la utilización racional del suelo y de la conservación del medio natural, desde una perspectiva de género e inclusiva", que se califica (artículo 2.3 del Decreto Legislativo de la Comunidad Valenciana 1/2021, de 18 de junio, por el que se aprueba el Texto Refundido de la Ley de ordenación del territorio, urbanismo y paisaje, en adelante TR-LOTUP) como función pública.

La ordenación de la ocupación racional del suelo debe procurar: i) la búsqueda y consecución de un *desarrollo sostenible que incorpore la perspectiva de género*; ii) la preservación y potenciación de la *calidad de los paisajes*; iii) la gestión sostenible, racional e integral de los *recursos hídricos*; iv) la adaptación a las *condiciones del medio rural valenciano*; v) la vertebración territorial mediante un *sistema de ciudades policéntrico*; y vi) la consecución de *ciudades socialmente integradas*.

A los efectos que aquí interesa, destaca de manera principal el objetivo del desarrollo sostenible ya que la evaluación y optimización del impacto económico es una de las variables siempre adherida a su cumplimiento. Conforme expresa el artículo 3 TR-LOTUP, a su través se garantiza la ordenación equilibrada del territorio, para distribuir de manera armónica las actividades residenciales y productivas de la población, así como los servicios y equipamientos, con los criterios de garantizar la salud y la calidad de vida de las personas, facilitando el acceso a una vivienda digna y de coste asequible, la prevención de riesgos, la conservación de los recursos naturales y la preservación de la flora y fauna natural y del paisaje.

2.1.1. Los criterios generales de la ordenación territorial y urbanística

En este sentido, este mismo precepto del TR-LOTUP ordena que para ello se satisfarán las demandas adecuadas y suficientes de suelo orientándolas de manera que se potencien asentamientos compactos, se minimice la ocupación de nuevos suelos, y se dé preferencia a la rehabilitación de edificios, la mejora de los espacios públicos urbanos y el reciclado de espacios ya urbanizados.

Particularmente, la ordenación territorial y urbanística se inspira en los siguientes criterios:

a) Deberá priorizar y, en su caso, promover, la culminación de los desarrollos existentes y la ocupación sostenible del suelo, que prevea su rehabilitación y reutilización, y también el uso de las viviendas vacías, como opción preferente sobre el nuevo crecimiento, para evitar la segregación y la dispersión urbanas, con el fin de posibilitar el mantenimiento de la función primaria del territorio como base de la protección de los valores ambientales de los espacios urbanos, rurales y naturales y de la correcta integración y cohesión espacial de los varios usos o actividades, todo con el fin de reducir la generación de desplazamientos.

b) Deberá impulsar la rehabilitación edificatoria, y también la regeneración y la renovación urbanas, de forma preferente a los espacios urbanos vulnerables, entendiendo como tales aquellas áreas urbanas que sufran procesos de abandono, obsolescencia o degradación del tejido urbano o del patrimonio edificado, o lugares donde un porcentaje mayoritario de la población residente se encuentre en riesgo de exclusión por razones de desempleo, insuficiencia de ingresos, edad, discapacidad u otros factores de vulnerabilidad social, así como los conjuntos históricos.

2.1.2. El sistema de planeamiento territorial y urbanístico

El sistema de planeamiento en la ordenación territorial y urbanística valenciana responde a las siguientes breves reglas generales:

a) *Planificación previa* a toda actuación (salvos las expresas excepciones legales).

b) Articulación de todos los instrumentos de la ordenación territorial y de la ordenación urbanística en un único sistema de planeamiento integrado y jerarquizado.

c) Ajuste de todos los instrumentos a los principios de *mínimo contenido necesario, máxima simplificación y proporcionalidad,* de tal suerte que sólo se podrán exigir aquellos documentos expresamente previstos por una norma con rango de Ley.

El sistema de planeamiento se descompone, a su vez, (artículo 14) en:

- El subsistema de planeamiento de la ordenación de ámbito supramunicipal:

  a) La Estrategia Territorial.

  b) Los Planes de Acción Territorial.

c) Los Planes generales estructurales mancomunados.

- El subsistema de planeamiento de la ordenación de ámbito municipal.
- Finalmente, el subsistema de planeamiento especial, los catálogos de protecciones y los proyectos de inversiones estratégicas sostenibles.

2.1.3. La Estrategia Territorial de la Comunidad Valenciana

2.1.3.1. Función y carácter (artículo 15)

La Estrategia Territorial es el *instrumento marco de la ordenación del territorio* en el ámbito de la Comunitat Valenciana y tiene como finalidad la consecución de un territorio integrador en lo social, respetuoso en lo ambiental y competitivo en lo económico.

En particular corresponde a la Estrategia Territorial:

a) *Identificar* las grandes oportunidades del territorio y *proponer las acciones* necesarias para su aprovechamiento racional y sostenible.

b) *Establecer los objetivos, principios y criterios* que constituyen el marco de referencia de las decisiones con incidencia territorial.

c) *Orientar* los procesos de planificación territorial y urbanística hacia la consecución del modelo territorial deseado por la ciudadanía.

d) *Definir las estrategias* adecuadas para la ordenación y gestión de la infraestructura verde del territorio.

e) *Integrar* de manera coherente y eficiente todas las actuaciones que tienen una proyección sobre el territorio, tanto las actuaciones sectoriales de las administraciones públicas como las actuaciones de iniciativa privada que tengan un interés general.

2.1.3.2. Contenido sustantivo (suma de los contenidos necesario y potestativo)

El contenido en determinaciones de los objetivos y principios de la Estrategia Territorial tiene carácter vinculante para el conjunto de las Administraciones públicas. Particularmente, los objetivos, principios, así como los criterios de ordenación del territorio se incorporarán desde el principio en la evaluación ambiental y territorial de todos los programas, planes y proyectos con incidencia sobre el territorio.

A su vez, el grado de vinculación de las *directrices de ordenación del territorio* para planificar y gestionar adecuadamente la infraestructura verde y los procesos de ocupación del suelo se establecerá en la propia Estrategia Territorial.

2.1.3.3. Contenido necesario

La Estrategia Territorial debe preceptivamente contener, como mínimo:

a) *Objetivos territoriales estratégicos* establecidos a medio y largo plazo y con un elevado consenso social, y los indicadores para evaluar su grado de cumplimiento.

b) *Diagnóstico territorial*, que exprese los principales problemas, tendencias y oportunidades del territorio de la Comunitat Valenciana y proponga escenarios y posibles opciones de futuro.

c) *Estructura territorial*, que se definirá para coordinar la proyección espacial de las distintas políticas sectoriales y la planificación territorial y urbanística.

d) *Estrategias y proyectos de cambio* en el territorio, para aprovechar las oportunidades territoriales de una manera eficaz y eficiente.

e) *Áreas funcionales*, identificadas como ámbitos territoriales de escala intermedia para una planificación y gestión supramunicipal capaz de articular el espacio regional.

f) *Fórmulas de gobernanza territorial*, que permitan la cooperación y coordinación administrativa y público-privada para desarrollar proyectos dinamizadores del territorio.

2.1.3.4. Contenido formal

La Estrategia Territorial se formalizará con la documentación gráfica y escrita que sea más adecuada para la definición de los contenidos antes expresados.

2.1.4. Los Planes de Acción Territorial (PAT)

2.1.4.1. Objeto y funciones

Conforme resulta del artículo 16 TR-LOTUP, los Planes de Acción Territorial son instrumentos de ordenación territorial que desarrollan, en ámbitos territoriales concretos o en ámbitos sectoriales específicos, los objetivos, principios y criterios de la Estrategia Territorial de la Comunitat Valenciana. De esta manera, serán de carácter sectorial o integrado, en función de que sus objetivos y estrategias estén vinculados a uno o varios sectores de la acción pública y, a su vez, su ámbito puede comprender, en todo o en parte, varios términos municipales.

Por lo que hace a sus funciones, el mismo precepto señala que en su ámbito de actuación les corresponde:

a) Concretar y completar los objetivos, principios, criterios y propuestas de la Estrategia Territorial de la Comunitat Valenciana, adaptándolos a la realidad territorial.

b) Definir los objetivos, principios y criterios territoriales para las actuaciones sectoriales supramunicipales de las administraciones públicas.

c) Coordinar la planificación urbanística municipal y la sectorial para el logro de sus objetivos de sostenibilidad.

d) Definir la infraestructura verde en su ámbito de actuación y establecer fórmulas participativas de su gestión.

e) Proponer acciones, proyectos, directrices y fórmulas de gobernanza territorial, para asegurar un desarrollo territorial eficiente y racional.

2.1.4.2. Contenido material y formal

De acuerdo con lo anterior, su contenido puede consistir en:

a) Desarrollar, completar e, incluso, modificar aspectos de la Estrategia Territorial de la Comunitat Valenciana, como consecuencia de un análisis territorial de mayor detalle respecto de su ámbito, manteniendo la coherencia con la planificación sectorial de la Generalitat.

b) Reservar terrenos para dotaciones de interés supramunicipal, zonificar y clasificar terrenos directamente y articular la ordenación urbanística de centros, ejes o entornos de amplia influencia supramunicipal.

c) Modificar las determinaciones de la ordenación estructural de los planes de ámbito municipal, así como ordenar la adaptación de estos a sus nuevas previsiones, fijando plazos con este fin.

d) Por causa de interés general de carácter supramunicipal, los planes de acción territorial podrán establecer o modificar la ordenación estructural de varios municipios atendiendo a criterios de ordenación y gestión de la infraestructura verde y las relaciones económicas y funcionales entre municipios, incluyendo fórmulas de compensación intermunicipal.

Para todo ello, y como mínimo, los planes de acción territorial, tendrán los siguientes contenidos:

a) Definición de objetivos, con el grado de concreción suficiente para orientar el desarrollo y ejecución de sus estrategias, e indicadores para evaluar su grado de cumplimiento.

b) Análisis territorial de la información relevante relativa a: infraestructura verde, asentamientos poblacionales y evolución demográfica, sistema productivo, renta y bienestar, infraestructuras, equipamientos, vivienda y planeamiento vigente, cohesión social y gobierno del territorio, así como otros datos que proporcione la sistematización de la información obtenida por la administración del territorio.

c) Diagnóstico del territorio y definición de escenarios de futuro, detallando la problemática y oportunidades de su ámbito de actuación, identificando sus causas y las y los agentes cuya actuación sea relevante para alcanzar los objetivos del plan.

d) Estrategias del plan para la consecución de los objetivos propuestos, incluyendo la definición de proyectos y acciones dinamizadoras y valorando los efectos que la consecución de los objetivos propuestos tendrá sobre los elementos enunciados en el apartado anterior.

e) Acciones a promover para la consecución de sus objetivos.

f) Directrices, criterios y normas que regulen las decisiones públicas sobre la infraestructura verde del territorio, la formulación del planeamiento municipal, las transformaciones futuras del territorio, las declaraciones de interés comunitario, los proyectos de inversiones estratégicas sostenibles, los proyectos de infraestructura pública más relevantes y, en general, el ejercicio de las competencias públicas con proyección territorial.

Esto es, y como puede verse, entre los contenidos previstos para los PAT no se encuentra en principio la exigencia de un estudio o memoria económico-financiera sobre el impacto en las arcas públicas de su ejecución.

2.2. Las sentencias del Tribunal Supremo de 27 de abril 2022, recursos de casación 4034/2021 y 4049/2021, sobre el Plan de Acción Territorial de la Infraestructura Verde del Litoral de la Comunidad Valenciana

Supuesto esto anterior, entramos en la respuesta de las sentencias del Tribunal Supremo de 27 de abril de 2022. Por de pronto, realizan la siguiente argumentación sobre el sentido finalidad de los distintos informes de naturaleza económica financiera en la planificación urbanística; a saber, el informe de sostenibilidad económica y el estudio económico-financiero:

> "En reiteradas ocasiones hemos diferenciado conceptualmente el estudio económico-financiero y el informe de sostenibilidad económica. En este sentido podemos recordar -por todas- lo que dijimos en nuestra STS nº 296/2016, de 12 de febrero (RC 3054/2014), con cita de la STS de 30 de marzo de 2015 (RC 1587/2013):
>
> "Conviene aclarar que el concepto de sostenibilidad económica a que se refiere el legislador estatal en el artículo 15.4 del Texto Refundido de la Ley de Suelo no debe confundirse con el de viabilidad económica, más ligado al sentido y finalidad del estudio económico-financiero, sino que va relacionado con

dos aspectos distintos como son, por un lado, la justificación de la suficiencia del suelo productivo previsto y, por otro, el análisis del impacto de las actuaciones previstas en las Haciendas de las Administraciones Públicas intervinientes y receptoras de las nuevas infraestructuras y responsables de los servicios resultantes.

Por otra parte, desde una perspectiva temporal el informe de sostenibilidad económica ha de considerar el coste público del mantenimiento y conservación de los nuevos ámbitos resultantes en función de los ingresos que la puesta en carga de la actuación vaya a generar para las arcas de la Administración de que se trate. Es decir, mientras el estudio económico-financiero preverá el coste de ejecución de la actuación y las fuentes de financiación de la misma, el análisis de sostenibilidad económica no se ha de limitar a un momento o período temporal limitado, sino que ha de justificar la sostenibilidad de la actuación para las arcas públicas desde el momento de su puesta en marcha y en tanto siga generando responsabilidad para la Administración competente respecto de las nuevas infraestructuras y servicios necesarios.

En definitiva, el Estudio Económico debe demostrar la viabilidad económica de una intervención de ordenación detallada en un Sector o ámbito concreto y el informe o memoria de sostenibilidad económica debe garantizar analíticamente que los gastos de gestión y mantenimiento de las infraestructuras y servicios en ése Sector o ámbito espacial pueden ser sustentados por las Administraciones públicas, en especial la Administración local competente en la actividad urbanística".

Y en esa misma sentencia recordábamos que, conforme al artículo 15.4 del TRLS de 2008, la exigibilidad del informe de sostenibilidad económica contrae su ámbito de aplicación a las denominadas "actuaciones de urbanización" que, a tenor del artículo 14 del mismo texto legal constituyen "actuaciones de transformación urbanística". Por ello, señalábamos que "la falta del expresado carácter en las actuaciones previstas por el POL es lo que excluye en última instancia la exigibilidad del estudio de sostenibilidad económica en el supuesto de autos". Y a tal efecto se indicaba que "con el POL de Galicia no estamos ante un instrumento de ordenación de actuaciones de urbanización" sino ante "un instrumento de ordenación de carácter estratégico cuyas determinaciones habrán de desarrollarse después por medio de las distintas figuras de planeamiento previstas en la correspondiente normativa (gallega) de aplicación". Y concluíamos:

"Al amparo de la indicada interpretación, el POL carece, pese a sus afecciones sobre el suelo, de efectos inmediatos de carácter económico y no supone expropiación ni proyecto de urbanización u obra alguna.

Y a falta del carácter directamente transformador de las determinaciones previstas en el mismo, podemos venir a concluir ya en esta sede que no le resulta exigible el estudio de sostenibilidad económica, que el recurso echa en falta".

La doctrina expuesta en esa sentencia, sentada al amparo de lo previsto en el artículo 15.4 del TRLS de 2008, debe considerarse vigente en la actualidad, dado que también el artículo 22.4 del TRLS de 2015 condiciona la exigibilidad de la inclusión de un informe o memoria de sostenibilidad económica a que se trate de "instrumentos de ordenación de las actuaciones de transformación urbanística".

A partir de esta doctrina general, el Tribunal Supremo establece que, en el presente caso de planes territoriales, "no estamos ante un instrumento de transformación directa e inmediata, sino ante un instrumento de ordenación de carácter estratégico, cuyas determinaciones habrán de desarrollarse después por medio de las distintas figuras de planeamiento previstas en la correspondiente normativa de aplicación", por lo cual "no cabría exigir en el supuesto enjuiciado el referido informe de sostenibilidad económica, conclusión que también alcanza la Sala de instancia en la sentencia impugnada con cita de la STS nº 197/2020, de 14 de febrero (RC 7649/2018)".

Por lo que hace a la exigibilidad del estudio económico-financiero, las sentencias del Tribunal Supremo de 27 de abril de 2022 reconocen, de entrada, que "encontramos en nuestra jurisprudencia pronunciamientos que apuntan a la exigibilidad del estudio económico financiero en toda clase de instrumentos de ordenación urbanística" [véase, por todas, la STS nº 725/2016, de 31 de marzo (RC 3376/2014), citada en el auto de admisión]".

Pero, de seguido, la Sala realiza la siguiente consideración:

> "para apreciar en su justa medida la proyección y trascendencia de esa doctrina en el caso que ahora examinamos debemos tener presente a este respecto lo dicho en el Fundamento anterior: (i) los conceptos de ordenación territorial y de ordenación urbanística, aunque próximos, son perfectamente diferenciables; (ii) para determinar el régimen jurídico de aplicación que corresponda habrá de atenderse al contenido material del plan y no solo a su denominación formal (como plan de ordenación territorial o plan urbanístico); (iii) y, en todo caso, en la exigencia de los requisitos formales que deban observarse en la tramitación de los planes -sean éstos de ordenación territorial o urbanísticos- y, por ende, en la concreción de las consecuencias que quepa deducir de su incumplimiento, debe procederse siempre con absoluto respeto al principio de proporcionalidad, valorando el carácter esencial o sustancial que en el caso examinado pudiera tener el requisito incumplido y huyendo de rigorismos formales excesivos.
>
> Atendiendo a estas consideraciones, estamos en condiciones de afirmar que la doctrina sentada en la referida sentencia nº 725/2016 no es aplicable a supuestos como el ahora enjuiciado, precisamente porque no estamos ante un instrumento de ordenación urbanística, categoría a la que se refiere dicha sentencia, sino ante un instrumento de ordenación territorial, conceptualmente diferenciable de aquél".

Así dispuestas las cosas, el Tribunal Supremo responde a la cuestión de "si la exigibilidad de estudio económico financiero establecida por la jurisprudencia (entre otras, STS de 31 de marzo de 2016, RC 3376/14) en todo tipo de instrumentos de ordenación urbanística es trasladable a instrumentos de ordenación territorial como el concernido (donde se protege el suelo, pero no se transforma)" en los términos siguientes:

> "La doctrina sentada en la sentencia nº. 725/2016, de 31 de marzo, no es aplicable a supuestos como el que ahora examinamos, precisamente porque no estamos ante un instrumento de ordenación urbanística, categoría a la que se refiere dicha sentencia, sino ante un instrumento de ordenación territorial, conceptualmente diferenciable de aquél.

> Sin perjuicio de lo anterior, dada la naturaleza reglamentaria de los planes de ordenación territorial, como el PATIVEL, en su tramitación deberá incorporarse una previsión suficiente del impacto económico que, en su caso, pudiera derivarse directamente de la aprobación de la norma reglamentaria, atendiendo al contenido material de sus determinaciones".

De todo lo anterior parece claro que lo verdaderamente relevante para la jurisprudencia analizada no es tanto la cuestión formal de la simple denominación de la figura o instrumento de ordenación en examen cuanto que, en su caso, conste la existencia de fuentes de financiación para llevar a cabo el contenido sustantivo o material del plan evitando que nazca en el puro vacío o sea, simplemente, un dibujo muerto. Pues, como se dice en la STS de 15 de enero de 2000, y en relación con el artículo 71.5 del Texto refundido de la Ley del suelo de 1976, "la falta de una expresa mención de ese documento en el precepto indicado no significa que no sea necesario cuando así resulte de la naturaleza de las determinaciones adoptadas".

Dicho de otra manera, parece que la exigencia un estudio o informe económico-financiero en la documentación de los planes territoriales depende no tanto de su mera consideración formal de constituir un instrumento de ordenación territorial y urbanística al que se aplica de manera supletoria lo dicho para los planes urbanísticos, cuanto que efectivamente contenga en su interior determinaciones que den lugar a la necesaria previsión del "coste de ejecución de la actuación y las fuentes de financiación de la misma", así como de "las bases de carácter económico sobre indemnizaciones que la ejecución del Plan exige", según resulta de la doctrina sentada por el Tribunal Supremo.

Y, como se ha visto, los Planes de Acción Territorial objeto de atención en las sentencias del Tribunal Supremo de 27 de abril de 2022 son instrumentos de ordenación territorial que, por definición, atienden y hacen referencia a magnitudes supralocales mediante el establecimiento de directrices y estrategias de carácter finalista que, por eso mismo, no conllevan, en principio, ningún impacto o coste de ejecución directo para las arcas públicas por su mera aprobación y entrada en vigor. Con todo, y en línea con la jurisprudencia dictada en los asuntos considerados, no cabe descartar tampoco la posibilidad de que los Planes de Acción Territorial puedan implicar efectivamente, en algún caso, un impacto para las arcas públicas.

Capítulo 14

Supramunicipalidad energética[212]

Mª REMEDIOS ZAMORA ROSELLÓ
Profesora Titular de Derecho Administrativo
Universidad de Málaga

SUMARIO: 1. INTRODUCCIÓN. 2. REFERENTES NORMATIVOS EN MATERIA DE ENERGÍA: DE LAS INICIATIVAS COMUNITARIAS A LAS PROPUESTAS ESTATALES. 2.1. Marco normativo de la Unión Europea. 2.2. Marco normativo estatal: propuestas de futuro. 3. SUPERANDO LAS FRONTERAS MUNICIPALES EN LA GESTIÓN DE LA ENERGÍA. 3.1. Proyectos supramunicipales para el desarrollo de comunidades energéticas. 4. COMUNIDADES RURALES ENERGÉTICAS. 5. SUPRAMUNICIPALIDAD ENERGÉTICA DESDE LAS CÁMARAS DE COMERCIO: 5.1. Las Cámaras de Comercio, Industria, Servicios y Navegación como actores de la transformación energética. 5.2. El marco normativo y planificador de Navarra. 5.3. Los ejes de un proyecto exitoso. 6. CONCLUSIONES. 7. BIBLIOGRAFÍA.

1. INTRODUCCIÓN

En un contexto como el actual donde el coste de la energía ha alcanzado su máximo histórico, donde la crisis climática está obligando a replantearse modelos de consumo y crecimiento que parecían inamovibles, y donde la dependencia energética

212 Esta publicación es parte del proyecto TED2021-131840B-I00, financiado por el MCIN/AEI/10.13039/501100011033 y por la Unión Europea "NextGenerationEU"/PRTR".

de terceros Estados es una prerrogativa a la que se debe renunciar, las comunidades energéticas locales se configuran como un instrumento para el cambio. Con sus virtudes y deficiencias tratan de dar respuesta a esta nueva realidad y lo hacen marcadas por los referentes locales, como entorno más propicio para su desarrollo.

Las administraciones públicas están llamadas a impulsar las comunidades energéticas puesto que suponen un espaldarazo a las políticas económicas y sociales y ambientales. Es habitual hacer referencia al ahorro energético de la factura, y no podemos obviar las nefastas consecuencias sociales del aumento en la factura de la luz y el gas, la pobreza energética es una realidad que afecta a millones de ciudadanos en nuestro país; una realidad que se suma a otros objetivos de política social y de implicación económica como son el desempleo. El impulso a las comunidades energéticas también se traduce en una mejora desde la perspectiva social y, en definitiva, en el cumplimiento de objetivos y competencias que son intrínsecos al nivel local.

En la propia denominación de esta figura se encuentra su esencia: son una comunidad, un conjunto de personas vinculadas por característica o intereses comunes, según una de las acepciones de la RAE; pero también nos parece muy cercano el concepto de comunidad desde el punto de vista de la ecología, donde se define como el conjunto de seres vivos que habitan en un entorno común. Para las comunidades energéticas locales tendríamos que sintetizar estas dos definiciones porque nos encontramos ante un conjunto de personas, físicas y jurídicas, que habitan en un entorno común y que tienen unas características o intereses comunes; son quienes gestionan mejor la energía que producen y consumen bajo unos parámetros de eficacia y eficiencia.

La siguiente cuestión que debemos plantearnos es por qué en nuestro país no se está desarrollando más rápidamente este modelo. Son muchas las respuestas, pero consideramos que la dificultad de su constitución es el principal obstáculo en la actualidad. Por tanto, debemos encontrar mecanismos para apoyar a estas comunidades interesadas en dar un paso más hacia el autoabastecimiento energético. El tejido asociativo a nivel nacional presenta una gran disparidad y es uno de los pilares para desarrollar estas propuestas; la otra vía, que puede ser paralela o complementaria, es el impulso del sector público. El contexto idóneo sería aquel en el que ambos confluyeran, se apoyaran y retroalimentaran para alcanzar esa meta energética común; para ello, es muy importante contar con el respaldo normativo adecuado.

2. REFERENTES NORMATIVOS EN MATERIA DE ENERGÍA: DE LAS INICIATIVAS COMUNITARIAS A LAS PROPUESTAS ESTATALES

2.1. Marco normativo de la Unión Europea

Las iniciativas de la Unión Europea han sentado las bases del modelo de transformación energética que se está implantando en el entorno comunitario. Por ello, corresponde remitirnos a dos textos clave que supusieron un revulsivo para la transición energética[213]. En primer lugar, la Directiva 2018/2001 relativa

[213] Coincidimos plenamente con la profesora PRESICCE cuando afirma: "Si bien existen numerosas definiciones de "transición energética", entenderemos por ella "la transformación del modelo energético, pasando de un modelo basado en energías primarias convencionales de naturaleza fósil y en una estructura altamente cerrada, centralizada y jerarquizada, a otro sistema más abierto, descentralizado y descarbonizado, para alcanzar una sociedad más sostenible". La transición energética, por ende, no implica solamente la –necesaria– descarbonización energética, es decir, la reducción

al fomento de las energías renovables (DFERII), cuya finalidad última es que en el año 2030 el consumo final bruto de energía de la UE esté compuesto en, al menos, un 32% por energía producida en fuentes renovables[214]. En el articulado de este texto se define a las comunidades de energías renovables como:

> "una entidad jurídica:
>
> a) que, con arreglo al Derecho nacional aplicable, se base en la participación abierta y voluntaria, sea autónoma y esté efectivamente controlada por socios o miembros que están situados en las proximidades de los proyectos de energías renovables que sean propiedad de dicha entidad jurídica y que esta haya desarrollado;
>
> b) cuyos socios o miembros sean personas físicas, pymes o autoridades locales, incluidos los municipios;
>
> c) cuya finalidad primordial sea proporcionar beneficios medioambientales, económicos o sociales a sus socios o miembros o a las zonas locales donde opera, en lugar de ganancias financieras"[215].

---

de emisiones de carbono provenientes del sector energético, a través del uso de recursos renovables en la producción de energía, sino también la transformación desde un modelo energético centralizado anacrónico a un sistema más descentralizado, flexible y orientado a la demanda, que empodere a los consumidores y les permita una mayor participación en el sistema. A todo ello, cabe añadir una tercera arista de la transición energética de fundamental importancia: el uso eficiente de la energía y el ahorro energético". PRESICCE, L. (2021): *Las competencias de los ayuntamientos para impulsar el autoconsumo fotovoltaico en el sector doméstico: especial referencia a Cataluña*, Revista de Investigações Constitucionais, N. 1, 2021, pág. 79 ISSN-e 2359-5639.

214 Art. 3.1 Directiva 2018/2001, del Parlamento Europeo y del Consejo de 11 de diciembre de 2018, relativa al fomento del uso de energía procedente de fuentes renovables (DOUE L 328, de 21 de diciembre de 2018).

215 Art. 2.16 DFERII.

Junto a esta definición, la Directiva dedica un precepto completo a analizar el marco que habrán de crear los Estados miembros para la implantación de las comunidades de energías renovables[216]. El elemento más característico de estas comunidades es la participación e integración de los consumidores finales; incidiendo en el concepto de prosumidor, la Unión Europea apuesta por abrir la generación de renovables a ciudadanos, administraciones y empresas cuya actividad principal no sea la generación de energía.

La Directiva incluye un listado de derechos comunes para las comunidades de energías renovables en todo el territorio comunitario, que habrán de ser garantizados por cada uno de los Estados a través del desarrollo de un marco normativo que potencie y consolide esta figura dotándolas de referentes claros. Para nuestro ámbito de estudio es de especial interés recordar la mención expresa para que este marco proporcione apoyo reglamentario y de refuerzo de capacidades a las autoridades públicas para fomentar y crear comunidades de energías renovables y ayudar a las autoridades a participar directamente[217].

El segundo texto sería la Directiva 2019/944 sobre normas comunes para el mercado interior de la electricidad (DMIE). Los fines de esta disposición son variados, y comprenden desde el establecimiento de normas comunes en materia de generación, transporte, distribución, almacenamiento de energía y suministro de electricidad, así como para el establecimiento de un mercado interior de la electricidad. En este último punto presta especial atención a la protección de los consumidores, apostando por una energía asequible, segura y sostenible, y por

---

216 Art. 22 DFERII.

217 Art. 22.4 h) DFERII.

un mercado interior interconectado gracias a la cooperación entre los Estados miembros[218].

En esta Directiva se definen las comunidades ciudadanas de energía en los siguientes términos:

> "una entidad jurídica que:
>
> a) se basa en la participación voluntaria y abierta, y cuyo control efectivo lo ejercen socios o miembros que sean personas físicas, autoridades locales, incluidos los municipios, o pequeñas empresas,
>
> b) cuyo objetivo principal consiste en ofrecer beneficios medioambientales, económicos o sociales a sus miembros o socios o a la localidad en la que desarrolla su actividad, más que generar una rentabilidad financiera, y
>
> c) participa en la generación, incluida la procedente de fuentes renovables, la distribución, el suministro, el consumo, la agregación, el almacenamiento de energía, la prestación de servicios de eficiencia energética o, la prestación de servicios de recarga para vehículos eléctricos o de otros servicios energéticos a sus miembros o socios"[219].

2.2. Marco normativo estatal: propuestas de futuro

A nivel nacional se han producido avances normativos relevantes en materia de autoconsumo, como el desarrollo del autoconsumo de energía eléctrica, que si bien estaba regulado ya en la Ley 24/2013, de 26 de diciembre, del Sector Eléctrico, no se desarrolló hasta la aprobación del Real Decreto 900/2015, de 9 de octubre, por el que se regulan las condiciones

---

[218] Art. 1 Directiva 2019/944 del Parlamento Europeo y del Consejo, de 5 de junio de 2019 sobre normas comunes para el mercado interior de la electricidad y por la que se modifica la Directiva 2012/21/UE (DOUE L 158, de 14 de junio de 2019).

[219] Art. 2.11 DMIE.

administrativas, técnicas y económicas de las modalidades de suministro de energía eléctrica con autoconsumo y de producción con autoconsumo.

Unos años más tarde, se llevó a cabo una importante modificación de la regulación del autoconsumo mediante el Real Decreto-ley 15/2018, de 5 de octubre, de medidas urgentes para la transición energética y la protección de los consumidores, completado por el Real Decreto 244/2019, de 5 de abril, por el que se regulan las condiciones administrativas, técnicas y económicas del autoconsumo de energía eléctrica. Marco normativo en el que se regulan varias opciones de autoconsumo; entre ellas, el autoconsumo colectivo, a partir del cual un grupo de consumidores recibe la energía eléctrica generada en instalaciones cercanas y asociadas a los mismos. Y ya en 2020 el Real Decreto-ley 23/2020, de 23 de junio, por el que se aprueban medidas en materia de energía y en otros ámbitos para la reactivación económica, se modifica la Ley 24/2013 y se reconoce a las comunidades de energías renovables como nuevo sujeto del sector eléctrico.

Junto a la adaptación del marco normativo, son varias las medidas que van en la línea de nuevos modelos de producción y consumo energético trazados por la Unión Europea. Así, el Plan Nacional Integrado de Energía y Clima 2021-2030 (PNIEC) incorpora medidas para el fomento de las comunidades de energías renovables y la participación ciudadana[220]. En

---

[220] Las medidas que se centran en el desarrollo de comunidades energéticas en diferentes ámbitos son: 1.13. Comunidades energéticas locales y 1.6. Marco para el desarrollo de las energías renovables térmicas. En lo que respecta a los mecanismos de participación ciudadana, las medidas del PNIEC son: 1.1. Desarrollo de nuevas instalaciones de generación eléctrica con renovables, a través de la participación local en proyectos de generación renovable; en las medidas; 1.2. Gestión de la demanda, almacenamiento y flexibilidad; 1.4. Desarrollo del autoconsumo con renovables y la generación

lo que respecta a los incentivos más específicos, a partir de la segunda subasta del régimen económico de energías renovables, celebrada el 19 de octubre de 2021, se han incluido cupos específicos para nuevas instalaciones fotovoltaicas de generación distribuida con carácter local; con la finalidad última de fomentar la participación local en la producción de energía eléctrica con origen en renovables. Impulso que se ha completado con las convocatorias de incentivos que, auspiciados por el Plan de Recuperación, Transformación y Resiliencia, se han concedido a proyectos de comunidades energéticas, así como a su promoción y dinamización

Estos avances son realmente muy tímidos y necesitaban del impulso definitivo que supone la adopción de una normativa específica que transpusiera las figuras de las comunidades de energía renovables y las comunidades ciudadanas de energía en el ordenamiento interno, de forma que se dotara de seguridad jurídica a estas iniciativas y se clarificaran aspectos que aún son dudosos y están comprometiendo el desarrollo de esta nueva fase en la transformación energética.

La realidad es que los proyectos ya están en marcha y la normativa se está haciendo de rogar. Por ello, y con un retraso significativo con respecto a las iniciativas que ya están dando sus frutos, se ha publicado el Proyecto de Real Decreto por el que se desarrollan las figuras de las comunidades de energías renovables y las comunidades ciudadanas de energía.

---

distribuida, a través del fomento de la participación ciudadana; 1.13. Comunidades energéticas locales, destinada a promover la participación de ciudadanos, administración local y pymes en la transición energética; y 1.14. Promoción del papel proactivo de la ciudadanía en la descarbonización, a través de la participación ciudadana en la definición de las políticas energéticas locales, regionales y nacionales.

El artículo 3 del Proyecto de Real Decreto define a la comunidad de energías renovables como:

> "una entidad jurídica basada en la participación abierta y voluntaria, autónoma y efectivamente controlada por socios o miembros que están situados en las proximidades de los proyectos de energías renovables que sean propiedad de dicha entidad jurídica y que esta haya desarrollado, cuyos socios o miembros sean personas físicas, pymes o autoridades locales, incluidos los municipios y cuya finalidad primordial sea proporcionar beneficios medioambientales, económicos o sociales a sus socios o miembros o a las zonas locales donde operan, en lugar de ganancias financieras.
>
> A estos efectos, también podrán ser socios o miembros de las comunidades de energías renovables las agrupaciones o asociaciones de personas físicas, pymes o autoridades locales, siempre que estas cumplan los requisitos citados en el párrafo anterior y cuyos efectivos y límites financieros no sean superiores a los establecidos para las pymes".

Mientras que la comunidad ciudadana de energía se define en el artículo 9 como:

> "una entidad jurídica basada en la participación voluntaria y abierta, cuyo control efectivo lo ejercen socios o miembros que sean personas físicas, autoridades locales, incluidos los municipios, o pequeñas empresas, y cuyo objetivo principal consiste en ofrecer beneficios medioambientales, económicos o sociales a sus miembros, socios o a la localidad en la que desarrolla su actividad, más que generar una rentabilidad financiera.
>
> A estos efectos, podrá ser socios o miembros de una comunidad ciudadana de energía las personas físicas y jurídicas, siempre que se cumplan los requisitos establecidos en este real decreto para la válida constitución de las comunidades ciudadanas de energías"

A la vez que circunscribe su ámbito de actuación exclusivamente al sector eléctrico.

Teniendo presente que nuestro ámbito de estudio se centra en la perspectiva supramunicipal nos corresponde detenernos en las limitaciones que a la proximidad establece el proyecto. Nos encontramos en este sentido con una gran diferencia entre los dos modelos; en el caso de las comunidades de energías renovables la proximidad entre los socios y el proyecto de energías renovables es esencial[221]. Por ello, la normativa define con precisión los requisitos que se han de cumplir para que un socio se vincule a un proyecto energético, y ha apostado por vincular la proximidad con dos criterios: la población de los municipios en los que se desarrolle el proyecto y la distancia entre el punto de suministro o residencia habitual del socio y el emplazamiento del primer proyecto finalizado de la comunidad.

---

[221] Art. 4 del Proyecto de Real Decreto.
El requisito de proximidad también se encuentra definido en la Orden TED/1446/2021, de 22 de diciembre, por la que se aprueban las bases reguladoras para la concesión de ayudas del programa de incentivos a proyectos piloto singulares de comunidades energéticas (Programa CE Implementa), en el marco del Plan de Recuperación, Transformación y Resiliencia (BOE núm. 308, de 24 de diciembre de 2021). En este texto se prevé que las ayudas que regula “tengan una especial incidencia en la ejecución de proyectos piloto con impacto social y en la cadena de valor que combinen dos o más de las áreas mencionadas, desarrollados por comunidades energéticas cuyos socios o miembros sean personas físicas, pymes o entidades locales situadas en las proximidades del proyecto”. Entre los criterios de valoración a los que se someterán las solicitudes se incluye que los socios o miembros estén situados en las proximidades del proyecto, según se dispone en esta Orden: “Recibirán el total de la puntuación correspondiente a este criterio aquellas solicitudes cuyos socios o miembros estén situados en las proximidades del proyecto, si desarrollan su actividad o residen dentro del radio de actuación del emplazamiento de la actividad considerado como límite de proximidad. Este radio de actuación, el límite de proximidad, será establecido en cada convocatoria siendo, como máximo, cincuenta kilómetros”.

En municipios de hasta 5.000 habitantes, cualquier propietario de bien inmueble, residente habitual o titular de un punto de suministro puede ser socio de la comunidad energética. También se amplía a las personas que cumplan estos requisitos en los municipios colindantes, siempre que la población de éstos considerados individualmente no sea superior a 50.000 habitantes y que la población del conjunto de los municipios, incluyendo aquel en el que se desarrolla el proyecto, no sea superior a 50.000 habitantes. Para municipios de entre 5.001 y 50.000 habitantes se limita a los que cumplan los requisitos en ese término municipal, sin incluir a los colindantes. Y en el caso de municipios que superen los 50.000 habitantes habrán de cumplir los mismos requisitos pero en un radio de cinco kilómetros a la redonda del emplazamiento del primer proyecto finalizado de la comunidad de energías renovables.

En definitiva, las iniciativas de supramunicipalidad energética se van a desarrollar principalmente a través de las comunidades ciudadanas de energía, donde no existen limitaciones de proximidad geográfica entre el socio de la comunidad (propiedad de inmueble, residencia habitual o punto de suministro) y la ubicación del proyecto. La primera consecuencia es que nos vamos a encontrar con una limitación al sector eléctrico.

Las propuestas de comunidades de energías renovables que superan los límites geográficos de un término municipal se limitan a proyectos desarrollados en municipios de hasta 5.000 habitantes y pueden integrar a los colindantes hasta un límite poblacional de 50.000 personas. Una limitación que entendemos que no responde a la realidad de estos proyectos y que es demasiado estricta, pudiendo redundar en un claro perjuicio para el desarrollo de iniciativas supramunicipales de renovables en entornos con poblaciones todavía reducidas y en los que estas propuestas podrían ser beneficiosas para localidades que, de otra forma, no van a disponer de los medios para desarrollarlas.

Tanto las comunidades de energías renovables como las comunidades ciudadanas de energía no tienen por fin la rentabilidad financiera, su objetivo principal es la consecución de beneficios medioambientales, económicos o sociales a sus miembros, socios o a las zonas locales donde desarrollan su actividad. El proyecto de Real Decreto también define cómo se ha de cumplir esta finalidad, disponiendo que estas comunidades deben destinar la mayor parte de sus beneficios económicos, si bien no exclusivamente, a la reducción de costes de energía de sus socios o miembros, al desarrollo de actuaciones relacionadas con su objeto social, a inversiones que supongan una mejora ambiental del entorno o al desarrollo social de la localidad o localidades donde desarrollan su actividad[222].

Otra característica común a ambas figuras, y de gran interés para nuestro ámbito de estudio, es que admiten como socios a las autoridades locales, mencionando expresamente a los municipios[223]. En el caso de las comunidades de energías renovables, el proyecto también admite la posibilidad de incorporarse como socios o miembros a las agrupaciones o asociaciones de personas físicas, pymes o autoridades locales; modelo que a nivel local constituye un claro incentivo a las propuestas supramunicipales, a pesar de limitarse por los requisitos de proximidad. Para las comunidades ciudadanas de energía no existe una referencia expresa a esta posibilidad de agrupaciones o asociaciones, pero consideramos que mientras quede garantizado el cumplimiento de los requisitos aplicables fijados en el propio texto no habría de existir ninguna otra limitación.

---

[222] Art. 4.1 f) para el caso de las comunidades de energías renovables y art. 9.6 para las comunidades ciudadanas de energía.

[223] Art. 3.1 para el caso de las comunidades de energías renovables y art. 9.1 para las comunidades ciudadanas de energía.

3. SUPERANDO LAS FRONTERAS MUNICIPALES EN LA GESTIÓN DE LA ENERGÍA

El nivel municipal es la entidad más cercana a la ciudadanía y, por tanto, ostenta un papel principal en la transformación energética y en la consecución de un modelo más sostenible para la generación y el consumo energético que contribuya a la lucha contra el cambio climático. En este contexto cabe recordar que ya en el año 2008 se puso en marcha la iniciativa europea Pacto de las Alcaldías para la Energía Sostenible Local, cuya meta era reducir el 20% de las emisiones de efecto invernadero para el año 2020. Esta iniciativa se actualizó en 2015 con el Pacto de las Alcaldías por el Clima y la Energía, a la que se han adherido numerosos municipios españoles y tiene objetivos más ambiciosos, que se aspiran a alcanzar gracias a las fuentes de energía renovables y a la eficiencia energética[224].

Los tres objetivos del Plan son: fortalecer su capacidad para adaptarse a los impactos ineludibles del cambio climático; acelerar la descarbonización de sus territorios reduciendo las emisiones de gases de efecto invernadero en un 40% para 2030; y conseguir que la ciudadanía disfrute del acceso a una energía segura, sostenible y asequible[225].

---

224 Desde la perspectiva comunitaria también debemos destacar la relevancia de la Agenda Urbana de la Unión Europea para integrar a la administración local en aspectos ambientales y climáticos, a este respecto PRESICCE, L. (2020): La gobernanza multinivel del cambio climático en la Agenda Urbana de la Unión Europea, Actualidad Jurídica Ambiental, N. 102, 2020, ISSN-e 1989-5666.

225 GALERA RODRIGO destaca el papel preponderante de las entidades locales para garantizar la eficacia de las políticas climáticas, con un amplio margen de evolución en áreas como el urbanismo y la prestación de servicios públicos. GALERA RODRIGO, S. (2018): Transición energética: un salto cualitativo en el progreso democrático, Ambienta: La revista del Ministerio de Medio Ambiente, N. 125, 2018, págs. 77 y ss, ISSN 1577-9491. De esta misma

Los municipios que se adhieren a este Pacto también se comprometen a redactar, en el plazo de dos años, un Plan de Acción para la Energía Sostenible y el Clima. Este Plan debe incluir un inventario base de las emisiones de gases de efecto invernadero del municipio, las acciones de mitigación propuestas y una evaluación de riesgos y vulnerabilidades climáticas[226]; este instrumento de planeamiento también puede incluir la referencia a la creación de comunidades energéticas.

Como hemos analizado, el marco normativo vigente y las propuestas de futuro sitúan el eje público de las comunidades energéticas en el nivel local, y lo hacen desde una perspectiva que singulariza al nivel municipal, pero que también posibilita la integración del ámbito supramunicipal. En primer lugar, debemos situar el concepto de supramunicipalidad vinculado al ámbito de la energía. Para ello vamos a partir de una doble concepción: por un lado, vamos a analizar cuáles son los referentes de organización administrativa supramunicipal y en qué línea han actuado; para, a continuación, analizar propuestas externas al esquema de organización administrativa tradicional pero que también están dotados de un carácter supramunicipal.

---

autora también destacamos, Las entidades locales y su función en las políticas europeas de energía y clima: Una revolución silenciosa, en ALONSO IBÁÑEZ, M. (dir.), Retos de desarrollo urbano sostenible e integrado, 2018, Tirant lo Blanch, Valencia, ISBN 978-84-9190-048-1, págs. 433-455; GALERA RODRIGO, S., GÓMEZ ZAMORA, M. (2018): Políticas Locales de Clima y Energía: Teoría y Práctica, 2018, Instituto Nacional de Administración Pública, Madrid, ISBN: 978-84-7351-636-5.

226 DIPUTACIÓN DE BARCELONA (2021): *Guía para el impulso de comunidades energéticas con perspectiva municipal*, 2021, p. 25, texto completo disponible en: https://www.diba.cat/documents/471041/361729804/Gu%C3%ADa+para+el+impulso+de+comunidades+energ%C3%A9ticas+con+perspectiva+municipal

Tomando como punto de partida nuestro texto constitucional, debemos remitirnos al artículo 137 CE donde se reconoce que el Estado se organiza en municipios, provincias y Comunidades Autónomas. Por tanto, debemos remitirnos a la regulación de las provincias como primer nivel organizativo que supera el ámbito municipal y que no llega encuadrarse en el nivel autonómico.

Es en la LBRL donde nos vamos a encontrar con las referencias competenciales y el marco de funcionamiento de las provincias. Debemos recordar que son fines propios y específicos de la provincia garantizar los principios de solidaridad equilibrio intermunicipales, en el marco de la política económica y social y, en especial, asegurar la prestación integral y adecuada en la totalidad del territorio provincial de los servicios de competencia municipal; así como la asistencia y cooperación jurídica, económica y técnica a los municipios. La norma hace una mención especial a los municipios de menos de 1000 habitantes, así como a los municipios de menos capacidad económica y de gestión.

También debemos destacar entre las competencias propias de la Diputación la prestación de servicios públicos de carácter supramunicipal y supracomarcal y el fomento o coordinación de la prestación unificada de servicios de los municipios; así como la cooperación en el fomento del desarrollo económico y social y en la planificación en el territorio provincial, de acuerdo con las competencias de las restantes administraciones[227].

En definitiva, y para lo que compete a nuestro ámbito de estudio, las Diputaciones provinciales constituyen una referencia de carácter supramunicipal que se encuentra legitimada para el impulso al desarrollo de comunidades energéticas.

---

[227] Arts. 31 y 36 LBRL.

Asimismo, la LBRL también reconoce otros modelos de organización supramunicipal como son las comarcas, las áreas metropolitanas y las mancomunidades de municipios que, a diferencia de las provincias, no son estructuras administrativas imperativas[228]. En el caso de las comarcas y las áreas metropolitanas su creación está condicionada a la voluntad de las Comunidades Autónomas. De ahí que nos encontremos con una importante disparidad entre las distintas regiones; si bien podemos afirmar que las áreas metropolitanas se han limitado, con carácter genérico, a la prestación de servicios concretos; como es el caso de los transportes públicos. Y en el caso de las comarcas nos encontramos con Comunidades que le conceden una gran relevancia en su organización administrativa, como Aragón; frente a otras que no han desarrollado este nivel administrativo, como Andalucía.

---

228 BARRERO RODRÍGUEZ, C. (2005): Fórmulas asociativas de prestación de servicios supramunicipales: la comarca, mancomunidades de municipios y consorcios, Revista de estudios locales. Cunal, N. 81, 2005, págs. 56-69, ISSN 1578-9241. LORA-TAMAYO VALLVÉ, M. (2012): Los ámbitos supramunicipales como espacios de referencia para el ejercicio de las competencias en materia de ordenación del territorio y urbanismo en VALENZUELA, M. (coord.), El impacto del modelo autonómico en las ciudades españolas. Una aproximación intedisciplinar, 2012, Madrid, Ediciones Universidad Autónoma de Madrid, págs. 99-102, ISBN: 978-84-8344-322-4.
En relación al potencial de las entidades locales supramunicipales para lograr que los municipios avancen en la consecución e implantación de un modelo de desarrollo sostenible y, más específicamente, colaboren a mitigar el calentamiento global, RED ESPAÑOLA DE CIUDADES POR EL CLIMA: Las entidades locales supramunicipales y el cambio climático, Federación Española de Municipios y Provincias, ISBN: 978-84-92494-05-7, disponible en: https://redciudadesclima.es/sites/default/files/2020-06/92e6ec4de3959deb0c8bc2348c8b2165.pdf

Las comarcas tienen su razón de ser en la existencia de intereses comunes de varios municipios que precisen de una gestión propia o demanden la prestación de servicios en dicho ámbito. Las áreas metropolitanas, por su parte, surgen por la agrupación de municipios de grandes aglomeraciones urbanas que necesiten de una planificación conjunta y de la coordinación de servicios y obras derivados de sus vinculaciones económicas y sociales. Mientras que las mancomunidades se materializan como una asociación voluntaria de municipios para la ejecución en común de obras y servicios determinados de su competencia[229]. Por tanto, estos tres modelos supramunicipales son vías para la coordinación de iniciativas en materia de comunidades energéticas; y representan opciones que facilitarían la participación de varios entes municipales en un mismo proyecto y que aligerarían las cargas burocráticas y técnicas que este tipo de propuestas generan.

3.1. Proyectos supramunicipales para el desarrollo de comunidades energéticas

Son muy escasas las iniciativas en las que un ente supramunicipal se ha posicionado como actor principal en una comunidad energética, normalmente se limitan a labores de asesoramiento, fomento o apoyo. Si bien hay propuestas relevantes como la comunidad energética liderada por la Mancomunidad de Municipios de Beturia, integrada por ocho municipios de la zona del Andévalo y la costa occidental de Huelva. El

---

229 ZAMORA ROSELLÓ, M. R. (2013): La reestructuración de la planta del gobierno local y las mancomunidades de municipios en DÍEZ SÁNCHEZ, J. (coord.), La planta del gobierno local: actas del VIII Congreso de la Asociación de Profesores de Derecho Administrativo, 2013, Barcelona, Fundación Democracia y Gobierno Local, págs. 139 – 150, SBN: 9788493914646.

proyecto consiste en una instalación de 100 kilowatios en cada uno de los municipios adheridos, estimando una cobertura potencial a unas 400 familias, la comunidad se ha creado a través de una cooperativa, Andevaluz Beturia S. Coop. And, y en un primer momento integra a veintitrés socios de varios pueblos de la zona como San Silvestre de Guzmán, San Bartolomé de la Torre, El Granado, Sanlúcar de Guadiano y El Almendro; si bien está abierta a la incorporación de miembros de los restantes municipios que forman parte de la Mancomunidad. Esta Mancomunidad está liderando una iniciativa que ha recibido una masiva acogida por los vecinos de este territorio, superando con creces las expectativas iniciales del proyecto. Se han presentado a las distintas convocatorias de ayudas públicas y se encuentran a la espera de recibir el impulso económico para poder materializar un proyecto que también cuenta con una gran implicación social y ambiental.

En el ámbito provincial, las iniciativas se han focalizado principalmente en el asesoramiento y no en la participación activa de las diputaciones en las comunidades energéticas. Así nos encontramos con la iniciativa de la Diputación de Granada que ha solicitado una subvención para crear una Oficia de Transformación Comunitaria para promover y asesorar en la creación de comunidades energéticas locales en la provincia. En este proyecto se presenta ya un bagaje de dos experiencias piloto realizadas en varios municipios de la provincia, y en la propia experiencia de la Diputación en la formación, participación y sensibilización para la transición energética; la búsqueda de instrumentos de financiación; y la elaboración de instrumentos de planificación, como planes de movilidad urbana sostenible, planes de sostenibilidad energética o auditorías energéticas[230].

---

230 Más información sobre esta iniciativa en: https://www.dipgra.es/amplia-actualidad/noticias-inicio/diputacion-plantea-creacion-una-

La Diputación provincial de Cáceres se ha decantado por el fomento de las comunidades energéticas locales mediante la concesión de ayudas para su creación; pero en este caso están supeditadas a la condición de que los ayuntamientos se integren como socios en estas comunidades, y van focalizadas a municipios pequeños en los que se considera que la participación de la corporación municipal es clave para el éxito de la iniciativa. La participación del ente provincial se centra en un apoyo formativo y en una ayuda económica a los ayuntamientos solicitantes; la ayuda será de 150.000 euros, el 85% será aportado por la Diputación y el 15% por los ayuntamientos y las corporaciones municipales se comprometen a constituir la comunidad energética local en un plazo de ocho meses. La premura en los plazos se debe a la voluntad de la Diputación de impulsar estas comunidades para poder participar en la próxima oferta de ayudas gestionadas por la Administración General del Estado, gracias a los fondos comunitarios[231].

También nos encontramos con propuestas que van en la línea de coordinación de los distintos niveles administrativos implicados, como el Protocolo de colaboración para impulsar comunidades energéticas locales suscrito por el Gobierno de Aragón, las diputaciones de Huesca y Teruel, la Federación Aragonesa de Municipios, Comarcas y Provincias y el Clúster de la Energía[232]. Este acuerdo, adoptado en julio de 2022, adopta como ejes principales la creación de una oficina para la promoción

---

oficina-promover-comunidades-energeticas-locales-provincia

231 https://www.dip-caceres.es/actualidad/noticias/casi-200-representantes-municipales-se-interesan-por-las-nuevas-ayudas-de-la-diputacion-de-caceres-para-crear-comunidades-energeticas/

232 En relación a este Protocolo: https://www.dpz.es/noticias/la-dpz-el-gobierno-de-aragon-la-famcp-las-diputaciones-de-huesca-y-teruel-y-el-cluster-de-la-energia-firman-un-protocolo-de-colaboracion-para-impulsar-proyectos-innovadores-en-el-campo-de-las-renovables

y dinamización de comunidades energéticas, la elaboración de un Plan de Sostenibilidad Energética, Medioambiental y Social y también de un Plan para la Creación de Comunidades Energéticas Locales para el fomento de la colaboración público-privada entre empresas y entidades locales. En el caso concreto de esta Comunidad Autónoma el impulso a la transición energética se vincula a uno de sus principales problemas: la despoblación. Por ello, se pretende que el protocolo sea un instrumento para que los municipios afectados por la pérdida de población dispongan de los medios necesarios para emplear la producción de energía renovable como un mecanismo para recuperar habitantes; ya que suelen ser estas zonas despobladas donde mayor potencial de producción de energía renovable existe.

En la Comunidad Autónoma de Aragón nos encontramos con experiencias interesantes lideradas en pequeños municipios, como el proyecto pionero desarrollado en Luco de Jilona mediante el que sus habitantes generan y consumen su propia energía gracias a un huerto. Es la primera comunidad energética de Aragón de iniciativa ciudadana y está integrada por veintisiete socios, de los cuales veinticinco son vecinos de la localidad a los que se han sumado una empresa local y el Ayuntamiento de Calamocha. La financiación del proyecto ha venido de la mano de la autofinanciación por parte de los socios, subvenciones comunitarias y donativos gestionados mediante crowfunding.

Este proyecto es muy significativo porque refleja perfectamente los objetivos de estas comunidades incluyendo una doble finalidad: por un lado, la instalación del huerto solar para garantizar el autonconsumo de energía renovable; y, por otro, la vertiente social, basada en el afianzamiento de las relaciones interpersonales entre los vecinos del municipio y el empoderamiento de la comunidad y la gestión de nuevos proyectos sociales, medioambientales, formativos o de empleo. Una iniciativa de gran interés en una pedanía del municipio de Calamocha que no alcanza el centenar de habitantes. Los promotores de esta propuesta han sido vecinos de la localidad que se enfrentaron a multitud de trabas burocrácticas y a la negociación con las compañías eléctricas, obstáculos que ralentizaron su puesta en marcha.

Con esta experiencia se pone de manifiesto la incapacidad de las administraciones públicas de actuar como líderes en este sector, y de dotar a los ciudadanos de un marco adecuado para garantizar su participación activa en la transformación energética. Una vez que esta iniciativa ha sido exitosa se insta desde las Administraciones a los vecinos promotores para que compartan su conocimiento; si bien han de ser los municipios, la Diputación provincial y el gobierno regional quienes actúen como catalizadores de estas iniciativas ciudadanas, allanando el camino para nuevos proyectos.

4. COMUNIDADES RURALES ENERGÉTICAS

El desarrollo rural es otro de los elementos que han de integrarse en la implantación de las comunidades energéticas, coadyuvando a reducir la despoblación gracias al impulso económico que implican en el entorno donde se desarrollan. La experiencia muestra como este tipo de iniciativas suponen un revulsivo para la industria, el sector servicios y un ahorro considerable para los ciudadanos; además de potenciar el empleo en entornos donde las oportunidades laborales pueden ser limitadas y focalizadas en sectores muy específicos.

Sin embargo, aunar comunidad energética y desarrollo rural exige de una planificación que, en buen parte de los casos, va a superar el ámbito puramente municipal. Normalmente, nos encontramos con una problemática que comparten todos los términos municipales de una misma comarca, y que exigiría de una respuesta coordinada[233]. En este punto, una respuesta supramunicipal común permitiría la gestión de una estructura energética que puede beneficiar a varios municipios, organizada en torno a una o varias comunidades energéticas, y que pudieran compartir asesoramiento, gestión, mantenimiento y otras propuestas e iniciativas vinculadas a la inversión en transición energética[234].

---

233 Como señala COFRADES AQUILUÉ: "las Entidades Locales intermedias, por la inercia natural de las cosas, están llamadas a ocupar un lugar principal en nuestra planta local para hacer frente a la despoblación rural y afrontar en mejores condiciones la vertebración territorial, superando de este modo algunas de las disfuncionalidades derivadas del inframunicipalismo. Asimismo, es necesario aproximarnos a fórmulas que permitan articular las exigencias de proximidad y calidad de los servicios públicos con los objetivos de eficiencia y disciplina presupuestaria; para ello sería conveniente reconsiderar la distribución competencial en su conjunto a fin de concretar el ámbito más adecuado para el ejercicio de las diferentes competencias". COFRADES AQUILUÉ, L. (2021): El papel de las Diputaciones Provinciales en la reforma local pendiente: especial referencia a la Comunidad Autónoma de Aragón, Revista Aragonesa de Administración Pública, N. 57, 2021, pág. 110, ISSN 2341-2135.

234 Como señala CARBONELL PORRAS, las diputaciones provinciales "son las administraciones públicas a las que institucionalmente cabe reconocer un papel principal en la ejecución de diferentes medidas del llamado reto demográfico, dada su proximidad para identificar el problema y la solución, y su capacidad de gestión en estrecha colaboración con el concreto municipio afectado. Así además lo ha reivindicado la FEMP, que, entre las medidas institucionales propuestas para luchar contra la despoblación, reivindica el reforzamiento del papel de las diputaciones provinciales, cabildos y consejos insulares, como entidades de referencia y liderazgo en las políticas de sostenimiento de municipios y de atención a la población rural, y aboga por intensificar la orientación de las políticas de las diputaciones hacia la corrección de desequilibrios demográficos en su ámbito territorial, mediante la garantía de los

Las necesidades del medio rural presentan unas singularidades que las distinguen claramente del entorno urbano. Si los problemas de movilidad en las ciudades se traducen en la saturación de las infraestructuras, en el medio rural sería la inexistencia de las mismas la que ocasiona la problemática. El impulso a nuevos modelos de movilidad, como la instalación de puntos de recarga de vehículos eléctricos, parecen utopías en el entorno rural; pero pueden convertirse en realidades asumibles de las que puedan beneficiarse vecinos, empresas y administraciones públicas gracias a las comunidades energéticas.

La industria agrícola y ganadera, pilares tradicionales del entorno rural, están llamadas a convertirse en actores energéticos de primer orden. En este contexto nos podemos encontrar con vías de renovables centradas en el aprovechamiento de los residuos derivados de estas mismas industrias[235]. Además, en el

---

servicios públicos de competencia local y el fomento del desarrollo económico y social de carácter endógeno". CARBONELL PORRAS, E. (2021): Las diputaciones provinciales, garantes de servicios e infraestructuras en los municipios rurales: su posición institucional en la lucha contra la despoblación, Cuadernos de Derecho Local, junio, 2021, págs. 113-114, ISSN 2695-6101.

235 En relación a la generación de energía desde la biomasa es de interés la reflexión elaborada por PASCUAL NÚÑEZ y SANZ SAN MIGUEL, que se pronuncian en los siguientes términos: "La planificación energética se centra en el impulso de centrales de energía solar y eólica, infravalorando en cierta medida las posibilidades de diversificación en el mix que ofrece la biomasa como fuente energética flexible y gestionable. Si bien la EAE del PNIEC alerta sobre el impacto en el territorio de la infraestructura para la producción de energía eólica y solar, el planteamiento podría reformularse: ¿Existe alguna fuente renovable cuya producción pueda suponer impactos positivos en el territorio? Este interrogante merece una respuesta elaborada y cimentada en la cautela, pero somos optimistas. Si se despliegan los medios adecuados para cumplir con los objetivos del

ámbito rural el espacio disponible para la instalación de plantas de renovables también es uno de los aspectos a destacar.

La implicación y participación de la ciudadanía a través de las comunidades energéticas es la clave para eliminar las reticencias que el aprovechamiento de las renovables ha generado en el medio rural. La frontal oposición a este tipo de instalaciones, principalmente grandes huertos solares o parques eólicos, tienen su razón de ser en el desarrollo de proyectos basados en la especulación económica y ajenos a las demandas y necesidades de los vecinos de los municipios en los que se ubican. Como se señala en el propio texto de la DFERII, la aceptación local de las energías renovables y el acceso a capital privado adicional está en gran medida marcado por la participación de los ciudadanos y autoridades locales en los proyectos; en un contexto donde se apuesta por incrementar la capacidad de las renovables, las iniciativas que permitan a las comunidades de energías renovables competir en igualdad de condiciones con otros productores también han de incorporar como fin el

Acuerdo de París y del Reglamento UTCUTS, extendiendo los esquemas de gestión forestal sostenible, podría alcanzarse esa situación óptima, en la que los montes son espacios ricos en biodiversidad, protectores de esta y proveedores de recursos y servicios para el ser humano. Finalmente, si se pretende un marco que potencie la soberanía de los consumidores, debe garantizarse que los territorios rurales, donde se ubican principalmente los recursos agro-silvícolas y las industrias asociadas, generadoras de residuos forestales, sean receptores de los beneficios de su impulso". PASCUAL NÚÑEZ, M., SANZ SAN MIGUEL, C. (2021): La conjunción del derecho y la ciencia para la determinación de la sostenibilidad de las energías renovables en el futuro paradigma energético de Europa, Bioderecho.es: Revista internacional de investigación en Bioderecho, N. 12, 2020, ISSN-e 2386-6594, DOI: https://doi.org/10.6018/bioderecho.461081

aumento de la participación local en los proyectos y, en consecuencia, incrementar la aceptación de las renovables[236].

La realidad es que las cifras actuales no reflejan una mejora significativa en los datos de empleo de los municipios que ubican las plantas de renovables. En enero de 2023 el Banco de España publicó un informe sobre el impacto de las energías renovables sobre el empleo local; para este estudio se tomó como referencia una base de datos con información de más de 3200 municipios españoles recabada durante un periodo de trece años. Las conclusiones de este estudio distinguen entre las plantas solares y las eólicas; las primeras suponen un incremento en el número de empleados de las empresas locales si bien no inciden en sobre el desempleo de los residentes; mientras que las eólicas no tienen un impacto reseñable sobre el empleo local. Este desigual impacto generado por las plantas solares supone que los nuevos puestos de trabajo que se crean benefician a no residentes, por lo que la población local no ve incrementadas sus tasas de empleo, a pesar de estas inversiones.

En definitiva, las energías solar y eólica están generando empleo, pero no en los municipios en los que se instalan. Los incrementos en la población empleada se limitan a la fase de construcción de las plantas, donde es necesario un personal menos cualificado; una vez finalizada esta etapa el personal que debe residir en el entorno se va a limitar al mantenimiento de las instalaciones solares, puesto que en el caso de los parques eólicos prima la gestión a distancia y de varias infraestructuras simultáneamente, por lo que no se traducen en empleo para los vecinos del término municipal en los que se ubican[237].

---

236 Considerando 70 DFERII.

237 FABRA, N., GUTIÉRREZ, E., LACUESTA, A., RAMOS, R. (2023): Do renewables créate local Jobs?, Documentos de Trabajo N. 2307, Banco de España, 2023, https://doi.org/10.53479/29475.

Estos datos nos reafirman en la necesidad de elaborar una política supramunicipal en materia de renovables que se centre en la implantación de comunidades energéticas[238]. Los pequeños municipios no pueden ser sólo el espacio donde ubicar las instalaciones de renovables; instalaciones que sin duda afectan al paisaje y que generan unas falsas expectativas en la consolidación del empleo a largo plazo de las poblaciones locales. La implicación y participación ciudadana en el procedimiento de planificación supramunicipal también es la clave para diseñar estrategias de reparto de costes y beneficios entre los municipios limítrofes. Las comunidades energéticas permitirían incrementar el beneficio directo en las poblaciones locales gracias a una reducción en las facturas del gas y la luz, además de otros elementos como impulso a los nuevos modelos de movilidad. Y, de forma destacada, colocaría a los vecinos en una posición activa, en la toma de decisiones sobre el modelo de infraestructuras energéticas y asunción de costes-beneficios de las mismas en sus municipios.

---

238 Como señala la profesora GALLEGO CÓRCOLES, para desarrollar el potencial de las renovables en las zonas rurales "se precisa algo más que declaraciones programáticas, por mucho que se contengan en una Directiva europea. Es preciso una mayor coordinación entre la ordenación territorial y la planificación de la política energética. El desarrollo de estas comunidades requerirá una completa visión de la estrategia a seguir y de los distintos niveles de gobierno implicados de forma que la planificación que requiere la DFERII no quede en un elemento ornamental. La implantación efectiva de comunidades de energías renovables requerirá un abanico coherente de medidas en las que también deberán implicarse activamente las CCAA, que recordemos ostentan importantes competencias sobre la materia". GALLEGO CÓRCOLES, I. (2021): Comunidades de energía y transición energética, Aranzadi, Cizur Menor (Navarra), 2021, pág. 217, ISBN: 9788413916514.

5. SUPRAMUNICIPALIDAD ENERGÉTICA DESDE LAS CÁMARAS DE COMERCIO

En febrero de 2022 nace la iniciativa "Toda Energía" impulsada por la Cámara de Comercio de Navarra en colaboración con la Federación Navarra de Municipios y Concejos, el apoyo del Departamento de Desarrollo Económico y Empresarial del Gobierno de Navarra, y con Edinor como socio tecnológico. Esta iniciativa se lanza para participar en las convocatorias de ayudas para proyectos pilotos de comunidades energéticas del Plan de Recuperación, Transformación y Resilencia del Ministerio para la Transición Ecológica y Reto Demográfico (MITECO). Toda Energía I consiguió agrupar a 28 localidades navarras y logró una financiación inicial de más de 2,5 millones de euros del Instituto para la Diversificación y Ahorro de Energía del MITECO.

Esta comunidad energética se ha convertido en un modelo a reproducir a lo largo de todo el territorio nacional, de ahí la relevancia de conocer cómo se ha expandido un esquema de comunidad energética que pueda servir de ejemplo ante el éxito obtenido y la originalidad de una propuesta basada en el ámbito supramunicipal. En la actualidad el modelo se ha replicado en diez Cámaras de Comercio que ya han iniciado el proceso para constituir comunidades energéticas en 206 ayuntamientos de distintas Comunidades Autónomas como Andalucía, Comunidad Valenciana y Extremadura, entre otras.

5.1. Las Cámaras de Comercio, Industria, Servicios y Navegación como actores de la transformación energética

Las Cámaras Oficiales de Comercio, Industria, Servicios y Navegación se han convertido en un actor clave para la implantación de las comunidades energéticas en el ámbito supramunicipal. Y es sorprendente, por cuanto parecían una corporación de derecho público abocada al olvido o, al menos, no transcendían sus servicios más allá de las funciones que desempeñaban para sus miembros; socialmente no tenían una proyección relevante.

Antes de adentrarnos en la labor que están desarrollando estas corporaciones en el ámbito energético corresponde recordar cuál es su marco normativo de referencia, así como sus objetivos, para ayudarnos a entender cómo están operando en el sector de las comunidades energéticas. La norma de referencia de las Cámaras Oficiales de Comercio, Industria, Servicios y Navegación es la Ley 4/2014, de 1 de abril, Básica de las Cámaras Oficiales de Comercio, Industria, Servicios y Navegación. Desde el punto de vista jurídico-administrativo se configuran como una corporación de derecho público, que ostenta personalidad jurídica propia y plena capacidad de obrar y que se constituyen como órganos consultivos y de colaboración con las Administraciones Públicas[239].

Las Cámaras de Comercio, Industria y Navegación tienen una gran tradición en nuestro ordenamiento jurídico, y su primera regulación se remonta al siglo XIX, cuando se crearon para representar los intereses generales de las empresas. Esta finalidad se ha mantenido, si bien también han ido asumiendo funciones de carácter público-administrativo. En la actualidad, su finalidad es "la representación, promoción y defensa de los intereses generales del comercio, la industria, los servicios y

---

239 Son obras clave sobre esta materia: CABEZAS HERNÁNDEZ, M. (2002): *Las cámaras de comercio, industria y navegación de España: naturaleza jurídica y funciones*, Atelier, Barcelona, 2002, ISBN: 9788495458438; GARCÍA DE ENTERRÍA, E. (1996): *Las Cámaras de Comercio, Industria y Navegación ante el Derecho*, Revista de Administración Pública, N. 139, 1996, págs. 153-170, ISSN: 0034-7639; GORORDO BILBAO, J. (2005): *Cámaras oficiales de comercio, industria y navegación*, Civitas, Madrid, 2005, ISBN: 9788447024865.

la navegación, así como la prestación de servicios a las empresas que ejerzan las indicadas actividades. Asimismo, ejercerán las competencias de carácter público que les atribuye esta Ley y las que les puedan ser asignadas por las Administraciones Públicas"[240].

Para conocer sus competencias en el marco de las comunidades energéticas debemos remitirnos al listado de funciones que incluye la Ley estatal, entre las de carácter público-administrativo podemos destacar su carácter de órgano de asesoramiento de las Administraciones Públicas para el desarrollo del comercio, la industria, los servicios y la navegación. La norma estatal presta especial atención a la integración de las Cámaras en la gestión y tramitación de ayudas y fondos europeos, reconociendo así su competencia para tramitar los programas de ayudas a las empresas y gestionar los servicios públicos relacionados con las mismas cuando su gestión corresponda a la Administración General del Estado; a nivel comunitario, en el caso de que la autoridad de gestión de los Fondos de la Unión Europea lo considere procedente, las Cámaras podrán participar en la gestión de fondos dirigidos a la mejora de la competitividad en las empresas. Asimismo, las Cámaras ostentan una competencia clara en el impulso de actuaciones dirigidas al incremento de la competitividad de las pequeñas y medianas empresas, y al fomento de la innovación y la transferencia tecnológicas a las empresas[241].

También consideramos destacable, entre el listado de competencias que habrán de concretarse por las Comunidades Autónomas, la función de proponer a las Administraciones Públicas cuantas reformas o medidas consideren necesarias o convenientes para el fomento del comercio, la industria, los

---

240 Art. 3.

241 Art. 5.1 c), f), j).

servicios y la navegación[242]. En definitiva, las Cámaras se configuran como un instrumento para la consulta y el apoyo a las Administraciones públicas en el ámbito de la empresa.

5.2. El marco normativo y planificador de Navarra

La Comunidad Foral de Navarra se ha dotado de un marco normativo y planificador que ha potenciado el desarrollo de las comunidades energéticas. El favorable contexto de esta Comunidad exige revisar los antecedentes que han llevado a un desarrollo exponencial de modelos energéticos alternativos; por ello, corresponde recordar que Navarra se situó entre las primeras Comunidades en desarrollar planes energéticos específicos para las energías renovables, potenciados por la inexistencia de fuentes de energía propias y por la dependencia del exterior. Ante una bajísima tasa de autoabastecimiento, ya en la última década del siglo pasado se elaboró el Plan de Fomento de las Energías Renovables 1995-2000, y se hizo especial hincapié en la implicación de la ciudadanía, los entes locales y el sector empresarial.

De hecho, una de las principales consecuencias positivas de este impulso institucional a las renovables fue el desarrollo de un sector empresarial competitivo y dinámico; un sector que ya en 2002 suponía el 0,9% de la población ocupada de la región. Sin duda, esta tradición en el ámbito empresarial ha sido uno de los acicates para que la Cámara también haya dirigido sus esfuerzos hacia este sector[243].

---

242 Art. 5.2 a).

243 FAULÍN FAJARDO, J., GARCÍA ORTEGA, J., LERA LÓPEZ, F., PINTOR BOROBIA, J. (2003): Expansión de las energías renovables a nivel regional, Boletín Económico de ICE, N. 2787, 2003, págs. 9-21, ISSN: 0214-8307.

En la actualidad, Navarra ha consolidado este liderazgo en materia de transición energética, y nos encontramos con instrumentos de planificación que avalan el desarrollo de un modelo basado en la energía renovable y en el impulso a las comunidades energéticas. Desde el punto de vista de la planificación, se encuentra vigente el Plan Energético de Navarra Horizonte 2030 que incluye acciones dirigidas al fomento de las comunidades energéticas. Este plan se encuentra en fase de actualización, con el fin de revisar sus objetivos para que sean más ambiciosos y sigan las líneas de actuación definidas desde la Unión Europea. Junto al impulso planificador autonómico, también nos encontramos con que el 75% de los municipios de la Comunidad Foral tienen elaborado un plan de acción climática local, lo que sitúa a Navarra a la cabeza del Estado.

A nivel normativo, la Ley de Cambio Climático y Transición Energética de Navarra[244], presta especial atención a los proyectos de generación renovable con participación local. La norma impone a las administraciones públicas la obligación de fomentar la participación local en las instalaciones de energía renovable y lo hace con un llamamiento a la "capacitación", es decir, se pretende dotar a la ciudadanía, a las comunidades de energía renovables locales y a otras entidades de la sociedad civil de los instrumentos y medios necesarios para poder implicarlos en el desarrollo y gestión de los sistemas de energía renovable. Por lo tanto, la obligación del sector público se traduce en convertir en sujetos activos y con capacidad de decisión a estos nuevos actores principales del panorama energético.

La norma navarra considera proyectos de generación renovable con participación local a aquellos en los que se acredite que se ha ofrecido la posibilidad de participar, en al menos el

---

244 Art. 36 de la Ley Foral 4/2022, de 22 de marzo, de Cambio Climático y Transición Energética (BON núm. 66, de 01/04/2022, BOE núm. 93, de 19/04/2022).

51% de la propiedad del proyecto, a aquellas personas físicas o jurídicas, públicas o privadas, radicadas en el municipio en el que se pretende situar su instalación o en los municipios limítrofes al mismo y que consigan, al menos, la participación efectiva de un 20%. También existen previsiones específicas para proyectos desarrollados a través de una sociedad mercantil, en estos casos el 40% de la propiedad del proyecto se entenderá como el 51% de la sociedad vehicular. Cuando un mismo proyecto estuviera desarrollado a través de varias sociedades, la apertura a la inversión local nunca podrá ser inferior al 51% del total del valor nominal del conjunto de las acciones o participaciones de las sociedades que lo componen.

Esta oferta de participación local será obligatoria en los supuestos de proyectos de generación renovable ubicados en suelo público. El primer nivel es el municipal, pero la norma prevé que si no se alcanza el 40% de personas físicas o jurídicas interesadas, se ampliará la oferta a las personas físicas o jurídicas, públicas o privadas, radicadas en los municipios limítrofes. En caso de seguir sin agotarse se extenderá la oferta a las personas físicas o jurídicas, públicas o privadas, radicadas en Navarra.

Expresamente se reconoce la condición de proyectos de generación renovable con participación local a los promovidos por entidades que tengan la consideración de comunidades ciudadanas de energía o comunidades de energías renovables de acuerdo con el ordenamiento jurídico.

La implicación a nivel de la administración autonómica se completa con dos elementos clave para impulsar estas iniciativas comunitarias: por un lado, la planificación autonómica y, por otro, la disponibilidad de terrenos. En lo que respecta a la planificación, el gobierno navarro tiene un plazo de un año para elaborar un plan de acción para fomentar la implantación de comunidades ciudadanas de energía o comunidades de energías renovables, en colaboración con las entidades locales, para el desarrollo de la generación de energía de proximidad, impulsando la generación distribuida y el apoyo a la conversión de la ciudadanía navarra en prosumidores. Mientras que en materia de espacios y de su gestión, una de las grandes limitaciones a las que se pueden enfrentar estos proyectos, la norma impone al Gobierno de Navarra, a título individual o en colaboración con las entidades locales, la creación de una bolsa de terrenos donde sus propietarios puedan ponerlos a disposición del desarrollo de los proyectos de energías renovables; si bien esta materia se remite para su concreción al reglamento de desarrollo de la ley.

Junto a este texto nos encontramos con una normativa específica para las comunidades de energía, la Orden Foral 64/2022, por la que se establecen medidas de fomento de las comunidades de energía en Navarra[245]. En la Exposición de Motivos de este texto existen varias referencias que consideramos definidoras del modelo energético por el que se apuesta con el impulso de las comunidades de energía: un modelo basado en la descarbonización de la economía, justo y solidario. Un nuevo contexto en el que las comunidades energéticas son el instrumento para la consecución de una transición energética basada en la economía colaborativa, con la finalidad última de implementar las energías renovables y de reportar beneficios energéticos a las entidades locales, la ciudadanía y las pymes, otorgándoles un papel activo y principal en este nuevo paradigma energético.

Las iniciativas en materia de impulso a las comunidades energéticas son constantes, recientemente se ha lanzado un mapa solar autonómico; una herramienta interactiva que

---

245 Orden Foral 64/2022, de 21 de octubre, del Consejero de Desarrollo Económico y Empresarial, por la que se establecen medidas de fomento de las comunidades de energía en Navarra (BON núm. 226, de 15/11/2022).

permite conocer el potencial solar, de energía fotovoltaica y térmica de todo el territorio de la Comunidad. Sin lugar a dudas es un gran impulso a las comunidades energéticas, puesto que permite conocer de forma inmediata las posibilidades de crearlas; además, este proyecto ofrece información sobre la superficie útil de instalación, el coste medio de la inversión y de su mantenimiento anual, una estimación de la producción, el ahorro de emisiones de gases de efecto invernadero, y la estimación de ahorro económico en la factura de la luz o el gas. En definitiva, cualquier ciudadano puede conocer el potencial de la cubierta de su edificio, vivienda o lugar de trabajo, las posibilidades de ahorro energético que una instalación de renovable exigiría, y la oportunidad que le ofrece la participación en una comunidad energética[246].

5.3. Los ejes de un proyecto exitoso

Desde el punto de vista de su forma jurídica se basa en unos estatutos en los que se constituye una asociación sin ánimo de lucro. Los fines de esa asociación se basan en la promoción de la sostenibilidad energética a través de la producción y el consumo de energía renovables, con una clara vocación de implicación a los vecinos y comercios de los municipios que la integran. Por tanto, partimos de un ámbito territorial que supera el nivel municipal, y que aspira a promover una conciencia de sostenibilidad energética en los ciudadanos y en las administraciones públicas; por lo que uno de sus objetivos es fomentar la implicación del sector público, con especial atención en el ámbito municipal, en el desarrollo de políticas específicas.

---

246 OTAZU, A. (2023): "Navarra lanza el primer mapa solar autonómico para que vecinos y empresas conozcan el potencial fotovoltaico de cada edificio", *Diario El País,* edición digital, 6 de abril de 2023.

Al encontrarnos ante una asociación sin ánimo de lucro, los fines se centran en la consecución de beneficios medioambientales, económicos y sociales para la ciudadanía y los municipios. Con una apuesta por la energía renovable y el autoconsumo, como pilares para la transformación energética del territorio. Principalmente se parte de la implantación de instalaciones fotovoltaicas, pero también se prevé la posibilidad de emplear otras fuentes energéticas renovables. Con una finalidad clara de conseguir que el consumo eléctrico en las viviendas y locales de los miembros de la asociación provenga únicamente de fuentes renovables. Igualmente, entre los fines se encuentra el desarrollo de funciones que superan autoabastecimiento básico y que van más allá con iniciativas vinculadas a la movilidad sostenible y a la eficiencia energética.

Si bien son los objetivos ambientales los que centran esta iniciativa, también existen otros fines sociales que ponen su atención en la vulnerabilidad energética, así como en el impulso de estas propuestas en municipios de carácter rural o en riesgo de despoblación.

Situar a los vecinos en el centro de la transformación energética es, sin duda, una de las prioridades de esta iniciativa. En línea con las iniciativas comunitarias, se transforma el modelo de consumidor pasivo en materia energética hacia autoconsumidor activo; idéntica transformación con la que se aspira a transformar el nivel municipal desde consumidor pasivo de energía, hacia autoconsumidor, generador de cambio y modelo para los vecinos de sistemas alternativos de abastecimiento energético. En definitiva, gracias a esta propuesta supramunicipal se genera de forma inmediata un debate sobre el modelo energético, para a continuación establecer una estructura en la que los municipios y ciudadanos se integran para liderar y decidir sobre la transformación energética por la que quieren apostar en su territorio. En búsqueda de un modelo energético de proximidad, local y sostenible se crea una comunidad energética local que no sólo es un instrumento para el abastecimiento energético, sino que también es un motor de cambio y de reflexión sobre el diseño, ejecución y desarrollo de políticas municipales, supramunicipales y regionales en las que la ciudadanía se siente representada y donde son sus necesidades a las que se ha de dar respuesta.

Si bien son varias las experiencias de comunidades energéticas locales, esta iniciativa tiene la virtualidad de su éxito que consideramos que radica en gran medida en su carácter supramunicipal. De ahí la relevancia de analizar cómo se organiza en el seno de la asociación la participación de distintos municipios. En los estatutos se ha optado por la creación de unidades municipales, formadas por los miembros de la asociación que residan en el municipio y por el Ayuntamiento de la localidad, cuando esté integrado en la asociación. La finalidad de estas unidades es la promoción de los fines de la asociación y la realización de sus actividades en su ámbito municipal; incluso está prevista la posibilidad de dotarlas de una Junta Delegada Municipal, encargada de la gestión ordinaria, y como un órgano más de la asociación.

El carácter supramunicipal de este modelo de comunidad energética local se refleja en las funciones que pueden ser asumidas por las Juntas Delegadas Municipales, que se centran en la gestión ordinaria de la asociación en el municipio correspondiente, siempre en el desarrollo y ejecución de los acuerdos adoptados por la Asamblea General y la Junta Directiva, pero no podrán desempeñar las funciones reservadas a la Asamblea General. En definitiva, cada unidad municipal forma parte de un entramado organizativo liderado por la Asamblea General y la Junta Directiva.

La siguiente cuestión que corresponde plantear es cómo se garantiza que la asociación responde a las necesidades de cada uno de los municipios; que pueden tener demandas y desarrollos diversos en función de su población, de su modelo energético, e incluso de su realidad territorial y urbanística.

En primer lugar, las Juntas Delegadas Municipales son las responsables del cumplimiento de los fines de la asociación en su ámbito municipal; de ahí que sean las responsables de promover los acuerdos que permitan la ejecución de instalaciones fotovoltaicas, así como de otros proyectos de generación de energía renovable, de movilidad sostenible o de eficiencia energética, entre otros. Además de fomentar la participación vecinal, atender a las situaciones de vulnerabilidad energética y colaborar con el sector privado y las administraciones públicas para el diseño, ejecución y evaluación de programas de actuación y políticas sectoriales.

Las Juntas Delegadas Municipales son los órganos que van a garantizar el correcto desarrollo del proyecto en cada municipio, a la vez que actúan como vía de comunicación entre las demandas de los asociados del municipio y la asociación. Pueden llevar a cabo adaptaciones o modificaciones poco relevantes en las instalaciones o restante equipamiento de la Asociación en la Unidad Municipal siempre para la mejora de los servicios y cuando el coste se asuma por los asociados de la Unidad. En los casos en que esta modificación significara una alteración de un acuerdo, contrato u obligación adoptado por la Asamblea General o la Junta Directiva, exigiría su previa conformidad.

Para garantizar que las propuestas e intereses de cada municipio se reflejan en la asociación, las Juntas Delegadas Municipales son consultadas, con carácter previo a su sometimiento a la Asamblea General, para la elaboración del plan general de actuación de la asociación, el informe de gestión anual de la Junta Directiva, las cuentas anuales y el proyecto de presupuestos del ejercicio y las modificaciones de los Estatutos. En lo que respecta a la modificación de los tipos de cuotas establecidos y otras aportaciones económicas de los socios, la Junta Delegada Municipal no está legitimada para modificarlos. No obstante, podrá proponer a la Junta Directiva la reducción de la cuota mensual en concepto de subvenciones recibidas o amortización del crédito correspondiente a la instalación de su ámbito municipal, o su actualización al alza.

6. CONCLUSIONES

La transformación del modelo energético es una obligación que ha de ser asumida por las Administraciones públicas, el sector privado y la ciudadanía. Al encontrarnos en una etapa de transición es lógico que existan dudas ante la implantación de nuevos modelos, al igual que también serán comunes las iniciativas que deban poner a prueba sus fortalezas y debilidades ante los desafíos que se presentan.

Las comunidades energéticas son una realidad que ya se está asentando en el territorio español, a pesar de la inexistencia de un marco normativo que dotara de seguridad jurídica a estas figuras. Las iniciativas analizadas ponen de relieve la existencia de una voluntad ciudadana y empresarial para la implantación de nuevos modelos de autogestión y autoconsumo energético. Las administraciones públicas, algo rezagadas respecto a la iniciativa ciudadana e impulsadas por las convocatorias de fondos europeos, también han comenzado a dar los primeros pasos, pero no con el impulso que se espera por parte del sector público.

En esta primera etapa de proyectos pilotos y de implantación progresiva son varias las reflexiones sobre la actuación administrativa. En primer lugar, se detectan dificultades por parte de los municipios para liderar y participar en esta transformación energética. Es evidente que el nivel municipal no dispone de los instrumentos o la capacidad suficiente, en la mayoría de los casos, para hacer frente a la creación de una comunidad energética o a impulsarla. De ahí la relevancia de las iniciativas supramunicipales, con propuestas que logran implicar a un número más elevado de vecinos, empresas y administraciones de varios términos municipales, alcanzando una implantación mayor en el territorio.

El Proyecto de Real Decreto por el que se desarrollan las figuras de las comunidades de energías renovables y las comunidades ciudadanas de energía no toma en consideración la importancia de la supramunicipalidad para el desarrollo de las comunidades energéticas. Es muy estricta en la cercanía, y obvia la relevancia de figuras como las comarcas, las mancomunidades de municipios o las diputaciones provinciales. Estos niveles administrativos podrían ser el referente que, bajo unos parámetros de cercanía a los proyectos energéticos más flexibles, permitieran potenciar el carácter supramunicipal de las estas comunidades. La proximidad podría valorarse en función del origen de la energía que abastezca a cada socio; ya que en una misma comunidad pueden integrarse varios proyectos de los que se beneficien distintas localidades, pero que estén agrupados en una misma figura en las que actúen como socios entes supramunicipales.

Las comunidades ciudadanas de energía no tienen limitación de proximidad, pero la regulación de las comunidades de energía renovables sí es muy estricta en este sentido. Tan sólo nos encontramos con cierto grado de flexibilidad para los pequeños municipios. Las experiencias supramunicipales analizadas ponen de relieve la oportunidad que representan iniciativas que comprenden un territorio más amplio, en el que nos encontramos con una voluntad ciudadana de participar en estos proyectos, pero donde la cobertura municipal no es suficiente y los desafíos técnicos y económicos superan los límites del municipio. Asimismo, y ante la problemática que los proyectos de renovables están generando en los entornos rurales, consideramos que la apuesta por iniciativas creadas desde la ciudadanía, donde no existe ánimo de lucro y en las que los fines sociales, ambientales y económicos de los territorios en los que radican son la prioridad, han de ser el modelo a implantar.

Las administraciones no sólo van un paso por detrás, si no que pueden actuar como distorsionadoras de estas propuestas al no generar un contexto favorable para su implantación. Son proyectos complejos que necesitan de un análisis de viabilidad técnica, ambiental, social y económica, pero no pueden ser dinamitados desde el sector público; en ocasiones por falta de medios o bien por desconocimiento de la realidad energética. Por ello, la norma que regule esta materia a nivel interno debe reconocer de forma clara la posibilidad de que cualquier ente local se integre como socio en la comunidad; mencionando, al menos, a los entes municipales y supramunicipales que reconoce la LBRL. De esta forma se podrían solventar las reticencias que aún hoy muestran algunos entes a integrarse plenamente como socios en estas comunidades.

Es una etapa de transición, donde las experiencias piloto han demostrado la oportunidad de desarrollar iniciativas supramunicipales, que consiguen vertebrar el territorio desde la perspectiva energética y ofrecer nuevas oportunidades de crecimiento en zonas de especial vulnerabilidad. La subida en los precios de la energía y el mayor grado de conciencia medioambiental han permitido generar una demanda ciudadana de este tipo de propuestas. Existe una predisposición de la sociedad para implicarse en comunidades que promuevan la generación de energía renovable y que ello redunde en un ahorro en la factura de la luz pero que también genere otros añadidos de desarrollo económico, formación y movilidad, entre otros. Por ello es importante dar una respuesta clara a esta necesidad, con el impulso de la administración y con un marco normativo que dote de seguridad jurídica a estas iniciativas y disipe las dudas que puedan generarse.

7. BIBLIOGRAFÍA

BARRERO RODRÍGUEZ, C. (2005): *Fórmulas asociativas de prestación de servicios supramunicipales: la comarca, mancomunidades de municipios y consorcios*, Revista de estudios locales. Cunal, N. 81, 2005, págs. 56-69, ISSN 1578-9241.

CABEZAS HERNÁNDEZ, M. (2002): *Las cámaras de comercio, industria y navegación de España: naturaleza jurídica y funciones*, Atelier, Barcelona, 2002, ISBN: 9788495458438.

CARBONELL PORRAS, E. (2021): *Las diputaciones provinciales, garantes de servicios e infraestructuras en los municipios rurales: su posición institucional en la lucha contra la despoblación*, Cuadernos de Derecho Local, junio, 2021, págs. 84-117, ISSN 2695-6101.

COFRADES AQUILUÉ, L. (2021): *El papel de las Diputaciones Provinciales en la reforma local pendiente: especial referencia a la Comunidad Autónoma de Aragón*, Revista Aragonesa de Administración Pública, N. 57, 2021, págs. 72 – 118, ISSN 2341-2135.

DIPUTACIÓN DE BARCELONA (2021): *Guía para el impulso de comunidades energéticas con perspectiva municipal*, 2021, texto completo disponible en: https://www.diba.cat/documents/471041/361729804/Gu%C3%ADa+para+el+impulso+de+comunidades+energ%C3%A9ticas+con+perspectiva+municipal

FABRA, N., GUTIÉRREZ, E., LACUESTA, A., RAMOS, R. (2023): *Do renewables create local Jobs?*, Documentos de Trabajo N. 2307, Banco de España, 2023, https://doi.org/10.53479/29475

FAULÍN FAJARDO, J., GARCÍA ORTEGA, J., LERA LÓPEZ, F., PINTOR BOROBIA, J. (2003): *Expansión de las energías renovables a nivel regional*, Boletín Económico de ICE, N. 2787, 2003, págs. 9-21, ISSN: 0214-8307.

GARCÍA DE ENTERRÍA, E. (1996): *Las Cámaras de Comercio, Industria y Navegación ante el Derecho*, Revista de Administración Pública, N. 139, 1996, págs. 153-170, ISSN: 0034-7639.

GALERA RODRIGO, S. (2018): *Transición energética: un salto cualitativo en el progreso democrático*, Ambienta: La revista del Ministerio de Medio Ambiente, N. 125, 2018, págs. 68 – 85, ISSN 1577-9491.

GALERA RODRIGO, S. (2018): Las entidades locales y su función en las políticas europeas de energía y clima: Una revolución silenciosa, en ALONSO IBÁÑEZ, M. (dir.), *Retos de desarrollo urbano sostenible e integrado*, 2018, Tirant lo Blanch, Valencia, ISBN 978-84-9190-048-1, págs. 433-455.

GALERA RODRIGO, S., GÓMEZ ZAMORA, M. (2018): *Políticas Locales de Clima y Energía: Teoría y Práctica*, 2018, Instituto Nacional de Administración Pública, Madrid, ISBN: 978-84-7351-636-5.

GALLEGO CÓRCOLES, I. (2021): *Comunidades de energía y transición energética*, Aranzadi, Cizur Menor (Navarra), 2021, ISBN: 9788413916514.

GORORDO BILBAO, J. (2005): *Cámaras oficiales de comercio, industria y navegación*, Civitas, Madrid, 2005, ISBN: 9788447024865.

LORA-TAMAYO VALLVÉ, M. (2012): Los ámbitos supramunicipales como espacios de referencia para el ejercicio de las competencias en materia de ordenación del territorio y urbanismo en VALENZUELA, M. (coord.), *El impacto del modelo autonómico en las ciudades españolas. Una aproximación intedisciplinar*, 2012, Madrid, Ediciones Universidad Autónoma de Madrid, págs. 97-142, ISBN: 978-84-8344-322-4.

OTAZU, A. (2023): Navarra lanza el primer mapa solar autonómico para que vecinos y empresas conozcan el potencial fotovoltaico de cada edificio, *Diario El País*, edición digital, 6 de abril de 2023.

PASCUAL NÚÑEZ, M., SANZ SAN MIGUEL, C. (2021): *La conjunción del derecho y la ciencia para la determinación de la sostenibilidad de las energías renovables en el futuro paradigma energético de Europa*, Bioderecho.es: Revista internacional de investigación en Bioderecho, N. 12, 2020, ISSN-e 2386-6594, DOI: https://doi.org/10.6018/bioderecho.461081

PRESICCE, L. (2020): *La gobernanza multinivel del cambio climático en la Agenda Urbana de la Unión Europea*, Actualidad Jurídica Ambiental, N. 102, 2020, ISSN-e 1989-5666

PRESICCE, L. (2021): *Las competencias de los ayuntamientos para impulsar el autoconsumo fotovoltaico en el sector doméstico: especial referencia a Cataluña*, Revista de Investigações Constitucionais, N. 1, 2021 págs. 77-106, ISSN-e 2359-5639.

RED ESPAÑOLA DE CIUDADES POR EL CLIMA: *Las entidades locales supramunicipales y el cambio climático*, Federación Española de Municipios y Provincias, ISBN: 978-84-92494-05-7, disponible en: https://redciudadesclima.es/sites/default/files/2020-06/92e6ec4de3959deb0c8bc2348c8b2165.pdf

ZAMORA ROSELLÓ, M. R. (2013): La reestructuración de la planta del gobierno local y las mancomunidades de municipios en DÍEZ SÁNCHEZ, J. (coord.), *La planta del gobierno local: actas del VIII Congreso de la Asociación de Profesores de Derecho Administrativo*, 2013, Barcelona, Fundación Democracia y Gobierno Local, págs. 139 – 150, SBN: 9788493914646.

Capítulo 15

Protección civil en el ámbito supramunicipal

ENRIQUE RANDO SÁNCHEZ
Graduado en Ciencia y Tecnología en Edificación
Arquitecto Técnico
Funcionario de Carrera. Jefe de Sección de Planificación y Análisis de Riesgos del Área de Seguridad del Ayuntamiento de Málaga

SUMARIO: 1. INTRODUCCIÓN. 2. CONTEXTO JURÍDICO EN MATERIA DE PROTECCIÓN CIVIL. 3. COMPETENCIA SUPRAMUNICIPAL EN PROTECCIÓN CIVIL. REGULACIÓN GENERAL AUTONÓMICA. 4. TRATAMIENTO NORMATIVO DE LA PROTECCIÓN CIVIL SUPRAMUNICIPAL EN CLAVE ESTATAL. 5. MARCO NORMATIVO AUTONÓMICO EN MATERIA DE PROTECCIÓN CIVIL Y LA ATRIBUCIÓN CONFERIDA A LAS ENTIDADES LOCALES: ANÁLISIS DE CONJUNTO. 6. PLANES DE EMERGENCIA SUPRAMUNICIPALES. 7. CONCLUSIONES. 8. BIBLIOGRAFÍA.

1. INTRODUCCIÓN

A nivel mundial se constata el aumento significativo, del número y gravedad de las emergencias y catástrofes aparejadas al cambio climático, estimándose un incremento gradual de las mismas. En España podemos recordar perfectamente situaciones recientes como la pandemia COVID, el incendio forestal de Sierra Bermeja del año 2021 (provincia de Málaga), la erupción volcánica de La Palma de 2021, la sucesión de grandes incendios forestales de sexta generación con capacidad para modificar la meteorología, provocando la quema de 267.946 hectáreas en el año 2022[247] lo que supone casi tres veces más que la media de la última década, los récords por altas temperaturas continuados en multitud de localizaciones del año 2023, o la sequía que actualmente estamos padeciendo, sucesos que implican la imperiosa necesidad de una adecuada coordinación en materia de protección civil por todas las administraciones concurrentes, llevando a cabo una integración real y efectiva en la gestión de las emergencias y catástrofes, prestando especial atención a las primeras fases del ciclo de la emergencia: anticipación, prevención y planificación, dado que de este modo se podrá luchar más eficientemente contra las mismas dado que las fases "típicas" de intervención y recuperación son inevitables una vez que se produce la emergencia y consumen una ingente cantidad de recursos comparados con las anteriores. Convirtiéndose en uno de los principales desafíos contemporáneos por su impacto que no solo afecta a las personas y bienes sino también al medioambiente y al desarrollo económico.

El concepto de Protección Civil ha ido evolucionando a lo largo del tiempo y paralelamente con las necesidades de la ciudadanía, desde sus orígenes de carácter meramente militar hasta la concepción actual de carácter civil. Como hitos fundamentales destacaremos su origen internacional asociado a la primera guerra mundial (Defensa Pasiva), en España se creó mediante Decreto de 23 de enero de 1941 la Jefatura Nacional de Defensa Pasiva y del Territorio, en el año 1960 se redefine el

---

247 Conforme a datos publicados por el ÁREA DE DEFENSA CONTRA INCENDIOS FORESTALES, *Los incendios forestales en España. Avance Informativo 1 de enero–31 de diciembre 2022*. Ministerio para la Transición Ecológica y el Reto Demográfico, 2023. Disponible https://www.miteco.gob.es/es/biodiversidad/temas/incendios-forestales/avance_1_enero_31_diciembre_2022_tcm30-560521.pdf

sistema mediante el Decreto 827/60, creándose la primera Dirección General de Protección Civil que desaparece en el año 1967 y reaparece en 1980, un hito concluyente fue el Decreto 398/1968, de 29 de febrero, sobre estructura y competencia de la Subdirección General de Protección Civil que reestructura todo el servicio de protección civil[248], la creación en el año 1980 de la Dirección General de Protección Civil en el Ministerio del Interior mediante Decreto 1547/1980 de 24 de julio, en el año 1985 se promulga la primera norma nacional específica de Protección Civil plasmada en la Ley 2/1985, de 21 de enero, sobre Protección Civil (en lo sucesivo, LPC) hasta la vigente Ley 17/2015, de 9 de julio, del Sistema Nacional de Protección Civil (en adelante, LSNPC) que en su art. 1 define protección civil:

> "como instrumento de la política de seguridad pública, es el servicio público que protege a las personas y bienes garantizando una respuesta adecuada ante los distintos tipos de emergencias y catástrofes originadas por causas naturales o derivadas de la acción humana, sea ésta accidental o intencionada".

2. CONTEXTO JURÍDICO EN MATERIA DE PROTECCIÓN CIVIL

Al objeto de contextualizar el escenario de partida en lo que es la finalidad del presente trabajo, se apuntan a continuación, muy brevemente, pero en aras a facilitar una mejor comprensión del estado de la cuestión, algunos de los principales antecedentes en el contexto internacional, europeo y estatal. Lo que se completará a continuación con el contexto normativo a nivel autonómico y local.

---

[248] OCHOA MONZÓ, J., *Riesgos mayores y protección civil*, McGraw-Hill Interamericana de España, España, 1996.

Los desastres naturales o antrópicos y sus efectos devastadores, evidentemente desconocen de fronteras[249], lo que anudado a la propia necesidad de solidaridad y colaboración en catástrofes internacionales, lleva a nuestro país a unirse a diferentes acuerdos internacionales entre los que destaca la adhesión a la actual Estrategia Internacional para la Reducción del Riesgo de Desastres de las Naciones Unidas, redefinida en Sendai 2015 (Marco de Sendai 2015-2030), que representa una herramienta de encuentro y consenso internacional, para la gestión integral de las emergencias por todos los estados firmantes con el objeto principal de la reducción sustancial del riesgo de desastres y de las pérdidas ocasionadas por los mismos. Disponiendo de 4 niveles de acción: global, regional, nacional y local.

A nivel europeo, originariamente no existía una política común en la materia sino acciones sectoriales entre las que destacan las diversas "Directivas Seveso" para prevenir accidentes graves en los que intervengan sustancias peligrosas, el número de llamada de emergencia europeo único (112), o la Directiva de 1994 para el transporte de mercancías peligrosas por carretera, hasta que en el año 2001 la Unión Europea (UE) decide coordina las estrategias de todos los países miembros en materia de protección civil, con la creación del Mecanismo de Protección Civil de la Unión Europea, regulado actualmente por la Decisión 1313/2013/UE del Parlamento Europeo y del Consejo, de 17 de diciembre de 2013, con el propósito de coordinar a escala de la UE la respuesta a las catástrofes, permitiendo garantizar la ayuda de Europa dentro y fuera de la misma, evitando duplicidades y haciendo hincapié en la prevención y preparación ante catástrofes. Además de los 27 países de la UE, en el mecanismo participan otros nueve países próximos geográficamente.

---

249 *Ibídem.*

En nuestro Estado, la CE no dispone ninguna referencia explícita a la materia de Protección Civil, sin embargo, sí que encuentra su fundamento jurídico[250] en la misma al establecerse el principio de unidad nacional y solidaridad territorial (art. 2), la obligación de los poderes públicos de garantizar el derecho a la vida y a la integridad física de las personas (art. 15), los deberes de los ciudadanos en situaciones de grave riesgo, catástrofe o calamidad pública (art. 30.4), las exigencias a las administraciones de actuar conforme a los principios de eficacia y coordinación (art. 103), convergiendo todos los anteriores en el art. 149.1.29, al otorgar al Estado la competencia exclusiva en materia de "**seguridad pública**", según la delimitación competencial operada por el Tribunal Constitucional mediante reiterados pronunciamientos[251] (SSTC 123/1984, de 18 de diciembre; 133/1990, de 19 de julio; 13/1992, de 6 de febrero, 31/2010, de 28 de junio; 155/2013, de 10 de septiembre; 87/2016, de 28 de abril; 58/2017, de 11 de mayo), en consonancia con la reciente STS

---

250 DOMÍNGUEZ MARTÍN, M., "La configuración de la protección civil en las Comunidades Autónomas. Especial referencia a la Comunidad de Madrid", *Revista estudios locales. Cunal*, núm. 163, 2013, págs. 50-75.

251 BARCELONA LLOP, J., *La protección civil municipal*, Iustel, España, 2007.

296/2022[252-253], cuestión que cómo se puede comprobar sigue siendo controvertida en nuestro Estado. Si bien, reconoce la competencia de las Comunidades Autónomas en materia de protección civil principalmente mediante la elaboración de planes y su dirección en caso de emergencia ante situaciones catastróficas, encontrándose con determinados límites que derivan de la existencia de un Interés Nacional[254], facultando de este modo al Estado para fijar las líneas directrices de un sistema único y coordinado de protección civil, con la finalidad de llevar a cabo una correcta integración de las funciones de cada una de las administraciones concurrentes en esta materia,

---

252 STS 296/2022, Sala de lo Contencioso, de 9 de marzo de 2022 (ECLI:ES:TS:2022:1018) en la que Cataluña interpone recurso contra el acuerdo del Consejo de Ministros de 15 de diciembre de 2020, por el que se aprueba el Plan Estatal General de Emergencias de Protección Civil (PLEGEM), solicitando se declaren nulas varias disposiciones del PLEGEM, en atención principalmente a una invasión de competencias del Estado sobre las de la Generalitat, si bien, invocado el art. 149.1.29 CE, vuelve a justificarse unas competencias compartidas entre el Estado y las Comunidades Autónomas que las hayan asumido en sus Estatutos, una función general de coordinación del Estado en materia de protección civil a fin de fijar líneas directrices que permita un sistema integrado de protección civil sin perjuicio de las competencias autonómicas. En definitiva, un sistema único de las funciones otorgadas a las diferentes administraciones competentes y su coordinación a nivel estatal, fallando la Sala desestimar el recurso contencioso administrativo.

253 OCHOA MONZÓ, J., *Riesgos mayores y protección civil… op. cit.*

254 El art. 28 de la LSNP define las Emergencias de Interés Nacional como cualquiera de las siguientes situaciones "1. Las que requieran para la protección de personas y bienes la aplicación de la Ley Orgánica 4/1981, de 1 de junio, reguladora de los estados de alarma, excepción y sitio. 2. Aquellas en las que sea necesario prever la coordinación de Administraciones diversas porque afecten a varias Comunidades Autónomas y exijan una aportación de recursos a nivel supraautonómico. 3. Las que por sus dimensiones efectivas o previsibles requieran una dirección de carácter nacional."

conformando un verdadero Sistema Nacional de Protección Civil[255]. Sin embargo, a efectos prácticos, en nuestro Estado, a fecha actual, nunca se ha declarado formalmente el interés nacional en ninguna emergencia.

En el escalón autonómico, los primeros Estatutos de Autonomía no mencionaban expresamente la protección civil, es a raíz de la doctrina del Tribunal Constitucional tras reiterados pronunciamientos (entre otras, en sus SSTC 123/1984, de 18 de diciembre; 133/1990, de 19 de julio; 13/1992, de 6 de febrero). Por todas, la STC 133/1990[256] vino a delimitar las competencias en la materia, asignando al Estado el título competencial genérico en el marco de la "seguridad pública", al mismo tiempo que reconoció la competencia de las autonomías vinculadas a otros títulos sectoriales (sanidad, carreteras, montes y bosques, policía, obras públicas, etc.). Los Estatutos de Autonomía de segunda generación, entendiendo por tales los promulgados a partir del año 2006, han incorporado la protección civil incluso atreviéndose a calificarla como "competencia exclusiva" pero respetando las competencias estatales[257]. Casos destacables en este sentido y semejantes entre sí, son el Estatutos de Autonomía de Cataluña (art. 132.1 de la L.O. 6/2006, de 19 de julio, de reforma del Estatuto de Autonomía de Cataluña), Estatuto de Autonomía de la Comunidad Valenciana (art. 39.3.14 de la L.O. 1/2006, de 10 de abril, de reforma del Estatuto de Autonomía de la Comunidad Valenciana) y el Estatuto de Autonomía de Andalucía (art. 66.1 de

---

255 El art. 1.2 de la LSNP define el Sistema Nacional de Protección Civil como "instrumento esencial para asegurar la coordinación, la cohesión y la eficacia de las políticas públicas de protección civil, y regular las competencias de la Administración General del Estado en la materia."

256 BOE núm. 181, de 30 de julio de 1990.

257 BARCELONA LLOP, J., *La protección civil municipal... op. cit.*

la L.O. 2/2007, de 19 de marzo, de reforma del Estatuto de Autonomía de Andalucía).

Descendiendo al último escalón jerárquico, las competencias de las entidades locales en el ámbito de la protección civil, en virtud del principio de autonomía local derivan de las bases del régimen local dictada por el Estado, desarrollado en algunos casos por la legislación de régimen local autonómica como más adelante se tratará. La Ley 7/1985, de 2 de abril, Reguladora de las Bases del Régimen Local, en adelante, LBRL, en su art. 25.2.f) determina que los municipios ejercerán como competencia propia la "protección civil", en los términos de la legislación del Estado y de las Comunidades Autónomas. En consonancia con ello el art. 26.1.c) establece la obligatoriedad de todos los municipios con población superior a 20.000 habitantes de prestar el servicio de "protección civil".

En definitiva, la protección civil no admite la división en compartimentos estancos, su propia naturaleza conlleva la integración de las atribuciones de las diferentes administraciones, encontrándonos ante una competencia concurrente entre el Estado, Comunidades Autónomas y Entidades Locales, de acuerdo con el modelo de organización territorial del Estado.

3. COMPETENCIA SUPRAMUNICIPAL EN PROTECCIÓN CIVIL. REGULACIÓN GENERAL AUTONÓMICA

3.1. Estatutos de Autonomía. Particular referencia al ámbito supramunicipal en protección civil

Realizado un análisis de los diferentes Estatutos de Autonomía[258] del ordenamiento jurídico español, se comprueba que no todos hacen mención expresa a la materia de protección civil, en concreto ocho de ellos carecen de su inclusión y sí se refleja en los nueve restantes y en las dos ciudades autónomas. Centrándonos en aquellos Estatutos de Autonomía que sí tratan la protección civil (Cataluña[259], Andalucía[260], Principado de Asturias[261], Comunidad Valenciana[262], Aragón[263], Canarias[264],

---

258 IZU BELLOSO, M.J., "De la protección civil a la gestión de emergencias, la evolución del marco normativo", *Revista Aragonesa de Administración Pública*, núm. 35, 2009.

259 Ley Orgánica 6/2006, de 19 de julio, de reforma del Estatuto de Autonomía de Cataluña.

260 Ley Orgánica 2/2007, de 19 de marzo, de reforma del Estatuto de Autonomía para Andalucía.

261 Ley Orgánica 7/1981, de 30 de diciembre, de Estatuto de Autonomía para Asturias.

262 Ley Orgánica 5/1982, de 1 de julio, de Estatuto de Autonomía de la Comunidad Valenciana.

263 Ley Orgánica 5/2007, de 20 de abril, de reforma del Estatuto de Autonomía de Aragón.

264 Ley Orgánica 1/2018, de 5 de noviembre, de reforma del Estatuto de Autonomía de Canarias.

Extremadura[265], Islas Baleares[266], Castilla y León[267], Ciudad autónoma de Ceuta[268], y Ciudad autónoma de Melilla[269]) se van a plantear tres clasificaciones.

Una primera clasificación atendiendo al tratamiento conferido por los correspondientes Estatutos de Autonomía, en función de que se recoja en los mismos la competencia local en materia de protección civil. En este sentido, la totalidad de los Estatutos de Autonomía señalados con anterioridad contemplan expresamente la competencia autonómica en protección civil, sin embargo, de los mismos, únicamente Cataluña y Canarias, incorporan a su vez la competencia local en la materia. En este sentido, es adecuado puntualizar, en el caso de Cataluña, el art. 84.2.f) de su Estatuto de Autonomía determina que los gobiernos locales de la referida Comunidad Autónoma tienen en todo caso competencias propias sobre materia de protección civil en consonancia con su art. 132.1 que establece la competencia exclusiva en materia de protección civil de la Generalitat, sin perjuicio de las facultades de los gobiernos locales. Canarias, por su parte, recoge en el art. 75.5.k) de su Estatuto de Autonomía que los municipios canarios podrán ejercer competencia en materia de protección civil en aquellos casos que sean transferidas o delegadas. Es significativo destacar cómo pese el expreso reconocimiento que hace Cataluña a la protección civil como competencia propia de los gobiernos

265 Ley Orgánica 1/2011, de 28 de enero, de reforma del Estatuto de Autonomía de la Comunidad Autónoma de Extremadura.

266 Ley Orgánica 1/2007, de 28 de febrero, de reforma del Estatuto de Autonomía de las Illes Balears.

267 Ley Orgánica 14/2007, de 30 de noviembre, de reforma del Estatuto de Autonomía de Castilla y León.

268 Ley Orgánica 1/1995, de 13 de marzo, de Estatuto de Autonomía de Ceuta.

269 Ley Orgánica 2/1995, de 13 de marzo, de Estatuto de Autonomía de Melilla.

locales catalanes, la dicción del texto quede ahí, sin concretar el contenido o las funciones concretas que conlleva la misma. Por otro lado, pese a la analogía entre ambas Comunidades Autónomas, es preciso diferenciar que mientras Cataluña atribuye expresamente la protección civil como competencia propia de los gobiernos locales, lo que implica una atribución de facto, en el caso de Canarias, únicamente deja abierta la posibilidad a que por parte de la Comunidad Autónoma se le delegue la competencia. De ahí la importante diferencia entre ambas cuestiones desde un punto de vista jurídico.

Una segunda clasificación se realiza en función del carácter ejecutivo o exclusivo conferido a la competencia en protección civil. En este sentido, mientras los Estatutos de Autonomía del Principado de Asturias, Castilla y León, Ceuta y Melilla, la contemplan como una competencia ejecutiva, en el caso de Cataluña, Andalucía, Comunidad Valenciana, Aragón, Canarias, Extremadura y las Islas Baleares, les reconoce expresamente el carácter de competencia exclusiva.

La tercera y última clasificación, recoge el grupo de Comunidades Autónomas más avanzadas en la cuestión que venimos analizando. Los Estatutos de Autonomía de Cataluña, Andalucía, Aragón, Canarias y Castilla y León, definen y pormenorizan la acepción de protección civil dentro de su marco competencial, avanzando con ello en qué ha de entenderse por tal. Si bien se observa, atendiendo a la fecha de su promulgación, que prácticamente todos emplean la dicción del Estatuto catalán precisando lo que incluye la competencia autonómica en protección civil, “en todo caso, la regulación, la planificación y ejecución de medidas relativas a las emergencias y la seguridad civil, así como la dirección y coordinación de los servicios de protección civil”.

3.2. Normativa autonómica en materia de régimen local. Particular referencia al ámbito supramunicipal en protección civil

A nivel autonómico, con el objetivo de desarrollar las disposiciones básicas contenidas en la LBRL y adaptarla a las necesidades y peculiaridades del régimen local de cada autonomía se han elaborado y aprobado leyes autonómicas de régimen local en todas las Comunidades Autónomas con la excepción del Principado de Asturias, en consecuencia, se analiza el tratamiento que han dado las mismas a las determinaciones vistas anteriormente que la LBRL ha fijado sobre protección civil.

De las leyes autonómicas de régimen local la mayoría recoge expresamente "protección civil" como competencia propia de los municipios en consonancia con la LBRL, con la excepción de la Comunidad Autónoma de Castilla la Mancha que no hace alusión alguna. Otras Comunidades Autónomas, La Rioja, Comunidad de Madrid, Región de Murcia y Comunidad Foral de Navarra, regulan la competencia en protección civil de determinadas entidades supramunicipales como ahora veremos, pero no recogen expresamente la competencia municipal.

Relevante es el caso de Andalucía que detalla específicamente sobre qué fracción concreta de protección civil tienen competencia propia los municipios al establecer en el art. 9.14.h) e i) de la LAULA[270] "La creación, mantenimiento y dirección de la estructura municipal de protección civil" y "La promoción de la vinculación ciudadana a través del voluntariado de protección civil", llevando a cabo desde la legislación de régimen local autonómica un primer acercamiento a las atribuciones municipales en protección civil. En términos parecidos se pronunciaba anteriormente Cataluña en su legislación de

[270] Ley 5/2010, de 11 de junio, de Autonomía Local de Andalucía.

régimen local (art. 67.c) del TRLMRLC[271]) detallando a qué aspectos de protección civil se refiere cuándo establece la competencia propia de los municipios al establecer que "Tienen que elaborar los planes básicos de emergencia municipal y los planes de actuación y planes específicos, en el caso de que estén afectados por riesgos especiales o específicos".

Como hemos adelantado, **algunas leyes autonómicas de régimen local regulan la materia de protección civil como competencia de ámbito supramunicipal**. En concreto, La Rioja en el art. 71.2.m) de la LALLR[272] establece la protección civil como competencia propia de las Comarcas; en la Región de Murcia el art. 73.2.b) de la LRLRM[273] prevé la posibilidad de asumir competencia en materia de protección civil por las Entidades Locales Menores; la Comunidad Foral de Navarra, el art. 362.2 de la LFALN[274] establece que las Comarcas podrán prestar servicios en el área de protección civil mediante delegación o encomienda de las entidades locales de su ámbito; en la Comunidad de Madrid el art. 74.bis.5.f).4ª de la LALCM[275], señala protección civil como área competencial de las Mancomunidades de Interés General y en el mismo sentido se pronuncia en Extremadura el art. 19.2.g) de la LMELME[276] respecto a la Mancomunidades Integrales; con carácter homogéneo se

---

271 Decreto Legislativo 2/2003, de 28 de abril, por el que se aprueba el Texto refundido de la Ley Municipal y de Régimen Local de Cataluña.

272 Ley 1/2003, de 3 de marzo, de la Administración Local de La Rioja.

273 Ley 6/1988, de 25 de agosto, de Régimen Local de la Región de Murcia.

274 Ley Foral 6/1990, de 2 de julio, de la Administración Local de Navarra.

275 Ley 2/2003, de 11 de marzo, de Administración Local de la Comunidad de Madrid.

276 Ley 17/2010, de 22 de diciembre, de Mancomunidades y Entidades Locales Menores de Extremadura.

pronuncian en Galicia (art. 81.c de la LALG[277]), Comunidad Valenciana (art. 34.c de la LRLCV[278]) y Cataluña (art. 67.c del TRLMRLC) al establecer que los municipios de población superior a 20.000 habitantes independientemente o asociados deberán prestar el servicio de protección civil.

Se debe resaltar que la única Comunidad Autónoma que su legislación de régimen local, en materia de protección civil, tiene en cuenta otro parámetro distinto a la población superior a 20.000 habitantes, si bien de modo tangencial es Galicia, que en el art. 91.1 de la LALG prevé para los municipios turísticos la posibilidad de celebrar Convenios con la Junta de Galicia con el objeto de garantizar el servicio de protección civil.

Notoria resulta la legislación de régimen local del País Vasco al ser la única que en su art. 43.1.f) de la LILE[279], prevé como derecho de las personas vecinas de un municipio, el "recibir información de los riesgos, de carácter natural o tecnológico, que puedan afectar al ámbito municipal, así como, en su caso, de los planes municipales de protección civil", en consonancia con el art. 54.d).2 de la LILE que fija como obligación de las entidades locales vascas en el ámbito de las políticas públicas locales en materia de transparencia el suministrar información agregada, sucinta y clara sobre el servicio de protección civil.

---

277 Ley 5/1997, de 22 de julio, de Administración Local de Galicia.

278 Ley 8/2010, de 23 de junio, de Régimen Local de la Comunitat Valenciana.

279 Ley 2/2016, de 7 de abril, de Instituciones Locales de Euskadi.

4. TRATAMIENTO NORMATIVO DE LA PROTECCIÓN CIVIL SUPRAMUNICIPAL EN CLAVE ESTATAL

A continuación, se recorre la regulación estatal específica de protección civil en orden jerárquico descendente con el objeto de dilucidar el tratamiento que le brindan a las entidades supramunicipales.

4.1. Ley del Sistema Nacional de Protección Civil

La LSNPC, se erige en la norma básica estatal en materia de protección civil, cuyo objeto es establecer el "Sistema Nacional de Protección Civil" y regular las competencias del Estado en la materia, por esta razón su incidencia supramunicipal es bastante escasa, no obstante, destacaremos a continuación las principales aportaciones.

El Sistema Nacional de Protección Civil se desarrolla a través de las siguientes seis actuaciones o fases que conforman un ciclo integral de la emergencia mediante: la Anticipación; Prevención de riesgos; Planificación; Respuesta Inmediata a las emergencias; Recuperación y Evaluación e Inspección (principal novedad en este aspecto respecto de la derogada LPC).

La fase de "Planificación" es en la que el legislador hace especial hincapié en las competencias supramunicipales al determinar en el art. 15.2 de la LSNPC que los Planes Territoriales se elaborarán para hacer frente a los riesgos de emergencia concurrentes en el territorio de una Comunidad Autónoma o de una Entidad Local y serán aprobados por la administración autonómica o local competente. En el art. 15.3 de la LSNPC se determina la participación de las Comunidades Autónomas y Entidades Locales en los Planes Especiales por riesgo nuclear y por conflicto bélico, en todo caso reservados expresamente al Estado.

Además, en la fase de "Recuperación" el art. 24.2.a).6º de la LSNPC prevé medidas fiscales aplicables para la *declaración de zona afectada gravemente por una emergencia de protección civil* en caso de disminución de ingresos en los tributos locales (ayuntamientos, diputaciones provinciales, cabildos insulares y consejos insulares), será compensada con cargo a los Presupuestos Generales del Estado.

Cabe destacar la regulación que realiza el art. 39 del Consejo Nacional de Protección Civil (viene a sustituir la Comisión Nacional de Protección Civil prevista en la derogada LPC) como órgano de cooperación interadministrativa en materia de protección civil, entre otras, de las Administración Local, representada por la F.E.M.P[280]

4.2. Norma Básica de Protección Civil

La Norma Básica de Protección Civil (NBPC), en vigor ha sido recientemente aprobada por el Real Decreto 524/2023, de 20 de junio, dictada en desarrollo de la nueva LSNPC, viniendo a derogar la obsoleta NBPC aprobada por el Real Decreto 407/1992, de 24 de abril, que se dictó en desarrollo de la derogada LPC. La nueva NBPC nace con un doble objetivo, por un lado dotar a la planificación de protección civil de cohesión, de modo que garantice el adecuado funcionamiento integrado del Sistema Nacional de Protección Civil y por otro lado regula las bases para la mejora de la coordinación y eficacia de las diferentes Administraciones Públicas en la gestión del ciclo de las emergencias.

El art. 10.1 de la NBPC determina que los Planes Territoriales se configuran como los instrumentos de planificación de protección civil de rango superior en el territorio de las

---

280 Federación Española de Municipios y Provincias.

entidades locales, integrándose en los mismos los planes especiales de su ámbito territorial. En consonancia con ello el art. 14.3 especifica que los planes de ámbito local (territoriales y especiales), serán aprobados por el órgano competente de la respectiva entidad local, con los informes previos que establezca la legislación autonómica.

Significativo es el reconocimiento de los planes supramunicipales que el art. 17. a) de la NBPC realiza, al indicar que los planes de ámbito local, provincial o insular se integrarán en los planes autonómicos.

4.3. Norma Básica de Autoprotección

La Norma Básica de Autoprotección (NBA), aprobada por el Real Decreto 393/2007, de 23 de marzo, se dictó en desarrollo de la derogada LPC, por esta razón la recientemente aprobada NBPC en su Disposición Derogatoria Única procede a su derogación expresa, sin embargo, especifica que seguirá aplicándose hasta que sea aprobado el instrumento de planificación que la sustituya, que será una Directriz Básica de Planificación de Autoprotección conforme a lo previsto en el art. 12 de la NBPC. No obstante, la Disposición Final Primera de la NBPC, establece un plazo máximo de cuatro años para adaptar la Norma Básica de Autoprotección a las previsiones de la NBPC. En síntesis, la NBA establece un catálogo de actividades mínimas obligadas a disponer de un Plan de Autoprotección y la regulación de las directrices de elaboración, implantación, mantenimiento y revisión de los mismos.

Relacionado con la materia de estudio, merece la pena pararse en la previsión que realiza la Disposición Final Segunda de la NBA, denominada "Atribuciones de las entidades locales" al determinar la competencia de las entidades locales para la elaboración de catálogos propios de actividades susceptibles de generar riesgos colectivos que deban disponer de Plan de

Autoprotección de modo que amplíe el catálogo previsto en el Anexo I de la propia NBA, así como desarrollar procedimientos de control e inspección de los planes de autoprotección[281].

4.4. Estrategia Nacional de Protección Civil

La Estrategia Nacional de Protección Civil (ENPC), aprobada por el Consejo de Seguridad Nacional mediante Orden PCI/488/2019 en desarrollo de la previsión del art. 4 de la LSNPC, establece la visión integral u holística de la protección civil. En su capítulo 1.1 determina que la gestión de riesgos precisa la coordinación interadministrativa, de acuerdo con el reparto competencial de nuestro Estado en tres niveles: Estado, Comunidades Autónomas y Administración Local. En su capítulo 1.2 señala que tanto las Comunidades Autónomas como las Entidades Locales se han ido dotando de más y mejores recursos en su ámbito competencial. El capítulo 3.2 viene a reiterar lo previsto en la LSNPC y en la NBPC al determinar la disposición de planes territoriales y especiales de competencia estatal, autonómica y local en función de su ámbito competencial y territorial.

4.5. Plan Estatal General de Emergencias de Protección Civil

El Plan Estatal General de Emergencias de Protección Civil (PLEGEM), aprobado mediante Acuerdo del Consejo de Ministros de 15 de diciembre de 2020, publicado por Resolución de 16 de diciembre de 2020 por la Subsecretaría, constituye el máximo instrumento de planificación del Sistema Nacional de

---

[281] Caso práctico es el Ayuntamiento de Málaga, que en el Apéndice 3 de la Ordenanza Municipal de Protección Contra Incendios (B.O.P. Málaga nº 40, de 2 de marzo de 2010) amplia las actividades obligadas a disponer de Plan de Autoprotección.

Protección Civil de competencia estatal, no regulando como es lógico las facultades de las entidades supramunicipales. No obstante, considera las entidades locales como colaboradoras en los programas de formación, información y capacitación del PLEGEM y prevé un programa anual de ejercicios y simulacros que se elaborarán por una Comisión en la que estarán representadas entre otras administraciones, las Corporaciones Locales.

4.6. Directrices Básicas de Planificación

Carece de sentido analizar individualmente cada una de las Directrices Básicas de Planificación de Protección Civil ante riesgos específicos y los Planes Estatales de Emergencia sobre riesgos específicos, dado el nexo común de las mismas, al prever todas las Directrices Básicas una estructura general de la planificación de protección civil en tres niveles: estatal, autonómico y local ante riesgos específicos, con el objetivo de realizar una adecuada coordinación e integración en niveles en la gestión de las emergencias. Las Directrices Básicas de Planificación de protección civil marcan las pautas para la elaboración y homologación de los planes especiales de competencia autonómico. Las Directrices Básicas de Planificación en vigor (las referentes a riesgos por incendios forestales, radiológico, sustancias peligrosas, accidentes en transportes de mercancías peligrosas por carretera y ferrocarril, emergencias aeronáuticas de aviación civil y maremotos, han sido derogadas por la nueva NBPC, sin embargo siguen aplicándose hasta la aprobación del instrumento de planificación que las sustituyan que será en un plazo máximo de cuatro años) son las referentes a los siguientes riesgos específicos (año publicación): incendios forestales (2013), sísmico (1995), volcánico (1996), inundaciones (1995), radiológico (2010), sustancias peligrosas (2003), accidentes en transportes de mercancías peligrosas por carretera y ferrocarril (1996), emergencias aeronáuticas de aviación civil (2020), maremotos (2015).

La planificación de nivel local ante riesgos específicos se materializará mediante los Planes de Actuación de ámbito local, considerando las Directrices Básicas el ámbito supramunicipal al referirse tanto a los planes municipales como a los planes de otras entidades locales, tal y como la considera, a modo de ejemplo, la directriz básica de planificación de protección civil de emergencia por incendios forestales en su ap. 3.5. aprobada mediante Real Decreto 893/2013, de 15 de noviembre, o el caso de la directriz básica de planificación de protección civil de emergencia por riesgos volcánicos también prevé expresamente los planes de los cabildos insulares en su ap. 4.4., aprobada por Acuerdo del Consejo de Ministros, de 19 de enero de 1996.

5. MARCO NORMATIVO AUTONÓMICO EN MATERIA DE PROTECCIÓN CIVIL Y LA ATRIBUCIÓN CONFERIDA A LAS ENTIDADES LOCALES: ANÁLISIS DE CONJUNTO

5.1. Introducción

Para terminar de cerrar el ciclo, se van a identificar, analizar y evaluar, seguidamente el papel que desempeña las normas autonómicas[282] específicas de la disciplina de protección civil y emergencias con el foco puesto en las entidades supramunicipales, llevando a cabo un recorrido por todas las leyes de protección civil y emergencias autonómicas con su aparejado plan

282 MENÉNDEZ REXACH, A. y DE MARCOS FERNÁNDEZ, A., "Régimen jurídico de la protección civil: legislación estatal y autonómica", en *Seguridad y medio ambiente,* Fundación MAPFRE, núm. 119, 2010, págs. 34-44.

territorial autonómico, marco de desarrollo de las competencias supramunicipales en la materia, con el objeto de visualizar el tratamiento del asunto de referencia en todo el territorio español. No se analiza el caso de las ciudades autónomas de Ceuta y Melilla por la especialidad de este trabajo en el ámbito supramunicipal careciendo de sentido para las mismas.

La situación actual es que prácticamente todas las Comunidades Autónomas han dictado una ley específica en protección civil y emergencias con las excepciones del Principado de Asturias (en abril de 2022 aprobó el proyecto de ley, encontrándose actualmente en tramitación), Castilla y León (dispone de una ley de protección ciudadana del año 2007, que tiene parcialmente en cuenta la protección civil pero no es específica) y Castilla la Mancha (en el año 2013 dictó un Decreto específico que regula la planificación en materia de emergencias). Merece la pena subrayar que las leyes de protección civil y emergencias de la Comunidad de Madrid y Región de Murcia han sido aprobadas recientemente en marzo y abril del año 2023, con entrada en vigor el 17 de abril de 2023 y el 15 de mayo de 2023, respectivamente, sin embargo, esta cuestión no ha sido óbice para que absolutamente **todas las Comunidades Autónomas dispongan de un Plan Territorial de Emergencias de ámbito autonómico**, en muchos casos incluso anterior a la aprobación de la propia ley que debían desarrollar.

Respecto de la legislación autonómica de protección civil y emergencias, el objetivo principal y general de todas es garantizar una adecuada gestión de las emergencias en su ámbito territorial para proteger a las personas y bienes (la tendencia va en el camino de ampliar conceptos a proteger como el medio ambiente y el patrimonio), en situaciones de grave riesgo colectivo, catástrofes y calamidad pública producidos por causas naturales, tecnológicas o antrópicas, sin perjuicio de aquellas situaciones en las que sean declaradas de interés nacional (regulada por el Estado), e incluso emergencias menores pero que requieren la intervención multisectorial y actuaciones de coordinación de diferentes servicios operativos.

En referencia a los planes territoriales de emergencias de ámbito autonómico, vinculados a la legislación autonómica de protección civil y emergencia, nacen con un doble objetivo, por un lado en su carácter de plan de emergencias, establece la respuesta regional ante situaciones de grave riesgo, catástrofe o calamidad, emergencias de carácter general, y por otro lado, como plan director, constituyen el eje vertebrador para la ordenación e integración de la planificación de emergencias en su Comunidad Autónoma estableciendo directrices y criterios que deben seguirse para la elaboración, aprobación, implantación y mantenimiento de los planes de ámbitos competenciales inferiores al autonómico entre los que se encuentra el supramunicipal[283].

---

283 Sin obviar que, en otras materias sectoriales, y en el contexto de las mismas, también se atiende a los riesgos presentes en un territorio concreto. De esta forma, en materias como el urbanismo o la ordenación del territorio, sus instrumentos de planificación han de identificar y recoger los riesgos presentes en el ámbito que planifican. A modo de ejemplo, la Ley 7/2021, de 1 de diciembre, de Impulso para la Sostenibilidad del Territorio de Andalucía, al enumerar el contenido de los Planes de Ordenación Territorial de ámbito subregional, recoge entre las mismas la delimitación de zonas afectadas por procesos naturales o actividades antrópicas susceptibles de generar riesgos de cualquier tipo, estableciendo directrices y normas de aplicación en las mismas…". Sobre el particular, véase RANDO BURGOS, E. Áreas de Oportunidad y Ordenación del Territorio en Andalucía, Sevilla, Instituto Andaluz de Administración Pública, 2020. Si bien, no es una cuestión que se recoja únicamente en la legislación andaluza, de análoga forma, se establece en otras legislaciones e instrumentos de planificación territorial. Para una visión de conjunto, véase RANDO BURGOS, E. Legislación e instrumentos de la Ordenación el Territorio en España. Iustel, 2019, o de la misma autora *Régimen Jurídico de la Gestión Territorial*. Tirant Lo Blanch, 2020.

5.2. Competencias de las entidades locales supramunicipales en materia de protección civil

Realizado un análisis de la legislación autonómica de protección civil y emergencias y de los planes territoriales de emergencias de ámbito autonómico, se plantea una cuádruple clasificación dependiendo del tratamiento que le otorgan a las competencias de las entidades locales supramunicipales en materia de protección civil.

Un primer conjunto de Comunidades Autónomas (Andalucía, Cantabria, Región de Murcia, La Rioja, Comunidad Foral de Navarra) que han **pormenorizado expresamente las funciones de las entidades locales de ámbito supramunicipal, equiparándolas a las de los municipios.** En Andalucía, copiamos la dicción literal del art. 25 de la LPC_And[284], dado que esencialmente es similar a las otras Comunidades señaladas[285], "Las entidades supramunicipales podrán crear y mantener servicios operativos propios de prevención e intervención, desarrollar y ejecutar las directrices en materia de protección civil emanadas de los órganos competentes de la Administración de la Junta de Andalucía, así como ejercer aquellas funciones encomendadas por los municipios que integran su ámbito territorial, todo ello sin perjuicio de la normativa de Régimen Local". En consonancia con ello el art. 26.1 de la LPC_And define las capacidades de los municipios andaluces en materia de protección civil creando un repertorio de mínimos, que se mantienen prácticamente uniformes en todas las autonomías, razón por la que se transcribe literal el mismo "Los municipios participan en las tareas de protección civil con capacidad general

---

284 Ley 2/2002, de 11 de noviembre, de Gestión de Emergencias en Andalucía

285 BARCELONA LLOP, J., "Las competencias de los municipios en materia de protección civil", *Anuario aragonés del gobierno local,* núm. 9, 2017, págs. 247-303.

de planificación y actuación, correspondiéndoles: a) Crear la estructura municipal de protección civil; b) Elaborar, aprobar y desarrollar el Plan de Emergencia Municipal; c) Elaborar y mantener actualizado el catálogo de recursos movilizables correspondiente a su ámbito territorial; d) Asegurar los procedimientos de interfase para la activación de planes de ámbito superior; e) Crear, mantener y dirigir la estructura de coordinación operativa y, en su caso, el Centro de Coordinación Operativa Local y otros servicios operativos; f) Promover la vinculación ciudadana a través del voluntariado; g) Realizar programas de prevención de riesgos y campañas de información; h) Aquellas otras que les atribuya la legislación vigente". Estas competencias municipales derivan en unas atribuciones que se conceden a la Presidencia municipal o Alcaldía en el art. 26.2 de la LPC_And, en concreto "El Alcalde-Presidente de la Corporación Local es la máxima autoridad de protección civil en el término municipal, pudiendo asumir la dirección de las emergencias según las disposiciones del Plan de Emergencia Municipal en su caso, así como solicitar el concurso de medios y recursos de otras Administraciones Públicas y la activación de planes de ámbito superior". En Cantabria, el art. 40 de la LPC_Can[286], al igual que Andalucía, equipara las atribuciones de las entidades supramunicipales a las de los municipios (art. 38), y las funciones de la presidencia de la entidad supramunicipal a las funciones de la Alcaldía (art. 39). En la Región de Murcia, el art. 44 de la LPC_Mur[287] es prácticamente una copia literal del art. 40 de la LPC_Can, equipara las atribuciones de las entidades supramunicipales a las de los municipios (art. 42), y las funciones de la presidencia de la entidad supramunicipal a las funciones de la Alcaldía (art. 43). En La Rioja, el

---

286 Ley 3/2019, de 8 de abril, del Sistema de Protección Civil y Gestión de Emergencias de Cantabria.

287 Ley 3/2023, de 5 de abril, de Emergencias y Protección Civil de la Región de Murcia.

art. 39 de la LPC_R[288] establece la misma regulación que las anteriores, unificando las atribuciones de entidades supramunicipales con municipios (38.1) y unificando las funciones de la presidencia supramunicipal con la de la Alcaldía (38.2). El mismo tratamiento prevé la Comunidad Foral de Navarra, el art. 28 de la LPC_N[289], con los municipios (art. 27.1) y con la Alcaldía (art. 27.2).

Un segundo conjunto de Comunidades Autónomas (Aragón, Islas Baleares, Cataluña, Galicia, País Vasco y Comunidad Valenciana), **regulan las competencias de determinadas entidades supramunicipales e independientemente regulan también las competencias de los municipios y sus alcaldías** en materia de protección civil. En Aragón, el art. 50.1 de la LPC_Ar[290] determina las competencias de las comarcas en materia de protección civil, y en el art. 50.2 las competencias derivadas en el presidente de la comarca. Además, el art. 49.1 de la LPC_Ar determina las competencias de los municipios en materia de protección civil, y en el art. 49.2 las competencias derivadas en la Alcaldía. En las Islas Baleares, el art. 46 de la LPC_IB[291] regula las atribuciones de los consejos insulares en la materia de referencia. Además, el art. 45 de la LPC_IB regula las atribuciones de los municipios en la materia de referencia. En Cataluña, el art. 50 de la LPC_Cat[292] regula las competencias de las comarcas en materia de protección civil. Además, el art. 47 de la LPC_Cat regula las competencias de

---

288 Ley 1/2011, de 7 de febrero, de Protección Civil y Atención de Emergencias de La Rioja.

289 Ley Foral 8/2005, de 1 de julio, de Protección Civil y Atención de Emergencias de Navarra.

290 Ley 30/2002, de 17 de diciembre, de Protección Civil y Atención de Emergencias de Aragón.

291 Ley 3/2006, de 30 de marzo, de Gestión de Emergencias de las Illes Balears.

292 Ley 4/1997, de 20 de mayo, de Protección Civil de Cataluña.

los municipios y en el art. 48 las competencias del Alcalde o Alcaldesa. En Galicia, el art. 10.b) y 10.c) de la LPC_G[293] regulan someramente las responsabilidades públicas en materia de protección civil de las diputaciones provinciales y de las entidades locales supramunicipales respectivamente, sin perjuicio que la DA1ª de la LPC_G, pospone la regulación detallada de las competencias de las áreas metropolitanas y entidades supramunicipales a una futura ley del parlamento gallego. Además, el art. 10.c) de la LPC_G regula someramente las responsabilidades públicas en materia de protección civil de los municipios, acompañado del art. 27.1 que pormenorizadamente la competencia de los municipios de población superior a 20.000 habitantes. El País Vasco, en el art. 12 de la LPC_PV[294] regula las atribuciones de los territorios históricos en materia de protección civil. Además, el art. 13.1 de la LPC_PV regula las atribuciones de los municipios en materia de protección civil y en el art. 13.3 las competencias de la Alcaldía. La Comunidad Valenciana, en el art. 13 de la LPC_CV[295], regula las atribuciones de las Diputaciones Provinciales en materia de protección civil y emergencias. Además, en el art. 14.1 de la LPC_CV, regula las atribuciones de los municipios en materia de protección civil y en el 14.2 las capacidades de la autoridad municipal.

Un tercer grupo formado únicamente por Extremadura que **regula exclusivamente las competencias de los municipios** y sus alcaldías en materia de protección civil, mediante

---

[293] Ley 5/2007, de 7 de mayo, de Emergencias de Galicia.

[294] Decreto Legislativo 1/2017, de 27 de abril, por el que se aprueba el texto refundido de la Ley de Gestión de Emergencias.

[295] Ley 13/2010, de 23 de noviembre, de Protección Civil y Gestión de Emergencias de la Comunitat Valenciana.

el art. 33.1 de la LPC_Ex[296] para los municipios y el art. 33.2 para las Alcaldías.

Un cuarto y último grupo de autonomías que **no regulan expresamente las potestades en materia de protección civil ni de los entes supramunicipales ni de los municipios**, aunque disponen de algunas pinceladas respecto a los municipios y Alcaldías, en el cuerpo de su legislación específica, como es el caso de Canarias, Castilla y León, Castilla La Mancha, y Comunidad de Madrid.

5.3. Obligatoriedad de prestar el Servicio de Protección Civil por entidades locales de población superior a 20.000 habitantes y otras variables más restrictivas

Realizado un análisis de la legislación autonómica de protección civil y emergencias y de los planes territoriales de emergencias de ámbito autonómico, se plantea una triple clasificación atendiendo a las variables concurrentes para considerar preceptiva la prestación del servicio de protección civil por parte de las entidades locales.

Se puede conformar un primer grupo de aquellas Comunidades Autónomas que **no introducen ninguna otra variable añadida al límite poblacional mínimo de 20.000 habitantes** (art. 26.1 LBRL) para que sea exigible la prestación del servicio de protección civil, tal es el caso de las Comunidades Autónomas de Andalucía, Castilla La Mancha, Extremadura, Región de Murcia, y País Vasco.

Un grupo intermedio de autonomías que **no introducen ningún parámetro adicional al límite poblacional mínimo de**

---

296 Ley 10/2019, de 11 de abril, de Protección Civil y de Gestión de Emergencias de la Comunidad Autónoma de Extremadura.

20.000 habitantes, sin embargo, incorporan mejoras en su regulación, conformado por las Comunidades Autónomas de Cantabria, Castilla y León y Galicia. En Cantabria, el art. 26 de la LPC_Can no amplía la variable poblacional impuesta por el art. 26.1 de la LBRL, no obstante, el art. 38.1 de la LPC_Can establece un listado de competencias mínimas de todos los municipios, pero ampliándolo expresamente para los municipios de población superior a 20.000 habitantes. En Castilla y León el capítulo 8 del PTE_CL[297] tampoco amplia el supuesto del art. 26.1 de la LBRL, sin embargo, determina que los municipios de población inferior a 20.000 habitantes podrán elaborar un plan territorial municipal e incluso para los municipios de población inferior a 5.000 habitantes podrán elaborar "guías de respuesta de ámbito local ante situaciones de emergencia de protección civil", quedando las mismas integradas en el plan de protección civil de ámbito superior. En Galicia el art. 10 de la LPC_G tampoco amplia el supuesto del art. 26.1 de la LBRL, sin embargo, determina la competencia general de todos los municipios para prestar el servicio de protección civil sin carácter obligatorio, pormenorizando el art. 27.1 las potestades concretas de los municipios de población superior a 20.000 habitantes. Sin embargo, relacionado con ello, ya se ha comentado anteriormente que la legislación de régimen local de Galicia, sí que introduce otros parámetros añadidos al límite poblacional en virtud del art. 91.1 de la LALG que prevé para los municipios turísticos[298] la posibilidad de establecer Convenios

[297] Decreto 4/2019, de 28 de febrero, por el que se aprueba el Plan Territorial de Protección Civil de Castilla y León.

[298] El art. 90 de la LALG, define qué municipios podrán ser declarados turísticos (pueden disponer de una población inferior a 20.000 habitantes), en concreto: "1. Podrán ser declarados municipios turísticos aquellos en los que, por la afluencia periódica o estacional, la media ponderada anual de población turística sea superior al 25 por 100 del número de vecinos o cuando el número de alojamien-

con la Junta de Galicia al objeto de garantizar el servicio de protección civil, incluso fomentando las mancomunidades de municipios turísticos para prestar este servicio.

Un último grupo de autonomías más concienciadas con el riesgo que **sí disponen de otros parámetros para extender la obligación de ofrecer el servicio de protección civil más allá del criterio poblacional**. Caso de las Comunidades Autónomas de Cataluña, Aragón, Islas Baleares, La Rioja, Comunidad Foral de Navarra, Canarias, Comunidad de Madrid y Comunidad Valenciana. En Cataluña, el art. 17.2 de la primogénita LPC_Cat determina los municipios obligados a elaborar y aprobar un plan territorial de protección civil municipal, ampliando los supuestos ya previstos en el art. 26.1 de la LBRL al extender esta obligación a los municipios que sin alcanzar los 20.000 habitantes tengan la condición de turísticos, e incluso aquellos municipios considerados de riesgo especial por su ubicación geográfica o por su actividad industrial. El ap. 2.3 del PTE_Cat[299] amplía el listado anterior para aquellos otros municipios que se deriven del análisis de riesgo del propio PTE_Cat. En Aragón, el art. 23.1 de la LPC_Ar, copia las determinaciones del art. 17.2 de la LPC_Cat pormenorizando que los municipios turísticos serán aquellos calificados por su norma específica, y que los municipios considerados de especial peligrosidad serán en virtud del mapa y del catálogo de riesgos de Aragón por las mismas razones que en Cataluña. En el mismo sentido

---

tos turísticos y de segundas viviendas sea superior al 50 por 100 del número de viviendas de residencia primaria. 2. También podrá declararse municipios turísticos los que acrediten contar, dentro de su territorio, con algún servicio turístico susceptible de producir una atracción turística de visitantes en una cantidad cinco veces superior a su población, computada a lo largo de un año y repartida al menos en más de treinta días".

299 Decreto 161/1995, de 16 de mayo, por el que se aprueba el Plan de Protección Civil de Cataluña, revisado el 10 de marzo de 2022.

se regula en el ap. 2.1.1 del PTE_Ar[300]. Además, el art. 23.2 de la LPC_Ar exige la aprobación de un plan territorial comarcal a todas las comarcas, cuestión relevante teniendo en cuenta que el 66,66% de las comarcas de Aragón tienen una población inferior a 20.000 habitantes según el Instituto Aragonés de Estadística. En las Islas Baleares, el art. 21.4 de la LPC_IB se pronuncia en términos similares a los de Cataluña y Aragón al ampliar los mismos supuestos de obligatoriedad de disponer de un plan territorial municipal, posibilitando expresamente prestar este servicio de forma mancomunada con el objeto de garantizarlo. En La Rioja, el art. 14.2 de la LPC_R, también amplía los parámetros para que sea obligación de los municipios contar con un plan municipal de protección civil, para aquellos reseñados como relevantes en el Catálogo y Mapa de Riesgos de La Rioja por el motivo de "estar afectados por riesgos o actividades naturales, tecnológicas o antrópicas que se soporten o desarrollen en su término municipal o colindantes". La Comunidad Foral de Navarra, en el art. 12.2 de la LPC_N también amplia parámetros en términos similares a las anteriores Comunidades. Además, con el objeto de una adecuada coordinación entre la administración autonómica y local, el ap. 7.2.4º del PTE_N[301] para los municipios que no dispongan de plan, fija la necesidad de tener un fichero de información en relación con los riesgos específicos del municipio, datos demográficos a efectos de evacuación y medios disponibles para ser utilizados en una emergencia. Canarias, en el ap. 1.5.1 del

---

300 Decreto 220/2014, de 16 de diciembre, del Gobierno de Aragón, por el que se aprueba el Plan Territorial de Protección Civil de Aragón.

301 Decreto Foral 230/1996, de 3 de junio, por el que se aprueba el Plan Territorial de Protección Civil de Navarra. Revisado en diciembre de 2020.

PTE_IC[302], cómo hemos visto anteriormente exige que todas las islas ofrezcan el servicio de protección civil mediante la aprobación e implantación de un Plan Territorial de Emergencia Insular, e incluso eleva esta exigencia al máximo exponente al extrapolar a todos los municipios canarios la obligatoriedad de elaborar un Plan de Emergencia Municipal. Téngase en cuenta que, según datos del Instituto Nacional de Estadística[303] para el 1 de enero de 2022, de los 88 municipios canarios, el 65,91% de los mismos disponían de una población inferior a 20.000 habitantes. La Comunidad de Madrid, en el ap. 2.2 del PTE_Ma[304], "simplemente" extiende la obligación de elaborar un Plan de Emergencias Territorial Municipal a todos los municipios. Considérese que, según datos del Instituto Nacional de Estadística para el 1 de enero de 2022, de los 179 municipios de la Comunidad, el 80,45% de los mismos disponían de una población inferior a 20.000 habitantes. En la Comunidad Valenciana, la DA Primera de la LPC_CV fija un plazo de 3 años (finalización del plazo en el año 2013) para que todos los municipios cuenten con un Plan Territorial Municipal y un plazo de 5 años (máximo en el año 2015) para que todos los municipios que presenten riesgos específicos cuenten con su Plan de Actuación Municipal ante ese riesgo específico. Atiéndase, que, según datos de la Generalitat Valenciana[305] para el

---

302 Decreto 98/2015, de 22 de mayo, por el que se aprueba el Plan Territorial de Emergencias de Protección Civil de la Comunidad Autónoma de Canarias.

303 Conforme a datos publicados por el INSTITUTO NACIONAL DE ESTADÍSTICA. Ministerio de Asuntos Económicos y Transformación Digital, 2023. Disponible https://www.ine.es

304 Acuerdo de 30 de abril de 2019, del Consejo de Gobierno, por el que se aprueba el Plan Territorial de Protección Civil de la Comunidad de Madrid.

305 Conforme a datos publicados por el PORTAL DE INFORMACIÓN ARGOS. Presidencia de la Generalitat Valenciana, 2023. Disponible https://argos.gva.es/es/municipis-per-tamany-d-habitat

1 de enero de 2022, de los 542 municipios de la Comunidad, el 88,01% de los mismos disponían de una población inferior a 20.000 habitantes. Asimismo, el ap. 4.2 del PTE_CV[306], diferencia el contenido mínimo de los planes territoriales en dos grupos, un contenido mínimo para los municipios con población inferior a 5.000 habitantes y otro contenido mínimo para los municipios con población superior a 5.000 habitantes, así como los supramunicipales (mancomunidades, comarcas o provincias).

Una vez finalizada la clasificación anterior, pero relacionado con ello se identifican algunas Comunidades Autónomas que son más conscientes de la necesidad de atención supramunicipal en materia de protección civil, para ello regulan algunos mecanismos adicionales (**subrogación de la Comunidad Autónoma en las potestades de las entidades locales incumplidoras**) para obtener resultados acordes con la extraordinaria tarea de proteger a las personas y bienes en situaciones de emergencia. Se pueden citar los casos de las Comunidades Autónomas de Aragón, Islas Baleares y Galicia. La Comunidad de Aragón, en el art. 29 de la LPC_Ar para los municipios y comarcas que incumplan su obligación de disponer de plan de protección civil, realizará un requerimiento, otorgando un plazo de 4 meses, para que lleven a cabo su obligación en la materia. Si llegado el caso el municipio o comarca sigue sin cumplir sus obligaciones, el Gobierno de Aragón se subrogará en las competencias locales en materia de protección civil. Asimismo, el art. 30 de la LPC_Ar determina que si se revisa un plan comarcal implicará la revisión automática de los planes municipales. Las Islas Baleares, en el art. 26.9 de la LPC_IB considera la misma técnica de subrogación para los municipios o consejos incumplidores. En

---

306 Decreto 243/1993, de 7 de diciembre, del Consell de aprobación del Plan Territorial de Emergencia de la Comunitat Valenciana. Revisado el 24 de marzo de 2020.

Galicia, el art. 28 de la LPC_G regula la potestad de reemplazo de la Xunta de Galicia en términos similares a los anteriores.

6. PLANES DE EMERGENCIA SUPRAMUNICIPALES

Llevado a cabo el análisis de la legislación autonómica de protección civil y emergencias y de los planes territoriales de emergencias de ámbito autonómico, se procede a continuación al estudio de los planes territoriales de emergencia supramunicipales (aquellos que se elaboran para hacer frente a todos los riesgos de emergencia que se puedan presentar en el territorio de la entidad supramunicipal), los planes especiales de emergencias supramunicipales (aquellos que tienen por finalidad hacer frente a los riesgos determinados en el anexo de la NBPC, cuya naturaleza requiere una metodología técnico-científica propia, que se pueden presentar en el territorio de la entidad supramunicipal) y la aprobación, homologación y publicación de los mismos.

6.1. Planes territoriales de emergencia supramunicipales

A continuación, se agrupa el tratamiento que le otorga cada Comunidad Autónoma a estos planes por la denominación del ámbito territorial al que afecta:

Ámbito supramunicipal. Caso de las Comunidades Autónomas de Andalucía, Cantabria, Cataluña, Galicia, La Rioja, Comunidad de Madrid, Región de Murcia, Comunidad Foral de Navarra, Comunidad Valenciana y Extremadura. En el caso de Andalucía, tanto la LPC_And como el PTE_And[307] prevén en

---

[307] Plan Territorial de Emergencias de Andalucía, aprobado mediante Acuerdo de 22 de noviembre de 2011 del Consejo de Gobierno de la Junta de Andalucía.

sus arts. 12.5 como 9.2.a) respectivamente los planes territoriales de emergencia supramunicipales cuándo afecte a una entidad local de ámbito supramunicipal. En el mismo sentido se pronuncian en Cantabria mediante el art. 24.2 de la LPC_Can, en consonancia con el Título Preliminar del PTE_Can[308], significativo resulta el art. 26.3 de la LPC_Can que obliga a elaborar un plan supramunicipal a las Mancomunidades u otras figuras asociativas entre cuyos fines se encuentre la prestación del servicio de protección civil o de prevención y extinción de incendios. Aparentemente, una situación similar se produce en Cataluña que en el art. 17.1 de la LPC_Cat indica que pueden existir planes supramunicipales si se aconseja por las características especiales de los riesgos o los servicios disponibles. Sin embargo, el PTE_Cat en su ap. 2.1 a pesar de seguir la misma línea que la ley al contemplar los planes supramunicipales para el ámbito de varios municipios, determina que serán elaborados por la Generalitat, en consecuencia, para esos planes supramunicipales la competencia se le otorga a la Comunidad Autónoma y no a las entidades locales a las que sólo le atribuye competencia para elaboración de planes municipales. Relacionado con ello, si bien no se pueden considerar planes territoriales, el art. 50.4 de la LPC_Cat inviste a las Comarcas en la potestad de elaborar "planes de asistencia y apoyo en materia de protección civil" para los municipios de su ámbito (actualmente hay aprobados 29, de los cuales 28 son territoriales y 1 específico por riesgo de nevadas según datos del Departamento de Interior de Cataluña[309]). La Comunidad de Galicia

---

308 Decreto 80/2018, de 4 de octubre, por el que se aprueba el Plan Territorial de Emergencias de Cantabria.

309 Conforme a datos publicados por la DIRECCIÓN GENERAL DE PROTECCIÓN CIVIL, *Listado de planes de asistencia y apoyo a los municipios.* Departamento de Interior de la Generalitat de Cataluña,2022. Disponible https://interior.gencat.cat/es/arees_dactuacio/proteccio_civil/plans_de_proteccio_civil/plans_de_proteccio_civil_a_ca-

sí recoge claramente la posibilidad de realizar planes supramunicipales, en el art. 31.2 de la LPC_G incluso el PTE_G[310] en el ap. 1.2 da un paso más al dividir los planes de ámbito inferior al autonómico en ámbito local y de ámbito provincial y otro paso más de definición lo aporta el ap. 11.1 del PTE_G que separa el ámbito local en término municipal, mancomunidad (si tiene mancomunado el servicio de protección civil) y comarca (si se encuentra constituida legalmente y dispone de servicios de protección civil). En La Rioja disponen de una LPC_R heredada de la Comunidad Foral de Navarra, en el art. 12.2 de la LPC_R prevé expresamente los planes territoriales de protección civil supramunicipales, el art. 14.1 de la misma ley define que el ámbito territorial de los mismo comprende varios municipios integrados en una entidad local de naturaleza supramunicipal, sin embargo, el PTE_R[311] no hace mención expresa de los mismos. La Comunidad de Madrid con su recientemente aprobada LPC_Ma[312] establece en el art. 13.1 la posibilidad de elaborar planes supramunicipales, en concordancia con el ap. 2.2 del PTE_Ma. En el mismo sentido se pronuncia la Región de Murcia con su también recientemente aprobada LPC_Mur, en su art. 18.2 y 20.1 definiendo los planes supramunicipales como aquellos que comprenden varios municipios integrados en una entidad de naturaleza supramunicipal. Sin embargo, su

---

talunya/plans-territorials/plans-supramunicipals/#planes-comarcales-homologados

310 Decreto 56/2000, de 3 de marzo, por el que se regula la planificación, las medidas de coordinación y actuación de voluntarios, agrupaciones de voluntarios y entidades colaboradoras en materia de protección civil de Galicia. Anexo I. Revisado en 2009.

311 Decreto 137/2011, de 30 de septiembre, por el que se aprueba el Plan Territorial de Protección Civil de la Comunidad Autónoma de La Rioja.

312 Ley 5/2023, de 22 de marzo, de creación del Sistema Integrado de Protección Civil y Emergencias de la Comunidad de Madrid.

PTE_Mur[313] no contempla expresamente los mismos, refiriéndose en su ap. 8.4 a los planes de ámbito local exclusivamente a los municipales. La Comunidad Foral de Navarra, al igual que las anteriores la LPC_N, prevé expresamente los planes territoriales de protección civil supramunicipales (comprende varios municipios integrados en una entidad local de naturaleza supramunicipal), en consonancia con ella se pronuncia el ap. 3.1.2 del PTE_N, concretando posibles y futuros planes supramunicipales, en detalle: Plan Supramunicipal del Área Metropolitana de Pamplona y el Plan Supramunicipal de la Comarca de Tudela. La Comunidad Valenciana, en el art. 23.1 de la LPC_CV considera los planes supramunicipales, en consonancia con los aps. 4.1 y 4.2 del PTE_CV considerando los ámbitos de Mancomunidad, comarca o provincia. Aparentemente Extremadura no prevé los planes supramunicipales dado que en el art. 26.1 de la LPC_Ex y en el recientemente aprobado DPC_Ex[314] define los "Planes Territoriales de Protección Civil de ámbito local" como aquellos que se puedan producir en las diferentes entidades territoriales de ámbito local, refiriéndose en todo momento al municipio, por otro lado se encuentra su PTE_Ex[315] que en principio es consecuente con los anteriores, sin embargo en el ap. 4.2 del Anexo I denominado "Contenido mínimo del Plan de Emergencia Municipal (PEMU)", sí que contempla los Planes Supramunicipales (municipios asociado).

---

313 Acuerdo de 4 de agosto de 2002, del Consejo de Gobierno, por el que se aprueba el Plan Territorial de Protección Civil de la Comunidad de Murcia.

314 Decreto 32/2023, de 5 de abril, por el que se regula el registro de los Planes de Protección Civil de la Comunidad Autónoma de Extremadura y la estructura, contenido mínimo, régimen de aprobación, mantenimiento e implantación de dichos instrumentos de planificación.

315 Decreto 187/2019, de 15 de octubre, por el que se actualiza el Plan Territorial de Protección Civil de la Comunidad Autónoma de Extremadura.

Ámbito supramunicipal e insular. Como es lógico esta clasificación corresponde a las Comunidades Autónomas de Islas Baleares y Canarias. Islas Baleares, determina en el art. 20.2 de la LPC_IB los planes territoriales de emergencia de ámbito insular y de ámbito supramunicipal, en el mismo sentido se pronuncia el ap. 3 del PTE_IB[316]. Canarias, en el art. 29.b) de la LPC_IC[317] contempla sólo los planes territoriales de emergencias Insulares, el mismo tratamiento otorga el ap. 1.5.1 del PTE_IC. Se debe destacar la exigencia prevista en el ap. 1.5.1.2 del PTE_IC para que todas las islas de la Comunidad Autónoma dispongan de un plan de emergencia insular (El Hierro es la única isla con una población inferior a 20.000 habitantes).

Ámbito provincial o supramunicipal. Caso de Castilla La Mancha, que en el art. 5.1 del DPC_CM[318] señala que los planes territoriales de ámbito inferior al autonómico pueden tener alance supramunicipal o provincial, pormenorizando su PTE_CM[319] en el ap. 1.4.1 que el provincial corresponde con la totalidad del territorio de una determinada provincia y el supramunicipal corresponde con la "totalidad del ámbito territorial de dos o más municipios, siempre y cuando quede acreditada la conveniencia de esa agrupación".

---

316 Decreto 40/2014, de 29 de agosto, por el que se aprueba el Plan Territorial de Protección Civil de la Comunidad Autónoma de las Illes Balears.

317 Ley 9/2007, de 13 de abril, del Sistema Canario de Seguridad y Emergencias.

318 Decreto 36/2013 de 4 de julio de 2013, por el que se regula la Planificación de Emergencias en Castilla-La Mancha.

319 Orden 130/2017, de 14 de julio, de la Consejería de Hacienda y Administraciones Públicas, por la que se revisa el Plan Territorial de Emergencias de Castilla-La Mancha.

Ámbito provincial y foral. Corresponde a las Comunidades Autónomas de Castilla y León y País Vasco respectivamente. Castilla y León, en el art. 19.3 de la LPC_CL[320] indica que las "administraciones locales" aprobarán, con arreglo a sus competencias, planes territoriales, pormenorizado por el PTE_CL que en su capítulo 8 detalla que los planes territoriales de protección civil de ámbito local podrán ser provinciales o municipales. El País Vasco, en el art. 30.1 de la LPC_PV regula los planes territoriales de ámbito foral, en consonancia con ello el ap. 5 del capítulo I del Título III del PTE_PV[321].

Ámbito comarcal. La Comunidad Autónoma de Aragón[322], tanto en el art. 21.2 de la LPC_Ar como en los aps. 1.3, 1.7, y 2.1 de su PTE_Ar prevén los planes territoriales de ámbito comarcal. Incluso el art. 23.2 de la LPC_Ar va un paso más allá al obligar a todas las Comarcas a disponer de un plan de protección civil comarcal, en el que se integrarán los planes municipales de esa comarca. Cuestión que se debe enfatizar dado que la Comunidad de Aragón está compuesta por 33 comarcas, de las cuales 22 de ellas disponen de una población inferior a 20.000 habitantes (límite de exigencia del art. 26.1.c) de la LBRL para que sea obligación municipal prestar el servicio de protección civil), si bien estas 22 comarcas suponen el 17,14%

---

320 Ley 4/2007, de 28 de marzo, de Protección Ciudadana de Castilla y León.

321 Decreto 153/1997, de 24 de junio, por el que se aprueba el Plan de Protección Civil de Euskadi. Revisado mediante Decreto 1/2015 de 13 de enero.

322 OCHOA MONZÓ, J., "La Ley 30/2002, de 17 de diciembre, de Protección Civil y Atención de Emergencias de Aragón y su encaje en el sistema estatal de protección civil", *Revista aragonesa de administración pública*, núm. 23, 2003, págs. 91-130.

de la población de la Comunidad según datos del Instituto Aragonés de Estadística[323] para el 1 de enero de 2022.

La única autonomía que no recoge expresamente los planes territoriales supramunicipales es el Principado de Asturias que cómo ya se ha mencionado no dispone de legislación específica de protección civil, si bien sí que dispone de Plan Territorial Autonómico que no contempla expresamente los planes supramunicipales, y en el Apéndice 1 del PTE_Ast[324] determina las "Directrices para la planificación local", haciendo alusión explícita al municipio, no obstante, en ningún momento prohíbe la existencia de planes supramunicipales.

6.2. Planes especiales de emergencia supramunicipales

Sucintamente nos vamos a referir al dictamen de algunas autonomías para que determinadas entidades locales dispongan de Planes de Actuación Local ante riesgos especiales. Estos riesgos concretos vienen establecidos mediante un catálogo en el Anexo de la nueva NBPC (inundaciones, terremotos, maremotos, riesgos volcánicos, fenómenos meteorológicos adversos, incendios forestales, accidentes en instalaciones o procesos en los que se utilicen o almacenen sustancias químicas, biológicas, nucleares o radiactivas, accidentes de aviación civil, accidentes en el transporte de mercancías peligrosas, riesgo bélico) desarrollados mediante las Directrices Básicas de Planificación aparejada al riesgo que regulen, señalando la propia Directriz la necesidad de disponer la entidad local de un plan de este tipo. Cabe la posibilidad de realizar planes relativos a

---

[323] Conforme a datos publicados por el Instituto Aragonés de Estadística. Gobierno de Aragón, 2023. Disponible https://www.aragon.es/-/estadistica-local

[324] Decreto 69/2014, de 16 de julio, por el que se aprueba el Plan Territorial de Protección Civil del Principado de Asturias.

riesgos no incluidos en el catálogo del Anexo de la NBPC, en cuyo caso se denominarán protocolos, procedimientos de actuación, planes sectoriales o planes específicos. Generalmente son los Planes Especiales Autonómicos ante un riesgo concreto los que determinan cuáles son las entidades locales obligadas a disponer de un Plan de Actuación Local para responder ante determinado riesgo. En otros casos el propio plan territorial de la entidad local puede identificar un riesgo concreto en su territorio que no haya sido previsto anteriormente, ante el que exigirá la elaboración por la misma entidad local del plan especial ante ese riesgo.

La normativa autonómica de protección civil que regulan expresamente los Planes Especiales de Emergencia Supramunicipales corresponde con un total de 14 Comunidades Autónomas. En concreto, Andalucía (art. 13 LPC_A y ap. 9.2.a).9.2 PTE_A), Aragón (art. 24 LPC_Ar), Islas Baleares (art. 22 LPC_IB), Canarias (ap. 1.5.1.3 PTE_IC), Castilla La Mancha (art. 6 DPC_CM), Cataluña (art. 18 LPC_Cat), Extremadura (art. 6 DPC_Ex), Galicia (art. 31.3 LPC_Ga), La Rioja (art. 17 LPC_R), Comunidad de Madrid (ap. 2.3 PTE_Ma), Región de Murcia (art. 20.4 LPC_Mur), Comunidad Foral de Navarra (art. 13 LPC_N), País Vasco (art. 31 LPC_PV) y Comunidad Valenciana (ap. 4.5 del PTE_CV).

6.3. Planes de emergencia supramunicipales. Aprobación

Los Planes de emergencia supramunicipal conjugan los planes territoriales y los planes especiales vistos anteriormente. Se puede verificar que para toda la tipología de planes territoriales de emergencia supramunicipales identificados en el apartado 6.1, en términos generales, serán aprobados por el órgano colegiado competente de la administración pública que elabora dicho plan, no obstante, se analiza a continuación todos los casos previstos en la normativa autonómica específica de protección civil. Al mismo tiempo, se determina que los planes especiales de emergencia supramunicipales serán aprobados por el mismo órgano. Aprobación que se llevará a cabo sin perjuicio de la obtención de los informes previos que determine la normativa sectorial específica.[325]

En el caso de Andalucía, tanto la LPC_And como el PTE_And prevén en sus arts. 12.5 como 9.2.a) respectivamente la aprobación de los planes territoriales de emergencia supramunicipales por "órgano colegiado competente de dicha entidad local". En Aragón el art. 29.2 de la LPC_Ar señala que los planes territoriales de ámbito comarcal serán aprobados por el Consejo comarcal, en el mismo sentido se pronuncia el ap. 2.1.1 de su PTE_Ar. Islas Baleares, en el art. 26.1 de la LPC_IB establece que los planes territoriales de emergencia de ámbito insular se aprobarán por el órgano competente del consejo insular y para los de ámbito supramunicipal se aprobarán por los plenos de los ayuntamientos afectados (importante precisión la aprobación por los diferentes plenos de los Ayuntamiento afectados, dado que intrínsecamente permite planes supramunicipales sin estar constituido como entidad local supramunicipal). Canarias, en el ap. 1.5.1.2 del PTE_IC señala que los planes insulares serán aprobados por el pleno insular. En el mismo sentido que Andalucía se pronuncian en Cantabria mediante el art. 26.4 de la LPC_Can. En Castilla La Mancha, el art. 5.3 del DPC_CM señala que los planes supramunicipales

---

325 A título de ejemplo, en Andalucía para la aprobación de los Planes Locales de Emergencia por Incendios Forestales se requiere el informe previo y preceptivo de la Delegación Provincial correspondiente de la Consejería competente en materia de medio ambiente, de acuerdo con el apartado 4.5.1.3 del Decreto 371/2010, de 14 de septiembre por el que se aprueba el Plan de Emergencia por Incendios Forestales de Andalucía y se modifica el Reglamento de Prevención y Lucha con los Incendios Forestales aprobado por el Decreto 247/2001, de 13 de noviembre.

o provinciales serán aprobados por los órganos competentes de las entidades locales, en el mismo sentido se pronuncia el PTE_CM en su ap. 1.4.1. En Castilla y León, el PTE_CL en su capítulo 8 señala que los planes provinciales serán aprobados por la administración competente. Caso único es el que se produce en Cataluña, como se ha visto anteriormente el PTE_Cat en su ap. 2.1 determina que los planes supramunicipales para el ámbito de varios municipios serán elaborados por la Generalitat, en concordancia el art. 43.2.a) establece que serán aprobados por el Gobierno de Cataluña y no por ningún tipo de entidad local. La Comunidad Valenciana, en el art. 23.3 de la LPC_CV, señala que estos planes serán aprobados por el pleno del órgano supramunicipal, copia literal se encuentra en el ap. 4.2 del PTE_CV. En Extremadura el art. 29.2 de la LPC_Ex señala que los Planes Territoriales de Protección Civil de ámbito local, serán "aprobados por la autoridad u órgano local que determine su legislación aplicable". La Comunidad de Galicia trata escuetamente el asunto al referirse que serán aprobados por las entidades locales, pero sin determinar el órgano competente en el ap. 11.3 del PTE_G. En La Rioja, en el art. 14.5 de la LPC_R señala que serán aprobados por los "órganos superiores de las entidades locales". La Comunidad de Madrid en el art. 13.2 de la LPC_Ma establece que su aprobación corresponderá al pleno de las entidades locales supramunicipales, copia literal presenta el ap. 2.2 del PTE_Ma. Curioso es el caso de la Región de Murcia que en el art. 20.3 de la LPC_Mur, prevé la posibilidad de llevar a cabo un plan supramunicipal entre varios municipios de forma conjunta y coordinada sin estar constituidos como ente supramunicipal ante circunstancias especiales (no precisa cuáles son esas circunstancias especiales) sometiéndose la aprobación del plan supramunicipal a la aprobación del pleno de cada municipio de su ámbito territorial. La Comunidad Foral de Navarra, el art. 12.4 de la LPC_N se pronuncia en idéntico término. El País Vasco, en el ap. 5 del capítulo I del Título III del PTE_PV señala que los planes territoriales de ámbito foral serán aprobados por los órganos competentes de dicha administración.

6.4. Planes de emergencia supramunicipales. Homologación

Del estudio de la normativa autonómica específica de protección civil de todas las Comunidades Autónomas se constituyen claramente dos grupos de Comunidades Autónomas en función del momento temporal de llevar a cabo la homologación de los Planes de Emergencia Supramunicipales.

Un primer grupo de Comunidades Autónomas que llevarán a cabo la **homologación de los planes de emergencia supramunicipales con posterioridad a la aprobación** de los mismos, constituido por Andalucía, Canarias, Cantabria, Cataluña, Comunidad Valenciana, Galicia, Comunidad Foral Navarra y País Vasco.

En el caso de Andalucía, tanto la LPC_And como el PTE_And prevén en sus arts. 12.5 como 9.2.a) respectivamente la homologación de los planes territoriales de emergencia supramunicipales por la Comisión de Protección Civil de Andalucía, resultando la misma posterior a la aprobación definitiva de los mismos. Canarias, en el ap. 1.5.4.2 del PTE_IC señala que los planes insulares serán homologados definitivamente con posterioridad a su aprobación. En el mismo sentido que Andalucía se pronuncian en Cantabria mediante el art. 26.4 de la LPC_Can que señala serán informadas por la Comisión de Protección Civil de Cantabria (sin carácter vinculante). En Cataluña, la LPC_Cat en su artículo 17.2 prevé la homologación de los mismos por la Comisión de Protección Civil de Cataluña, en consonancia con el art. 46.3.c) de la misma ley. La Comunidad Valenciana, en el art. 23.3 de la LPC_CV, señala que estos planes una vez aprobados serán homologados por la Comisión, copia literal se encuentra en el ap. 4.2 del PTE_CV. La Comunidad de Galicia prevé al igual que Andalucía su homologación por la Comisión de Protección Civil

Gallega y expresamente señalada como posterior en el ap. 11.3 del PTE_G. La Comunidad Foral de Navarra, el art. 12.5 se pronuncia en los mismos términos, si bien define que la homologación consistirá en, comprobar y ratificar la adecuación del Plan Territorial Supramunicipal a las disposiciones del PTE_N que actúa como plan director y marco de integración. Además, el ap. A.4.1 del PTE_N, señala expresamente que serán homologados con posterioridad a su aprobación. El País Vasco, en el ap. 6 del capítulo I del Título III del PTE_PV señala que los planes territoriales de ámbito foral serán informados u homologados por la Comisión de Protección Civil de Euskadi, consistiendo la misma en comprobar la adecuación de los planes a las normas e instrucciones de planificación referidos en el propio PTE_PV.

Un segundo grupo de Comunidades Autónomas que llevarán a cabo la **homologación de los planes de emergencia supramunicipales con carácter previo a la aprobación** de los mismos, emitiéndose informe de la Comisión de Protección Civil de la correspondiente Comunidad Autónoma, cuestión que parece más lógica cronológicamente y que aporta seguridad jurídica en el procedimiento de aprobación de los mismos, tal es el caso de Aragón, Islas Baleares, Castilla-La Mancha, Castilla y León, Extremadura, La Rioja, Comunidad de Madrid y Región de Murcia.

En Aragón el art. 29.2 de la LPC_Ar señala que previo a la aprobación definitiva de los planes comarcales se producirá la homologación de la Comisión de Protección Civil de Aragón, en el mismo sentido se pronuncia el ap. 2.1.1 de su PTE_Ar. Islas Baleares, en el art. 26.1 de la LPC_IB determina que los planes territoriales de emergencia insulares y supramunicipales será homologados previamente a su aprobación definitiva. En Castilla-La Mancha, el art. 5.3 del DPC_CM señala que los planes supramunicipales o provinciales serán homologados previamente a su aprobación, en el mismo sentido se pronuncia la OPE_CM[326] en su artículo 3.2.e). En Castilla y León, el PTE_CL en su capítulo 8 señala que los planes provinciales deberán ser informados previamente a su aprobación por la Comisión. En Extremadura el art. 29.2 de la LPC_Ex señala que los Planes Territoriales de Protección Civil de ámbito local, serán informados por la Comisión y posteriormente aprobados por la autoridad u órgano local que determine la legislación aplicable, precisando el art. 11.2 del DPC_Ex que, para su aprobación, será condición indispensable que haya sido informado favorablemente por la Comisión autonómica. En La Rioja, en el art. 14.5 de la LPC_R señala la previa homologación a la aprobación definitiva. La Comunidad de Madrid en el art. 13.2 de la LPC_Ma establece que requiere informe favorable de la Comisión de Protección Civil de la Comunidad de Madrid previo a su aprobación, a los efectos de su adecuación al Sistema Nacional de Protección Civil, copia literal del particular se encuentra en el ap. 2.2 del PTE_Ma. En la Región de Murcia el art. 20.3 de la LPC_Mur, determina que el informe será previo y vinculante.

6.5. Planes de emergencia supramunicipales. Publicación

Del estudio de la normativa autonómica específica de protección civil de todas las Comunidades Autónomas se constituyen claramente dos grupos de Comunidades Autónomas en función de la obligatoriedad de disponer su publicación para su entrada en vigor.

En el primer grupo, encontramos aquellas Comunidades Autónomas, que **sí consideran necesaria la publicación de los planes de emergencia supramunicipales para su entrada**

---

326 Orden de 27/01/2026, de la Consejería de Hacienda y Administraciones Públicas, por la que se regula la planificación de emergencias de ámbito municipal en Castilla La Mancha.

en vigor, aportando seguridad jurídica al procedimiento y especialmente proporcionando información relevante a la ciudadanía, al mismo tiempo que se garantiza el mandamiento legislativo del derecho a la información en materia de protección civil previsto en el art. 6 de la LSNPC. En este grupo se encuentran las Comunidades Autónomas de Aragón, Islas Baleares, Canarias, Extremadura, Galicia, Comunidad de Madrid y País Vasco.

Se analiza a continuación cada tipo de publicación prevista que normalmente difiere entre Comunidades Autónomas. Un primer subgrupo constituido por Canarias y el País Vasco que señalan la publicación del acuerdo de aprobación y la homologación en el boletín oficial autonómico. En Canarias, el art. 31.4 de la LPC_IC se ciñe a la necesidad de publicación en el Boletín Oficial de Canarias del acuerdo o decreto de aprobación del plan de emergencia. Además, el ap. 1.5.4.2 del PTE_IC determina la publicación en el Boletín Oficial de Canarias de los acuerdos de homologación de la Comisión de Protección Civil autonómica como condición para su entrada en vigor. En términos análogos al PTE_IC, se regula en el País Vasco, mediante el ap. 7 del capítulo I del Título III del PTE_PV, señalando que los acuerdos de homologación de los planes de protección civil, adoptados por la Comisión de Protección Civil de Euskadi se publicarán en el Boletín Oficial del País Vasco. Un segundo subgrupo constituido por las Comunidades Autónomas de Aragón, Islas Baleares, Extremadura, Galicia y Comunidad de Madrid, que instan a la publicación en los diarios oficiales de los acuerdos de aprobación y además dispondrán de ejemplares para su consulta pública de cualquier ciudadano. En Aragón el art. 29.6 de la LPC_Ar determina que los acuerdos o decretos de aprobación de los planes de protección civil serán publicados en el Boletín Oficial de Aragón, continúa el ap. 7 del mismo art. 29, señalando que un ejemplar completo del mismo será custodiado en la sede del órgano competente para su aprobación para consulta de cualquier ciudadano, sin necesidad de acreditar un interés particular. En idénticos términos se pronuncia el art. 26.6 y aparado 7 de la LPC_IB de las Islas Baleares. Interesante es el caso de Extremadura dado que el art. 29.2 de la LPC_Ex señala que los Planes Territoriales de Protección Civil de ámbito local, entrarán en vigor con posterioridad a la aprobación por el órgano competente, debiéndose publicar en la web del municipio correspondiente. La Comunidad de Galicia parece que no tiene complejos en este asunto al determinar el art. 33.3 de la LPC_G literalmente que "Todos los planes de emergencias han de ser objeto de publicación en los diarios oficiales pertinentes. Las administraciones dispondrán de ejemplares de los planes aprobados para su consulta pública y promoverán la publicación electrónica de los mismos". La Comunidad de Madrid en el art. 13.2 de la LPC_Ma establece que los planes territoriales de protección civil de ámbito inferior al autonómico se deberán publicar en el Boletín Oficial de la Comunidad de Madrid[327].

Sin embargo, hay otra serie de Comunidades Autónomas que **no requieren expresamente su publicación**. Caso de Andalucía, Cantabria, Castilla y León, Castilla-La Mancha (en Castilla-La Mancha, el art. 5.3 del DPC_CM señala que para la aplicación de los planes supramunicipales o provinciales será necesaria su homologación y posterior aprobación, sin embargo, no señala la obligatoriedad de publicación), Cataluña, Región de Murcia, Comunidad Foral de Navarra, Comunidad Valenciana, La Rioja (en La Rioja, señala el art. 14.6 de la LPC_R que los planes supramunicipales no podrán ser aplicados hasta su homologación que se deberá producir en un plazo máximo de 3 meses a partir de su recepción por la

---

327 Ejemplo. Acuerdo de 19 de enero de 2023 de la Junta de Gobierno de la Ciudad de Madrid por el que se aprueba el Plan Territorial de Emergencia Municipal del Ayuntamiento de Madrid. B.O.A.M. nº 9308 de 23 de enero de 2023.

Comisión de Protección Civil de La Rioja, pero en ningún momento determinan la necesidad de publicación).

7. CONCLUSIONES

El concepto de protección civil ha ido evolucionando en el tiempo, ampliando su radio de acción, desde sus orígenes militares incardinados en las fuerzas armadas a primeros del siglo pasado, la nueva conceptualización que le otorga el Tribunal Constitucional en STC 123/1984 que vincula su actuación para proteger a las personas y bienes en situaciones de calamidad pública (en tiempos de paz), hasta la actual percepción holística de protección civil que trata de proteger además de los anteriores, al medio ambiente, patrimonio, etc., ante cualquier situación de emergencia que se genere mediante un dispositivo integral y multidisciplinar.

Se constata la asunción gradual de competencia en materia de protección civil por las Comunidades Autónomas a través de sus Estatutos de Autonomía, como consecuencia de los diferentes pronunciamientos del Tribunal Constitucional, recogiendo expresamente Cataluña y Canarias competencia de las corporaciones locales si bien no implica unas competencias de las entidades locales superiores a las que deriva de la LBRL.

En la legislación de régimen local autonómica, ocho de las diecisiete Comunidades Autónomas consideran expresamente protección civil como competencia de alguna entidad supramunicipal (Cataluña, Extremadura, Galicia, La Rioja, Comunidad de Madrid, Región de Murcia, Comunidad Foral de Navarra y Comunidad Valenciana). El concepto de protección civil lo regulan de modo genérico e indeterminado, dejando en manos de la legislación sectorial específica de cada Comunidad Autónoma el desarrollo pormenorizado y determinante de las atribuciones de los municipios y por ende de las entidades supramunicipales en materia de protección civil, a excepción de Andalucía y Cataluña que sí pormenorizan su extensión. Notorio es el caso del País Vasco que determina la obligación de las entidades locales de suministrar información en materia de protección civil a la ciudadanía.

En general, la incidencia supramunicipal de las normativas estatales sectoriales en materia de Protección Civil (LSNP, NBPC, NBA, ENPC, PLEGEM, Directrices Básicas de Planificación, Planes Especiales) resulta bastante escasa dado su objeto principal de regulación a nivel estatal, no obstante, suelen hacer alusión expresa a las "entidades locales", sin detallar la tipología de las mismas, aunque considerando incluidas las entidades supramunicipales como ha quedado patente en el recorrido normativo que se ha llevado a cabo. Destacando el reconocimiento de la competencia estatal, autonómica y local para la elaboración de planes de emergencia territoriales y especiales, según el ámbito territorial afectado.

Clave resulta la determinación de competencias de las entidades locales en materia de protección civil, llevado a cabo por la legislación autonómica de protección civil y emergencias y por los planes territoriales de emergencias de ámbito autonómico, constatándose discrepancias en el tratamiento otorgado al asunto por las diferentes Comunidades Autónomas, dado que algunas han optado por equiparar las funciones de las entidades locales de ámbito supramunicipal a las de los municipios y la figura del representante del ente supramunicipal con las de la Alcaldía; otras autonomías que han optado por regular independientemente las funciones concretas de las entidades locales supramunicipales específicas y asimismo regular las atribuciones de los municipios; un grupo final que no regulan las competencias de ninguna entidad local.

La competencia supramunicipal en protección civil se enfoca principalmente en la aprobación y efectiva implantación de un plan territorial de protección civil de ámbito supramunicipal desde el punto de vista de la intervención operativa de la emergencia, sin embargo deja un poco de lado actuaciones previas que posibilitarían con menor inversión de recursos económicos generar mayores beneficios en la sociedad, como son la Anticipación con el objeto de disponer de información previa sobre situaciones peligrosas, y la Prevención con la finalidad de disponer medias y acciones destinadas a evitar en lo posible los impactos de las amenazas de emergencia con especial énfasis en la autoprotección ciudadana y corporativa, en consonancia con la escasa cultura preventiva de nuestra sociedad.

Se constata la viabilidad normativa de prestar el servicio de protección civil de forma asociada por los municipios mediante diferentes entes supramunicipales que se adaptan a la configuración geográfica, territorial, histórica, cultural y económica determinadas en cada Comunidad Autónoma que conforman nuestro país, no obstante se convierte en una cuestión de oportunidad por muchas razones que justifican y aconsejan la existencia de Planes de Emergencia de ámbito supramunicipal, a saber, por el nivel jerárquico superior, la descentralización respecto de las autonomías mejora en un parámetro clave en la atención de las emergencias como es el tiempo de intervención en situaciones de emergencia por su mayor proximidad, por el nivel jerárquico inferior, permite optimizar los recursos fragmentados en pequeños municipios (según el INE[328], de los 8.131 municipios de España, para el 1 de enero de 2022, el 94,87 % de los municipios disponen de una población inferior a 20.000 habitantes) próximos geográficamente, al mismo tiempo que permite un tratamiento homogéneo sobre riesgos que la mayoría de ocasiones son concurrentes y ante los que se

---

328 Conforme a datos publicados por el Instituto Nacional de Estadística. Ministerio de Asuntos Económicos y Transformación Digital, 2023. Disponible https://www.ine.es/jaxi/Datos.htm?path=/t20/e245/p04/provi/l0/&file=0tamu001.px.

debe dar una respuesta única, antes, durante y después de la emergencia que pueda desencadenar).

Cómo es sabido el art. 26.1 de la LBRL señala el límite mínimo de 20.000 habitantes para que sea preceptivo prestar el servicio de protección civil por los municipios (las Comunidades Autónomas "traducen" este mandato legislativo principalmente en la aprobación y efectiva implantación de los respectivos planes territoriales, otorgándoles el papel protagonista), no obstante, hay algunas Comunidades que más concienciadas con el riesgo al que se exponen sus ciudadanos, añaden otras variables o indicadores para que sea obligatorio prestar este servicio público con el objeto de garantizar seguridad a las personas y a sus territorios como es el caso de Cataluña, Aragón, Islas Baleares, La Rioja y Comunidad Foral de Navarra, e incluso Comunidades Autónomas que sin ningún complejo exigen la redacción de un Plan Territorial de Emergencia a todos sus municipios como es el caso de Canarias, Comunidad de Madrid y Comunidad Valenciana, cuestión que daría para otro trabajo especializado de qué municipios tienen capacidad para prestar este servicio de protección civil habida cuenta del mandato normativo, lo que demuestra la conveniencia de la elaboración de planes supramunicipales, para poder atender esta demanda.

Todas las leyes autonómicas de protección civil y emergencia contemplan la posibilidad de realizar planes territoriales de emergencia de ámbito autonómico y de ámbito municipal, sin embargo, en el ámbito supramunicipal cada una de ellas le otorga una denominación (supramunicipales, insulares, provinciales, forales y comarcales) y un tratamiento diferenciado, en función de la tipología de entidades locales de su territorio. La otra tipología de planes de emergencia supramunicipales estudiados son los Planes Especiales ante emergencias concretas producidas por riesgos específicos, resultando que los requisitos de aprobación, homologación y publicación coinciden con los de sus hermanos mayores, los Planes Territoriales supramunicipales.

Para la aprobación de los planes de emergencia supramunicipales, en la mayoría de las ocasiones, la normativa autonómica específica de protección civil confiere la capacidad de aprobarlos al órgano colegiado competente de la entidad local supramunicipal, otras veces al Pleno de la misma, en otras ocasiones singulares como ocurre en la Región de Murcia puede ser el Pleno de cada uno de los municipios que conformen el ámbito del plan para casos excepcionales que se elaboren sin la existencia de ningún ente supramunicipal. Caso peculiar es el de Cataluña que considera el ente competente para elaborar los planes supramunicipales a la Generalitat y, por lo tanto, recae su aprobación en el Gobierno de la misma. Elemental resulta en el procedimiento de aprobación de los planes supramunicipales, su homologación para la verificación de su adecuación al plan de ámbito superior, es decir a las directrices del plan territorial autonómico, llevándose a cabo por la Comisión de Protección Civil de cada Comunidad Autónoma correspondiente, sin embargo en ocho Comunidades autónomas la homologación será posterior a su aprobación y en otras ocho Comunidades autónomas se homologarán con carácter previo a su aprobación, lo que parece más lógico para garantizar una adecuada integración con el plan de protección civil de rango superior y aportar seguridad jurídica.

Para la entrada en vigor de los planes en un total de nueve Comunidades Autónomas no requieren su publicación. Otro grupo formado por Canarias y País Vasco consideran que deberán publicar el acuerdo de aprobación y la homologación en el boletín oficial autonómico. Un grupo final constituido por Aragón, Islas Baleares, Extremadura, Galicia y Comunidad de Madrid que insta a la publicación en los diarios oficiales de los acuerdos de aprobación y además dispondrán de ejemplares para su consulta pública de cualquier ciudadano. Parece lógica la necesidad de publicación para informar a la ciudadanía lo que enlaza con el derecho de los ciudadanos a conocer los riesgos que les afectan y en consecuencia ser informados de las medidas a implementar para evitarlos o mitigar sus consecuencias, conforme al art. 6 de la LSNPC. Por no entrar a estudiar la validez y eficacia jurídica de los planes no publicados, cuestión de una envergadura que supera con creces el objeto de este trabajo.

Se aprovecha la ocasión, para focalizar nuestra atención en las personas con diversidad funcional, resultando necesario garantizar, por todas las Administraciones implicadas, un adecuado tratamiento en el ciclo integral de la emergencia, como emana del art. 22 del recientemente aprobado Real Decreto 193/2023, de 21 de marzo, por el que se regulan las condiciones básicas de accesibilidad y no discriminación de las personas con discapacidad para el acceso y utilización de los bienes y servicios a disposición del público.

No puedo dejar pasar la oportunidad para reconocer y agradecer a todas las personas que forman parte de las Agrupaciones Locales de Voluntariado de Protección Civil que altruista, solidaria y desinteresadamente prestan un servicio público esencial en beneficio de la sociedad.

8. BIBLIOGRAFÍA

ÁREA DE DEFENSA CONTRA INCENDIOS FORESTALES, *Los incendios forestales en España. Avance Informativo 1 de enero–31 de diciembre 2022.* Ministerio para la Transición Ecológica y el Reto Demográfico, 2023. Disponible https://www.miteco.gob.es/es/biodiversidad/temas/incendios-forestales/avance_1_enero_31_diciembre_2022_tcm30-560521.pdf

BARCELONA LLOP, J., “Las competencias de los municipios en materia de protección civil”, *Anuario aragonés del gobierno local,* núm. 9, 2017, págs. 247-303.

BARCELONA LLOP, J., *La protección civil municipal.* Madrid, Iustel, 2007,

DIRECCIÓN GENERAL DE PROTECCIÓN CIVIL, *Listado de planes de asistencia y apoyo a los municipios.* Departamento de Interior de la Generalitat de Cataluña, 2022.Disponible https://interior.gencat.cat/es/arees_dactuacio/proteccio_civil/plans_de_proteccio_civil/plans_de_proteccio_civil_a_catalunya/plans-territorials/plans-supramunicipals/#planes-comarcales-homologados

DOMÍNGUEZ, MARTÍN, M., "La configuración de la protección civil en las Comunidades Autónomas. Especial referencia a la Comunidad de Madrid", *Revista estudios locales. Cunal*, núm. 163, 2013, págs. 50-75.

INSTITUTO ARAGONÉS DE ESTADÍSTICA. Gobierno de Aragón, 2023. Disponible https://www.aragon.es/-/estadistica-local

INSTITUTO NACIONAL DE ESTADÍSTICA. Ministerio de Asuntos Económicos y Transformación Digital, 2023. Disponible https://www.ine.es

IZU BELLOSO, M.J., "De la protección civil a la gestión de emergencias, la evolución del marco normativo", *Revista Aragonesa de Administración Pública*, núm. 35, 2009.

MENÉNDEZ REXACH, A. y DE MARCOS FERNÁNDEZ, A., "Régimen jurídico de la protección civil: legislación estatal y autonómica", en *Seguridad y medio ambiente*, Fundación MAPFRE, núm. 119, 2010, págs. 34-44.

OCHOA MONZÓ, J., *Riesgos mayores y protección civil*, McGraw-Hill Interamericana de España, España, 1996.

OCHOA MONZÓ, J., "La Ley 30/2002, de 17 de diciembre, de Protección Civil y Atención de Emergencias de Aragón y su encaje en el sistema estatal de protección civil", *Revista aragonesa de administración pública*, núm. 23, 2003, págs. 91-130.

PORTAL DE INFORMACIÓN ARGOS. Presidencia de la Generalitat Valenciana, 2023. Disponible https://argos.gva.es/es/municipis-per-tamany-d-habitat

RANDO BURGOS, E. *Legislación e instrumentos de la Ordenación del Territorio en España.* Madrid, Iustel, 2019.

RANDO BURGOS, E. *Áreas de Oportunidad y Ordenación del Territorio en Andalucía.* Sevilla, Instituto Andaluz de Administración Pública, 2020.

RANDO BURGOS, E. *Régimen Jurídico de la Gestión Territorial. Valencia.* Tirant Lo Blanch, 2020.

Capítulo 16

La adaptación ambiental del planeamiento municipal a través del planeamiento supramunicipal: el ejemplo catalán de los planes directores de suelos no sostenibles[329]

JOSEP M. AGUIRRE I FONT

Profesor agregado de derecho administrativo de la Universitat de Girona

SUMARIO: 1. INTRODUCCIÓN: LA NECESIDAD DE CENTRARNOS EN LA ADAPTACIÓN AMBIENTAL DEL PLANEAMIENTO URBANÍSTICO 2. LA EXPERIENCIA PREVIA DEL PLANEAMIENTO SUPRAMUNICIPAL DE ORDENACIÓN DEL LITORAL: LOS EJEMPLOS CATALÁN, VALENCIANO Y ANDALUZ 3. LA NECESIDAD DE REVISAR EL PLANEAMIENTO OBSOLETO EN CATALUÑA PARA ADAPTARLO AMBIENTALMENTE 4. LOS PLANES DIRECTORES URBANÍSTICOS DE REVISIÓN DE LOS SUELOS NO SOSTENIBLES DE LA COSTA BRAVA Y EL PIRINEO COMO MECANISMO DE ADAPTACIÓN AMBIENTAL 5. EL RIESGO INDEMNIZATORIO DE LOS PLANES DIRECTORES DE REVISIÓN DE SUELOS NO SOSTENIBLES 6. CONCLUSIONES 7. BIBLIOGRAFÍA.

---

329 Este trabajo es una revisión y actualización de trabajos previos en mi investigación en materia de adaptación del planeamiento urbanístico (AGUIRRE, 2022 y 2020).

1. INTRODUCCIÓN: LA NECESIDAD DE CENTRARNOS EN LA ADAPTACIÓN AMBIENTAL DEL PLANEAMIENTO URBANÍSTICO

La evolución de los desastres naturales y su impacto económico, a lo largo de las últimas décadas, están cambiando el mundo que conocemos. Sin embargo, lo más preocupante son las perspectivas futuras debido al aumento de las temperaturas, el nivel del mar y los eventos climáticos extremos.[330] Nos enfrentamos a un escenario en el que los ecosistemas y la diversidad están en riesgo, así como el desarrollo y la cohesión de nuestra sociedad, que se vuelve cada vez más vulnerable a las consecuencias del cambio climático.

Hoy es imprescindible adaptarnos a un entorno ambiental cambiante, y esta adaptación se ha convertido en una obligación inaplazable de los poderes públicos que deberían garantizarlo a través de estrategias y planificaciones que prevengan y minimicen los efectos del cambio climático.[331] En este contexto, el urbanismo desempeña un papel clave, gracias a su naturaleza prospectiva y su capacidad para integrar las políticas públicas, incluyendo las ambientales.

A pesar de tratarse de una carrera contrarreloj, las agendas políticas y las medidas derivadas de ellas se centran en implementar acciones de mitigación, que en la mayoría de los casos llegan tarde y resultan insuficientes para frenar el cambio climático. Esto se refleja en la mayoría de las legislaciones autonómicas aprobadas en la lucha contra el cambio climático, o incluso en la Ley 7/2021, de 20 de mayo, de cambio climático y transición energética, que se centran en gran

---

[330] Sobre los riesgos del cambio climático y cómo afrontarlos desde la perspectiva urbanística se puede leer a PONCE, 2013: 196-220.

[331] Sobre la adaptación al cambio climático se puede ver GIFREU, 2018: 102-158.

medida en mitigar los efectos, pero abordan la adaptación de manera limitada, sin especificar los instrumentos concretos que se utilizarán.[332]

Esta falta de regulación específica en materia de adaptación no es un asunto menor ni puede resolverse únicamente con las herramientas urbanísticas utilizadas hasta ahora. El problema principal radica en que la planificación urbana se ha desarrollado históricamente de manera unidireccional en España, centrada en la transformación de nuevo suelo sin contemplar, en general, la revisión o reversión de los procesos de transformación urbanística necesarios para abordar los riesgos cuando los mecanismos de protección o adaptación resultan insuficientes.

Esta realidad obedece a un principio básico de funcionamiento de nuestro ordenamiento jurídico que impone que las normas sean vigentes desde su entrada en vigor hasta su modificación, sustitución o derogación por otras posteriores. Esta premisa de funcionamiento de nuestro sistema normativo comporta que, con carácter general, los planes urbanísticos —que también son normas jurídicas— tengan una vigencia indefinida con independencia de las previsiones de su programa de desarrollo o de los cambios sociales, ambientales o jurídicos que se produzcan a lo largo del tiempo.

Esta particularidad de los planes urbanísticos, combinada con el incumplimiento histórico de los plazos máximos de revisión, congela el planeamiento municipal a la realidad normativa de su aprobación, lo que dificulta la incorporación de nuevas disposiciones de la legislación urbanística o ambiental,

---

332 Sobre los mecanismos de adaptación del planeamiento al cambio climático se puede leer a AGUIRRE, 2019: 1-46. La efectividad real de dichos mecanismos está por ver, como apunta LÓPEZ, 2018: 377-404.

y hace que las previsiones del planeamiento territorial que requieren adaptación del planeamiento urbanístico sean ineficaces.[333]

No se trata de un problema menor. La necesidad de adaptarnos a un entorno climático cambiante es una obligación inaplazable, y el planeamiento urbanístico juega un papel clave en ello.[334] Es urgente buscar soluciones para garantizar la adaptación de un planeamiento excesivamente estático. Pero ¿cómo podemos garantizar la revisión del planeamiento obsoleto?

Existen diferentes enfoques para abordar esta pregunta, tales como: modificar la legislación ambiental para articular auténticos mecanismos de evaluación *ex post* del planeamiento con medidas correctivas que favorezcan el equilibrio ambiental y territorial;[335] limitar temporalmente la vigencia de la clasificación del suelo en el planeamiento urbanístico mediante instrumentos legislativos, como propone el Anteproyecto de Ley de territorio en Cataluña;[336] que la administración autonómica se subrogue las competencias municipales para operar directamente en la revisión o bien revisar el planeamiento municipal mediante instrumentos de planificación supramunicipal de aplicación directa.

De todas las vías posibles, la revisión del planeamiento municipal mediante instrumentos de planificación supramunicipal es la única que no requiere modificaciones legislativas previas y tampoco exige instruir complejos procedimientos con los ayuntamientos que incumplen los plazos de revisión.

Esta vía de revisión a través de la planificación supramunicipal no solo aborda el problema de manera más integral, sino

---

333 AGUIRRE, 2020: 593.

334 GIFREU, 2018: 102-158 y AGUIRRE, 2019: 1-46.

335 AGUIRRE, 2020: 589-591.

336 AGUIRRE, 2017.

que como han demostrado las experiencias previas en la planificación supramunicipal de protección del litoral en Cataluña, la Comunidad Valenciana y Andalucía es perfectamente viable. A continuación, analizaremos estas experiencias en detalle.

2. LA EXPERIENCIA PREVIA DEL PLANEAMIENTO SUPRAMUNICIPAL DE ORDENACIÓN DEL LITORAL: LOS EJEMPLOS CATALÁN, VALENCIANO Y ANDALUZ

La imparable transformación del litoral mediterráneo español, acelerada desde los primeros años de este siglo,[337] llevó a Cataluña, la Comunidad Valenciana y Andalucía a impulsar instrumentos de planificación supramunicipal de aplicación directa con el fin de detener de inmediato el proceso urbanizador, sin tener que esperar los resultados de una política de planificación en cascada que podría llevar años.

Con el objetivo de lograr esta meta, se partió de la premisa de que era fundamental proteger y valorar los espacios costeros que aún se encontraban libres de ocupación, y evitar su

---

[337] Los datos ilustran de forma clara la situación en el litoral. En Cataluña, en 2004, aproximadamente el 46,5 % del suelo en la línea costera ya estaba clasificado como urbano, en contraste con el 39,6 % que contaba con algún tipo de protección. Estos datos indican que aún quedaba un 13,9 % de suelo restante que podía desarrollarse, lo que suponía un potencial crecimiento del suelo urbanizado en primera línea de costa de más del 60 %. De manera similar, en la Comunidad Valenciana en 2015, alrededor del 50 % del suelo ya se encontraba clasificado como urbano o urbanizable, en comparación con el 44 % de suelo no urbanizable protegido y el 6 % de suelo urbanizable común. En esta última comunidad, entre 1995 y 2015, la tasa de urbanización en los primeros 10 kilómetros de la costa había sido 3,5 veces mayor que el crecimiento de la población en esa área.

urbanización siempre que fuese posible y no implicara riesgos indemnizatorios. Para ello, se identificaron los suelos no urbanizables en la franja litoral, así como gran parte de los suelos urbanizables no desarrollados,[338] con el propósito de excluirlos del proceso urbanizador, sin importar las previsiones que pudiera contener el planeamiento municipal.

Estas iniciativas se materializaron en tres planes: el Plan Director Urbanístico del Sistema Costero (PDUSC), aprobado en Cataluña en 2005;[339] el Plan de Protección del Corredor del Litoral de Andalucía (PPCLA), aprobado en 2015, y el Plan de Acción Territorial de la Infraestructura Verde del Litoral (PATIVEL), aprobado en la Comunidad Valenciana en 2018.

Aunque estos planes han tenido resultados dispares en los procesos judiciales —el PPCLA fue anulado y el PATIVEL superó en casación al TS una primera sentencia condenatoria,[340]

---

338 En Cataluña, esta clasificación se aplicaba al suelo que no era urbanizable, al urbanizable no delimitado, y al urbanizable delimitado sin plan parcial aprobado y que no contara con planeamiento derivado aprobado y en vigor. En Andalucía, se incluían tanto el suelo no urbanizable como el suelo urbanizable, ya sea sectorizado o no sectorizado, siempre y cuando fuera necesario para cumplir con los objetivos establecidos. Se excluían de las zonas de protección aquellos suelos que estuvieran regulados por la planificación o contaran con un plan parcial aprobado, con el objetivo de minimizar el impacto en los derechos de los propietarios, aunque había algunas excepciones. En la Comunidad Valenciana, se hacía referencia a los terrenos en situación básica rural, que podían ser tanto no urbanizables como urbanizables, y que no contaran con un programa de actuación aprobado o, en caso de tenerlo, hubieran superado los plazos establecidos para su ejecución debido a circunstancias no imputables a la administración.

339 NEL·LO, 2020: 221-246; AGUIRRE, 2014.a: 233-349.

340 El PPCLA fue anulado en 2017 por la STSJ de Andalucía de 7 de septiembre de 2017, por haberse aprobado en el periodo del gobierno en funciones. El PATIVEL, a pesar de haber sido anulado

pero tienen pendientes diferentes recursos contenciosos— el PDUSC ya ha demostrado que es perfectamente factible aprobar instrumentos de planificación supramunicipal para proteger las zonas litorales no desarrolladas, sin afectar a la autonomía municipal ni incurrir en costes indemnizatorios.

Diversas sentencias del Tribunal Superior de Justicia de Cataluña[341], y posteriormente del Tribunal Supremo,[342] han descartado cualquier afectación a la autonomía municipal al analizar los PDUSC. No solo eso, sino que también han validado la posibilidad de clasificar y calificar el suelo a través de la planificación autonómica cuando estén en juego intereses supralocales.

Dicha jurisprudencia recordó los límites de los instrumentos de planificación urbanística supramunicipal y su relación con el principio de autonomía municipal, que se resumen en los siguientes puntos: 1) Es necesario garantizar la participación "adecuada o efectiva" de los municipios en la elaboración

---

en 2021, por la STSJ de la Comunidad Valenciana 46/2021, de 11 de febrero de 2021, por falta de estudio económico financiero, falta de evaluación de impacto de género y falta verdadera de una evaluación ambiental y territorial estratégica, la sentencia fue casada y anulada posteriormente por la STS 491/2022, de 17 de abril. Aun así, se retrotrajeron las actuaciones de nuevo al TSJ de la Comunidad Valenciana a fin de que la Sala de instancia, con observancia de lo razonado y decidido en esta sentencia, dicte nueva sentencia resolviendo "los demás motivos impugnatorios -formales o materiales- esgrimidos por la parte actora en apoyo de sus pretensiones".

341 STSJ de Cataluña 203/2009, de 5 de marzo; STSJ de Cataluña 521/2009, de 29 de mayo; STSJ de Cataluña 250/2011, de 25 de marzo; STSJ de Cataluña 425/2011, de 26 de mayo, y STSJ de Cataluña 189//2009, de 13 de marzo.

342 STS 177/2013; STS 171/2013; STS 8448/2012; STS 73/2013; STS 8452/2012; STS 8459/2012; STS 6257/2012; STS 6466/2012; STS 8449/2012; STS 8451/2012, y STS 9026/2012.

del planeamiento supramunicipal impuesto sobre ellos; 2) El contenido del planeamiento supramunicipal debe ser el mínimo necesario y proporcional a los objetivos que persigue, evitando despojar a los entes locales de competencias en materia urbanística; 3) La capacidad para clasificar el suelo requiere una habilitación legal expresa y una justificación basada en los fines del plan, especialmente si se regula el suelo urbanizable o urbano, y 4) La calificación del suelo mediante prescripciones propias del planeamiento municipal debe permitir un margen de aplicación al municipio.[343]

Por otra parte, al no afectar suelo con un planeamiento derivado aprobado y en vigor, se garantizó la ausencia de casos de responsabilidad patrimonial. Es importante tener en cuenta que la eventual indemnización requiere previamente que el aprovechamiento del suelo se haya patrimonializado, lo cual ocurre necesariamente después de la aprobación del correspondiente instrumento de planeamiento derivado. Por lo tanto, era poco probable que existiera responsabilidad patrimonial en la desclasificación de suelo sin planeamiento derivado.[344]

Los planes pioneros que acabamos de analizar demostraron la viabilidad de la planificación supramunicipal como herramienta para intervenir de manera efectiva en la protección de suelo no urbanizable y urbanizable sin planeamiento derivado, con el objetivo de evitar su desarrollo futuro.

---

343 AGUIRRE, 2016: 332.

344 AGUIRRE, 2014.b: 167-196.

3. LA NECESIDAD DE REVISAR EL PLANEAMIENTO OBSOLETO EN CATALUÑA PARA ADAPTARLO AMBIENTALMENTE

Después de más de 10 años de la exitosa experiencia de los PDUSC, la Generalitat ha reconocido la necesidad de ampliar el uso de los planes directores, instrumentos urbanísticos de alcance supramunicipal que tienen la capacidad de imponer directamente sus determinaciones al planeamiento municipal. Esta ampliación se ha considerado necesaria no solo en el ámbito costero, sino también para abordar la problemática del suelo no sostenible en el conjunto del planeamiento urbanístico municipal, el cual ha quedado obsoleto debido a su falta de adaptación a la legislación urbanística o al planeamiento territorial.

La situación del planeamiento obsoleto en Cataluña se refleja en datos concretos: menos de la mitad de los municipios cuentan con un plan general adaptado a la Ley de urbanismo actualizada en 2002, y solo una cuarta parte ha ajustado su plan general a las disposiciones del planeamiento territorial que entró en vigor hace una década. [345]

Esta realidad significa que más de la mitad de la planificación urbanística en Cataluña no solo se aprobó sin incorporar el principio del desarrollo urbanístico sostenible, sino que tampoco ha sido sometida nunca a una evaluación ambiental.[346] Esta situación se agrava aún más cuando se trata de suelos de alto valor ambiental o expuestos a mayores riesgos naturales, como los ubicados en la costa o en áreas naturales protegidas.

Ante esta situación, en 2015 la Generalitat dio inicio al proceso de formulación del Plan director urbanístico de extinción

---

[345] Datos del Observatori del Territori de la Generalitat de Cataluña.

[346] TRAYTER, 2007: 22.

de sectores no sostenibles. En un principio, el objetivo del plan era la extinción de sectores de transformación urbanística que claramente contradecían las disposiciones del desarrollo urbanístico sostenible y los criterios de ordenación territorial establecidos en los planes territoriales parciales aprobados durante la primera década del siglo. El ámbito inicialmente estudiado abarcaba todos los municipios de Cataluña.

Sin embargo, a medida que se avanzaba en la redacción del plan, se constató, según se refleja en su memoria, la gran diversidad de situaciones y el grado de afectación de los sectores. Se hizo evidente la necesidad de considerar, además de la extinción, otras estrategias de modificación, como la reducción. También se puso de manifiesto que no solo los sectores presentaban problemas de cumplimiento del principio de sostenibilidad, por lo que se consideró apropiado ampliar los suelos objeto de estudio. Por tanto, el documento cambió su nombre original de "Plan director urbanístico de extinción de sectores no sostenibles" a "Plan director urbanístico de revisión de los suelos no sostenibles".

Además, debido al gran número de sectores involucrados, con un total de 4.813 de suelo urbanizable y 2.700 de suelo urbano, y su extensa superficie que supera las 60.000 hectáreas, se decidió dividir el plan director inicial en varios planes directores que abordaran áreas territoriales más reducidas. Esto permitiría hacer frente de manera exitosa a la complejidad jurídica de las diferentes realidades territoriales. Como resultado, se crearon los dos primeros planes directores para dos de las áreas más sensibles de Cataluña: el Pirineo y la Costa Brava.

La nueva generación de planes directores va más allá del suelo no urbanizable o urbanizable sin plan parcial vigente, ya que incluye todo el suelo que se encuentre en la situación básica de suelo rural. Esto abarca sectores de suelo urbanizable, tanto delimitados como no delimitados, así como sectores en suelo urbano, ámbitos de gestión en suelo urbano y suelos urbanos que no cuenten con un ámbito de actuación urbanística definido, pero que objetivamente no cumplan con los requisitos legales para este régimen de suelo.

Este enfoque supone un salto de escala significativo que permite abordar una revisión real del principio de desarrollo urbanístico sostenible sin las restricciones que suponía limitar el análisis al suelo urbanizable sin plan parcial vigente. Además, también se aborda una realidad existente en el planeamiento urbanístico: los suelos clasificados de manera fraudulenta como urbanos consolidados, a pesar de no cumplir con los requisitos legales para ello, conocidos como los "falsos urbanos".

4. LOS PLANES DIRECTORES URBANÍSTICOS DE REVISIÓN DE LOS SUELOS NO SOSTENIBLES DE LA COSTA BRAVA Y EL PIRINEO COMO MECANISMO DE ADAPTACIÓN AMBIENTAL

Tras un largo proceso de tramitación, finalmente en julio de 2020 y enero de 2021 se aprobaron los dos primeros planes directores urbanísticos de revisión de los suelos no sostenibles (PDURSNS) del Pirineo[347] y la Costa Brava[348] —próximamente se aprobará un tercer plan[349] del resto del litoral catalán—. Estos planes se centran en revisar, en sus

347 *Pla director urbanístic de revisió dels sòls no sostenibles dels municipis de l'Alt Pirineu*. Aprobación definitiva el 24 de julio de 2020, publicado en el DOGC núm. 8217, de 3 de septiembre de 2020.

348 *Pla director urbanístic de revisió dels sòls no sostenibles del litoral gironí*. Aprobación definitiva el 28 de enero de 2021, publicado en el DOGC núm. 8341, de 15 de febrero de 2021.

349 *Pla director urbanístic dels sòls no sostenibles del litoral de Malgrat de Mar a Alcanar*, que fue aprobado inicialmente en julio de 2022.

respectivos ámbitos territoriales, el suelo de crecimiento que no se adapta al planeamiento territorial, ya sea urbanizable o urbano no transformado.

Los objetivos de ambos planes son similares y con un contenido claramente ambiental —como se destaca en la documentación que lo acompaña— lo que les convierte en un mecanismo idóneo de adaptación ambiental. En primer lugar, buscan adaptar los planeamientos afectados al planeamiento territorial vigente. Además, pretenden incorporar los principios del urbanismo sostenible, como la continuidad, compacidad, complejidad y preservación de los suelos con pendiente superior al 20%. Asimismo, se busca minimizar las afectaciones ambientales y relacionadas con el cambio climático, incluir determinaciones en materia de riesgos naturales y tecnológicos, y garantizar la conservación, protección y valorización del paisaje.

En resumen, estos planes tienen como objetivo identificar el suelo rural que es susceptible de ser transformado y actuar sobre él mediante tres estrategias: extinción, modificación o mantenimiento. La estrategia de extinción se aplica a suelos urbanizables o urbanos que dejan de serlo debido a que contradicen los criterios de sostenibilidad. La estrategia de modificación implica cambios en las condiciones de ordenación, reducción de ámbitos, redistribución entre sectores o cambios en la programación del desarrollo. Por último, la estrategia de mantenimiento se aplica a suelos que ya han sido urbanizados o que no presentan afectaciones en relación con los criterios del Plan.

En paralelo, ambos planes incorporan estrategias específicas para el Pirineo y la Costa Brava. En el caso del Pirineo, se revisan estrategias previstas en planes directores que, después de 11 años, no han tenido éxito. En cuanto a la Costa Brava, el Plan incluye normativas de edificación e integración paisajística para los suelos con edificación aislada, con el fin de lograr una mejor adaptación de la ordenación y las construcciones al paisaje, así como una regulación coherente que brinde homogeneidad.

Estamos ante una revisión de gran envergadura del planeamiento municipal desde una escala supralocal, que implica la extinción de cientos de hectáreas y miles de viviendas susceptibles de desarrollo en el Pirineo y la Costa Brava.[350] Sin embargo, al mismo tiempo, garantiza la incorporación de criterios de sostenibilidad, incluyendo aquellos relacionados con el cambio climático y los riesgos naturales, en unos planeamientos que se encuentran muy desactualizados. Lo que implica una actualización ambiental del planeamiento vigente.

Además, estos nuevos planes tienen la particularidad de cuestionar, por primera vez, la clasificación de ciertos sectores de suelo urbano pendientes de desarrollo, optando en algunos casos por su desclasificación. Esta medida es arriesgada en términos de posibles responsabilidades patrimoniales, pero necesaria para lograr un auténtico planeamiento adaptativo. A continuación, analicemos la estructura y contenido de estos nuevos instrumentos.

---

350 El Plan director del Pirineo conlleva la extinción de alrededor de 300 hectáreas de suelo destinado a desarrollo residencial, según lo establecido por la planificación urbanística actual, lo que implica la cancelación de 8.552 viviendas. Estas cifras aumentan significativamente en el ámbito de la Costa Brava, donde se prevé la extinción de 916 hectáreas y se evita la construcción de aproximadamente 15.000 viviendas en áreas de gran valor paisajístico y ambiental. Esta cantidad representa casi la mitad de las viviendas que podrían haberse construido de acuerdo con la planificación municipal vigente.

4.1. Ámbito de aplicación

El objetivo de los PDURSNS es evaluar el desarrollo sostenible en los suelos urbanizables o urbanos no desarrollados que no se han adaptado al planeamiento territorial vigente en los municipios. Se busca adaptar estos suelos a los principios y directrices de sostenibilidad establecidos por la legislación y el planeamiento actual.

En el caso específico de la Costa Brava, adicionalmente, se pretende realizar una adaptación paisajística en la ordenación y edificación de los suelos destinados a edificación aislada en todos los municipios, independientemente de si su planeamiento general está o no adaptado al plan territorial.

En la práctica, esto implica revisar el planeamiento de 17 de los 22 municipios de la Costa Brava cuyos planes generales fueron aprobados antes del plan territorial parcial en 2010.[351] En la zona costera de Girona, solo la mitad del planeamiento ha sido aprobado después de la Ley de urbanismo de 2002, mientras que la otra mitad tiene su origen en las décadas de los años 80 y 90 del siglo pasado, con modelos de desarrollo que difieren significativamente del principio de desarrollo sostenible y que no fueron sometidos a ninguna evaluación ambiental previa.

Por otro lado, en el Pirineo el ámbito de aplicación de los PDURSNS es más limitado, ya que solo 26 de los 68 municipios cuentan con un planeamiento general anterior a la aprobación del plan territorial parcial en 2006.[352] Aproximadamente tres cuartas partes de los municipios han aprobado sus planes generales después de la Ley de urbanismo de 2002,

---

351 *Pla territorial parcial de les Comarques Gironines* (DOGC núm. 5735, de 15 de octubre de 2010).

352 *Pla territorial parcial de l'Alt Pirineu i Aran* (DOGC núm. 4714, de 7 de setiembre de 2006).

lo que implica que el planeamiento en esta región está más actualizado en comparación con el promedio de la comunidad.

4.2. La definición del principio de desarrollo sostenible a partir de criterios de la legislación territorial, urbanística y sectorial

Para poder evaluar el principio del desarrollo urbanístico sostenible en la planificación es necesario precisarlo. En este sentido, es importante tener en cuenta que, según las sentencias del TSJ de Cataluña,[353] el principio de desarrollo urbanístico sostenible permite que "puedan existir diversas apreciaciones igualmente justas y aceptables jurídicamente" y por ello la "determinación debe pivotar inexcusablemente en las técnicas de control de la discrecionalidad ordenadora en ese ámbito y muy especialmente en materia de competencias medioambientales".

Partiendo de la anterior premisa al redactar los PDURSNS, el planificador se basa en criterios estructurados en cinco categorías: territoriales, urbanísticos, ambientales, sectoriales y paisajísticos.

Los criterios territoriales proceden directamente de los planes territoriales que definen las estrategias de crecimiento de los diferentes núcleos de población, estableciendo sus posibilidades de desarrollo, desde un crecimiento potenciado hasta un mero mantenimiento.

Los criterios urbanísticos se derivan de la Ley de urbanismo y su reglamento de desarrollo, que establecen la necesidad de configurar modelos de ocupación basados en los principios de

---

[353] Criterio fijado en la STSJ de Cataluña 992/2007, de 22 de noviembre, de la sección tercera y reiterado posteriormente en las STSJ de Cataluña 630/2008, de 15 de julio, 1043/2008, de 30 de diciembre, y 17/2009, de 13 de enero.

continuidad, compacidad y complejidad, al tiempo que requieren preservar de la urbanización los terrenos con una pendiente igual o superior al 20%.

En cuanto a los criterios ambientales, se tienen en cuenta aquellos que surgen de la legislación de espacios naturales y las afectaciones ambientales derivadas del estudio ambiental estratégico del plan.

Los criterios sectoriales agrupan diferentes tipos de riesgos naturales y tecnológicos, como el riesgo de inundación, riesgo geológico, riesgo químico y riesgo de transporte de mercancías peligrosas. Además, en el PDURSNS de la Costa Brava también se incorporan los límites derivados de la legislación de costas, especialmente las servidumbres de protección.

Por último, en los criterios paisajísticos se han tenido en cuenta las determinaciones de los respectivos catálogos de paisaje.

4.3. Las estrategias de actuación en los suelos de crecimiento urbanizables o urbanos no desarrollados

Basándose en los criterios expresados previamente, los PDURSNS examinan el conjunto de suelo urbanizable y urbano no desarrollado desde una perspectiva de sostenibilidad y establecen tres posibles estrategias: extinción, modificación o mantenimiento.

Las medidas de extinción y modificación se definen a través de tres tipos de normas, dependiendo de si se aplican directamente o mediante la adaptación del plan urbanístico municipal, su carácter obligatorio y su grado de vinculación. Por lo tanto, los planes diferencian entre normas de aplicación directa e inmediatamente ejecutivas, estrategias o directrices que deben ser concretadas a través del plan urbanístico municipal, y simples recomendaciones que dependerán de la voluntad de la administración municipal.

Los PDURSNS optan por diferentes estrategias según las circunstancias física y jurídicas del ámbito de planeamiento. En casos donde existe una contradicción con los criterios definidos por el plan, que impiden legalmente el desarrollo de un asentamiento urbano, se elige la estrategia de extinción.[354] Esto implica la desclasificación del área, que pasa a ser considerada como suelo no urbanizable.

Por otro lado, la estrategia de modificación[355] se utiliza cuando los crecimientos previstos también plantean contradicciones con los criterios de desarrollo sostenible, pero no impiden legalmente su desarrollo. En estos casos, la modificación implica cambios en los parámetros de ordenación, la reducción de un área, el reajuste entre sectores o el cambio de programación del desarrollo. Estos cambios pueden incluir ajustes en los usos, tipologías edificatorias y densidades en áreas donde sea necesario adaptar los criterios urbanísticos o paisajísticos. En cambio, la disminución, el ajuste o la alteración de la programación adquieren relevancia en áreas donde sea necesario ajustarse a la estrategia de crecimiento establecida por el plan territorial, y también pueden estar condicionadas por otros criterios.

Por último, la estrategia de mantenimiento[356] se utiliza en aquellos sectores que no presentan contradicciones según los

---

354 La extinción afecta a 777 ha y 11.381 viviendas en la Costa Brava y 112 ha y 2.417 viviendas en el Pirineo.

355 La modificación afecta a 559 ha y 6.833 viviendas de la Costa Brava y 312 ha y 6.810 viviendas en el Pirineo.

356 Estos ámbitos, que mantienen la clasificación y calificación vigentes, representan 387 ha y 6.205 viviendas en la Costa Brava y 167 ha y 5.504 viviendas en el Pirineo, que hay que sumar a los potenciales remanentes en suelos ya desarrollados y pendientes de edificación.

criterios establecidos por los PDURSNS, por lo que no se requiere ninguna actuación específica. Sin embargo, se menciona que el trámite ambiental de estos desarrollos puede establecer criterios más restrictivos que los considerados en el propio plan.

5. EL RIESGO INDEMNIZATORIO DE LOS PLANES DIRECTORES DE REVISIÓN DE SUELOS NO SOSTENIBLES

La aprobación de los nuevos planes directores de revisión de suelos no sostenibles supone un salto de escala notable en relación con la planificación supramunicipal y la capacidad de revertir planeamientos urbanísticos obsoletos. Por primera vez se afecta a suelo urbano y a sectores con planeamiento de desarrollo aprobado, lo que abre mayores interrogantes en relación con eventuales supuestos de responsabilidad patrimonial por modificación de planeamiento. De hecho, la resolución de los recursos contenciosos contra los PDURSNS —pendientes en la Sala contenciosa del TSJ de Cataluña— pueden servir para redefinir el límite de intervención de la administración autonómica en la revisión de suelo mediante instrumentos de naturaleza supramunicipal.

Sin embargo, la complejidad de muchas de las determinaciones de los planes directores de revisión de suelos no sostenibles, especialmente aquellas relacionadas con la normativa de integración paisajística —que no es objeto de este trabajo— y que dependen de desarrollos posteriores en la planificación municipal, nos impide realizar un análisis exhaustivo de todos los riesgos indemnizatorios que pueden surgir con la aprobación de los nuevos planes en este momento. El propio plan reconoce esta complejidad al afirmar que la responsabilidad, si existe, debe determinarse dentro del marco de los respectivos expedientes.

Por lo tanto, en este trabajo, nos limitaremos al estudio de la responsabilidad patrimonial que eventualmente puede surgir en la eliminación de sectores y áreas de suelo urbanizable o urbano, así como en la eliminación de los llamados "falsos urbanos". Dejando para futuros trabajos la responsabilidad patrimonial que pudiera derivarse de la modificación de sectores o ámbitos, o bien de la aplicación de la normativa de integración paisajística.

5.1. El riesgo indemnizatorio por extinción de sectores y ámbitos de suelo urbanizable o urbano

Es ampliamente conocido que, en nuestro sistema urbanístico, el ejercicio del *ius variandi* por parte de la administración no otorga derecho a indemnización, a menos que se cumplan los supuestos expresamente establecidos en la Ley —artículo 4.1 del Texto refundido de la Ley de Suelo y Rehabilitación Urbana (TRLSRU)— en que se exigirá como requisito previo la patrimonialización de la edificabilidad. De hecho, el mismo TRLSRU, en su artículo 11.2, establece que "la previsión de edificabilidad por la ordenación territorial y urbanística, por sí misma, no la integra en el contenido del derecho de propiedad del suelo. La patrimonialización de la edificabilidad se produce únicamente con su realización efectiva y está condicionada en todo caso al cumplimiento de los deberes y el levantamiento de las cargas propias del régimen que corresponda, en los términos dispuestos por la legislación sobre ordenación territorial y urbanística".

Partiendo de esta premisa, la responsabilidad patrimonial por modificación de planeamiento exige la concurrencia de diversos requisitos legales y jurisprudenciales,[357] que

[357] AGUIRRE 2014.b: 167-196.

sintetizaremos en tres: *a*) que se alteren las condiciones de ejercicio de la ejecución de la urbanización o las condiciones de participación de los propietarios en ella, por cambio de la ordenación territorial o urbanística; *b*) que la modificación de planeamiento se produzca antes de que transcurran los plazos previstos para su desarrollo o, transcurridos estos, si la ejecución no se hubiere llevado a efecto por causas imputables a la Administración, y *c*) que el propietario haya participado en el proceso urbanizador a través del cumplimiento de los correspondientes deberes y cargas urbanísticas.

De acuerdo con los criterios anteriores, no puede haber indemnización si el propietario no ha cumplido previamente con los deberes y las cargas exigidas por la legislación urbanística y el planeamiento. A través de su cumplimiento se patrimonializa el aprovechamiento. Por lo tanto, según el artículo 39 del TRLSRU, la indemnización se incrementa gradualmente desde la aprobación del planeamiento derivado y los instrumentos de gestión hasta la urbanización.

En este contexto, dos elementos devienen cruciales en el caso que nos ocupa: 1) determinar si se han cumplido o no los plazos de ejecución previstos en el planeamiento; 2) determinar si se han cumplido los correspondientes deberes y cargas urbanísticas.

En cuanto al plazo de ejecución, este se establece en el planeamiento y, en su ausencia, en el Reglamento de la Ley de urbanismo, que lo fija en un máximo de tres años. Teniendo en cuenta que los dos PDURSNS revisan solo planeamientos anteriores a 2006 en el caso del Pirineo y a 2010 en el caso de la Costa Brava, parece difícil que no se hayan superado los plazos máximos de planeamientos que llevan más de 15 y 11 años de vigencia, respectivamente.

El segundo factor determinante es verificar si se han cumplido los correspondientes deberes y cargas urbanísticas. En este sentido, la revisión de los PDURSNS solo afecta a los suelos destinados a crecimiento que no han iniciado la transformación urbanística, así como a aquellos en los que se inició, pero no se consolidó, según lo establecido en el artículo 2.3 de la normativa de los PDURSNS. Con este criterio se evita incluir en la revisión sectores en los que se hayan cumplido todos los deberes y cargas urbanísticas, y por lo tanto se haya patrimonializado la edificabilidad.

En la práctica, la aplicación de estos criterios, como lo demuestra la documentación del PDURSNS de la Costa Brava, conllevó que los sectores de suelo urbanizable o urbano estudiados tuvieran ambos los plazos máximos de ejecución superados. En cuanto a los ámbitos o sectores que habían iniciado la transformación urbanística pero no la habían completado, la memoria confirma que la transformación se encontraba paralizada desde hacía años y, en todos los casos, se habían excedido los plazos máximos de ejecución establecidos en el planeamiento. Por lo tanto, se concluye que la modificación del planeamiento realizada por los PDURSNS no otorga el derecho a exigir indemnizaciones.

5.2. El riesgo indemnizatorio por extinción de los "falsos urbanos"[358]

La extinción de los "falsos urbanos" plantea un desafío mucho más complejo. Estos son suelos que han sido clasificados erróneamente como urbanos consolidados por el planeamiento municipal, sin estar sujetos a un ámbito de gestión y sin cumplir los requisitos legales para ello. Formalmente, estos suelos tienen la condición de suelo urbano consolidado, ya que no forman parte de ningún sector o polígono de actuación y no están pendientes de ninguna operación de transformación

---

[358] Los "falsos urbanos" a los que nos referimos en este epígrafe aparecen descritos en los PDURSNS como "ámbitos de suelo urbano sin los requisitos legales (SRL)".

posterior. Sin embargo, desde una perspectiva jurídica, el suelo adquiere esta condición solo después de cumplir con todos los deberes y cargas urbanísticas y haber patrimonializado la edificabilidad, lo cual no ha ocurrido en los casos analizados, ya que estos suelos mantienen las características físicas de suelo no transformado.

Es importante recordar que la clasificación de un suelo como urbano es un proceso reglado que requiere haber sido urbanizado e integrado en la trama urbana, además de contar con todos los servicios urbanísticos básicos, como infraestructuras viales, redes de agua y saneamiento, y suministro de electricidad. Alternativamente, un suelo puede ser considerado urbano si se encuentra dentro de áreas consolidadas donde al menos dos terceras partes de su superficie edificable están edificadas. Por lo tanto, la determinación de si un suelo es urbano o no depende de sus características físicas y no de la discrecionalidad administrativa.

De acuerdo con las anteriores premisas, el PDURSNS concluye que no pueden considerarse como suelos urbanos los que no reúnen los requisitos legales para esta clase de suelo. Por este motivo, según el PDURSNS, en relación con los suelos urbanos clasificados erróneamente en anteriores planeamientos, "en ningún caso se puede perpetuar esta clasificación bajo el pretexto de su (errónea) consideración en anteriores instrumentos de planeamiento, [y] su desclasificación no otorga derecho indemnizatorio a los propietarios".

En relación con este aspecto, compartimos la opinión expresada en el PDURSNS de que no se puede exigir una responsabilidad patrimonial por modificaciones en la planificación, ya que el propietario de terrenos clasificados erróneamente como "falso urbano" no ha cumplido con las obligaciones y cargas urbanísticas necesarias para tener derecho a la patrimonialización del aprovechamiento urbanístico. Sin embargo, es más discutible si en situaciones como esta podría surgir una responsabilidad patrimonial ordinaria por mal funcionamiento de la administración, que en su momento clasificó incorrectamente dichos terrenos como urbanos, especialmente si se demuestra que el perjudicado adquirió de buena fe el suelo confiando en la posibilidad de desarrollar su aprovechamiento.

Es importante tener en cuenta que, en general, los particulares tienen el derecho de ser compensados por parte de las administraciones públicas en caso de sufrir daños en sus propiedades y derechos. Esto se aplica siempre que dichos daños sean consecuencia del funcionamiento normal o anormal de los servicios públicos —según el artículo 32.1 de la Ley 40/2015—. En el caso que nos ocupa, la clasificación errónea del suelo como urbano es claramente un ejemplo de funcionamiento anormal por parte de la administración, y el daño resultante podría considerarse efectivo desde el momento en que se realiza la desclasificación.

Además, aunque la clasificación errónea haya ocurrido hace décadas, de acuerdo con el artículo 67.1 de la Ley 39/2015, el derecho a presentar una reclamación no ha prescrito. Esto obedece al hecho que a pesar de que el daño original —la clasificación errónea como urbano— fuese hace años, su efecto lesivo no se ha manifestado hasta ahora. Es importante tener en cuenta que la responsabilidad patrimonial no se dirigirá directamente hacia la Generalitat —por la aprobación del PDURSNS—, sino hacia el Ayuntamiento que impulsó el planeamiento erróneo. No obstante, la administración autonómica también podría tener una responsabilidad concurrente, ya que debió ejercer el control de legalidad del plan en su momento.

No obstante, para que pueda establecerse una responsabilidad patrimonial, será necesario cumplir con dos requisitos adicionales. En primer lugar, será necesario demostrar que el daño se produjo exclusivamente debido a la actuación de la administración y no por intencionalidad o negligencia por parte del perjudicado o de terceros que podrían haber sido conscientes de que la finca no cumplía con los requisitos del suelo urbano. Además, dado que la indemnización no se refiere a la pérdida de una oportunidad de aprovechamiento —que nunca existió formalmente—, también será necesario demostrar que la actuación de la administración causó un daño real al perjudicado como, por ejemplo, en el caso de una persona que adquirió de buena fe el terreno después de su clasificación como suelo urbano, confiando en la posibilidad de llevar a cabo un desarrollo urbano.

Dada la complejidad de estos casos, el PDURSNS propone estrategias diferenciadas para abordar los "falsos urbanos" en función de su situación física y la existencia de otras limitaciones. En este sentido, en el PDURSNS del Pirineo, a pesar de identificar cuatro casos de "falsos urbanos",[359] solo se propone la desclasificación de uno de ellos, que se encuentra en la zona de influencia de un torrente. Sin embargo, se conserva como suelo urbano una vivienda ya consolidada en esa área. En los otros tres casos, en cambio, se sugiere reducir los planes de crecimiento y establecer mecanismos de gestión para garantizar un desarrollo adecuado.

En la Costa Brava, el PDURSNS también identifica cuatro "falsos urbanos"[360]. En dos de estos casos, se propone la desclasificación debido a la existencia previa de servidumbres establecidas por la Ley de Costas, lo cual impide la construcción de las viviendas que se habían previsto inicialmente. En un tercer caso, el suelo ya había sido desclasificado anteriormente por un plan urbanístico municipal que posteriormente fue anulado. En cuanto al cuarto caso, se propone únicamente limitar su

---

359 SRL-Pedra, SRL-Olià, SRL-Talltendre y SRL-Paüls.

360 SRL-1 Illa de Port-lligat, SRL-2 Illa de S'Arenella, SRL Serrallarga y SRL Mas Gispert.

desarrollo, ya que no existen otros condicionantes adicionales que justifiquen la desclasificación completa.

En conclusión, se puede afirmar que el planificador ha actuado con prudencia al desclasificar estos sectores, minimizando así el riesgo de tener que asumir indemnizaciones por la desclasificación de los "falsos urbanos". Por este motivo, se han desclasificado aquellos sectores en los que se han identificado otros elementos que justifican su extinción. En los demás casos, se ha optado por reducir los planes de crecimiento y establecer mecanismos de gestión que garanticen el cumplimiento de las obligaciones y cargas urbanísticas necesarias para lograr su consolidación legal como suelos urbanos.

6. CONCLUSIONES

Abordar el desafío histórico de superar el modelo estático de planificación urbana, congelado en el tiempo, es crucial en el actual contexto de cambio climático. Esta realidad cada vez más evidente, con el incremento de fenómenos meteorológicos extremos, nos brinda una oportunidad única para desarrollar un nuevo sistema de planificación urbana que sea altamente adaptable a los cambios ambientales y capaz de actualizarse periódicamente.

Para lograr esto, es necesario superar la excesiva rigidez que caracteriza el actual sistema de planeamiento que, en muchas ocasiones, ha priorizado la seguridad jurídica de los propietarios, quienes poseen derechos expectantes basados en la planificación, en lugar de proteger valores ambientales, paisajísticos y garantizar la seguridad colectiva frente a los riesgos climáticos.

En este contexto, la problemática del planeamiento obsoleto —en Cataluña más de la mitad de los planes generales tienen más de 20 años y nunca han sido sometidos a evaluación ambiental— ha llevado a la Generalitat a impulsar una nueva generación de planes directores urbanísticos que le permita revisar la totalidad del suelo de crecimiento en la comunidad, con independencia de su clasificación como urbanizable o urbano.

Estos nuevos planes, que ya han sido aprobados para el Pirineo y la Costa Brava y próximamente para el resto del litoral catalán, abordan una revisión integral de la planificación municipal desde la perspectiva del desarrollo urbanístico sostenible, sin las restricciones que suponía limitar el análisis al suelo urbanizable sin planeamiento derivado vigente, como se había hecho anteriormente en el ámbito costero. Su aprobación ha llevado no solo a la eliminación de cientos de hectáreas y miles de viviendas susceptibles de desarrollo, sino que también ha permitido incorporar criterios ambientales en el planeamiento.

Los PDURSNS representan un salto significativo en la planificación supramunicipal y en la capacidad de revertir planes urbanísticos obsoletos. Sin embargo, su aprobación ha planteado diversas incógnitas en relación con posibles casos de responsabilidad patrimonial debido a modificaciones en la planificación. Un estudio preliminar de los planes muestra los esfuerzos de la Generalitat, que ha analizado detalladamente la realidad física y jurídica de los suelos afectados, para evitar indemnizaciones. Se trata de un ejercicio valiente y arriesgado que establecerá, de ahora en adelante, los límites de la intervención de la administración autonómica en la revisión del suelo mediante instrumentos de naturaleza supramunicipal.

Los cambios ambientales del presente nos exigen adoptar un enfoque de planificación adaptativa para encarar el futuro, y el éxito de este enfoque depende de la implementación de medidas valientes y arriesgadas como los PDURSNS, para lograr un cambio real en la forma en que comprendemos y aplicamos el urbanismo.

7. BIBLIOGRAFÍA

AGUIRRE I FONT, JM. (2022), "La revisión del suelo no sostenible mediante el planeamiento supramunicipal: el ejemplo de los planes directores urbanísticos de revisión de suelos no sostenibles en Catalunya", *El papel del territorio y de las políticas territoriales en la estrategia de recuperación, transformación y resiliencia*, Universitat de València, pp. 239-253, ISBN 978-84-9133-478-1.

AGUIRRE I FONT, JM. (2020), "La evaluación ex post del planeamiento urbanístico: el reto de adaptarse a un escenario climático cambiante", *La ciudad del siglo XXI: transformaciones y retos*, Instituto de Administración Pública, pp. 587-596, ISBN 978-84-7351-703-4.

AGUIRRE I FONT, JM. (2019): "La resiliencia del territorio al cambio climático: retos y herramientas jurídicas desde el planeamiento urbanístico", *Revista Catalana de Dret Ambiental*, núm. 2, 46 pp, ISSN-e 2014-038X.

AGUIRRE I FONT, JM. (2017), *Avantprojecte de la Llei de territori. Document comprensiu*, Generalitat de Catalunya, 79 pp.

AGUIRRE I FONT, JM. (2016), "Los límites del planteamiento urbanístico supramunicipal" en la obra colectiva *El derecho de la ciudad y el territorio: estudios en homenaje a Manuel Ballbé Prunés*, en: Judith Gifreu i Font, Martín Bassols Coma y Ángel Menéndez Rexach (dir.), Instituto Nacional de Administración Pública (INAP), pp. 294-309, ISBN 978-84-7351-550-4.

AGUIRRE I FONT, JM. (2014.a): *El régimen jurídico del litoral catalán*, Atelier, Barcelona, 443 pp, ISBN 978-84-15690-61-0.

AGUIRRE I FONT, JM. (2014.b), "La responsabilidad patrimonial como límite a la ordenación supramunicipal: el ejemplo de los planes directores urbanísticos del sistema costero", *Revista Aranzadi de Urbanismo y Edificación*, núm. 31, pp. 167-196, ISSN 1576-9380.

GIFREU FONT, J. (2018), "Ciudades adaptativas y resilientes ante el cambio climático: estrategias locales para contribuir a la sostenibilidad urbana", *Revista Aragonesa de Administración Pública*, núm. 52, pp. 102-158, ISSN 1133-4797.

LÓPEZ PÉREZ, F. (2018), "La planificación urbanística municipal ante el cambio climático: expansión versus ciudad existente", *Políticas locales de clima y energía: teoría y práctica*, Instituto Nacional de Administración Pública, Madrid, 2018, pp. 377-404, ISBN 978-84-7351-636-5.

NEL·LO I COLOM, O. (2020), "Els riscos ambientals i la urbanització del litoral català. L'experiència dels Plans Directors Urbanístics del Sistema Costaner", *El temporal Glòria (gener de 2020) vist per la Geografia, Treballs de la Societat Catalana de Geografia,* núm. 89, pp. 221-246, ISSN 1133-2190.

PONCE SOLE, J. (2013): "Land Use Planning and Disaster: A European Perspective from Spain". *Oñati Socio-legal Series,* v. 3, núm. 2, 2013, pp. 196-220, ISSN-e 2079-5971.

TRAYTER JIMÉNEZ, JM. (2007), "Prólogo", *Urbanismo ambiental y evaluación estratégica,* Atelier, pp. 19-29, ISBN: 84-690-1452-8.

Capítulo 17

La organización autonómica y supramunicipal en perspectiva comparada del sistema público de servicios sociales

DOMINGO CARBONERO MUÑOZ

Profesor Contratado Doctor en la Universidad de La Rioja. Departamento de Derecho. Área de Trabajo Social y Servicios Sociales

ESTHER RAYA DÍEZ

Profesora Titular en la Universidad de La Rioja. Departamento de Derecho. Área de Trabajo Social y Servicios Sociales

ANA BELÉN CUESTA RUIZ-CLAVIJO

Profesora Ayudante Doctor. Departamento de Derecho. Área de Trabajo Social y Servicios Sociales

SUMARIO: 1. INTRODUCCIÓN. 2. OBJETIVOS Y METODOLOGÍA EMPLEADA. 3.CARACTERIZACIÓN Y CONTEXTO AUTONÓMICO DE LOS SERVICIOS SOCIALES. 3.1. PRINCIPALES TENDENCIAS DE POBLACIÓN. 3.2. TENDENCIAS EN LOS PATRONES DE POBREZA Y EXCLUSIÓN. 3.3. TENDENCIAS EN LA PROTECCIÓN SOCIAL EN SERVICIOS SOCIALES Y EN EL GASTO SOCIAL. 4. LAS LEYES DE SEGUNDA GENERACIÓN Y LA ORGANIZACIÓN DE LOS SERVICIOS SOCIALES. 5. EL ANÁLISIS COMPARADO EN LOS SERVICIOS SOCIALES SUPRAMUNICIPALES A TRAVÉS DE LAS CARTERAS AUTONÓMICAS DE SERVICIOS SOCIALES. 5.1. CONVIVIENCIA FAMILIAR, RELACIONAL Y COMUNITARIA. 5.2. ENVEJECIMIENTO, DEPENDENCIA, DISCAPACIDAD Y CUIDADOS. 5.3. INCLUSIÓN SOCIAL. 5.4. GARANTÍA DE RENTAS. 6. TENDENCIAS DE FUTURO. 6.1. CRECIMIENTO DE LAS NECESIDADES Y EVOLUCIÓN EN LA ESTRUCTURA DE LOS SERVICIOS SOCIALES AUTONÓMICOS. 6.2. COMPARACIÓN Y PROPUESTA EN LOS SERVICIOS SOCIALES PARA EL CASO DE LA RIOJA. 7. BIBLIOGRAFÍA.

1. INTRODUCCIÓN[361]

El origen de los Servicios Sociales (SS.SS) tiene su precedente en el término de Asistencia Social (AS), recogido en la Constitución Española (CE), el cual hace referencia principalmente al carácter subsidiario respecto de la Seguridad Social y de la acción social desempeñada por la familia, su orientación selectiva hacia las bolsas de pobreza frente a una aproximación más universal, y por último, las incipientes transferencias del gobierno central hacia las Comunidades Autónomas (CC. AA.) (Casado, 1996; Las Heras y Cortajarena, 1979; Rodríguez, 2013;).

El desarrollo autonómico de los SS.SS. queda envuelto en al menos tres tipos de casuísticas vinculadas, por un lado, con las responsabilidades que asumen progresivamente en la atención al menor y la familia, la violencia de género, la autonomía personal, dependencia y discapacidad. Por otro lado, más allá del Plan Concertado de Prestaciones Básicas de Servicios Sociales (PCPB) del año 1988, la aprobación del Catálogo de Referencia de Servicios Sociales por parte del Consejo Territorial de Servicios Sociales y del Sistema para la Autonomía y Atención a la Dependencia (Ministerio de Sanidad, Servicios Sociales e Igualdad, 2013), y la reciente discusión del Anteproyecto de Ley de Servicios Sociales (Consejo de Ministros, 2023),

---

[361] Los resultados de este trabajo se vinculan al "*Convenio entre la Consejería de Servicios Sociales y Gobernanza Pública y la Universidad de La Rioja para colaborar en la adecuación del sector de los servicios sociales a los cambios económicos y sociales actuales*" y al Proyecto I+D+I *Los retos de gobernanza y gestión inclusiva de los programas de renta mínima en el nuevo contexto social e institucional* (REGIRM) Referencia: PID2021-125710OA-C22. Los resultados de este artículo son deudores de las reuniones de equipo con el Servicio Técnico de Planificación y Acción Social, queriendo agradece las discusiones mantenidas con Dª Mª Ángeles Centeno Moreno D. Jesús Manuel Fernández de Bobadilla Murillo y. D. Javier Iglesias Martínez.

se carecen de referentes nacionales que ayuden a enmarcar un contenido común en el SPSS. (Ministerio de Derechos Sociales y Agenda 2030, 2022). Por último, se incluyen cuestiones relativas tanto a la diversidad de nomenclaturas, como en la estructura territorial que dificultan su organización (Anaut y López, 2019; Arrieta, 2019; Carbonero, Cuesta y Raya, 2022; Martínez y Pérez, 2018; Roldán, García y Nogués, 2013ª; 2013b; Vilà, 2010).

Este capítulo de libro se estructura en 4 apartados. El primer apartado recoge los objetivos y la metodología empleada en la elaboración del mismo, se explicitan los objetivos, como las principales vías de investigación. El segundo apartado aborda la configuración del Sistema Público de Servicios Sociales (SPSS) a través de los hitos de carácter nacional y autonómicos más relevantes en los períodos que transcurren entre la 1ª y 2ª Generación de SS.SS. El tercer apartado incluye el desarrollo del SPSS en el marco de las leyes de servicios sociales de 2ª generación, profundizando en la orientación especializada sustentada en 4 ejes relativos a las siguientes materias:1) Convivencia familiar, relacional y comunitaria; 2) Envejecimiento, dependencia, discapacidad y cuidados; 3) Inclusión social; y 4) Garantía de Rentas.

2. OBJETIVOS Y METODOLOGÍA EMPLEADA

Este capítulo se ha materializado a partir de los siguientes objetivos generales:

- Situar las principales tendencias sociales vinculadas con los cambios demográficos, los patrones de pobreza y exclusión social, así como la evolución en la política social con el fin de contextualizar los principales desafíos en el marco del SPSS.
- Abordar las principales características del SPSS mediante la comparación entre carteras autonómicas de servicios sociales.

Este trabajo se ha realizado mediante un análisis documental, seleccionando diferente tipo de documentación. Siguiendo a Hernández (2020), se ha diferenciado entre normativa legal (leyes, decretos y órdenes), planes sectoriales y de población, y recursos de apoyo social (programas y ayudas) (Hernández, 2020). En este capítulo, se contextualizan las CC.AA. limítrofes a la CAR. Siguiendo a Vilà (2010) y Arrieta (2019) se han seleccionado 6 tipos de autonomías de carácter uniprovincial (Cantabria y CAR), pluriprovincial (Aragón y Castilla y León (CyL), e histórico (Comunidad Foral de Navarra (CFN) y País Vasco (CAPV)).

En este trabajo se han incorporado las fuentes de datos secundarios en el estudio de las tendencias sociales y los desafíos por parte de los SS.SS. (Aguilar, 2014; García, 2018). En este trabajo, se abordan tres aspectos vinculados con los cambios demográficos, los patrones de pobreza y exclusión social, y por último, la evolución de los SS.SS. A continuación, se recoge la descripción de las fuentes y períodos de estudio:

- Los cambios demográficos en materia de envejecimiento y migraciones, se estudian a través del padrón municipal, haciendo referencia a los períodos correspondientes a 1998-2005 y 2006-2022 vinculados con las leyes de 1ª y 2ª generación.
- Los cambios en los patrones de pobreza, privación y exclusión social son estudiados a partir de las Encuesta de Condiciones de Vida (ECV) elaboradas por el Instituto Nacional de Estadística (INE). Dichas encuestas se encuentran disponibles desde el año 2008, abordando dos períodos relativos con los años 2008-2015 y 2015-2021. El 1º período incluye el nacimiento de las leyes de servicios sociales de 2ª generación que coincide con el período de crisis económica. A su vez, el 2º período hace referencia a un tiempo coincidente con la post crisis socioeconómica y el impacto de la COVID.

- Por último, los SS.SS. en las CC.AA. son estudiados mediante los resultados provistos por los informes elaborado por la Asociación Estatal de Directores y Gerentes de Servicios Sociales (AEDyGSS, 2021) y el gasto social autonómico por habitante. Los resultados están disponibles desde el año 2014, abordando la dinámica de los SS.SS.

3. CARACTERIZACIÓN Y CONTEXTO AUTONÓMICO DE LOS SERVICIOS SOCIALES

3.1. Principales tendencias de población

En este epígrafe se presentan las características sociodemográficas y de contexto de desarrollo de los servicios sociales. El apartado se estructura en tres sub epígrafes. El primero analiza las tendencias migratorias y de envejecimiento; la segunda muestra las tendencias en desempleo, pobreza y exclusión; y, en la tercera, se presenta la evolución del índice DEC que mide el grado de desarrollo de los Servicios Sociales.

3.1.1. Tendencias y cambios en los patrones migratorios y en el envejecimiento de la población

Los principales cambios demográficos en la sociedad española se relacionan con los patrones migratorios y el envejecimiento de la población(Domingo y Cabré, 2015; Izquierdo, 2015; Pérez y Abellán, 2015).

Tabla 1. Caracterización demográfica de las CC.AA. en el período 1998-2005 y 2006-2022

		1998	2005	≠	2006	2022	≠*
Evolución de la tasa de población inmigrante							
	España	1,59%	8,40%	6,81	9,26%	11,67%	2,41
Históricas	CAPV	0,72%	3,40%	2,68	4%	8,40%	4,40
	CFN	0,81%	8,40%	7,59	9,20%	11,10%	1,90
Pluriprovinciales	Aragón	0,66%	7,60%	6,94	8,24%	12,42%	4,18
	CyL	0,60%	3,64%	3,04	4,21%	6,18%	1,97
Uniprovinciales	CAR	0,96%	10,30%	9,34	11,40%	13,10%	1,70
	Cantabria	0,59%	3,65%	3,06	4,19%	6,40%	2,21
Evolución de la tasa de población de +65 años							
	España	16,31%	17%	0,69	17%	20%	3
Históricas	CAPV	16,33%	18,23%	1,9	18,43%	23,21%	4,78
	CFN	17,85%	17,46%	-0,39	17,44%	20,27%	2,83
Pluriprovinciales	Aragón	20,82%	20,52%	-0,3	20,47%	22,09%	1,62
	CyL	21,27%	22,56%	1,29	22,6%	26,22%	3,62
Uniprovinciales	CAR	18,63%	18,46%	-0,17	18,41%	21,52%	3,11
	Cantabria	18,31%	18,71%	0,4	18,68%	23,07%	4,39

Fuente: elaboración propia a partir del padrón municipal del INE (s.f.b). Nota: 1) 1998-2005; 2) 2006-2022

* (≠) Símbolo que reemplaza la palabra diferencia.

La información recogida señala un incremento en la tasa de población extranjera para todas las CC.AA. y para el conjunto de España en los dos períodos analizados, situándose las tasas más elevadas en el año 2022 en Aragón y CAR. Además, se observa mayor proporción en la tasa de envejecimiento en las autonomías de estudio que en el conjunto de España. El mayor crecimiento para cada una de las autonomías se sitúa en el segundo período de estudio, situándose el mayor incremento en CAPV, Cantabria y CyL.

3.2. Tendencias en los patrones de pobreza y de exclusión social

Gran parte de la demanda recibida en el sistema de servicios sociales se vincula a los problemas de pobreza y de exclusión social. Además, la pobreza se relaciona con la falta de participación en el mercado de trabajo y el desempleo de larga duración (Laparra, Zugasti y García, 2021; Tejero, 2018; Zugasti y Laparra, 2017;). En la tabla 2 se presentan las tasas de pobreza y exclusión social en las comunidades analizadas y para el conjunto de España.

Tabla 2. Caracterización en las tasas de pobreza y exclusión social de las CC.AA. (Tasa AROPE) en el período 2008-2015 y 2015-2021

		2008	2015	≠	2016	2021	≠*
	España	23,80%	28,60%	4,80%	27,90%	27,60%	-0,30%
Históricas	CAPV	13,90%	17,60%	3,70%	16%	15,90%	0,00%
	CFN	8,60%	13,30%	4,70%	13,00%	16,60%	3,60%
Pluri provinciales	Aragón	17,10%	17,70%	0,60%	18,70%	20,30%	1,60%
	CyL	21,40%	23,30%	1,90%	23,20%	22,40%	-0,80%
Uni provinciales	CAR	19,60%	22,10%	2,50%	17,40%	20,10%	2,70%
	Cantabria	19,90%	20,40%	0,50%	24,60%	21,60%	-3,00%

Fuente: elaboración propia a partir del INE (s.f.b)
* (≠) Símbolo que reemplaza la palabra diferencia.

La tasa AROPE de Pobreza y de Exclusión Social señala un crecimiento en el período 2008-2015. Si bien, este crecimiento ha sido mayor para España que para las CC.AA. incluidas en el estudio. Los resultados al final del período 2016-2021 señalan que las mayores tasas de pobreza y de exclusión social, se encuentran en CyL y Cantabria. Si bien, son aquellas que mayor descenso han experimentado junto con el total de España. Por el contrario, CAPV y CFN son las CC.AA. que menos tasa de pobreza y exclusión alcanzan al final del período, evolucionado de manera diferente. CAPV ha estabilizado su situación en el 2° período, apreciándose un crecimiento de valor 0, mientras que en el caso de la CFN ha incrementado la tasa de pobreza y exclusión social. Finalmente, la CAR ha experimentado un crecimiento en los dos períodos de tiempo.

3.3. Tendencias en la protección social en servicios sociales y en el gasto social

Los resultados recogidos mediante el índice de Derechos/Economía/Cobertura (DEC), elaborado por la AEDyGSS (2021), aborda la posición de las CC.AA. y su situación en el conjunto de España haciendo referencia a tres aspectos vinculados con la cobertura, el esfuerzo económico y los derechos reconocidos. La tabla 3 recoge la evolución desigual que ha tenido el contexto autonómico, señalando una tendencia desigual en las CC.AA.

Tabla 3. Resultados obtenidos mediante el Índice DEC para las diferentes CC.AA.

		2014	2015	2017	2018	2020	2021
Históricas	CAPV						
	CFN						
Pluri prov.	Aragón						
	CyL						
Uni prov.	CAR						
	Cantabria						

Fuente: elaboración propia a partir del Índice DEC (AEDyGSS, 2021)

Irrelevante	Débil	Medio-Bajo	Medio	Medio-Alto	Alto	Excelente

Por un lado, las CC.AA. uniprovinciales (CAR y Cantabria) han empeorado sus resultados. Por otro lado, las CC.AA. de Aragón y CyL muestran tendencias distintas. Mientras que Aragón ha mejorado en las valoraciones obtenidas, CyL ha disminuido ligeramente en sus resultados. Por último, CAPV y CFN han descendido su valoración entre 2020 y 2021. Si bien, la CAPV está en valores altos a lo largo de todo el periodo, mientras que la CFN ha oscilado.

El Ministerio de Hacienda y Función Pública detalla la evolución del gasto en actuaciones de Protección y Promoción por habitante, siendo el último dato disponible en la liquidación de los Presupuestos de las CCAA del año 2020. Los resultados señalan las desigualdades autonómicas siendo observado un descenso en el gasto por habitante, a excepción de CAPV, entre los años 2008-2015 en este período. De este modo, se observa el retroceso experimentado en el período de crisis económica. Los resultados en el período comprendido entre 2016-2020 señalan un crecimiento en el gasto por habitante en todas las CC.AA. Si bien, las CC.AA. de Aragón y CAR aparecían con niveles medios-bajos, son las que se sitúan al final del período con menor gasto por habitante y debajo de España.

Tabla 4. Resultados obtenidos de gasto por habitante en actuaciones de Protección y promoción social

		2008	2015	≠	2016	2020	≠*
Históricas	CAPV	302,0	487,3	185,3	494,2	533,2	38,9
	CFN	1061,4	705,0	-356,4	730,5	954,4	224,0
Pluripro-vinciales	Aragón	354,1	330,6	-23,5	341,1	413,1	72,0
	CyL	465,6	412,3	-53,3	429,2	562,1	132,8
Unipro-vinciales	CAR	456,2	339,5	-116,8	360,9	436,8	75,9
	Cantabria	467,1	454,7	-12,3	502,5	556,3	53,8
Total		389,9	344,9	45	346,8	442,8	96

Fuente: elaboración propia a partir de la Liquidación de los Presupuestos de las Comunidades Autónomas y el Padrón Municipal.

* (≠) Símbolo que reemplaza la palabra diferencia.

4. LAS LEYES DE SEGUNDA GENERACIÓN Y LA ORGANIZACIÓN DE LOS SERVICIOS SOCIALES

El desarrollo de los SS.SS. mediante las leyes de 2ª generación lleva consigo el reconocimiento de aspectos vinculados con el derecho subjetivo y la cartera de servicios sociales por parte de las CC.AA. a partir del año 2006 (Casado, 2010; Martínez y Uceda, 2017). No obstante, este proceso queda condicionado por la aprobación nacional de la Ley Orgánica 2/2012 de Estabilidad Presupuestaria y de Estabilidad financiera que a su vez se caracteriza por un período de austeridad. La tabla número 5 sintetiza las características de las leyes de SS.SS. en las CC.AA. analizadas.

Tabla 5. Análisis efectuado a partir de las leyes de Servicios Sociales de 2ª Generación

	Histórica		Pluriprovincial		Uniprovincial	
	País Vasco	**C.F.N.**	**Aragón**	**CyL**	**Cantabria**	**CAR**
Año	2008	2006	2009	2010	2007	2009
Distinción entre el primer y el segundo nivel	SS.SS. de atención primaria y secundaria	SSS.SS. de base o de atención primaria y especializados.	SS.SS. generales y especializados	Sí.	SS.SS. de atención primaria y especializada	Sí
Ratio profesional de TS en el primer nivel	Se establecerán reglamentariamente		No recogidos en la Ley	Previstos y no recogidos en la Ley	No recogidos en la ley	Uno por 4.000 habitantes (derogado)
Reconocimiento de la cartera de servicios	Prestaciones garantizadas	Prestaciones garantizadas y no garantizadas	Prestaciones garantizadas	Prestaciones esenciales y no esenciales	No ha publicado una cartera de servicios	Prestaciones garantizadas
Competencias en la gestión de los servicios sociales	Gobierno Vasco Entidades Forales Entidades Locales	Gobierno de Navarra Entidades Locales	Gobierno de Aragón Comarcas Municipios Diputaciones	Junta de CyL Municipios Diputaciones	Gobierno de Cantabria Entidades locales	Gobierno de La Rioja Entidades Locales

	Histórica		Pluriprovincial		Uniprovincial	
	País Vasco	**C.F.N.**	**Aragón**	**CyL**	**Cantabria**	**CAR**
Año	2008	2006	2009	2010	2007	2009
Órganos consultivos	Consejo Vasco de SS.SS. Consejos territoriales y locales de SS.SS.	Órganos consultivos Consejos de participación Consejo Navarro de Bienestar Social Comité de ética	Consejo Aragonés de SS.SS. Órganos especializados y territoriales de participación	Consejo de Servicios Sociales de CyL Consejos Provinciales Comité consultivo de atención a la dependencia	Consejo asesor de SS.SS.	Consejo Riojano, Consejos sectoriales y consejos locales de SS.SS.
Órganos interinstitucionales	Órgano Interinstitucional de SS.SS. Se prevé en la ley la creación de canales de cooperación y coordinación, con otros sistemas de protección social y la a tención sociosanitaria	Consejo interadministrativo de SS.SS.	Consejo interadministrativo de Servicios	Consejo de cooperación Interadministrativa del Sistema de SS.SS. La ley prevé la creación coordinación sociosanitaria de modelos integrados de prestación de servicios y estructuras de		Comisión Interinstitucional de Bienestar Social

Instituto de Servicios Sociales	IFAS[362] IFBS DBS	Instituto Navarro de Bienestar Social	Instituto Aragonés de SS.SS.		Instituto Cántabro de Servicios Sociales y gerencias de SS.SS.	
Centros de coordinación	Servicios Sociales municipales, de base y forales			Consejos sociales rurales y de barrio Consejo autonómico y provincial de acción social	Centros de Servicios Sociales de atención primaria, Centros territoriales y gerencias de SS.SS.	Unidades de Trabajo Social, Centros básicos de SS.SS. y Centros de Coordinación
Otros	Observatorio Vasco de SS.SS. Sistema Vasco de Información de SS.SS	La ley prevé la creación de observatorios	Sistema Aragonés de Información de SS.SS.	Sistema Unificado de Información. Centro Regional de Formación y Estudios Sociales Observatorio Auton. de SS.SS.	Observatorio de la Realidad Social.	Sistema Riojano de Información de SS.SS
Fuente: elaboración propia a partir de las leyes y decretos autonómicos						

362 IFAS: Instituto Foral de Asistencia Social de Bizkaia; IFBS: Instituto Foral de Bienestar Social de Álava; DBS: Departamento de Bienestar Social de Gipuzkoa.

5. EL ANÁLISIS COMPARADO EN LOS SERVICIOS SOCIALES SUPRAMUNICIPALES A TRAVÉS DE LAS CARTERAS AUTONÓMICAS DE SERVICIOS SOCIALES

El desarrollo del SPSS y de sus prestaciones mediante las carteras de servicios se enmarcan en las transferencias autonómicas y en la aprobación de leyes nacionales que orientan a los SS.SS. en materia de convivencia, cuidados, inclusión social y rentas. En el caso de la CAR se han materializado en las siguientes:

- Las problemáticas vinculadas con la convivencia vienen precedidas de la aprobación de la Ley Orgánica 1/1996 de Protección Jurídica del Menor, la Ley 1/2006 de Protección del menor de La Rioja, la Ley 8/2021, de protección integral a la infancia y a la adolescencia frente a la violencia y de la Ley 1/2004, de Medidas de Protección Integral contra la violencia de género, en las que se recogen los servicios y prestaciones. Si bien, los aspectos migratorios y las minorías étnicas se recogen en iniciativas municipales o en el I Plan Integral de Inmigración de La Rioja 2009-2012 y el I Plan Integral de la población Gitana de La Rioja.
- Las transferencias del IMSERSO a finales del siglo XX, y la aprobación de la Ley 39/2006, de 14 de diciembre, de Promoción de la Autonomía Personal y Atención a las personas en situación de dependencia y del Real Decreto Legislativo 1/2013, por el que se aprueba el Texto Refundido de la Ley General de derechos de las personas con discapacidad y de su inclusión social, obligan a asumir y a desarrollar un catálogo autonómico de servicios. La CAR procederá en su ley autonómica de SS.SS. a la creación del Sistema Riojano para la Autonomía Personal y la Dependencia (SRAPD) que forma parte del SPSS en la CAR.

- Los SS.SS. carecen de un catálogo común en materia de inclusión social y de rentas quedando su responsabilidad en las CC.AA. Las transferencias en materia de empleo contextualizan el desarrollo de ambos tipos de políticas, quedando recogidas en la Ley 7/2003, de Inserción Sociolaboral. En el marco de las políticas de rentas e inclusión aparecen actores de diferentes administraciones (local, autonómico y nacional), ámbitos (empleo, SS.SS. o seguridad social) y origen (público, privado y Tercer Sector de Acción Social).
- Las rentas mínimas autonómicas se desarrollan de forma subsidiaria a otras prestaciones en materia de desempleo y seguridad social para hacer frente a la carencia de ingresos, caracterizándose por la fragmentación y la falta de homogeneidad (Rodríguez, 2013). En la actualidad, la implantación del Ingreso Mínimo Vital (IMV) ha introducido un nuevo actor en política de rentas, reconsiderando el papel ejercido por las CC.AA. en política de rentas o en la especialización de los SS.SS. en el campo del acompañamiento (Arriba y Aguilar, 2021).

5.1. Convivencia familiar, relacional y comunitaria

En este eje se incluye un conjunto de programas y de servicios que tienen como fin la promoción de relaciones interpersonales satisfactorias o positivas a nivel familiar, vecinal y/o comunitario. Los programas son desarrollados en el entorno de la persona, dirigiéndose tanto a unidades familiares que se encuentran en situación de dificultad (maltrato, riesgo o violencia de género), tales como son los programas y servicios preventivos, orientados al buen trato y la parentalidad positiva, promoción de igualdad y diversidad.

Las prestaciones sociales recogidas en el primer nivel de intervención de la cartera de servicios y prestaciones del SPSS en la CAR incluyen los dos niveles de intervención. Por un lado, el primer nivel recoge las labores de detección llevadas a cabo por parte del Servicio de Información, Valoración y Orientación (IVO), así como las orientaciones específicas en las intervenciones que son llevadas a cabo en materia de orientación familiar, menores y violencia de género. Por otro lado, la intervención en materia de familia y de menores se concreta en el servicio de ayuda a domicilio a menores en situación de riesgo, las cuales no se encuentran incluidas en el SRAPD; y en los recursos de intervención socioeducativa con menores que abordan la prevención, detección de situaciones de riesgo e intervención con familias con menores declarados en situación de desprotección, riesgo y desamparo. Finalmente, se recoge el Servicio de primera información y atención a las mujeres víctimas de violencia de género orientado a la prevención, detección y diagnóstico, así como de la gestión de los recursos apropiados.

El 2° nivel de intervención en SS.SS. incluye mayor especialización vinculada con la atención a la convivencia. Por un lado, la atención a menores gira en torno a dos servicios vinculados con el servicio de protección de menores y el servicio de atención telefónica. Por otro lado, la atención a la familia incluye el Servicio de concesión de título de familia numerosa y los servicios de orientación y mediación familiar. Por último, la atención a la mujer gira en torno a los siguientes tres ejes: atención e información a la mujer, el servicio de alojamiento e intervención especializada y el servicio de atención telefónica.

Las CC.AA. limítrofes a la CAR disponen algunas de ellas de servicios de intervención y prestaciones en sus carteras de servicios que no se contemplan en el "Decreto 31/2011 por el que se aprueba la cartera de servicios y prestaciones del Sistema Público Riojano de Servicios Sociales" en la CAR. Respecto del análisis comparativo, se exponen las carteras de servicios autonómicos en las que se detecta mayor especialización respecto de la atención a menores, atención a la mujer víctimas de violencia o la gestión de la diversidad.

- Situaciones de conflicto convivencial en la atención a menores. En referencia a este tipo de situaciones, las carteras en las CC.AA. analizadas incluyen programas y servicios que no se encuentran en la CAR. Por un lado, CAPV, Decreto 185/2015, incluyen Servicios de intervención socioeducativa y/o psicosocial con familia. Por otro lado, la CFN[363] y Cantabria[364] incluyen servicios y programas relacionados con la familia e infancia que no se encuentran recogidos específicamente en la cartera de la CAR.
- Situaciones de conflicto convivencia en la atención a víctimas de violencia de género. CAPV en su cartera de servicios cuenta con el "Servicio de Información y Atención a mujeres víctimas de violencia doméstica o por razón de sexo" y los "Centros Residenciales para mujeres víctimas de maltrato doméstico y otros servicios residenciales para mujeres". A diferencia de la CAR, los

---

363 La CFN, Decreto Foral 69/2008, de 17 de junio, por el que se aprueba la cartera de servicios sociales de ámbito general, incluyen las siguientes ayudas de acceso a viviendas de integración social y los siguientes servicios de diferente naturaleza, que no se contemplan en La Rioja: Servicio de atención a menores extranjeros no acompañados, ayudas para estancia en centros residenciales educativos, ayudas a jóvenes en procesos de autonomía y equipo de atención a la infancia y la adolescencia.

364 Cantabria incluyen las siguientes prestaciones y servicios que no aparecen en la cartera de La Rioja: Centro de Día de Infancia y Adolescencia, Intervención Terapéutica y Rehabilitadora, Prestación económica de Apoyo a la Emancipación, Apoyo a la Emancipación, Centro de Día para Menores Infractores y Convivencia en Grupo Educativo.

servicios y prestaciones abordan otras situaciones de violencia que van más allá de la violencia de género.

- Gestión de la diversidad. No todas las CC.AA. disponen de recursos reconocidos en sus carteras de servicios sociales destinados a la intervención en materia de migraciones y de minorías étnicas. A modo de ejemplo, la CFN dispone de prestaciones garantizadas orientadas a la acogida de personas migrantes y de mediación intercultural recogidos en el servicio de atención y asesoramiento en materia para personas migrantes y en el servicio de Mediación comunitaria e intercultural.

5.2. Envejecimiento, dependencia, discapacidad y cuidados

Se entiende este eje como el conjunto de programas y servicios orientados a la atención social y el desarrollo integral de personas mayores, personas con discapacidad y otras personas valoradas de dependencia, así como de aquellas acciones orientadas a sus familias y a las personas cuidadoras. Los servicios y prestaciones en la CAR hacen referencia al nivel de dependencia obtenido en la valoración, junto a criterios de carácter demográfico relacionados con la edad.

Las prestaciones recogidas en el primer nivel de intervención en SS.SS. se articulan en torno tres prestaciones que son proporcionadas desde las Zonas Básicas de Servicios Sociales (ZBSS) y las Unidades de Trabajo Social (UTS): IVO y la prestación del Servicio de Ayuda a Domicilio (SAD) orientado hacia las personas que se encuentran con valoración de dependencia, incluido dentro del Servicio de Apoyo a la Unidad de Convivencia en el subsistema de atención a la dependencia. Las prestaciones incluidas dentro del segundo nivel abordan al menos 4 servicios vinculados con la valoración de la dependencia, la atención a personas mayores con valoración de dependencia, personas con discapacidad y las diferentes prestaciones económicas reconocidas.

En primer lugar, la Ley 39/2006 incluye el derecho al reconocimiento de la situación de dependencia, y su desempeño por parte de las administraciones públicas, el cual "no podrá ser objeto de delegación, contratación o concierto". En segundo lugar, se incluyen los servicios de atención a personas mayores los cuales se circunscriben a los criterios de edad y la valoración de dependencia, incluyendo los servicios de atención residencial, estancia temporal, servicio residencial y centros de día orientados a personas mayores. En tercer lugar, se recogen tres tipos de prestaciones económicas que incluyen la prestación económica vinculada al servicio, la prestación para cuidados en el entorno familiar y apoyo a cuidadores no profesionales y la prestación económica de asistencia personal. Por último, el Decreto 31/2011 integra los dictados de la Ley 7/2009 reconoce un nivel de protección adicional orientado a la atención de las personas con discapacidad[365], recogiendo el servicio de valoración con el grado de dependencia, y los dispositivos de atención residencial, estancias temporales residenciales, servicios nocturnos, servicio de centro de día o centro ocupacional, los cuales están orientados a las personas con discapacidad. Además, el Decreto 31/2011 no recoge los Centros de Participación Activa y el servicio público de atención para personas mayores en situación de riesgo o exclusión social en el catálogo original de servicios y prestaciones.

A continuación, se exponen las diferencias más importantes con las carteras autonómicas de servicios sociales, haciendo

---

365 Posteriormente, serán reconocidos en su mayoría de los recursos dispuestos en el "Decreto Legislativo 1/2013, de 29 de noviembre, por el que se aprueba el Texto Refundido de la Ley General de derechos de las personas con discapacidad y de su inclusión social".

referencia a la autonomía personal y a un modelo sostenible de atención e intervención sociosanitaria.

- Autonomía personal. Los decretos de CAPV y la CFN incluyen programas y servicios orientados a fomentar la autonomía personal y la permanencia en el hogar. CAPV incluye los servicios de atención socioeducativa y psicosocial y el servicio de atención socio-jurídica y psicosocial en situación de maltrato doméstico y agresiones a mujeres, menores de edad, personas mayores y discapacidad. En el caso de Cantabria, incluye programas y servicios orientados al préstamo de productos de apoyo y servicios de autonomía personal y supresión de barreras de comunicación y rehabilitación psicosocial.
- Modelo de Intervención sociosanitaria. La CFN incluye en su decreto de prestaciones una especificidad de recursos vinculados con el eje de cuidados en materia sociosanitaria que no son incluidos en el caso de la CAR. A modo de resumen, se incluyen la rehabilitación psicosocial, transporte adaptado y asistido e intervenciones orientadas a personas con trastorno mental grave y a la atención psico geriátrica en las que se incluyen programas y servicios vinculados con la intervención socio comunitaria, ingresos temporales o permanentes, recursos de estancia nocturna y de atención residencial. Recientemente, se reconoce el papel de los SS.SS. en materia de salud mental, Ley 6/2023 de las personas con problemas de salud mental y sus familias, y la accesibilidad, Ley 1/2023, de 31 de enero, de accesibilidad universal de La Rioja. En particular, La ley 6/2023 reconoce el papel de los SS.SS. en la implementación de programas específicos de prevención en salud mental.

5.3. Inclusión social

El eje de inclusión social hace referencia a programas vinculados con el acompañamiento profesional en los que se incluyen aspectos relacionados con las necesidades laborales, residenciales, relacionales, sanitarias o formativas. Las prestaciones sociales recogidas en la cartera de servicios y prestaciones del SPSS en la CAR son el IVO, el SAD dirigido a personas y a familias en situación y riesgo de exclusión social. Por último, se incluye un tercer servicio dirigido a la intervención con personas y familias desfavorecidas.

Las CC.AA. limítrofes a la CAR incluyen en sus carteras de servicios diferentes tipos de equipamientos disponibles que son agrupados en tres ámbitos distintos. Por un lado, las carteras de servicios abarcan diferentes tipos de equipos profesionales vinculados con la incorporación social y comunitaria de las personas en situación o riesgo de exclusión social. Por otro lado, se incluye el desarrollo de equipamientos de atención social dirigidos a personas en situación de exclusión grave. Por último, se hace referencia a la generación de programas de acompañamiento residencial e intermediación inmobiliaria dirigidos a garantizar el derecho a la vivienda a personas en riesgo de exclusión social. Los siguientes epígrafes resumen las diferencias más importantes entre los recursos de acompañamiento e inclusión social entre la CAR y las CC.AA. colindantes.

- Equipos de incorporación social y comunitaria de las personas en situación o riesgo de exclusión social. Las carteras incluyen tres tipos de equipos de acompañamiento en el marco de los SS.SS. vinculados con la valoración y diagnóstico en los casos de dificultad, y las intervenciones en materia socioeducativa, sociolaboral e intercultural. La comunidad CyL, decreto 58/2014, por el que se aprueba el Catálogo de Servicios Sociales de Castilla y León, y la CFN recogen su especialidad en valoración, diagnóstico e información. Estos servicios persiguen el *"estudio global de la situación personal, familiar y comunitaria de la demanda"*, con el fin de facilitar las acciones relativas al acceso al sistema público de protección social, la prevención de situaciones de exclusión social y la proporción de acompañamiento en el proceso de inclusión.

La cartera de servicios sociales de CAPV incluye equipos profesionales dirigidos a la intervención socioeducativa. A diferencia de la CAR, se incluye la intervención domiciliaria y la intervención hacia el entorno comunitario mediante programas vinculados con la adquisición y desarrollo de capacidades; hábitos de conducta, problemas y actitudes. La intervención sociolaboral queda recogida en la CFN haciendo referencia principalmente al "Servicio de apoyo a la incorporación sociolaboral" y los "equipos de incorporación sociolaboral". Principalmente, estos servicios persiguen el acompañamiento en la intervención sociolaboral a través de acciones vinculadas con el acceso al empleo normalizado o protegido, y la elaboración de itinerarios individualizados a través de tareas de acompañamiento social. Finalmente, las carteras de servicios sociales de Aragón conforme al decreto 143/2011 del Gobierno de Aragón por el que se aprueba el Catálogo de Servicios Sociales de la Comunidad Autónoma de Aragón, y la CFN incluyen recursos vinculados con la atención especializada en migración y la intervención en materia de interculturalidad. En el caso de la CFN, estos servicios se dirigen a población inmigrante y a minorías étnicas gitanas. Asimismo, el acompañamiento en los procesos migratorios gira en torno a la información y orientación en la acogida, mediación comunitaria e integración.

- Desarrollo de servicios y equipamientos de atención social dirigidos a personas en situación de exclusión social grave. Las carteras de servicios sociales de la CAPV y la CFN disponen de programas y servicios de carácter laboral, residencial o la disposición de centros de día. La cartera de servicios sociales en CAPV incluye centros de día y recursos residenciales, diferenciando entre los "Centros de acogida nocturna" y "Centros residenciales para personas en situación de exclusión y marginación". Finalmente, los servicios de carácter sociolaboral incluidos en el decreto de prestaciones de la CFN abordan distintos tipos de equipamientos para hacer frente a la inclusión sociolaboral, incluyendo intervenciones de carácter ocupacional y pre laboral a través del programa de Empleo Social Protegido y centros ocupacionales.
- Generación de programas de acompañamiento residencial e intermediación inmobiliaria. Las acciones se dirigen a garantizar el derecho a la vivienda en personas en riesgo de exclusión social. La cartera de servicios sociales en CAPV incluye los servicios de acogida nocturna y de valoración de la situación familiar. Por último, la CFN dispone de un Servicio de incorporación a la vivienda y de un equipo de incorporación Social en Vivienda en el que se incluyen acciones de acompañamiento.

5.4. Garantía de Rentas

El eje de garantía de rentas incluye prestaciones económicas que son complementarias y subsidiarias de los ingresos que disponen los hogares. Principalmente, el decreto 31/2011 incluye la Renta de Ciudadanía (RC) y las Ayudas de Emergencias (AES), destinadas a la atención de personas en riesgo de exclusión social. Por un lado, la RC se aprueba en la Ley 4/2017 sustituyendo a las antiguas prestaciones de Inserción Social. Por otro lado, las AES se definen como "Prestación económica destinada a la atención de situaciones de urgencia y grave necesidad, que no pueden ser atendidas a través de ningún recurso con el fin de prevenir, evitar y paliar situaciones de exclusión social".

La carencia de criterios homogéneos en políticas de rentas señala, por un lado, la especificidad de las CC.AA. históricas las cuales incluyen aspectos específicos vinculados con los convenios de inclusión social, la separación de las prestaciones de acompañamiento y de rentas y la creación de medidas de estímulos al empleo y a la vivienda. Por otro lado, la multiplicidad de actores de carácter local, regional y nacional vinculados con la gestión de prestaciones económicas derivadas de la carencia de ingresos añade mayor complejidad en el estudio autonómico. Recientemente, la aprobación del Ingreso Mínimo Vital (IMV) redefine el papel de las rentas mínimas autonómicas. En este epígrafe se resumen los principales contrastes entre CC.AA:

- La percepción de la Renta de Garantía de Inclusión Social (RGI) en el caso de CAPV se realiza desde el servicio de empleo (Lanbide). Se establecen convenios de inclusión social, en el Decreto 1/2000, de 11 de enero, por el que se regulan los Convenios de Inserción que recientemente se han integrado en la Ley 14/2022, del Sistema Vasco de Garantía de Ingresos y para la Inclusión, y la Ley 4/2011 de modificación de la Ley para la Garantía de Ingresos y para la Inclusión, en áreas relativas al empleo, la educación, los servicios sociales o la vivienda con el fin de favorecer los procesos de inclusión social. Por otro lado, la CFN establece en la Ley Foral 15/2016 por la que se regulan los Derechos a la Inclusión Social y a la Renta Garantizada, la separación entre las prestaciones de ingresos, mediante la prestación de Renta garantizada (RG), y el Derecho a la inclusión Social que se encuentra en el Programa Básico de Inclusión Social del primer nivel.

- Las ayudas de estímulo al empleo son recogidas para las CC.AA. de CAPV y de la CFN. Las ayudas de estímulo al empleo eximen de parte de los ingresos procedentes del empleo para el cálculo de los ingresos correspondientes a la unidad familiar. En el caso de la CFN se incluye los incentivos mediante contratos laborales subvencionados a través de programas de Empleo Social Protegido municipales, el programa de Empleo Comunitario de Interés Social a través de entidades sociales, de empresas de inserción sociolaboral, centros especiales de empleo o escuelas taller. Estas cuestiones quedan recogidas en la Ley foral 15/2016 en el caso de la CFN y la Orden de 14 de febrero de 2001, del Consejero de Justicia, Trabajo y Seguridad Social, por la que se establecen los estímulos al empleo de los titulares de la Renta Básica y de los beneficiarios de las Ayudas de Emergencia Social, para CAPV. En el caso de CAPV, los estímulos de ayuda a la vivienda, Decreto 2/2010 de la prestación complementaria de vivienda, persiguen que los perceptores de la RGI puedan afrontar los gastos de vivienda.
- La mayor parte de las CC.AA. incluyen tipos específicos de AES con las que dar respuesta a los diferentes tipos de necesidades identificadas. Se recogen ayudas extraordinarias con el fin de atender ayudas extraordinarias de emergencia (CFN), ayudas para facilitar la autonomía y la integración social (CAPV y Aragón) o la atención de problemas residenciales vinculados con la deuda hipotecaria (CyL).
- Finalmente, las carteras de servicios incluyen prestaciones vinculadas a procesos de integración social y laboral

específicos. A modo de ejemplo, se incluyen acciones en materia de violencia de género (ejemplo: CAPV y CyL) u otras situaciones de dificultad en las que se hace referencia a la transición al mundo laboral (CyL), ayudas de integración familiar y laboral (CFN) o al acompañamiento en medio abierto (CFN).

6. TENDENCIAS DE FUTURO

6.1. Crecimiento de las necesidades y evolución en la estructura de los servicios sociales autonómicos

La tabla 6, recoge las siguientes tendencias: 1) Crecimiento de las pautas migratorias y de envejecimiento, situándose el mayor crecimiento en la tasa de población extranjera entre las CC.AA limítrofes; 2) la CAR, junto con la CFN y Aragón experimentan un crecimiento en los dos períodos de tiempo; 3) tomando como referencia los años 2015 y 2020, los resultados obtenidos son inferiores en la media de gasto por habitante en actuaciones de protección y promoción por habitante para Aragón y la CAR, que para el conjunto de España. Respecto del índice DEC, el signo expuesto sintetiza la interpretación, señalando en media-baja la evolución de la CAR entre 2012-2021.

Tabla 6. Síntesis de los principales resultados obtenidos en las CC.AA. de estudio

	Histórica		Pluriprovincial		Uniprovincial	
	CAPV	C.F.N	Aragón	CyL	Cantabria	CAR
Envejecimiento (1)	+/+	-/+	-/+	++	++	-/+
Población extranjera (1)	+/+	++	++	++	++	++

Pobreza y exclusión social (AROPE) (2)	+/-	++	++	+/-	+/-	++
Índice DEC (3)	=	++	-	=	- -	-
Gasto por habitante (4)	+/+	+/+	-/-	+/+	+/+	-/-

Fuente: elaboración propia a partir de los resultados. Nota: (1) Evolución positiva en el período 1998-2006 y 2006-2022) (+/+); Evolución negativa en el período 1998-2006 y positiva en 2006-2022 (-/+). 2) Crecimiento en la tasa de pobreza en el período 2008-2015 y 2016-2021 (+/+); Crecimiento en la tasa de pobreza en el período 2008-2015 y disminución en 2016-2021 (+/-); 3) Índice DEC: alto (++), medio alto (+), medio (=), medio bajo (-) e insuficiente (- -); 4) Gasto por habitante: Gasto medio por habitante superior al conjunto del Estado en 2015 y 2020 (+/+); Gasto medio por habitante inferior al conjunto del Estado en 2015 y 2020 (-/-).

6.2. Comparación y propuestas en los Servicios Sociales para el caso de La Rioja

La expresión *"bajo presión y sin tracción"* empleada por Aguilar (2014) recoge el crecimiento de las necesidades vinculadas con el campo del envejecimiento, el nivel de vida o la gestión de la diversidad y la debilidad en la trayectoria del SPSS en la CAR respecto de otros SS.SS. en las CC.AA. limítrofes. Estos dos hallazgos conectan con el crecimiento de los Riesgos Sociales detallados en la literatura y las dinámicas experimentadas por parte de las propias CC.AA en relación con la trayectoria del SPSS en la CAR (Esping Andersen, 2002; Rodríguez, 2013; 2016; Subirats, et. al. 2007). Los resultados obtenidos mediante fuentes de datos secundarios la sitúan en una trayectoria de mayor debilidad que otras CC.AA. limítrofes. La comparación con otras carteras de servicios autonómicas señala que se precisa reforzar la intervención desde el primer nivel de atención vinculados con el diseño de un mapa de recursos coherente al crecimiento de necesidades. Por otro lado, la comparativa en la cartera de servicios ha permitido identificar las carencias del sistema de protección social, y la importancia de impulsar medidas en la atención a la diversidad, violencia de género, infancia, autonomía, envejecimiento en el hogar y política de rentas.

7. BIBLIOGRAFÍA

AGUILAR HENDRIKSON, M.: "Bajo presión y sin tracción: los servicios sociales en (la) crisis" [en línea], (2014), https://www.academia.edu/7297600/Manuel_Aguilar_Hendrickson_Bajo_presi%C3%B3n_y_sin_tracci%C3%B3n_los_servicios_sociales_en_la_crisis_. [Consulta: 20/03/2023.]

ANAUT BRAVO, S. Y LÓPES DOS SANTOS, M.C. "La atención primaria del sistema de servicios sociales", en *El Sistema de Servicios Sociales en España,* Thompson Reuters-Aranzadi,Cizur-el Menor, 2019, pp.237-321.

ARRIBA, A., Y AGUILAR, M. "Entre la calibración y continuidad en el contexto del nacimiento del IMV", Revista Española de Sociología (RES), Nº 30(2), 1-12.

ARRIETA FRUTOS, F. *El archipiélago del bienestar: los servicios sociales en el País Vasco, Los Libros de la Catarata, Colección Investigación, número 268, Madrid,* 2019.

ASOCIACIÓN ESTATAL DE DIRECTORAS Y GERENTES EN SERVICIOS SOCIALES. Índice DEC 2020. Índice de Desarrollo de los servicios sociales. Asociación Estatal de Directores y Gerentes en Servicios Sociales, Madrid, 2021. https://directoressociales.com/wp-content/uploads/2021/05/DEC-2020_CC-AA_baja.pdf. [Consulta: 20/03/2023.]

CAPARRÓS, N. CARBONERO, D. y RAYA, E. "Riesgo de exclusión y política social en la Comunidad Foral de Navarra", en *Riesgo de exclusión y políticas sociales autonómicas en España,* Tirant Lo Blanch: Humanidades, Valencia, 2020, pp. 585-616.

CARBONERO, D. RAYA, E y CAPARRÓS, N. "Riesgo de exclusión y política social en La Rioja", en *Riesgo de exclusión y políticas sociales autonómicas en España,* Tirant Lo Blanch: Humanidades, Valencia, 2020, pp. 653-684.

CARBONERO, D., CUESTA RUIZ-CLAVIJO, A.B. y RAYA DÍEZ, E. "Los servicios sociales en el ámbito supramunicipal: aproximación a la configuración de los servicios sociales de primer y segundo nivel en el ámbito de La Rioja", Revista de Praxis Urbanística, Nº 174, 1 de ene. de 2022, 1-19.

CASADO, D., Introducción a los Servicios Sociales, Popular, Madrid, 1996.

CONSEJO DE MINISTROS. Anteproyecto de Ley de condiciones básicas para la igualdad en el acceso y disfrute de los servicios sociales [en línea], (2023), https://www.lamoncloa.gob.es/consejodeministros/referencias/Paginas/2023/refc20230117.aspx#sociales. [Consulta: 20/03/2023.]

DOMINGO, A. y CABRÉ, A. "La demografía del siglo XXI: evolución reciente y elementos prospectivos", en España 2015. Situación Social. Centro de Investigaciones Sociológicas, 2015, pp. 63-74.

GARCÍA FAROLDI, L. "La utilización de fuentes de datos secundarios.", en Estrategias *de investigación en las ciencias sociales: fundamentos para la elaboración de un trabajo de fin de grado o un trabajo de fin de master,* Tirant lo Blanch, Valencia, 2018, pp. 139-172.

HERNÁNDEZ PEDREÑO, M., *Riesgo de exclusión y políticas sociales autonómicas en España,* Tirant Lo Blanch: Humanidades, Valencia, 2020.

IZQUIERDO, A. "La mudanza migratoria en España", en España 2015. Situación Social. Centro de Investigaciones Sociológicas, 2015, pp. 185-195.

LAS HERAS, P. y CORTAJARENA, E. Introducción al bienestar social, Siglo XXI, Madrid, 1979

LAPARRA, M., ZUGASTI, N., Y GARCÍA, I. "The Multidimensional Conception of Social Exclusionand the Aggregation Dilemma: A Solution Proposal Basedon Multiple Correspondence Analysis", Social Indicators Research, *158*, 2021, 637-666.

MINISTERIO DE SANIDAD, SERVICIOS SOCIALES E IGUALDAD. Catálogo de Referencia de Servicios Sociales Aprobado por el Consejo Territorial de Servicios Sociales y del Sistema para la Autonomía y Atención a la Dependencia. Colección de Informes, Estudios e Investigación [en línea], (2013),https://www.mdsocialesa2030.gob.es/derechos-sociales/servicios-sociales/Catalogo-referencia/Catalogo-Referencia.pdf [Consulta: 20/03/2023.]

MINISTERIO DE DERECHOS SOCIALES Y AGENDA 2030. El Sistema Público de Servicios Sociales. Plan Concertado de Prestaciones Básicas de Servicios Sociales en Corporaciones locales. Informes, Estudios e Investigaciones. [en línea], (2022), https://www.mdsocialesa2030.gob.es/derechos-sociales/servicios-sociales/Prestaciones-basicas/index.htm [Consulta: 20/03/2023.]

PÉREZ, J. Y ABELLÁN, A. "Envejecimiento y dependencia", en España 2015. Situación Social. Centro de Investigaciones Sociológicas, 2015, pp. 148-156.

RAYA, E. CAPARRÓS, N. Y CARBONERO, D. "Riesgo de exclusión y política social en País Vasco", en *Riesgo de exclusión y políticas sociales autonómicas en España*, Tirant Lo Blanch: Humanidades, Valencia, 2020, pp. 617-652.

RODRÍGUEZ, G. "La fragmentación del régimen de bienestar Mediterráneo", Revista Española de Sociología, Nº 25, 2 de 2016, 273-276.

RODRIGUEZ, G. Servicios Sociales y Cohesión Social, Consejo Económico y Social, Madrid, 2013.

ROLDÁN, E. GARCÍA T. Y NOGUÉS, L. "Los derechos sociales en la Constitución Española y en las leyes de Servicios Sociales", en *Los Servicios Sociales en España*, Síntesis, Madrid, 2013a, pp. 139-172.

ROLDÁN, E. GARCÍA T. Y NOGUÉS, L. "Políticas Públicas de Servicios Sociales de las administraciones general, autonómica y local", en *Los Servicios Sociales en España*, Síntesis, Madrid, 2013b, pp. 139-172.

SUBIRATS, J. ADELANTADO, J. FERNÁNDEZ, M, GIMÉNEZ, M. IGLESIAS, M. RAPOPORT, A, Y SAN MARTÍN, J. Los Servicios de Atención Primaria ante el cambio social, Ministerio de Trabajo y Asuntos Sociales, Madrid [en línea], (2007), https://sid-inico.usal.es/idocs/F8/FDO22996/los_servicios_sociales_de_atencion_primaria_ante_el_cambio.pdf [Consulta: 20/03/2023.]

TEJERO, A. "Pobreza laboral en España. Un análisis dinámico", Revista Internacional de Sociología, 76 (2), 2018: pp. 1-17.

VILÀ, A. "Los cambios legislativos en materia de servicios sociales (2000-2009) ", en *Leyes de Servicios Sociales del Siglo XXI*, Fundación FOESSA, Madrid, 2010, pp. 17-48.

ZUGASTI, N. y LAPARRA, M. "Midiendo la pobreza a nivel autonómico en España: una propuesta reflexiva", Revista Española de Investigaciones Sociológicas, 158, 2017: pp.117-136